# རྒྱལ་རྩེ་ཐེམ་སྤངས་མའི་བཀའ་འགྱུར་དཀར་ཆག

# CATALOGUE OF THE ULAN BATOR RGYAL RTSE THEM SPANGS MA MANUSCRIPT KANGYUR

**Jampa Samten**

**Hiroaki Niisaku**



**THE SANKIBO PRESS**

**TOKYO 2015**

# རྒྱལ་རྩེ་ཐེམ་སྤངས་མའི་བཀའ་འགྱུར་དཀར་ཆག།

# CATALOGUE OF THE ULAN BATOR RGYAL RTSE THEM SPANGS MA MANUSCRIPT KANGYUR

Published in 2015 by the SANKIBO PRESS
5-28-5 Hongo, Bunkyo-ku, Tokyo 113-0033 Japan



ISBN 978-4-7963-0250-0-C-3315

# Contents

འདུལ་བ། ཀ ('Dul ba), Volume 1, 1a-4b

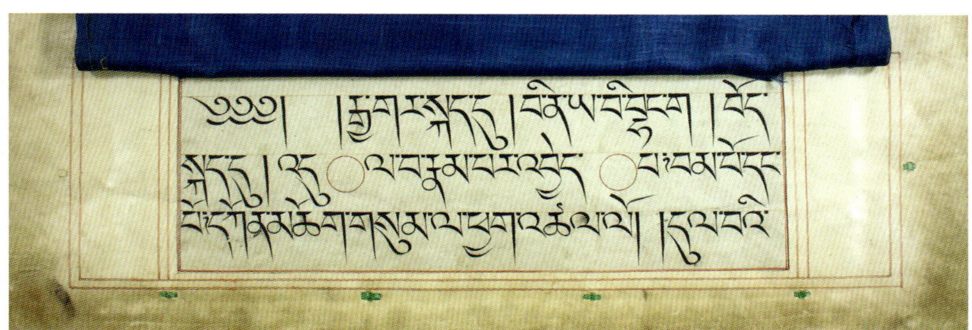

༄༅། །རྒྱ་གར་སྐད་དུ། བི་ན་ཡ་བི་བྷཾ་ག། བོད་
སྐད་དུ། འདུལ་བ་རྣམ་པར་འབྱེད་པ། བམ་པོ་དང་
པོ། དཀོན་མཆོག་གསུམ་ལ་ཕྱག་འཚལ་ལོ། །འདུལ་བའི

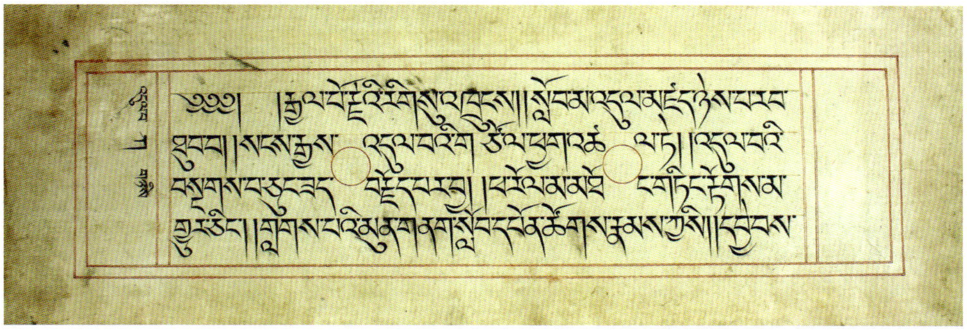

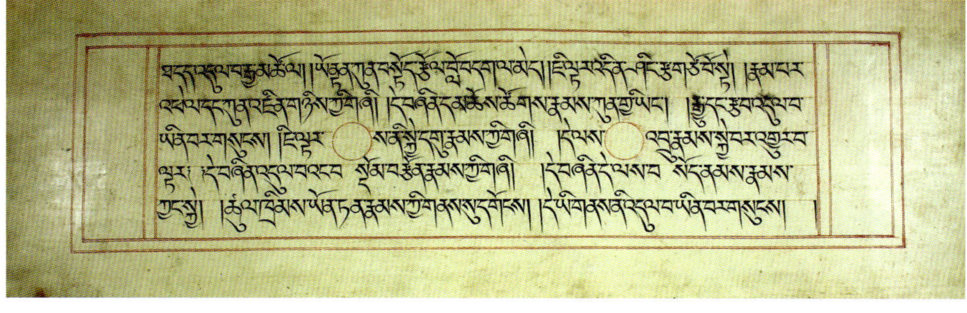

༄༅། །དེ་ལ་གནས་པ་རབ་ཏུ་རྣམ་མཐའ་རབ་དབྱེ་བར་འགྱུར། །དེ་ལ་མི་གནས་མཐའ་རབ་དབྱེ་བ་གཡལ་བར་འགྱུར། །ཇི
ལྟར་རྒྱ་ལོན་མི་ཐེད་ཤྲུ་བ་ཡིས། །རྒྱ་བླང་ཆེ་ཡང་རྟོགས་པ་རབ་ཏུ་རབ་ལྟར། །དེ་བཞིན་འཁྲུལ་པ་འབབ་ཞབ་ལས་པ་རྒྱུ་ལོན་འདེས། །
རྒྱ་ལ་ཁྲིམས་ཀ་འཚལ་བ་འདི་རྒྱུ་ཀུང་ རྟོགས་པ་རབ་འགྱུར། །སངས་རྒྱས་རྣམས་དང་ རང་རྒྱལ་རྣམས་ཀྱིས་ཀྱང་། །
བྱང་ཆུབ་ཀང་བ་རྟེན་ཐུབ་བསྐོ་བ་རྣམ་ དགའ་འི། །སེམས་ཅན་དགའ་བ་ཙམ་ཡོན་ཏ་ ནགདུན་པ་རྣམས། །དེ་ལ་འདང་རྒྱུ
ན་རང་ལྟ་བ་ཡིན་བ་རབ་གསུངས། །ཇི་སྲིད་འགྲོ་འདི་རང་རྒྱལ་པ་ཐམས་ཅད་ཀྱི། །མཛོད་མ་ཆེ་ག་འཁྲུལ་པ་སྟོགས་པ་དེ་གནས
པ། །དགེ་དེ་ཆེས་སྒྲོན་འདི་བཞི་གནས་འགྱུར་མཐིང་། །བརྟོགས་པ་རབ་ཏུ་རབ་བཞི་བ་སློབ་པ་རབ་འགྱུར། །སངས་རྒྱས་མི་ཞུགས་པ་འདེག

དེ་ནི་ཆེ་གསས་བ་ཅང་ང་། །མདོ་སྡེ་ཡན་ལག་དེ་དང་དེ་དག་སྟོད། །བསྒྲུབ་འཇུག་མེད་ན་འཁྲུལ་བ་འདང་མེད་འགྱུར་བས། །དེ་ཕྱིར་རྒྱལ་བ་དག
བས་ཆེས་འདི་དོན། །འཇིག་བྲལ་ས་མས་གླང་ལྟུག་ས་ཀྱི་དེ་ཡིན་ཏ། །གནོད་ལ་བུ་མ་སྡུལ་བ་འདས་བ་འདི་ཡིན། །རབ་འཆི་མ་ཆེ་མས་ཀྱི་འདེབས
ངང་འདྲ་བསྟེ། །ཟག་བ་ཀུན་གྱི་རྒྱ་ལོན་འཁྲུལ་བ་ཡིན། །རྒྱལ་བ་སྟོན་པ་འདི་བ་སྟོན་བ་ཅེས་བ་དང་། །མདོ་དང་ཆེས་མདོན་ཡིན་གཞུང་དགུ་པ་འི།
སྟོན་ང་བ་སྟོན་བ་ཅེས་དེས་ཡིན་དུ་ཡི་ ཕྱིར། །གཉིས་འགྱུར་ཏུ་བག་བྱས་སངས་རྒྱས་ཆེས་ གཅིག་བཞིན། །གང་ལ་བ་རྟེན་ཏ་གནས
པ་འདིས་སངས་རྒྱས་རྣམས། །དེ་ལ་གསུས་བཅ་ སརྟེས་རབ་ཅས་སྒྲུ་རཙོང་། །དེ་ནི་མི་བ་ངས་མི་གཞ་ ཡིན་སྒྲུབ་གནས་ཡིན། །དེ་འདི་ཕྱི་རབ
བསྒྲིམས་འཁྲུལ་ལ་དུག་ཙོལ་ཙིག །གང་ཞིག་སྟོན་པ་ཐུག་ས་རྟོད་བསྟན་པ་ལ། །ཡང་བ་རབ་མས་ཞིང་རྩང་ཟད་འདུད་ཏུ་ངབ། །དེ་ནི་དེ་ལས
སྒྲུབ་བསྡུལ་གཞན་དབང་འགྲོབ། །སྒྲིབ་ཆེས་ལ་བཀྲུགས་པས་ཨ་བྲ་ཆེ་ལ་ཉམས་པ་བཞིན། །འདི་ན་ལས་སྐྱལ་བའི་ཆེས་ཆེ་ཡང་། །བཟླས

༄༅། །ཞལ་ཞན་གཤང་ཆུང་འདེ་བྲེ་བ་མི་འགྱུར། །སྦྱང་པ་འདི་ན་ཀའ་ཡུང་རྒྱུལ་མི་ཞིན་བཟླ་བས་ཞན། །རྒྱ་སྐྱེ་རབ་སྐྱེ་འགྱུར་ཞང་ཡེ་འདས་སྤྱ
ཀུན་ཞིན། །སོ་སོ་རབ་རབ་བྲག་ང་ཡིན་ན་བ། །སངས་རྒྱས་འཁྲུལ་བ་བག་ང་ཆེན་མཆོ། །གཏིང་མཐར་མེད་པ་ཐམས་ཅད་ཀྱི། །གནས་པ་འདི་སྐྱུ་ང་ང་སྐྱེ་དེ་
ཡིན། །འདི་ནི་རང་མ་ཆེས་རྒྱལ་བ་ཡི། །ཆེས་ རྣམས་ཀུན་གྱི་འདུན་པ་མཆོག །འདི་ནི་དགེ་སློང་ཆེ་ཆེ་གས་ཀྱི། །བསྒྲུབ་ཟེར་ཆོང་བང་ཆེན་པོ་ཡིན། །
རྒྱ་ལ་ཁྲིམས་ཀ་འཚལ་བ་ས་ཟིན་རྣམས་ ཀྱི། །གསུགས་རྣམས་ལ་བསྟན་དེ་ཡིན། །འདི་ནི་ལ་ དཆོ་རྣམ་འཁྲུལ་བ་འི། །རྟ་ངག་གཉིས
གཞིན་ནུ་ཏི་འགུ་ས་ཀྱི་ཡིན། །མཆེས་ཟབ་བ་འི་ཕྱིར་བ་ལས། །སྐྱེ་བའི་རྣ་ལ་ཐབས་དེ་ཡིན་ཏ། །འདི་ནི་བ་ཟབ་རབ་སྒྲུབ་རབ་ཏོ་བ་ཡི། །ངེས་པའི
རྒྱ་ཡིན་ཟམ་པ་ཡིན། །འདི་ནི་ཉིན་མ་ངེས་པ་མ་བྱེད་ལམ། །རྒྱལ་པོ་ཡིན་འདུན་པ་མཆོག །འདི་ནི་ཐ་རབ་འགྲོ་བར་འགྱུར་བའི། །ཐམས་སྤྱང་གཞི་དང་སྡུ
བ་སྒྲ་ནས། །ངེས་མ་ངལ་ལས་རབ་ས་འགྱུར་བ། །འདི་ནི་ཕྱེ་ད་ཀྱི་སྒྲོན་པ་ཞེས། །རབ་འབྱུང་དེ་རུ་ཀྱིས་གསུངས་པ་ཙམ་པས། །ཉན་ཐོས་དགེ་སློང་ཚོགས་ས་མཐུ

བསྟོད། །འཁྲུལ་བ་རྡེ་སེ་སེ་རབ་རབ་དེ། །རྣམ་སྒྲུབ་ཡིན་པ་རབ་སྒོམ་བསན། །ཐབ་བརྟེན་རྣམས་ཀྱིས་གསུངས་ཏུ་ན། །འདི་ནི་ཉན་ཐའ་ཅན་པ་རབ། །འཁྲུལ་བ་ལ་བརྗོད་པ་རྗེས་སོ། །
བསྐལ་བ་བྱེ་བ་རྣམས་སུ་ཡང་། །འཁྲུལ་བ་ཐོབ་པ་རབ་ཏུ་རབ་དང་། །གཟུང་རབ་བཞིན་པ་སྟོང་ས་སྒྲུ། །བསྒྲུབ་པ་འདང་ཞིན་ཏུ་རྟོད་པ་རབ་གའ། །སངས་རྒྱས་རྣམས་ནི་འབྱུང་བ་དང་
ཆོས་བསྟན་པ་ཡང་བདེ་བ་ཡིན། །དགེ་འདུན་མཐུན་པ་བདེ་བ་སྟེ། །མཐུན་པ་རྣམས་ཀྱི་དཀའ་ཐུབ་བདེ། །འཕགས་པ་རྣམས་ནི་མཐོང་བ་བདེ། །དམ་པ་དག་དང་འགྲོགས་པ་བདེ། །
བྱིས་པ་རྣམས་ནི་མ་མཐོང་ན། །རྟག་ཏུ་བདེ་བ་ཉིད་དུ་ འགྱུར། །ཚུལ་ཁྲིམས་ལྡན་པ་མཐོང་བ་བདེ། །མང་ དུ་ཐོས་པ་མཐོང་བ་བདེ། །ཡང་དག་རྣམ་པར་གྲོལ་བ
ཡི། །དགྲ་བཅོམ་པ་དག་མཐོང་བ་བདེ། །འཛམ་སྡེ་ ས་བདེ་བའི་རྒྱ་སྒྲུང་བདེ། །ཆོས་ལ་བསམ་པ་འི་རྒྱུ་ བདེ། །ཤེས་རབ་ཐོབ་པ་རབ་ཏུ་རབ་པ་བདེ། །ངར་ངེ་རྒྱལ
ཟད་པ་བདེ། །ངེས་པ་རབ་ལུས་ཞིང་རབ་བདེ་ཐུལ་བ་བདེ། །སྐྱོན་ཡོན་ཏན་རྣམས་སུ་རྣམ་ཕྱེ་བ་དང་། །མང་དུ་ཐོས་པ་བཞགས་ཀྱི་ཞིང་དགའ། །ཡང་ཅེ་ལྷུ་ལ་རྣམས་ཀྱི་གནས་པ་བདེ།
ཤུ་ཀ་ཡིད་དབང་ལ་ཞི། །སོ་སོ་ཤ་ཏུ་ཕྱི་ཐབ་ལ་སྒྲུ་རབ་དེ། །འཁྲུལ་བ་ཟབ་ཏུ་གདོན་པ་རབ་ལུས། །གདུལ་བའི་དོན་དུ་དགའ་ཉེན། །ཐོས་ནས་དང་སྒྲོན་ཆེན་པོ་ཡིས། །ཇི་སྐྱེད་གསུངས
ཞེན་བསྒྲུབ་པ་བཞིན། །བཞམ་ཐོ་ཕྲ་རྣམས་ལ། །བ་ཐུབ་ཅི་དེ་ལྟར་པ་ཉིད་དང་ཁྱེས། །ཐག་ཏུ་བདང་དབང་རྡང་བ་ཡི། །སེམས་ཀྱི་བསྟན་པ་བ་ཞང་བ་ལ། །འདུན་པ་ཟབ་མོ་རྟོག་བརྒྱུ

# Preface

In the summer of 2007, the National Library of Mongolia (NLM), Asian Classics Input Project (ACIP), and Yuishoji Buddhist Cultural Exchange Research Institute (YBCERI) in Japan jointly completed the project of scanning the Tempangma manuscript of the Kangyur preserved in the NLM, Ulan Bator, Mongolia, in close cooperation with Kawachen, Tokyo. The Ulan Bator manuscript of the Kangyur is beautifully written on thick glossy paper with black ink. It has two circles horizontally set in the centre of the page. The folio size is approximately 25 cm x 70.5 cm and the print area is 14.5 cm x 59 cm with eight lines. The total number of volumes and the arrangement of the texts in this edition vary slightly from the other three editions of Them spangs ma, namely the sTog Palace, Shel dkar (London) manuscript and the Tokyo manuscript (Toyo Bunko) in Japan. The present manuscript has 114 volumes, excluding the newly prepared handwritten dKar chag (hereafter referred to as the handwritten dKar chag). Three volumes *(Sher phyin sNa tshogs, Sher phyin brGyad stong pa,* and *mDo sde Ga)* are missing from the collection of the NLM.

The Digital Preservation Society (DPS), with the help of ACIP Director Mr. John Brady initiated a proposal for the digitization, publication, and distribution of the Tempangma manuscript of the Kangyur as a joint project with the NLM. A formal agreement was formed between the NLM, ACIP, and the DPS in January 2007. Following the agreement, ACIP's technical expert team travelled from New York to Ulan Bator, along with the required equipment, to train the Mongolian staff. The scanning of 111 volumes was completed by the staff of the NLM in April 2007. This joint project is coordinated by Kawachen, based in Tokyo.

Mr. Gordon Aston and Mr. Robert Chilton of the ACIP designed the digital image processing procedure through laborious research and testing, drawing on their experiences and expertise in the digitization of Classical Tibetan literature. Mr. Gordon Aston and Mr. Kelsang Tahuwa shared the enormous task of processing the digital images from the 111 volumes of the Tempangma manuscript of the Kangyur, which was completed in February 2010. Mr. Robert Chilton and Mrs. Mitsuko Tahuwa provided their technical expertise in completing the task. Mr. Hiroaki Niisaku President of the YBCERI, arduously checked the processed images.

The complete collection of the Ulan Bator manuscript Kangyur as a set of seven DVDs is being distributed by the DPS in Tokyo, Japan.

The Kangyur manuscript consists of 114 volumes. It was brought to Mongolia around 1671 as a gift to the first rJe brtsun dam pa Khutuktu Lobsang Tenpey Gyaltsen (1635–1723) from the Fifth Dalai Lama. It is probable, however, that its catalogue volume was missing. Later, during an unspecified period, a handwritten dKar chag of the contents of the Kangyur was compiled, arranging the texts in the following sequential arrangement.

1. 'Dul ba
2. Sher phyin
3. dKon brtsegs
4. Phal chen
5. rGyud
6. rNying rgyud
7. mDo sde (the newly prepared handwritten dKar chag abruptly ends with *mDo sde Khi*, leaving the last five volumes of the *mDo sde* and *Myang 'das* section unfinished).

The following sequential arrangement of texts in '*A Hand-list of the Ulan Bator Manuscript of the Kanjur Rgyal-rtse Them spaṅs-ma*' (hereafter referred to as the Hand-list) by Géza Bethlenfalvy is based on the *Thob yig* of Dzaya-paṇḍita.

1. 'Dul ba
2. Sher phyin
3. Phal chen
4. dKon brtsegs
5. mDo sde
6. Myang 'das
7. rNying rgyud
8. rGyud

The four short titles, namely *gSer gyi mdo* (Hand-list No. 103), *Rigs lnga'i bkra shis* (Hand-list No. 326), *Te'u lo pa'i rtog pa* (Hand-list No. 497), and *rMa bya chen mo gzung bar 'gyur ba'i gzungs* (Hand-list No. 614), are mentioned in the *Thob yig* of Dzaya-paṇḍita as well as Géza's Hand-list, but they are not found in the actual text of the Ulan Bator manuscript Kangyur.

Dr. Géza Bethlenfalvy was the first scholar who studied and brought the Ulan Bator manuscript Kangyur to the attention of the academic communities in Tibetan and Buddhist studies. His Hand-list of the Ulan Bator manuscript Kangyur, compiled by drawing on the earlier handwritten dKar chag and Dzaya-paṇḍita's *Thob yig*, was the pioneering report on the study of the manuscript Kangyur.

1. *'Dul ba gzhung bla ma* (Toh 7, Hand-list No. 7) with 11 bam po and *'Dul ba gzhung dam pa* with 25 bam po, treated as one title in Géza's Hand-list, are treated as separate titles (Nos. 7 & 8) in this catalogue.
2. *Thub pa chen po drang srong gar gas ltas kyi rnam pa bstan pa gtsug lag* (Hand-list No. 319) and *Ā rya byā ka ra ṇa'i nang nas byung ba gza' dang rgyu skar gyi rang bzhin*

*bshad pa*, treated as one title in Géza's Hand-list, are also dealt with separately (Nos. 319 & 320).

3. *De bzhin gshegs pa lnga'i bkra shis kyi tshigs su bcad pa* (Hand-list No. 376) and *bKra shis kyi tshigs su bcad pa*, treated as one title in Géza's Hand-list, are also dealt with separately (Nos. 376 & 377).
4. *rDo rje phag mo mngon par 'byung ba* (Hand-list No. 411) and *Rig pa 'dzin ma'i rdo rje rnal 'byor ma'i sgrub thabs*, treated as one title in Géza's Hand-list, are dealt with separately (Nos. 411 & 412).
5. *mKha' 'gro ma me lce 'bar ba'i rgyud* (Hand-list No. 394) and *mChod na rgyal ba rigs lnga rtag tu mchod* (Hand-list No. 395), dealt with separately in Géza's Hand-list, and *Thog yig* of Dzaya-paṇḍita are treated as one title (No. 395).

The four short titles listed in Dzaya-paṇḍita's *Thob yig* and Géza's Hand-list, but not found in the actual Kangyur, are of course not listed in this catalogue.

With regard to the missing volumes in Géza's Hand-list, the titles of the missing volumes are described according to the *Thob yig* of Dzaya-paṇḍita with the consecutive numbers written in the title. This catalogue also follows the same method and lists the titles of the missing volumes, with the consecutive numbers filled in. This comprehensive catalogue lists 833 titles, which is one title less than Géza's Hand-list, in the same sequential arrangement.

It is interesting to note that out of the 833 titles in the Them spangs ma edition of the Kangyur, 379 titles including the Vinaya and Prajñāpāramitā section, belong to the category of the Sūtra section. Most of the titles in this category were translated during the earlier diffusion of Buddhism in Tibet from the seventh to ninth century. It is evident that in most cases, the Tibetan transcription of the Sanskrit titles and personal names of Indian scholars are more closely rendered to the phonological construction of a word and do not reflect the actual spelling of the Sanskrit term.

For example, ཀ་ལིང་ག for ཀ་ལིངྒ།, རད་ན། or རཏ་ན། for རཏྣ།, བི་བང་ག for བི་བངྒ།, མང་ག་ལ། for མངྒ་ལ།, ཏྲ་ཡ་སྟྲིན། for ཏྲ་ཡ་སྟྲིཾ་ཤ།, པ་རི་བྲིད་ཚ། for པ་རི་བྲི་ཀྵ།.

The personal names of the Indian scholars are also closely rendered to the phonological construction of a word and are lucidly found in the colophon of the texts preserved in the Phug brag, Tawang, and Them spangs ma edition of the Kangyur, and other earlier isolated manuscripts.

For example, འཛིན་ན་མི་ཏྲ། or འཛིན་ན་མི་ཏྲ། for ཛི་ན་མི་ཏྲ།, ཞུན་གར་བྷ། or གཞུར་ན་གར་བྷ། for ཛྙཱ་ན་གརྦྷ།, ཤཱི་ལ་ཨིན་ཏྲ་བོ་དྷི། or ཤི་ལེན་ཏྲ་བོ་དྷི། for ཤཱི་ལེནྡྲ་བོ་དྷི།, པྲད་ཉ་བར་མ། for པྲཛྙཱ་བརྨ།.

This was probably the case to make it expedient and simpler for the Tibetan readers. Situ Panchen Choskyi Jungney, the editor of the Derge Kangyur, most likely deserves the credit for attempting to correct and unify the Tibetan transcription of the Sanskrit titles and personal names of Indian scholars. However, there are still many cases where the phonological constructions of the Sanskrit terms are retained in the Derge and the other standard xylographic editions of the Kangyur.

The remaining 454 titles belong to the category of the Tantra section (*rGyud sde*). Out of the 454 titles, 18 titles in the *rNying rgyud* section, translated during the earlier period, possess the similar feature of rendering Sanskrit titles more closely to the phonological construction of a word. The remaining 436 titles, most of which were translated during the later diffusion of Buddhism in Tibet in the tenth century, possess almost uniform and correct renderings of Sanskrit titles and personal names. This suggests that the translators from the earlier period were more concerned and conscientious about making the text expedient and simpler for the Tibetan readers, while the later translators focused more on rendering Sanskrit terms and personal names accurately. Both were correct and logical in their attempts. Thus, we have not made any attempt to replace the original readings with new corrections, even in the case of the minor scriber mistakes. However, the actual transcriptions of the Sanskrit terms and corrections of the minor scriber mistakes in the Tibetan transcriptions of Sanskrit titles are added in parentheses. For the first time, we have attempted to provide accurate transcriptions of Tibetan Sanskrit titles without distorting the original readings of the Kangyur text.

We uploaded the Catalogue of the Ulan Bator rGyal rtse Them spangs ma Manuscript Kangyur as a PDF version without the Sanskrit title, index, and concordance table on the DPS website in May 2012. Mr. Kelsang Tahuwa helped with inputting and proofreading of the Tibetan titles, proofreading the Romanized Tibetan titles, and the English translation of the Explanatory Notes of the Catalogue in the PDF version.

For the first time, a Comprehensive Catalogue of the Ulan Bator rGyal rtse Them spangs ma Manuscript Kangyur, with some corrections to the PDF version and an added Sanskrit title (both in Roman and Tibetan script), index, concordance table, and appendix, has been compiled by Jampa Samten and Hiroaki Niisaku and published by Sankibo Press, Tokyo in 2015.

Finally, we would like to offer our sincere gratitude to all those who have given us support, guidance, and help in the publication of the digital form of 'The Tempangma manuscript of the Kangyur'. A special thanks to Mr. Chilaajav Khaidav, Director, Mr. D. Byambasuren, Deputy Director, Prof. Hatagin Go Akim, ex-Director, NLM, and their staff for their support and cooperation.

We also offer our deep gratitude to Kohei Asaji, President, Sankibo Press, who had graciously consented to undertake the publication of this Catalogue.

We hope that the publication of the 'Comprehensive Catalogue of Ulan Bator rGyal rtse Them spangs ma Manuscript Kangyur' will contribute to the deeper study of the Tibetan Kangyur literature.

Yuishoji Buddhist Cultural Exchange Research Institute, Tokyo

## Introduction to the rGyal rtse *Them spangs ma* Edition of the *Kangyur*

Rabten Kunzang Phag (1389–?), the royal King of rGyal rtse, built the Palkhor Chosde Monastery in rGyal rtse in 1418. He later constructed a whole series of temples, monasteries, and other representations of Buddha's body, speech, and mind. These projects included the Lhakhang Chenmo and Kubum Stupa. King Rabten Kunzang Phag first commissioned the work at the age of 43, in the year of the Iron-Pig (1431 CE), classifying and arranging Tibetan translations of the Tathāgata Buddha (bka' 'gyur ro cog)'s discourses in proper sequential order. In the year of the Water-Rat that followed, corresponding to 1432 CE, all of the translations of commentaries on the discourses of the Buddha (bstan bcos 'gyur ro cog) available in Tibetan were classified and arranged in sequential order. The King commissioned a project that involved copying the entire *Kangyur* in ink. The chief copyist, Sangye Gyaltsen and his assistants from Nyemo began their work by reproducing dKon brtsegs (Ratnakūṭa-sūtra) and Sher phyin nyi khri lnga *stong pa*, the medium rendering of the *Prajñapāramitā-sūtra* in ink. Four years later, in the year of the Fire-Dragon (1436), the king commissioned a copy of the entire *Kangyur* in gold. During his lifetime, the king had produced two complete sets of the *Kangyur*: one in ink, and the second in gold.

The *bKa' bstan gyi dkar chag tshig le'u ma*,[1] the Catalogue of the *rGyal rtse Kangyur* and the *Tengyur* in verse, explicitly describes the sequential arrangement of the sections, as well as the total number of texts and volumes contained in the golden *Kangyur* and *Tengyur*. Earlier Tibetan scholars such as Bu ston Rin chen grub had arranged the sections of the *Kangyur* texts in the same sequences according to the three successive propagations of the Buddha's teachings, which are explicitly described in *Saṃdhinirmocana-mahāyānasūtra*. The vinaya scriptures are classified as the teachings from the first propagation of Buddha's teachings, *Prajñapāramitāsūtra* scriptures are classified as the teachings from the second propagation of Buddha's teachings; and collections of *Mahāyānasūtras* and *Tantric* scriptures are classified as the teachings from the third propagation of Buddha's Teachings. The collections of Mahāyāna sūtras are further sub-divided and arranged in sequential order, in terms of *Phal chen*, *dKon brTsegs*, and *mDo sde sna tshogs* (the miscellaneous Sūtras). The Tantric scriptures are further sub-divided and arranged into the *Bya rgyud (Kriya Tantra)*, *sPyod rgyud (Charya Tantra)*, *rNal 'byor rgyud (Yoga Tantra)*, and *Bla med rgyud (Uttara Tantra)* respectively. The arrangement of the *Kangyur* is based on the levels of disciples who entered into Dharma practice, and is referred to as the 'Inferior to Superior sequences'. Bu ston's *History of Buddhism* and *Tshal pa Kangyur*, edited by Thangchenpa Kunga bum,

---

[1] 'Jigs med grags pa? *rGyal rtse chos rgyal gyi rnam par thar pa dad pa'i lo thog dngos grub kyi char 'bebs*. Bod ljongs mi dmangs dpe skrun khang, pp. 170–181, 1987.

maintains its arrangement of Inferior to Superior sequences. The reversed sequences, which begin with the Uttara Tantra and end with the Vinaya, are known as the ‘Supreme to Inferior sequences’. Here, in the *rGyal rtse Kangyur*, the sections are arranged in sequential order from Superior to Inferior, as shown below.

| | | |
|---|---|---|
| I | rGyud sde (Supreme Teachings of the Buddha) | |
| a. | rNal 'byor bla med (Uttara Tantra) | |
| b. | rNal 'byor rgyud (Yoga Tantra) | |
| c. | sPyod rgyud (Charya Tantra) | |
| d. | Bya rgyud (Kriya Tantra) | |
| | containing 398 titles in rGyud sde | 18 Volumes |
| II | Sangs rgyas phal po che | 6 Volumes |
| III | dKon mchog brtsegs pa | 6 Volumes |
| IV | mDo sde sna tshogs | 37 Volumes |
| V | Myang 'das | 3 Volumes |
| | Scriptures belonging to third propagation of Buddha’s Teachings: | 52 Volumes |
| VI. | Sher Phyin | |
| a. | sTong phrag brgya pa ('Bum) | 16 Volumes |
| b. | Nyi khri lnga stong | 4 Volumes |
| c. | Khri brgyad stong pa | 3 Volumes |
| d. | Shes rab khri pa | 2 Volumes |
| e. | brGyad stong pa | 1 Volume |
| f. | Sher phyin sna tshogs | 1 Volume |
| | Scriptures belonging to second propagation of Buddha’s Teachings: | 27 Volumes |
| VII | 'Dul ba | 14 Volumes |
| | Scriptures belonging to first propagation of Buddha’s Teachings: | 14 Volumes |
| Total volumes contained in the *Kangyur*: | | 111 Volumes[2] |

A biography of King Kunzang Rabten by Bodong Chokley Namgyal (alias Jigme Drakpa, b.1375–d.1451), titled *Dharma ra dza'i rin po che'i 'phreng ba skye dgu mdzes par byed pa'i*

---

[2] sDe srid Sangs rgyas rgya mtsho. *mChod sdong 'dzam gling rgyan gcig gi dkar chag*. Bod ljongs mi rigs dpe skrun khang, 1990, p. 436 records the arrangement and volumes numbers as follows: rGyud 18 vols., mDo mang 37 vols., Myang 'das 3 vols., 'Dul ba 14 vols., Sher phyin ('Bum) 12 vols., Nyi khri 4 vols., Nyi shu pa 2 vols., brGyad stong pa 1 vol., Khri sna tshogs 1 vol., Phal chen 6 vols., dKon brtsegs 6 vols., amounting to 111 volumes.

Śer dkar (London) Manuscript *Kangyur*’s catalogue titled *Dam chos gsal sgron* records section arrangement and volume numbers as follows: rGyud 'bum 18 vols., mDo sde 37 vols., Myang 'das 3 vols., Sher phyin ('Bum) 16 vols., Nyi khri 4 vols., Khri brgyad 2 vols., Shes khri 2 vols., brGyad stong 1 vol., Khri sna tshogs 1 vol., Phal chen 6 vols., dKon brtsegs 6 vols., amounting to 111 volumes.

*bKa' bstan gyi dkar chag tshig le'u ma* by Jigme Dakpa, is the earliest and most contemporary work.

*mgul rgyan*, recounts the life of the King until age 51. Composed in verse, the biography highlights that the King's had a good reputation and was known for his remarkable deeds.

A second biography of King Kunzang Rabten Phag and King Tashi Rabten the second, is titled *Dad pa'i lo thog rgyas byed dngos grub char 'bebs*. According to its colophon, the work was primarily based on Bodong's biography, and supplemented from the works of Je Drubchen Togpa and Drungtsun Namkha Gon, as well as from an inventory of the great 'gTsug lag khang' and 'an image of tutelary deity'. This biography narrates the outstanding deeds and qualities of the King, describing how he met his own goals, and helped others' reach theirs as well. It is widely accepted that the accound was written in the year of the Iron-Ox (1481), but its author remains unknown. Based on the information in the colophon, Bodong Chokley Namgyal (Jigme Drakpa) can be excluded as its author. Though a new edition published by Mi rigs dpe skrun khang Publications in 1987 ascribes authorship to Jigme Drakpa, this is clearly not the case. The *Bstan rtsis ka phrin lag deb*, on the other hand, we know to have been compiled by Sonam Gyatso and Norbu Dolkar, and published by Mi rigs dpe skrun khang Publications in 2000. This work also erroneously ascribes authorship of the biography of King Kunzang Rabten Phag, this time to 'Bodong Panchen Jigme Drakpa' and dates the biography to the Iron-Ox year of the seventh Rabjung cycle of the Tibetan calendar (1421). Page 219 of *Dad pa'i lo thog rgyas byed dngos grub char 'bebs* states that from the time that the pious King Kunzang Rabten Phag reached the age of 51 – in the year of the Earth-Sheep according to the Tibetan calendar, (1439), eight years had passed while his close attendant Choekyong Pal reigned, and 18 years had passed during Tsegyal's reign, and 17 years of Palden Zang's reign had passed before the biography was composed. It is thus possible to calculate the year of composition as the year of the Iron-Ox (1481).

The *Dad pa'i lo thog rgyas byed dngos grub char 'bebs* also cites many verses from the *Bodong Jigme Drakpa's rNam thar rin po che'i 'phreng ba skye dgu mdzes par byed pa'i mgul rgyan*, including the catalogue of *rGyal rtse Kangyur* from pages 170–181.

When it came to the production of the golden *Kangyur*, King Rabten Kunzang phag recounts in his memoir that 18 volumes of the *rGyal rtse Kangyur* were inscribed each year. If this was in fact the case, its reproduction started in 1436 and probably finished in 1441. Thus, in total, the King produced two sets of the *Kangyur* and one set of the *Tengyur*. The King also officially earmarked one-third of his kingdom's annual income to cover the expenses that such a large project would deed in order to be sustained in perpetuity.

The king's memoir does not mention the names of the editors of the *Them spangs ma Kangyur* or the author of its catalogue. Si tu Choskyi Jungney's catalogue of *Derge Kangyur* and some earlier sources credit Bu ston Rin chen grub as editor and compiler of the *Them spangs ma Kangyur* catalogue. However, Bu ston died in 1364, about 67 years before the

*Them spangs ma Kangyur* was commissioned. The Fifth Dalai Lama's Tham Phud[3] states that, 'at around the same time as Si tu Gewai Lodoe compiled catalogue of the Tshal pa *Kangyur*, Bu ston compiled the History of Buddhism at Zhalu Serkhang, and this is why it is known as Them spangs ma'. This seems to suggest that the *Them spangs ma Kangyur* was commissioned based on Bu ston's *History of Buddhism*. However, existing critical studies do not support this proposition or agree with the historical evidence surrounding its publication.

The King's memoirs also record that, in the year of the Earth-Sheep (1439), the King restored an anthological compilation of *Dhāranis* (gZungs 'bum), the mystical Tantric texts collected, edited, and produced by Bu ston Rin chen grub. These had, until that point, gradually declined in popularity and use. Lochen Thugje pal collected and compiled the *Dhāranis* from the Sūtras and Tantras that Bu ston had missed. He compiled them into a new and comprehensive collection. When the King re-carved xylographic blocks of the anthological compilation of *Dhāranis* (gZungs 'bum) at Palkhor Chosde in the year of the Iron-Bird (1441), he entrusted Lochen Thugje pal and a well-versed scholar-monk, Tashi Gyatso, with the task of proofreading and editing the additional *Dhāranis*.

Desi Sangey Gyatso's *History of Fifth Dalai Lama's Tomb* records that, 'the sequential arrangement of the sections of *Them spangs ma Kangyur* do not tally with Bu ston's *History of Buddhism* and the catalogue of the Narthang Manuscript *Kangyur*. It is therefore certain that Lochen Thugje pal, who revised and made new editions of the *gZungs 'bum* initially compiled by Bu ston, and who shouldered the responsibility for editing the first xylographic edition of *gZungs 'bum* volumes during the reign of Rabten Kunzang phag, wrote and edited the *Them spangs ma* catalogue'. From this, we can assume that Lochen Thugje was a primary editor and compiler of the systematic catalogue of the *Them spangs ma Kangyur* collection.

It seems likely that the *rGyal rtse Them spangs ma* edition of the *Kangyur* was based on or drawn largely from the *Narthang Kangyur*. This can be deduced from information that notes, that when Thangchenpa Kunga 'bum oversaw the editing and publication of *Tshal pa Kangyur,* he moved or relocated 12 titles relating to *sKyes rabs* (*jātaka*), *rTogs brjod* (*avadāna*), and *Sangs rgyas kyi bstod pa* (*stotra*) from the *Kangyur* to the *Tengyur*. These include the *Gser mdog gi rtogs brjod, Dga' ba'i bshes gnyen gyi rtogs brjod, Ku na la'i rtogs brjod, Dge 'dun 'phel gyi lung bstan*, Li yul lung bstan, and the three *prajñapti (lokaprajñapti, kāraṇaprajñapti, karmaprajñapti)*, (Nos. 92, 317, 319, 320, 332, 356, 357, 358, 359, 362, 363, 364, and 365). However, the *Them spangs ma* edition follows the same classification as the Narthang tradition, without relocating texts from the *Kangyur* to *Tengyur*. As the titles in

---

3 Ngag dbang blo bzang rgya mtsho. *sKu gsung thugs rten gsar bzhengs rin po che'i mchod rdzas khang bzang gi dkar chag tham phub deb khrims yig gi 'go rgyangs sde bzhi'i sgo 'phar phye ba dkal bzang dbang gi glegs bam* gnyis pa (hereafter referred to as Tham phud). *Collected works of Fifth Dalai Lama*, Lhasa edition, vol. Tsa, p. 126a1.

*Them spangs ma* edition numbered 86, 180, 192, 222, 296, 312, 313, 314, 316, 321, 325, 361, 366, 369, 373, 374, 516, 698, and 748 were not found in *Derge Kangyu*r's version, which was largely derived from the *Tshal pa* edition, and indeed these may have been included later. Moreover, the *Them spangs ma* edition contains both versions of the *rDo rje snying po rgyan gyi rgyud*—the one translated by Shong Lotsawa Lodoe Tenpa (No. 516), and Shong's translation edited by Bu ston Rin chen grub (No. 517). *Derge Kangyur*, whose classification is largely based on the *Tshal pa* edition, contains only the translation supervised by Bu ston. The *Narthang Kangyur*, however, seems to contain both versions. As the *Them spangs ma* edition follows the same classification as the *Narthang*, it can be presumed that the classifications in the *Them spangs ma* were largely drawn from it.

Therefore, in the centre of Tibet's U-tsang region rGyal rtse, King Rabten Kunzang phag is said to have produced two full sets of *Kangyur*, one in plain ink and one (a complete collection running to 111 volumes) in pure gold. The purpose of this version was to serve as a prototype and original copy for future reproductions of the *Kangyur*, translations of Buddha's teachings from Tibet. The ink *Kangyur* was published in the year of the Iron-Pig (1431), and the golden in the year of the Fire-Dragon (1436). The editing and serial compilation of the two sets of the *Kangyur* were overseen by a Buddhist monk and translator, Lochen Thugsje pal, as well as the Buddhist scholar, Tashi Gyatso. In order to preserve the text, the golden *Kangyur* was taken to rGyal rtse Lha khang chen mo[4] and strict restrictions were put in place preventing the work from crossing the building's threshold. It thus acquired the name 'Them spangs ma', meaning 'not trespassing over the threshold'. Subsequent reproductions also retained the name of the archetypal manuscript: *'Them spangs ma'*.

In order to further the effort, King Rabten Kunzang phag earmarked one-third of his kingdom's annual income to sustain and perpetuate the reproductions of *Kangyur* and *Tengyur*. The second rGyal rtse King, Tashi Rabten (b.1427), compiled *Dam pa chos kyi 'byung gnas*,[5] a supplement to the previously published project directives. The decision to dedicate the case was made in the year of the Fire-Rat (1456). His directives clearly stipulated that the income would be used to pay for all of the major and minor expenses relating to the project, including materials such as gold and paper, as well as copyists for the *Kangyur*, in addition to vermillion, ink, paper, wooden cover-planks, copyists, proofreaders, and a stipend for the costs relating to the production of the *Tengyur*. A project to publish 13 volumes of the *Kangyur* annually, each containing 360 folios written in gold, and 13 volumes of the *Tengyur*, each containing 407 folios in ink, was then undertaken. This marked the continuation of an ongoing project to reproduce the Buddha's doctrinal teachings and

---

4 Dung dkar Blo bzang 'phrin las. *Dung dkar tshig mdzod chen mo*. Krung go'i bod rig pa'i dpe skrun khang, sTod cha, p. 1281 says that it is still preserved in the right chamber of rGyal rtse Lha khang chen mo.

5 'Jigs med grags pa? *rGyal rtse chos rgyal gyi rnam par thar pa dad pa'i lo thog dngos grub kyi char 'bebs*. Bod ljongs mi rigs dpe skrun khang, p. 297, 1987.

writings.

During King Tashi Rabten's lifetime, in the year of the Iron-Ox (1481), a biographical account of King Rabten Kunzang phag and King Tashi Rabten titled *Dad pa'i lo thog dngos grub kyi char 'bebs*, was composed. Even before its publication, records show that master Chosphel, and later Geshe Dubpa, oversaw the publication of a whole set of *Kangyur* each; Geshe Sonam Dhondub oversaw the publication of one full and one half set of the *Kangyur*, and Geshe Choskyi Gyaltshan completed the remaining unfinished half set of the *Kangyur*. In total, they managed to produce four sets of the *Kangyur* in pure gold, and two sets of the *Tengyur* in plain ink.[6] These sets of the *Kangyur* have become the precursors for many later editions of the *Kangyur*.

One set of the *Kangyur*, which runs to 114 volumes and was presented by the Great Fifth Dalai Lama to the first incarnation of Rje btsun Dampa Lobsang Tenpey Gyaltshan in around 1671, is now preserved in the National Library of Mongolia, Ulan Bator. Another set, published by King Nyima Naṃgyal of Ladakh (1691–1729), is preserved at Tog Palace iṇ Ladakh.[7] In 1712, during the tenure of the sixth abbot of Latod Shelkar Chosde Monastery Ngawang Gedun, generous patrons including Dorlek Namgyal commissioned the publication of a complete set of the *Kangyur*. Later, the physician L. A. Waddell who accompanied the British Expedition of 1904 to Lhasa, carried the version to Great Britain, where it is currently held at the British Library in London.[8] Yet another set of the *Kangyur* was published under the aegis of Demo Lobsang Thubten Jigme Gyatsho and Ngawang Lobsang Trinley between 1858 and 1878. It was later taken by the Japanese traveller Ekai Kawaguchi and is currently preserved in the Toyo Bunko, Oriental Library.[9] Although the four sets of the *Kangyur* have sections classified as 'Dul ba, Sher phyin, mDo sde, rGyud, and so forth, each is compiled in a different order. Despite their differences, it is generally agreed that all of the copies were based on the *Them spangs ma* edition, and thus do not warrant a great deal of further enquiry.

These four sets appear to have been largely based on the four golden editions published by King Tashi Rabten, or perhaps later editions based on the four golden sets, and are not directly based on the golden editions previously published by King Rabten kunzang Phag.

This can be determined when looking at the naming of translators in the colophon of *De*

---

6 'Jigs med grags pa? *rGyal rtse chos rgyal gyi rnam par thar pa dad pa'i lo thog dngos grub kyi char 'bebs*. Bod ljongs mi rigs dpe skrun khang, p. 297, 1987.

7 See *A Catalogue of the sTog Palace Kanjur* by Tadeusz Skorupski. Tokyo, The International Institute for Buddhist Studies (Bibliographia Philologica Buddhica, Series Maior IV), 1985.

8 See Jampa Samten & Peter Skilling. "On the date of the Śel dkar (London) Manuscript bKa' 'gyur" and *Location List to the Texts in the Microfiche Edition of the Śel dkar (London) Manuscript bKa' 'gyur* by Ulrich Pagel & Séan Gaffney. The British Library, 1996.

9 See "Kawaguchi Ekai shi Shōrai Tōyō Bunko Shozō Shahon Chibetto Daizōkyō Chōsa Bibō (A Study of the Hand-written Copy of the Tibetan Kanjur from rGyal-rtse)" by Kojun Saito. 1977. *Taishō Daigaku Kenkyū kiyō, Memoirs of Taishō University* 63 (Sept.), pp. 406(l)–345(62), 1977.

*bzhin gshegs pa thams cad kyi khro bo'i rGyal po mi g.yo ba de'i stobs dpag tu med pa rtul phod pa 'dul bar gsungs pa'i rtog pa* in vol. Ta of all the four sets of *Kangyur*, we can see, in addition to the previous colophon, the lines: 'The text has been well-translated and edited by the monk-translator Choskyong Zangpo, in close consultation with the Indian text, and at the request of the pious King Tashi Rabten. Also during the reign of King Tashi Rabten, another monk, Ananda Mangalam, edited and amended the text at Palkhor Chosde Monastery in close comparison with the Indian manuscripts from Vikramashila'.

The three volumes of the *rNying rgyud*, the earlier translations of Tantra appended in the Tshal pa edition of the Kangyur, are not found in the *Them spang ma* edition. However, the 114 volume *Them spangs ma* edition of the *Kangyur*, preserved at the National Library of Mongolia contains these three volumes of *Nyingma Tantras*, which were later inserted by the Fifth Dalai Lama. There have been various cases of the Fifth Dalai Lama appending the three volumes to already extant editions of the Kangyur. For example, in the year of the Water-Rat (1672), under the direction of regent Lobsang Thutop and the supervision of Nyugpa Dhondup Dorjee and Drilung Wangyal, the chief copyist from Ae Choslung Karmo, along with other copyists, reproduced the Them spangs ma Kangyur with the addition of three volumes of *rNying rgyud* (the Nyingma Tantras).

In the same year, Tibetan Regent Lobsang Thutop oversaw the publication of another two sets of the *Them spangs ma Kangyur*, appended with three volumes of r*Nying ma rgyud 'bum*, at Shangs rnam rgyal and Lhun grub rtse respectively. When Ngawang Tashi, a reincarnate lama of Kongpo Drakchi, presided over the annual Shamatha meditation session at dPal 'khor bde chen monastery in Nyang stod in the year of the Water-Ox (1673), he had published a complete set of the *Kangyur*,[10] including not only the three-volume *rNying ma rgyud 'bum*, but all the later translations as well. The Fifth Dalai Lama wrote the work's dedicational prayers (smon tshig).

The biography of the First Rje btsun Dampa recounts the sending of Nyerpa Bindu Nangso to U-tsang in 1671, in order to extend offerings and respect to the Dalai Lama, Panchen Lama, and to offer tea and donations to major and minor monasteries in Tibet. The biography also recounts how the Lhasa government then brought a premium edition of *Them spang ma* from rGyal rtse. It can thus be concluded that Nyerpa Bindu Nangso was sent to Tibet and that he brought a set of *Them spangs ma Kangyur* to Mongolia on his return. However, the date of Nyerpa Bindu Nangso's return from Tibet is not recorded in the biography.

Based on the biography, we know that Nyerpa Bindu Nangso sought an audience with and extended greetings to the Great Fifth Dalai Lama and the spiritual father and son Panchen Lama. He then gave tea and offerings at major and minor monasteries, that might

---

[10] Ngag dbang blo bzang rgya mtsho'i *Tham phud. Collected Works of Fifth Dalai Lama*, Lhasa edition, vol. Ma, pp. 300b2, 312a and vol. Tsa, pp. 6a4, 18a5, 44a6-44b5.

have taken him in for at least a few months. After spending the winter in Tibet, he prepared to return to Mongolia the following year, at which point the Tibetan government gave him one of the three sets of the *Them spangs ma Kangyur*, as well as a volume of *rNying rgyud* commissioned by then regent Lobsang Thutop. The volumes were given to the kingdom of Mongolia as a token of the cordial relationship, and thus taken with the official back to Mongolia. It also seems that the set of the *Kangyur* carried to Mongolia by its royal treasurer Bindu was one of many sets of the *Kangyur* that were appended with the three-volume *rNying rgyud,* which were published in great number during the reign of the Fifth Dalai Lama. Each set contained a total of 114 volumes. The sets of the Kangyur commissioned by Regent Lobsang Thutop in 1672 are among the earliest of the *Them spangs ma Kangyur* that were appended with three volumes of *rNying rgyud* and published during the period of the Great Fifth Dalai Lama.

The earliest available records describing the production of the Kangyur are based on the *Them spangs ma* edition and appended with three volumes of *rNying rgyud*. They refer to the work's publication by regent Lobsang Thutop in the year of the Water-Rat (1672). Therefore, whether this set of *Kangyur* is one of the earliest versions that includes the three volumes of *rNying rgyud* and was published by the Great Fifth Dalai Lama and regent Sangye Gyatso seems possible.

When the *Kangyur* set was transported from Tibet, it did not contain any covering catalogues. Whether an original catalogue existed, or whether it has been lost is unknown. An incomplete handwritten *dKar chag*, later compiled in Mongolia, was largely based on *Thob yig Jaya Paṇḍita*. It contained four short texts: Gser gyi mdo, Rigs lnga'i bkris, Te'i lo pa'i rtog pa, and rMa bya chen mo gzungs bar gyur pa'i gzungs. These are found only in *Jaya Paṇḍita's Thob yig*, and not in the actual volume of the Kangyur. The hand-list arranged the texts in the same order as the *Thob yig of Jaya Paṇḍita*. It is: *'Dul ba, Sher phyin, Phal chen, dKon brtsegs, mDo sde, Myang 'das, rNying rgyud,* and *rGyud*.

In 1982, Hungarian scholar Géza Bethlenfalvy compiled and published a complete Hand-list[11] based on the incomplete handwritten dKar chag and Jaya Paṇḍita's Thob yig. The Mongolian National Library set of the *Kangyur* has been physically arranged today according to Bethlenfalvy's catalogue. However, three volumes (the *rGyad stong pa*, *Sher phyin sna tshogs*, and volume *Ga* from *the mDo sde* section) are missing from the *Them spangs ma Kangyur* manuscript preserved at the National Library of Mongolia, meaning it contains a total of 111 volumes in all.

Of the four sets of the *Kangyur* based on the *Them spangs ma* edition, the oldest is currently preserved in Mongolia. We know this because typological and spelling errors, and use of archaic terms were edited and corrected in the three later editions, although many

---

[11] Géza Bethlenfalvy. *A Hand-list of the Ulan Bator Manuscript of the Kanjur Rgyal-rtse Them spaṅs-ma.* Akadémiai Kiadó, Budapest, 1982.

errors still persist due to printing mistakes and editorial oversight. The early editions, such as that preserved in Mongolia, occasionally employ old diction and styles of expression, which makes these editions unique and invaluable materials for the study of the evolution of the *Kangyur* in Tibet.

Varanasi, India Jampa Samten

# རྒྱལ་སྲས་ཐེམ་སྤངས་མའི་བཀའ་འགྱུར་གྱི་ངོ་སྤྲོད།

རྒྱལ་སྲས་ཆོས་རྒྱལ་རབ་བརྟན་ཀུན་བཟང་འཕགས་ (༡༣༨༩~༡༤༣༩?) ཀྱིས་ཕྱི་ལོ་ ༡༤༡༨ ལོར་རྒྱལ་སྲས་དཔལ་འཁོར་ཆོས་སྡེ་ཆེན་པོ་གསར་དུ་བཏབ། དེ་རྗེས་ལྷ་ཁང་ཆེན་མོ་དང་། སྐུ་འབུམ་མཆོད་རྟེན་སོགས་སྐུ་གསུང་ཐུགས་རྟེན་མང་དུ་བསྟུད་མར་བཞེངས་ཤིང་ཆོས་རྒྱལ་རང་ཉིད་དགུང་གྲངས་བཞི་བཅུ་ཞེ་གསུམ་བཞེས་པ་ལྕགས་མོ་ཕག་སྟེ་ཕྱི་ལོ་ ༡༤༣༡ ལོར་བདེ་བར་གཤེགས་པའི་གསུང་རྟེན་བཀའ་བོད་ཡུལ་དུ་འགྱུར་རོ་ཅོག་དང་། ཆུ་ཕོ་བྱི་བ་སྟེ་ཕྱི་ལོ་ ༡༤༣༢ ནས་དེའི་དགོངས་འགྲེལ་གྱི་བསྟན་བཅོས་འགྱུར་རོ་ཅོག་རྣམས་ཐུགས་དམ་དུ་བཞེངས་པའི་ཁྲིགས་ཆགས་མཛད། སྐྱེ་མོ་ནས་ཡི་གེའི་མཁན་པོ་དཔོན་མོ་ཆེ་སངས་རྒྱས་རྒྱལ་མཚན་དཔོན་སློབ་རྣམས་ཀྱིས་ཐོག་མར་དཀོན་མཆོག་བརྩེགས་པ་དང་། ཡུམ་བར་པ་ཉི་ཁྲི་བཞེངས་པ་ནས་བཀའ་འགྱུར་སྐུ་ཁྲིས་ཚར་གཅིག་བཞེངས། དེ་རྗེས་མེ་ཕོ་འབྲུག་ཕྱི་ལོ་ ༡༤༣༦ ནས་བཀའ་འགྱུར་གསེར་ཁྲིས་བཞེངས་པའི་རྒྱུན་བཙུགས་ནས་ཆོས་རྒྱལ་རང་ཉིད་ཀྱི་སྐུ་ཚེའི་རིང་བཀའ་འགྱུར་སྐུ་ཁྲིས་ཚར་གཅིག་དང་། གསེར་ཁྲིས་ཚར་གཅིག་བཞེངས། དེ་ལྟར་བཞེངས་པའི་བཀའ་འགྱུར་གསེར་ཁྲིས་ལ་ཆོས་ཀྱི་རྣམ་གྲངས་དུ་བཞུགས་པ་དང་། གོ་རིམ་དང་དུམ་གྲངས་ལ་སོགས་པ་ནི་རྒྱལ་སྲས་ཀྱི་བཀའ་བསྟན་གྱི་དཀར་ཆག་ཤོག་ལེའུ་མར་[1]གསལ་བར་གསུངས་པ་ལྟར་གཤམ་དུ་བརྗོད་པར་བྱ་སྟེ། ཐེག་པ་ཆེན་པོའི་མདོ་སྡེ་དགོངས་འགྲེལ་དུ་རྣམ་འདྲེན་བཞི་པ་ཤཱཀྱ་ཐུབ་པས་ཆོས་ཀྱི་འཁོར་ལོ་རིམ་པ་གསུམ་བསྐོར་བའི་ཚུལ་རྒྱས་པར་གསུངས་པ་དང་མཐུན་པར་བུ་སྟོན་རིན་ཆེན་གྲུབ་ལ་སོགས་པ་སྔོན་བྱོན་བོད་ཀྱི་མཁས་པ་དག་གིས་བཀའ་འགྱུར་གྱི་ཆོས་ཀྱི་རྣམ་གྲངས་གོ་རིམ་དུ་འགོད་པ་ཡང་འཁོར་ལོ་རིམ་པ་གསུམ་གྱི་གོ་རིམ་ལྟར་བསྒྲིགས་པར་མཛད། དེ་ཡང་ཐོག་མར་འཁོར་ལོ་དང་པོར་གཏོགས་པའི་ཆོས་འདུལ་བ་ལུང་སྡེ་བཞི། དེ་རྗེས་འཁོར་ལོ་བར་པར་གཏོགས་པའི་ཆོས་ཤེར་ཕྱིན་གྱི་མདོ་སྡེ་ཡུམ་སྲས་བཅུ་བདུན། དེ་ནས་འཁོར་ལོ་གསུམ་པར་གཏོགས་པའི་ཆོས་ཐེག་པ་ཆེན་པོའི་མདོ་སྡེ་དང་། སྔགས་ཀྱི་རྒྱུད་སྡེ་བཅས་རིམ་པར་བསྒྲིགས། ཐེག་པ་ཆེན་པོའི་མདོ་སྡེ་ལའང་ནང་གསེས་ཀྱི་གོ་རིམ་ནི། ཕལ་ཆེན། དཀོན་བརྩེགས། མདོ་སྡེ་སྣ་ཚོགས་དང་། སྔགས་ཀྱི་རྒྱུད་སྡེ་ལའང་ནང་གསེས་ཀྱི་གོ་རིམ་ནི། བྱ་རྒྱུད། སྤྱོད་རྒྱུད། རྣལ་འབྱོར་རྒྱུད། རྣལ་འབྱོར་བླ་མེད་ཀྱི་རྒྱུད་བཅས་རྒྱུད་སྡེ་བཞི་རིམ་ཅན་དུ་བསྒྲིགས།

---

[1] འཇིགས་མེད་གྲགས་པ། ? རྒྱལ་སྲས་ཆོས་རྒྱལ་གྱི་རྣམ་པར་ཐར་པ་དད་པའི་ལོ་ཐོག་དངོས་གྲུབ་ཀྱི་ཆར་འབེབས། བོད་ལྗོངས་མི་རིགས་དཔེ་སྐྲུན་ཁང་། ༡༩༨༧ ཤོག ༡༧༠ ནས་ ༡༨༡ བར།

བཀའ་འགྱུར་གྱི་ཆོས་ཀྱི་རྣམ་གྲངས་གོ་རིམ་དུ་བསྒྲིགས་ཚུལ་འདི་ལ་སྐྱེས་བུའམ་སློབ་མའི་ཆོས་ལ་འཇུག་པའི་རིམ་པ་དམན་པ་དང་མཆོག་གི་གོ་རིམ་ཞེས་གྲགས། བུ་སྟོན་གྱིས་ཁོང་ཉིད་ཀྱི་ཆོས་འབྱུང་དུ་བཀའ་བསྟན་གྱི་དཀར་ཆག་བསྒྲིགས་པར་མཛད་པའི་གོ་རིམ་དང་། ཐང་ཆེན་པ་ཀུན་དགའ་འབུམ་ལ་སོགས་པས་ཞལ་བཀོད་དང་ཞུས་དག་མཛད་པའི་ཚལ་པ་བཀའ་འགྱུར་གྱི་ཆོས་ཀྱི་རྣམ་གྲངས་ཀྱི་གོ་རིམ་ནི་འདི་དང་མཐུན་པར་དམན་དང་མཆོག་གི་གོ་རིམ་ལྟར་བཞུགས་ཡོད། གོ་རིམ་དེ་ལས་གོ་ལྡོག་པ་ལ་ནི། བཀའ་ཡི་མཆོག་དང་དམན་པའི་གོ་རིམ་ཞེས་གྲགས། དེ་ལྟར་གོ་རིམ་གཉིས་སུ་གསུངས་པ་ལས། འདིར་རྒྱལ་རྩེ་ཐེམ་སྤངས་མའི་བཀའ་འགྱུར་གྱི་ཆོས་ཀྱི་རྣམ་གྲངས་ཀྱི་གོ་རིམ་ནི་མཆོག་དང་དམན་པའི་གོ་རིམ་དུ་བཞུགས་པ་གཤམ་དུ་གསལ་བ་ལྟར་ཡིན།

༡ དང་པོར་རྒྱལ་བའི་བཀའ་ཡི་མཆོག་གྱུར་པ་རྣལ་འབྱོར་བླ་མེད། རྣལ་འབྱོར་རྒྱུད། སྤྱོད་པའི་རྒྱུད། བྱ་རྒྱུད་བཅས་རྒྱུད་སྡེ་བཞི་རིམ་ཅན་དུ་བཞུགས་པ་ལ་རྒྱུད་གྲངས་༣༩༨བཞུགས་པ་ལ། པོད་གྲངས། ༡༨

༢ སངས་རྒྱས་ཕལ་པོ་ཆེ། པོད་གྲངས། ༦

༣ དཀོན་མཆོག་བརྩེགས་པ། པོད་གྲངས། ༦

༤ མདོ་སྡེ་སྣ་ཚོགས། པོད་གྲངས། ༣༧

༥ མྱང་འདས། པོད་གྲངས། ༣

བཅས་ཁྲིན་ཆོས་འཁོར་གསུམ་པའི་བཀར་གཏོགས་པ་པོད་གྲངས། ༥༢ བཞུགས།

༦ ཤེར་ཕྱིན།

༡ ཤེར་ཕྱིན་སྟོང་ཕྲག་བརྒྱ་པ། (འབུམ) པོད་གྲངས། ༡༦

༢ ཉི་ཁྲི་ལྔ་སྟོང་། པོད་གྲངས། ༤

༣ ཁྲི་བརྒྱད་སྟོང་པ། པོད་གྲངས། ༣

༤ ཤེས་རབ་ཁྲི་པ། པོད་གྲངས། ༢

༥ བརྒྱད་སྟོང་། པོད་གྲངས། ༡

༦ ཤེར་ཕྱིན་སྣ་ཚོགས། པོད་གྲངས། ༡

བཅས་ཁྲིན་འཁོར་ལོ་བར་པའི་བཀར་གཏོགས་པའི་ཤེར་ཕྱིན་པོད་གྲངས། ༢༧ བཞུགས་སོ།

༧ འདུལ་བ། འཁོར་ལོ་དང་པོའི་བཀར་གཏོགས་པ་འདུལ་བ་ལ། པོད་གྲངས་ ༡༩ བཅས་ཁྲོན་བསྡོམས་བཀའ་འགྱུར་པོད་གྲངས་ ༡༡༡ གི་བདག་ཉིད་ཅན་[2] རིན་ཆེན་གསེར་གྱིས་མཐིང་ཤོག་ངོས་དག་ལ་གནྡའི་ཆུ་རྒྱུན་བཞིན་དུས་ཆད་པ་མེད་པར་འགོད་པའི་ཕུན་སུམ་ཚོགས་པའི་བྱ་བ་ལེགས་པར་གྲུབ་པར་མཁས་གྲུབ་བོ་དོང་ཕྱོགས་ལས་རྣམ་རྒྱལ་གྱི་ཞལ་སྔ་ནས་རབ་ཏུ་བསྐུགས་པར་མཛད།

ཆོས་རྒྱལ་ཀུན་བཟང་རབ་བརྟན་དགུང་གྲངས་ལྔ་བཅུ་ང་གཅིག་བར་གྱི་རྣམ་ཐར་བོ་དོང་ཕྱོགས་ལས་རྣམ་རྒྱལ་ལམ་འཇིགས་མེད་གྲགས་པས་ (༡༣༧༥~༡༩༥༡) མཛད་པ་ <ཧྣཱསྨྲཏྭཧའི་རིན་པོ་ཆེའི་འཕྲེང་བ་སྙི་དགུ་མཛེས་པར་བྱེད་པའི་མགུལ་རྒྱན།> ཞེས་བྱ་བ་ཆོས་རྒྱལ་གྱི་ཆེ་བའི་ཡོན་ཏན་ལ་རབ་ཏུ་བསྔགས་པ་ཚིགས་བཅད་མ་བརྒྱ་མས། རྣམ་ཐར་ཚིགས་བཅད་མ་སོར་བཞག་ཐོག་ཆོས་རྒྱལ་གྱི་སྐུ་ཆེ་བའི་ཡོན་ཏན་བརྗོད་པའི་སྐབས་རྣམས་རྗེ་གྲུབ་ཆེན་རྟོགས་པ་དང་བྱང་བཙུན་ནམ་མཁའ་མགོན་གྱིས་མཛད་པའི་སྔོན་གྱི་ཡིག་ཚང་ཁུངས་བཙུན་རྣམས་གཞིར་བྱས། བར་དུ་དོན་གཉིས་ཀྱི་བྱ་བ་མཐར་ཕྱིན་པ་མཛད་པའི་ཚུལ་རྣམས་གཙུག་ལག་ཁང་ཆེན་མོ་དང་། ཕྱག་དམ་མཐོང་གྲོལ་ཆེན་མོའི་དཀར་ཆག་གཙོ་བོར་བྱས། དེ་རིམ་ཚུད་པ་ཙུང་ཟད་ནོར་འཁྲུལ་བྱུང་བ་རྣམས་སྔོན་གྱི་ཀྲིམ་ཆེ་ཡིད་བརྟན་དུ་རུང་བ་རྣམས་ལ་ལེགས་པར་བརྟགས་ཤིང་དཔྱད་ནས་ཆོས་རྒྱལ་ཀུན་བཟང་རབ་བརྟན་འཕགས་དང་ཆོས་རྒྱལ་གཉིས་པ་བཀྲིས་རབ་བརྟན་ཟུང་གི་རྣམ་ཐར། <དད་པའི་ལོ་ཐོག་རྒྱས་བྱེད་དངོས་གྲུབ་ཆར་འབེབས།> ཞེས་བྱ་བ་ལུགས་མོ་གླང་ཕྱི་ལོ་ ༡༩༨༡ ལོར་འཕྲད་ལྡན་དུ་བསྒྲིགས་པའི་ཚུལ་དེ་ཉིད་ཀྱི་མཇུག་བྱང་དུ་གསལ་བར་གསུངས། <རྣམ་ཐར་དད་པའི་ལོ་ཐོག་རྒྱས་བྱེད་དངོས་གྲུབ་ཆར་འབེབས།> ཞེས་བྱ་བ་ཕྱོགས་བསྒྲིགས་བྱེད་པོའི་མཚན་གསལ་ཁ་མེད་ཀྱང་བོ་དོང་འཇིགས་མེད་གྲགས་པ་མིན་པ་གོང་གི་མཇུག་བྱང་ལས་རྟོགས་ནུས་པས་རྣམ་ཐར་དེ་ཉིད་དུ་ལམ་བོད་ལྗོངས་མི་དམངས་དཔེ་སྐྲུན་ཁང་ནས་

2 སྔེ་སྲིད་སངས་རྒྱས་རྒྱ་མཚོའི་མཆོད་སྡོང་འཛམ་གླིང་རྒྱན་གཅིག་གི་དཀར་ཆག བོད་ལྗོངས་མི་རིགས་དཔེ་སྐྲུན་ཁང་། ༡༨༨༠ ཤོག ༩༣༨ པར་ལོ་ཆེན་ཐུགས་རྗེ་དཔལ་གྱིས་བསྒྲིགས་པའི་དཀར་ཆག་གི་གོ་རིམ་ནི། རྒྱུད། པོད་ ༡༢ མདོ་མང་། པོད་ ༣༧ མྱང་འདས། པོད་ ༣ འདུལ་བ། པོད་ ༡༩ ཤེར་ཕྱིན་འབུམ། པོད་ ༡༣ ཉི་ཁྲི། པོད་ ༩ ཉི་ཤུ་པ། པོད་ ༢ བརྒྱད་སྟོང་པ། པོད་ ༡ ཁྲི་སྣ་ཚོགས། པོད་ ༡ ཕལ་ཆེན། པོད་ ༨ དཀོན་བརྩེགས། པོད་ ༨ བཅས་ཁྲོན་པོད་ ༡༡༡ ཡོད་པར་བཤད།

ཡང་ཕྱི་ལོ་ ༡༧༡༣ ལོར་ཤེལ་དཀར་དུ་ཁྲིས་པའི་ཐེམ་སྤྱངས་མའི་བཀའ་འགྱུར་དཀར་ཆག *དམ་ཆོས་གསལ་སྒྲོན་* དུ་གོ་རིམ། རྒྱུད་འབུམ། པོད་ ༡༢ མདོ་སྡེ། པོད་ ༣༧ མྱང་འདས། པོད་ ༣ ཤེར་ཕྱིན་འབུམ། པོད་ ༡༨ ཉི་ཁྲི། པོད་ ༩ ཁྲི་བརྒྱད། པོད་ ༣ ཤེས་ཁྲི། པོད་ ༢ བརྒྱད་སྟོང་། པོད་ ༡ ཁྲི་སྣ་ཚོགས། པོད་ ༡ ཕལ་ཆེན། པོད་ ༨ དཀོན་བརྩེགས། པོད་ ༨ བཅས་ཁྲོན་པོད་ ༡༡༡ ཡོད་པར་བཤད་པ་དག་ལས་འཇིགས་མེད་གྲགས་པའམ་བོ་དོང་ཕྱོགས་ལས་རྒྱལ་གྱིས་མཛད་པའི་རྒྱལ་རྩེ་བཀའ་བསྟན་དཀར་ཆག་ཚིག་ལེའུ་མ་ནི་བཀའ་འགྱུར་དང་དུས་མཚུངས་དང་སྔ་ཤོས་ཡིན་པས་ཚད་འཛིན་འོས་པར་སྙམ་མོ། ༎༄༎

ཕྱི་ལོ་ ༡༨༢༧ ལོར་དཔར་བསྐྲུན་ཞུས་པར་མཛད་པ་པོ་འཇིགས་མེད་གྲགས་པ་བཀོད་པ་མ་དག་པ་ཡིན། དེ་བཞིན་བསོད་ནམས་རྒྱ་མཚོ་དང་ནོར་བུ་སྐྱོལ་དཀར་གྱིས་བསྒྲིགས་པའི་ <བསྟན་རྩིས་ཀ་ཕྲིན་ལག་དེབ།> ཅེས་བྱ་བ་མི་རིགས་དཔེ་སྐྲུན་ཁང་ནས་ཕྱི་ལོ་ ༢༠༠༠ ལོར་དཔར་བསྐྲུན་བྱས་པ་དེར་ཡང་། བོ་དོང་པཎ་ཆེན་འཇིགས་མེད་གྲགས་པས་རབ་བྱུང་བདུན་པའི་ལྕགས་མོ་གླང་ཕྱི་ལོ་ ༡༩༢༡ ལོར་ཆོས་རྒྱལ་ཀུན་བཟང་རབ་བརྟན་འཕགས་ཀྱི་རྣམ་ཐར་བརྩམས་པར་བཤད་པ་འཐད་པར་མི་སྣང་སྟེ། རྣམ་ཐར་དེ་ཉིད་ཀྱི་ཤོག་གྲངས་ ༢༡༨ པར་ས་མོ་ལུག་ཕྱི་ལོ་ ༡༩༣༨ ཧྣཛྨརཇ་དགུང་ལོ་ལྔ་བཅུ་ང་གཅིག་བཞེས་པ་ནས་ཉེ་གནས་ཆོས་སྐྱོང་དཔལ་གྱིས་ལོ་བརྒྱད། དེ་རྗེས་ཆོ་རྒྱལ་གྱི་ལོ་བཅོ་བརྒྱད། ད་ལྷ་ཉེ་གནས་ལས་ཐོག་ན་ཡོད་པ་དཔལ་ལྡན་བཟང་གིས་ལྕགས་མོ་གླང་འདི་ཕན་ལ་ལོ་བཅུ་བདུན་སོང་། ཞེས་པའི་ཡིག་ཕྲེང་རྣམས་ལ་ཞིབ་དཔྱད་ཀྱིས་བརྩིས་ན་ལྕགས་གླང་འདི་ཕྱི་ལོ་ ༡༩༢༡ འཁེལ་བ་ལེགས་པར་རྟོགས་ནུས་སོ། <རྣམ་ཐར་དད་པའི་ལོ་ཐོག་རྒྱས་བྱེད་དངོས་གྲུབ་ཆར་འབེབས་> དེ་ཉིད་དུ་བོ་དོང་ཕྱོགས་ལས་རྣམ་རྒྱལ་ལམ་འཇིགས་མེད་གྲགས་པས་མཛད་པའི་<རྣམ་ཐར་རིན་པོ་ཆེའི་འཕྲེང་བ་སྐྱེ་དགུ་མཛེས་པར་བྱེད་པའི་མགུལ་རྒྱན་> གྱི་ཚིགས་བཅད་མང་པོ་སྦྱར་ཕྱིར་དྲངས་པའི་གྲས་སུ་རྒྱལ་རྩེ་བཀའ་བསྟན་གྱི་དཀར་ཆག་ཚིགས་བཅད་མ་ཡང་ཤོག་གྲངས་ ༡༧༠ ནས་ ༡༢༡ བར་གསལ།

བཀའ་འགྱུར་གསེར་བྲིས་འདི་བཞེངས་སྐབས་ལོ་རེར་པོད་གྲངས་བཅོ་བརྒྱད་རེ་བཞེངས་ཚུལ་ཆོས་རྒྱལ་ཉིད་ཀྱི་གསུང་རྣམ་དུ་གསལ་བར་དཔགས་ན་མི་འགྲུབ་ ༡༩༣༦ ལོར་བཞེངས་པའི་རྒྱུན་བཙུགས་པ་ནས་༡༩༩༡ ཙམ་ལ་ལེགས་པར་གྲུབ་པར་སྣང་ངོ་། དེ་ལྟར་རྒྱལ་རྩེ་ཆོས་རྒྱལ་རབ་བརྟན་ཀུན་བཟང་འཕགས་ཀྱིས་བཀའ་འགྱུར་ཚར་གཉིས་དང་། བསྟན་འགྱུར་ཚར་གཅིག་བཞེངས་པ་དང་། དེའི་རྒྱུན་ཇི་སྲིད་བསྐལ་པ་མ་སྟོང་ཀྱི་བར་དུ་རྒྱུན་མི་ཆད་པར་སྐྱོབ་པའི་མཐུན་རྐྱེན་དུ་རྒྱལ་རྩེའི་ཡོང་སྐོའི་སུམ་ཆ་གཅིག་ཟུར་བཅད་གཏན་འབེབས་མཛད། རབ་བརྟན་ཀུན་བཟང་འཕགས་ཀྱིས་བཀའ་འགྱུར་བཞེངས་པའི་ཁྲིགས་ཆགས་སུ་བསྒྲིགས་ནས་དཀར་ཆག་འགོད་པ་དང་། ཞུས་དག་གི་བྱ་བ་རྣམས་སུས་མཛད་པ་དང་། སྟོན་གྱི་བཀའ་འགྱུར་གང་ལ་ཕྱི་མོ་བཅོལ་པའི་སྐོར་ཆོས་རྒྱལ་རྣམ་ཐར་དུ་གསལ་ཁ་མེད། སི་ཏུ་ཆོས་ཀྱི་འབྱུང་གནས་ཀྱིས་བསྒྲིགས་པའི་སྡེ་དགེ་བཀའ་འགྱུར་དཀར་ཆག་སོགས་དེབ་ཐེར་འགར་སྣར་ཐང་གི་བཀའ་འགྱུར་ལ་མ་ཕྱི་བྱས་ཏེ་བཞེངས་པའི་རྒྱལ་རྩེའི་བཀའ་འགྱུར་ཐེམ་སྤྱངས་མའི་ཞུས་དག་བུ་སྟོན་རིན་ཆེན་གྲུབ་ཀྱིས་མཛད་ནས་དཀར་ཆག་ཀྱང་བསྒྲིགས། ཞེས་གསུངས་ཀྱང་རྒྱལ་རྩེའི་བཀའ་འགྱུར་བཞེངས་སྐབས་བུ་སྟོན་འདས་ནས་ལོ་དྲུག་བཅུ་རེ་བདུན་ཙམ་སོང་

ཟིན་པས་བུ་སྟོན་ཡིན་སྣང་ངས་མེད། རྒྱལ་བ་ལྔ་པའི་ཐམ་ཡིག་[3]དུ་སི་ཏུ་དགེ་བའི་བློ་གྲོས་ཀྱིས་དཀར་ཆག་ཏུ་བཀོད་པའི་ཚུལ་པ་བཀའ་འགྱུར་དང་དུས་མཚུངས་སུ་ཉང་སྨད་ཞྭ་ལུ་གསེར་ཁང་དུ་བུ་སྟོན་རིན་པོ་ཆེས་ཆོས་ཀྱི་འབྱུང་གནས་རིན་པོ་ཆེའི་མཛོད་བསྒྲིགས་པར་བརྟེན་བཀའ་འགྱུར་ཐེམ་སྤྲངས་མ་ཞེས་བྱུང་། ཞེས་བུ་སྟོན་ཆོས་འབྱུང་གི་གོ་རིམ་དང་མཐུན་པར་བཀའ་འགྱུར་ཐེམ་སྤྲངས་མ་བཞེངས་པར་གསུངས་པ་ཡང་ལོ་རྒྱུས་དངོས་དང་མཐུན་པར་མི་སྣང་།

སྡེ་སྲིད་སངས་རྒྱས་རྒྱ་མཚོས་བསྒྲིགས་པའི་ <མཆོད་སྡོང་འཛམ་གླིང་རྒྱན་གཅིག་གི་དཀར་ཆག་> ཏུའང་བུ་སྟོན་ཆོས་འབྱུང་དང་སྒྲིག་རྫོམ་མི་མཐུན་ཅིང་། གངས་ཅན་གྱི་ལྗོངས་སུ་བསྟན་པ་ཕྱི་དར་བཀའ་འགྱུར་ཕྱོགས་གཅིག་ཏུ་བསྒྲིགས་པའི་ཐོག་མ་ཡིན་པ་དཔལ་སྣར་ཐང་གི་དཀར་ཆག་དང་ཡང་མ་མཐུན་པས་ན་རྒྱལ་རྩེ་ཐེམ་སྤྲངས་མའི་དཀར་ཆག་མཛད་པ་པོ་ལོ་ཆེན་ཐུགས་རྗེ་དཔལ་ཡིན་པར་མངོན། ཞེས་གསུངས་པ་དང་། ཡང་ཆོས་རྒྱལ་རྣམ་ཐར་དུའང་ཆོས་རྒྱལ་གྱིས་ས་མོ་ལུག་སྟེ་ཕྱི་ལོ་ ༡༩༣༨ ལོར་སྔོན་བུ་སྟོན་རིན་ཆེན་གྲུབ་ (༡༢༨༠~༡༣༤༩) ཀྱིས་རྒྱུད་སྡེ་ཆེན་པོ་བཞིའི་གཟུངས་རྣམས་ཕྱོགས་གཅིག་ཏུ་བསྡུས་ཤིང་དག་པར་མཛད་ནས་གཟུངས་འབུམ་གླེགས་བམ་དུ་བཞུགས་པའང་དུས་ཀྱི་དབང་གིས་ཅུང་ཟད་ཉམས་པར་གྱུར་པ་སླར་གསོ་བ་དང་། དེར་མ་ཚུད་པའི་གཟུངས་མདོ་རྒྱུད་ཁུངས་མ་རྣམས་ན་བཞུགས་པའང་གསར་དུ་བཙུག་པའི་གཟུངས་འབུམ་གསར་དུ་བཞེངས་པའི་རྒྱུན་ཡུན་དུ་གནས་ཤིང་སྤེལ་བའི་ཕྱིར་དཔལ་འཁོར་ཆོས་སྡེ་ཆེན་པོར་ཡི་གེ་རྣམས་ལྗོན་ཤིང་ངོས་ལ་ལྕགས་མོ་བྱ་སྟེ་ཕྱི་ལོ་ ༡༩༩༡ ལོར་བརྐོས་སྐབས་དེར་མ་ཚུད་པའི་གཟུངས་གསར་བཙུག་དག་ཞུས་ཀྱི་བྱ་བའི་འགན་བཞེས་ཤཱཀྱའི་དགེ་སློང་སྐད་གཉིས་སྨྲ་བ་ཐུགས་རྗེ་དཔལ་བཟང་པོ་དང་། གཞུང་རྒྱ་སྨྲ་བའི་གཙུག་རྒྱན་དགེ་སློང་བཀྲིས་རྒྱ་མཚོས་བླངས་པའི་ཚུལ་གསལ་བས་གཟུངས་འདུས་ཀྱི་ཞུས་དག་གི་འགན་འཁུར་བཞེས་མཁན་དེ་དག་གིས་བཀའ་འགྱུར་ཞུས་དག་དང་དཀར་ཆག་ཀྱང་བསྒྲིགས་པར་བཤད་པ་འཐད་ལྡན་དུ་སྣང་ངོ༎

རྒྱལ་རྩེ་ཐེམ་སྤྲངས་མའི་བཀའ་འགྱུར་གྱི་མ་ཕྱི་གཙོ་བོ་སྣར་ཐང་བཀའ་འགྱུར་ལ་བྱས་པར་གསུངས་པ་འཐད་པར་སྣང་སྟེ། ཐང་ཆེན་པ་ཀུན་དགའ་འབུམ་གྱིས་ཞལ་བཀོད་གཟིགས་ཞིབ་འོག་སྣར་ཐང་བཀའ་འགྱུར

[3] ངག་དབང་བློ་བཟང་རྒྱ་མཚོས་མཛད་པའི་སྐུ་གསུང་ཐུགས་རྟེན་གསར་བཞེངས་རིན་པོ་ཆེའི་མཆོད་རྫས་ཁང་བཟང་གི་དཀར་ཆག་ཐམ་ཡིག་དེབ་ཁྲིམས་ཡིག་གི་འགོ་རྒྱངས་སྡེ་བཞིའི་སྒོ་འཕར་ཕྱེ་བ་སྐལ་བཟང་དབང་གི་གླེགས་བམ་གཉིས་པ། (འདི་རྗེས་བསྡུས་མིང་ཐམ་ཡིག་ཅེས་བྲིས་ཡོད།) ལྷ་ས་དཔར་མའི་གསུང་འབུམ་པོད། ཅ། པའི་ཤོག ༡༢༤ ན ༡ གསལ།

ལ་མ་ཕྱི་བྱུས་ནས་བཞེངས་པའི་ཚལ་པ་བཀའ་འགྱུར་བཞེངས་སྐབས། <གསེར་མདོག་གི་རྟོགས་བརྗོད།> <དགའ་བའི་བཤེས་གཉེན་གྱི་རྟོགས་བརྗོད།> <ཀུ་ན་ལའི་རྟོགས་བརྗོད།> <དགེ་འདུན་འཕེལ་གྱི་ལུང་བསྟན།> <ལི་ཡུལ་ལུང་བསྟན།> <གདགས་པའི་བསྟན་བཅོས་> གསུམ་སོགས་སྐྱེས་རབས། རྟོགས་བརྗོད་དང་། སངས་རྒྱས་ཀྱི་བསྟོད་པ་སོགས་བཀར་མི་གཏོགས་པ་བསྟན་བཅོས་སུ་གཏོགས་པའི་ཆོས་ཚན་བཅུ་གཉིས་ (ཆོས་ཚན་ཨང་ ༨༢, ༣༡༧, ༣༡༨, ༣༢༠, ༣༢༢, ༣༥༦, ༣༥༧, ༣༥༤, ༣༥༨, ༣༦༢, ༣༦༣, ༣༦༩, ༣༦༥) ཕྱུང་ནས་བསྟན་འགྱུར་སུ་བཙུག་པ་རྣམས་ཐེམ་སྤྱངས་མར་སྣར་ཐང་བཀའ་འགྱུར་ཇི་བཞིན་པ་བཀའ་འགྱུར་ཁོངས་སུ་བཞུགས་འདུག་པས་ཤེས་སོ། ཐེམ་སྤྱངས་མའི་ཆོས་ཚན་ཨང་ ༢༦, ༡༢༠, ༡༨༢, ༢༢༢, ༢༨༦, ༣༡༢, ༣༡༣, ༣༡༩, ༣༡༦, ༣༢༡, ༣༢༥, ༣༦༡, ༣༦༦, ༣༦༨, ༣༧༣, ༣༧༩, ༥༡༦, ༦༨༤, ༧༩༤ རྣམས་ཚལ་པའི་བུ་དཔེ་སྔེ་དགེ་བཀའ་འགྱུར་དུ་བཞུགས་མེད་པས་ཕལ་ཆེར་ཐེམ་སྤྱངས་མ་བཞེངས་སྐབས་སྔར་གྱི་དཔེར་མེད་པ་གསར་བསྣོན་བྱས་པ་མིན་ནམ་སྙམ། ཐེམ་སྤྱངས་མར། <རྡོ་རྗེ་སྙིང་པོ་རྒྱན་གྱི་རྒྱུད།> ཀྱི་ཤོང་ལོ་ཙཱ་བ་བློ་གྲོས་བརྟན་པའི་འགྱུར་དང་། ཤོང་ལོའི་འགྱུར་ལ་བུ་སྟོན་གྱིས་ཞུས་དག་བྱས་པ་འགྱུར་སྔ་ཕྱི་གཉིས་ཀ་ (ཨང་ ༥༡༦, ༥༡༧) བཞུགས་ཡོད། ཚལ་པའི་བུ་དཔེ་སྔེ་དགེ་བཀའ་འགྱུར་དུ་ཕྱི་མ་བུ་སྟོན་གྱིས་འགྱུར་བཅོས་གནང་བ་དེ་ཙམ་བཞུགས་པའང་ཕལ་ཆེར་སྣར་ཐང་དུ་འགྱུར་སྔ་ཕྱི་གཉིས་ཀ་བཞུགས་པ་ཇི་བཞིན་པ་ཐེམ་སྤྱངས་མར་ཡང་བཞུགས་པར་སྣང་བས་ཀྱང་སྣར་ཐང་ལ་མ་ཕྱི་བཅོལ་བ་རྟོགས་པར་ནུས་སོ།

དེ་ལྟར་བོད་གཙང་ཕྱོགས་སའི་ཐིག་ལེའི་ལྟེ་བ་རྒྱལ་རྩེ་ཆོས་རྒྱལ་རབ་བརྟན་ཀུན་བཟང་འཕགས་ཀྱིས་བོད་ལྗོངས་སུ་ཤཱཀྱ་ཐུབ་པའི་བཀའ་འགྱུར་ རོ་ཅོག་ཇི་སྲིད་བསྐལ་པ་ནམ་གནས་བར་དུ་རྒྱུན་མི་ཆད་པར་བཞེངས་པའི་མ་དཔེའམ་ཚད་ཐུབ་ཀྱི་དཔེའི་དཔང་པོ་བཀའ་འགྱུར་སྣུ་བྲིས་ཚར་གཅིག་དང་། གསེར་བྲིས་བོད་བརྒྱ་དང་བཅུ་གཅིག་གི་བདག་ཉིད་ཅན་ཤཱཀྱའི་དགེ་སློང་སྐད་གཉིས་སྨྲ་བ་ཐུགས་རྗེ་དཔལ་བཟང་པོ་དང་། གཞུང་རྒྱ་སྨྲ་བའི་གཙུག་རྒྱན་དགེ་སློང་བཀྲིས་རྒྱ་མཚོ་ལ་སོགས་པས་བཀའ་འགྱུར་ཁྲིགས་ཆགས་སུ་འགོད་པའི་དཀར་ཆག་དང་ཞུས་དག་གི་བྱ་བའི་འགན་འཁུར་བཞེས་ནས་ལྕགས་མོ་ཕག་སྟེ་ཕྱི་ལོ་ ༡༩༣༡ ལོར་བཀའ་འགྱུར་སྣུ་བྲིས་ཚར་གཅིག་དང་། མེ་འབྲུག་སྟེ་ ༡༩༣༦ ནས་བཀའ་འགྱུར་གསེར་བྲིས་ཚར་གཅིག་བཞེངས་པ་ཀུན་གྱིས་ཚད་ཐུབ་ཀྱི་དཔེའི་དཔང་པོར་བཟུང་ནས་རྒྱལ་རྩེ་ལྷ་ཁང་ཆེན་མོའི་[4]སྒོའི་ཐེམ་པ་ལས་བརྒལ་རྒྱུ་

[4] དུང་དཀར་བློ་བཟང་འཕྲིན་ལས་ཀྱི་དུང་དཀར་ཚིག་མཛོད་ཆེན་མོ། ཀྲུང་གོའི་བོད་རིག་པའི་དཔེ་སྐྲུན་ཁང་། སྟོད་ཆ། ཤོག ༡༢༤༡ པར་བཀའ་འགྱུར་གསེར་ཆོས་པོད་ ༡༡༡ གི་བདག་ཉིད་ཅན་དེང་སང་ཡང་ལྷ་ཁང་ཆེན་མོའི་སྒྲུབས་ཀྱི་གཙང་ཁང་གཡོན་མའི་ནང་དུ་བཞུགས་པ་འདི་ཡིན། ཞེས་གསུངས་སོ།

སྤྲངས་པ་སྟེ་ཕྱིར་འཁྱེར་མི་ཆོག་པའི་བདག་གཅེས་གནང་བའི་རྒྱུ་མཚན་གྱིས་ཕྱིས་སུ་ཐེམ་སྤྲངས་མ་ཞེས་མཚན་ཐོག་པ་དང་། ཚད་ཐུབ་ཀྱི་དཔེའི་དཔང་པོ་འདི་ཉིད་མ་དཔེར་བཟུང་ནས་བྲིས་པའི་བཀའ་འགྱུར་བུ་དཔེ་རྣམས་ལའང་ཐེམ་སྤྲངས་མ་ཞེས་ཡོངས་སུ་གྲགས།

དེ་ལྟར་ཆོས་རྒྱལ་རབ་བརྟན་ཀུན་བཟང་འཕགས་ཀྱིས་བཀའ་བསྟན་བཞེངས་པའི་རྒྱུན་ཧེ་སྲིད་བསྐལ་པ་མ་སྟོང་གི་བར་དུ་རྒྱུན་མི་ཆད་པར་སྒྲུབ་པའི་མཐུན་རྐྱེན་དུ་རྒྱལ་རྩེའི་ཡོང་སྒོའི་སུམ་ཆ་གཅིག་ཟུར་བཅད་གཏན་འབེབས་མཛད་པའི་ཐོག་རྒྱལ་རྩེ་ཆོས་རྒྱལ་གཉིས་པ་བགྲེས་རབ་བརྟན་དཔལ་བཟང་པོས་ (༡༩༢༧~ ?) ཀྱང་རང་ཉིད་དགུང་གྲངས་སུམ་ཅུ་བཞེས་པ་མེ་ཕོ་བྱི་བ་སྟེ་ཕྱི་ལོ་ ༡༩༥༨ ལོར་བདེ་བར་གཤེགས་པའི་བཀའ་འགྱུར་དང་། དེའི་དགོངས་འགྲེལ་བསྟན་བཅོས་བོད་ཡུལ་དུ་འགྱུར་རོ་ཅོག་རྣམས་རྒྱུན་མི་ཆད་དུ་བཞེངས་པའི་གསེར། ཤོག་བུ། ཡིག་མཁན་སོགས་དང་། དེ་བཞིན་བསྟན་འགྱུར་བཞེངས་པའི་མཚལ་དང་། སྣག་ཚ། ཤོག་བུ། གླེགས་ཤིང་། ཡིག་མཁན། ཞུས་དག་པ་རྣམས་ཀྱི་རྒྱུགས་སོགས་དགོས་ཆ་ཆེ་ཆུང་ཐམས་ཅད་ཀྱི་འཆར་གཞི་དང་ཡོང་སྒོ་ཤིན་ཏུ་གསལ་བའི་དེབ་སྡོན་ཡོད་ཐོག་དམ་པ་ཆོས་ཀྱི་འབྱུང་གནས་ཞེས་བྱ་བ་གསར་བསྒྲིགས་མཛད།[5] ལོ་རེར་བཀའ་འགྱུར་གསེར་བྲིས་ཤོག་ལྷེབས་སུམ་བརྒྱ་དྲུག་བཅུ་ལ་པོད་རེ་བྱས་པའི་པོད་བཅུ་གསུམ་རེ་དང་། བསྟན་འགྱུར་སྣག་བྲིས་ཤོག་ལྷེབས་བཞི་བརྒྱ་བདུན་མ་རེར་པོད་རེ་བྱས་པའི་པོད་གྲངས་བཅུ་གསུམ་རེ་བཞེངས་པའི་རྒྱུན་བཙུགས། མདོར་ན་འདི་ལྟ་བུའི་རྒྱུན་ཆགས་ཀྱི་གསུང་རབ་བཞེངས་པའི་བདག་རྐྱེན་བཙུགས། ཆོས་རྒྱལ་བགྲེས་རབ་བརྟན་ཉིད་ཀྱི་སྐུ་རིང་ལའང་ <རྣམ་ཐར་དད་པའི་ལོ་ཐོག་དངོས་གྲུབ་ཀྱི་ཆར་འབེབས་> ཞེས་བྱ་བ་བརྩམས་པའི་ལུགས་གླང་ཕྱི་ལོ་ ༡༩༤༡ ཡན་ལ་སློབ་དཔོན་ཆོས་འཕེལ་གྱིས་དོ་དམ་བྱེད་སྐབས་བཀའ་འགྱུར་ཚར་གཅིག  དགེ་བཤེས་གྲུབ་པའི་ཐོག་ལ་ཚར་གཅིག དགེ་བཤེས་བསོད་ནམས་དོན་གྲུབ་ཀྱིས་དོ་དམ་བྱས་པ་ཚར་ཕྱེད་དང་གཉིས། དགེ་བཤེས་ཆོས་ཀྱི་རྒྱལ་མཚན་གྱི་ཐོག་ལ་ཕྱེད་པོའི་ཁ་བསྐང་བ་བཅས་བཀའ་འགྱུར་གསེར་བྲིས་ཚར་བཞི་དང་། བསྟན་འགྱུར་སྣག་བྲིས་ཚར་གཉིས་བཞེངས་ཡོད་པ་དག་[6]ནི་བོད་ཡུལ་གྱི་ལྗོངས་སུ་ཕྱིས་བཞེངས་པའི་བཀའ་འགྱུར་ཕལ་མོ་ཆེའི་ཚད་ཐུབ་ཀྱི་དཔེའི་དཔང་པོར་གྱུར།

---

[5] འཛིག་མེད་གྲགས་པ། ? རྒྱལ་རྩེ་ཆོས་རྒྱལ་གྱི་རྣམ་པར་ཐར་པ་དད་པའི་ལོ་ཐོག་དངོས་གྲུབ་ཀྱི་ཆར་འབེབས། བོད་ལྗོངས་མི་རིགས་དཔེ་སྐྲུན་ཁང་། ༡༨༤༧ ཤོག ༢༨༧

[6] འཛིག་མེད་གྲགས་པ། ? རྒྱལ་རྩེ་ཆོས་རྒྱལ་གྱི་རྣམ་པར་ཐར་པ་དད་པའི་ལོ་ཐོག་དངོས་གྲུབ་ཀྱི་ཆར་འབེབས། བོད་ལྗོངས་མི་རིགས་དཔེ་སྐྲུན་ཁང་། ༡༨༤༧ ཤོག ༣༧༠

དུས་རབས་བཅུ་བདུན་པའི་ནང་ ༧ གོང་ས་སྐུ་ཕྲེང་ལྔ་པ་ཆེན་པོས་རྗེ་བཙུན་དམ་པ་སྐུ་ཕྲེང་དང་པོ་བློ་བཟང་བསྟན་པའི་རྒྱལ་མཚན་མཆོག་ལ་ཕྱི་ལོ་ ༡༦༧༡ ཡས་མས་ཙམ་ལ་གསོལ་སྩལ་གནང་བའི་བཀའ་འགྱུར་པོད་གྲངས་བརྒྱ་དང་བཅུ་བཞིའི་བདག་ཉིད་ཅན་དེང་སོག་པོ་རྒྱལ་ཁབ་ཀྱི་རྒྱལ་ས་ Ulan Bator, National Library of Mongolia ནང་བཞུགས་པ་དང་། ཕྱི་ལོ་ ༢༠༠༧ ལོར་ཉི་ཧོང་རྒྱལ་ས་ཏོག་ཀྱོར་གནས་སྡོད་ཁ་བ་ཅན་བོད་ཀྱི་ཤེས་རིག་སྤྱི་གནས་ཀྱི་འགན་གཙོ་སྐལ་བཟང་ཏའུབ་ལགས་ནས་འབྲེལ་འཐུད་ལས་བཀོད་གནང་ཐོག་ National Library of Mongolia, The Asian Classics Input Project, and Yuishoji Buddhist Cultural Exchange Research Institute, Japan བཅས་ཚོགས་པ་གསུམ་མཉམ་རུབ་ཀྱིས་བཀའ་འགྱུར་དེ་ཉིད་འཕྲུལ་གློག་བརྙན་ལེན་སྤུས་ལེགས་ཞུས་ཏེ་རྒྱ་ཆེ་གཟིགས་པ་པོར་ཚོང་འགྲེམས་གནང་མུས་དང་། བཀའ་འགྱུར་སྤར་མ་དང་བྲིས་མ་ཁག་དང་དེ་དག་གི་དཀར་ཆག་བཅས་པར་ཞིབ་བསྡུར་ཟབ་གནན་དང་འབྲེལ་ཞུས་དག་དང་མ་མཐུན་པ་ཅི་རིགས་ཟུར་མཆན་བཀོད་པའི་དཀར་ཆག་རྒྱས་པ་འདི་ཐེམ་སྤྲངས་མའི་བཀའ་འགྱུར་ལ་གཟིགས་ཞིབ་གོ་བསྡུར་གནང་མཁན་ཚོར་ཕུགས་ཕན་གསོས་རེས་གསར་བསྒྲིགས་ཀྱིས་དཔར་འགྲེམས་ཞུས།

དུས་རབས་བཅོ་བརྒྱད་པའི་སྟོད་ཙམ་དུ་ལ་དྭགས་རྒྱལ་པོ་ཉི་མ་རྣམ་རྒྱལ་ (༡༦༩༡~༡༧༢༩) གྱིས་བཞེངས་པའི་བཀའ་འགྱུར་དེང་ཡང་ལ་དྭགས་ཏོག་རྒྱལ་མཁར་དུ་ཉམས་མེད་བདག་གཅེས་ཡོད་མུས་དང་། ཕྱི་ལོ་ ༡༩༨༠ ལོར་ལ་དྭགས་པ་ཏ་རུ་ཚེ་བརྟན་རྣམ་རྒྱལ་ནས་བཀའ་འགྱུར་ཆ་ཚང་བརྙན་གཟུགས་འཕྲུལ་ལེན་གྱི་ལམ་ནས་དཔར་བསྐྲུན་ལེགས་པར་བྱུང་བ་དེང་འཛམ་གླིང་ཡུལ་གྲུ་མང་པོའི་དཔེ་མཛོད་ཁང་དང་ནང་ཆོས་དོན་གཉེར་ཅན་གྱི་སྒེར་ཁག་མང་པོར་འགྲེམས་སྤེལ་བྱུང་།[7] ཕྱི་ལོ་ ༡༧༡༢ ལོར་ལ་སྟོད་ཤེལ་དཀར་གྱི་ཆོས་སྡེ་ཆེན་པོའི་མཁན་ཐོག་དྲུག་པ་ངག་དབང་དགེ་འདུན་སྐལ་བས་བསྟན་པའི་སྦྱིན་བདག་རྡོར་ལེགས་རྣམ་རྒྱལ་སོགས་དང་ཅན་རྣམས་ནས་ཤེལ་དཀར་ཆོས་སྡེ་ཆེན་པོར་བཞེངས་པའི་བཀའ་འགྱུར་ཕྱི་ལོ་ ༡༩༠༤ ལོར་དབྱིན་དམག་ལྷ་སར་ལྷགས་སྐབས་ཀྱི་དབྱིན་དམག་གི་སྨན་པ་ L. A. Waddell གྱིས་དབྱིན་ཡུལ་དུ་གདན་དྲངས་པ་དེང་ The British Library, London དུ་བཞུགས་པ་[8]དང་། དེ་མོ་བློ་བཟང་ཐུབ་བསྟན་འཇིགས་མེད་རྒྱ་མཚོ་དང་ངག་དབང་

[7] བཀའ་འགྱུར་འདིའི་ལོ་རྒྱུས་དང་ནང་དོན་དཀར་ཆག་རྒྱས་པ་གཟིགས་པར་སྤྲོ་ན། *A Catalogue of the sTog Palace Kanjur* by Tadeusz Skorupski, Tokyo, The International Institute for Buddhist Studies (Bibliographia Philologica Buddhica, Series Maior IV), 1985. ལ་གཟིགས།

[8] བཀའ་འགྱུར་འདིའི་ལོ་རྒྱུས་དང་ནང་དོན་དཀར་ཆག་རྒྱས་པ་གཟིགས་པར་སྤྲོ་ན། Jampa Samten & Peter Skilling, "On the date of the Śel dkar (London) Manuscript bKa' 'gyur" དང་ *Location List to the Texts in the Microfiches Edition of the Śel dkar (London) Manuscript bKa' 'gyur* by Ulrich Pagel & Séan Gaffney, The British Library, 1996. ལ་གཟིགས།

བློ་བཟང་འཕྲིན་ལས་སྐུ་ཕྲེང་རིམ་པས་ཞལ་བཀོད་ལ་བརྟེན་ཕྱི་ལོ་ ༡༤༥༤ ནས་ ༡༤༧༤ ཙམ་བར་གྱི་དུས་ཡུན་རིང་བཞེངས་པའི་བཀའ་འགྱུར་ཕྱི་ལོ་ ༡༩༡༣ ལོར་ཉི་ཧོང་པ་ Ekai Kawaguchi ལགས་ཀྱིས་ཉི་ཧོང་དུ་གདན་དྲངས་པ་དེང་ Toyo Bunko, Oriental Library, Tokyo ནང་བཞུགས་པ་[9] བཅས་གོང་གསལ་བཀའ་འགྱུར་བཞི་པོ་ཀུན་ཆོས་ཀྱི་རྣམ་གྲངས་ཀྱི་སྡེ་ཚན་འདུལ་བ། ཤེར་ཕྱིན། མདོ་སྡེ། རྒྱུད་སོགས་ཀྱི་གོ་རིམ་ཕྲན་བུ་མི་མཐུན་པ་ཙམ་ལས་རྒྱལ་རྩེ་ཐེམ་སྤངས་མ་ལས་མཆེད་པའི་བུ་དཔེ་ཡིན་པ་ཡོངས་གྲགས་ལ་བསྐྱར་བཟློས་དཔྱད་གཏམ་བྱེད་ཁུལ་མ་བྱས། བཀའ་འགྱུར་བཞི་ཀའི་རྒྱུད་པོད། ཏ༽ པར། <དེ་བཞིན་གཤེགས་པ་ཐམས་ཅད་ཀྱི་ཁྲོ་བོའི་རྒྱལ་པོ་མི་གཡོ་བ་དེའི་སྟོབས་དཔག་ཏུ་མེད་པ་རྟུལ་ཕོད་པ་འདུལ་བར་གསུངས་པའི་རྟོག་པ།> ཞེས་བྱ་བའི་རྒྱུད་ཀྱི་འགྱུར་བྱང་དུ། "ཕྱིས་སུའང་། ཆོས་ཀྱི་རྒྱལ་པོ་བགྲེས་རབ་བརྟན་དཔལ་བཟང་པོའི་བཀས་བསྐུལ་བ་བཞིན། ལོ་ཙྪ་བ་དགེ་སློང་ཆོས་སྐྱོང་བཟང་པོས་རྒྱའི་དཔེ་ལ་ལེགས་པར་གཏུགས་ཏེ་གཏན་ལ་ཕབ་པ་དང་། སླར་ཡང་མིའི་དབང་པོ་ཆེན་པོ་བགྲེས་རབ་བརྟན་སོག་པོ་འཕགས་ཀྱི་ཞལ་སྔ་ནས་ཀྱི་སྐུ་རིང་ལ། དགེ་སློང་ཨཱ་ནནྡ་མདྷྭཾ་གྱིས་དཔལ་འཁོར་སྡེ་ཆེན་གྱི་གཙུག་ལག་ཁང་དུ་བི་ཀྲ་མ་ཤཱི་ལའི་གཙུག་ལག་ཁང་གི་རྒྱ་དཔེ་ལ་གཏུགས་ནས་མི་འཚོས་མི་རུང་བ་རྣམས་ལེགས་པར་བཅོས་ཏེ་དག་པར་བགྱིས་པའོ།" ཞེས་གསལ་བ་ལ་དཔགས་ན་བཀའ་འགྱུར་བཞི་པོ་ཀུན་རྒྱལ་རྩེ་ཆོས་རྒྱལ་རབ་བརྟན་ཀུན་བཟང་འཕགས་ཀྱི་སྐུ་དུས་སུ་བཞེངས་པའི་བཀའ་འགྱུར་སྐྱ་བྲིས་ཚར་གཅིག་དང་། གསེར་བྲིས་ཚར་གཅིག་གང་རུང་ངམ། ཡང་ན་དེ་དག་ལས་མཆེད་པའི་ཐེམ་སྤངས་མའི་བཀའ་འགྱུར་ལ་ཕྱི་མོ་བྱས་པ་ཞིག་མིན་པར་ཆོས་ཀྱི་རྒྱལ་པོ་གཉིས་པ་བགྲེས་རབ་བརྟན་དཔལ་བཟང་པོས་ཆོས་རྒྱལ་རབ་བརྟན་ཀུན་བཟང་འཕགས་ཀྱི་སྐུ་དུས་སུ་བཞེངས་པའི་བཀའ་འགྱུར་ལ་ཞུས་དག་ཕྲན་བུ་གནང་བ་ཞིག་ལས་མཆེད་པར་སྣང་།

ཚལ་པ་བཀའ་འགྱུར་དུ་སྔ་འགྱུར་རྙིང་མའི་རྒྱུད་གཙོ་བསྡུས་པོད་གསུམ་གསར་འགྱུར་རྒྱུད་སྡེ་ལས་ལོགས་སུ་བཞུགས་པ་ཐེམ་སྤངས་མའི་བཀའ་འགྱུར་དུ་མ་བཞུགས་ཀྱང་། སོག་པོ་རྒྱལ་ཁབ་ཀྱི་རྒྱལ་ས་ Ulan Bator, National Library of Mongolia ནང་བཞུགས་པའི་གོང་སློས་བཀའ་འགྱུར་དེར་རྙིང་རྒྱུད་གཙོ་བསྡུས་པོད་གསུམ་ཚུད་པའི་པོད་གྲངས་བརྒྱ་དང་བཅུ་བཞི་ཇི་ལྟར་བྱུང་བའི་ཚུལ་ནི། རྒྱལ་བ་ལྔ་པ་ཆེན་པོའི་སྐུ་དུས་སུ་རྒྱལ་རྩེ་ཐེམ་སྤངས་མའི་བཀའ་འགྱུར་སོར་བཞག་ལ་རྙིང་རྒྱུད་པོད་གསུམ་བསྣན་ཏེ་བཞེངས་པ་མང་དུ་བྱུང་

[9] "Kawaguchi Ekai shi Shōrai Tōyō Bunko Shozō Shahon Chibetto Daizōkyō Chōsa Bibō (A Study of the Hand-written Copy of the Tibetan Kanjur from rGyal-rtse)" by Kojun Saito. *Taishō Daigaku Kenkyū kiyō, Memoirs of Taishō University* 63 (Sept.), pp. 406(l)–345(62), 1977.

འདུག་པ་ནི་དཔེར་ན། རྒྱ་ལོ་ཕྱི་ ༡༨༧༢ ལོ་ལ་སྡེ་སྲིད་བློ་བཟང་མཐུ་སྟོབས་ཀྱིས་ཁྲུར་བཞེངས་ནས་དོ་དམ་ཞུགས་པ་དོན་གྲུབ་རྡོ་རྗེ་དང་། འབྲི་ལུང་དབང་རྒྱལ་གཉིས་ཀྱིས་བྱས། དཔོན་ཡིག་པ་ཨེ་ཆོས་ལུང་དཀར་མོ་ནས་མཁས་བརྟུས་ཀྱིས་ཞལ་དཀར་དུ་རྒྱལ་རྩེ་ཐེམ་སྤྱངས་མའི་བཀའ་འགྱུར་སོར་བཞག་ལ་རྙིང་མ་རྒྱུད་འབུམ་གཙོ་བརྟུས་པོད་གསུམ་བསྣན་ཏེ་བཞེངས་པ་དང་། གཞན་ཡང་ལོ་དེ་ཉིད་ལ་སྡེ་སྲིད་བློ་བཟང་མཐུ་སྟོབས་ཀྱིས་ཁྲུར་བཞེངས་ནས་ཐེམ་སྤྱངས་མའི་བཀའ་འགྱུར་སོར་བཞག་ལ་རྙིང་མ་རྒྱུད་འབུམ་གཙོ་བརྟུས་པོད་གསུམ་བསྣན་པའི་བཀའ་འགྱུར་ཚར་རེ་ཤངས་རྣམ་རྒྱལ་དང་། ཉང་སྨད་ལྷུན་གྲུབ་རྩེར་བཞེངས་པ་དང་། ཡང་རྒྱ་གླང་ ༡༨༧༣ ལོར་ཤར་ཕྱོགས་ཀོང་པོ་བྲག་ཕྱི་སྐྱ་སྐྱེ་རབ་འབྱམས་སྨྲ་བ་ངག་དབང་བཀྲིས་ཉང་སྟོད་དཔལ་འཁོར་བདེ་ཆེན་གྱི་ཞི་གནས་སློབ་དཔོན་གྱི་ཁྲུར་ལེན་སྐབས་རྙིང་མ་རྒྱུད་འབུམ་གཙོ་བརྟུས་པོ་ཏི་གསུམ་དང་ཕྱིས་འགྱུར་རྒྱུད་འབུམ་ཡོངས་རྫོགས་དང་། དེ་ཕྱིན་གངས་ཅན་འགྱུར་རོ་ཅོག་གི་བཀའ་འགྱུར་བཞེངས་པ་དང་། ཡང་རྒྱ་གླང་ ༡༨༧༣ ལོར་ནང་སོ་དཀོན་མཆོག་དར་རྒྱས་ཀྱིས་རྙིང་རྒྱུད་པོད་གསུམ་བསྣན་པའི་བཀའ་འགྱུར་བཞེངས་པ་རྣམས་ཀྱི་སྔོན་ཚིག་ལྷ་པ་ཆེན་པོས་མཛད་པ་དེ་ཉིད་ཀྱི་གསུང་ཐམ་ཕུད་[10] དུ་གསལ། རྗེ་བཙུན་དམ་པ་སྐྱ་ཕྲེང་དང་པོའི་རྣམ་ཐར་དུ་ལྟགས་མོ་ཕག་ ༡༨༧༡ ལོར་གཉེར་པ་བིན་ཐུ་ནང་སོ་དབུས་གཙང་དུ་གཏོང་བ་གནང་ནས་རྒྱལ་བ་ཡབ་སྲས་ལ་སྐུ་འཚམས་འདྲི་ཞུ་བའི་རྟེན་འབུལ་དང་ཆོས་སྡེ་ཆེ་ཆུང་རྣམས་སུ་མང་འགྱེད་གནང་། གཞུང་ནས་རྒྱལ་རྩེ་ཐེམ་སྤྱངས་མ་ལུགས་ཀྱི་བཀའ་འགྱུར་རིན་པོ་ཆེ་སྤྱུས་ཤིན་ཏུ་ལེགས་པ་གཅིག་གནད་དྲངས། ཞེས་གསལ་བ་ལས་ ༡༨༧༡ ལོར་གཉེར་པ་བིན་ཐུ་ནང་སོ་བོད་དབུས་གཙང་དུ་བཏང་བ་དང་། རྒྱལ་བ་ལྔ་པ་ཆེན་པོ་དང་། པཎ་ཆེན་ཡབ་སྲས་རྣམ་གཉིས་ལ་སྐུ་འཚམས་འདྲིའི་ཞུ་རྟེན་འབུལ་བ་དང་། ཆོས་སྡེ་ཆེ་ཆུང་རྣམས་སུ་མང་འགྱེད་གནང་བ་དང་། ཁོང་ཕྱིར་ལོག་སྐབས་བཀའ་འགྱུར་བོད་ནས་གདན་དྲངས་པ་ལ་ཐེ་ཚོམ་མེད། འོན་ཀྱང་གཉེར་པ་བིན་ཐུ་ནང་སོ་བོད་ནས་ནམ་ཕྱིར་ལོག་པའི་ལོ་དུས་རྣམ་ཐར་དུ་གསལ་ཁ་མེད། གཉེར་པ་བིན་ཐུ་ནང་སོས་རྒྱལ་བ་ལྔ་པ་ཆེན་པོ་དང་། པཎ་ཆེན་ཡབ་སྲས་རྣམ་གཉིས་ལ་སྐུ་འཚམས་འདྲིའི་ཞུ་རྟེན་འབུལ་བ་དང་། ཆོས་སྡེ་ཆེ་ཆུང་རྣམས་སུ་མང་འགྱེད་གནང་བར་ལོ་དུས་གཅིག་ཙམ་འགོར་འགྱངས་སོང་ནས་ ༡༨༧༢ ལོར་སོག་ཡུལ་ཕྱིར་ལོག་སྐབས་སྡེ་སྲིད་ལས་ཐོག་པ་བློ་བཟང་མཐུ་སྟོབས་ཀྱིས་ཁྲུར་བཞེངས་ནས་རྒྱལ་རྩེ་ཐེམ་སྤྱངས་མའི་བཀའ་འགྱུར་སོར་བཞག་ལ་རྙིང་མ་རྒྱུད་འབུམ་གཙོ་བརྟུས་པོད་

[10] ངག་དབང་བློ་བཟང་རྒྱ་མཚོའི་ཐམ་ཕུད། ལྔ་སྭ་དཔར་མའི་གསུང་འབུམ་པོད། མ) པའི་ཤོག ༣༠༠ བ ༢ དང ༣༡༢ ན ཅ) པའི་ཤོག ༨ ན ༩, ༡༢ ན ༥, ༩༩ ན ༨ ~ ༩༩ བ ༥ བཅས་པར་གསལ།

གསུམ་བསྟན་ཏེ་བཀའ་འགྱུར་ཚར་གསུམ་བཞེངས་པ་ལས་གཅིག་བོད་སོག་བསྟན་དོན་ལར་རྒྱ་གལ་ཆེར་དགོངས་ནས་གཞུང་ནས་གསོལ་སྐྱལ་ཐོབ་པ་གདན་དྲངས་པར་སྣང་། གང་ལྟར་རུང་གཉེར་པ་པིན་ཞུ་ནང་སོས་གདན་དྲངས་པའི་བཀའ་འགྱུར་ནི་རྒྱལ་བ་ལྔ་པ་མཆོག་གི་སྐུ་དུས་སུ་རྒྱལ་རྩེ་ཐེམ་སྤངས་མའི་བཀའ་འགྱུར་སོར་བཞག་ལ་རྙིང་མ་རྒྱུད་འབུམ་གཙོ་བསྡུས་པོད་གསུམ་བསྣན་ཏེ་པོད་གྲངས་བརྒྱ་དང་བཅུ་བཞིའི་བདག་ཉིད་ཅན་གྱི་བཀའ་འགྱུར་མང་པོ་བཞེངས་སྒྲོལ་བྱུང་བའི་གྲས་ཞིག་ཡིན་པ་དང་། དེ་ཡང་ཆུ་ཕོ་བྱི་ ༡༦༧༢ ལོ་ལ་སྡེ་སྲིད་བློ་བཟང་མཐུ་སྟོབས་ཀྱིས་བཞེངས་པའི་བཀའ་འགྱུར་འདི་དག་རྒྱལ་མཆོག་ལྔ་པ་ཆེན་པོ་མཆོག་གི་སྐབས་རྒྱལ་རྩེ་ཐེམ་སྤངས་མའི་བཀའ་འགྱུར་སོར་བཞག་ལ་རྙིང་མ་རྒྱུད་འབུམ་གཙོ་བསྡུས་པོད་གསུམ་བསྣན་པའི་བཀའ་འགྱུར་མང་པོ་བཞེངས་པའི་སྣ་ཤོས་ཡིན།

བཀའ་འགྱུར་འདི་ཉིད་བོད་ནས་གདན་ཞུ་བྱེད་སྐབས་དཀར་ཆག་པོད་ལོགས་སུ་མེད་པའམ་ཕྱིས་བོར་བརླག་སོང་བ་གང་ཡིན་རུང་དཀར་ཆག་པོད་མ་བཞུགས། ཕྱིས་སོག་ཡུལ་དུ་གསར་བསྒྲིགས་བྱས་པའི་མཚན་བྱང་དཔེ་ཐོ་ཙམ་གྱི་དཀར་ཆག་མཇུག་ཡོངས་སུ་མ་རྫོགས་པ་ཞིག་ཡོད་པ་ནི་ཛ་ཡ་པཎྜིཏའི་ཐོབ་ཡིག་ནང་གི་བཀའ་འགྱུར་དཔེ་ཚན་གཞི་བཟུང་བསྒྲིགས་པ་ཞིག་ཡིན་པར་སྣང་སྟེ། བཀའ་འགྱུར་རང་དུ་མ་བཞུགས་པའི་ཆོས་ཚན་ཆུང་ངུ <གསེར་གྱི་མདོ།> <རིགས་ལྔའི་བཀྲིས།> <ཏེའི་ལོ་པའི་རྟོག་པ།> <རྨ་བྱ་ཆེན་མོ་གཟུངས་བར་འགྱུར་བའི་གཟུངས་> བཅས་བཞི་ཛ་ཡ་པཎྜིཏའི་ཐོབ་ཡིག་ཏུ་གསལ་བ་ལྟར་དཀར་ཆག་གསར་བསྒྲིགས་དེར་ཡང་བྲིས་འདུག  དཀར་ཆག་གསར་བསྒྲིགས་འདིར་ཆོས་ཀྱི་རྣམ་གྲངས་བཞུགས་པའི་གོ་རིམ་ཡང་དམན་དང་མཆོག་གི་རིམ་པ་ལྟར། འདུལ་བ། ཤེར་ཕྱིན། ཕལ་ཆེན། དཀོན་བརྩེགས། མདོ་སྡེ། མྱང་འདས། རྙིང་རྒྱུད། རྒྱུད། བཅས་ཛ་ཡ་པཎྜིཏའི་ཐོབ་ཡིག་གི་གོ་རིམ་དང་མཐུན་པར་བཞུགས། ཕྱི་ལོ་ ༡༩༨༢ ལོར་ཧུང་ག་རིའི་མཁས་པ་ Géza Bethlenfalvy མཆོག་གིས་སྔོན་གྱི་མཚན་བྱང་དཔེ་ཐོ་དང་ཛ་ཡ་པཎྜིཏའི་ཐོབ་ཡིག་གཞིར་བཟུང་བཀའ་འགྱུར་འདིའི་དཀར་ཆག་དཔེ་ཐོ་མཇུག་ཡོངས་སུ་རྫོགས་པ་ཞིག་གསར་བསྒྲིགས་[11]ཀྱིས་དཔར་བསྐྲུན་ཞུས་པ་དེའི་གོ་རིམ་ལྟར་དེང་སོག་པོ་རྒྱལ་ཁབ་ཀྱི་དཔེ་མཛོད་ཁང་དུ་སྒྲིག་ཤོམ་བདག་གཅེས་ཡོད་པར་བརྟེན་དཀར་ཆག་རྒྱས་པ་འདིར་ཡང་ཆོས་ཀྱི་རྣམ་གྲངས་ཀྱི་བཞུགས་རིམ་དེ་ལྟར་བསྒྲིགས་ཡོད། ཐེམ་སྤངས་མའི་བཀའ་འགྱུར་བྲིས་མ་དེང་སོག་ཡུལ་དུ་བཞུགས་པ་འདིར་ཤེར་ཕྱིན་ཁོངས་

[11] Géza Bethlenfalvy. *A Hand-list of the Ulan Bator Manuscript of the Kanjur Rgyal-rtse Them spaṅs-ma*, Akadémiai Kiadó, Budapest, 1982.

<བརྒྱད་སྟོང་པ་> དང་། <ཤེར་ཕྱིན་སྣ་ཚོགས་> བཅས་པོད་གཉིས་དང་། མདོ་སྡེ་པོད་ ག༽ པ་བཅས་ཁྲོན་བསྡོམས་པོད་གསུམ་མ་ཚང་བ་ཕུད་དེ་འཕྲོས་པོད་གྲངས་ ༡༡༡ བཞུགས་སོ།

གོང་གསལ་མ་ཕྱི་ཐེམ་སྤངས་མ་ལས་མཆེད་པའི་བཀའ་འགྱུར་བཞི་ལས་སྔ་ཤོས་དེང་སོག་ཡུལ་དུ་བཞུགས་པ་ཡིན་པ་དང་། དེར་དག་ཆ་ཡིག་ནོར་བྱུང་རིགས་དང་སྔར་གྱི་འབྲི་སྲོལ་རྙིང་པ་ཅི་མཆིས་པ་གང་མང་ཕྱིས་ཀྱི་བུ་དཔེ་གསུམ་དུ་དག་བཅོས་གནང་བ་དང་ཆབས་ཅིག་ཡིག་བྲིས་པས་གསར་དུ་བྲིས་ནོར་སོང་བ་དང་ཞུས་དག་པས་ཞུས་ནོར་སོང་བའི་མ་དག་པ་ཅི་རིགས་བྱུང་བ་དང་། སོག་ཡུལ་དུ་བཞུགས་པ་དེ་རང་དུ་དུང་སྔར་གྱི་འབྲི་སྲོལ་རྙིང་པ་དང་བསྡུས་ཡིག་སོགས་ཀྱི་ཁྱད་ཆོས་དུ་མ་ལྡན་པ་ཙམ་དུ་མ་ཟད་ཚལ་པ་བཀའ་འགྱུར་དང་དེའི་རྗེས་འབྲངས་སྡེ་དགེ་བཀའ་འགྱུར་གྱི་དཔེར་ཞུས་དག་པ་སྔ་ཕྱི་རིམ་པས་སྔར་གྱི་དཔེ་ཁག་འགར་ཚིག་ཕྲད་དང་རྣམ་དབྱེའི་སྦྱོར་ཚུལ་བརྡ་སྤྲོད་ཀྱི་འགྲོས་དང་མི་མཐུན་པ་ཅི་རིགས་ཡོད་པར་དག་བཅོས་དང་། ཚིག་སྣ་ཕྲི་བསྣན་གྱིས་ཚིག་སྦྱོར་དང་སྔར་འགྱུར་བཅོས་པ་གང་མང་མཆིས་པ་ཀུན་ཕྱིས་ཀྱི་སྣར་ཐང་དང་རྒྱ་ནག་པེ་ཅིང་པར་མར་ཡང་ཐལ་ཆེར་མཚུངས་པར་བཞུགས། འོན་ཀྱང་ཞུས་དག་སྔ་ཕྱི་རིམ་པས་ཞུས་བཅོས་གང་བྱས་ཀུན་བཅོས་ནོར་མེད་པར་འགྲིག་པ་དང་དག་པ་ཤ་སྟག་ཡིན་པར་མི་སྣང་སྟེ། དཔེར་ན། སྐུ་ཞབས་ Peter Skilling གིས་ <མདོ་ཆེན་པོ་> བོད་འགྱུར་དུ་བཞུགས་པ་དག་དང་། པཱ་ལི་དང་ལེགས་སྦྱར་སྐད་དུ་བཞུགས་པ་དག་མཚུངས་བསྡུར་ཞིབ་འཇུག་གནང་སྐབས་ཤེས་རྟོགས་བྱུང་བར། <མདོ་ཆེན་པོ་གཟུགས་ཅན་སྙིང་པོས་བསུ་བ་> ཞེས་བྱ་བའི་མདོ་འདི་བཀའ་འགྱུར་པར་མ་དང་བྲིས་མ་ཐམས་ཅད་ཀྱི་ <འདུལ་བ་གཞི་> དང་། <མངོན་པར་འབྱུང་བའི་མདོའི་> ཁོངས་སུ་བཞུགས་ཡོད་པའི་མ་ཟད་མདོ་སྡེའི་ཁོངས་སུ་ཡང་ལོགས་སུ་བཞུགས་ཡོད་པ་དང་། བོད་ཀྱི་དཔེ་ཕན་ཚུན་ཞིབ་བསྡུར་བྱས་པར་ཡང་། སྡེ་དགེ་བཀའ་འགྱུར་མདོ་སྡེ་པོད། ཤ༽ ཤོག་གྲངས་༢༩༨ རྒྱབ་ངོས་ཕྲེང་དྲུག་པར། རྒྱལ་པོ་ཆེན་པོ་གཟུགས་ནི་སྐྱེ་བ་ཡང་མ་ཡིན། འཛིན་པ་ཡང་མ་ཡིན་སྟེ། དེའི་སྐྱེ་བ་དང་འཇིག་པ་ཡང་རྟོགས་པར་བྱའོ། ཞེས་གསལ་བ་དང་། སྡེ་དགེའི་ <འདུལ་བ་གཞི་> དང་། <མངོན་པར་འབྱུང་བའི་མདོའི་> ཁོངས་སུ་བཞུགས་པ་དེར། རྒྱལ་པོ་ཆེན་པོ་གཟུགས་ནི་སྐྱེ་བ་ཡང་ཡིན། འཛིན་པ་ཡང་ཡིན་སྟེ། དེའི་སྐྱེ་བ་དང་འཇིག་པ་ཡང་རྟོགས་པར་བྱའོ། ཞེས་བྱུང་བ་དང་། དེ་བཞིན་དུ་སྔར་གྱི་དཔེ་རྙིང་བྲིས་མ་དང་རྒྱལ་རྩེ་ཐེམ་སྤངས་མ་རྗེས་འབྲངས་ཀྱི་དཔེ་དང་། པཱ་ལི་དང་ལེགས་སྦྱར་གྱི་རྒྱ་དཔེར་ཡང་འགག་ཚིག་མ་ཡིག་མེད་པར། སྐྱེ་བ་ཡང་ཡིན། འཛིན་པ་ཡང་ཡིན། ཞེས་གཅིག་མཐུན་ཏུ་འདུག་པས་འགག་ཚིག་མ་ཡིག་དེ་བཞིན་ཕྱིས་ཀྱི་ཞུས་དག་པ་དག་གིས་ཕྲི་བསྣན་བཅོས་འགྱུར་བྱེད་སྐབས་བཅོས་ནོར་དུ་སོང་བ་ཞིག

ཡིན་པར་སྣང་། དེ་ལྟ་བུའི་བཅོས་ནོར་ལྷད་སྐྱོན་གྱི་དྲི་མས་མ་གོས་པར་སྤྱར་གྱི་དཔེ་རྙིང་ཇི་ལྟ་བར་གནས་པ་སོགས་བོད་ཀྱི་བཀའ་འགྱུར་གྱི་དཔེ་རྒྱུན་འཕེལ་རིམ་གྱི་ལོ་རྒྱུས་ལ་དཔྱད་པ་བྱེད་པར་ཕན་ཐོག་ཆེའོ།།

རྒྱལ་རྩེ་ཐེམ་སྤངས་མའི་བཀའ་འགྱུར་འདིར་ཕྱིན་ཆོས་ཚན་ ༢༣༣ བཞུགས་པ་ལས་ ༣༧༨ འདུལ་བ། ཤེར་ཕྱིན། ཕལ་ཆེན། དཀོན་བརྩེགས། མདོ་སྡེ་སྣ་ཚོགས་བཅས་མདོ་སྡེའི་ཕྱོགས་སུ་གཏོགས་པ་དག་ཡིན་པ་དང་། དེ་དག་ནི་ཕལ་ཆེབ་བསྟན་པ་སྔ་དར་གྱི་དུས་སུ་བསྒྱུར་བ་ཤ་སྟག་ཡིན། སྔ་དར་གྱི་དུས་སུ་བསྒྱུར་བའི་ཆོས་ཚན་འདི་དག་གི་དབུའི་རྒྱ་གར་གྱི་སྐད་དང་། རྒྱ་གར་གྱི་པཎྜིཏའི་མཚན་རྣམས་བོད་རྣམས་ཀྱིས་གློག་བདེ་བའི་ཆེད་རྒྱ་སྐད་ཀྱི་དག་ཆ་ཇི་བཞིན་ཡིག་བསྒྱུར་མ་གནང་བར་སྐད་ཀྱི་སྒྲའམ་སྐད་གདངས་གཙོ་བཟུང་གིས་བྲིས་འདུག དཔེ་མཚོན་ལྟ་བུར། རཏྣ་ལ་རདན་ནམ་རཏན་ལྟ་བུ། ཀ་ལིངྒ་ལ་ཀ་ལིང་ག་ལྟ་བུ། མངྒ་ལ་ལ་མང་ག་ལ་ལྟ་བུ། པ་རི་བྲིཛྫ་ལ་པ་རི་བྲིད་ཚ་ལྟ་བུ་དང་། དེ་བཞིན་པཎྜིཏའི་མཚན་ཛི་ན་མི་ཏྲ་ལ་འཛིན་ན་མི་ཏྲ་འམ་འཛིན་ན་མི་ཏྲ། ཛྙཱ་ན་གརྦྷ་ལ་ཛྙཱ་ན་གར་བྷ་འམ་གཉའ་ན་གར་བྷ། ཤཱི་ལེནྡྲ་བོ་དྷི་ལ་ཤཱི་ལ་ཨིན་ཏྲ་བོ་དྷི་འམ་ཤི་ལེན་ཏྲ་བོ་དྷི། པྲཛྙཱ་བརྨ་ལ་པྲད་ཉ་བར་མ་ལྟ་བུ་མང་དག་ཅིག་ཡོད། སྐད་གདངས་གཙོ་བཟུང་བྱས་པའི་བྲི་སྟངས་འདིས་བོད་རྣམས་ཀྱིས་གློག་བདེ་བ་ཙམ་ལས་རྒྱ་ཡིག་གི་དག་ཆ་ཇི་བཞིན་མི་སྟོན་པ་རྣམས་སྡེ་དགེ་བཀའ་འགྱུར་བཞེངས་སྐབས་སི་ཏུ་ཆོས་ཀྱི་འབྱུང་གནས་ཀྱིས་དག་བཅོས་གང་མང་མཛད་པ་ལ་བསྟུན་ནས་ཕྱིས་ཀྱི་བཀའ་འགྱུར་པར་མ་རྣམས་སུའང་དག་བཅོས་གང་མང་བྱུང་ཡོད། ད་དུང་ཡང་སྡེ་དགེ་གཙོས་པའི་བཀའ་འགྱུར་པར་མ་རྣམས་སུ་སྤྱར་གྱི་བྲིས་རྙིང་དག་བཅོས་མ་སོང་བ་གང་མང་ལྷག་ཡོད། ཕུག་བྲག་དང་རྟ་དབང་གི་བཀའ་འགྱུར་དཔེ་རྙིང་བྲིས་མ་དང་། རྒྱལ་རྩེ་ཐེམ་སྤངས་མའི་རྫོང་འབྲངས་བཀའ་འགྱུར་བྲིས་མ་རྣམས་སུ་སྤྱར་གྱི་བྲིས་རྙིང་སོར་བཞག་དག་བཅོས་མེད་པར་བཞུགས་འདུག

རྒྱལ་རྩེ་ཐེམ་སྤངས་མའི་བཀའ་འགྱུར་འདིར་སྔགས་ཕྱོགས་རྒྱུད་སྡེའི་ཁོངས་སུ་གཏོགས་པའི་ཆོས་ཚན་ ༩༥༩ བཞུགས་པ་ལས་རྙིང་རྒྱུད་ཆོས་ཚན་ ༡༢ ཕུད་པའི་ལྷག་འཕྲོས་ཆོས་ཚན་ ༩༣༦ རྣམས་ཕལ་ཆེབ་བསྟན་པ་ཕྱི་དར་གྱི་དུས་སུ་བསྒྱུར་བའི་གསང་སྔགས་གསར་མའི་ཕྱོགས་སུ་གཏོགས་པ་ཡིན། གསང་སྔགས་གསར་མའི་ཆོས་ཚན་འདི་དག་གི་དབུའི་རྒྱ་སྐད་དང་། རྒྱའི་མཁས་པ་པཎྜིཏའི་མཚན་རྣམས་བོད་ཀྱི་གློག་བདེའི་ཆེད་སྐད་ཀྱི་སྒྲའམ་སྐད་གདངས་གཙོ་བཟུང་གིས་བྲིས་པ་མིན་པར་རྒྱ་ཡིག་དག་པོ་བྲིས་ཡོད་པར་དཔགས་ན་སྔ་དར་གྱི་ལོ་ཙཱ་བ་རྣམས་ཀྱིས་བོད་ཀྱི་མིས་གློག་བདེ་བ་གཙོ་བཟུང་དང་ཕྱི་དར་གྱི་ལོ་ཙཱ་བ་རྣམས་ཀྱིས་རྒྱ་ཡིག་དག་པ་གཙོ་བཟུང་གནང་མེད་དམ་སྙམ། གང་ལྟར་རྒྱུད་རྒྱའི་སྐད་བོད་ཀྱི་ཡི་གེར་བྲི་ཚུལ་མི་གཅིག་པའི་ཁྱད་པར་ཞིག་

འདུག  རྒྱལ་རྩེ་ཐེམ་སྤངས་མའི་དཀར་ཆག་འདིར་དབུའི་རྒྱ་སྐད་གློག་བདེར་བྲིས་པ་རྣམས་དང་བྲིས་ནོར་ཆད་ལྷག་སོང་བ་ཅི་རིགས་ཡོད་པ་རྣམས་མ་དཔེ་སོར་བཞག་ཐོག་གུག་ཤད་ནང་[ ]དག་བཅོས་བྱས་ཁུལ་ཡིན།

དེ་ལྟར་བོད་གངས་ཅན་གྱི་ལྗོངས་སུ་ཕྱི་ལོ་བརྒྱ་ཕྲག་བཅོ་ལྔ་པ་ཙམ་ནས་རྒྱལ་བའི་བཀའ་འགྱུར་རོ་ཅོག་བྲིས་མ་དང་།  པར་མ་མང་དག་བཞེངས་པ་ཕལ་མོ་ཆེའི་ཚད་ཐུབ་ཀྱི་མ་དཔེ་རྒྱལ་རྩེ་ཐེམ་སྤངས་མའི་བཀའ་འགྱུར་གྱི་ངོ་སྤྲོད་རྩོམ་ཐུང་འདི་འཕགས་ཡུལ་ཞྭཎྜ་དབུས་བོད་ཀྱི་ཆེས་མཐོའི་གཙུག་ལག་སློབ་གཉེར་ཁང་གི་བོད་ཀྱི་ལོ་རྒྱུས་སློབ་དཔོན་གྱི་གོ་ས་འཛིན་པ་བྱམས་པ་བསམ་གཏན་གྱིས་ཕྱི་ལོ་ ༢༠༡༣ ཕྱི་ཟླ་ ༨ ཚེས་ ༡༡ ལ་སྦྱར་བའོ།། །།

## Explanatory Notes

1. Description of entries.

・Example:

Volume 70 མདོ་སྡེ། ཙ (1–360)

No. 202 ཙ (Tsa) 1b1-11a8 Toh 269

① འཕགས་པ་ཕྱོགས་བཅུའི་མུན་པ་རྣམ་པར་སེལ་བ་ཞེས་བྱ་བ་ཐེག་པ་ཆེན་པོའི་མདོ།

② 'Phags pa phyogs bcu'i mun pa rnam par sel ba zhes bya ba theg pa chen po'i mdo

③ ཨཱརྱ་ད་ཤ་དི་ཀཱ་[དིག་]ཨནྡྷ་ཀཱ་ར་བིདྷྭཾ་ས་ན་ནཱ་མ་མ་ཧཱ་ཡཱ་ན་སཱུ་ཏྲ།

④ Ārya-Daśadigandhakāravidhvaṃsana-nāma-mahāyānasūtra

⑤ Tr. Viśuddhasiṅha, rTsangs Devendrarakṣita

⑥ Rev. Klu'i rgyal mtshan

⑦ འཕགས་པ་ཕྱོགས་བཅུའི་མུན་པ་རྣམ་པར་སེལ་བ་ཞེས་བྱ་བ་ཐེག་པ་ཆེན་པོའི་མདོ་རྫོགས་སྷོ། རྒྱ་གར་གྱི་མཁན་པོ་བི་ཤུད་དྷ་སིང་ཧ་དང་། ལོ་ཙྪ་བ་བན་དེ་རྩངས་དེ་བེན་དྲ་རག་ཤི་ཏས་བསྒྱུར་ཞུ་ཆེན་གྱི་ལོ་ཙ་བ་བན་དེ་ཀླུའི་རྒྱལ་མཚན་གྱིས་ཞུ་ཆེན་བགྱིས་ཏེ་གཏན་ལ་ཕབ་པ།

(Explanation)

・Volume 70 མདོ་སྡེ། ཙ (1–360): Indicates consecutive volume numbers and folios.

・No. 202 ཙ (Tsa) 1b1-11a8:

No. 202: Consecutive number of this catalogue

ཙ (Tsa): Meaning མདོ་སྡེ། ཙ

1b1-11a8: Indicates the total number of folios ending with 11a8.

・Toh 269: Indicates the consecutive number of '*A Complete Catalogue of the Tibetan Buddhist Canons*' (ab. Tohoku Catalogue)

・① འཕགས་པ་ཕྱོགས་བཅུའི་མུན་པ་རྣམ་པར་སེལ་བ་ཞེས་བྱ་བ་ཐེག་པ་ཆེན་པོའི་མདོ།

Generally, Tibetan titles are derived from the beginning of each text. However, some titles are derived from the colophon or other sources in cases where there is no title at the beginning of the text. Tibetan titles are written in Tibetan characters.

- ② 'Phags pa phyogs bcu'i mun pa rnam par sel ba zhes bya ba theg pa chen po'i mdo
  The initial root letter (མིང་གཞི།) of the romanized title is in capitals. The shad (/) at the end is omitted. For the Tibetan transliteration system of romanization which we used, see p. 333.
- ③ ཨཱརྻ་ད་ཤ་དི་ཀྱ་[དིག་]ཨནྡྷ་ཀཱ་ར་བི་དྷྭཾ་ས་ན་ནཱ་མ་མ་ཧཱ་ཡཱ་ན་སཱུ་ཏྲ།
  Sanskrit titles are derived from the beginning of each text. There are many cases where the Tibetan transcription of Sanskrit titles is rendered more closely to the phonological construction of a word and does not reflect the actual spelling of the Sanskrit term. For the first time, we have attempted to provide accurate transcriptions of Tibetan Sanskrit titles without distorting the original readings of the Kangyur text. However, the actual transcriptions of the Sanskrit terms and corrections of the minor scriber mistakes in the Tibetan transcriptions of Sanskrit titles are added in brackets.
- ④ Ārya-Daśadigandhakāravidhvaṃsana-nāma-mahāyānasūtra
  We presented the Sanskrit title of the Tibetan transcription provided in ③ using Romanized Sanskrit. We rendered the Sanskrit titles on the basis of original readings. However, we referred to a D-Cat, P-Cat, S-Cat, N-Cat, etc., and appended necessary annotations. To reflect the correct spelling of the following Sanskrit words, they are transcribed as saṃ for སཾ་, saṅ for སང་, san for སན་, siṅha for སེངྷ་ / སེང་ཧ་ / སཱིཾ་ཧ་ / སེཾ་ཧ་, saṅkusumita for སངྐུ་སུ་མི་ཏ་, saṅghāṭa for སངྒྷཱ་ཊ་, and saṅgīti for སངྒཱི་ཏི་. Titles quoted from other sources, such as the Tohoku Catalogue, are given in parentheses. The Sanskrit title is written in IAST (International Alphabet of Sanskrit Transliteration) style.
- ⑤ Tr. Viśuddhasiṅha, rTsangs Devendrarakṣita    Tr.: Indicates translator
  In subheading ⑤, supplementary notes are shown within parentheses.
- ⑥ Rev. Klu'i rgyal mtshan    Rev.: Indicates reviser
- ⑦ འཕགས་པ་ཕྱོགས་བཅུའི་མུན་པ་རྣམ་པར་སེལ་བ་ཞེས་བྱ་བ་ཐེག་པ་ཆེན་པོའི་མདོ་རྫོགས་སྷོ།
  རྒྱ་གར་གྱི་ … ཕབ་པ། (Derived from the colophon)

2. Contracted writings (བསྡུས་ཡིག), such as རྫོགསོ།, རྫོགསྷོ།, རྫོགསྷྭོ།, ནམཁའ།, རྗེསུ།, ཡོངསུ།, ཡིས།, ཐཾད།, གཏོགསོ།, ཚོགསུ།, སྐྱབསུ། found in the titles and colophons of the Ulan Bator Manuscript are inscribed in the normal expanded form, that is, རྫོགས་སོ།, རྫོགས་སྷོ།, རྫོགས་སྷྭོ།, ནམ་མཁའ།, རྗེས་སུ།, ཡོངས་སུ།, ཡེ་ཤེས།, ཐམས་ཅད།, གཏོགས་སོ།, ཚོགས་སུ།, སྐྱབས་སུ།. See pp. 334–335.

With regard to ལོཙྪཱ་བ།, tshegs ( ་) are added wherever they are missing (ལོཙྪཱ་བ། → ལོ་ཙྪཱ་བ། ).

The nyis ( ༎ ) and bzhi ( ༎ ༎ ) shad seen in several places in the titles and colophons are unified with the chig shad ( ། ).

3. We have thoroughly compared the readings of Ulan Bator with the sTog and Tokyo Manuscripts, and even with the Peking, Narthang, and Derge Editions whenever required. After comparing various editions of Kangyur texts (USTPND), we have provided an annotated footnote wherever necessary. Please refer to the Appendix for details. For example: In No. 10 footnote 7, 'TPND add (Dhā, AW, editor's note, colophon note) after རྫོགས་སྷོ།, cf. Appendix.', TPND add (Dhā, AW, editor's note, colophon note): Indicates T adds Dhā, AW, and editor's note; P adds Dhā; N adds Dhā and editor's note; D adds colophon note and Dhā. No. 109 footnote 1, 'P adds editor's note, Dhā, and AW after ཕབ་པ།, cf. Appendix.'

When enumerating different readings in a Tibetan title and colophon, we rendered them in the order of U, S, T, P, N, and D. Take the following example: UTP ཤེས། SND ཞེས།; UTPD ཆད། SN བཅད།; and UPND སྒྱུར། ST བསྒྱུར།. When different readings of Sanskrit were enumerated, we rendered them in the order of U, S, T, P, N, D, D-Cat, P-Cat, S-Cat, and N-Cat. Take the following example: UST vikurvita, PND vikurvāṇa; UT saṅghata, S saṅgāta, PD saṅghāṭi, N saṅghaṭī, D-Cat saṃghāṭa, P-Cat saṅghāṭi, S-CatN-Cat saṅghāṭa; and UT སང་གྷ་ཏ་, SD སཾ་གྷ་ཏ་, P སཾ་གྷ་ཏ་, N ས་མེ་གྷ་ཏ་. In the notation of this paper, the works are listed without commas separating them. For example, UST refers to U, S, and T, and PND refers to P, N, and D.

When various editions of Kangyur texts (USTPND) were compared in the colophon, we excluded comparisons of the spellings of རྫོགས་སོ།, རྫོགས་སྷོ།, and རྫོགས་སྠོ། and the personal names of the translator and reviser.

4. In our catalogue, we added a postscript to the following Tohoku Catalogue numbers: Toh 7, 460, 505, 539, 673, 841, 1059, and 4321. We rendered them as Toh 7, 7A; 460, 460A; 505, 505A; 539, 539A; 673, 673A; 841, 841A; 1059, 1059A; and 4321, 4321A. For details, see p. 414 'Comparative list of text numbers'.

5. In the Ulan Bator Peking Kangyur [P(UB)] published by DPS in 2010, the rGyud Ka, Tsa, and Na (folio 1) are complemented by the Peking Kangyur preserved in the Harvard-Yenching Library [P(HY)] because these items are missing in the Peking Kangyur preserved in the National Library of Mongolia. Therefore, concerning rGyud Ka, Tsa, and Na (folio 1), we use the abbreviation P(HY) to compare with other versions.

We did find some differences between P(UB) and P(O). For details, see Jampa Samten & Hiroaki Niisaku "Notes on Ulan Bator Copy of Peking kagyur", *Tibet journal*, XXXVI-3, pp. 3–13, 2011. See also Hiroaki Niisaku (新作博明) "Mongoru Kokuritsu Toshokan Shozō

Pekin-ban Kangyuru to Ōtani Daigaku Shozō Pekin-ban Kangyuru no Hikaku" (「モンゴル国立図書館所蔵北京版カンギュルと大谷大学所蔵北京版カンギュルの比較」).
http://www.yuishoji.org/yuishoji_bceri_dps_pekingkangyur.html

## Abbreviations

AW — Auspicious word or phrase used at the end of a writing.

CK — "A Comparative List of the Bkaḥ-ḥgyur Division in the Co-ne, Peking, Sde-dge and Snar-thaṅ Editions, with an introduction to the Bkaḥ-ḥgyur Division of the Co-ne Edition". Taishun Mibu, *Taishō Daigaku Kenkyū Kiyō*, *Memoirs of Taishō University* 44, pp. l–69, 1959.

D — *The sDe dge mtshal par Bka'-'gyur*. A facsimile edition of the 18th century redaction of Si tu Chos kyi 'byun gnas prepared under the direction of H. H. The 16th Rgyal-dban Karma-pa, 1976–1979.; *The Nyingma Edition of the sDe-dge bKa'-'gyur and bsTan-'gyur*. Dharma Publishing, 1980.; *The Tibetan Tripitaka*. Taipei Edition, 1991.; *Bka'-'gyur (sde dge)*. TBRC, 2002.

Dhā — Dhāraṇī of pratītyasamutpāda.

Hand-list — *A Hand-list of the Ulan Bator Manuscript of the Kanjur Rgyal-rtse Them spaṅs-ma*. Géza Bethlenfalvy, Akadémiai Kiadó, Budapest, 1982.

L — *The microfiche edition of the Śel dkar (London) manuscript bKa' 'gyur*. The British Library, 1996.

L-Cat — *Location List to the Texts in the Microfiche Edition of the Śel dkar (London) Manuscript bKa' 'gyur*. Ulrich Pagel & Séan Gaffney, The British Library, 1996.

Lhasa-Cat — *Tōkyō Daigaku Shozō Rasa-ban Chibetto Daizōkyō Mokuroku* (『東京大学所蔵ラサ版チベット大蔵経目録』 / *A Catalogue of the Lhasa Edition of the Tibetan Tripitaka*). Edited by Jikido Takasaki, Tokyo, 1965.

N — *Bka'-'gyur (snar thang) redaction*. TBRC, 2005.

N-Cat — *The Brief Catalogues to the Narthang and the Lhasa Kanjurs*. Wiener Studien zur Tibetologie und Buddhismuskunde 40, Wien, 1998.

Nm-Cat — *The Nyingma Edition of the sDe-dge bKa'-'gyur and bsTan-'gyur, Research Catalogue and Bibliography*. 8 vols., Dharma Publishing, 1982–1983.

Ns-List — "Taishō Daigaku Shozō Chibetto Daizōkyō Narutan-ban Kanjuru Mokuroku" (「大正大学所蔵チベット大蔵経・ナルタン版甘殊爾目録」 / "A Comparative List of the Bkaḥ-ḥgyur Division of the Snar-thaṅ, Peking, and Sde-dge Editions"). Shodo Nagashima, *Taishō Daigaku Kenkyū Kiyō, Memoirs of Taishō University* 61, pp. 760(l)–726(35), 1975.

NT — *Taishō Daigaku Shozō Narutan-ban Chibetto Daizōkyō Ronsho-bu Mokuroku* (『大正大学所蔵チベット大蔵経・ナルタン版論疏部目録』 / *A Comparative List of the Tibetan Tripitaka of Narthang Edition (Bstan-ḥgyur Division) with the Sde-dge Edition*). Taishun Mibu, 1967.

O-Cat — *Ōtani Daigaku Toshokan Zō Chibetto Daizōkyō Kanjuru Kandō Mokuroku* (『大谷大學圖書館藏西藏大藏經甘殊爾勘同目錄』 / *A Comparative Analytical Catalogue of the Kanjur Division of the Tibetan Tripitaka*). Otani University Library, Kyoto, 1930–32.

P — *Eiin Pekin-ban Chibetto Daizōkyō* (『影印北京版西藏大藏經』 / *The Tibetan Tripitaka, Peking Edition*). Kyoto, 1955–1961.; *The Peking Edition of the Kangyur*. DPS, Tokyo, 2010.

P-Cat — *Eiin Pekin-ban Chibetto Daizōkyō Sōmokuroku, Sakuin* (『影印北京版西藏大藏經總目錄・索引』 / *Catalogue & Index, The Tibetan Tripitaka, Peking Edition*). Reprinted under the supervision of the Otani University, Kyoto, Tibetan Tripitaka Research Institute, Tokyo-Kyoto, 1961.

P(HY) — The Peking Edition of the Kangyur preserved in the Harvard-Yenching Library.

P(O) — The Peking Edition of the Kangyur preserved in the Otani University Library.

P(UB) — The Peking Edition of the Kangyur preserved in the National Library of Mongolia.

S — *The sTog Palace Manuscript of the Tibetan Kanjur*. Delhi, 1975–1980.; *Bka' 'gyur (stog pho brang) bris ma*. TBRC, 2003.

Sakai — "Deruge-ban Chibbeto-Daizōkyō Tōhoku-Mokuroku Hoi" (「デルゲ版西藏大藏經東北目錄補遺」 / "Supplement to A Complete Catalogue of the Tibetan Buddhist Canons"). Shirō Sakai, *Bunka*, vol. 9, no. 3, pp. 101–107, 1942.

S-Cat — *A Catalogue of the sTog Palace Kanjur*. Tadeusz Skorupski, Bibliographia Philologica Buddhica, Series Maior IV, International Institute for Buddhist Studies, Tokyo, 1985.

T The Tokyo Manuscript of the Kangyur preserved in the Toyo Bunko.

Toh / D-Cat *Chibetto Daizōkyō Sōmokuroku* (『西藏大藏經總目錄』 / *A Complete Catalogue of the Tibetan Buddhist Canons (Bkaḥ-ḥgyur and Bstan-ḥgyur)*). Edited by Hakuju Ui, Munetada Suzuki, Yenshō Kanakura, Tōkan Tada, Sendai, Tōhoku Imperial University, 1934.

T-Study "Kawaguchi Ekai-shi Shōrai Tōyō Bunko Shozō Shahon Chibetto Daizōkyō Chōsa Bibō" (「河口慧海師将来東洋文庫所蔵写本チベット大蔵経調査備忘」 / "A Study of the Hand-written Copy of the Tibetan Kanjur from rGyal-rtse"). Kojun Saito, *Taishō Daigaku Kenkyū Kiyō, Memoirs of Taishō University* 63, pp. 406(l)–345(62), 1977.

U *The Tempangma manuscript of the Kangyur*. DPS, Tokyo, 2010.

# Contents and DVD Location Chart

DVD No.: The Tempangma manuscript of the Kangyur, DVD, DPS, Tokyo, 2010.
CV. No.: Consecutive volume number.    V. No.: Volume number.
Cat. No.: Catalogue of the Ulan Bator rGyal rtse Them spangs ma manuscript Kangyur number.

| | Section Title | CV. No. | V. No. | Cat. No. | DVD No. |
|---|---|---|---|---|---|
| I | འདུལ་བ། | 1-14 | ཀ - པ | 1-8 | 1 |
| II | ཤེར་ཕྱིན། | | | | |
| | 1. འབུམ། | 15-30 | ཀ - མ | 9 | 2 |
| | 2. ཉི་ཁྲི། | 31-34 | ཀ - ང | 10 | 3 |
| | 3. ཁྲི་བརྒྱད། | 35-37 | ཀ - ག | 11 | 3 |
| | 4. ཤེས་ཁྲི། | 38-39 | ཀ - ཁ | 12 | 3 |
| | 5. བརྒྱད་སྟོང་། | (40) | Missing | (13) | - |
| | 6. ཤེར་ཕྱིན་སྣ་ཚོགས། | (41) | Missing | (14-31) | - |
| III | ཕལ་ཆེན། | 42-47 | ཀ - ཆ | 32 | 3 |
| IV | དཀོན་བརྩེགས། | 48-53 | ཀ - ཆ | 33-81 | 4 |
| V | མདོ་སྡེ། | 54-55 | ཀ - ཁ | 82-84 | 4 |
| | | (56) | ག Missing | (85-92) | - |
| | | 57-64 | ང - ད | 93-155 | 4 |
| | | 65-82 | ན - ཧ | 156-322 | 5 |
| | | 83-90 | ཨ - ཇི | 322-378 | 6 |
| VI | མྱང་འདས། | 91-93 | ཀ - ག | 379 | 6 |
| VII | སྙིང་རྒྱུད། | 94-96 | ཀ - ག | 380-397 | 6 |
| VIII | རྒྱུད། | 97-99 | ཀ - ག | 398-452 | 6 |
| | | 100-114 | ང - ཚ | 453-833 | 7 |
| IX | དཀར་ཆག | | Incomplete handwritten dKar chag | | 7 |

# Catalogue

## འདུལ་བ། ('Dul ba)

### Volume 1 འདུལ་བ། ཀ (1–350)

No. 1 ཀ(Ka) 1b1-350a8 Bam po 1–21 《Vol. 1 Ka.1b1–Vol. 4 Nga.353a7》 Toh 3

① འདུལ་བ་རྣམ་པར་འབྱེད་པ།

② 'Dul ba rnam par 'byed pa

③ བི་ན་ཡ་བི་བྷང་ག[བྷངྒ།]

④ Vinayavibhaṅga

⑤ Tr. Jinamitra, Klu'i rgyal mtshan

### Volume 2 འདུལ་བ། ཁ (1–379)

No. 1 ཁ(Kha) 1b1-379a7 Bam po 22–42

Continued

### Volume 3 འདུལ་བ། ག (1–385)

No. 1 ག(Ga) 1b1-385a7 Bam po 43–61

Continued

### Volume 4 འདུལ་བ། ང (1–353)

No. 1 ང(Nga) 1b1-353a7 Bam po 62–83

Continued

⑦ འདུལ་བ་རྣམ་པར་འབྱེད་པ་རྫོགས་སོ།། དབང་ཕྱུག་དམ་པའི་མངའ་བདག་དཔལ་ལྷ་བཙན་པོའི་བཀའ་ལུང་གིས། འཕགས་པ་གཞི་ཐམས་ཅད་ཡོད་པར་སྨྲ་བའི་འདུལ་བ་འཛིན་པ་ཁ་ཆེའི་བྱེ་བྲག་ཏུ་སྨྲ་བའི་སློབ་དཔོན་ཛི་ན་མི་ཏྲ་དང་། ཞུ་ཆེན་གྱི་ལོ་ཙྪ་བ་བན་དེ་ཀླུའི་རྒྱལ་མཚན་གྱིས་བསྒྱུར་ཅིང་

ཞུས་ཏེ་གཏན་ལ་ཕབ་པ། འདི་ལ་ཤོ་ལོ་ཀ་ནི་ཉི་ཁྲི་ལྔ་སྟོང་ཡོད། བམ་པོ་ནི་བརྒྱད་ཅུ་རྩ་གསུམ་དུ་བྱས་སོ།[1] འདུལ་བ་རྣམ་པར་འབྱེད་པ་རྫོགས་སྷོ།

## Volume 5 འདུལ་བ། ཅ (1–348)

### No. 2 ཅ(Ca) 1b1-31b5 Toh 4

① དགེ་སློང་མའི་སོ་སོར་ཐར་པའི་མདོ།

② dGe slong ma'i so sor thar pa'i mdo

③ བྷི་ཀྵུ་ཎཱི་པྲ་[པྲཱ་]ཏི་མོཀྵ་སཱུ་ཏྲ།

④ Bhikṣuṇīprāti[2]mokṣa-sūtra

⑤ Tr. Jinamitra, Cog ro Klu'i rgyal mtshan

⑦ དགེ་སློང་མའི་སོ་སོར་ཐར་པའི་མདོ་རྫོགས་སོ།། དབང་ཕྱུག་དམ་པའི་མངའ་བདག དཔལ་ལྷ་བཙན་པོའི་བཀའ་ལུང་གིས་འཕགས་པ་གཞི་ཐམས་ཅད་ཡོད་པར་སྨྲ་བའི་འདུལ་བ་འཛིན་པ་ཁ་ཆེ་བྱེ་བྲག་ཏུ་སྨྲ་བའི་སློབ་དཔོན་ཛི་ན་མི་ཏྲ་དང་། ཞུ་ཆེན་གྱི་ལོ་ཙྪ་བ་ཅོག་རོ་ཀླུའི་རྒྱལ་མཚན་གྱིས་བསྒྱུར་ཅིང་ཞུས་ཏེ་གཏན་ལ་ཕབ་པ།

### No. 3 ཅ(Ca) 31b5-348a8 Bam po 1–23 《Vol. 5 Ca.31b5–Vol. 6 Cha.66a7》 Toh 5

① དགེ་སློང་མའི་འདུལ་བ་རྣམ་པར་འབྱེད་པ།

② dGe slong ma'i 'dul ba rnam par 'byed pa

③ བྷི་ཀྵུ་ཎཱི་བི་ན་ཡ་བི་བྷང་ག[བྷངྒ།]

④ Bhikṣuṇīvinaya-vibhaṅga

⑤ Tr. Sarvajñādeva, Dharmākara, Vidyākaraprabha, dPal gyi lhun po

⑥ Rev. Vidyākaraprabha, dPal brtsegs

## Volume 6 འདུལ་བ། ཆ (1–381)

### No. 3 ཆ(Cha) 1b1-66a7 Bam po 24–28

Continued

---

[1] PD omit འདུལ་བ་རྣམ་པར་འབྱེད་པ་རྫོགས་སྷོ། P adds གཉིས་ཞུས་དག after བྱས་སོ།

[2] UTND bhikṣuṇiprati, S bhikṣuṇipratị, P bhikṣuṇīprātī, D-CatP-CatS-CatN-Cat bhikṣuṇīprāti

⑦ དགེ་སློང་མའི་འདུལ་བ་རྣམ་པར་འབྱེད་པ། སོ་སོར་ཐར་པ་དང་བཅས་པ་རྫོགས་སྷོ། །ཁ་ཆེའི་མཁན་པོ་སརྦ་ཛྙ་དེ་བ་དང་། དྷརྨ་ཀ་ར་དང་། རྒྱ་གར་གྱི་མཁན་པོ་བི་དྱ་ཀ་ར་པྲ་བྷ་དང་། ལོ་ཙྪ་བ་བན་དྷེ་དཔལ་གྱི་ལྷུན་པོས་བསྒྱུར། རྒྱ་གར་གྱི་མཁན་པོ་བི་དྱ་ཀ་ར་པྲ་བྷ་དང་། ཞུ་ཆེན་གྱི་ལོ་ཙྪ་བ་བན་དྷེ་དཔལ་བརྩེགས་ཀྱིས་ཞུས་ཏེ་གཏན་ལ་ཕབ་པའོ།[1]

No. 4 ཆ(Cha) 66a7-91b6 Toh 2

① སོ་སོར་ཐར་པའི་མདོ།

② So sor thar pa'i mdo

③ པྲ་[པྲཱ་]ཏི་མོཀྵ་སཱུ་ཏྲ།

④ Prāti[2]mokṣa-sūtra

⑤ Tr. Jinamitra, Cog ro Klu'i rgyal mtshan

⑦ སོ་སོར་ཐར་པའི་མདོ་རྫོགས་སྷོ།[3] འཕགས་པ་གཞི་ཐམས་ཅད་ཡོད་པར་སྨྲ་བའི་འདུལ་བ་འཛིན་པ། ཁ་ཆེ་བྱེ་བྲག་ཏུ་སྨྲ་བའི་སློབ་དཔོན་འཛིན་ན་མི་ཏྲ་དང་། ཞུ་ཆེན་གྱི་ལོ་ཙྪ་བ། བན་དྷེ་ཅོག་གྲུ་ཀླུའི་རྒྱལ་མཚན་གྱིས་བསྒྱུར་ཅིང་ཞུས་ཏེ། གཏན་ལ་ཕབ་པའོ།[4]

No. 5 ཆ(Cha) 91b7-381a8 Bam po 1–18 《Vol. 5 Cha.91b7–Vol. 10 Tha.216a2》 Toh 1

① འདུལ་བ་གཞི།

② 'Dul ba gzhi

③ བི་ན་ཡ་བསྟུ།

④ Vinayavastu

⑤ Tr. Sarvajñādeva, Dharmākara, Vidyākaraprabha, dPal gyi lhun po

⑥ Rev. Vidyākaraprabha, dPal brtsegs

---

1 D adds སྔ་ཞུས་ཀུན་དགའ་ཤཱཀྱ་དཔེ་ལ། །གཉིས་ཀྱིས་མ་དག་དྲི་མ་བསལ། །གསུམ་ཞུས་མཁས་པ་སྣར་ཐང་དཔོན་སློབ་པས། །ས་ཡི་སྟེང་འདིར་ལེགས་པར་དག་བགྱིས་སོ།། after ཕབ་པའོ།

2 UTND prati, S prāti, P པྲཱ་ཏི་, D-CatP-CatS-CatN-Cat prāti

3 SPD add དབང་ཕྱུག་དམ་པའི་མངའ་བདག་དཔལ་ལྷ་བཙན་པའི་བཀའ་ལུང་གིས་ after རྫོགས་སྷོ།

4 S adds འདི་ལ་ཤོ་ལོ་ཀ་བདུན་བརྒྱ་ཡོད། བམ་པོ་ནི་གཉིས་སུ་བྱས་སོ། འདུལ་བ་ལུང་གཞན་དག་ལ་བཀའ་ལུང་སོ་སོར་ཐར་པ་བཞེངས་པ་མི་སྣང་མོད་ཀྱི། འོན་ཀྱང་འདིར་གཙོ་བོར་དགེ་སློང་ཕའི་དགག་པའི་སླབ་པ་རྒྱས་པར་སྟོན་པ། དགེ་སློང་ཕའི་རྣམ་པར་འབྱེད་པའི་རྩ་ལྟ་བུ་ཡིན་ལ། ལུང་རྣམ་པར་འབྱེད་པ་ནི་འགྲེལ་པ་ཡིན་པས། དགེ་སློང་ཕའི་སོ་སོར་ཐར་པའི་མདོ་འདི་ཡང་ལུང་རྣམ་པར་འབྱེད་པའི་དབུ་ཉིད་དུ་བྲིས་སོ། after ཕབ་པའོ།

## Volume 7 འདུལ་བ། ཇ (1–388)

No. 5 ཇ(Ja) 1b1-388a5 Bam po 19–43

Continued

## Volume 8 འདུལ་བ། ཉ (1–368)

No. 5 ཉ(Nya) 1b1-368a8 Bam po 44–70

Continued

## Volume 9 འདུལ་བ། ཏ (1–359)

No. 5 ཏ(Ta) 1b1-359a8 Bam po 71–94

Continued

## Volume 10 འདུལ་བ། ཐ (1–390)

No. 5 ཐ(Tha) 1b1-216a2 Bam po 95–109

Continued

⑦ འདུལ་བ་གཞི་རྫོགས་སྷོ། [1]ཁ་ཆེའི་མཁན་པོ་སརྦ་ཛྙཱ་དེ་བ་དང༌། རྒྱ་གར་གྱི་མཁན་པོ་བིདྱ་ཀ་ར་པྲ་བྷ་དང༌། ཁ་ཆེའི་མཁན་པོ་དྷརྨ་ཀ་ར་དང༌། ལོ་ཙཱ་བ་བན་དེ་དཔལ་གྱི་ལྷུན་པོས་བསྒྱུར། རྒྱ་གར་གྱི་མཁན་པོ་བིདྱཱ་ཀ་ར་པྲ་བྷ་དང༌། ཞུ་ཆེན་གྱི་ལོ་ཙཱ་བ་བན་དེ་དཔལ་བརྩེགས་ཀྱི་ཞུས་ཏེ་གཏན་ལ་ཕབ་པའོ། [2] ཐུབ་དབང་བླ་བའི་ཞལ་ནས་བྱུང་གྱུར་པ། གསུང་གི་མེ་ཏོག་ཆར་པ་ཡིད་འོང་རྣམས། ལྷ་བ་ངན་བློག་རྟེ་བ་མེད་པ་ཡི། རང་བཞིན་ཡུན་རིང་སྐྱེ་དགུའི་ནང་གནས་ཤོག[3]

---

1 PD ཁ་ཆེའི་ … ཕབ་པའོ། appears after ཐུབ་དབང་ … གནས་ཤོག

2 P adds AW after ཕབ་པའོ།, cf. Appendix. D adds བཟོད་པ་དཀའ་ཐུབ་དམ་པ་བཟོད་པ་ནི། །མྱ་ངན་འདའ་བ་མཆོག་ཅེས་སངས་རྒྱས་གསུང༌། །རབ་ཏུ་བྱུང་བ་གཞན་ལ་གནོད་པ་དང༌། །གཞན་ལ་འཚེ་བ་དགེ་སྦྱོང་མ་ཡིན་ནོ།། after ཕབ་པའོ། (D adds Dhā after ཡིན་ནོ།།, cf. Appendix.)

3 N adds AW after ཤོག, cf. Appendix.

No. 6 ཐ(Tha) 216a2-390a8 Bam po 1–10 《Vol. 10 Tha. 216a2–Vol. 12 Na. 319b2》 Toh 6

① འདུལ་བ་ཕྲན་ཚེགས་ཀྱི་གཞི།

② 'Dul ba phran tshegs kyi gzhi

③ བི་ན་ཡ་ཀྵུ་དྲ་ཀ་བསྟུ།

④ Vinayakṣudrakavastu

⑤ Tr. Vidyākaraprabha, Dharmaśrīprabha, dPal 'byor

## Volume 11 འདུལ་བ། ད (1–373)

No. 6 ད(Da) 1b1-373a8 Bam po 11–35

Continued

## Volume 12 འདུལ་བ། ན (1–369)

No. 6 ན(Na) 1b1-319b2 Bam po 36–60

Continued

⑦ [1]འདུལ་བ་ཕྲན་ཚེགས་ཀྱི་གཞི། རྫོགས་སོ།། རྒྱ་གར་གྱི་མཁན་པོ་བིདྱ[2]་ཀ་ར་པྲ་བྷ་དང་། དྷརྨ་ཤྲཱི་པྲ་བྷ[3] དང་། ལོ་ཙྪ་བ་བན་དྷེ་དཔལ་འབྱོར་གྱིས་བསྒྱུར།[4] ཞུས་དག་ལེགས་པར་བྱས་སོ།། ཕྲན་ཚེགས་འདི་ལ་དཔེ་དཔང་ལའང་།[5] ཡིད་བསྟན་ཐུབ་པ་ཅིག་ཀྱང་མེད། འགྱུར་ཡང་ཚུང་ཟད་མི་བདེ་ཞིང་། ཚིག་སྦྱལ་བརྡ་སྙིང་མངས་པ་དང་། གླེགས་བམ་ཐ་མར་ཉེ་བ་ཡིས། ཞུ་དག་མཁན་པོ་རྣམས་ཀྱིས་ཀྱང་། སེམས་དུབ་སྐྱོ་བའི་དབང་གིས་ནི། ཕལ་ཆེར་བཏང་སྙོམས་བཞག་པར་མངོན། ཀླག་མི[6] བདེ་ཞིང་བྲིར་མི་བདེ། ཚུང་ཟད་བཅོས་སུ་འང་མི་བདེ་ཞིང་། ཐམས་ཅད་ཐེ་ཚོམ་གཞིར་གྱུར་པས། ཏོ་བོའི་སེམས་ཀྱང་ཚུང་ཟད་དུབ། འོན་ཀྱང་བརྟག་པར་མ་དོར་བར། སྤྱི་དང་འདུན་པའི་སེམས་ཀྱིས་

---

1 PD colophon, cf. Appendix.

2 U བདྱ། STPN བིདྱ། D བིདྱཱ།

3 UN ཤྲཱ་པྲི་བྷ། STPD ཤྲཱི་པྲ་བྷ། D-Cat བྷདྲ།

4 S omits all colophons following བསྒྱུར།

5 UT དཔང་ལའང་། N མང་ཡང་།

6 U མའི། TN མི།

ནི། དམ་པའི་ཐུགས་དགོངས་མཐར་ཕྱིན་ཅིང་། བསྟན་པའི་རྒྱུན་ལ་འཐང་ཕན་བསམས་ནས། དུས་ནི་ཅུང་ཟད་འགོར་ན་ཡང་། ལོང་མེད་རིངས་ཚུལ་མ་བྱས་པར། འོལ་ཚོད་རང་བཟོ[1]སྤྲངས་ནས་ནི། ལེགས་བརྟགས་ལེགས་པར་རབ་དཔྱད་ནས། ཤིན་ཏུ་ངེས་པའི་ཚུལ་གྱིས་ནི། ཐེ་ཚོམ[2]ཟ་རྣམས་ཟེར་མཚན་བཀོད། གདོན་མི་ཟ་རྣམས་ལེགས་པར་བཅོས། ཚུལ་འདི་མཁས་པའི་གཙུག་རྒྱན་དུ། ཕྱི་མཐའ་བར་དུ་འགྱུར་བར་ཤོག  འདི་ནི་ཕྱི་མོ་ལ་གཏུགས་པ་དང་སྔར་ཐང་གི་དཔེ་ལ་གཏུགས་པའི་ཞུས་དག་གཉིས་ཀྱི་རྗེས་ལ་སོག་ཚུལ་ཁྲིམས་བླ་མའི་ཕྱག་དཔེ་ལ་གཏུགས་པའི་ཞུས་དག་ནན་ཅན་ལན་གཉིས་ཏེ་བཞི་ཚར་བའི་རྗེས་སུ། སློབ་དཔོན་ཚུལ་ཁྲིམས་བསྐྱངས་ཀྱི་འགྲེལ་པ་དང་སྟུན[3]ཅིང་། མདོ་རྩའི[4]འགྲེལ་ཆེན་རྣམས་སུ་ལུང་དྲངས[5]པ་དང་ཡང་སྒྲིགས། ཚིག་རྣམས་ལས་བརྒྱ་རྩ་ཅིག་གི་གཞུང་དང་ཡང་བསྟུན། ཚིག་འདྲ་ལ་འདྲ་མིན[6]རྣམས་ཀྱང་། དོན་ལ་ལེགས་པར་དཔྱད་ནས་དག་པར་བྱས། འདི་ལ་ད་རུང་ཆད་པ་འགའ་རེ་ཡོད་པས་རྒྱ་དཔེ་རྙེད་ན་གཏུག་དགོས་སོ། ཐམས་ཅད་མཁྱེན་པ་ལ་ཕྱག་འཚལ་ལོ། སྟོན་བསྟན་པ་སྔ་དར་བ་ལ་ལུང་ཕྲན་ཚེགས་ཀྱི་གཞི་འདི་བསྒྱུར་བའི་དུས་སུ་ལོ་ཙཱ་བ་དུ་མས་དུམ་བུ་མང་པོར་བགོས་ཏེ་སོ་སོར་ཐ་དད་དུ་བསྒྱུར་བས་གླེགས་བམ་གཅིག་ཏུ་སྡོམ་པའི་ཚེ་ན། གནས་གཅིག་ཏུ་མ་ཚང་བར་བསྡེབས་ཤིང་། ལོ་ཙཱ་བ་ཆེན་པོ་དཔལ་འབྱོར[7]གྱིས་རྫོགས་པར་ཞུ་ཆེན་མ་གྲུབ་པས། འབྲུགས་ཆད་ཅན་དུ་ཕྲན་ཚེགས་ཕལ་ཆེར་བཞུགས་པ་ལས། དུས་ཕྱིས་གནས་བརྟན་དར་མ་སེང་གེས། ལ་སྟོད་འོལ་ཀྲོད་ཀྱི་གཙུག་ལག་ཁང་དུ་ལུང་སྡེ་བཞི་བཞེངས་པའི་ཚེ། ཞིང་མོ་ཆེ་བ་འདུལ་འཛིན་བྱང་ཆུབ་སེང་གེས་དབུས་རྩང་གི་གཙུག་ལག་ཁང་དང་། ཁྱད་པར་བསམ་ཡས་མཆིངས་ཕུ་ན་དགས་ཆུང་བ་དང་ཚུལ་ཁྲིམས་ཡོན་ཏན་གྱིས་རྙེད་པའི་ལུང་དག་པ་ལ་དཔེ་ཡོན་ཕུལ་ནས་འབད་པས་དག་པར་བགྱིས་པ་ལ། བམ་པོ་སུམ་ཅུ་རྩ་གསུམ་པའི་མགོར་སྨན་ཆེན་པོའི་གཏམ་གྱི་སྐབས་སུ། སྨན་ཆེན་པོས་སྨྲས་པ། གལ་ཏེ་དེ་ལྟ་ན་སྐྲུགས་ཤིག་དང་བདེན་ནམ་བརྫུན་བལྟའོ་ཞེས་པ་ནས། བམ་པོ་སུམ་ཅུ་རྩ་བཞི་པའི་དབུར་ཧི་ཙམ་ན་གྲོང་ཁྱེར་ནས་བྱུང་བ་དང

1 UN བཟོ། T གཟོ།
2 UT ཚོམ། N ཅོམ།
3 U ལྟུན། TN སྟུན།
4 U རྩེ་ལ། TN རྩའི།
5 UT དྲངས། N དངས།
6 UT མིན། N མིན།
7 T omits འབྱོར།

བྲམ་ཟེ་མོང་རྟུལ་ཞེས་བྱ་བས་གོས་ཀྱི་མཐའ་ནས་འཛུས་ཞེས་པའི་བར་བམ་པོ་གཅིག་བསབས། སྡོམ་ནི། ང་ཡང་སྨན་གྱིས་དེ་བཞིན་ནོ། ཞེས་པའི་འོག་ཏུ་ཡིག་ཚར་གཅིག་བསྣངས། བམ་པོ་སུམ་ཅུ་རྩ་བཞི་པའི་སྨད་ནི་ཚོ་སྤྱོད་གསལ་གྱི་སྐབས་རྫོགས་པར་ཨེ་མའོ་འདི་ལྟར་ཁྱོད་མཁས་པ་ཤ་སྟག་དང་ལྡན་པ་ནི་བསོད་ནམས་དང་ལྡན་ནོ་ཞེས་པ་ནས། བམ་པོ་བཞི་བཅུ་རྩ་བཞི་པའི་སྟོད་དུ། སྤྱིའི་སྡོམ་ནི། དགེ་སློང་མའི་བཀུར་བསྟི་བྲི། ཞེས་པའི་བར་བམ་པོ་དགུ་ཆད་པ་བསབས། དེའི་འོག་ཏུ་སྡོམ་ཚིག་ཡིག་ཆར་[1] གཅིག་ཆད་པ་བསྣངས། བམ་པོ་བཞི་བཅུ་རྩ་བདུན་པའི་འཛུག་བྲམ་ཟེའི་ཁྱིའུ་མ་སྟག་གི་གཏམ་འཕྲོར། དགེ་སློང་རྣམས་ཀྱི་ཡོན་པོའི་སྤྱད་ཀྱི་ལོག་པའི་འཚོ་བ་དེ་ལྟ་བུ་ལས་སླར་ལོག་པ་ཡིན་ནོ་ནས་བམ་པོ་བཞི་བཅུ་རྩ་དགུ་པའི་དཔུང་[2] དེའི་ཚེ་བྲམ་ཟེ་པད་མའི་སྙིང་པོ་ཁྲིམ་མཆོག་གིས་མཐོན་པོ་ཞིག་ན་ཤས་ཆེ་བའི་བྲམ་ཟེ་རྒན་རབས་རྣམས་དང་ལྷན་ཅིག་འདུས་ཤིང་འཁོད་དོ་ཞེས་པའི་བར་བམ་པོ་བཞི་བཅུ་རྩ་བརྒྱད་པ་བསབས་དེ་ནས་བམ་པོ་ང་གཅིག་པའི་འཛུག་ཀུན་དགའ་ལ་གདམས་པར་ཆོས་ཀྱི་སྐབས་ཀྱི་གནས་པར་བྱའི། གླིང་གཞན་དང་སྐབས་གཞན་གྱིས་ནི་མ་ཡིན་ནོ་ནས། བམ་པོ་ང་གསུམ་པའི་སྟོད་དུ། བར་སྡོམ་ནི། ཙ་པ་ལ་དང་ཚོའི་འདུ་བྱེད་མཛད་ཀྱི་བར་བམ་པོ་གཅིག་བསྣངས་ཏེ། དག་པར་བཞེངས་པའི་ལུང་དེ་ལ་ཕྱི་མོ་མཛད་ནས། སྣར་ཐང་དུ་མཁན་ཆེན་མཆིམས་ནམ་མཁའ་གྲགས་ཀྱིས་དག་པར་བཞེངས་པའི་དཔེ་ལ་གཏུགས་ཤུས་དག་བགྱིའོ།[3] ལོ་རྒྱུས་འདི་ལུང་ཐུན་ཚོགས་ཀྱི་གླེགས་བམ་ལ་ཤིན་ཏུ་གཅེས་པས། སུས་ཀྱང་མི་འདོར་བར་ཐུགས་ཆོས་[4] མཛད་པར་ཞུ།

No. 7 ན(Na) 319b2-356b6 Bam po 1–4 《Vol. 12 Na. 319b2–Vol. 13 Pa. 71a2》 Toh 7

① འདུལ་བ་གཞུང་བླ་མ།

② 'Dul ba gzhung bla ma

③ བི་ན་ཡ་ཨུད་ཏ་ར་[ཨུཏྟ་ར་]གྲ་ན་ཐ།[གྲནྠ།]

④ Vinaya-uttaragrantha

---

1 U ཆར། TN ཚར།

2 U དཔུང་། T དབུར། N དབུང་།

3 UN བགྱིའོ། T བགྱིསོ།

4 UT ཆོས། N རྗེས།

## Volume 13 འདུལ་བ། པ (1–360)

No. 7 པ(Pa) 1b1-71a2 Bam po 5–11

Continued

⑦ ལུང་ཞུ་བ་བླ་མ་འགྱུར་འགྲོ་ཇི་སྙེད་པ་རྫོགས་སོ།[1]

No. 8 པ(Pa) 71a2-360a8 Bam po 1–25 《Vol. 13 Pa. 71a2–Vol. 14 Pha. 368a8》 Toh 7A[2]

① འདུལ་བ་[3]གཞུང་དམ་པ།

② 'Dul ba gzhung dam pa

③ བི་ན་ཡ་ཨུད་ཏ་ར་[ཨུཏྟ་ར་]གྲན་ཐ།[གྲནྠ།]

④ Vinaya-uttaragrantha

## Volume 14 འདུལ་བ། ཕ (1–368)

No. 8 ཕ(Pha) 1b1-368a8 Bam po 26–53

Continued

⑦ འདུལ་བ་གཞུང་དམ་པ་རྫོགས་ཏེ། ཨུ་པ་[4]ལིས་ཀུན་དྲིས་པ་རྫོགས་སོ།[5] མཁས་པའི་དབང་ཕྱུག་བུ་སྟོན་ཁ་ཆེས་ཞིབ་ཏུ་གཏན་ལ་ཕབ་ཅིང་། ཞུས་དག་མཛད་པའི་དཔེ་ལ་ཕྱི་མོ་བགྱིས་ནས། རྒྱུ་སྦྱོར་རྣམས་ཀྱི་དད་པའི་རྗེས་ལ་སྙིང་པོ་བླང་བའི་ཕྱིར། ལྷག་བསམ་དཀར་བས་བསྒྲུབས་པའི་དགེ་བ་སྡིག་པའི་དྲི་མས་མ་གོས་པའི་དངོས་དག་ལགས། འདུལ་བའི་གསུང་རབ་སྡེ་བཞི་ལུང་གི་ཚོས། རབ་དཀར་འདུན་པས་བཞེངས་པའི་བསོད་ནམས་འདིས། དྲིན་ཅན་མར་གྱུར་སེམས་ཅན་མཐའ་ཡས་ཀུན། རྣམ་དག་ཚུལ་ཁྲིམས་རྒྱན་གྱིས་མཛེས་པར་ཤོག[6]

---

[1] S omits colophon. D(P) colophon ལུང་ཞུ་བ་ཆུང་དུ་ཞེས་བྱ་བ། བམ་པོ་བཅུ་གཉིས་པ་རྫོགས་སོ(སྟོ)།། … དཔལ་གྱུང་ཐང་གི་གཙུག་ལག་ཁང་དུ་ལེགས་པར་བཞེངས་སོ།།, cf. Appendix.

[2] Cf. D 7A(Na 92b1-Pa 313a5), Sakai p. 102. See also p. 414.

[3] UN འདུད་པའི། ST འདུལ་བའི། PD འདུལ་བ།

[4] USTN པ། PD པཱ།

[5] S omits after རྫོགས་སོ།

[6] P undetermined colophon །།ཐམས་ཅད་མཁྱེན་པ་ལ་ … གསལ་བྱེད་པ། །ལགས་གསུངས་དམ་འདུལ་བའི་བཀྲ་ཤིས་ཤོག།། after རྫོགས་སོ། D undetermined colophon །།ཐམས་ཅད་མཁྱེན་པ་ལ་ … དེ་དག་ཏུ་བལྟ་བར་བྱའོ།། after རྫོགས་སོ།, cf. Appendix.

# ཤེར་ཕྱིན། (Sher phyin)

## Volume 15 འབུམ། ཀ (1–324)

No. 9 ཀ(Ka) 1b1-324a7 Bam po 1–17 《Vol. 15 Ka. 1b1–Vol. 30 Ma. 328a4》 Toh 8

① ཤེས་རབ་ཀྱི་ཕ་རོལ་ཏུ་ཕྱིན་པ་སྟོང་ཕྲག་བརྒྱ་པ།

② Shes rab kyi pha rol tu phyin pa stong phrag brgya pa

③ ཤ་ཏ་སཱ་ཧ་སྲི་ཀཱ་པྲཛྙཱ་པཱ་ར་མི་ཏཱ།

④ Śatasāhasrikā-prajñāpāramitā

## Volume 16 འབུམ། ཁ (1–376)

No. 9 ཁ(Kha) 1b1-376a8 Bam po 18–37

Continued

## Volume 17 འབུམ། ག (1–340)

No. 9 ག(Ga) 1b1-340a7 Bam po 38–56

Continued

## Volume 18 འབུམ། ང (1–337)

No. 9 ང(Nga) 1b1-337a8 Bam po 57–75

Continued

## Volume 19 འབུམ། ཅ (1–347)

No. 9 ཅ(Ca) 1b1-347a8 Bam po 76–94

Continued

Volume 20 འབུམ། ཆ (1–330)

No. 9 ཆ(Cha) 1b1-330a7 Bam po 95–114
Continued

Volume 21 འབུམ། ཇ (1–367)

No. 9 ཇ(Ja) 1b1-367a7 Bam po 115–135
Continued

Volume 22 འབུམ། ཉ (1–326)

No. 9 ཉ (Nya) 1b1-326a8 Bam po 136–153
Continued

Volume 23 འབུམ། ཏ (1–359)

No. 9 ཏ(Ta) 1b1-359a7 Bam po 154–169
Continued

Volume 24 འབུམ། ཐ (1–347)

No. 9 ཐ(Tha) 1b1-347a5 Bam po 170–188
Continued

Volume 25 འབུམ། ད (1–350)

No. 9 ད(Da) 1b1-350a6 Bam po 189–207
Continued

Volume 26 འབུམ། ན (1–340)

No. 9 ན(Na) 1b1-340a7 Bam po 208–227
Continued

## Volume 27 འབུམ། པ (1–325)

No. 9 པ(Pa) 1b1-325a7 Bam po 228–246

Continued

## Volume 28 འབུམ། ཕ (1–334)

No. 9 ཕ(Pha) 1b1-334a7 Bam po 247–264

Continued

## Volume 29 འབུམ། བ (1–345)

No. 9 བ(Ba) 1b1-345a8 Bam po 265–282

Continued

## Volume 30 འབུམ། མ (1–329)

No. 9 མ(Ma) 1b1-329a5 Bam po 283–300

Continued

⑦ ཤེས་རབ་ཀྱི་ཕ་རོལ་ཏུ་ཕྱིན་པ་སྟོང་ཕྲག་བརྒྱ་པ་ལས། ཆོས་ཉིད་མི་འགྱུར་བ་[1] བསྟན་པའི་ལེའུ་སྟེ་བདུན་ཅུ་གསུམ་མོ།[2] འདི་ནི་བསམ་ཡས་དང་། ལྷ་སའི་རིག་ཟིད་[3] རྣམ་གཉིས་དང་། ལྷ་སའི་རིག་ཟིད་མཚམས་མི་འདའ་ལ་སོགས་[4] པ་ལ་གཏུགས་ནས། ཞུས་དག་ལན་བཅུ་དྲུག་བྱས་པའི་[5] རྒྱན་གོང་གི་འབུམ་ནམ་[6] མཚམས་མི་འདའ་ལ་ཕྱི་མོ་བྱས་ནས། དག་པར་གཏུགས་པའི་འབུམ་ཞིག་མ་འདྲེས་ཤེས་བྱ་བའི་གསེར་འབུམ་བཅུ་གཉིས་དུམ།[7] ལོ་ཙྪ་བ་ཆེན་པོ་ཐམས་ཅད་མཁྱེན་པ་བུ་སྟོན་རིན་ཆེན་

---

1 UT བ། S བར།

2 U བདུན་ཅུ་གསུམ་མོ། S བདུན་ཅུ་གཉིས་སོ། T བདུན་ཅུ་དོན་གསུམ་མོ།

3 S ཟིང་། UT ཟིད།

4 U ལསོགས། ST ལ་སོགས།

5 U omits ཞུས་དག་ལན་བཅུ་དྲུག་བྱས་པའི།

6 U ནམ། S ནག T ནགས།

7 US དུམ། T དམ།

གྲུབ་ཀྱི་ཐུགས་དམ་ལ་ཕྱི་མོ་བགྱིས་ནས། མཁན་ཆེན་རིན་ཆེན་རྒྱལ་མཚན་པས་བཞེངས་པ་ལ་མ་ཕྱི་བགྱིས་པའོ།[1] འདིའི་[2]དགེ་བས་སེམས་ཅན་རྣམས། འཁོར་བའི་རྒྱུད་པ་ཀུན་དང་བྲལ་གྱུར་ནས། དོན་[3]གཉིས་ལྷུན་གྱིས་གྲུབ་པར་ཤོག[4]

## Volume 31 ཉི་ཁྲི། ཀ (1–364)

No. 10 ཀ(Ka) 1b1-364a8 Bam po 1–20 《Vol. 31 Ka. 1b1–Vol. 34 Nga. 362a7》 Toh 9

① ཤེས་རབ་ཀྱི་ཕ་རོལ་ཏུ་ཕྱིན་པ་སྟོང་ཕྲག་ཉི་ཤུ་ལྔ་པ།

② Shes rab kyi pha rol tu phyin pa stong phrag nyi shu lnga pa

③ པཉྩ་བིནྣ་ཏི་ས་[བིཾ་ཤ་ཏི་སཱ་]ཧ་སྲི་ཀ་[ཀཱ་]པྲཛྙཱ་པཱ་ར་མི་ཏ།[ཏཱ།]

④ Pañcaviṃśatisāhasrikā-prajñāpāramitā

## Volume 32 ཉི་ཁྲི། ཁ (1–353)

No. 10 ཁ(Kha) 1b1-353a8 Bam po 21–38

Continued

## Volume 33 ཉི་ཁྲི། ག (1–383)

No. 10 ག(Ga) 1b1-383a7 Bam po 39–57

Continued

## Volume 34 ཉི་ཁྲི། ང (1–362)

No. 10 ང(Nga) 1b1-362a7 Bam po 58–76

Continued

---

[1] US མ་ཕྱི་བགྱིས་པའོ། T མ་ཕྱིས་པའོ།

[2] US འདིའི། T འདི།

[3] US དོན། T ལན།

[4] U 328a4-329a5 includes a fragment of unidentified prajñāpāramitā text, probably by scribal mistake.

⑦ ཤེས་རབ་ཀྱི་ཕ་རོལ་ཏུ་[1]ཕྱིན་པ་སྟོང་ཕྲག་ཉི་ཤུ་ལྔ་པ་ལས། ཡོངས་སུ་གཏད་པའི་ལེའུ་སྟེ་བདུན་ཅུ་[2]དྲུག་པའོ།[3] ཕྱོགས་བཅུ་མཐའ་ཡས་པ་[4]མུ་མེད་པའི་[5]འཇིག་རྟེན་གྱི་ཁམས་ཀྱི་འདས་པ་དང་། ད་ལྟར་དང་། མ་བྱོན་པའི་[6]སངས་རྒྱས་དང་། བྱང་ཆུབ་སེམས་དཔའ་དང་། ཉན་ཐོས་དང་། རང་སངས་རྒྱས་རྣམས་ཀྱི་ཡུམ་རྫོགས་སྷོ།[7]

## Volume 35 ཁྲི་བརྒྱད། ཀ (1–352)

No. 11 ཀ(Ka) 1b1-352a8 Bam po 1–19 《Vol. 35 Ka. 1b1–Vol. 37 Ga. 360a8》 Toh 10

① འཕགས་པ་ཤེས་རབ་ཀྱི་ཕ་རོལ་ཏུ་ཕྱིན་པ་ཁྲི་བརྒྱད་[8]སྟོང་པ་ཞེས་བྱ་བ་ཐེག་པ་ཆེན་པོའི་མདོ།

② 'Phags pa shes rab kyi pha rol tu phyin pa khri brgyad stong pa zhes bya ba theg pa chen po'i mdo

③ ཨཱརྱ་ཨཥྚ་[ཨཥྚཱ་]ད་ཤ་སཱ་ཧ་སྲི་ཀ་[ཀཱ་]པྲཛྙཱ་པཱ་ར་མི་ཏཱ་ནཱ་མ་མ་ཧཱ་ཡཱ་ན་སཱུ་ཏྲ།

④ Ārya-Aṣṭādaśasāhasrikāprajñāpāramitā-nāma-mahāyānasūtra

⑤ Tr. Jinamitra, Surendrabodhi, Ye shes sde

## Volume 36 ཁྲི་བརྒྱད། ཁ (1–382)

No. 11 ཁ(Kha) 1b1-382a7 Bam po 20–40

Continued

## Volume 37 ཁྲི་བརྒྱད། ག (1–360)

No. 11 ག(Ga) 1b1-360a8 Bam po 41–59

Continued

---

1 USTN ཏུ། PD དུ།

2 PND add རྩ།

3 SN(PD) add ཤེས་རབ་ཀྱི་ཕ་རོལ་ཏུ་(དུ་)ཕྱིན་པ་སྟོང་ཕྲག་ཉི་ཤུ་ལྔ་པ། after དྲུག་པའོ།

4 U པ། STPND omit པ།

5 T པ།

6 UST ད་ལྟར་དང་། མ་བྱོན་པའི་ PND མ་བྱོན་པ་དང་། ད་ལྟར་གྱི་

7 TPND add (Dhā, AW, editor's note, colophon note) after རྫོགས་སྷོ།, cf. Appendix.

8 U བརྒྱད་བརྒྱད།

⑦ ཤེས་རབ་ཀྱི་ཕ་རོལ་ཏུ་ཕྱིན་པ་ཁྲི་བརྒྱད་སྟོང་པ་ལས། ཡོངས་སུ་གཏད་པའི་ལེའུ་སྟེ། བརྒྱད་ཅུ་[1] རྩ་བདུན་པའོ།[2] འཕགས་པ་ཤེས་རབ་ཀྱི་ཕ་རོལ་ཏུ་ཕྱིན་པ་ཁྲི་བརྒྱད་སྟོང་པ་རྫོགས་སྟོ། རྒྱ་གར་གྱི་མཁན་པོ་ཛི་ན་མི་ཏྲ་དང་། སུ་རེནྡྲ་བོ་དྷི་དང་ཞུ་ཆེན་གྱི་ལོ་ཙ་བ་བནྡེ་ཡེ་ཤེས་སྡེ་ལ་སོགས་[3] པས་བསྒྱུར་ཅིང་ཞུས་ཏེ་གཏན་ལ་ཕབ་པའོ།[4]

## Volume 38 ཤེས་ཁྲི། ཀ (1–264)

No. 12 ཀ(Ka) 1b1-264a7 Bam po 1–18 《Vol. 38 Ka. 1b1–Vol. 39 Kha. 254a8》 Toh 11

① འཕགས་པ་ཤེས་རབ་ཀྱི་ཕ་རོལ་ཏུ་ཕྱིན་པ་ཁྲི་པ་ཞེས་བྱ་བ་ཐེག་པ་ཆེན་པོའི་མདོ།

② 'Phags pa shes rab kyi pha rol tu phyin pa khri pa zhes bya ba theg pa chen po'i mdo

③ ཨཱརྻ་ད་ཤ་ས[སཱ]ཧ་སྲི་ཀ་[ཀཱ]པྲཛྙཱ་པཱ་ར་མི་ཏཱ་ནཱ་མ་མ་ཧཱ་ཡཱ་ན་སཱུ་ཏྲ།

④ Ārya-Daśasāhasrikāprajñāpāramitā-nāma-mahāyānasūtra

⑤ Tr. Jinamitra, Prajñāvarma, Ye shes sde

## Volume 39 ཤེས་ཁྲི། ཁ (1–254)

No. 12 ཁ(Kha) 1b1-254a8 Bam po 18–33

Continued

⑦ [5]ཤེས་རབ་ཀྱི་ཕ་རོལ་ཏུ་ཕྱིན་པ་ཁྲི་པ་ལས་མཇུག་སྡུད་ཀྱི་ལེའུ་ཞེས་བྱ་སྟེ་སུམ་ཅུ་རྩ་[6] གསུམ་པ་[7] རྫོགས་སོ། འཕགས་པ་ཤེས་རབ་ཀྱི་ཕ་རོལ་ཏུ་ཕྱིན་པ་ཁྲི་པ་རྫོགས་སོ། སངས་རྒྱས་དང་། བྱང་ཆུབ་སེམས་དཔའ་དང་། ཉན་ཐོས་དང་། རང་སངས་རྒྱས་རྣམས་ཀྱི་ཡུམ་[8] འཕགས་པ་ཤེས་རབ་ཀྱི་ཕ་རོལ་ཏུ་ཕྱིན་པ་ཁྲི་པ་ཞེས་བྱ་བ་ཐེག་པ་ཆེན་པོའི་མདོ་རྫོགས་སོ། རྒྱ་གར་གྱི་མཁན་པོ་ཛི་ན་མི་ཏྲ་དང་། པྲཛྙཱ་ཝརྨ་དང་། ཞུ་ཆེན་གྱི་ལོ་ཙ་བ་བན་དེ་ཡེ་ཤེས་སྡེ་ལ་སོགས་པས་བསྒྱུར་ཅིང་ཞུས་ཏེ་གཏན་ལ་ཕབ་པ།[9]

---

1 P བཅུ།

2 PND omit after བདུན་པའོ། PN add (Dhā, AW) after བདུན་པའོ།, cf. Appendix.

3 U ལསོགས། ST ལ་སོགས།

4 T adds editor's note after ཕབ་པའོ།, cf. Appendix.

5 PND add འཕགས་པ།

6 P སུམ་བཅུ། ND སུམ་ཅུ།

7 USTN པ། P ཏེ། D སྟེ།

8 PND omit འཕགས་པ་ཤེས་རབ་ཀྱི་ … རྣམས་ཀྱི་ཡུམ་

9 UTND add (Dhā, AW, editor's note) after ཕབ་པ།, cf. Appendix. P adds །རྒྱལ་བའི་བཀའ་འགྱུར་པར་དུ་ … སངས་རྒྱས་མྱུར་ཐོབ་ཤོག after ཕབ་པ།, cf. Appendix.

## Volume 40 བརྒྱད་སྟོང་། ཀ [MISSING]

No. 13 ཀ(Ka)

ཤེས་རབ་ཀྱི་ཕ་རོལ་ཏུ་ཕྱིན་པ་བརྒྱད་སྟོང་པ། Toh 12

Shes rab kyi pha rol tu phyin pa brgyad stong pa

As reported by Géza Bethlenfalvy, this volume is physically missing and also not mentioned in the handwritten dKar chag.

## Volume 41 ཤེར་ཕྱིན་སྣ་ཚོགས། ཀ [MISSING]

This volume is also missing, and its contents are not mentioned in the handwritten dKar chag. According to the *Thob yig* of Dzaya-paṇḍita[1], the following titles are included in this volume. The sTog volume also includes these 18 titles in the same order given below.

No. 14 ཤེས་རབ་ཀྱི་ཕ་རོལ་ཏུ་ཕྱིན་པ་རབ་རྩལ་གྱི་རྣམ་པར་གནོན་པས་ཞུས་པ། Toh 14

Shes rab kyi pha rol tu phyin pa rab rtsal gyi rnam par gnon pas zhus pa

No. 15 ཤེས་རབ་ཀྱི་ཕ་རོལ་ཏུ་ཕྱིན་པ་བདུན་བརྒྱ་པ། Toh 24

Shes rab kyi pha rol tu phyin pa bdun brgya pa

No. 16 ཤེས་རབ་ཀྱི་ཕ་རོལ་ཏུ་ཕྱིན་པ་ལྔ་བརྒྱ་པ། Toh 15

Shes rab kyi pha rol tu phyin pa lnga brgya pa

No. 17 ཤེས་རབ་ཀྱི་ཕ་རོལ་ཏུ་ཕྱིན་པ་སྡུད་པ་ཚིགས་སུ་བཅད་པ། Toh 13

Shes rab kyi pha rol tu phyin pa sdud pa tshigs su bcad pa

No. 18 ཤེས་རབ་ཀྱི་ཕ་རོལ་ཏུ་ཕྱིན་པ་རྡོ་རྗེ་གཅོད་པ། Toh 16

Shes rab kyi pha rol tu phyin pa rdo rje gcod pa

No. 19 ཤེར་ཕྱིན་ཚུལ་བརྒྱ་ལྔ་བཅུ་པ། Toh 17

Sher phyin tshul brgya lnga bcu pa

---

1 Śata-Piṭaka Series vol. 281, *Collected Works of Jaya-paṇḍita Blo-bzaṅ-ḥphrin-las* vol. 4, 208a2-209a2

No. 20 ཤེར་ཕྱིན་མཚན་བརྒྱ་རྩ་བརྒྱད་པ། Toh 25
Sher phyin mtshan brgya rtsa brgyad pa

No. 21 ཤེར་ཕྱིན་ལྔ་བཅུ་པ། Toh 18
Sher phyin lnga bcu pa

No. 22 ཤེར་ཕྱིན་ཡི་གེ་གཅིག་མ། Toh 23
Sher phyin yi ge gcig ma

No. 23 ཤེར་ཕྱིན་ཀོའུ་ཤི་ཀ། Toh 19
Sher phyin ko'u shi ka

No. 24 ཤེར་ཕྱིན་ཡི་གེ་ཉུང་ངུ། Toh 22
Sher phyin yi ge nyung ngu

No. 25 ཤེར་ཕྱིན་སྒོ་ཉི་ཤུ་རྩ་ལྔ་པ། Toh 20
Sher phyin sgo nyi shu rtsa lnga pa

No. 26 ཤེས་རབ་ཀྱི་ཕ་རོལ་ཏུ་ཕྱིན་པའི་སྙིང་པོ། Toh 21
Shes rab kyi pha rol tu phyin pa'i snying po

No. 27 ཤེར་ཕྱིན་ཉི་མའི་སྙིང་པོ། Toh 26
Sher phyin nyi ma'i snying po

No. 28 ཤེར་ཕྱིན་ཟླ་བའི་སྙིང་པོ། Toh 27
Sher phyin zla ba'i snying po

No. 29 ཤེར་ཕྱིན་ཀུན་ཏུ་བཟང་པོ། Toh 28
Sher phyin kun tu bzang po

No. 30 ཤེར་ཕྱིན་ལག་ན་རྡོ་རྗེ། Toh 29
Sher phyin lag na rdo rje

No. 31 ཤེར་ཕྱིན་རྡོ་རྗེ་རྒྱལ་མཚན་གྱི་མདོ། Toh 30
Sher phyin rdo rje rgyal mtshan gyi mdo

# ཕལ་ཆེན། (Phal chen)

## Volume 42 ཕལ་ཆེན། ཀ (1–324)

No. 32 ཀ(Ka) 1b1-324a8 Bam po 1–21 《Vol. 42 Ka. 1b1–Vol. 47 Cha. 280a7》 Toh 44

① འཕགས་པ་[1]སངས་རྒྱས་ཕལ་པོ་ཆེ་ཞེས་བྱ་བ་ཤིན་ཏུ་རྒྱས་པ་ཆེན་པོའི་མདོ།

② 'Phags pa sangs rgyas phal po che zhes bya ba shin tu rgyas pa chen po'i mdo

③ ཨཱརྱ་བུདྡྷ་ཨ་བ་ཏང་[ཧཾ་]ས་ཀ་ནཱ་མ་མཧཱ་བཻ་པུ་ལྱ་སཱུ་ཏྲ།

④ Ārya[2]-Buddhāvataṃsaka-nāma-mahāvaipulya[3]-sūtra

⑥ Rev. Vairocanarakṣita

## Volume 43 ཕལ་ཆེན། ཁ (1–315)

No. 32 ཁ(Kha) 1b1-315a8 Bam po 22–41

Continued

## Volume 44 ཕལ་ཆེན། ག (1–326)

No. 32 ག(Ga) 1b1-326a7 Bam po 42–62

Continued

## Volume 45 ཕལ་ཆེན། ང (1–324)

No. 32 ང(Nga) 1b1-324a8 Bam po 63–84

Continued

---

1 USTN འཕགས་པ། PD omit འཕགས་པ།

2 USTN ārya, PD omit ārya

3 USTP(O)N vaipulya, P(UB)D vaipulyam, P-CatS-Cat vaipulya, D-Cat vaipūlya

## Volume 46 ཕལ་ཆེན། ཅ (1–331)

**No. 32 ཅ(Ca) 1b1-331a6** Bam po 85–100

Continued

## Volume 47 ཕལ་ཆེན། ཆ (1–280)

**No. 32 ཆ(Cha) 1b1-280a7** Bam po 101–115

Continued

⑦ [1]ཤིན་ཏུ་རྒྱས་པ་ཆེན་པོའི་མདོ། སངས་རྒྱས་ཕལ་པོ་ཆེ་ཞེས་བྱ་བ།[2] བྱང་ཆུབ་སེམས་དཔའི་སྡེ་སྣོད་ཀྱི་ནང་ནས།[3] སྟོང་པོས་བརྒྱན་པ་ཞེས་བྱ་བ། ཆོས་ཀྱི་རྣམ་གྲངས་ཆེན་པོ་ལས། ནོར་བཟངས་ཀྱིས་དགེ་བའི་བཤེས་གཉེན་བསྙེན་བཀུར་བའི་[4]སྤྱོད་པ་ཕྱོགས་གཅིག་པ་སྟེ། ཇི་སྙེད་པ་རྫོགས་སྷོ།[5] [6]ལོ་ཙྪ་བ་ཤི་ར་ཙ་ན་ར་ཀྵི་ཏས་ཞུ་ཆེན་བགྱིས་ཏེ།[6] གཏན་ལ་ཕབ་པའོ།[7]

---

[1] PD add གང་གིས་བཟང་པོ་སྤྱོད་པ་ … འོད་དཔག་མེད་པའི་གནས་རབ་འགྲོ་བར་ཤོག, cf. Appendix.

[2] PD add ལས།

[3] P(O)D omit ནས། USTP(UB)N ནང་ནས།

[4] P པའི།

[5] USTN གཅིག་པ་སྟེ། ཇི་སྙེད་པ་རྫོགས་སྷོ། D(P) གཅིག་ཏེ་ཅི་སྙེད་པ་རྫོགས་སྷོ(སྟོ)། P omits after རྫོགས་སྷོ།

[6] D རྒྱ་གར་གི་མཁན་པོ་ཛི་ན་མི་ཏྲ་དང་། སུ་རེནྡྲ་བོ་དྷི་དང་། ཞུས་ཆེན་གྱི་ལོ་ཙཱ་བ་བནྡེ་ཡེ་ཤེས་སྡེ། ལ་སོགས་པས་བསྒྱུར་ཅིང་ཞུས་ཏེ་

[7] D adds དེ་ལྟར་བདེ་བར་གཤེགས་པའི་བཀའ་འཁོར་ལོ་ … དྷི་མ་ཏྲ་ཤྲམ་ཊཿ། after གཏན་ལ་ཕབ་པའོ།, cf. Appendix.
TN add (Dhā, AW, editor's note) after ཕབ་པའོ།, cf. Appendix.

# དཀོན་བརྩེགས། (dKon brtsegs)

## Volume 48 དཀོན་བརྩེགས། ཀ (1–365)

### No. 33(1) ཀ(Ka) 1b1-59b3 Toh 45

① འཕགས་པ་དཀོན་མཆོག་བརྩེགས་པ་ཆེན་པོའི་ཆོས་ཀྱི་རྣམ་གྲངས་[1]སྟོང་ཕྲག་བརྒྱ་པ་ལས། སྡོམ་པ་གསུམ་བསྟན་པའི་ལེའུ་ཞེས་བྱ་བ་ཐེག་པ་ཆེན་པོའི་མདོ།

② 'Phags pa dkon mchog brtsegs pa chen po'i chos kyi rnam grangs stong phrag brgya pa las / sdom pa gsum bstan pa'i le'u zhes bya ba theg pa chen po'i mdo

③ ཨཱརྻ་མ་ཧཱ་རཏ་ན་[རཏྣ་]ཀུ་[ཀཱུ་]ཊ་དྷརྨ་པརྻ་[པཪྻ་]ཡ་ཤ་ཏ་ས་[སཱ་]ཧ་སྲི་ཀ་གྲནྠེ་ཏྲི་སམྦྲ་[སཾ་བ་]ར་ནིརྡེ་ཤ་པ་རི་བརྟ་ནཱ་མ་མ་ཧཱ་ཡཱ་ན་སཱུ་ཏྲ།

④ Ārya-Mahāratnakūṭadharmaparyāyaśatasāhasrikā[2]granthe trisaṃvarā[3]nirdeśaparivarta[4]-nāma-mahāyānasūtra

⑤ Tr. Jinamitra, Surendrabodhi, Ye shes sde

⑦ འཕགས་པ་དཀོན་མཆོག་བརྩེགས་པ་ཆེན་པོའི་ཆོས་ཀྱི་རྣམ་གྲངས་ལེའུ་སྟོང་ཕྲག་བརྒྱ་པ་ལས་སྡོམ་པ་གསུམ་བསྟན་པ་ཞེས་བྱ་བ་[5]ལེའུ་དང་པོ་རྫོགས་སོ། རྒྱ་གར་གྱི་མཁན་པོ་ཛི་ན་མི་ཏྲ་དང་། སུ་རེན་དྲ་བོ་དྷི་དང་། ཞུ་ཆེན་གྱི་ལོ་ཙཱ་བ་བན་དྷེ་ཡེ་ཤེས་སྡེས་བསྒྱུར་ཅིང་ཞུས་ཏེ། སྐད་གསར་བཅད་[6]ཀྱིས་ཀྱང་[7]བཅོས་ནས་གཏན་ལ་ཕབ་པ། ཤོ་ལོག་དགུ་བརྒྱ་སྟེ་བམ་པོ་གསུམ་པའོ།[8]

### No. 34(2) ཀ(Ka) 59b3-129b6 Toh 46

① འཕགས་པ་སྒོ་མཐའ་ཡས་པ་རྣམ་པར་སྦྱོང་བ་བསྟན་པ་[9]ཞེས་བྱ་བ་ཐེག་པ་ཆེན་པོའི་མདོ།

② 'Phags pa sgo mtha' yas pa rnam par sbyong ba bstan pa zhes bya ba theg pa chen po'i mdo

---

1 P adds ལེའུ

2 UN sahasrika, STP sahasrike, D sāhasrika

3 saṃvara, cf. Appendix.

4 USTPN parivarta, D parivartana

5 USTN བ། PD བའི།

6 USTND བཅད། P ཆད།

7 ST omit ཀྱང་།

8 PD omit ཤོ་ལོག་དགུ་བརྒྱ་སྟེ་བམ་པོ་གསུམ་པའོ།

9 UST པ། P པའི། D པའི་ལེའུ

③ [1]ཨཱརྱ་ཨ་ནན་ཏ་[ཨ་ནནྟ་]མུ་ཁ་བི་རི་ཤོ་དྷ་ན་[བི་ཤོ་དྷ་ན་]ནིར་དེ་ཤོ་[ནིརྡེ་ཤ་པ་རི་བརྟ་]ནཱ་མ་མ་ཧཱ་ཡ་[ཡཱ་]ན་སཱུ་ཏྲ།

④ Ārya-Anantamukhaviśodhana[2]nirdeśaparivarta-nāma[3]-mahāyānasūtra

⑦ འཕགས་པ་དཀོན་མཆོག་བརྩེགས་པ་ཆེན་པོའི་ཆོས་ཀྱི་རྣམ་གྲངས་ལེའུ་སྟོང་ཕྲག་བརྒྱ་པ་ལས། སྒོ་མཐའ་ཡས་པ་རྣམ་པར་སྦྱོང་བ་བསྟན་པ་ཞེས་བྱ་བའི་ལེའུ་སྟེ། ཤོ་ལོ་ཀ་སྟོང་ཉིས་བརྒྱ་སྟེ། བམ་པོ་བཞི་པའོ། འདུས་པ་གཉིས་པ་རྫོགས་སོ།[4]

## No. 35(3) ཀ(Ka) 129b6-273a6 Toh 47

① འཕགས་པ་དེ་བཞིན་གཤེགས་པའི་གསང་བ་བསམ་གྱིས་མི་ཁྱབ་པ་བསྟན་པ་ཞེས་བྱ་བ་ཐེག་པ་ཆེན་པོའི་མདོ།

② 'Phags pa de bzhin gshegs pa'i gsang ba bsam gyis mi khyab pa bstan pa zhes bya ba theg pa chen po'i mdo

③ [5]ཨཱརྱ་ཏ་ཐཱ་ག་ཏཱ་[ཏ་]ཨ་ཙིན་ཏྱ་[ཨ་ཙིནྟྱ་]གུ་ཧྱ་ནི་ར་དེ་ཤ་[ནིརྡེ་ཤ་]ནཱ་མ་མ་ཧཱ་ཡཱ་ན་སུ་[སཱུ་]ཏྲ།

④ Ārya-Tathāgatācintyaguhyanirdeśa-nāma-mahāyānasūtra

⑤ Tr. Jinamitra, Dānaśīla, Munivarma, Ye shes sde

⑦ འཕགས་པ་དཀོན་མཆོག་བརྩེགས་པ་ཆེན་པོའི་ཆོས་ཀྱི་རྣམ་གྲངས་ལེའུ་སྟོང་ཕྲག་བརྒྱ་པ་ལས་དེ་བཞིན་གཤེགས་པའི་གསང་བ་བསམ་གྱིས་མི་ཁྱབ་པ་བསྟན་པ་ཞེས་བྱ་བའི་ལེའུ་སྟེ།[6] [7]གསུམ་པ་རྫོགས་སོ། རྒྱ་གར་གྱི་མཁན་པོ་ཛི་ན་མི་ཏྲ་དང་། དཱ་ན་ཤཱི་ལ་དང་། མུ་ནི་ཝར་མ་དང་། ཞུ་ཆེན་གྱི་ལོ་ཙྪ་བ་བན་དྷེ་ཡེ་ཤེས་སྡེས་བསྒྱུར་ཅིང་ཞུས་ཏེ། སྐད་གསར་ཆད་[8]ཀྱིས་ཀྱང་[9]གཏན་ལ་ཕབ་པ།[10] ཤོ་ལོག་སུམ་སྟོང་། བམ་པོ་བཅུའོ།

---

1 D adds the Tibetan title before རྒྱ་གར་སྐད་དུ།, cf. Appendix.

2 U viriśodhana, STN viśodhana, DP pariśodhana

3 UST nirdeśo-nāma, PD nirdeśaparivarta-nāma, N nirdeśoparivarta-nāma

4 USTN same colophon. PD colophon, cf. Appendix.

5 The footnote about D (D adds the Tibetan title before རྒྱ་གར་སྐད་དུ། cf. Appendix) was necessary in No. 35(3)–No. 81(49), but we omitted it in No. 35(3)–No. 81(49). Please refer to the Appendixes of No. 35(3)–No. 81(49).

6 USTN བསྟན་པ་ཞེས་བྱ་བའི་ལེའུ་སྟེ། PD བསྟན་པའི་ལེའུ་ཞེས་བྱ་བ་སྟེ།

7 ST add འདུས་པ། PD add ལེའུ

8 UTPND ཆད། S བཅད།

9 PD add བཅོས་ནས།

10 PD omit after ཕབ་པ།

No. 36(4) ཀ།(Ka) 273a6-318b5 Toh 48

① འཕགས་པ་རྨི་ལམ་བསྟན་པ་ཞེས་བྱ་བ་ཐེག་པ་ཆེན་པོའི་མདོ།

② 'Phags pa rmi lam bstan pa zhes bya ba theg pa chen po'i mdo

③ ཨཱརྱ་སྭ་པ་ན་[སྭཔྣ་]ནིར་དེ་ཤ་[ནིརྡེ་ཤ་]ནཱ་མ་མ་ཧཱ་ཡ་[ཡཱ་]ན་སཱུ་ཏྲ།

④ Ārya-Svapnanirdeśa-nāma-mahāyānasūtra

⑤ Tr. Prajñāvarma, Ye shes sde

⑦ འཕགས་པ་དཀོན་མཆོག་བརྩེགས་པ་ཆེན་པོའི་ཆོས་ཀྱི་རྣམ་གྲངས་[1] སྟོང་ཕྲག་བརྒྱ་པ་ལས་[2] རྨི་ལམ་བསྟན་པའི་ལེའུ་ཞེས་བྱ་[3] སྟེ། འདུས་པ་[4] བཞི་པ་རྫོགས་སོ།[5] ཤོ་ལོག་དགུ་བརྒྱ། བམ་པོ་གསུམ་པ། རྒྱ་གར་གྱི་མཁན་པོ་པྲད་ཛྙ་བར་མ་དང་། ཞུ་ཆེན་གྱི་ལོ་ཙྪ་བ་བནྡེ་ཡེ་ཤེས་སྡེ་ལ་སོགས་པས་བསྒྱུར་ཅིང་ཞུས་ཏེ་གཏན་ལ་ཕབ་པ།

No. 37(5) ཀ།(Ka) 318b5-365a7 Toh 49

① འཕགས་པ་འོད་དཔག་མེད་ཀྱི་བཀོད་པ་ཞེས་བྱ་བ་ཐེག་པ་ཆེན་པོའི་མདོ།

② 'Phags pa 'od dpag med kyi bkod pa zhes bya ba theg pa chen po'i mdo

③ ཨཱརྱ་ཨ་མི་ཏཱ་བྷ་བ་བྱཱུ་ཧ་[ཨ་མི་ཏཱ་བྷ་བྱཱུ་ཧ་]ནཱ་མ་མ་ཧཱ་ཡ་[ཡཱ་]ན་སཱུ་ཏྲ།

④ Ārya-Amitābhavyūha-nāma-mahāyānasūtra

⑤ Tr. Jinamitra, Dānaśīla, Ye shes sde

⑦ འཕགས་པ་དཀོན་མཆོག་བརྩེགས་པ་ཆེན་པོའི་ཆོས་ཀྱི་རྣམ་གྲངས་[6] སྟོང་ཕྲག་བརྒྱ་པ་ལས་དེ་བཞིན་གཤེགས་པ་འོད་དཔག་[7] མེད་ཀྱི་[8] སངས་རྒྱས་ཀྱི་ཞིང་གི་[9] བཀོད་པའི་ལེའུ་ཞེས་བྱ་སྟེ་ལེའུ་[10] ལྔ་པ་རྫོགས་སྟོ།[11] རྒྱ་གར་གྱི་མཁན་པོ་འཛི་ན་མི་ཏྲ་དང་། དཱ་ན་ཤཱི་ལ་དང་། ཞུ་ཆེན་གྱི་ལོ་ཙྪ་བ་བནྡེ་ཡེ་

---

1 PD add ལེའུ།
2 S adds འཕགས་པ།
3 USTN ཞེས་བྱ། PD ཞེས་བྱ་བ།
4 PD omit འདུས་པ།
5 PD omit after རྫོགས་སོ།
6 PD add ལེའུ།
7 PD add ཏུ།
8 USN མེད་ཀྱི། PD མེད་པའི།
9 PD add ཡོན་ཏན།
10 U པའི་ལེའུ་ཞེས་བྱ་སྟེ་ལེའུ་ S པའི་ལེའུ་སྟེ་ N པའི་ལེའུ་ཞེས་བྱ་སྟེ། ལེའུ་ PD པ་ཞེས་བྱ་བ་སྟེ། ལེའུ་
11 P omits after རྫོགས་སྟོ། Instead, it reads as བན་དེ་ཀླུའི་རྒྱལ་མཚན་གྱིས་བསྒྱུར་ཅིང་ཞུས། དགེའོ།

ཤེས་སྡེས་བསྒྱུར་ཅིང་ཞུས་ཏེ་སྐད་གསར་བཅད་[1]ཀྱིས་ཀྱང་བཅོས་ནས་གཏན་ལ་ཕབ་པ།[2] ཤུ་ལོག་དགུ་བརྒྱ་སྟེ་བམ་པོ་གསུམ་མོ།

## Volume 49 དཀོན་བརྩེགས། ཁ (1–318)

### No. 38(6) ཁ(Kha) 1b1-86a7 Toh 50

① འཕགས་པ་དེ་བཞིན་གཤེགས་པ་མི་འཁྲུགས་པའི་བཀོད་པ་ཞེས་བྱ་བ་ཐེག་པ་ཆེན་པོའི་མདོ།

② 'Phags pa de bzhin gshegs pa mi 'khrugs pa'i bkod pa zhes bya ba theg pa chen po'i mdo

③ ཨཱརྱ་ཨཀྵོ་བྷྱ་ཏ་ཐཱ་ག་ཏ་སུ་[ཨཀྵོ་བྷྱ་ཏ་ཐཱ་ག་ཏ་སྱ་]བྱཱུ་ཧ་[བྱཱུ་ཧ་]ནཱ་མ་མ་ཧཱ་ཡཱ་ན་སཱུ་ཏྲ།

④ Ārya-Akṣobhyatathāgatasya[3] vyūha-nāma-mahāyānasūtra

⑤ Tr. Jinamitra, Surendrabodhi, Ye shes sde

⑦ འཕགས་པ་དཀོན་མཆོག་བརྩེགས་པ་ཆེན་པོའི་[4]ཆོས་ཀྱི་རྣམ་གྲངས་ལེའུ་སྟོང་ཕྲག་བརྒྱ་པ་ལས་མི་འཁྲུགས་པའི་བཀོད་པའི་ལེའུ་ཞེས་བྱ་[5]སྟེ་དྲུག་པ་རྫོགས་སོ། ཤུ་ལོག་སྟོང་ལྔ་བརྒྱ་བཞི་བཅུ་སྟེ་བམ་པོ་ལྔའོ།[6] རྒྱ་གར་གྱི་མཁན་པོ་ཛི་ན་མི་ཏྲ་དང་། སུ་རེནྡྲ་བོ་དྷི་དང་། ཞུ་ཆེན་གྱི་ལོ་ཙཱ་བ་བན་དེ་ཡེ་ཤེས་སྡེས་བསྒྱུར་ཅིང་ཞུས་ཏེ་གཏན་ལ་ཕབ་པའོ།

### No. 39(7) ཁ(Kha) 86a8-173b2 Toh 51

① [7]གོ་ཆའི་བཀོད་པ་བསྟན་པ་ཞེས་བྱ་བ་ཐེག་པ་ཆེན་པོའི་མདོ།

② Go cha'i bkod pa bstan pa zhes bya ba theg pa chen po'i mdo

④ (Ārya-Varmavyūhanirdeśa-nāma-mahāyānasūtra)[8]

⑤ Tr. 'Gos Chos grub (from Chinese)

---

1 USN བཅད། D ཆད།

2 D omits after ཕབ་པ།

3 USTN akṣobhyasyatathāgatasu, PD akṣobhyatathāgatasya

4 USTN ཆེན་པོའི། PD ཆེན་པོ།

5 USTND ཞེས་བྱ། P ཞེས་བྱ་བ།

6 PD omit ཤུ་ལོག་སྟོང་ལྔ་བརྒྱ་བཞི་བཅུ་སྟེ་བམ་པོ་ལྔའོ།

7 USTN add འཕགས་པ་དཀོན་མཆོག་བརྩེགས་པ་ཆེན་པོའི་ཆོས་ཀྱི་རྣམ་གྲངས་ལེའུ་སྟོང་ཕྲག་བརྒྱ་པ་ལས།
PD add འཕགས་པ།

8 Title from D-Cat 51.

⑦ འཕགས་པ་དཀོན་མཆོག་བརྩེགས་པ་ཆེན་པོའི་[1] ཆོས་ཀྱི་རྣམ་གྲངས་ལེའུ་སྟོང་ཕྲག་བརྒྱ་པ་ལས། གོ་ཆའི་བཀོད་པ་བསྟན་པའི་འདུས་པ་སྟེ་འདུས་པ་[2] བདུན་པ་རྫོགས་སོ།[3] ལོ་ཙྪ་བ་མགོས་ཆོས་གྲུབ་ཀྱིས་རྒྱའི་དཔེ་ལས་བསྒྱུར་བའོ།

## No. 40(8) ཁ(Kha) 173b2-203a7 Toh 52

① འཕགས་པ་ཆོས་ཀྱི་དབྱིངས་ཀྱི་རང་བཞིན་དབྱེར་མེད་པར་བསྟན་པ་ཞེས་བྱ་བ་ཐེག་པ་ཆེན་པོའི་མདོ།

② 'Phags pa chos kyi dbyings kyi rang bzhin dbyer med par bstan pa zhes bya ba theg pa chen po'i mdo

③ ཨཱརྱ་དྷརྨཱ་[དྷརྨ་]དྷཱ་ཏུ་པྲ་ཀྲི་[ཀྲྀ་]ཏྱ་ཨ་སམ་བྷེ་[ཨ་སཾ་བྷེ་ད་]ནིར་དེ་ཤ་[ནིརྡེ་ཤ་]ནཱ་མ་མ་ཧཱ་ཡཱ་ན་སཱུ་ཏྲ།

④ Ārya-Dharmā[4]dhātuprakṛtyasaṃbhedanirdeśa-nāma-mahāyānasūtra

⑦ འཕགས་པ་དཀོན་མཆོག་བརྩེགས་པ་ཆེན་པོའི་ཆོས་ཀྱི་རྣམ་གྲངས་[5] སྟོང་ཕྲག་བརྒྱ་པ་ལས། ཆོས་ཀྱི་དབྱིངས་ཀྱི་རང་བཞིན་དབྱེར་མེད་པར་བསྟན་པའི་ལེའུ་སྟེ་[6] བརྒྱད་པ་རྫོགས་སོ།[7] ཤུ་ལོ་ཀ་དྲུག་བརྒྱ་ལྔ་བཅུ་བམ་པོ་གཉིས་སོ།[8]

## No. 41(9) ཁ(Kha) 203a8-229a6 Toh 53

① འཕགས་པ་ཆོས་བཅུ་པ་ཞེས་བྱ་བ་ཐེག་པ་ཆེན་པོའི་མདོ།

② 'Phags pa chos bcu pa zhes bya ba theg pa chen po'i mdo

③ ཨཱརྱ་ད་ཤ་དྷརྨ་ཀ་[དྷརྨ་ཀ་]ནཱ་ན་[ནཱ་མ་]མཧཱ་ཡཱ་ན་སཱུ་ཏྲ།

④ Ārya-Daśadharmakā[9]-nāma-mahāyānasūtra

⑤ Tr. Jinamitra, Surendrabodhi, Ye shes sde

⑦ འཕགས་པ་དཀོན་མཆོག་བརྩེགས་པ་ཆེན་པོའི་ཆོས་ཀྱི་རྣམ་གྲངས་ལེའུ་སྟོང་ཕྲག་བརྒྱ་པ་ལས་ཆོས་

---

1 P ཆེན་པོ།

2 USTN བསྟན་པའི་འདུས་པ་སྟེ་འདུས་པ། PD བསྟན་པ་ཞེས་བྱ་བའི་ལེའུ་སྟེ།

3 PD omit after རྫོགས་སོ།

4 UPN dharmā, STD dharma

5 PD add ལེའུ

6 USTN མེད་པར་བསྟན་པའི་ལེའུ་སྟེ། PD མེད་པ་བསྟན་པ་ཞེས་བྱ་སྟེ་ལེའུ

7 P add རྒྱ་གར་གྱི་དཔར་མ་ལས་ནི་ལེའུ་བརྒྱད་པ་ཞེས་འབྱུང་། after རྫོགས་སོ།

8 PD omit ཤུ་ལོ་ཀ་དྲུག་བརྒྱ་ལྔ་བཅུ་བམ་པོ་གཉིས་སོ།
ST(D) add རྒྱ་གར་གྱི་མཁན་པོ་ཛི་ན་མི་ཏྲ་དང་། སུ་རེན་དྲ་བོ་དྷི་དང་། ཞུ་ཆེན་གྱི་ལོ་ཙཱ་བ་བན་དེ་ཡེ་ཤེས་སྡེ་ལ་སོགས་པས་(D ཡེ་ཤེས་སྡེས་)བསྒྱུར་ཅིང་ཞུས་ཏེ་གཏན་ལ་ཕབ་པ། after གཉིས་སོ།(ST), after རྫོགས་སོ།(D)

9 UPN dharmāka, S dharmākana, T dharmakana, D dharmaka

བཅུ་པའི་ལེའུ་སྟེ་དགུ་པ་རྫོགས་སོ། ཤོ་ལོག་ལྔ་བརྒྱ་སུམ་ཅུ་མཆིས་ཏེ། བམ་པོ་གཉིས་སོ།[1] རྒྱ་གར་གྱི་མཁན་པོ་འཛི་ན་མི་ཏྲ་དང་། སུ་རེན་དྲ་བོ་དྷི་དང་། ཞུ་ཆེན་གྱི་ལོ་ཙཱ་བ་བནྡེ་ཡེ་ཤེས་སྡེ་ལ་སོགས་པས་བསྒྱུར་ཅིང་ཞུས་ཏེ་གཏན་ལ་ཕབ་པ།

No. 42(10) ཁ(Kha) 229a7-242b4 Toh 54

① འཕགས་པ་ཀུན་ནས་སྒོའི་ལེའུ་ཞེས་བྱ་བ་ཐེག་པ་ཆེན་པོའི་མདོ།

② 'Phags pa kun nas sgo'i le'u zhes bya ba theg pa chen po'i mdo

③ ཨཱརྻ་ས་མན་ཏ་[ས་མནྟ་]མུ་ཁ་པ་རི་བརྟ་ནཱ་མ་མ་ཧཱ་ཡཱ་ན་སཱུ་ཏྲ།

④ Ārya-Samantamukhaparivarta-nāma-mahāyānasūtra

⑤ Tr. Jinamitra, Surendrabodhi, Ye shes sde

⑦ འཕགས་པ་དཀོན་མཆོག་བརྩེགས་པ་ཆེན་པོའི་ཆོས་ཀྱི་རྣམ་གྲངས་[2] སྟོང་ཕྲག་བརྒྱ་པ་ལས་ཀུན་ནས་སྒོའི་ལེའུ་ཞེས་བྱ་བ་[3] སྟེ། ལེའུ་བཅུ་པ་རྫོགས་སོ། ཤོ་ལོག་ཉིས་བརྒྱ་དྲུག་བཅུའོ།[4] རྒྱ་གར་གྱི་མཁན་པོ་ཛི་ན་མི་ཏྲ་དང་། སུ་རེན་དྲ་བོ་དྷི་དང་། ཞུ་ཆེན་གྱི་ལོ་ཙཱ་བ་[5] བན་དེ་ཡེ་ཤེས་སྡེས་ཞུས་ཏེ་གཏན་ལ་ཕབ་པ།

No. 43(11) ཁ(Kha) 242b4-318a8 Toh 55

① འཕགས་པ་འོད་ཟེར་བསྒྲུབ་པ་[6] ཞེས་བྱ་བ་ཐེག་པ་ཆེན་པོའི་མདོ།

② 'Phags pa 'od zer bsgrub pa zhes bya ba theg pa chen po'i mdo

③ ཨཱརྻ་པྲ་བྷ་སཱ་དྷ་ན་[ནཱ་]མ་མ་ཧཱ་ཡཱ་ན་སཱུ་ཏྲ།

④ Ārya-Prabhasādha-nāma[7]-mahāyānasūtra

⑦ འཕགས་པ་དཀོན་མཆོག་བརྩེགས་པ་ཆེན་པོ་[8] ཆོས་ཀྱི་རྣམ་གྲངས་ལེའུ་སྟོང་ཕྲག་བརྒྱ་པ་ལས། འོད་

---

1 P omits ཏེ། བམ་པོ་གཉིས་སོ། D omits ཤོ་ལོག་ལྔ་བརྒྱ་སུམ་ཅུ་མཆིས་ཏེ། བམ་པོ་གཉིས་སོ།

2 PD add ལེའུ

3 UN omit བ། STPD བ།

4 USN ཅུའོ། T བཅུའོ། PD omit ཤོ་ལོག་ཉིས་བརྒྱ་དྲུག་བཅུའོ།

5 ST add ཞང་།

6 USTN འོད་ཟེར་བསྒྲུབ་པ། P(D) འོད་ཟེར་ཀུན་ཏུ་(དུ་)བཀྱེ་བ་བསྟན་པ།

7 U prabhasādhanama, S prabhasvadhanamanāma, T(N) prabhasādhā(a)nāma, D(P) raśmi(a)samantamuk(g)tonirde(a)śanāma, D-Cat(P-Cat) raśmisamantamukta(o)nirdeśanāma

8 USTN ཆེན་པོ། PD ཆེན་པོའི།

ཟེར་རབ་ཏུ་[1]བགྱི་བའི་ལེའུ་སྟེ། འདུས་པ་[2]བཅུ་གཅིག་པ་རྫོགས་སོ། ཤོ་ལོ་ཀ་སྟོང་ལྔ་བརྒྱ་པ། བམ་པོ་ལྔ་པའོ།[3]

## Volume 50 དཀོན་བརྩེགས། ག (1–385)

### No. 44(12) ག(Ga) 1b1-323a7 Toh 56

① འཕགས་པ་བྱང་ཆུབ་སེམས་དཔའི་སྡེ་སྣོད་ཅེས་བྱ་བ་ཐེག་པ་ཆེན་པོའི་མདོ།

② 'Phags pa byang chub sems dpa'i sde snod ces bya ba theg pa chen po'i mdo

③ ཨཱརྱ་བོ་དྷི་སཏྭ་[སཏྟྭ་]པི་ཊ་[ཏ་]ཀ་ནཱ་མ་མ་ཧཱ་ཡཱ་ན་སཱུ་ཏྲ།

④ Ārya-Bodhisattvapiṭaka-nāma-mahāyānasūtra

⑤ Tr. Surendrabodhi, Śīlendrabodhi, Zhang Dharmatāśīla

⑦ འཕགས་པ་[4]དཀོན་མཆོག་བརྩེགས་པ་ཆེན་པོའི་ཆོས་ཀྱི་རྣམ་གྲངས་[5]སྟོང་ཕྲག་བརྒྱ་པ་ལས། འཕགས་པ་[6]བྱང་ཆུབ་སེམས་དཔའི་སྡེ་སྣོད་ཅེས་བྱ་བའི་ཆོས་ཀྱི་རྣམ་གྲངས་ཀྱི་ལེའུ་ཏེ། འདུས་པ་[7]བཅུ་གཉིས་པ་རྫོགས་སྟོ། འདི་ལ་ཤོ་ལོ་ཀ་སྟོང་ཕྲག་དྲུག་བམ་པོ་ཉི་ཤུ་ཡོད་དོ།[8] རྒྱ་གར་གྱི་མཁན་པོ་སུ་རེན་དྲ་བོ་དྷི་དང་། ཤཱི་ལེན་དྲ་བོ་དྷི་དང་། ལོ་ཙཱ་ཆེན་པོ་ཞང་དྷརྨ་ཏཱ་ཤཱི་ལས་བསྒྱུར་ཅིང་ཞུས་ཏེ་[9]གཏན་ལ་ཕབ་པ།

### No. 45(13) ག(Ga) 323a7-340a4 Toh 58

① [10]དགའ་བོ་མངལ་དུ་[11]འཇུག་པ་བསྟན་པ་ཞེས་བྱ་བ་ཐེག་པ་ཆེན་པོའི་མདོ།

② dGa' bo mngal du 'jug pa bstan pa zhes bya ba theg pa chen po'i mdo

---

[1] USTN རབ་ཏུ། PD ཀུན་ཏུ།

[2] PD omit འདུས་པ།

[3] PD omit ཤོ་ལོ་ཀ་སྟོང་ལྔ་བརྒྱ་པ། བམ་པོ་ལྔ་པའོ། UTN add (Dhā, AW) after ལྔ་པའོ།, cf. Appendix.

[4] T omits འཕགས་པ།

[5] UPND ཆེན་པོའི། ST ཆེན་པོ།

[6] PD omit འཕགས་པ།

[7] USTN ཅེས་བྱ་བའི་ཆོས་ཀྱི་རྣམ་གྲངས་ཀྱི་ལེའུ་ཏེ། འདུས་པ་ PD ཀྱི་ལེའུ་ཞེས་བྱ་སྟེ།

[8] PD omit འདི་ལ་ཤོ་ལོ་ཀ་སྟོང་ཕྲག་དྲུག་བམ་པོ་ཉི་ཤུ་ཡོད་དོ།

[9] PD add སྐད་གསར་ཆད་ཀྱིས་ཀྱང་བཅོས་ནས།

[10] S adds འཕགས་པ་དཀོན་མཆོག་བརྩེགས་པ་ཆེན་པོའི་ཆོས་ཀྱི་རྣམ་གྲངས་སྟོང་ཕྲག་བརྒྱ་པ་ལས།

[11] P(D) འཕགས་པ་ཚེ་དང་ལྡན་པ་དགའ་བོ་(བོ་ལ་)མངལ་དུ།

④ (Nandagarbhāvakrāntinirdeśa)[1]

⑤ Tr. 'Gos Chos grub (from Chinese)

⑦ འཕགས་པ་དཀོན་མཆོག་བརྩེགས་པ་ཆེན་པོའི་ཆོས་ཀྱི་རྣམ་གྲངས་ལེའུ་[2]སྟོང་ཕྲག་བརྒྱ་པ་ལས་ཚེ་དང་ལྡན་པ་དགའ་བོ་[3]མངལ་དུ་འཇུག་པར་བསྟན་པའི་འདུས་པ་སྟེ། འདུས་པ་བཅུ་གསུམ་པ་[4]རྫོགས་སོ།[5] ལོ་ཙྪ་བ་བགོས་[6]ཆོས་གྲུབ་ཀྱིས་རྒྱ་ནག་གི་དཔེ་ལས་བསྒྱུར་ཅིང་ཞུས་ཏེ་གཏན་ལ་ཕབ་པ། ཤུ་ལོ་ཀ་སུམ་བརྒྱ་སྟེ། བམ་པོ་གཅིག་གོ།

## No. 46(14) ག(Ga) 340a4-385a6 Toh 57

① [7]བཅུང་མོའུ་དགའ་བོ་[8]ཞེས་བྱ་བ་ཐེག་པ་ཆེན་པོའི་མདོ།

② bCung mo'u dga' bo zhes bya ba theg pa chen po'i mdo

④ (Ānandagarbhāvakrāntinirdeśa)[9]

⑦ འཕགས་པ་དཀོན་མཆོག་བརྩེགས་པ་ཆེན་པོའི་མདོ་[10]སྟོང་ཕྲག་བརྒྱ་པ་ལས། མངལ་ན་གནས་པར་[11]བསྟན་པའི་འདུས་པ་སྟེ།[12] འདུས་པ་བཅུ་བཞི་[13]པ་རྫོགས་སོ།

# Volume 51 དཀོན་བརྩེགས། ང (1–411)

## No. 47(15) ང(Nga) 1b1-70b8 Toh 59

① འཕགས་པ་འཇམ་དཔལ་གྱི་སངས་རྒྱས་ཀྱི་ཞིང་གི་ཡོན་ཏན་བཀོད་པ་ཞེས་བྱ་བ་ཐེག་པ་ཆེན་པོའི་མདོ།

② 'Phags pa 'jam dpal gyi sangs rgyas kyi zhing gi yon tan bkod pa zhes bya ba theg pa chen po'i mdo

---

1 Title from D-Cat 58.

2 USTND ཆོས་ཀྱི་རྣམ་གྲངས་ལེའུ། P མདོ་ལེའུ།

3 D adds ལ།

4 USTPN པར་བསྟན་པའི་འདུས་པ་སྟེ། འདུས་པ་བཅུ་གསུམ་པ་ D པ་བསྟན་པའི་ལེའུ་སྟེ། ལེའུ་བཅུ་བཞི་པ་

5 PD omit after རྫོགས་སོ།

6 U བགོས། STN འགོས།

7 USTN add འཕགས་པ་དཀོན་མཆོག་བརྩེགས་པ་ཆེན་པོའི་མདོ་སྟོང་ཕྲག་བརྒྱ་པ་ལས།

8 UN བཅུང་མོའུ་དགའ་བོ། ST གཅུང་མོའུ་དགའ་བོ། P(D) འཕགས་པ་དགའ་བོ་(བོ་ལ་)མངལ་ན་གནས་པ་བསྟན་པ།

9 Title from D-Cat 57.

10 USTN མདོ། PD ཆོས་ཀྱི་རྣམ་གྲངས་ལེའུ།

11 USTN མངལ་ན་གནས་པར། P མངལ་དུ་འཇུག་པར། D མངལ་ན་གནས་པ།

12 USTND བསྟན་པའི་འདུས་པ་སྟེ། P བསྟན་པའི་མདོ་སྟེ།

13 USTN བཅུ་བཞི། PD བཅུ་གསུམ།

③ ཨཱརྻ་མཉྫུ་ཤྲཱི་བུདྡྷ་ཀྵེ་ཏྲ་གུ་ཎ་བྱཱུ་ཧ་ན་[བྱཱུ་ཧ་]ནཱ་མ་མ་ཧཱ་ཡཱ་ན་སཱུ་ཏྲ།

④ Ārya-Mañjuśrībuddhakṣetraguṇavyūha[1]-nāma-mahāyānasūtra

⑤ Tr. Śīlendrabodhi, Jinamitra, Ye shes sde

⑦ འཕགས་པ་དཀོན་མཆོག་བརྩེགས་པ་ཆེན་པོའི་ཆོས་ཀྱི་རྣམ་གྲངས་ལེའུ་སྟོང་ཕྲག་བརྒྱ་པ་ལས། འཇམ་དཔལ་གྱི་སངས་རྒྱས་ཀྱི་ཞིང་གི་ཡོན་ཏན་བཀོད་པ་བསྟན་པའི་ལེའུ་ཞེས་བྱ་སྟེ་འདུས་པ་[2]བཅྭ་[3] ལྔ་པ་རྫོགས་སྟོ། ཤོ་ལོག་སྟོང་སུམ་བརྒྱ་བཞི་བཅུའོ།[4] རྒྱ་གར་གྱི་མཁན་པོ་ཤཱི་ལེནྡྲ་བོ་དྷི་དང་། འཛིན་མི་ཏྲ་དང་། ཞུ་ཆེན་གྱི་ལོ་ཙཱ་བ་བན་དྷེ་ཡེ་ཤེས་སྡེས་བསྒྱུར་ཅིང་ཞུས་ཏེ། སྐད་གསར་ཆད་[5] ཀྱིས་ཀྱང་བཅོས་ནས་གཏན་ལ་ཕབ་པ།

No. 48(16) ང(Nga) 71a1-289b1 Toh 60

① འཕགས་པ་ཡབ་དང་[6]སྲས་འཇལ་[7]བ་ཞེས་བྱ་བ་ཐེག་པ་ཆེན་པོའི་མདོ།

② 'Phags pa yab dang sras 'jal ba zhes bya ba theg pa chen po'i mdo

③ [8]ཨཱརྻ་པི་ཏ་[ཏཱ་]པུ་ཏྲ་ས་མ་[མཱ་]ག་མན་[མ་ན་]ནཱ་མ་མ་ཧཱ་ཡཱ་ན་སཱུ་ཏྲ།

④ Ārya-Pitāputrasamāgamana-nāma-mahāyānasūtra

⑤ Tr. Śīlendrabodhi, Jinamitra, Dānaśīla, Zhang Ye shes sde

⑦ [9]འཕགས་པ་དཀོན་མཆོག་བརྩེགས་[10]པ་ཆེན་པོའི་ཆོས་ཀྱི་རྣམ་གྲངས་ལེའུ་སྟོང་ཕྲག་བརྒྱ་པ་ལས། ཡབ་དང་སྲས་འཇལ་[11]བའི་དེ་ཁོ་ན་ངེས་པར་བསྟན་པའི་ལེའུ་ཞེས་བྱ་བ་སྟེ། འདུས་པ་བཅུ་དྲུག་པ་རྫོགས་སོ། རྒྱ་གར་གྱི་མཁན་པོ་ཤཱི་ལེནྡྲ་བོ་དྷི་དང་། ཛི་ན་མི་ཏྲ་དང་། དཱ་[12]ན་ཤཱི་ལ་དང་། ཞུ་ཆེན་གྱི་ལོ་ཙྪ་བ་ཞང་[13]ཡེ་ཤེས་སྡེས་བསྒྱུར་ཅིང་ཞུས་ཏེ་སྐད་གསར་བཅད་[14]ཀྱིས་ཀྱང་བཅོས་ནས་གཏན་ལ་

---

1 UTPN vyuhana, S vyūhana, D vyūha

2 USTN འདུས་པ། PD ལེའུ།

3 UN བཅྭ། STPD བཅོ།

4 PD omit ཤོ་ལོག་སྟོང་སུམ་བརྒྱ་བཞི་བཅུའོ།

5 UTPND ཆད། S བཅད།

6 S omits དང་།

7 UT འཇལ། SPND མཇལ།

8 P adds Tibetan title before རྒྱ་གར་སྐད་དུ།, cf. Appendix.

9 P colophon, cf. Appendix.

10 U ཆོག་རྩེགས།

11 UTN འཇལ། SD མཇལ།

12 U ད།

13 USTN ཞང་། D བན་དེ།

14 USN བཅད། TD ཆད།

ཕབ་པ།[1] ཤོ་ལོ་ཀ་བཞི་སྟོང་ལྔ་བརྒྱ་སྟེ། བམ་པོ་བཅྭོ་[2] ལྔའོ།

No. 49(17) ང(Nga) 289b1-371a7 Toh 61

① འཕགས་པ་གང་པོས་ཞུས་པ་ཞེས་བྱ་བ་ཐེག་པ་ཆེན་པོའི་མདོ།

② 'Phags pa gang pos zhus pa zhes bya ba theg pa chen po'i mdo

③ ཨཱརྻ་པཱུརྞ་པ་རི་པྲི་ཙྪ་[པ་རི་པྲི་ཙྪཱ་]ནཱ་མ་མ་ཧཱ་ཡཱ་ན་སཱུ་ཏྲ།

④ Ārya-Pūrṇaparipṛcchā-nāma-mahāyānasūtra

⑦ ཚེ་དང་ལྡན་པ་[3] གང་པོའི་ལེའུ་སྟེ་བརྒྱད་པའོ།[4] འཕགས་པ་དཀོན་མཆོག་བརྩེགས་པ་ཆེན་པོའི་ཆོས་ཀྱི་རྣམ་གྲངས་ལེའུ་སྟོང་ཕྲག་བརྒྱ་པ་ལས་གང་པོས་[5] འདུས་པ་སྟེ། འདུས་པ་[6] བཅུ་བདུན་པ་རྫོགས་སོ།

No. 50(18)=227 ང(Nga) 371a7-411a8 Toh 62

① འཕགས་པ་ཡུལ་འཁོར་སྐྱོང་གིས་ཞུས་པ་ཞེས་བྱ་བ་ཐེག་པ་ཆེན་པོའི་མདོ།

② 'Phags pa yul 'khor skyong gis zhus pa zhes bya ba theg pa chen po'i mdo

③ [7]ཨཱརྻ་རཥྚ་པ་ལ་ན་[རཥྚ་པཱ་ལ་]པ་རི་པྲིཙྪ་[པ་རི་པྲི་ཙྪཱ་]ནཱ་མ་མ་ཧཱ་ཡ་[ཡཱ་]ན་སཱུ་ཏྲ།

④ Ārya-Rāṣṭrapālā[8]paripṛcchā-nāma-mahāyānasūtra

⑤ Tr. Jinamitra, Dānaśīla, Munivarma, Ye shes sde

⑦ འཕགས་པ་དཀོན་མཆོག་བརྩེགས་པ་ཆེན་པོའི་ཆོས་ཀྱི་རྣམ་གྲངས་ལེའུ་སྟོང་ཕྲག་བརྒྱ་པ་ལས་ཡུལ་འཁོར་སྐྱོང་གིས་ཞུས་པའི་ལེའུ་ཞེས་བྱ་སྟེ།[9] འདུས་པ་[10] བཅོ་[11] བརྒྱད་པ་རྫོགས་སོ། རྒྱ་གར་གྱི་མཁན་པོ་ཛི་ན་མི་ཏྲ་དང་། དཱ་ན་ཤཱི་ལ་དང་། མུ་ནི་ཝར་མ་དང་། ཞུ་ཆེན་གྱི་ལོ་ཙྪ་བ་བནྡེ་ཡེ་ཤེས་སྡེས་བསྒྱུར་ཅིང་ཞུས་ཏེ། སྐད་གསར་ཆད་[12] ཀྱིས་ཀྱང་བཅོས་ནས་གཏན་ལ་ཕབ་པ།[13] ཤུ་ལོ་ཀ་སྟོང་

---

1 D omits after ཕབ་པ།

2 UN བཅྭོ། ST བཅོ།

3 UND ཚེ་དང་ལྡན་པ། STP omit ཚེ་དང་ལྡན་པ།

4 P omits after བརྒྱད་པའོ།

5 UND པོས། ST པོའི།

6 USTN འདུས་པ་སྟེ། འདུས་པ་ D ཞུས་པའི་ལེའུ་སྟེ་

7 P adds བམ་པོ་དང་པོའོ། before རྒྱ་གར་སྐད་དུ།

8 UN rāṣṭapalana, ST raṣṭāpāla, P rāṣṭapāla, D rāṣṭrapāla, cf. No. 227

9 USTN ཞེས་བྱ་སྟེ། PD ཞེས་བྱ་བ་སྟེ།

10 PD omit འདུས་པ།

11 UST བཅོ། PN བཅྭོ། D བཅྭ།

12 UTPND ཆད། S བཅད།

13 PD omit after ཕབ་པ།

བམ་པོ་གསུམ་དང་ཤུ་ལོ་ཀ་བརྒྱ།

## Volume 52 དཀོན་བརྩེགས། ཅ (1–410)

### No. 51(19) ཅ(Ca) 1b1-45b2 Toh 63

① འཕགས་པ་[1] དྲག་ཤུལ་ཅན་གྱིས་ཞུས་པ་ཞེས་བྱ་བ་ཐེག་པ་ཆེན་པོའི་མདོ།

② 'Phags pa drag shul can gyis zhus pa zhes bya ba theg pa chen po'i mdo

③ ཨཱརྻ་ཨུག་གྲ་[ཨུ་གྲ་]པ་རི་པྲིད་ཚྪ་[པ་རི་པྲི་ཚྪཱ་]ནཱ་མ་མ་ཧཱ་ཡཱ་ན་སཱུ་ཏྲ།

④ Ārya-[2]Ugra[3]paripṛcchā-nāma-mahāyānasūtra

⑤ Tr. Surendrabodhi, Zhang Ye shes sde

⑦ འཕགས་པ་དཀོན་མཆོག་བརྩེགས་པ་ཆེན་པོའི་ཆོས་ཀྱི་རྣམ་གྲངས་ལེའུ་སྟོང་ཕྲག་བརྒྱ་པ་ལས།
དྲག་ཤུལ་ཅན་གྱིས་ཞུས་པའི་ལེའུ་ཞེས་བྱ་སྟེ་འདུས་པ་[4] བཅུ་དགུ་པ་རྫོགས་སྷོ། ཤོ་ལོ་ཀ་དགུ་བརྒྱ་
བམ་པོ་གསུམ་མོ།[5] རྒྱ་གར་གྱི་མཁན་པོ་སུ་རེན་དྲ་བོ་དྷི་དང་། ཞུ་ཆེན་གྱི་ལོ་ཙྪ་བ་ཞང་[6] ཡེ་ཤེས་
སྡེས་བསྒྱུར་ཅིང་ཞུས་ཏེ། སྐད་གསར་ཆད་[7] ཀྱིས་ཀྱང་བཅོས་ནས་[8] གཏན་ལ་ཕབ།[9]

### No. 52(20) ཅ(Ca) 45b2-66b1 Toh 64

① [10]གློག་ཐོབ་ཀྱིས་ཞུས་པ་ཞེས་བྱ་བ་ཐེག་པ་ཆེན་པོའི་མདོ།

② Glog thob kyis zhus pa zhes bya ba theg pa chen po'i mdo

④ (Ārya-Vidyutprāptaparipṛcchā-nāma-mahāyānasūtra)[11]

⑦ འཕགས་པ་དཀོན་མཆོག་བརྩེགས་པ་ཆེན་པོའི་ཆོས་ཀྱི་རྣམ་གྲངས་ལེའུ་སྟོང་ཕྲག་བརྒྱ་པ་ལས་མི་
ཟད་པའི་གཏེར་བསྟན་པའི་ལེའུ་[12] སྟེ། འདུས་པ་ཉི་ཤུ་པ་རྫོགས་སྷོ།

---

1 PD add ཁྱིམ་བདག

2 PD add gṛhapati

3 UTPN uggra, S uggre, D ugra

4 USN ཞུས་པའི་ལེའུ་ཞེས་བྱ་སྟེ་འདུས་པ་ TP ཞུས་པའི་ལེའུ་ཞེས་བྱ་སྟེ་ D ཞུས་པ་ཞེས་བྱ་བ་སྟེ་ལེའུ་

5 PD omit ཤོ་ལོ་ཀ་དགུ་བརྒྱ་བམ་པོ་གསུམ་མོ།

6 USTN ཞང་། PD བན་དེ།

7 UTP ཆད། S བཅད། N ཅད།

8 D omits སྐད་གསར་ཆད་ཀྱིས་ཀྱང་བཅོས་ནས།

9 P adds པ་ལན་གཉིས་ཞུ་སྷོ། after ཕབ། D adds པ། after ཕབ།

10 PD add འཕགས་པ།

11 Title from D-Cat 64.

12 PD add ཞེས་བྱ་བ།

No. 53(21) ཅ(Ca) 66b1-89b1 Toh 65

① [1]སྒྱུ་མ་མཁན་བཟང་པོ་ལུང་བསྟན་པ་ཞེས་བྱ་བ་ཐེག་པ་ཆེན་པོའི་མདོ།

② sGyu ma mkhan bzang po lung bstan pa zhes bya ba theg pa chen po'i mdo

③ བྷད་དྲ་[བྷ་དྲ་]མཱ་ཡ་[ཡཱ་]ཀཱ་ར་བྱཱ་ཀཱ་[ཀ་]ར་ཎ་ནཱ་མ་མ་ཧཱ་ཡ་ནཱ་[ཡཱ་ན་]སཱུ་ཏྲ།

④ [2]Bhadramāyākāravyākaraṇa-nāma-mahāyānasūtra

⑤ Tr. Jinamitra, Prajñāvarma, Ye shes sde

⑦ འཕགས་པ་དཀོན་མཆོག་བརྩེགས་པ་ཆེན་པོའི་ཆོས་ཀྱི་རྣམ་གྲངས་ལེའུ་སྟོང་ཕྲག་བརྒྱ་པ་ལས་[3] སྒྱུ་མ་མཁན་བཟང་པོ་ལུང་བསྟན་པ་ཞེས་བྱ་བ་[4] སྟེ། འདུས་པ་[5] ཉི་ཤུ་རྩ་གཅིག་པ་རྫོགས་སོ། རྒྱ་གར་གྱི་མཁན་པོ་འཛི་ན་མི་ཏྲ་དང་། པྲཛྙཱ་ཝར་མ་དང་། ཞུས་ཆེན་གྱི་ལོ་ཙྪ་བ་བན་སྡེ་ཡེ་ཤེས་སྡེ་ལ་སོགས་[6] པས་བསྒྱུར་[7] ཅིང་ཞུས་ཏེ་གཏན་ལ་ཕབ་པ།[8] ཤོ་ལོ་ཀ་བཞི་བརྒྱ་སུམ་ཅུ་བམ་པོ་གཅིག་དང་ཤོ་ལོ་ཀ་བརྒྱ་སུམ་ཅུའོ།

No. 54(22) ཅ(Ca) 89b2-131b4 Toh 66

① འཕགས་པ་ཆོ་[9] འཕྲུལ་ཆེན་པོ་བསྟན་པ་[10] ཞེས་བྱ་བ་ཐེག་པ་ཆེན་པོའི་མདོ།

② 'Phags pa cho 'phrul chen po bstan pa zhes bya ba theg pa chen po'i mdo

③ ཨཱརྻ་མ་ཧཱ་པྲ་[པྲཱ་]ཏི་ཧཱ་རྻ་ཨུ་པ་དེ་ཤོ་[ཤ་]ནཱ་མ་མ་ཧཱ་ཡ་[ཡཱ་]ན་སཱུ་ཏྲ།

④ Ārya-Mahāprāti[11]hāryopadeśa[12]-nāma-mahāyānasūtra

⑤ Tr. Jinamitra, Surendrabodhi, Zhang Ye shes sde

⑦ འཕགས་པ་དཀོན་མཆོག་བརྩེགས་པ་ཆེན་པོའི་[13] ཆོས་ཀྱི་རྣམ་གྲངས་ལེའུ་སྟོང་ཕྲག་བརྒྱ་པ་ལས། ཆོ་

---

1 PD add འཕགས་པ།

2 PD add ārya

3 P omits ལས།

4 STP omit བ།

5 USTN འདུས་པ། PD ལེའུ

6 P སྟོགས།

7 UN སྒྱུར། STPD བསྒྱུར།

8 PD omit after ཕབ་པ། P adds ལན་གཉིས་ཞུས། after ཕབ་པ།

9 T ཆོས།

10 U པའི། STPND པ།

11 USTND prati, P prata, D-CatP-CatS-Cat prāti

12 USTN upadeśo, P nirdeśā, D nirdeśa

13 P པོ།

འཕྲུལ་ཆེན་པོ་བསྟན་པ་ལྷའི་བུ་དེད་དཔོན་གྱིས་ཞུས་པའི་ལེའུ་སྟེ་[1]ཉི་ཤུ་རྩ་གཉིས་པ་རྫོགས་སོ།[2] ཤོ་ལོ་ཀ་དགུ་བརྒྱ་བམ་པོ་གསུམ་མོ།[3] རྒྱ་གར་གྱི་མཁན་པོ་ཛི་ན་མི་ཏྲ་དང་། སུ་རེན་དྲ་བོ་དྷི་དང་། [4]ལོ་ཙྪ་བ་ཞང་[5]ཡེ་ཤེས་སྡེ་ལ་སོགས་པས་[6]བསྒྱུར་ཅིང་ཞུས་ཏེ་གཏན་ལ་ཕབ་པ།

No. 55(23) ཅ(Ca) 131b4-192a5 Toh 67

① འཕགས་པ་བྱམས་པའི་སེང་གེའི་སྒྲ་ཆེན་པོ་ཞེས་བྱ་བ་ཐེག་པ་ཆེན་པོའི་མདོ།

② 'Phags pa byams pa'i seng ge'i sgra chen po zhes bya ba theg pa chen po'i mdo

③ [7]ཨཱརྱ་མཻ་ཏྲི་ཡ་[མཻ་ཏྲེ་ཡ་]མཧཱ་སིང་ཧ་[སིཾ་ཧ་]ནཱ་ད་ན་[ནཱ་ད་]ནཱ་མ་མ་ཧཱ་ཡཱ་ན་སཱུ་ཏྲ།

④ Ārya-Maitreyamahāsiṅhanāda[8]-nāma-mahāyānasūtra

⑤ Tr. Jinamitra, Surendrabodhi, Prajñāvarma, Ye shes sde

⑦ འཕགས་པ་དཀོན་མཆོག་བརྩེགས་པ་[9]ཆེན་པོའི་ཆོས་ཀྱི་རྣམ་གྲངས་[10]སྟོང་ཕྲག་བརྒྱ་པ་ལས། [11]བྱམས་པའི་[12]སེང་གེའི་སྒྲ་ཆེན་པོའི་ལེའུ་ཞེས་བྱ་སྟེ།[13] ཉི་ཤུ་[14]གསུམ་པ་རྫོགས་སྟོ། རྒྱ་གར་གྱི་མཁན་པོ་ཛི་ན་མི་ཏྲ་དང་། སུ་རེན་དྲ་བོ་དྷི་དང་། པྲཛྙཱ་ཝར་མ་དང་། ཞུ་ཆེན་གྱི་ལོ་ཙྪ་བ་བན་དེ་ཡེ་ཤེས་སྡེ་ལ་སོགས་[15]པས་བསྒྱུར་ཅིང་ཞུས་ཏེ་གཏན་ལ་ཕབ་པ།[16] ཤུ་ལ་ཀ་སྟོང་ཉས་བརྒྱ་བམ་པ་བཞལ།[17]

---

1 UN ཞུས་པའི་ལེའུ་སྟེ། S ཞུས་པའི་ལེའུ་ཞེས་བྱ་སྟེ། T ཞུས་པའི་ལེའུ་ཞེས་བྱ་བ་སྟེ། PD ཞུས་པ་ཞེས་བྱ་བའི་ལེའུ་སྟེ།

2 P གཉིས་པའོ། (omits རྫོགས་སོ།)

3 PD omit ཤོ་ལོ་ཀ་དགུ་བརྒྱ་བམ་པོ་གསུམ་མོ།

4 PD add པྲཛྙཱ་བརྨ་དང་། ཞུ་ཆེན་གྱི་

5 USTN ཞང་། PD བན་དེ།

6 USTN སྡེ་ལ་སོགས་པས། PD སྡེས།

7 UN add Tibetan title before རྒྱ་གར་སྐད་དུ།, cf. Appendix.

8 USTPN nādana, D nāda

9 S adds ཐེག་པ།

10 PD add ལེའུ

11 PD add འཕགས་པ།

12 UN པ། STPD པའི།

13 USTN ཆེན་པོའི་ལེའུ་ཞེས་བྱ་སྟེ། PD ཆེན་པོ་ཞེས་བྱ་བའི་ལེའུ་སྟེ།

14 USPND omit རྩ། T adds རྩ།

15 P ལསོགས།

16 PD omit after ཕབ་པ།

17 U omits vowels. S(T) ཤླཽ་ཀ་(ཤོ་ལོ་ཀ་)སྟོང་ཉིས་བརྒྱ་བམ་པོ་བཞིའོ།

No. 56(24) ཅ(Ca) 192a5-213a5 Toh 68

① འཕགས་པ་འདུལ་བ་རྣམ་པར་གཏན་ལ་དབབ་པ་ཉེ་བར་འཁོར་གྱིས་ཞུས་པ་ཞེས་བྱ་བ་ཐེག་པ་ཆེན་པོའི་མདོ།

② 'Phags pa 'dul ba rnam par gtan la dbab pa nye bar 'khor gyis zhus pa zhes bya ba theg pa chen po'i mdo

③ ཨཱརྱ་བི་ན་ཡ་བི་ནི་ཤྩ་ཡང་[ཡ་]ཨུ་པ་[པཱ་]ལི་པ་རི་པྲིད་ཚཱ་[པ་རི་པྲི་ཙྪཱ་]ནཱ་མ་མ་ཧཱ་ཡ་[ཡཱ་]ན་སུ་[སཱུ་]ཏྲ།

④ Ārya-Vinayaviniścaya-upālipariprcchā-nāma-mahāyānasūtra

⑤ Tr. Surendrabodhi, Prajñāvarma, Zhang Ye shes sde

⑦ འཕགས་པ་དཀོན་མཆོག་བརྩེགས་པ་ཆེན་པོའི་ཆོས་ཀྱི་རྣམ་གྲངས་[1] སྟོང་ཕྲག་བརྒྱ་པ་ལས་[2] འདུལ་བ་རྣམ་པར་གཏན་ལ་དབབ་པ་ཉེ་བར་འཁོར་གྱིས་ཞུས་པའི་ལེའུ་ཞེས་བྱ་སྟེ། འདུས་པ་[3]ཉི་ཤུ་[4] བཞི་པ་རྫོགས་སྷོ། མཁན་པོ་སུ་རེན་དྲ་བོ་དྷི་དང་། པྲཛྙཱ་བརྨ་དང་། ལོ་ཙྪ་བ་ཞང་ཡེ་ཤེས་སྡེ་ལ་སོགས་པས་བསྒྱུར་ཅིང་ཞུས་ཏེ་གཏན་ལ་ཕབ་པ། ཤོ་ལོ་ཀ་དྲུག་བརྒྱ། བམ་པོ་གཉིས་སོ།[5]

No. 57(25) ཅ(Ca) 213a6-240b2 Toh 69

① འཕགས་པ་ལྷག་པའི་བསམ་པ་བསྐུལ་བ་[6] ཞེས་བྱ་བ་ཐེག་པ་ཆེན་པོའི་མདོ།

② 'Phags pa lhag pa'i bsam pa bskul ba zhes bya ba theg pa chen po'i mdo

③ ཨཱརྱ་ཨཱདྱ་[ཨདྷྱཱ་]ཤ་ཡ་སན་ཙོད་[སཉྩོ་ད་ན་]ནཱ་མ་མ་ཧཱ་ཡ་[ཡཱ་]ན་སུ་[སཱུ་]ཏྲ།

④ Ārya-Adhyāśayasañcodana-nāma-mahāyānasūtra

⑤ Tr. Jinamitra, Surendrabodhi, Ye shes sde

⑦ འཕགས་པ་དཀོན་མཆོག་བརྩེགས་པ་ཆེན་པོ་[7] ཆོས་ཀྱི་རྣམ་གྲངས་[8] སྟོང་ཕྲག་བརྒྱ་པ་ལས་ལྷག་པའི་བསམ་པ་བསྐུལ་བ་ཞེས་བྱ་སྟེ། འདུས་པ་[9]ཉི་ཤུ་རྩ་[10] ལྔ་པ་རྫོགས་སོ། རྒྱ་གར་གྱི་མཁན་པོ་ཛི་ན་མི་ཏྲ

---

1 N adds ཀྱི་ལེའུ། D adds ལེའུ།

2 P adds འཕགས་པ།

3 USTN ཞུས་པའི་ལེའུ་ཞེས་བྱ་སྟེ། འདུས་པ་ PD ཞུས་པ་ཞེས་བྱ་བའི་ལེའུ་སྟེ།

4 STPD add རྩ།

5 PD colophon after རྫོགས་སྷོ།, cf. Appendix.

6 UND བསྐུལ་བ། ST སྐུལ་བ། P བསྐུལ་པ།

7 PD པོའི།

8 PD add ལེའུ།

9 U སྐུལ་པ་ཞེས་བྱ་སྟེ། འདུས་པ་ S སྐུལ་བའི་ལེའུ་ཞེས་བྱ་སྟེ། འདུས་པ་ T བསྐུལ་བའི་ལེའུ་ཞེས་བྱ་སྟེ། འདུས་པ་ P བསྐུལ་བ་ཞེས་བྱ་སྟེ། ལེའུ་ N སྐུལ་བ་ཞེས་བྱ་སྟེ། འདུས་པ་ D བསྐུལ་བའི་ལེའུ་ཞེས་བྱ་སྟེ་

10 D omits རྩ།

དང་། སུ་རེན་དྲ་བོ་དྷི་དང་། ཞུ་ཆེན་གྱི་ལོ་ཙྪ་བ་བན་དེ་ཡེ་ཤེས་སྡེ་ལ་སོགས་[1]པས་བསྒྱུར་ཅིང་ཞུས་ཏེ། གཏན་ལ་ཕབ་པ།[2] ཤོ་ལོ་ཀ་དྲུག་བརྒྱ་བམ་པོ་གཉིས་སོ།

No. 58(26) ཅ(Ca) 240b2-274b1 Toh 70

① འཕགས་པ་ལག་བཟངས་ཀྱིས་ཞུས་པ་ཞེས་བྱ་བ་ཐེག་པ་ཆེན་པོའི་མདོ།

② 'Phags pa lag bzangs kyis zhus pa zhes bya ba theg pa chen po'i mdo

③ ཨཱརྱ་སུ་བཱ་ཧུ་པ་རི་པྲི་ཙྪཱ་[པ་རི་པྲི་ཙྪཱ་]ནཱ་མ་མ་ཧཱ་ཡ་[ཡཱ་]ན་སུ་[སཱུ་]ཏྲ།

④ Ārya-Subāhuparipṛcchā-nāma-mahāyānasūtra

⑤ Tr. Dānaśīla, Jinamitra, Zhang Ye shes sde

⑦ [3]འཕགས་པ་དཀོན་མཆོག་བརྩེགས་པ་ཆེན་པོའི་ཆོས་ཀྱི་རྣམ་གྲངས་ལེའུ་སྟོང་ཕྲག་བརྒྱ་པ་ལས། ལག་བཟངས་ཀྱིས་ཞུས་པའི་ལེའུ་ཞེས་བྱ་སྟེ། འདུས་པ་[4]ཉི་ཤུ་རྩ་དྲུག་པ་རྫོགས་སོ། རྒྱ་གར་གྱི་མཁན་པོ་དཱ་ན་ཤཱི་ལ་དང་། ཛི་ན་མི་ཏྲ་དང་། ཞུ་ཆེན་གྱི་ལོ་ཙྪ་བ་བན་དེ་ཞང་[5]ཡེ་ཤེས་སྡེས་བསྒྱུར་ཅིང་ཞུས་ཏེ། སྐད་གསར་ཆད་[6]ཀྱིས་ཀྱང་བཅོས་ནས་གཏན་ལ་ཕབ་པ།[7] བམ་པོ་གཉིས་དང་ཤློ་ཀ་བརྒྱ་རྩ་བརྒྱད།

No. 59(27) ཅ(Ca) 274b1-291b1 Toh 71

① [8]དེས་[9]པས་ཞུས་པ་[10]ཞེས་བྱ་བ་ཐེག་པ་ཆེན་པོའི་མདོ།

② Des pas zhus pa zhes bya ba theg pa chen po'i mdo

③ ཨཱརྱ་སུ་ར་ཏ་པ་རི་པྲིད་ཚཱ་[པ་རི་པྲི་ཙྪཱ་]ན་[ནཱ་]མ་མ་ཧཱ་ཡ་ན་[ཡཱ་ན་]སཱུ་ཏྲ།

④ Ārya-Suratā[11]paripṛcchā-nāma-mahāyānasūtra

⑤ Tr. Jinamitra, Surendrabodhi, Ye shes sde

---

1 P ལསོགས།

2 PD omit after ཕབ་པ། P adds ཤུ་ལོ་གསུམ་རྒྱ།

3 P colophon, cf. Appendix.

4 USTN ཞེས་བྱ་སྟེ། འདུས་པ་ D ཞེས་བྱ་བ་སྟེ་

5 UN ཞང་། STPD omit ཞང་།

6 UTPD ཆད། S བཅད། N ཅད།

7 D omits after ཕབ་པ།

8 SPND add འཕགས་པ།

9 USTNP-Cat དེས། PD ངེས།

10 U བ། STPND པ།

11 UN surata, STP sūrata, D suratā

⑦ འཕགས་པ་དཀོན་མཆོག་བརྩེགས་པ་ཆེན་པོའི་ཆོས་ཀྱི་རྣམ་གྲངས་[1]སྟོང་ཕྲག་བརྒྱ་པ་ལས།[2] འཕགས་པ་[3]ངེས་པས་ཞུས་པའི་[4]ལེའུ་ཞེས་བྱ་སྟེ་འདུས་པ་[5]ཉི་ཤུ་རྩ་[6]བདུན་པ་རྫོགས་སྷོ། རྒྱ་གར་གྱི་མཁན་པོ་ཛི་ན་མི་ཏྲ་དང་། སུ་རེན་དྲ་བོ་དྷི་དང་། ཞུ་ཆེན་གྱི་ལོ་ཙྪ་བ་བན་དེ་ཡེ་ཤེས་སྡེ་ལ་སོགས་[7]པས་བསྒྱུར་ཅིང་ཞུས་ཏེ། གཏན་ལ་ཕབ་པའོ།

No. 60(28) ཙ(Ca) 291b1-304b6 Toh 72

① འཕགས་པ་དཔའ་བྱིན་གྱིས་[8]ཞུས་པ་ཞེས་བྱ་བ་ཐེག་པ་ཆེན་པོའི་མདོ།

② 'Phags pa dpa' byin gyis zhus pa zhes bya ba theg pa chen po'i mdo

③ ཨཱརྱ་བཱི་ར་དད་ཏ་[དཏྟ་]པ་རི་པྲིད་ཚྪ་[པ་རི་པྲི་ཚྪཱ་]ནཱ་མ་མ་ཧཱ་ཡ་[ཡཱ་]ན་སཱུ་ཏྲ།

④ Ārya-Vīradatta[9]paripṛcchā-nāma-mahāyānasūtra

⑤ Tr. Jinamitra, Dānaśīla, Ye shes sde

⑦ འཕགས་པ་དཀོན་མཆོག་བརྩེགས་པ་ཆེན་པོའི་ཆོས་ཀྱི་རྣམ་གྲངས་[10]སྟོང་ཕྲག་བརྒྱ་པ་ལས་[11]ཁྱིམ་བདག་དཔའ་[12]བྱིན་གྱིས་ཞུས་པའི་ལེའུ་[13]ཞེས་བྱ་སྟེ་འདུས་པ་[14]ཉི་ཤུ་རྩ་[15]བརྒྱད་པ་རྫོགས་སྷོ། རྒྱ་གར་གྱི་མཁན་པོ་ཛི་ན་མི་ཏྲ་དང་། དཱ་ན་ཤཱི་ལ་དང་། ཞུ་ཆེན་གྱི་ལོ་ཙྪ་བ་བན་དེ་ཡེ་ཤེས་སྡེས་བསྒྱུར་ཅིང་ཞུས་ཏེ། སྐད་གསར་ཆད་[16]ཀྱིས་ཀྱང་བཅོས་ནས་གཏན་ལ་ཕབ་པ།

No. 61(29) ཙ(Ca) 304b6-319a6 Toh 73

① འཕགས་པ་བད་སའི་རྒྱལ་པོ་འཆར་བྱེད་ཀྱིས་ཞུས་པ་ཞེས་བྱ་བའི་ལེའུ།

② 'Phags pa bad sa'i rgyal po 'char byed kyis zhus pa zhes bya ba'i le'u

---

1 D adds ལེའུ།

2 P omits འཕགས་པ་དཀོན་མཆོག་ … བརྒྱ་པ་ལས།

3 ND omit འཕགས་པ།

4 P ཞུས་པ།

5 PD omit འདུས་པ།

6 PN omit རྩ།

7 P ལསོགས།

8 UTN(S) འཕགས་པ་དཔལ་(དཔའ་)བྱིན་གྱིས། PD ཁྱིམ་བདག་དཔས་བྱིན་གྱིས།

9 PD add gṛhapati

10 PD add ལེའུ།

11 P adds བམ་པོ་གཅིག་པ། ཤུ་ལོག་སུམ་བརྒྱ།

12 USTN དཔའ། PD དཔས།

13 USTND ཞུས་པའི་ལེའུ། P ཞུས་པ།

14 PD omit འདུས་པ།

15 P omits རྩ།

16 U སར་ཆད། S གསར་བཅད། TPD གསར་ཆད། N སར་ཅད།

③ ཨཱརྱ་ཨུད་[ཨུ་ད་]ཡ་ན་བད་ས་[བཏྶ]རཱ་ཛཱ་[ཛ་]པ་རི་པྲི་ཙྪཱ་[པ་རི་པྲི་ཙྪཱ]ན་[ནཱ་]མ་པ་རི་བར་ཏ།[པ་རི་བརྟ།]

④ Ārya-Udayanavatsarājaparipṛcchā-nāma-parivarta

⑤ Tr. Jinamitra, Surendrabodhi, Ye shes sde

⑦ འཕགས་པ་དཀོན་མཆོག་བརྩེགས་པ་ཆེན་པོའི་[1]ཆོས་ཀྱི་རྣམ་གྲངས།[2] སྟོང་ཕྲག་བརྒྱ་པ་ལས་བད་སའི་རྒྱལ་པོ་འཆར་བྱེད་ཀྱིས་ཞུས་པའི་ལེའུ་ཞེས་བྱ་སྟེ། འདུས་པ་[3]ཉི་ཤུ་རྩ་དགུ་པ་རྫོགས་སྷོ། རྒྱ་གར་གྱི་མཁན་པོ་ཛི་ན་མི་ཏྲ་དང་། སུ་རེན་དྲ་བོ་དྷི་དང་། ཞུ་ཆེན་གྱི་ལོ་ཙཱ་བ། བན་དེ་ཡེ་ཤེས་སྡེ་ལ་སོགས་[4]པས་བསྒྱུར་ཅིང་ཞུས་ཏེ། གཏན་ལ་ཕབ་པ།[5] བམ་པོ་གཅིག་ཤོ་ལོ་ཀ་ཉིས་བརྒྱ།

## No. 62(30) ཙ(Ca) 319a7-327a4 Toh 74

① འཕགས་པ་བུ་མོ་བློ་གྲོས་བཟང་མོས་ཞུས་པ་ཞེས་བྱ་བ་ཐེག་པ་ཆེན་པོའི་མདོ།

② 'Phags pa bu mo blo gros bzang mos zhus pa zhes bya ba theg pa chen po'i mdo

③ [6]ཨཱརྱ་སུ་མ་ཏི་དཱ་རི་ཀ་[ཀཱ་]པྲིད་ཚཱ་[པ་རི་པྲི་ཙྪཱ་]ན་[ནཱ་]མ་མ་ཧཱ་ཡ་[ཡཱ་]ན་སཱུ་ཏྲ།

④ Ārya-Sumatidārikā-paripṛcchā[7]-nāma-mahāyānasūtra

⑤ Tr. Jinamitra, Surendrabodhi, Ye shes sde

⑦ འཕགས་པ་དཀོན་མཆོག་བརྩེགས་པ་ཆེན་པོའི་ཆོས་ཀྱི་རྣམ་གྲངས་[8]སྟོང་ཕྲག་བརྒྱ་པ་ལས་འཕགས་པ་[9]བུ་མོ་བློ་གྲོས་བཟང་མོས་ཞུས་པའི་ལེའུ་ཞེས་བྱ་སྟེ། སུམ་ཅུ་པ་རྫོགས་སོ། རྒྱ་གར་གྱི་མཁན་པོ་འཛིན་མི་ཏྲ་དང་། སུ་རེན་དྲ་བོ་དྷི་དང་། ཞུ་ཆེན་གྱི་ལོ་ཙཱ་བ་བན་དེ་ཡེ་ཤེས་སྡེས་[10]བསྒྱུར་ཅིང་ཞུས་ཏེ་གཏན་ལ་ཕབ་པ།

## No. 63(31) ཙ(Ca) 327a5-331b5 Toh 75

① འཕགས་པ་གངྒའི་[11]མཆོག་ཅེས་བྱ་བའི་མདོ།[12]

② 'Phags pa gangga'i mchog ces bya ba'i mdo

---

1 U པོ།

2 PD add ལེའུ

3 PD omit འདུས་པ།

4 P ལསྒོགས།

5 PD omit after ཕབ་པ།

6 USTN add Tibetan title before རྒྱ་གར་སྐད་དུ།, cf. Appendix.

7 UTN sumatidārikapṛcchā, S sumatidvarikapṛccha, P sumatidārakapṛcchā, D sumatidārikapṛccha, D-CatP-CatS-Cat sumatidārikāparipṛcchā

8 PD add ལེའུ

9 PD omit འཕགས་པ།

10 P སྡེས་ལ་སོགས་པའི། D སྡེ་ལ་སོགས་པས།

11 UN གངྒའི། ST གང་གའི། PD གང་གཱའི།

12 UN མཆོག་ཅེས་བྱ་བའི་མདོ། STPD མཆོག་གིས་ཞུས་པ་ཞེས་བྱ་བ་ཐེག་པ་ཆེན་པོའི་མདོ།

③ ཨཱརྱ་གང་གོད་ཏ་ར་[གངྒོ་ཏྟ་ར་]པྲི་ཚྪཱ་[པ་རི་པྲི་ཚྪཱ་]མ་ཧཱ་ཡཱ་ནཱ་ནཱ་མ་[ནཱ་མ་མ་ཧཱ་ཡཱ་ན་]སཱུ་ཏྲ།

④ Ārya-Gaṅgottarapari[1]pṛcchā-nāma[2]-mahāyānasūtra

⑤ Tr. Jinamitra, Dānaśīla, Ye shes sde

⑦ འཕགས་པ་དཀོན་མཆོག་བརྩེགས་པ་ཆེན་པོའི་ཆོས་ཀྱི་རྣམ་གྲངས་[3]སྟོང་ཕྲག་བརྒྱ་པ་ལས།
འཕགས་པ་[4]གངྒའི་[5]མཆོག་གིས་ཞུས་པའི་ལེའུ་ཞེས་བྱ་བ་[6]སྟེ་འདུས་པ་[7]སུམ་ཅུ་རྩ་གཅིག་པ་རྫོགས་སོ།
རྒྱ་གར་གྱི་མཁན་པོ་ཛི་ན་མི་ཏྲ་དང་། དཱ་ན་ཤཱི་ལ་དང་། ཞུ་ཆེན་གྱི་ལོ་ཙྪ་བ་བན་དེ་ཡེ་ཤེས་སྡེས་[8]
བསྒྱུར་ཅིང་ཞུས་ཏེ། སྐད་གསར་ཆད་[9]ཀྱིས་ཀྱང་བཅོས་ནས་གཏན་ལ་ཕབ་པ།[10] ཤུ་ལོ་ཀ་བརྒྱ་དང་
བཅུའོ།

No. 64(32) ཅ(Ca) 331b5-352a5 Toh 76

① འཕགས་པ་མྱ་ངན་མེད་ཀྱིས་བྱིན་པ་ལུང་བསྟན་པ་ཞེས་བྱ་བ་ཐེག་པ་ཆེན་པོའི་མདོ།

② 'Phags pa mya ngan med kyis byin pa lung bstan pa zhes bya ba theg pa chen po'i mdo

③ ཨཱརྱ་ཨ་ཤོ་ཀ་དད་ཏ་[དཏྟ་]བྱ་[བྱཱ་]ཀ་ར་ཎ་ནཱ་མ་མ་ཧཱ་ཡ་[ཡཱ་]ན་སཱུ་ཏྲ།

④ Ārya-Aśokadattavyākaraṇa-nāma-mahāyānasūtra

⑤ Tr. Jinamitra, Surendrabodhi, Zhang Ye shes sde

⑦ འཕགས་པ་དཀོན་མཆོག་བརྩེགས་པ་ཆེན་པོའི་ཆོས་ཀྱི་རྣམ་གྲངས་[11]སྟོང་ཕྲག་བརྒྱ་པ་ལས།
འཕགས་པ་[12]མྱ་ངན་མེད་ཀྱིས་བྱིན་པ་ལུང་བསྟན་པ་ཞེས་བྱ་བའི་ལེའུ་སྟེ་[13]འདུས་པ་[14]སུམ་ཅུ་རྩ་གཉིས་
པ་རྫོགས་སོ། རྒྱ་གར་གྱི་མཁན་པོ་ཛི་ན་མི་ཏྲ་དང་། སུ་རེན་དྲ་བོ་དྷི་དང་། [15]ལོ་ཙྪ་བ་ཞང་[16]ཡེ་ཤེས་

---

1 USTN omit pari, PD pari

2 USTN mahāyāna-nāma, PD nāma-mahāyāna

3 PD add ལེའུ

4 PD omit འཕགས་པ།

5 UN གངྒའི། ST གང་གའི། PD གང་གཱའི།

6 STPD omit བ།

7 PD omit འདུས་པ།

8 P སྡེས་ལ་སོགས་པའི། D སྡེ་ལ་སོགས་པས།

9 UTPND ཆད། S བཅད།

10 PD omit after ཕབ་པ།

11 PD add ལེའུ

12 PD omit འཕགས་པ།

13 T བསྟན་པའི་ལེའུ་སྟེ།

14 PD omit འདུས་པ།

15 PD add ཞུ་ཆེན་གྱི།

16 USTN ཞང་། PD བན་དེ།

སྡེས་[1]བསྒྱུར་ཅིང་[2]ཞུས་ཏེ་གཏན་ལ་ཕབ་པ།[3] བམ་པོ་གཅིག་ཤོ་ལོ་ཀ་སུམ་བརྒྱ།

No. 65(33) ཅ(Ca) 352a5-379b2 Toh 77

① འཕགས་པ་དྲི་མ་མེད་ཀྱིས་བྱིན་པས་ཞུས་པ་ཞེས་བྱ་བ་ཐེག་པ་ཆེན་པོའི་མདོ།

② 'Phags pa dri ma med kyis byin pas zhus pa zhes bya ba theg pa chen po'i mdo

③ ཨཱརྻ་བི་མ་ལ་དད་ཏ་[དཏྟ་]པ་རི་པྲིད་ཚ་[པ་རི་པྲི་ཙྪཱ་]ནཱ་མ་མ་ཧཱ་ཡ་[ཡཱ་]ན་སཱུ་ཏྲ།

④ Ārya-Vimaladattaparipṛcchā-nāma-mahāyānasūtra

⑤ Tr. Jinamitra, Surendrabodhi, Ye shes sde

⑦ འཕགས་པ་དཀོན་མཆོག་བརྩེགས་པ་ཆེན་པོ་[4]ཆོས་ཀྱི་རྣམ་གྲངས་ལེའུ་སྟོང་ཕྲག་བརྒྱ་པ་ལས་དྲི་མ་མེད་ཀྱིས་བྱིན་པས་ཞུས་པ་ཞེས་བྱ་བའི་ལེའུ་སྟེ་འདུས་པ་[5]སུམ་ཅུ་རྩ་གསུམ་པ་[6]རྫོགས་སོ།། རྒྱ་གར་གྱི་མཁན་པོ་ཛི་ན་མི་ཏྲ་དང་། སུ་རེན་དྲ་བོ་དྷི་དང་། ཞུ་ཆེན་གྱི་ལོ་ཙྪ་བ་བན་དེ་ཡེ་ཤེས་སྡེས་[7]བསྒྱུར་ཅིང་ཞུས་ཏེ་གཏན་ལ་ཕབ་པ།[8] བམ་པོ་གཉིས་དང་། ཤོ་ལོ་ཀ་བརྒྱ་ལྔ་བཅུ་ཡོད་དོ།

No. 66(34)=172 ཅ(Ca) 379b2-385b3 Toh 78

① འཕགས་པ་ཡོན་ཏན་རིན་ཆེན་མེ་ཏོག་ཀུན་ཏུ་རྒྱས་པས་ཞུས་པ་ཞེས་བྱ་བ་ཐེག་པ་ཆེན་པོའི་མདོ།

② 'Phags pa yon tan rin chen me tog kun tu rgyas pas zhus pa zhes bya ba theg pa chen po'i mdo

③ ཨཱརྻ་གུ་ཎ་རད་ན་[རཏྣ་]སང་ཀུ་[སངྐུ་]སུ་མི་ཏ་པྲིད་ཚ་[པ་རི་པྲི་ཙྪཱ་]ནཱ་མ་མ་ཧཱ་ཡཱ་ན་སཱུ་ཏྲ།

④ Ārya-Guṇaratnasaṅkusumitapari[9]pṛcchā-nāma-mahāyānasūtra

⑤ Tr. Jinamitra, Prajñāvarma, Ye shes sde

⑦ འཕགས་པ་དཀོན་མཆོག་བརྩེགས་པ་ཆེན་པོའི་ཆོས་ཀྱི་རྣམ་གྲངས་ལེའུ་[10]སྟོང་ཕྲག་བརྒྱ་པ་ལས་ཡོན་ཏན་རིན་ཆེན་མེ་ཏོག་ཀུན་ཏུ་རྒྱས་པས་ཞུས་པའི་ལེའུ་ཞེས་བྱ་སྟེ་འདུས་པ་[11]སུམ་ཅུ་རྩ་བཞི་པ་རྫོགས་

---

1 P སྡེས་ལ་སོགས་པས། D སྡེ་ལ་སོགས་པས།

2 UN omit བསྒྱུར་ཅིང་། SPD བསྒྱུར་ཅིང་། T སྒྱུར་ཅིང་།

3 PD omit after ཕབ་པ།

4 UST ཆེན་པོ། PND ཆེན་པོའི།

5 USTN བྱིན་པས་ཞུས་པ་ … ལེའུ་སྟེ་འདུས་པ། P བྱིན་པ་ཞེས་བྱ་བ་སྟེ་ལེའུ D བྱིན་པས་ཞུས་པ་ཞེས་བྱ་སྟེ་ལེའུ

6 USND སུམ་ཅུ་རྩ་གསུམ་པ། T སུམ་ཅུ་གསུམ་པ། P སུམ་ཅུ་པ།

7 U སྡེ། STN སྡེས། P སྡེས་ལ་སོགས་པས། D སྡེ་ལ་སོགས་པས།

8 PD omit after ཕབ་པ།

9 USTN omit pari, PD pari

10 P omits ལེའུ

11 PD omit འདུས་པ།

སོ། རྒྱ་གར་གྱི་མཁན་པོ་ཛཱི་ན་མི་ཏྲ་དང་། པྲ་ཛྙཱ་ཝར་མ་དང་། ཞུ་ཆེན་གྱི་ལོ་ཙཱ་བ་བན་དེ་ཡེ་ཤེས་སྡེ་ལ་སོགས་[1] པས་བསྒྱུར་ཅིང་ཞུས་ཏེ་[2] གཏན་ལ་ཕབ་པ།[3]

No. 67(35) ཅ(Ca) 385b3-410a7 Toh 79

① འཕགས་པ་སངས་རྒྱས་ཀྱི་ཡུལ་བསམ་གྱིས་མི་ཁྱབ་པ་བསྟན་པ་ཞེས་བྱ་བ་ཐེག་པ་ཆེན་པོའི་མདོ།

② 'Phags pa sangs rgyas kyi yul bsam gyis mi khyab pa bstan pa zhes bya ba theg pa chen po'i mdo

③ ཨཱརྱ་ཨ་ཙིན་ཏྱ[ཨ་ཙིནྟྱ་]བུད་དྷ[བུདྡྷ]བི་ཥ་ཡ་ནི་ར་དེ་ཤ་[ནིརྡེ་ཤ་]ནཱ་མ་མ་ཧཱ་ཡ་[ཡཱ་]ན་སཱུ་ཏྲ།

④ Ārya-Acintyabuddhaviṣayanirdeśa-nāma-mahāyānasūtra

⑤ Tr. Jinamitra, Dānaśīla, Munivarma, Zhang Ye shes sde

⑦ འཕགས་པ་དཀོན་མཆོག་བརྩེགས་པ་ཆེན་པོའི་ཆོས་ཀྱི་རྣམ་གྲངས་[4] སྟོང་ཕྲག་བརྒྱ་པ་ལས་སངས་རྒྱས་ཀྱི་ཡུལ་བསམ་གྱིས་[5] མི་ཁྱབ་པ་ལྷའི་བུ་དཔལ་བཟངས་ཀྱིས་ཞུས་པ་ཞེས་བྱ་བའི་ལེའུ་སྟེ། འདུས་པ་[6] སུམ་ཅུ་[7] རྩ་ལྔ་པ་རྫོགས་སོ།། རྒྱ་གར་གྱི་མཁན་པོ་ཛཱི་ན་མི་ཏྲ་དང་། དཱ་ན་ཤཱི་ལ་དང་། མུ་ནི་ཝར་མ་དང་།[8] ཞུ་ཆེན་གྱི་ལོ་ཙཱ་བ་ཞང་[9] ཡེ་ཤེས་སྡེས་བསྒྱུར་ཅིང་ཞུས་ཏེ་[10] གཏན་ལ་ཕབ་པ།[11] ཤོ་ལོ་ཀ་དྲུག་བརྒྱ་བམ་པོ་གཉིས།[12]

## Volume 53 དཀོན་བརྩེགས། ཆ (1–411)

No. 68(36) ཆ(Cha) 1b1-64b2 Toh 80

① འཕགས་པ་ལྷའི་བུ་བློ་གྲོས་རབ་གནས་ཀྱིས་ཞུས་པ་ཞེས་བྱ་བ་ཐེག་པ་ཆེན་པོའི་མདོ།

② 'Phags pa lha'i bu blo gros rab gnas kyis zhus pa zhes bya ba theg pa chen po'i mdo

---

1 P ལ་སྩོགས།
2 P ནས།
3 S(T) add ཤླཽ་(ཤློ་)ཀ་བརྒྱ་བཞི་བཅུ་ཡོད། after ཕབ་པ།
4 PD add ལེའུ།
5 UT གྱི། SND གྱིས། P ཀྱིས།
6 USTN ལྷའི་བུ་ … ལེའུ་སྟེ། འདུས་པ་ P བསྟན་པ་ཞེས་བྱ་བ་སྟེ། ལེའུ་ D བསྟན་པ་ཞེས་བྱ་བའི་ལེའུ་སྟེ་
7 U བཅུ། STPND ཅུ།
8 P omits ཤཱི་ལ་དང་། མུ་ནི་ཝར་མ་དང་།
9 USTN ཞང་། PD བན་དེ།
10 D(P) add སྐད་གསར་ཆད་(བཅད་)ཀྱིས་(ཀྱིད་)ཀྱང་བཅོས་ནས།
11 PD omit after ཕབ་པ།
12 S adds སླར་ཡང་ཕྱི་མོ་དག་པ་གསུམ་དཔང་པོར་བྱས་ཏེ་དག་པར་ཞུས། after བམ་པོ་གཉིས།

③ ཨཱརྱ་སུ་སྠི་ཏ་མ་ཏི་དེ་བ་པུཏྲ་[པུ་ཏྲ་]པ་རི་པྲིད་ཚ་[པ་རི་པྲི་ཙྪཱ་]ནཱ་མ་མ་ཧཱ་ཡཱ་ན་སཱུ་ཏྲ།

④ Ārya-Susthitamatidevaputraparipṛcchā-nāma-mahāyānasūtra

⑤ Tr. Surendrabodhi, Prajñāvarma, Zhang Ye shes sde

⑦ འཕགས་པ་དཀོན་མཆོག་བརྩེགས་པ་ཆེན་པོའི་ཆོས་ཀྱི་རྣམ་གྲངས་ལེའུ་སྟོང་ཕྲག་བརྒྱ་པ་ལས་ལྷའི་བུ་བློ་གྲོས་རབ་གནས་ཀྱིས[1] ཞུས་པ་ཞེས་བྱ་བའི་ལེའུ་སྟེ། འདུས་པ[2] སུམ་ཅུ་རྩ[3] དྲུག་པ་རྫོགས་སོ། རྒྱ་གར་གྱི་མཁན་པོ་སུ་རེནྡྲ་བོ་དྷི་དང་། པྲཛྙཱ་བར་མ་དང་། ཞུ་ཆེན་གྱི་ལོ་ཙྪ་བ་ཞང་ཡེ་ཤེས་སྡེ་ལ་སོགས་པས་བསྒྱུར་ཅིང་ཞུས་ཏེ་གཏན་ལ་ཕབ་པ། བམ་པོ་བཞི་ཤོ་ལོ་ཀ་སྟོང་ཉིས་བརྒྱ།[4]

No. 69(37) ཆ(Cha) 64b2-67b6 Toh 81

① འཕགས་པ་སེང་གེས་ཞུས་པ་ཞེས་བྱ་བ་ཐེག་པ་ཆེན་པོའི་མདོ།

② 'Phags pa seng ges zhus pa zhes bya ba theg pa chen po'i mdo

③ ཨཱརྱ་སིང་ཧ་[སིཾ་ཧ་]པ་རི་པྲིད་ཙྪ་[པ་རི་པྲི་ཙྪཱ་]ནཱ་མ་མ་ཧཱ་ཡ་[ཡཱ་]ན་སཱུ་ཏྲ།

④ Ārya-Siṅhaparipṛcchā-nāma-mahāyānasūtra

⑤ Tr. Dānaśīla, Munivarma, Ye shes sde

⑦ འཕགས་པ་དཀོན་མཆོག་བརྩེགས་པ་ཆེན་པོའི་ཆོས་ཀྱི་རྣམ་གྲངས་ལེའུ[5] སྟོང་ཕྲག་བརྒྱ་པ་ལས། འཕགས་པ[6] སེང་གེས་ཞུས་པའི་ལེའུ་ཞེས་བྱ་སྟེ། འདུས་པ[7] སུམ་ཅུ་རྩ་བདུན་པ་རྫོགས་སོ། རྒྱ་གར་གྱི་མཁན་པོ་དཱ་ན་ཤཱི་ལ་དང་། མུ་ནེ་ཝར་མ་དང་། ཞུ་ཆེན་གྱི་ལོ་ཙྪ་བ་བནྡེ་ཡེ་ཤེས་སྡེས་བསྒྱུར་ཅིང་ཞུས་ཏེ། སྐད་གསར་ཆད[8] ཀྱིས་ཀྱང་བཅོས་ནས་གཏན་ལ་ཕབ་པའོ།[9] ཤོ་ལོ་ཀ་དྲུག་ཅུ་པའོ།[10]

---

1 UN ཀྱི། STPD ཀྱིས།

2 PD omit འདུས་པ།

3 S omits རྩ།

4 P colophon བན་དེ་ཀླུའི་རྒྱལ་མཚན་གྱིས་བསྒྱུར་ཅིང་ཞུས། after རྫོགས་སོ།
D colophon བན་དེ་ཀླུའི་རྒྱལ་མཚན་གྱིས་ཞུས་པ། after རྫོགས་སོ།

5 UN omit ལེའུ།

6 PD omit འཕགས་པ།

7 USTN ཞུས་པའི་ལེའུ་ཞེས་བྱ་སྟེ། འདུས་པ་ P ཞུས་པ་ཞེས་བྱ་བའི་ལེའུ་སྟེ། D ཞུས་པའི་ལེའུ་ཞེས་བྱ་སྟེ་

8 UTPN ཆད། SD བཅད།

9 D omits after ཕབ་པའོ།

10 P adds ལེའུ་སུམ་བཅུ་རྩ་བརྒྱད་པ་སྟེ། after ཅུ་པའོ།

## No. 70(38) ཆ(Cha) 67b6-121b7 Toh 82

① འཕགས་པ་སངས་རྒྱས་ཐམས་ཅད་ཀྱི་གསང་ཆེན་ཐབས་ལ་མཁས་པ་བྱང་ཆུབ་སེམས་དཔའ་ཡེ་ཤེས་དམ་པས་ཞུས་པའི་ལེའུ་ཞེས་བྱ་བ་ཐེག་པ་ཆེན་པོའི་མདོ།

② 'Phags pa sangs rgyas thams cad kyi gsang chen thabs la mkhas pa byang chub sems dpa' ye shes dam pas zhus pa'i le'u zhes bya ba theg pa chen po'i mdo

③ ཨཱརྱ་སརྦ་བུདྡྷ་ར་ཧ་སྱོ་པཱ་ཡ་ཀཽ་ཤ་ལྱ་ཛྙཱ་ནོཏྟ་ར་[ཛྙཱ་ནོཏྟ་ར་]བོ་དྷི་སཏྭ་[སཏྭ་]པ་རི་པྲིད་ཙྪ་[པ་རི་པྲྀ་ཙྪཱ་]པ་རི་བརྟ་[བརྟ་]ནཱ་མ་མ་ཧཱ་ཡ་[ཡཱ་]ན་སཱུ་ཏྲ།

④ Ārya-Sarvabuddhamahā[1]rahasyopāyakauśalya-jñānottarabodhisattvaparipṛcchā-parivarta-nāma-mahāyānasūtra

⑤ Tr. Jinamitra, Surendrabodhi, Zhang Ye shes sde

⑦ འཕགས་པ་དཀོན་མཆོག་བརྩེགས་པ་ཆེན་པོའི་ཆོས་ཀྱི་རྣམ་གྲངས་ལེའུ་སྟོང་ཕྲག་བརྒྱ་པ་ལས་སངས་རྒྱས་ཐམས་ཅད་ཀྱི་གསང་ཆེན་ཐབས་ལ་མཁས་པ། བྱང་ཆུབ་སེམས་དཔའ་ཡེ་ཤེས་དམ་པས་ཞུས་པའི་ཞེས་བྱ་བའི་ལེའུ་སྟེ་འདུས་པ་[2] སུམ་ཅུ་རྩ་བརྒྱད་པ་རྫོགས་སྟོ།[3] ཤུ་ལོ་ཀ་ནི་[4] སྟོང་ཉིས་བརྒྱ་རྩ་གསུམ་མཆིས།[5] རྒྱ་གར་གྱི་མཁན་པོ་ཛི་ན་མི་ཏྲ་དང་། སུ་རེན་དྲ་བོ་དྷི་དང་།[6] ཞུ་ཆེན་གྱི་ལོ་ཙྪ་བ་ཞང་[7] ཡེ་ཤེས་སྡེ་ལ་སོགས་པས་བསྒྱུར་ཅིང་[8] གཏན་ལ་ཕབ་པ། ལེའུ་འདི་ལ་ཤུ་ལོ་ཀ་སྟོང་ཉིས་བརྒྱ་རྩ་གསུམ་མཆིས།

## No. 71(39) ཆ(Cha) 121b7-153b3 Toh 83

① འཕགས་པ་ཚོང་དཔོན་བཟང་སྐྱོང་གིས་ཞུས་པ་ཞེས་བྱ་བ་ཐེག་པ་ཆེན་པོའི་མདོ།

② 'Phags pa tshong dpon bzang skyong gis zhus pa zhes bya ba theg pa chen po'i mdo

③ [9]ཨཱརྱ་བྷ་དྲ་པཱ་ལ་ཤྲཥྛ་[ཤྲེཥྛི་]པ་རི་པྲིད་ཚ་[པ་རི་པྲྀ་ཙྪཱ་]ནཱ་མ་མ་ཧཱ་ཡ་[ཡཱ་]ན་སཱུ་ཏྲ།

④ Ārya-Bhadrapālaśreṣṭhi[10]paripṛcchā-nāma-mahāyānasūtra

---

1 USTN omit mahā, PD mahā

2 U(N) ཞུས་པའི་(པ་)ཞེས་བྱ་བའི་ལེའུ་སྟེ་འདུས་པ་, ST ཞུས་པའི་ལེའུ་ཞེས་བྱ་སྟེ་འདུས་པ་, P ཞུས་པ་ཞེས་བྱ་བ་སྟེ། ལེའུ་, D ཞུས་པ་ཞེས་བྱ་བའི་ལེའུ་སྟེ་

3 P omits ཤུ་ལོ་ཀ་ནི་ … ཕབ་པ། after རྫོགས་སྟོ།

4 N ནི།

5 STD omit ཤུ་ལོ་ཀ་ནི་སྟོང་ཉིས་བརྒྱ་རྩ་གསུམ་མཆིས།

6 USTN ཛི་ན་མི་ཏྲ་དང་། སུ་རེན་དྲ་བོ་དྷི་དང་། D དྣ་ན་ཤཱི་ལ་དང་ཀརྨ་ཤརྨ་དང་།

7 USTN ཞང་། D བན་དེ།

8 D adds ཞུས་ཏེ་སྐད་གསར་ཆད་ཀྱིས་ཀྱང་བཅོས་ནས།

9 P adds Tibetan title before རྒྱ་གར་སྐད་དུ།, cf. Appendix.

10 U śraṣṭha, ST śreṣṭha, P śreṣṭī, N śraṣā D śreṣṭhī

⑤ Tr. Jinamitra, Surendrabodhi, Ye shes sde

⑦ འཕགས་པ་དཀོན་མཆོག་བརྩེགས་པ་ཆེན་པོའི་ཆོས་ཀྱི་རྣམ་གྲངས་[1]སྟོང་ཕྲག་བརྒྱ་པ་ལས་ཚོང་དཔོན་བཟང་སྐྱོང་གིས་ཞུས་པའི་ལེའུ་ཞེས་བྱ་སྟེ། [2]སུམ་ཅུ་རྩ་[3]དགུ་པ་རྫོགས་སོ། རྒྱ་གར་གྱི་མཁན་པོ་ཛི་ན་མི་ཏྲ་དང་། སུ་རེན་དྲ་བོ་དྷི་དང་། ཞུ་ཆེན་གྱི་[4]ལོ་ཙྪ་བ་བནྡེ་[5]ཡེ་ཤེས་སྡེས་བསྒྱུར་ཅིང་[6]ཞུས་ཏེ་གཏན་ལ་ཕབ་པ། བམ་པོ་གཉིས་པ།[7]

## No. 72(40) ཆ(Cha) 153b3-165b3 Toh 84

① བུ་མོ་རྣམ་དག་དད་པས་[8]ཞུས་པ་ལེའུ་བཞི་བཅུ་པ།[9]

② Bu mo rnam dag dad pas zhus pa le'u bzhi bcu pa

④ (Ārya-Dārikā-vimalaśraddhāparipṛcchā-nāma-mahāyānasūtra)[10]

⑤ Tr. 'Gos Chos grub (from Chinese)

⑦ འཕགས་པ་དཀོན་མཆོག་བརྩེགས་པ་ཆེན་པོའི་[11]ཆོས་ཀྱི་རྣམ་གྲངས་[12]སྟོང་ཕྲག་བརྒྱ་པ་ལས། རྣམ་དག་[13]དད་པས་[14]ཞུས་པའི་ལེའུ་སྟེ། འདུས་པ་[15]བཞི་བཅུ་པ་རྫོགས་སོ།[16] ལོ་ཙྪ་བ་འགོས་ཆོས་གྲུབ་ཀྱིས་རྒྱ་ནག་གི་དཔེ་ལས་བསྒྱུར་ཅིང་ཞུས་ཏེ། གཏན་ལ་ཕབ་པ།

## No. 73(41) ཆ(Cha) 165b3-180b6 Toh 85

① འཕགས་པ་བྱམས་པས་ཞུས་པའི་ལེའུ་[17]ཞེས་བྱ་བ་ཐེག་པ་ཆེན་པོའི་མདོ།

② 'Phags pa byams pas zhus pa'i le'u zhes bya ba theg pa chen po'i mdo

---

1 PD add ལེའུ།

2 ST add འདུས་པ།

3 USTD རྩ། PN བརྩ།

4 ST omit ཞུ་ཆེན་གྱི།

5 U(PND) བནྡེ།(བན་དེ།) ST ཞང་།

6 PD omit བསྒྱུར་ཅིང་།

7 TPD omit བམ་པོ་གཉིས་པ།

8 USTN དང་བས། PD དད་པས།

9 UN བུ་མོ་རྣམ་དག་དང་བས་ཞུས་པ་ལེའུ་བཞི་བཅུ་པ། ST བུ་མོ་རྣམ་དག་དང་བས་ཞུས་པ་ཞེས་བྱ་བ་ཐེག་པ་ཆེན་པོའི་མདོ། PD འཕགས་པ་བུ་མོ་རྣམ་དག་དད་པས་ཞུས་པ་ཞེས་བྱ་བ་ཐེག་པ་ཆེན་པོའི་མདོ།

10 Title from D-Cat 84.

11 UPND པོའི། ST པོ།

12 PD add ལེའུ།

13 P དང་།

14 USTN དང་བས། D དད་པས། P དད་པའི།

15 PD omit འདུས་པ།

16 PD omit after རྫོགས་སོ།

17 USTPN པའི་ལེའུ། D པ།

③ ཨཱརྱ་མཻ་ཏྲི་ཡ་[མཻ་ཏྲེ་ཡ་]པི་ཙྪཱ་[པྲི་ཙྪཱ་]པ་རི་བརྟ་ནཱ་མ་མ་ཧཱ་ཡཱ་ན་སཱུ་ཏྲ།

④ Ārya-Maitreyapṛcchāparivarta[1]-nāma-mahāyānasūtra

⑤ Tr. Jinamitra, Surendrabodhi, Ye shes sde

⑦ འཕགས་པ་དཀོན་མཆོག་བརྩེགས་པ་ཆེན་པོའི་ཆོས་ཀྱི་རྣམ་གྲངས་[2]སྟོང་ཕྲག་བརྒྱ་པ་ལས་བྱམས་པས་ཞུས་པ་ཞེས་བྱ་སྟེ་འདུས་པ་[3]བཞི་བཅུ་རྩ་གཅིག་པ་རྫོགས་སོ།[4] རྒྱ་གར་གྱི་མཁན་པོ་ཛི་ན་མི་ཏྲ་དང་། སུ་རེནྡྲ་བོ་དྷི་དང་། ཞུ་ཆེན་གྱི་ལོ་ཙྪ་བ་བནྡེ་ཡེ་ཤེས་སྡེས་བསྒྱུར་ཅིང་ཞུས་ཏེ་གཏན་ལ་ཕབ་པའོ།[5] བམ་པོ་གཅིག་དང་[6]ཤོ་ལོ་ཀ་བཅུ།[7]

No. 74(42) ཆ(Cha) 180b6-184a7 Toh 86

① འཕགས་པ་བྱམས་པས་ཞུས་པ་[8]ཞེས་བྱ་བ་ཐེག་པ་ཆེན་པོའི་མདོ།

② 'Phags pa byams pas zhus pa zhes bya ba theg pa chen po'i mdo

③ ཨཱརྱ་མཻ་ཏྲི་ཡ་པ་རི་པྲི་ཙྪཱ་[པ་རི་པྲི་ཙྪཱ་]དྷརྨཱ་ཨཥྚ་ནཱ་མ་མ་ཧཱ་ཡ་[ཡཱ་]ན་སུ་[སཱུ་]ཏྲ།

④ Ārya-Maitreyaparipṛcchādharmāṣṭa[9]-nāma-mahāyānasūtra

⑤ Tr. Jinamitra, Dānaśīla, Ye shes sde

⑦ འཕགས་པ་དཀོན་མཆོག་བརྩེགས་པ་ཆེན་པོའི་ཆོས་ཀྱི་རྣམ་གྲངས་[10]སྟོང་ཕྲག་བརྒྱ་པ་ལས་བྱམས་པས་ཞུས་པ་ཆོས་བརྒྱད་པ་ཞེས་བྱ་བའི་ལེའུ་སྟེ་འདུས་པ་[11]བཞི་བཅུ་རྩ་གཉིས་པ་རྫོགས་སྟོ། ཤོ་ལོ་ཀ་བརྒྱད་ཅུ་རྩ་གསུམ་མཆིས།[12] རྒྱ་གར་གྱི་མཁན་པོ་འཛི་ན་མི་ཏྲ་དང་། དཱ་ན་ཤཱི་ལ་དང་། ཞུ་ཆེན་གྱི་ལོ་ཙྪ་བ་བནྡེ་ཡེ་ཤེས་སྡེས་བསྒྱུར་ཅིང་ཞུས་ཏེ། སྐད་གསར་ཆད་[13]ཀྱིས་ཀྱང་བཅོས་ནས་གཏན་ལ་ཕབ་པ།

---

1 USTN pṛcchāparivarta, P paripṛcchāparivarta, D paripṛcchā

2 PD add ལེའུ།

3 UN ཞུས་པ་ཞེས་བྱ་སྟེ་འདུས་པ། ST ཞུས་པ་ཞེས་བྱ་བ་སྟེ་འདུས་པ། PD ཞུས་པའི་ལེའུ་ཞེས་བྱ་སྟེ།

4 P omits after རྫོགས་སོ།

5 D omits after ཕབ་པའོ།

6 UTN གཅིག་དང་། S གཅིག་པ།

7 U ཤོ་ལོ་ཀ་འབུམ། S ཤློ་ཀ་བཅུ། T ཤོ་ལོག་བཅུ། N ཤོ་ལོ་ཀ།

8 ST add ཆོས་བརྒྱད་པ།

9 UST paripṛcchadharmāṣṭa, PD paripṛcchā, N maripṛcchadharmāṣṭa

10 PD add ལེའུ།

11 PD omit འདུས་པ།

12 D omits ཤོ་ལོ་ཀ་བརྒྱད་ཅུ་རྩ་གསུམ་མཆིས།

13 UTND ཆད། S བཅད།

## No. 75(43) ཆ(Cha) 184a8-225a8 Toh 87

① འཕགས་པ་འོད་སྲུང་གི་[1] ལེའུ་ཞེས་བྱ་བ་ཐེག་པ་ཆེན་པོའི་མདོ།

② 'Phags pa 'od srung gi le'u zhes bya ba theg pa chen po'i mdo

③ ཨཱརྻ་ཀཱ་ཤྱ་པ་པ་རི་བརྟ་ནཱ་མ་མ་ཧཱ་ཡཱ་ན་སཱུ་ཏྲ།

④ Ārya-Kāśyapaparivarta-nāma-mahāyānasūtra

⑤ Tr. Jinamitra, Śīlendrabodhi, Ye shes sde

⑦ འཕགས་པ་དཀོན་མཆོག་བརྩེགས་པ་ཆེན་པོའི་[2] ཆོས་ཀྱི་རྣམ་གྲངས་ལེའུ་སྟོང་ཕྲག་བརྒྱ་པ་ལས། འཕགས་པ་[3] འོད་སྲུང་གི་[4] ལེའུ་ཞེས་བྱ་སྟེ། འདུས་པ་[5] བཞི་བཅུ་[6] གསུམ་པ་རྫོགས་སོ། རྒྱ་གར་གྱི་མཁན་པོ་ཛི་ན་མི་ཏྲ་དང་། ཤཱི་ལེན་དྲ་བོ་དྷི་དང་། ཞུ་ཆེན་གྱི་ལོ་ཙྪ་བ་བནྡེ་ཡེ་ཤེས་སྡེས་བསྒྱུར་ཅིང་ཞུས་ཏེ། སྐད་གསར་བཅད་[7] ཀྱིས་[8] ཀྱང་བཅོས་ནས་གཏན་ལ་ཕབ་པའོ།[9] ཤོ་ལོ་ག་དྲུག་བརྒྱ་བམ་པོ་གཉིས།

## No. 76(44) ཆ(Cha) 225a8-254a6 Toh 88

① འཕགས་པ་རིན་པོ་ཆེའི་ཕུང་པོ་ཞེས་བྱ་བ་ཐེག་པ་ཆེན་པོའི་མདོ།

② 'Phags pa rin po che'i phung po zhes bya ba theg pa chen po'i mdo

③ ཨཱརྻ་རད་ན་པ་[རཱ་]རཱ་ཤི་ནཱ་མ་མ་ཧཱ་ཡ་[ཡཱ་]ན་སཱུ་ཏྲ།

④ Ārya-Ratnarāśi-nāma-mahāyānasūtra

⑤ Tr. Surendrabodhi, Ye shes sde

⑦ འཕགས་པ་དཀོན་མཆོག་བརྩེགས་པ་ཆེན་པོའི་ཆོས་ཀྱི་རྣམ་གྲངས་[10] སྟོང་ཕྲག་བརྒྱ་པ་ལས་རིན་པོ་ཆེའི་ཕུང་པོའི་ལེའུ་ཞེས་བྱ་སྟེ། འདུས་པ་[11] བཞི་བཅུ་རྩ་བཞི་པ་རྫོགས་སོ། བམ་པོ་གཉིས་སོ། ཤོ་ལོག་

---

1 S སྲུངས་ཀྱི།

2 UND པོའི། STP པོ།

3 USTN འཕགས་པ། PD omit འཕགས་པ།

4 S སྲུངས་ཀྱི།

5 PD omit འདུས་པ།

6 PD add རྩ།

7 USN བཅད། TD ཆད། P གཅད།

8 UN ཀྱི། STPD ཀྱིས།

9 PD omit after ཕབ་པའོ།

10 PD add ལེའུ།

11 PD omit འདུས་པ།

དྲུག་བརྒྱ་བདུན་ཅུ།[1] རྒྱ་གར་གྱི་མཁན་པོ་སུ་རེན་དྲ་བོ་དྷི་དང་། ཞུ་ཆེན་གྱི་ལོ་ཙྪ་བ་བནྡེ་ཡེ་ཤེས་སྡེས་བསྒྱུར་ཅིང་ཞུས་ཏེ་གཏན་ལ་ཕབ་པ།[2]

No. 77(45) ཆ(Cha) 254a7-262b7 Toh 89

① འཕགས་པ་བློ་གྲོས་མི་ཟད་པས་ཞུས་པ་ཞེས་བྱ་བ་ཐེག་པ་ཆེན་པོའི་མདོ།

② 'Phags pa blo gros mi zad pas zhus pa zhes bya ba theg pa chen po'i mdo

③ ཨཱརྱ་ཨཱ་[ཨ་]ཀྵ་ཡ་མ་ཏི་པ་རི་པྲིཙྪ་[པ་རི་པྲི་ཙྪཱ་]ནཱ་མ་མ་ཧཱ་ཡཱ་ན་སཱུ་ཏྲ།

④ Ārya-Akṣayamatiparipṛcchā-nāma-mahāyānasūtra

⑤ Tr. Surendrabodhi, Ye shes sde

⑥ Rev. Dharmatāśīla

⑦ འཕགས་པ་དཀོན་མཆོག་བརྩེགས་པ་ཆེན་པོའི་ཆོས་ཀྱི་རྣམ་གྲངས་[3] སྟོང་ཕྲག་བརྒྱ་པ་ལས་བློ་གྲོས་མི་ཟད་པས་ཞུས་པའི་ལེའུ་ཞེས་བྱ་སྟེ། འདུས་པ་[4] བཞི་བཅུ་རྩ་ལྔ་པ་རྫོགས་སོ། རྒྱ་གར་གྱི་མཁན་པོ་སུ་རེན་ཏྲ་བོ་དྷི་དང་། ཞུ་ཆེན་གྱི་ལོ་ཙྪ་བ་བནྡྷེ་ཡེ་ཤེས་སྡེས་[5] ཞུས་ཏེ་གཏན་ལ་ཕབ་པ།[6] ཤོ་ལོ་ཀ་ཉིས་བརྒྱ། ཞུ་ཆེན་གྱི་ལོ་ཙྪ་བ་[7] དྷརྨ་ཏཱ་ཤཱི་ལས་སྐད་གསར་གཅད་[8] ཀྱིས་ཀྱང་ཞུས་ཏེ་གཏན་ལ་ཕབ་པ།

No. 78(46) ཆ(Cha) 262b7-295b1 Toh 90

① འཕགས་པ་ཤེས་རབ་ཀྱི་ཕ་རོལ་ཏུ་ཕྱིན་པ་བདུན་བརྒྱ་པ་ཞེས་བྱ་བ་ཐེག་པ་ཆེན་པོའི་མདོ།

② 'Phags pa shes rab kyi pha rol tu phyin pa bdun brgya pa zhes bya ba theg pa chen po'i mdo

③ ཨཱརྱ་སཔ་ཏ་[སཔྟ་]ཤ་ཏ་ཀན་[ཀ་]ནཱ་མ་པྲཛྙཱ་པཱ་ར་མི་ཏཱ་མ་ཧཱ་ཡཱ་ན་སཱུ་ཏྲ།

④ Ārya-Saptaśatakanāma[9]-prajñāpāramitā-mahāyānasūtra

⑤ Tr. Surendrabodhi, Ye shes sde

⑦ འཕགས་པ་དཀོན་མཆོག་བརྩེགས་པ་ཆེན་པོའི་[10] ཆོས་ཀྱི་རྣམ་གྲངས་[11] སྟོང་ཕྲག་བརྒྱ་པ་ལས་འཇམ་

---

1 PD omit བམ་པོ་གཉིས་སོ། ཤོ་ལོག་དྲུག་བརྒྱ་བདུན་ཅུ།

2 P adds ལེགས་སོ།

3 PD add ལེའུ

4 PD omit འདུས་པ།

5 PD add བསྒྱུར་ཅིང་།

6 PD omit after ཕབ་པ།

7 UN omit བ།

8 UN གཅད། ST བཅད།

9 USTN śatakan(ཤ་ཏ་ཀན་), PD-Cat śatikā, D śātikā, P-Cat śatika, S-Cat śatakā

10 UTN པོ། SPD པོའི།

11 PD add ལེའུ

དཔལ་གྱིས་ཞུས་པའི་ལེའུ་ཤེས་རབ་ཀྱི་ཕ་རོལ་ཏུ་ཕྱིན་པ་བདུན་བརྒྱ་པ་[1]ཞེས་བྱ་སྟེ། འདུས་པ་[2] བཞི་བཅུ་[3]དྲུག་པ་རྫོགས་སོ། རྒྱ་གར་གྱི་མཁན་པོ་སུ་རེནྡྲ་བོ་དྷི་དང་། ཞུ་ཆེན་གྱི་ལོ་ཙྪ་བ་བནྡེ་ཡེ་ཤེས་སྡེས་[4]ཞུས་ཏེ་གཏན་ལ་ཕབ་པ།[5] ཤོ་ལོ་ཀ་བདུན་བརྒྱ།

## No. 79(47) ཆ(Cha) 295b1-351a8 Toh 91

① འཕགས་པ་གཙུག་ན་རིན་པོ་ཆེས་ཞུས་པ་ཞེས་བྱ་བ་ཐེག་པ་ཆེན་པོའི་མདོ།

② 'Phags pa gtsug na rin po ches zhus pa zhes bya ba theg pa chen po'i mdo

③ ཨཱརྻ་རཏྣ་[རཏྣ]ཙཱུ་ཌ་[ཙཱུ་ཌ]པ་རི་པྲྀཙྪཱ་[པ་རི་པྲྀ་ཙྪཱ]ནཱ་མ་མ་ཧཱ་ཡཱ་ན་སཱུ་ཏྲ།

④ Ārya-Ratnacūḍaparipṛcchā-nāma-mahāyānasūtra

⑥ Rev. Dharmatāśīla

⑦ འཕགས་པ་དཀོན་མཆོག་བརྩེགས་པ་ཆེན་པོའི་ཆོས་ཀྱི་རྣམ་གྲངས་ལེའུ་སྟོང་ཕྲག་བརྒྱ་པ་ལས། འཕགས་པ་[6]གཙུག་ན་རིན་པོ་ཆེས་ཞུས་པ་ཞེས་བྱ་བའི་ལེའུ་སྟེ། འདུས་པ་[7]བཞི་བཅུ་[8]བདུན་པ་རྫོགས་སོ།[9] ཞུ་ཆེན་གྱི་ལོ་ཙ་བ་བནྡེ་དྷརྨ་ཤཱི་ལས་[10]ཞུས་ཏེ། སྐད་གསར་བཅད་[11]ཀྱིས་ཀྱང་བཅོས་ནས་གཏན་ལ་ཕབ་པ།[12] ཤུ་ལོ་ཀ་དགུ་བརྒྱ་སྟེ། བམ་པོ་གསུམ་མོ།

## No. 80(48) ཆ(Cha) 351a8-381a6 Toh 92

① འཕགས་པ་ལྷ་མོ་དཔལ་ཕྲེང་[13]གི་སེང་གེའི་སྒྲ་ཞེས་བྱ་བ་ཐེག་པ་ཆེན་པོའི་མདོ།

② 'Phags pa lha mo dpal phreng gi seng ge'i sgra zhes bya ba theg pa chen po'i mdo

---

1 P omits ཤེས་རབ་ཀྱི་ཕ་རོལ་ཏུ་ཕྱིན་པ་བདུན་བརྒྱ་པ།

2 USTN འདུས་པ། P omits འདུས་པ། D ལེའུ

3 TPD add རྩ།

4 PD add བསྒྱུར་ཅིང་།

5 TPD omit after ཕབ་པ།

6 PD omit འཕགས་པ།

7 USTN ཞུས་པ་ཞེས་བྱ་བའི་ལེའུ་སྟེ། འདུས་པ་ PD ཞུས་པའི་ལེའུ་ཞེས་བྱ་སྟེ་

8 TPD add རྩ།

9 D adds རྒྱ་གར་གྱི་མཁན་པོ་ཀ་མ་ལ་ཤཱི་ལ་དང་།

10 PD add བསྒྱུར་ཅིང་།

11 USN བཅད། T ཅད། PD ཆད།

12 PD omit after ཕབ་པ།

13 UND ཕྲེང་། STP འཕྲེང་།

③ ཨཱརྻ་ཤཱི་[ཤྲཱི་]མཱ་ལ་[ལཱ་]དེ་བི་[བཱི་]སིང་ཧ་[སིཾ་ཧ་]ནཱ་ད་ནཱ་མ་མ་ཧཱ་ཡཱ་ན་སཱུ་ཏྲ།

④ Ārya-Śrīmālādevī[1]siṅhanāda-nāma-mahāyānasūtra

⑤ Tr. Jinamitra, Surendrabodhi, Zhang Ye shes sde

⑦ འཕགས་པ་དཀོན་མཆོག་བརྩེགས་པ་ཆེན་པོའི་ཆོས་ཀྱི་རྣམ་གྲངས་ལེའུ་སྟོང་ཕྲག་བརྒྱ་པ་ལས། འཕགས་པ་ལྷ་མོ་[2]དཔལ་འཕྲེང་[3]གིས་ཞུས་པའི་ལེའུ་ཞེས་བྱ་སྟེ། འདུས་པ་[4]བཞི་བཅུ་རྩ་བརྒྱད་པ་རྫོགས་སོ།[5] རྒྱ་གར་གྱི་མཁན་པོ་ཛི་ན་མི་ཏྲ་དང་། སུ་རེནྡྲ་བོ་དྷི་དང་། ཞུ་ཆེན་གྱི་ལོ་ཙྪ་བ་ཞང་[6]ཡེ་ཤེས་སྡེས་བསྒྱུར་ཅིང་ཞུས་ཏེ་གཏན་ལ་ཕབ་པ།[7] ཤོ་ལོ་ཀ་དྲུག་བརྒྱའོ།

No. 81(49) ཆ(Cha) 381a6-411a8 Toh 93

① འཕགས་པ་དྲང་སྲོང་རྒྱས་པས་ཞུས་པ་ཞེས་བྱ་བ་ཐེག་པ་ཆེན་པོའི་མདོ།

② 'Phags pa drang srong rgyas pas zhus pa zhes bya ba theg pa chen po'i mdo

③ ཨཱརྻ་བཱ་ས་[བྱཱ་ས་]པ་རི་པྲྀཙྪཱ་[པ་རི་པྲྀ་ཙྪཱ་]ནཱ་མ་མ་ཧཱ་ཡཱ་ན་སཱུ་ཏྲ།

④ Ārya-Vyāsa[8]paripṛcchā-nāma-mahāyānasūtra

⑤ Tr. Jinamitra, Dānaśīla, Ye shes sde

⑦ འཕགས་པ་དཀོན་མཆོག་བརྩེགས་པ་ཆེན་པོའི་ཆོས་ཀྱི་རྣམ་གྲངས་ལེའུ་སྟོང་ཕྲག་བརྒྱ་པ་ལས་དྲང་སྲོང་རྒྱས་པས་ཞུས་པའི་ལེའུ་ཞེས་བྱ་སྟེ། འདུས་[9]པ་བཞི་བཅུ་རྩ་[10]དགུ་པ་རྫོགས་སོ།[11] རྒྱ་གར་གྱི་མཁན་པོ་འཛི་ན་མི་ཏྲ་དང་། དཱ་ན་ཤཱི་ལ་དང་། ཞུ་ཆེན་གྱི་ལོ་ཙྪ་བ་བནྡེ་ཡེ་ཤེས་སྡེས་བསྒྱུར་ཅིང་ཞུས་ཏེ་སྐད་གསར་བཅད་[12]ཀྱིས་ཀྱང་བཅོས་ནས་གཏན་ལ་ཕབ་པ།

---

1 UPN māladevi, S maladevi, TD-CatP-Cat mālādevī, D māladevī

2 PD omit འཕགས་པ་ལྷ་མོ།

3 USTP འཕྲེང་། ND ཕྲེང་།

4 USTN ཞུས་པའི་ལེའུ་ཞེས་བྱ་སྟེ། འདུས་པ་ P ཞུས་པའི་ལེའུ་ཞེས་བྱ་བ་སྟེ། D ཞུས་པའི་ལེའུ་ཞེས་བྱ་སྟེ་

5 P omits after རྫོགས་སོ།

6 USTN ཞང་། D བན་དེ།

7 D omits after ཕབ་པ།

8 UN vāsa, STP vyāsa, DP-CatS-Cat ṛṣivyāsa

9 PD omit འདུས་པ།

10 P adds བརྒྱད།

11 P adds ལེའུ་བཞི་བཅུ་དགུ་པ།

12 UN སར་བཅད། S གསར་བཅད། TPD གསར་ཆད།

## མདོ་སྡེ། (mDo sde)

### Volume 54 མདོ་སྡེ། ཀ (1–454)

No. 82 ཀ(Ka) 1b1-454a7 Toh 94

① འཕགས་པ་བསྐལ་པ་བཟང་པོ་པ་[1] ཞེས་བྱ་བ་ཐེག་པ་ཆེན་པོའི་མདོ།

② 'Phags pa bskal pa bzang po pa zhes bya ba theg pa chen po'i mdo

③ ཨཱརྱ་བྷ་དྲ་ཀལྤི་ཀ་ནཱ་མ་མཧཱ་ཡཱ་ན་སཱུ་ཏྲ།

④ Ārya-Bhadrakalpika-nāma-mahāyānasūtra

⑤ Tr. Vidyākarasiṅha, dPal dbyangs

⑥ Rev. dPal brtsegs

⑦ འཕགས་པ་བསྐལ་པ་བཟང་པོ་པ་[2] ཞེས་བྱ་བའི་མདོ་[3] རྫོགས་སོ།། རྒྱ་གར་གྱི་མཁན་པོ་བི་དྱ་ཀ་ར་སིང་ཧ་དང་། ལོ་ཙཱ་བ་བན་དེ་དཔལ་གྱི་དབྱངས་ཀྱིས་བསྒྱུར། ཞུ་ཆེན་གྱི་ལོ་ཙཱ་བ་བནྡེ་དཔལ་བརྩེགས་ཀྱིས་ཞུས་ཏེ་གཏན་ལ་ཕབ་པ།[4]

### Volume 55 མདོ་སྡེ། ཁ (1–369)

No. 83 ཁ(Kha) 1b1-272b8 Toh 95

① འཕགས་པ་རྒྱ་ཆེར་རོལ་པ་ཞེས་བྱ་བ་ཐེག་པ་ཆེན་པོའི་མདོ།

② 'Phags pa rgya cher rol pa zhes bya ba theg pa chen po'i mdo

③ ཨཱརྱ་ལ་ལི་ཏ་བིསྟ་ར་[བིསྟཱ་ར་]ནཱ་མ་མ་ཧཱ་ཡ་[ཡཱ་]ན་སཱུ་ཏྲ།

④ Ārya-Lalitavistara[5]-nāma-mahāyānasūtra

⑤ Tr. Jinamitra, Dānaśīla, Munivarma, Ye shes sde

⑦ འཕགས་པ་རྒྱ་ཆེར་རོལ་པ་ཞེས་བྱ་བ་ཐེག་པ་ཆེན་པོའི་མདོ་རྫོགས་སོ།། རྒྱ་གར་གྱི་མཁན་པོ་ཛི་ན་

---

1 USTPND པ། D-Cat omits པ།

2 USTPND པ།

3 U ཞེས་བྱ་བའི་མདོ། STPND ཞེས་བྱ་བ་ཐེག་པ་ཆེན་པོའི་མདོ།

4 TPND add (Dhā, AW, colophon, prayer) after ཕབ་པ།, cf. Appendix.

5 U བིསྟཱ་ར། STND vistāra, P vistara

མི་ཏྲ་དང་། དཱ་ན་ཤཱི་ལ་དང་། སུ་རེ་བ་ར་མ་དང་། ཞུ་ཆེན་གྱི་ལོ་ཙྪ་བ་བན་དེ་ཡེ་ཤེས་སྡེས་བསྒྱུར་ཅིང་ཞུས་ཏེ། སྐད་གསར་ཆད་[1]ཀྱིས་ཀྱང་བཅོས་ནས་གཏན་ལ་ཕབ་པའོ།

No. 84 ཁ(Kha) 272b8-369a6 Toh 220

① སངས་རྒྱས་ཀྱི་སྡེ་སྣོད་ཚུལ་ཁྲིམས་འཆལ་པ་ཚར་གཅོད་པ་ཞེས་བྱ་བ་ཐེག་པ་ཆེན་པོའི་མདོ།

② Sangs rgyas kyi sde snod tshul khrims 'chal pa tshar gcod pa zhes bya ba theg pa chen po'i mdo

③ བུདྡ་[བུདྡྷ་]པཱི་[པི་]ཊ་ཀ་དུར་ཤཱི་ལ་[དུཿཤཱི་ལ་]ནི་གྲ་ཧཱ་[ནི་གྲ་ཧ་]ནཱ་མ་མ་ཧཱ་ཡ་[ཡཱ་]ན་སཱུ་ཏྲམ།[ཏྲ།]

④ Buddhapiṭakaduḥśīlanigraha-nāma-mahāyānasūtra

⑤ Tr. Dharmaśrīprabha, dPal gyi lhun po

⑦ མདོ་སྡེ་རབ་ཏུ་རྣམ་པར་འབྱེད་པ་ཞེས་བྱ་བ་དང་། རྣམ་པར་འཐབ་ཆེན་པོའི་མདོ་ཞེས་བྱ་བ་[2]སངས་རྒྱས་ཀྱི་སྡེ་སྣོད་ཅེས་བྱ་བ་དང་། ཚུལ་ཁྲིམས་འཆལ་པ་ཚར་གཅོད་པ་ཞེས་བྱ་བ་རྫོགས་སོ། རྒྱ་གར་གྱི་མཁན་པོ་དྷརྨ་ཤྲཱི་པྲ་བྷ་དང་། ལོ་ཙྪ་བ་དགེ་སློང་དཔལ་གྱི་ལྷུན་པོས། ཕོ་བྲང་ལྡན་ཀར་[3]དུ་བསྒྱུར་ཅིང་ཞུས་ཏེ་གཏན་ལ་ཕབ་པ་རྫོགས་སོ།

## Volume 56 མདོ་སྡེ། ག [MISSING]

This volume is also missing, and its contents are not mentioned in the handwritten dKar chag. According to the *Thob yig* of Dzaya-paṇḍita[4], the following titles are included in this volume. Volume *Ga* of sTog also contains these titles.

No. 85 བྱམས་པ་འཇུག་པའི་མདོ། Toh 198

Byams pa 'jug pa'i mdo

No. 86 ས་བཅུ་པའི་མདོ།

Sa bcu pa'i mdo

---

1 UTPD ཆད། SN བཅད།

2 U འཐབ་ཆེན་པོའི་མདོ་ཞེས་བྱ་བ། S ཐར་པ་ཐེག་པ་ཆེན་པོའི་མདོ་ཞེས་བྱ་བ། T འཐབ་པ་ཐེག་པ་ཆེན་པོའི་མདོ་ཞེས་བྱ་བ། PND འཐག་པ་ཐེག་པ་ཆེན་པོའི་མདོ་ཞེས་བྱ་བ་དང་།

3 UP ལྡན་ཀར། STND ལྡན་དཀར།

4 Śata-Piṭaka Series vol. 281, *Collected Works of Jaya-paṇḍita Blo-bzaṅ-ḥphrin-las* vol. 4, 221a5-222b4

No. 87 སངས་རྒྱས་ཀྱི་སའི་མདོ། Toh 275

Sangs rgyas kyi sa'i mdo

No. 88 མདོ་སྡེ་མངོན་འབྱུང་། Toh 301

mDo sde mngon 'byung

No. 89 སངས་རྒྱས་ཀྱི་སྟོབས་བསྐྱེད་པའི་འཕྲུལ་བསྟན་པའི་མདོ། Toh 186

Sangs rgyas kyi stobs bskyed pa'i 'phrul bstan pa'i mdo

No. 90 ཀླུའི་རྒྱལ་པོ་རྔ་སྒྲའི་ཚིགས་སུ་བཅད་པ། Toh 325

Klu'i rgyal po rnga sgra'i tshigs su bcad pa

No. 91 དགེ་སློང་ལ་རབ་ཏུ་གཅེས་པའི་མདོ། Toh 302

dGe slong la rab tu gces pa'i mdo

No. 92 སངས་རྒྱས་དབང་བསྐུར་བའི་བསྟོད་པ། Toh 1161

Sangs rgyas dbang bskur ba'i bstod pa

## Volume 57 མདོ་སྡེ། ང (1–348)

No. 93 ང(Nga) 1b1-216b2 Toh 112

① འཕགས་པ་སྙིང་རྗེ་པདྨ་དཀར་པོ་ཞེས་བྱ་བ་ཐེག་པ་ཆེན་པོའི་མདོ།

② 'Phags pa snying rje padma dkar po zhes bya ba theg pa chen po'i mdo

③ ཨཱརྻ་ཀཱ་[ཀཱ]རུཎཱ་པུཎྜ་རཱི་ཀ་ནཱ་མ་མ་ཧཱ་ཡཱ་ན་སཱུ་ཏྲ།

④ Ārya-Karuṇāpuṇḍarīka-nāma-mahāyānasūtra

⑤ Tr. Jinamitra, Śīlendrabodhi, Prajñāvarma, Ye shes sde

⑦ འཕགས་པ་སྙིང་རྗེ་པདྨ་དཀར་པོ་ཞེས་བྱ་བ་ཐེག་པ་ཆེན་པོའི་མདོ་རྫོགས་སོ། རྒྱ་གར་གྱི་མཁན་པོ་འཛིན་མི་ཏྲ[1]་དང་། ཤཱི་ལེན་དྲ་བོ་དྷི[2]་དང་། པྲཛྙཱ་བར་མ་དང་། ཞུ་ཆེན་གྱི་ལོ་ཙཱ་བ་བནྡེ་ཡེ་ཤེས་སྡེ་ལ་སོགས་[3]པས་བསྒྱུར་ཅིང་ཞུས་ཏེ། གཏན་ལ་ཕབ་པ།[4]

---

1 U མ་ཏྲི།

2 UST ཤཱི་ལེན་དྲ་བོ་དྷི། PD སུ་རེན་དྲ་བོ་དྷི། N སུ་རེནྡྲ་བོ་དྷི།

3 U ལ་སྐྱོགས། STND ལ་སོགས། P ལསོགས།

4 PN add (Dhā, AW, editor's note) after ཕབ་པ།, cf. Appendix.

## No. 94 ང(Nga) 216b3-316b5 Toh 111

① [1]སྙིང་རྗེ་ཆེན་པོ་[2]པདྨ་[3]དཀར་པོ་ཞེས་བྱ་བ་ཐེག་པ་ཆེན་པོའི་མདོ།

② sNying rje chen po padma dkar po zhes bya ba theg pa chen po'i mdo

③ མ་ཧཱ་ཀཱ་[ཀ་]རུ་ཎཱ་པུཎྜ་རི་[རཱི་]ཀ་ནཱ་མ་མ་ཧཱ་ཡཱ་ན་སཱུ་ཏྲ།

④ [4]Mahākaruṇāpuṇḍarīka-nāma-mahāyānasūtra

⑦ སྙིང་རྗེ་ཆེན་པོ་[5]པདྨ་[6]དཀར་པོ་ཞེས་བྱ་བ་ཐེག་པ་ཆེན་པོའི་མདོ་རྫོགས་སྷོ།[7]

## No. 95 ང(Nga) 316b5-317a5 Toh 311

① འཕགས་པ་འདུ་ཤེས་བཅུ་གཅིག་བསྟན་པའི་མདོ།

② 'Phags pa 'du shes bcu gcig bstan pa'i mdo

④ (Ārya-Saṃjñānaikādaśanirdeśa-sūtra)[8]

⑦ འདུ་ཤེས་བཅུ་གཅིག་བསྟན་པ་བཅོམ་ལྡན་འདས་ཀྱི་ཞལ་ཆེམས་རྫོགས་སྷོ།

## No. 96=530 ང(Nga) 317a5-348a8 Toh 503

① འཕགས་པ་དེ་བཞིན་གཤེགས་པ་བདུན་གྱི་སྔོན་གྱི་སྨོན་ལམ་གྱི་ཁྱད་པར་རྒྱས་པ་ཞེས་བྱ་བ་ཐེག་པ་ཆེན་པོའི་མདོ།

② 'Phags pa de bzhin gshegs pa bdun gyi sngon gyi smon lam gyi khyad par rgyas pa zhes bya ba theg pa chen po'i mdo

③ ཨཱརྱ་སབ་ཏ་[སཔྟ་]ཏ་ཐཱ་ག་ཏ་པཱུ་རྦ་པྲ་ཎི་དྷ་[དྷཱ་]ན་བི་ཤེ་ཥ་བིསྟཱ་ར་ནཱ་མ་མ་ཧཱ་ཡཱ་ན་སཱུ་ཏྲ།

④ Ārya-Saptatathāgatapūrvapraṇidhānaviśeṣavistāra[9]-nāma-mahāyānasūtra

⑤ Tr. Jinamitra, Śīlendrabodhi, Ye shes sde

⑦ འཕགས་པ་དེ་བཞིན་གཤེགས་པ་བདུན་གྱི་སྔོན་གྱི་སྨོན་ལམ་གྱི་ཁྱད་པར་རྒྱས་པ་ཞེས་བྱ་བ་ཐེག་པ་ཆེན་པོའི་མདོ་བརྒྱད་བརྒྱ་པ་རྫོགས་སོ། རྒྱ་གར་གྱི་མཁན་པོ་ཛི་ན་མི་ཏྲ་དང་།[10] ཤཱི་ལེན་དྲ་བོ་དྷི་དང་།

---

1 PND add འཕགས་པ།
2 PND ཆེན་པོའི།
3 USN པདྨ། TPD པད་མ།
4 PND add ārya
5 PND ཆེན་པོའི།
6 USTN པདྨ། PD པད་མ།
7 PND colophon, cf. Appendix.
8 Title from D-Cat 311.
9 UTPND vistāra, S vastāra, cf. No. 530
10 PND add དཱ་ན་ཤཱི་ལ་དང་།

ཞུ་ཆེན་གྱི་ལོ་ཙཱ་བ་བནྡེ་ཡེ་ཤེས་སྡེས་བསྒྱུར་ཅིང་ཞུས་ཏེ། སྐད་གསར་ཆད་[1]ཀྱིས་ཀྱང་བཅོས་ཏེ་གཏན་ལ་ཕབ་པ།[2]

## Volume 58 མདོ་སྡེ། ཅ (1–357)

### No. 97 ཅ(Ca) 1b1-357a8 Toh 99

① འཕགས་པ་བཅོམ་ལྡན་འདས་ཀྱི་ཡེ་ཤེས་རྒྱས་པའི་མདོ་སྡེ་རིན་པོ་ཆེའི་མཐར་ཕྱིན་པ་[3]ཞེས་བྱ་བ་ཐེག་པ་ཆེན་པོའི་མདོ།

② 'Phags pa bcom ldan 'das kyi ye shes rgyas pa'i mdo sde rin po che'i mthar phyin pa zhes bya ba theg pa chen po'i mdo

③ ཨཱརྱ་ནིཥྛ་ཏན་[ནིཥྛཱ་ག་ཏ་]བྷ་ག་བད་ཛྙཱ་ན་བཻ་པུ་ལ་ཡུ་ན་[བཻ་པུ་ལྱ་]སཱུ་ཏྲ་རད་ནཱན་[རཏྣ་ནནྟ་]ནཱ་མ་མ་ཧཱ་ཡཱ་ན་སཱུ་ཏྲམ།[ཏྲ།]

④ Ārya-Niṣṭhāgata[4]bhagavajjñāna[5]vaipulyasūtraratnānanta[6]-nāma-mahāyānasūtra

⑤ Tr. Prajñāvarma, Ye shes snying po

⑥ Rev.Viśuddhasiṅha, Sarvajñādeva, dPal brtsegs

⑦ འཕགས་པ་བཅོམ་ལྡན་འདས་ཀྱི་ཡེ་ཤེས་རྒྱས་པའི་མདོ་སྡེ། རིན་པོ་ཆེའི་མཐར་ཕྱིན་པ་ཞེས་བྱ་བ་ཐེག་པ་ཆེན་པོའི་མདོ་རྫོགས་སྷོ། རྒྱ་གར་གྱི་མཁན་པོ་པྲ་ཛྙཱ་བར་མ་དང་། ལོ་ཙྪ་བ་བནྡེ་ཡེ་ཤེས་སྙིང་པོས་བསྒྱུར། རྒྱ་གར་གྱི་མཁན་པོ་བི་ཤུད་དྷ་སིང་ཧ་དང་། སར་བད་ཛྙཱ་དེ་བ་དང་། ཞུ་ཆེན་གྱི་ལོ་ཙྪ་བ་བནྡེ་དཔལ་བརྩེགས་ཀྱིས་ཞུས་ཏེ་གཏན་ལ་ཕབ་པ།[7]

## Volume 59 མདོ་སྡེ། ཆ (1–363)

### No. 98 ཆ(Cha) 1b1-65a4 Toh 169

① འཕགས་པ་ཐེག་པ་ཆེན་པོའི་མན་ངག་ཅེས་བྱ་བ་ཐེག་པ་ཆེན་པོའི་མདོ།

② 'Phags pa theg pa chen po'i man ngag ces bya ba theg pa chen po'i mdo

---

1 UTPND ཆད། S ཅད།

2 S adds བྱ་བའི་རྒྱུད་དུ་གཏོགས་སོ། after ཕབ་པ། T adds བྱ་བའི་རྒྱུད་དུ་གཏོགསོ། ཅིག་ཕྱི་མོ་ལྟར་ཞུས། after ཕབ་པ།

3 UST རིན་པོ་ཆེའི་མཐར་ཕྱིན་པ། PND རིན་པོ་ཆེ་མཐའ་ཡས་པ་མཐར་ཕྱིན་པ།

4 USTND niṣṭhatan, P niṣṭhatana, D-CatP-CatS-CatN-Cat niṣṭhāgata

5 UD bhagavadjñāna, S bhagavānjñāna, T bhagavadjñāna (བྷ་ག་བཾད་ཛྙཱ་ན་), P bhagavanjñāna, N bhagavānjñana

6 U radnān, S ratnan, T ratnān, P radna-ānanta, ND ratna-ananta

7 U བའོ།

③ ཨཱརྱ་མ་ཧཱ་ཡཱ་ནོ་པ་དེ་ཤ་ནཱ་མ་མ་ཧཱ་ཡཱ་ན་སཱུ་ཏྲ།

④ Ārya-Mahāyānopadeśa-nāma-mahāyānasūtra

⑤ Tr. Jinamitra, Dānaśīla, Ye shes sde

⑦ འཕགས་པ་ཐེག་པ་ཆེན་པོའི་མན་ངག་ཅེས་བྱ་བ་ཐེག་པ་ཆེན་པོའི་མདོ་རྫོགས་སྷོ། རྒྱ་གར་གྱི་མཁན་པོ་ཛི་ན་མི་ཏྲ་དང་། དཱ་ན་ཤཱི་ལ་དང་། ཞུ་ཆེན་གྱི་ལོ་ཙྪ་བ་བན་དྷེ་ཡེ་ཤེས་སྡེ་ལ་སོགས་པས་བསྒྱུར་ཅིང་ཞུས་ཏེ་གཏན་ལ་ཕབ་པ།

## No. 99 ཆ(Cha) 65a4-113a7 Toh 228

① འཕགས་པ་སངས་རྒྱས་བགྲོ་[1]བ་ཞེས་བྱ་བ་ཐེག་པ་ཆེན་པོའི་མདོ།

② 'Phags pa sangs rgyas bgro ba zhes bya ba theg pa chen po'i mdo

③ ཨཱརྱ་བུད་དྷ་སང་གཱ་ཏི་[བུདྡྷ་སངྒཱི་ཏི་]ནཱ་མ་མ་ཧཱ་ཡཱ་ན་སཱུ་ཏྲ།

④ Ārya-Buddhasaṅgīti-nāma-mahāyānasūtra

⑤ Tr. dPal dbyangs, dPal brtsegs

⑦ སངས་རྒྱས་བགྲོ་[2]བ་ཞེས་བྱ་བ་ཐེག་པ་ཆེན་པོའི་མདོ་རྫོགས་སྷོ།[3] ལོ་ཙྪ་བ་བན་དྷེ་དཔལ་དབྱངས་དང་། དཔལ་རྩེགས་[4]ཀྱིས་བསྒྱུར་ཅིང་ཞུས།

## No. 100 ཆ(Cha) 113a7-115a8 Toh 189

① འཕགས་པ་ཚངས་པའི་དཔལ་ལུང་བསྟན་པ་ཞེས་བྱ་བ་ཐེག་པ་ཆེན་པོའི་མདོ།

② 'Phags pa tshangs pa'i dpal lung bstan pa zhes bya ba theg pa chen po'i mdo

③ ཨཱརྱ་བྲཧྨ་ཤྲཱི་བྱ་[བྱཱ་]ཀ་ར་ཎན་[ཎ་]ནཱ་མ་མ་ཧཱ་ཡ་[ཡཱ་]ན་སུ་[སཱུ་]ཏྲ།

④ Ārya-Brahmaśrīvyākaraṇa-nāma-mahāyānasūtra

⑤ Tr. Viśuddhasiṅha, dGe ba dpal

⑥ Rev. Vidyākarasiṅha, Devacandra

⑦ འཕགས་པ་ཚངས་པའི་དཔལ་ལུང་བསྟན་པ་ཞེས་བྱ་བ་ཐེག་པ་ཆེན་པོའི་མདོ་རྫོགས་སྷོ། རྒྱ་གར་གྱི་མཁན་པོ་བི་ཤུད་དྷ་སིང་ཧ་དང་། ལོ་ཙྪ་བ་བན་དེ་དགེ་བ་དཔལ་གྱིས་བསྒྱུར། རྒྱ་གར་གྱི་མཁན་པོ་བིད་དྱཱ་ཀ་ར་སིང་ཧ་དང་། ཞུ་ཆེན་གྱི་ལོ་ཙྪ་བ་བན་དེ་དེ་བ་ཙནྡྲས་ཞུས་ཏེ་གཏན་ལ་ཕབ་པ།

---

1 UTP འགྲོ། SNDP-Cat བགྲོ།

2 USTPND བགྲོ།

3 PN omit after རྫོགས་སྷོ།

4 UST རྩེགས། D བརྩེགས།

## No. 101 ཆ(Cha) 115a8-119b2 Toh 170

① འཕགས་པ་བྲམ་ཟེ་མོ་དཔལ་ལྡན་མས་ཞུས་པ་ཞེས་བྱ་བ་ཐེག་པ་ཆེན་པོའི་མདོ།

② 'Phags pa bram ze mo dpal ldan mas zhus pa zhes bya ba theg pa chen po'i mdo

③ ཨཱརྱ་ཤྲཱི་མཏ་[མ་ཏཱི་]བྲཏྨ་ཎི་[བྲཱཧྨ་ཎཱི་]པ་རི་པྲིད་ཚ་[པ་རི་པྲི་ཙྪཱ་]ནཱ་མ་མ་ཧཱ་ཡཱ་ན་སུ་[སཱུ་]ཏྲ།

④ Ārya-Śrīmatī[1]brāhmaṇī[2]paripṛcchā-nāma-mahāyānasūtra

⑤ Tr. Jinamitra, Ye shes sde

⑦ འཕགས་པ་[3] བྲམ་ཟེ་མོ་དཔལ་ལྡན་མས་ཞུས་པ་ཞེས་བྱ་བ་ཐེག་པ་ཆེན་པོའི་མདོ་རྫོགས་སྷོ།[4] རྒྱ་གར་གྱི་མཁན་པོ་ཛི་ན་མི་ཏྲ་དང་།[5] ཞུ་ཆེན་གྱི་ལོ་ཙཱ་བ་བནྡེ་ཡེ་ཤེས་སྡེས་བསྒྱུར་ཅིང་ཞུས་ཏེ་གཏན་ལ་ཕབ་པ།

## No. 102 ཆ(Cha) 119b2-121a8 Toh 342

① [6]ཀུན་ཏུ་རྒྱུ་བ་[7]སེན་རིངས་ཀྱིས་ཞུས་པ་ཞེས་བྱ་བའི་མདོ།

② Kun tu rgyu ba sen rings kyis zhus pa zhes bya ba'i mdo

③ དཱྀ་ཀྵ་ན་ཁ་པ་རི་བྲཱ་ཛ་ཀ་པ་རི་པྲིད་ཚཱ་[པ་རི་པྲི་ཙྪཱ་]ནཱ་མ་སུ་ཏྲ།

④ Dīrghanakhaparivrājakaparipṛcchā-nāma-sūtra

⑦ ཀུན་ཏུ་རྒྱུ་སེན་རིངས་ཀྱིས་ཞུས་པའི་མདོ་རྫོགས་སོ།[8] བཀའ་དང་པོར་གཏོགས་སོ།

## No. 103 ཆ(Cha) 121a8-125a2 Toh 126

① འཕགས་པ་གསེར་གྱི་ཕྱེ་[9]མ་ལྟ་བུ་ཞེས་བྱ་བ་ཐེག་པ་ཆེན་པོའི་མདོ།

② 'Phags pa gser gyi phye ma lta bu zhes bya ba theg pa chen po'i mdo

③ ཨཱརྱ་སུ་བརྞ་བཱ་ལུ་ཀོ་མ་[ཀོ་པ་མཱ་]ནཱ་མ་མ་ཧཱ་ཡ་[ཡཱ་]ན་སུ་[སཱུ་]ཏྲ།

④ Ārya-Suvarṇabālukopamā[10]-nāma-mahāyānasūtra

---

1 UST śrīmata, PN śrīmani, D śrīmatī

2 U bratmaṇī, STN brahmaṇī, P brahmi, D brāhmaṇī

3 PN omit འཕགས་པ།

4 PN omit after རྫོགས་སྷོ།

5 D adds པྲཛྙཱ་ཝརྨ་དང་།

6 P adds འཕགས་པ།

7 P omits བ།

8 P omits after རྫོགས་སོ།

9 US ཕྱེ། TPND བྱེ།

10 U bālukoma, STPNDP-CatS-Cat bālukopama, D-Cat bālukopamā

⑤ Tr. Surendrabodhi, Prajñāvarma, Ye shes sde

⑦ འཕགས་པ་གསེར་གྱི་བྱེ་[1]མ་ལྟ་བུ་ཞེས་བྱ་བ་ཐེག་པ་ཆེན་པོའི་མདོ་རྫོགས་སྷོ། རྒྱ་གར་གྱི་མཁན་པོ་སུ་རེན་དྲ་བོ་དྷི་དང་། པྲཛྙཱ་ཝ་ར་མ་དང་། ཞུ་ཆེན་གྱི་ལོ་ཙྪ་བ་བན་དྷེ་ཡེ་ཤེས་སྡེ་ལ་སོགས་[2]པས་བསྒྱུར་ཅིང་ཞུས་ཏེ་གཏན་ལ་ཕབ་པ།

※ གསེར་གྱི་མདོ། This title is mentioned in *Thob yig* of Dzaya-paṇḍita[3] as well as in Géza Bethlenfalvy's Hand-list (No. 103). However, it is not included in the actual volume of the Ulan Bator manuscript or the Tokyo, sTog, and London manuscripts.

## No. 104 ཆ(Cha) 125a2-129b4 Toh 172

① འཕགས་པ་འཇམ་དཔལ་གྱིས་དྲིས་པ་ཞེས་བྱ་བ་ཐེག་པ་ཆེན་པོའི་མདོ།

② 'Phags pa 'jam dpal gyis dris pa zhes bya ba theg pa chen po'i mdo

③ ཨཱརྱ་མཉྫུ་ཤྲཱི་པ་རི་པྲིད་ཚ་[པ་རི་པྲི་ཚྪཱ་]ནཱ་མ་མ་ཧཱ་ཡཱ་ན་སུ་[སཱུ་]ཏྲ།

④ Ārya-Mañjuśrīparipṛcchā-nāma-mahāyānasūtra

## No. 105 ཆ(Cha) 129b5-132b8 Toh 328

① དགའ་བོ་རབ་ཏུ་བྱུང་[4]བའི་མདོ།

② dGa' bo rab tu byung ba'i mdo

③ ནན་ད་[ནནྡ་]པྲ་བྲ་ཛ་[ཛྱཱ་]སཱུ་ཏྲ།

④ Nandapravrajyā[5]-sūtra

⑦ དགའ་བོ་རབ་ཏུ་བྱུང་བའི་མདོ་རྫོགས་སྷོ། འདི་བཀའ་དང་པོར་གཏོགས་སོ།[6]

## No. 106 ཆ(Cha) 132b8-134b5 Toh 268

① འཕགས་པ་བསམ་གྱིས་མི་ཁྱབ་པའི་རྒྱལ་པོའི་མདོ་ཞེས་བྱ་བ་ཐེག་པ་ཆེན་པོའི་མདོ།

② 'Phags pa bsam gyis mi khyab pa'i rgyal po'i mdo zhes bya ba theg pa chen po'i mdo

---

1 UTPND བྱེ། S ཕྱེ།

2 U ལས་སོགས། STND ལ་སོགས། P ལསོགས།

3 Śata-Piṭaka Series vol. 281, *Collected Works of Jaya-paṇḍita Blo-bzaṅ-ḥphrin-las* vol. 4, 213a4

4 UTPND བྱུང་། S འབྱུང་།

5 UT pravrajya, S pravhajyā, PND pravrajyā

6 PND colophon, cf. Appendix.

③ ཨཱརྻ་ཙིན་ཏྱ་[ཨ་ཙིནྟྱ་]རཱ་ཛ་སཱུ་ཏྲ་ནཱ་མ་མ་ཧཱ་ཡཱ་ན་སཱུ་ཏྲ།

④ Ārya-Acintya[1]rājasūtra-nāma-mahāyānasūtra

No. 107 ཆ(Cha) 134b5-169b7 Toh 261

① འཕགས་པ་ཐབས་མཁས་པ་ཞེས་བྱ་བ་ཐེག་པ་ཆེན་པོའི་མདོ།

② 'Phags pa thabs mkhas pa zhes bya ba theg pa chen po'i mdo

③ ཨཱརྻ་ཨུ་པཱ་ཡ་ཀོཽ་ཤ་ལྱ་[ཀཽ་ཤ་ལྱ་]ནཱ་མ་མ་ཧཱ་ཡཱ་ན་སཱུ་ཏྲ།

④ Ārya-Upāyakauśalya-nāma-mahāyānasūtra

⑦ ཐབས་མཁས་པ་ཞེས་བྱ་བ་[2]ཐེག་པ་ཆེན་པོའི་མདོ་རྫོགས་སྷོ།[3]

No. 108 ཆ(Cha) 169b7-194b7 Toh 284

① འཕགས་པ་ཕུང་པོ་གསུམ་པ་ཞེས་བྱ་བ་ཐེག་པ་ཆེན་པོའི་མདོ།

② 'Phags pa phung po gsum pa zhes bya ba theg pa chen po'i mdo

③ ཨཱརྻ་ཏྲི་སྐན་དྷ་ཀ་ནཱ་མ་མ་ཧཱ་ཡཱ་ན་སཱུ་ཏྲ།

④ Ārya-Triskandhaka-nāma-mahāyānasūtra

⑦ འཕགས་པ་ཕུང་པོ་གསུམ་པ་ཞེས་བྱ་བ་[4]ཐེག་པ་ཆེན་པོའི་མདོ་རྫོགས་སྷོ། སྐད་གསར་ཆད་[5]ཀྱིས་ཀྱང་བཅོས་ནས་གཏན་ལ་ཕབ་པ།

No. 109 ཆ(Cha) 194b7-211b1 Toh 151

① འཕགས་པ་སྤོབས་པའི་བློ་གྲོས་ཀྱིས་ཞུས་པ་ཞེས་བྱ་བ་ཐེག་པ་ཆེན་པོའི་མདོ།

② 'Phags pa spobs pa'i blo gros kyis zhus pa zhes bya ba theg pa chen po'i mdo

③ ཨཱརྻ་པྲ་ཏི་བྷཱ་ན་མ་ཏི་པ་རི་པྲིད་ཚ་[པ་རི་པྲི་ཙྪཱ་]ནཱ་མ་མ་ཧཱ་ཡ་[ཡཱ་]ན་སཱུ་ཏྲ།

④ Ārya-Pratibhānamatiparipṛcchā-nāma-mahāyānasūtra

⑤ Tr. Prajñāvarma, Ye shes sde

⑦ འཕགས་པ་སྤོབས་པའི་བློ་གྲོས་ཀྱིས་ཞུས་པ་ཞེས་བྱ་བ་ཐེག་པ་ཆེན་པོའི་མདོ་རྫོགས་སྷོ། རྒྱ་གར་

---

1 UST cintya, PND acintya

2 U བའི།

3 D(PN) add ཤློ་ཀ་(P ཤུ་ལོགས་ N ཤློ་ཀ་) དྲུག་བརྒྱ་སྟེ་བམ་པོ་གཉིས། after རྫོགས་སྷོ།

4 U བའི།

5 UTPD ཆད། S བཅད། N ཅད།

གྱི་མཁན་པོ་བྲིད་ནྲ་བར་མ་དང་། ཞུ་ཆེན་གྱི་ལོ་ཙྪ་བ་བན་དྷེ་ཡེ་ཤེས་སྡེ་ལ་སོགས་པས་བསྒྱུར་ཅིང་ཞུས་སྟེ་གཏན་ལ་ཕབ་པ།[1]

No. 110 ཆ(Cha) 211b1-232a6 Toh 352

① ཚངས་པའི་དྲ་བའི་མདོ།

② Tshangs pa'i dra ba'i mdo

③ བྲཧྨ་ཛཱ་ལ་སུ་ཏྲ།

④ Brahmajāla-sūtra

No. 111 ཆ(Cha) 232a6-233a2 Toh 331

① ཟླ་བའི་མདོ།

② Zla ba'i mdo

③ ཙནྡྲ་[ཙནྡྲ་]སུ་[སཱུ་]ཏྲ།

④ Candra-sūtra

⑦ ཟླ་བའི་མདོ་རྫོགས་སྷོ།[2] འདི་དང་ཐར་པ་ལོ་ཚས་བསྒྱུར་བ་དེ་མདོ་ཅིག་ཏུ་སྣང་།[3]

No. 112 ཆ(Cha) 233a2-241a1 Toh 274

① འཕགས་པ་སངས་རྒྱས་ཀྱི་དབུ་རྒྱན་ཞེས་བྱ་བ་ཐེག་པ་ཆེན་པོའི་མདོ་ཆོས་ཀྱི་རྣམ་གྲངས་ཆེན་པོ།

② 'Phags pa sangs rgyas kyi dbu rgyan zhes bya ba theg pa chen po'i mdo chos kyi rnam grangs chen po

③ ཨཱཪྻ་བུད་དྷ[བུདྡྷ་]མུ་ཀུ་ཊན་[མུ་ཀུ་ཊ་]ནཱ་མ་མ་ཧཱ་ཡཱ་ན་སུ་ཏྲ་ན་[སཱུ་ཏྲ་]མ་ཧཱ་དྷ་ར་མ་[དྷརྨ་]པ་རྱཱ་ཡན།[པ་རྱཱ་ཡ།]

④ Ārya-Buddhamukuṭa[4]nāma-mahāyānasūtra-mahādharmaparyāya

⑤ Tr. Śākyasiṅha, Devendrarakṣita

⑦ ཐེག་པ་ཆེན་པོ་ཤིན་ཏུ་རྒྱས་པའི་མདོ་ལས། འཕགས་པ་སངས་རྒྱས་ཀྱི་དབུ་རྒྱན་ཞེས་བྱ་བ་ཐེག་པ་ཆེན་པོའི་མདོའི་ཆོས་ཀྱི་རྣམ་གྲངས་ཆེན་པོ་རྫོགས་སྷོ། རྒྱ་གར་གྱི་མཁན་པོ་ཤཱཀྱ་སིང་ཧ་དང་། ལོ་

---

1 P adds editor's note, Dhā, and AW after ཕབ་པ།, cf. Appendix.

2 PND omit after རྫོགས་སྷོ།

3 U སྣེང་། ST སྣང་།

4 US mukuṭan, T mukuṭana, PN makuṭa, D makuṭam

ཛྙཱ་ན་བན་དྲེ་དེ་བེན་དྲ་རཀྵི་ཏས་བསྒྱུར་ཅིང་ཞུས་ཏེ་གཏན་ལ་ཕབ་པ།[1]

No. 113 ཆ(Cha) 241a1-283a2 Toh 100

① [2]སངས་རྒྱས་ཐམས་ཅད་ཀྱི་ཡུལ་ལ་འཇུག་པ་[3]ཡེ་ཤེས་སྣང་བའི་རྒྱན་[4]ཐེག་པ་ཆེན་པོའི་མདོ།

② Sangs rgyas thams cad kyi yul la 'jug pa ye shes snang ba'i rgyan theg pa chen po'i mdo

③ སརྦ་བུདྡྷ་[བུདྡྷ་]བི་ཥ་ཡ་ཨ་བ་ཏཱ་[ཏཱ་]ར་ཛྙཱ་ན་ཨཱ་ལོ་ཀཱ་ལང་ཀཱ་ར་[ལངྐཱ་ར་]མ་ཧཱ་ཡ་[ཡཱ་]ན་སཱུ་ཏྲ།

④ [5]Sarvabuddhaviṣayāvatārajñānālokālaṅkāra-mahāyānasūtra

⑤ Tr. Surendrabodhi, Ye shes sde

⑦ འཕགས་པ་སངས་རྒྱས་ཐམས་ཅད་ཀྱི་ཡུལ་ལ་འཇུག་པ་ཡེ་ཤེས་སྣང་བའི་རྒྱན་ཅེས་བྱ་བ་ཐེག་པ་ཆེན་པོའི་མདོ་རྫོགས་སྷོ། རྒྱ་གར་གྱི་མཁན་པོ་སུ་རེན་དྲ་བོ་དྷི་དང་། ཞུ་ཆེན་གྱི་ལོ་ཙཱ་བ་[6]བན་དེ་ཡེ་ཤེས་སྡེ་ལ་སོགས་[7]པས་བསྒྱུར་ཅིང་ཞུས་ཏེ། གཏན་ལ་ཕབ་པ།[8]

No. 114 ཆ(Cha) 283a3-363a7 Toh 201

① འཕགས་པ་དད་པའི་སྟོབས་སྐྱེད་[9]པ་ལ་འཇུག་པའི་ཕྱག་རྒྱ་ཞེས་བྱ་བ་ཐེག་པ་ཆེན་པོའི་མདོ།

② 'Phags pa dad pa'i stobs skyed pa la 'jug pa'i phyag rgya zhes bya ba theg pa chen po'i mdo

③ ཨཱརྱ་ཤྲདྡྷ་[ཤྲདྡྷཱ་]བ་ལ་དྷཱ་ནཱ་ཏཱ་ར་[བ་ལཱ་དྷཱ་ནཱ་བ་ཏཱ་ར་]མུ་དྲ་[མུ་དྲཱ་]ནཱ་མ་མ་ཧཱ་ཡཱ་ན་[ཡཱ་ན་]སཱུ་ཏྲ།

④ Ārya-Śraddhābalādhānāvatāramudrā[10]-nāma-mahāyānasūtra

⑤ Tr. Surendrabodhi, Ye shes sde

⑦ འཕགས་པ་དད་པའི་སྟོབས་སྐྱེད་[11]པ་ལ་འཇུག་པའི་ཕྱག་རྒྱ་ཞེས་བྱ་བ་ཐེག་པ་ཆེན་པོའི་མདོ་རྫོགས་སྷོ། རྒྱ་གར་གྱི་མཁན་པོ་སུ་རེནྡྲ་བོ་དྷི་དང་། ཞུ་ཆེན་གྱི་ལོ་ཙཱ་བ་བནྡེ་ཡེ་ཤེས་སྡེས་བསྒྱུར་ཅིང་ཞུས་ཏེ་གཏན་ལ་ཕབ་པ།

---

1 U སྨ།
2 PND add འཕགས་པ།
3 PND པའི།
4 PND add ཅེས་བྱ་བ།
5 PND add ārya
6 U omits བ།
7 P ལསོགས།
8 N adds ཞུས་དག after ཕབ་པ།
9 UT སྐྱེད། SPND བསྐྱེད།
10 U śradhabaladhanātaramudra, S śaddhabaladhanāvataramudra, T śradhabaladhanāvataramudra, PD śraddhābalādhānāvatāramudrā, N śradhābalādhānāvatāramudrā
11 UT སྐྱེད། SPND བསྐྱེད།

# Volume 60 མདོ་སྡེ། ཛ (1–361)

## No. 115 ཛ(Ja) 1b1-77b3 Toh 132

① འཕགས་པ་དཔའ་བར་འགྲོ་བའི་ཏིང་ངེ་འཛིན་ཅེས་བྱ་བ་ཐེག་པ་ཆེན་པོའི་མདོ།

② 'Phags pa dpa' bar 'gro ba'i ting nge 'dzin ces bya ba theg pa chen po'i mdo

③ ཨཱརྱ་ཤུ་རང་ག་[ཤུ་རངྒ་]མ་ས་མཱ་དྷི་ཤྲ་[ས་མཱ་དྷི་]ནཱ་མ་མ་ཧཱ་ཡཱ་ན་སཱུ་ཏྲ།

④ Ārya-Śūraṅgamasamādhi-nāma-mahāyānasūtra

⑤ Tr. Jinamitra, Śīlendrabodhi, Ye shes sde

⑦ འཕགས་པ་དཔའ་བར་འགྲོ་བའི་ཏིང་ངེ་འཛིན་ཅེས་བྱ་བ་ཐེག་པ་ཆེན་པོའི་མདོ་རྫོགས་སོ། རྒྱ་གར་གྱི་མཁན་པོ་ཛི་ན་མི་ཏྲ་དང་། ཤཱི་ལེན་དྲ་བོ་དྷི་དང་། ཞུ་ཆེན་གྱི་ལོ་ཙྪ་བ་བན་དེ་ཡེ་ཤེས་སྡེས་ཞུས་ཏེ་གཏན་ལ་ཕབ་པ།[1]

## No. 116 ཛ(Ja) 77b3-122b8 Toh 129

① འཕགས་པ་རབ་ཏུ་ཞི་བ་རྣམ་པར་ངེས་པའི་ཆོ་འཕྲུལ་གྱི་ཏིང་ངེ་འཛིན་ཅེས་བྱ་བ་ཐེག་པ་ཆེན་པོའི་མདོ།

② 'Phags pa rab tu zhi ba rnam par nges pa'i cho 'phrul gyi ting nge 'dzin ces bya ba theg pa chen po'i mdo

③ ཨཱརྱ་པྲ་ཤཱན་ཏ་[ཤཱནྟ་]བི་ནི་ཤ་ཙ་ཡ་[བི་ནི་ཤྩ་ཡ་]པྲ་[པྲཱ་]ཏི་ཧཱརྱ་ན་[ནཱ་]མ་ས་མཱ་དྷི་མ་ཧཱ་ཡ་[ཡཱ་]ན་སཱུ་ཏྲ།

④ Ārya-Praśāntaviniścayaprātihārya-nāma-samādhi[2]-mahāyānasūtra

⑤ Tr. Jinamitra, Dānaśīla, Ye shes sde

⑦ འཕགས་པ་རབ་ཏུ་ཞི་བ་རྣམ་པར་ངེས་པའི་ཆོ་འཕྲུལ་གྱི་ཏིང་ངེ་འཛིན་ཅེས་བྱ་བ་ཐེག་པ་ཆེན་པོའི་མདོ་རྫོགས་སོ། རྒྱ་གར་གྱི་མཁན་པོ་ཛི་ན་མི་ཏྲ་དང་། དཱ་ན་ཤཱི་ལ་དང་། ཞུ་ཆེན་གྱི་ལོ་ཚ་བ་བན་དེ་ཡེ་ཤེས་སྡེས་བསྒྱུར་ཅིང་ཞུས་ཏེ། སྐད་གསར་ཆད་[3]ཀྱིས་ཀྱང་བཅོས་ནས་གཏན་ལ་ཕབ་པ།

---

1 D(PN) add སྐད་གསར་ཆད་(P ཆད་ N བཅད་)ཀྱིས་ཀྱང་བཅོས་ལགས་སོ།(P ལགསོ། N ལེགས་སོ།) after ཕབ་པ།
PN add (Dhā, editor's note) after (P ལགསོ། N ལེགས་སོ།), cf. Appendix.

2 USTN nāmasamādhi, PD samādhināma

3 UTPD ཆད། SN བཅད།

No. 117 ཇ(Ja) 122b8-340a3 Toh 127

① འཕགས་པ་ཆོས་ཐམས་ཅད་ཀྱི་རང་བཞིན་མཉམ་པ་ཉིད་རྣམ་པར་སྤྲོས་[1]་པ་ཏིང་ངེ་འཛིན་གྱི་རྒྱལ་པོ་ཞེས་བྱ་བ་ཐེག་པ་ཆེན་པོའི་མདོ།

② 'Phags pa chos thams cad kyi rang bzhin mnyam pa nyid rnam par spros pa ting nge 'dzin gyi rgyal po zhes bya ba theg pa chen po'i mdo

③ ཨཱརྱ་སརྦ་དྷརྨ་ར་[དྷརྨ་]སྭ་བྷཱ་བ་ས་མ་ཏི་[ཏཱ་]བི་པན་ཙི་[པཉྩི་]ཏ་ས་མཱ་དྷི་རཱ་ཛ་ནཱ་མ་མ་ཧཱ་ཡཱ་ན་སཱུ་ཏྲ།

④ Ārya-Sarvadharmasvabhāvasamatāvipañcitasamādhirāja-nāma-mahāyānasūtra

⑤ Tr. Śīlendrabodhi, Dharmatāśīla

⑦ ཆོས་ཐམས་ཅད་ཀྱི་རང་བཞིན་མཉམ་པ་[2]ཉིད་རྣམ་པར་སྤྲོས་[3]་པའི་ཏིང་ངེ་འཛིན་ཧེ་སྐྱེད་པ་རྫོགས་སྷོ། རྒྱ་གར་གྱི་མཁན་པོ་ཤཱི་ལེན་དྲ་བོ་དྷི་དང་། ཞུ་ཆེན་གྱི་ལོ་ཙཱ་བ་བན་དྷེ་དྷརྨ་ཏཱ་ཤཱི་ལས་བསྒྱུར་ཅིང་ཞུས་ཏེ། སྐད་གསར་ཆད་[4]ཀྱིས་ཀྱང་བཅོས་ནས་གཏན་ལ་ཕབ་པའོ།

No. 118 ཇ(Ja) 340a3-361a8 Toh 317

① དོན་རྣམ་པར་ངེས་པ་ཞེས་བྱ་བའི་ཆོས་ཀྱི་རྣམ་གྲངས།

② Don rnam par nges pa zhes bya ba'i chos kyi rnam grangs

③ ཨརྠ་བི་ནི་ཤྩ་ཡ་[བི་ནི་ཤྩ་ཡ་]ནཱ་མ་དྷརྨ་པཪྻ་[པཪྻཱ་]ཡ།

④ Arthaviniścaya-nāma-dharmaparyāya

⑦ དོན་རྣམ་པར་ངེས་པ་ཞེས་བྱ་བའི་ཆོས་ཀྱི་རྣམ་གྲངས་རྫོགས་སྷོ།[5]

## Volume 61 མདོ་སྡེ། ཉ (1–413)

No. 119 ཉ(Nya) 1b1-187b3 Toh 239

① འདུས་པ་ཆེན་པོ་ལས་འཕགས་པ་བྱང་ཆུབ་སེམས་དཔའ་[6]སའི་སྙིང་པོ་འཁོར་ལོ་བཅུ་པ་ཞེས་བྱ་བ་ཐེག་པ་ཆེན་པོའི་མདོ།

② 'Dus pa chen po las 'phags pa byang chub sems dpa' sa'i snying po 'khor lo bcu pa zhes bya ba theg pa chen po'i mdo

---

1 U སྒྲོས། STPND སྤྲོས།

2 U བ།

3 U སྒྲོས། STPND སྤྲོས།

4 USTD ཚད། PN བཅད།

5 D adds colophon after རྫོགས་སྷོ།, ST add Dhā and AW after རྫོགས་སྷོ།, cf. Appendix.

6 UST འཕགས་པ་བྱང་ཆུབ་སེམས་དཔའ། PND omit འཕགས་པ་བྱང་ཆུབ་སེམས་དཔའ།

③ ཨཱརྻ་བོ་དྷི་སཏྭ[སཏྭཱ]ཀྵི་ཏི་གརྦྷ་ཙཀྲ་ད་ཤ་ནཱ་མ་མ་ཧཱ་ཡཱ་ན་སཱུ་ཏྲ།

④ Ārya-Bodhisattvakṣitigarbhacakradaśa-nāma[1]-mahāyānasūtra

⑤ Tr. rNam par mi rtog pa

⑦ [2]འདུས་པ་ཆེན་པོ་ལས་བྱང་ཆུབ་སེམས་དཔའ་སའི་སྙིང་པོའི་འཁོར་ལོ་བཅུ་པ་ལས། བདེ་བའི་དོན་ཐོབ་པ་ཡོངས་སུ་གདམས་པ་ཞེས་བྱ་བ་རྫོགས་སྷོ། བན་དྷེ་རྣམ་པར་མི་རྟོག་པས་རྒྱ་ལས་བསྒྱུར་བའོ། མདོ་འདི་སྐད་གསར་ཆད་[3]ཀྱིས་གཏན་ལ་མ་ཕབ་པའི་འགྱུར་རྙིང་[4]པ་ཞིག་གདའོ།[5]

No. 120 ཉ(Nya) 187b3-204b2 Toh 258

① འཕགས་པ་དེ་བཞིན་གཤེགས་པའི་སྙིང་པོ་ཞེས་བྱ་བ་ཐེག་པ་ཆེན་པོའི་མདོ།

② 'Phags pa de bzhin gshegs pa'i snying po zhes bya ba theg pa chen po'i mdo

③ ཨཱརྻ་ཏ་ཐཱ་ག་ཏཱ[ཏ]གརྦྷ་ནཱ་མ་མ་ཧཱ་ཡཱ་ན་སཱུ་ཏྲ།

④ Ārya-Tathāgatagarbha-nāma-mahāyānasūtra

⑤ Tr. Śākyaprabha, Ye shes sde

⑦ འཕགས་པ་དེ་བཞིན་གཤེགས་པའི་སྙིང་པོ་ཞེས་བྱ་བ་ཐེག་པ་ཆེན་པོའི་མདོ་རྫོགས་སྷོ། རྒྱ་གར་གྱི་མཁན་པོ་ཤཱཀྱ་པྲ་བྷ་དང་། ཞུ་ཆེན་གྱི་ལོ་ཙྪ་བ་བནྡེ་ཡེ་ཤེས་སྡེས་བསྒྱུར་ཅིང་ཞུས་ཏེ་[6]གཏན་ལ་ཕབ་པ།

No. 121 ཉ(Nya) 204b2-250a3 Toh 136

① འཕགས་པ་ཁྱེའུ་བཞིའི་ཏིང་ངེ་འཛིན་ཅེས་བྱ་བ་ཐེག་པ་ཆེན་པོའི་མདོ།

② 'Phags pa khye'u bzhi'i ting nge 'dzin ces bya ba theg pa chen po'i mdo

③ ཨཱརྻ་ཙ་ཏུ་ར་དཱར་[ཏུརྡཱ་ར་]ཀ་ས་མཱ་དྷི་ར་མ་[ས་མཱ་དྷི་ནཱ་མ་]མ་ཧཱ་ཡཱ་ན་སཱུ་ཏྲ།

④ Ārya-Caturdāraka[7]samādhi-nāma-mahāyānasūtra

⑤ Tr. Jinamitra, Prajñāvarma, Ye shes sde

⑦ འཕགས་པ་ཁྱེའུ་བཞིའི་ཏིང་ངེ་འཛིན་ཅེས་བྱ་བ་ཐེག་པ་ཆེན་པོའི་མདོ་རྫོགས་སྷོ། རྒྱ་གར་གྱི་མཁན་

---

1 UST ārya-bodhisattvakṣitigarbhacakradaśanāma, PND daśacakrakṣitigarbha

2 PND colophon, cf. Appendix.

3 UT ཆད། S བཅད།

4 UT རྙིང་། S སྙིང་།

5 U ཞིག་གདའོ། ST འགའ་ཞིག་གདའོ།

6 PND add སྐད་གསར་ཆད་ཀྱིས་ཀྱང་བཅོས་ནས།

7 UD-CatP-Cat dāraka, ST dārika, PND daraka

པོ་ཛི་ན་མི་ཏྲ་དང་། པྲད་ཛྙ་བར་མ་དང་། ཞུ་ཆེན་གྱི་ལོ་ཙྪ་བ་བནྡེ་ཡེ་ཤེས་སྡེ་ལ་སོགས་[1]པས་བསྒྱུར་ཅིང་ཞུས་ཏེ་གཏན་ལ་ཕབ་པ།

No. 122 ཉ(Nya) 250a3-261a2 Toh 137

① འཕགས་པ་ཏིང་ངེ་འཛིན་མཆོག་དམ་པ།

② 'Phags pa ting nge 'dzin mchog dam pa

③ ཨཱརྻ་ས་མ་དྷི་[ས་མཱ་དྷི་]ཨ་གྲ་ཨུད་ཏ་མ།[ཨུཏྟ་མ།]

④ Ārya-Samādhyagrottama[2]

⑦ འཕགས་པ་ཏིང་ངེ་འཛིན་མཆོག་དམ་པ་རྫོགས་སྷོ།[3] མདོ་འདི་ལ་མཁས་པ་བློ་གྲོས་ཞིབ་མོས་དགོངས་འཚལ།[4]

No. 123 ཉ(Nya) 261a3-287a4 Toh 130

① འཕགས་པ་སྒྱུ་མ་ལྟ་བུའི་ཏིང་ངེ་འཛིན་ཞེས་བྱ་བ་ཐེག་པ་ཆེན་པོའི་མདོ།

② 'Phags pa sgyu ma lta bu'i ting nge 'dzin zhes bya ba theg pa chen po'i mdo

③ ཨཱརྻ་མཱ་ཡོ་པ་མ་ས་མཱ་དྷི་ནཱ་མ་མ་ཧཱ་ཡཱ་ན་སཱུ་ཏྲ།

④ Ārya-Māyopamasamādhi-nāma-mahāyānasūtra

⑤ Tr. Dānaśīla, Ye shes sde

⑦ འཕགས་པ་སྒྱུ་མ་ལྟ་བུའི་ཏིང་ངེ་འཛིན་ཞེས་བྱ་བ་ཐེག་པ་ཆེན་པོའི་མདོ་རྫོགས་སྷོ། རྒྱ་གར་གྱི་མཁན་པོ་དཱ་ན་ཤཱི་ལ་ལ་སོགས་པ་དང་ཞུ་ཆེན་གྱི་ལོ་ཙྪ་བ་བནྡེ་ཡེ་ཤེས་སྡེ་ལ་སོགས་པས་[5]བསྒྱུར་ཅིང་[6]གཏན་ལ་ཕབ་པའོ།

No. 124 ཉ(Nya) 287a4-348b7 Toh 102

① འཕགས་པ་ཟུང་གི་མདོའི་ཆོས་ཀྱི་རྣམ་གྲངས།

② 'Phags pa zung gi mdo'i chos kyi rnam grangs

---

1 UP ལསོགས། STND ལ་སོགས།

2 USTN udtama, P udtamā, D uttama

3 P adds ཞུས་ཏེ་ … ཤྲ་མ་ཏཿ།། after རྫོགས་སྷོ།, cf. Appendix.

4 US colophon note (མདོ་འདི་ལ་ … འཚལ།), TPND omit colophon note (མདོ་འདི་ལ་ … འཚལ།)

5 UST སྡེ་ལ་སོགས་པས། PND སྡེས། (omit ལ་སོགས་པ།)

6 PND add ཞུས་ཏེ།

③ ཨཱཪྻ་སངྒྷ་ཏ་[སངྒྷཱ་ཊ་]སཱུ་ཏྲ་དྷརྨ་[དྷརྨ་]པརྻཱ་ཡ།

④ Ārya-Saṅghāṭa[1]-sūtra-dharmaparyāya

⑤ Tr. Jinamitra, Dānaśīla, Ye shes sde

⑦ འཕགས་པ་ཟུང་གི་མདོའི་ཆོས་ཀྱི་རྣམ་གྲངས་རྫོགས་སོ། རྒྱ་གར་གྱི་མཁན་པོ་འཛི་ན་མི་ཏྲ་དང་། དཱ་ན་ཤཱི་ལ་དང་། ཞུ་ཆེན་གྱི་ལོ་ཙཱ་བ་བན་དེ་ཡེ་ཤེས་སྡེས་བསྒྱུར་ཅིང་ཞུས་ཏེ། སྐད་གསར་ཆད་[2]ཀྱིས་ཀྱང་བཅོས་ནས་གཏན་ལ་ཕབ་པའོ།

## No. 125 ཉ(Nya) 348b8-352b6 Toh 319

① འཕགས་པ་རྨད་དུ་བྱུང་བ་ཞེས་བྱ་བའི་ཆོས་ཀྱི་རྣམ་གྲངས།

② 'Phags pa rmad du byung ba zhes bya ba'i chos kyi rnam grangs

③ ཨཱཪྻ་ཨད་བྷུ་ཏ་[ཨདྦྷུ་ཏ་]དྷརྨ་པརྻཱ་ཡ་ནཱ་མ།

④ Ārya-Adbhutadharmaparyāya-nāma

⑤ Tr. Jinamitra, Surendrabodhi, Ye shes sde

⑦ འཕགས་པ་རྨད་དུ་བྱུང་[3]བའི་ཆོས་ཀྱི་རྣམ་གྲངས་རྫོགས་སྷོ། རྒྱ་གར་གྱི་མཁན་པོ་ཛི་ན་མི་ཏྲ་དང་། སུ་རེནྡྲ་བོ་དྷི་དང་། ཞུ་ཆེན་གྱི་ལོ་ཙཱ་བ་བནྡེ་ཡེ་ཤེས་སྡེས་ཞུས་ཏེ་གཏན་ལ་ཕབ་པའོ།

## No. 126 ཉ(Nya) 352b7-366b5 Toh 204

① འཕགས་པ་མར་མེ་དབུལ་[4]བ་ཞེས་བྱ་བ་ཐེག་པ་ཆེན་པོའི་མདོ།

② 'Phags pa mar me dbul ba zhes bya ba theg pa chen po'i mdo

③ ཨཱཪྻ་པྲ་དཱི་[དཱི་]པ་དཱ་ནཱི་ཡཱན་[དཱ་ནཱི་ཡ་]ནཱ་མ་མ་ཧཱ་ཡཱ་ན་སཱུ་ཏྲ།

④ Ārya-Pradīpadānīya-nāma-mahāyānasūtra

⑤ Tr. Prajñāvarma, Ye shes sde

⑦ འཕགས་པ་མར་མེ་དབུལ་[5]བ་ཞེས་བྱ་བ་ཐེག་པ་ཆེན་པོའི་མདོ་རྫོགས་སྷོ། རྒྱ་གར་གྱི་མཁན་པོ་པྲཛྙཱ་ཝརྨ་དང་། ཞུ་ཆེན་གྱི་ལོ་ཙཱ་བ་བནྡེ་ཡེ་ཤེས་སྡེ་ལ་སོགས་[6]པས་བསྒྱུར་ཅིང་ཞུས་ཏེ་གཏན་ལ་ཕབ་པ།[7]

---

1 UT saṅghata, S saṅgāta, PD saṅghāṭī, N saṅghaṭī, D-Cat saṃghāṭa, P-Cat saṅghāṭi, S-CatN-Cat saṅghāṭa

2 UTPD ཆད། SN བཅད།

3 S adds བ་ཞེས་བྱ།

4 UST དབུལ། PND འབུལ།

5 USTPN དབུལ། D འབུལ།

6 P ལསོགས།

7 U པོ། STD པ། PN པའོ།

## No. 127 ཉ(Nya) 366b5-380a7 Toh 219

① འཕགས་པ་ལས་ཀྱི་སྒྲིབ་པ་རྒྱུན་གཅོད་པ་ཞེས་བྱ་བ་ཐེག་པ་ཆེན་པོའི་མདོ།

② 'Phags pa las kyi sgrib pa rgyun gcod pa zhes bya ba theg pa chen po'i mdo

③ ཨཱརྻ་ཀརྨ་ཨཱ་བ་ར་ཎ་པྲ་ཏི་ཤ་བ་དྷི་[པྲ་ཏི་པྲ་སྲབྡྷི་]ནཱ་མ་མ་ཧཱ་ཡཱ་ན་སཱུ་ཏྲ།

④ Ārya-Karmāvaraṇapratiprasrabdhi[1]-nāma-mahāyānasūtra

⑤ Tr. Dānaśīla, Ye shes sde

⑦ འཕགས་པ་ལས་ཀྱི་སྒྲིབ་པ་རྒྱུན་གཅོད་པ་ཞེས་བྱ་བ་ཐེག་པ་ཆེན་པོའི་མདོ་རྫོགས་སྷོ། རྒྱ་གར་གྱི་མཁན་པོ་དཱ་ན་ཤཱི་ལ་ལ་སོགས་པ་[2]དང་། ཞུ[3]་ཆེན་གྱི་ལོ་ཙྪ་བ་བན་དྷེ་ཡེ་ཤེས་སྡེས་བསྒྱུར་ཅིང་།[4] གཏན་ལ་ཕབ་པའོ།[5]

## No. 128 ཉ(Nya) 380a7-380b8 Toh 254

① འཕགས་པ་ཆོས་ཀྱི་རྒྱལ་མཚན་གྱིས་ཞུས་པ་ཞེས་བྱ་བ་ཐེག་པ་ཆེན་པོའི་མདོ།[6]

② 'Phags pa chos kyi rgyal mtshan gyis zhus pa zhes bya ba theg pa chen po'i mdo

③ ཨཱརྻ་དྷརྨ་ཀེ་དུ་དྷྭ་ཛ་[དྷརྨ་ཀེ་ཏུ་དྷྭ་ཛ་]པ་རི་པྲི་ཙྪ་[པ་རི་པྲི་ཙྪཱ་]ནཱ་མ་མ་ཧཱ་ཡཱ་ན་སཱུ་ཏྲ།

④ Ārya-Dharmaketudhvaja[7]paripṛcchā-nāma[8]-mahāyānasūtra

⑦ འཕགས་པ་ཆོས་ཀྱི་རྒྱལ་མཚན་གྱིས་ཞུས་པ་ཞེས་བྱ་བ་ཐེག་པ་ཆེན་པོའི་མདོ་རྫོགས་སྷོ།[9]

## No. 129=284 ཉ(Nya) 380b8-412b1 Toh 190

① འཕགས་པ་བུད་མེད་འགྱུར་བ་ལུང་བསྟན་པ་ཞེས་བྱ་བ་ཐེག་པ་ཆེན་པོའི་མདོ།

② 'Phags pa bud med 'gyur ba lung bstan pa zhes bya ba theg pa chen po'i mdo

③ ཨཱརྻ་སྟྲཱི་བི་བར་ཏ་[བི་བརྟ་]བྱཱ་[བྱཱ་]ཀ་ར་ཎན་[ཎ་]ནཱ་མ་མ་ཧཱ་ཡ་[ཡཱ་]ན་སཱུ་ཏྲ།

④ Ārya-Strīvivartavyākaraṇa-nāma-mahāyānasūtra

---

1 UST pratisabadhi, PN pratiprasravidi, D pratisraviti, D-CatP-CatS-Cat pratiprasrabdhi

2 PND omit ལ་སོགས་པ།

3 N ཞུས།

4 PD(N) add ཞུས་ཏེ། སྐད་གསར་ཆད་ཀྱིས་(བཅད་ཀྱིས་ཀྱང་)བཅོས་ཤིང་

5 PN add (Dhā, AW) after ཕབ་པའོ།, cf. Appendix.

6 UST(N) གྱིས་(གྱི་)ཞུས་པ་ཞེས་བྱ་བ་ཐེག་པ་ཆེན་པོའི་མདོ། P(D) གྱི་མདོ་ཐེག་པ་ཆེན་པོ(པོའོ)།

7 U dharmakedudhāja, ST dharmakedudhvaja, P dharmākedu, N dharmaketudhvaja, D dharmaketu

8 USTN paripṛcchānāma, PD omit paripṛcchānāma

9 PD འཕགས་པ་ཆོས་ཀྱི་རྒྱལ་མཚན་གྱི་མདོ་རྫོགས་སོ།

⑦ འཕགས་པ་བུད་མེད་འགྱུར་བ་ལུང་བསྟན་པ་ཞེས་བྱ་བ་ཐེག་པ་ཆེན་པོའི་མདོ་རྫོགས་སྷོ།[1]

No. 130=282 ཉ(Nya) 412b2-413a7 Toh 279

① འཕགས་པ་སངས་རྒྱས་རྗེས་སུ་དྲན་པ།

② 'Phags pa sangs rgyas rjes su dran pa

③ ཨཱརྱ་བུད་དྷཱ[བུདྡྷཱ]ཨ་ནུ་སྨྲི་[སྨྲྀ]ཏི།

④ Ārya-Buddhānusmṛti

⑦ [2]སངས་རྒྱས་རྗེས་སུ་དྲན་པ་རྫོགས་སྷོ།[3]

## Volume 62 མདོ་སྡེ། ཏ (1–378)

No. 131 ཏ(Ta) 1b1-143b8 Toh 232

① འཕགས་པ་སྤྲིན་ཆེན་པོ་ཞེས་བྱ་བ་ཐེག་པ་ཆེན་པོའི་མདོ།

② 'Phags pa sprin chen po zhes bya ba theg pa chen po'i mdo

③ ཨཱརྱ་མ་ཧཱ་མེ་གྷ་ནཱ་མ་མ་ཧཱ་ཡཱ་ན་སཱུ་ཏྲ།

④ Ārya-Mahāmegha-nāma-mahāyānasūtra

⑥ Rev. Surendrabodhi, Ye shes sde

⑦ འཕགས་པ་སྤྲིན་ཆེན་པོ་ཞེས་བྱ་བ་ཐེག་པ་ཆེན་པོའི་མདོ་རྫོགས་སྷོ། རྒྱ་གར་གྱི་མཁན་པོ་སུ་རེན་དྲ་བོ་དྷི་དང་། ཞུས་ཆེན་གྱི་ལོ་ཙ་བ་བན་དྷེ་ཡེ་ཤེས་སྡེས་ཞུས་ཏེ་གཏན་ལ་ཕབ་པ།

No. 132 ཏ(Ta) 144a1-248b1 Toh 213

① འཕགས་པ་སོར་མོའི་འཕྲེང་[4]བ་ལ་ཕན་པ་ཞེས་བྱ་བ་ཐེག་པ་ཆེན་པོའི་མདོ།

② 'Phags pa sor mo'i 'phreng ba la phan pa zhes bya ba theg pa chen po'i mdo

③ ཨཱརྱ་ཨང་གུ་ལི་[ཨངྒུ་ལི་]མཱ་ལཱི་ཡ་ནཱ་མ་མ་ཧཱ་ཡཱ་ན་སཱུ་ཏྲ།

④ Ārya-Aṅgulimālīya-nāma-mahāyānasūtra

⑤ Tr. Śākyaprabha, Dharmatāśīla, Tong Ācārya

---

1 D adds colophon after རྫོགས་སྷོ།, cf. Appendix.

2 PND add འཕགས་པ།

3 T adds editor's note and AW after རྫོགས་སྷོ།, cf. Appendix.

4 U འཕྲེང་། STPND ཕྲེང་།

⑦ འཕགས་པ་སོར་མོའི་འཕྲེང་[1]བ་ལ་ཕན་པ་ཞེས་བྱ་བ་ཐེག་པ་ཆེན་པོའི་མདོ་རྫོགས་སྷོ། རྒྱ་གར་གྱི་མཁན་པོ་ཤཱཀྱ་པྲ་བྷ་དང་། ཞུ་ཆེན་གྱི་ལོ་ཙ་བ་བན་དྷེ་དྷར་མ་ཏཱ་ཤཱི་ལ་དང་། རྒྱའི་ལོ་ཙྪ་བ་བན་དེ་ཧོང་ཨ་ཙནྡྲ་[2]ལ་སོགས་པས་བསྒྱུར་ཅིང་ཞུས་ཏེ་གཏན་ལ་ཕབ་པ།[3]

## No. 133 ཏ(Ta) 248b1-301b6 Toh 223

① འཕགས་པ་སུམ་ཅུ་རྩ་གསུམ་པའི་ལེའུ་ཞེས་བྱ་བ་ཐེག་པ་ཆེན་པོའི་མདོ།

② 'Phags pa sum cu rtsa gsum pa'i le'u zhes bya ba theg pa chen po'i mdo

③ ཨཱརྻ་ཏྲ་ཡསྟྲིང་ཤད་པ་རི་བརྟ་[ཏྲ་ཡ་སྟྲིཾ་ཤ་ཏྤ་རི་བརྟ་]ནཱ་མ་མ་ཧཱ་ཡཱ་ན་སཱུ་ཏྲ།

④ Ārya-Trayas[4]triṃśatparivarta-nāma-mahāyānasūtra

⑤ Tr. Prajñāvarma, Ye shes sde

⑦ ཕགས་པ་སུམ་ཅུ་རྩ་སུམ་པའི་ལེའུ་ཞེས་བྱ་བ་ཐེག་པ་ཆེན་པོའི་མདོ་རྫོགས་སྷོ། རྒྱ་གར་གྱི་མཁན་པོ་པྲ་ཛྙཱ་བར་མ་དང་། ཞུ་ཆེན་གྱི་ལོ་ཚ་བ་བན་དྷེ་ཡེ་ཤེས་སྡེ་ལ་སོགས་[5]པས་བསྒྱུར་ཅིང་ཞུས་ཏེ་གཏན་ལ་ཕབ་པ།

## No. 134 ཏ(Ta) 301b6-305b5 Toh 208

① འཕགས་པ་སྒྲ་ཆེན་པོ་ཞེས་བྱ་བ་ཐེག་པ་ཆེན་པོའི་མདོ།

② 'Phags pa sgra chen po zhes bya ba theg pa chen po'i mdo

③ ཨཱརྻ་མ་ཧཱ་ཤྲུ་ཏམ་[ཏ་]ནཱ་མ་མ་ཧཱ་ཡཱ་ན་སཱུ་ཏྲ།

④ Ārya-Mahāśruta[6]-nāma-mahāyānasūtra

⑤ Tr. Viśuddhasiṅha, dGe ba dpal

⑥ Rev. Vidyākarasiṅha, Devacandra

⑦ འཕགས་པ་སྒྲ་ཆེན་པོ་ཞེས་བྱ་བ་ཐེག་པ་ཆེན་པོའི་མདོ་རྫོགས་སྷོ། རྒྱ་གར་གི་མཁན་པོ་བི་ཤུད་དྷ་སེང་ཧ་དང་། ལོ་ཙྪ་བ་བན་དྷེ་དགེ་བ་དཔལ་གྱི་བསྒྱུར། རྒྱ་གར་གྱི་མཁན་པོ་བིད་དྱཱ་ཀ་ར་སེང་ཧ་དང་། ཞུ་ཆེན་གྱི་ལོ་ཙྪ་བ་བན་དྷེ་དེ་བ་ཙནྡྲས་ཞུས་ཏེ་གཏན་ལ་ཕབ་པ།[7]

---

1 US འཕྲེང་། TPND ཕྲེང་།

2 U ཨ་ཙནྡྲ། STD ཨཱ་ཙནྡྲ། P ཨ་ཙ་ལ། N ཨ་ཙོ་ལ།

3 U བ། P adds ཡང་ཞུས་ཀུན། after ཕབ་པ།

4 USP trayas, TND trāyas

5 UP ལསོགས། STND ལ་སོགས།

6 UST mahāśrutam, P mahāhravama, ND mahāraṇa

7 U བ།

## No. 135=546 ཏ(Ta) 305b5-306b8 Toh 212

① འཕགས་པ་རྟེན་ཅིང་འབྲེལ་བར་[1]འབྱུང་བ་ཞེས་བྱ་བ་ཐེག་པ་ཆེན་པོའི་མདོ།

② 'Phags pa rten cing 'brel bar 'byung ba zhes bya ba theg pa chen po'i mdo

③ ཨཱརྻ་པྲ་ཏཱི་ས་མུད་པའི་ད་[པྲ་ཏཱི་ཙ་ས་མུ་ཏྤཱ་ད་]ནཱ་མ་མ་ཧཱ་ཡཱ་ན་སཱུ་ཏྲ།

④ Ārya-Pratītyasamutpāda-nāma-mahāyānasūtra

⑦ འཕགས་པ་རྟེན་ཅིང་འབྲེལ་བར་[2]འབྱུང་བ་ཞེས་བྱ་བ་ཐེག་པ་ཆེན་པོའི་མདོ་རྫོགས་སྷོ།[3]

## No. 136 ཏ(Ta) 306b8-319b7 Toh 184

① འཕགས་པ་བྱང་ཆུབ་སེམས་དཔའི་སྤྱོད་པ་བསྟན་པ་ཞེས་བྱ་བ་ཐེག་པ་ཆེན་པོའི་མདོ།

② 'Phags pa byang chub sems dpa'i spyod pa bstan pa zhes bya ba theg pa chen po'i mdo

③ ཨཱརྻ་བི་[བོ་]དྷི་སད་ཏྭ་[སཏྭ་]ཙརྻ་ནི་ར་དེ་ཤན་[ནིརྡེ་ཤ་]ནཱ་མ་མ་ཧཱ་ཡཱ་ན་སཱུ་ཏྲ།

④ Ārya-Bodhisattvacaryanirdeśa-nāma-mahāyānasūtra

⑤ Tr. Jinamitra, Prajñāvarma, Ye shes sde

⑦ འཕགས་པ་བྱང་ཆུབ་སེམས་དཔའི་སྤྱོད་པ་བསྟན་པ་ཞེས་བྱ་བ་ཐེག་པ་ཆེན་པོའི་མདོ་རྫོགས་སྷོ། རྒྱ་གར་གྱི་མཁན་པོ་ཛི་ན་མི་ཏྲ་དང་། པྲཛྙཱ་བར་མ་དང་། ཞུ་ཆེན་གྱི་ལོ་ཙཱ་བ་བན་དྷེ་ཡེ་ཤེས་སྡེ་ལ་སོགས་[4]པས་བསྒྱུར་ཅིང་ཞུས་ཏེ་གཏན་ལ་ཕབ་པ།

## No. 137 ཏ(Ta) 319b7-335b6 Toh 103

① འཕགས་པ་[5]སྣང་བ་བསམ་གྱིས་མི་ཁྱབ་པ་[6]བསྟན་པ་ཞེས་བྱ་བའི་ཆོས་ཀྱི་རྣམ་གྲངས།

② 'Phags pa snang ba bsam gyis mi khyab pa bstan pa zhes bya ba'i chos kyi rnam grangs

③ ཨཱརྻ་ཙིན་ཏྱ་[ཨ་ཙིནྟྱ་]པྲ་བྷཱ་[བྷཱ་]ས་ནི་ར་དེ་ཤོ་[ནིརྡེ་ཤ་]ནཱ་མ་དྷརྨ་པརྻཱ་ཡ།

④ Ārya-Acintyaprabhāsa[7]nirdeśa-nāma-dharmaparyāya

⑤ Tr. Ye shes sde

---

[1] UTND(212) པར། SPD(520, 980) བར།

[2] UTND པར། SP བར།

[3] D(212) adds colophon after རྫོགས་སྷོ།, P(878)N(197) add (Dhā, AW) after རྫོགས་སྷོ།, cf. Appendix.

[4] UP ལསོགས། STND ལ་སོགས།

[5] PND add ཁྲི་ཕྲུ

[6] UST པ། PND པས།

[7] USPN cintyaprabhasa, T cintyaprabhāsa, D acintyaprabhāsa

⑦ འཕགས་པ་[1] སྣང་བ་བསམ་གྱིས་མི་ཁྱབ་པ་[2] བསྟན་པ་ཞེས་བྱ་བའི་ཆོས་ཀྱི་རྣམ་གྲངས་རྫོགས་སྷོ། ཞུ་ཆེན་གྱི་ལོ་ཙྪ་བ་བན་དྷེ་ཡེ་ཤེས་སྡེ་ལ་སོགས་པས་[3] བསྒྱུར་ཅིང་ཞུས་ཏེ་[4] གཏན་ལ་ཕབ་པའོ།

## No. 138 ཏ(Ta) 335b6-341a8 Toh 178

① འཕགས་པ་བྱང་ཆུབ་ཀྱི་ཕྱོགས་བསྟན་པ་ཞེས་བྱ་བ་ཐེག་པ་ཆེན་པོའི་མདོ།

② 'Phags pa byang chub kyi phyogs bstan pa zhes bya ba theg pa chen po'i mdo

③ ཨཱརྱ་བོ་དྷི་པ་ཀྵ་ནི་ར་དེ་ཤ་[ནིརྡེ་ཤ་]ནཱ་མ་མ་ཧཱ་ཡཱ་ན་སུ་[སཱུ་]ཏྲ།

④ Ārya-Bodhipakṣanirdeśa-nāma-mahāyānasūtra

⑤ Tr. Jinamitra, Jñānasiddhi, Ye shes sde

⑦ འཕགས་པ་བྱང་ཆུབ་ཀྱི་ཕྱོགས་བསྟན་པ་ཞེས་བྱ་བ་ཐེག་པ་[5] ཆེན་པོའི་མདོ་རྫོགས་སྷོ། རྒྱ་གར་གྱི་མཁན་པོ་འཛི་ན་མི་ཏྲ་དང་། ཛྙཱ་ན་སིད་དྷི་དང་། ཞུ་ཆེན་གྱི་ལོ་ཙྪ་བ་བན་དྷེ་ཡེ་ཤེས་སྡེས་བསྒྱུར་ཅིང་ཞུས་ཏེ། སྐད་གསར་ཆད་[6] ཀྱིས་ཀྱང་བཅོས་ནས་གཏན་ལ་ཕབ་པའོ།[7]

## No. 139 ཏ(Ta) 341a8-347a7 Toh 259

① འཕགས་པ་ཡི་གེ་མེད་པའི་ཟ་མ་ཏོག་རྣམ་པར་སྣང་མཛད་ཀྱི་སྙིང་པོ་ཞེས་བྱ་བ་ཐེག་པ་ཆེན་པོའི་མདོ།

② 'Phags pa yi ge med pa'i za ma tog rnam par snang mdzad kyi snying po zhes bya ba theg pa chen po'i mdo

③ ཨཱ་རྱ་[ཨཱརྱ་]ན་ཨ་ཀྵ་ར་ཀ་རན་ད་[ཨ་ན་ཀྵ་ར་ཀ་རཎྜ་]བཻ་རོ་ཙ་ན་གརྦྷ་ནཱ་མ་མ་ཧཱ་ཡཱ་ན་སུ་ཏྲ།

④ Ārya-Anakṣarakaraṇḍa[8]vairocanagarbha-nāma-mahāyānasūtra

⑦ འཕགས་པ་ཡི་གེ་མེད་པའི་ཟ་མ་ཏོག་རྣམ་པར་སྣང་མཛད་ཀྱི་སྙིང་པོ་ཞེས་བྱ་བ་ཐེག་པ་ཆེན་པོའི་མདོ་རྫོགས་སྷོ།[9]

---

1 ND add ཁྱེའུ

2 U བ། ST པ། PND པས།

3 U སྡེ་ལསོགས་པས། ST སྡེ་ལ་སོགས་པས། PND སྡེས། (omit ལ་སོགས་པ།)

4 U སྡེ། STPND ཏེ།

5 U པོ།

6 USTPD ཆད། N བཅད།

7 P adds ཤུ་ལོག་དགུ་བཅུ་རྩ་གཉིས། after རྫོགས་སྷོ།

8 UT karanda, S karadda, PND karaṇḍaka

9 D adds colophon after རྫོགས་སྷོ།, cf. Appendix.

No. 140 ཏ(Ta) 347a7-370a3 Toh 97

① འཕགས་པ་འཇམ་དཔལ་རྣམ་པར་འཕྲུལ་པའི་ལེའུ་ཞེས་བྱ་བ་ཐེག་པ་ཆེན་པོའི་མདོ།

② 'Phags pa 'jam dpal rnam par 'phrul pa'i le'u zhes bya ba theg pa chen po'i mdo

③ ཨཱརྻ་མཉ་ཛུ་ཤྲཱི་[མཉྫུ་ཤྲཱི་]བི་ཀུརྦི་ཏ་པ་རི་བརྟ་ནཱ་མ་མ་ཧཱ་ཡཱ་ན་སཱུ་ཏྲ།

④ Ārya-Mañjuśrīvikurvita[1]parivarta-nāma-mahāyānasūtra

⑤ Tr. Śīlendrabodhi, Jinamitra, Ye shes sde

⑦ འཕགས་པ་འཇམ་དཔལ་རྣམ་པར་འཕྲུལ་པའི་ལེའུ་ཞེས་བྱ་བ་ཐེག་པ་ཆེན་པོའི་མདོ་རྫོགས་སོ།། རྒྱ་གར་གྱི་མཁན་པོ་ཤཱི་ལེནྡྲ་བོ་དྷི་དང་། ཛི་ན་མི་ཏྲ་དང་། ཞུ་ཆེན་གྱི་ལོ་ཙྪ་བ་བན་དྷེ་ཡེ་ཤེས་སྡེས་བསྒྱུར་ཅིང་[2] ཞུས་ཏེ། སྐད་གསར་ཆད་[3]ཀྱིས་བཅོས་ནས་གཏན་ལ་ཕབ་པ།

No. 141 ཏ(Ta) 370a3-377a2 Toh 196

① འཕགས་པ་འཇམ་དཔལ་གནས་པ་ཞེས་བྱ་བ་ཐེག་པ་ཆེན་པོའི་མདོ།

② 'Phags pa 'jam dpal gnas pa zhes bya ba theg pa chen po'i mdo

③ ཨཱརྻ་མཉྫུ་ཤྲཱི་བི་ཧཱ་ར་ནཱ་མ་མ་ཧཱ་ཡཱ་ན་སུ་[སཱུ་]ཏྲ།

④ Ārya-Mañjuśrīvihāra-nāma-mahāyānasūtra

⑤ Tr. Ye shes sde

⑦ འཕགས་པ་འཇམ་དཔལ་གནས་པ་ཞེས་བྱ་བ་ཐེག་པ་ཆེན་པོའི་མདོ་རྫོགས་སྷོ།[4] ཞུ་ཆེན་གྱི་ལོ་ཙྪ་བ་བན་དྷེ་ཡེ་ཤེས་སྡེས་བསྒྱུར་ཅིང་ཞུས་ཏེ་གཏན་ལ་ཕབ།

No. 142 ཏ(Ta) 377a3-378a6 Toh 177

① འཕགས་པ་འཇམ་དཔལ་གྱིས་བསྟན་པ་ཞེས་བྱ་བ་ཐེག་པ་ཆེན་པོའི་མདོ།

② 'Phags pa 'jam dpal gyis bstan pa zhes bya ba theg pa chen po'i mdo

③ ཨཱརྻ་མཉྫུ་ཤྲཱི་ནི་རྡེ་ཤ་ནཱ་མ་མ་ཧཱ་ཡཱ་ན་སཱུ་ཏྲ།

④ Ārya-Mañjuśrīnirdeśa-nāma-mahāyānasūtra

⑦ འཕགས་པ་འཇམ་དཔལ་གྱིས་བསྟན་པ་ཞེས་བྱ་བ་ཐེག་པ་ཆེན་པོའི་མདོ་རྫོགས་སྷོ།[5]

---

1 UST vikurvita, PND vikurvāṇa

2 U ཅེ།

3 UTPD ཆད། SN བཅད།

4 PND add རྒྱ་གར་གྱི་མཁན་པོ་སུ་རེནྡྲ་བོ་དྷི་དང་།

5 D adds colophon after རྫོགས་སྷོ།, cf. Appendix.

## Volume 63 མདོ་སྡེ། ཐ (1–352)

### No. 143 ཐ(Tha) 1b1-297a3 Toh 101

① འཕགས་པ་དགེ་བའི་རྩ་བ་ཡོངས་སུ་འཛིན་པ་ཞེས་བྱ་བ་ཐེག་པ་ཆེན་པོའི་མདོ།

② 'Phags pa dge ba'i rtsa ba yongs su 'dzin pa zhes bya ba theg pa chen po'i mdo

③ ཨཱརྱ་ཀུ་ཤ་ལ་མུ་ལ་[མཱུ་ལ་]སཾ་པ་རི་གྲ་ཧ་ནཱ་མ་མ་ཧཱ་ཡཱ་ན་སཱུ་ཏྲ།

④ Ārya-Kuśalamūlasaṃparigraha[1]-nāma-mahāyānasūtra

⑤ Tr. Prajñāvarma, Legs kyis sde

⑥ Rev. Prajñāvarma, Jñānagarbha, Ye shes sde

⑦ འཕགས་པ་དགེ་བའི་རྩ་བ་ཡོངས་སུ་འཛིན་པ་ཞེས་བྱ་བ་ཐེག་པ་ཆེན་པོའི་མདོ་རྫོགས་སོ།། རྒྱ་གར་གྱི་མཁན་པོ་པྲ་ཛྙཱ་བར་མ་དང་། ལོ་ཙྪ་བ་བན་དེ་ལེགས་ཀྱིས་སྡེས་བསྒྱུར། རྒྱ་གར་གྱི་མཁན་པོ་པྲ་ཛྙཱ་བར་མ་དང་། ཛྙཱ[2]་ན་གར་བྷ་དང་། ཞུ་ཆེན་གྱི་ལོ་ཙྪ་བ་བནྡེ་ཡེ་ཤེས་སྡེས་ཞུས་ཏེ་གཏན་ལ་ཕབ་པ།

### No. 144 ཐ(Tha) 297a3-352a7 Toh 222

① འཕགས་པ་རྔ་བོ་ཆེ་ཆེན་པོའི་ལེའུ་ཞེས་བྱ་བ་ཐེག་པ་ཆེན་པོའི་མདོ།

② 'Phags pa rnga bo che chen po'i le'u zhes bya ba theg pa chen po'i mdo

③ ཨཱརྱ་མ་ཧཱ་བྷེ་རི་[རཱི་]ཧཱ་ར་ཀ་ནཱ་མ་མ་ཧཱ་ཡཱ་ན་སཱུ་ཏྲ།

④ Ārya-Mahābherīhāraka-nāma[3]-mahāyānasūtra

⑤ Tr. Vidyākaraprabha, dPal gyi lhun po

⑥ Rev. dPal brtsegs

⑦ འཕགས་པ་ཐེག་པ་ཆེན་པོའི་མདོ་རྔ་བོ་ཆེ་ཆེན་པོ་ཞེས་བྱ་བའི་ལེའུ་རྫོགས་སྷོ།། རྒྱ་གར་གྱི་མཁན་པོ་བི་དྱཱ་ཀ་ར་པྲ་བྷ་དང་། ལོ་ཙཱ་བ་བནྡེ་དཔལ་གྱི་ལྷུན་པོས་བསྒྱུར། ཞུ་ཆེན་གྱི་ལོ་ཙཱ་བ་བནྡེ་དཔལ་བརྩེགས[4]་ཀྱིས་ཞུས་ཏེ་གཏན་ལ་ཕབ་པ།

## Volume 64 མདོ་སྡེ། ད (1–362)

### No. 145 ད(Da) 1b1-112b2 Toh 262

① སངས་རྒྱས་ཀྱི་མཚན་ལྔ་སྟོང་བཞི་བརྒྱ་ལྔ་བཅུ་རྩ་གསུམ་པ།

② Sangs rgyas kyi mtshan lnga stong bzhi brgya lnga bcu rtsa gsum pa

---

1 USTD saṃparigraha, PN paridhara

2 U ཛྙ།

3 U bherihārakanāma, S bheriharakanāma, T bherihārakānama, D(PN) bherīhā(a)rakaparivartanāma

4 P omits བརྩེགས།

③ བུདྡྷ་ནཱ་མ་ས་ཧ་སྲ་པཉྩ་ཤ་ཏ་ཙ་ཏུ་ཏྲི་པཉྩ་ད་ཤ།

④ Buddhanāmasahasrapañcaśatacaturtripañcadaśa

⑦ སངས་རྒྱས་ཀྱི་མཚན་ལྔ་སྟོང་བཞི་བརྒྱ་ལྔ་བཅུ་རྩ་གསུམ་པ་རྫོགས་སོ།[1] གླེགས་བམ་བཅོ[2]་ལྔ་ཙམ་ལ་གཏུགས་ཏེ། མཚན་འདྲ་མིན[3]་དང་གོང་འོག་མི་འདྲ་བ་མང་དུ་སྣང་། ད་དུང་བརྒྱད་བརྒྱ་བདུན་ཅུ་ཙམ་མ་རྙེད་པས། འདི་ཉིད་ཀྱི[4]་གླེགས་བམ་རྣམས་ནས་མཚན་རྣམ་དག་ངེས་པ་ཅན་རྙེད་ན་ཞུགས་པར་འཚལ།[5]

## No. 146=293 ད(Da) 112b3-291b8 Toh 107

① འཕགས་པ་ལང་ཀར་གཤེགས་པ[6]་ཐེག་པ་ཆེན་པོའི་མདོ།

② 'Phags pa lang kar gshegs pa theg pa chen po'i mdo

③ ཨཱརྱ་ལང་ཀཱ་[ཝཏྟཱ]ཨ་བ་ཏ་[ཏཱ]ར་མ་ཧཱ་ཡཱ་ན་སཱུ་ཏྲ།

④ Ārya-Laṅkāvatāra-mahāyānasūtra

⑤ Tr. 'Gos Chos grub (from Chinese)

⑦ འཕགས་པ་ལང་ཀར་གཤེགས་པ་ཞེས་བྱ་བ་ཐེག་པ་ཆེན་པོའི་མདོ་ཧི་སྙིང་པ་རྫོགས་སོ།[7] བཅོམ་ལྡན་འདས་ཀྱི་རིང་ལུགས་པ་མགོས[8]་ཆོས་གྲུབ་ཀྱིས་རྒྱའི་དཔེ་ལས་བསྒྱུར་ཏེ་གཏན་ལ་ཕབ་པའོ།

## No. 147 ད(Da) 291b8-298a8 Toh 276

① འཕགས་པ་སངས་རྒྱས་མི་སྤང་པ[9]་ཞེས་བྱ་བ་ཐེག་པ་ཆེན་པོའི་མདོ།

② 'Phags pa sangs rgyas mi spang pa zhes bya ba thep pa chen po'i mdo

---

1 PND omit after རྫོགས་སོ།

2 U བཅྭ། ST བཅོ།

3 U མེན། ST མིན།

4 U omits ཀྱི།

5 T adds ཕྱིས་དཔེ་དཔང་གཉིས་ལ་གཏུགས་ནས་མཚན་བཅུ་གཅིག་རྙེད་པ་བཅུག ཡང་དཔེ་དཔང་གཉིས་ལ་གཏུགས་ནས་མཚན་གསུམ་རྙེད་པ་བཅུག་སྟེ་དག་པར་བྱས་སོ། མཚན་ཁྱད་མེད་པ་གོང་འོག་ཉེ་བར་ཡོད་པ་རྣམས་ཀྱང་གློས་པ་མིན་པས་མི་སྲུབ་པ་ཞུ། after འཚལ།

6 UST པ། PND པའི།

7 P omits after རྫོགས་སོ།

8 UST མགོས། ND འགོས།

9 UTND-Cat པ། SPD བ།

③ ཨཱརྱ་བུདྡྷཱཀྵེ་པན་[བུདྡྷཀྵེ་པ་ཎ་]ན་[ནཱ་]མ་མ་ཧཱ་ཡཱ་ན་སཱུ་ཏྲ།

④ Ārya-Buddhākṣepaṇa[1]-nāma-mahāyānasūtra

⑤ Tr. Jinamitra, Prajñāvarma, Ye shes sde

⑦ འཕགས་པ་སངས་རྒྱས་མི་སྤྱང་པ་[2]ཞེས་བྱ་བ་ཐེག་པ་ཆེན་པོའི་མདོ་རྫོགས་སྷོ། རྒྱ་གར་གྱི་མཁན་པོ་ཛི་ན་མི་ཏྲ་དང་། པྲཛྙཱ་བར་མ་དང་། ཞུ་ཆེན་གྱི་ལོ་ཙཱ་བ་[3]བན་དེ་ཡེ་ཤེས་སྡེ་ལ་སོགས་[4]པས་བསྒྱུར་ཅིང་ཞུས་ཏེ་གཏན་ལ་ཕབ་པ།

## No. 148 ད(Da) 298b1-304a8 Toh 272

① སངས་རྒྱས་བཅུ་པ་ཞེས་བྱ་བ་ཐེག་པ་ཆེན་པོའི་མདོ།

② Sangs rgyas bcu pa zhes bya ba theg pa chen po'i mdo

③ ད་ཤ་བུདྡྷ་ཀན་[བུདྡྷ་ཀ་]ནཱ་མ་མ་ཧཱ་ཡཱ་ན་སཱུ་ཏྲ།

④ Daśabuddhaka[5]-nāma-mahāyānasūtra

⑤ Tr. Prajñāvarma, Ye shes sde

⑦ སངས་རྒྱས་བཅུ་པ་ཞེས་བྱ་བ་ཐེག་པ་ཆེན་པོའི་མདོ་རྫོགས་སྷོ།[6] རྒྱ་གར་གྱི་མཁན་པོ་པྲཛྙཱ་ཝརྨ་ལ་སོགས་པ་དང་། ཞུ་ཆེན་གྱི་ལོ་ཙྪ་བ་བནྡེ་ཡེ་ཤེས་སྡེ་ལ་སོགས་པས་བསྒྱུར་ཅིང་ཞུས་ཏེ་གཏན་ལ་ཕབ་པའོ།

## No. 149 ད(Da) 304a8-309a2 Toh 271

① འཕགས་པ་སངས་རྒྱས་བརྒྱད་པ་ཞེས་བྱ་བ་ཐེག་པ་ཆེན་པོའི་མདོ།

② 'Phags pa sangs rgyas brgyad pa zhes bya ba theg pa chen po'i mdo

③ ཨཱརྱ་ཨཥྚ་བུདྡྷ་ཀ་[བུདྡྷ་ཀ་]ནཱ་མ་མ་ཧཱ་ཡཱ་ན་སཱུ་ཏྲ།

④ Ārya-Aṣṭabuddhaka[7]-nāma-mahāyānasūtra

⑤ Tr. Jinamitra, Ye shes sde

⑦ འཕགས་པ་སངས་རྒྱས་བརྒྱད་པ་ཞེས་བྱ་བ་ཐེག་པ་ཆེན་པོའི་མདོ་རྫོགས་སྷོ།[8] རྒྱ་གར་གྱི་མཁན་

---

[1] UTPN(D) buddha(ā)kṣepana, S buddhakṣepañca

[2] UTN པ། SPD བ།

[3] U omits བ།

[4] P ལསོགས།

[5] UST buddhakan, PN buddha, D buddhakam, D-CatP-CatS-Cat buddhaka

[6] PN omit after རྫོགས་སྷོ།

[7] UPND-CatS-Cat buddhaka, ST buddhakan, D buddhakam

[8] PN omit after རྫོགས་སྷོ།

པོ་ཛི་ན་མི་ཏྲ་ལ་སོགས་པ་དང༌། ཞུ་ཆེན་གྱི་ལོ་ཙྪ་བ་བནྡེ་ཡེ་ཤེས་[1]སྡེ་ལ་སོགས་པས་བསྒྱུར་ཅིང༌། གཏན་ལ་ཕབ་པའོ།

No. 150 ད(Da) 309a2-311b3 Toh 278

① འཕགས་པ་བཀྲ་ཤིས་བརྒྱད་པ་ཞེས་བྱ་བ་ཐེག་པ་ཆེན་པོའི་མདོ།

② 'Phags pa bkra shis brgyad pa zhes bya ba theg pa chen po'i mdo

③ ཨཱརྱ་ཨཥྚ་མཾ་ག་ལ་ཀན་[མངྒ་ལ་ཀ་]ནཱ་མ་མ་ཧཱ་ཡཱ་ན་སཱུ་ཏྲ།

④ Ārya-Aṣṭamaṅgalakā[2]-nāma-mahāyānasūtra

⑤ Tr. Prajñāvarma, Ye shes sde

⑦ འཕགས་པ་བཀྲ་ཤིས་བརྒྱད་པ་ཞེས་བྱ་བ་ཐེག་པ་ཆེན་པོའི་མདོ་རྫོགས་སྷོ།[3] རྒྱ་གར་གྱི་མཁན་པོ་པྲཛྙཱ་ཝརྨ་ལ་སོགས་པ་[4]དང༌། ཞུ་ཆེན་གྱི་ལོ་ཙྪ་བ་བནྡེ་ཡེ་ཤེས་སྡེ་ལ་སོགས་པས་[5]བསྒྱུར་ཅིང་[6]གཏན་ལ་ཕབ་པའོ།

No. 151 ད(Da) 311b3-313b8 Toh 105

① འཕགས་པ་དཀྱིལ་འཁོར་བརྒྱད་པ་ཞེས་[7]བྱ་བའི་ཆོས་ཀྱི་རྣམ་གྲངས་ཐེག་པ་ཆེན་པོའི་མདོ།

② 'Phags pa dkyil 'khor brgyad pa zhes bya ba'i chos kyi rnam grangs theg pa chen po'i mdo

③ ཨཱརྱ་མཎྜ་ལ་[མཎྜ་ལ་]ཨཥྚ་ནཱ་མ་མ་ཧཱ་ཡཱ་ན་སཱུ་ཏྲ།

④ Ārya-Maṇḍalāṣṭā[8]-nāma-mahāyānasūtra

⑤ Tr. Jinamitra, Ye shes sde

⑦ འཕགས་པ་དཀྱིལ་འཁོར་བརྒྱད་ཅེས་[9]བྱ་བའི་ཆོས་ཀྱི་རྣམ་གྲངས་ཐེག་པ་ཆེན་པོའི་མདོ་རྫོགས་སྷོ། རྒྱ་གར་གྱི་མཁན་པོ་ཛི་ན་མི་ཏྲ་ལ་སོགས་པ་[10]དང༌།[11] ཞུ་ཆེན་གྱི་ལོ་ཙྪ་བ་བནྡེ་ཡེ་ཤེས་སྡེ་ལ་སོགས་

---

1 D following སྡེས་ཞུས་ཏེ་གཏན་ལ་ཕབ་པ། ཤློ་ཀ་དགུ་བཅུ་རྩ་གཅིག after ཤེས།

2 UST aṣṭamaṅgalakan, PND-Cat maṅgalāṣṭaka, D maṅgalāṣṭakam

3 PN omit after རྫོགས་སྷོ།

4 UST པྲཛྙཱ་ཝརྨ་ལ་སོགས་པ། D ཤུ་རེནྡྲ་བོ་དྷི།

5 UST སྡེ་ལ་སོགས་པས། D སྡེས། (omits ལ་སོགས་པ།)

6 D adds ཞུས་ཏེ།

7 UST བརྒྱད་པ་ཞེས། PD བརྒྱད་ཅེས། NP-Cat བརྒྱད་པ་ཅེས།

8 USTD maṇḍalāṣṭa, PN omit the Sanskrit title.

9 USTPND བརྒྱད་ཅེས།

10 D omits ལ་སོགས་པ།

11 PN omit རྒྱ་གར་གྱི་མཁན་པོ་ཛི་ན་མི་ཏྲ་ལ་སོགས་པ་དང༌།

པས་[1]བསྒྱུར་ཅིང་ཞུས་ཏེ་གཏན་ལ་ཕབ་པའོ།[2]

No. 152 ད(Da) 313b8-318a3 Toh 197

① འཕགས་པ་བདུད་རྩི་བརྗོད་པ་ཞེས་བྱ་བ་ཐེག་པ་ཆེན་པོའི་མདོ།

② 'Phags pa bdud rtsi brjod pa zhes bya ba theg pa chen po'i mdo

③ ཨཱརྻ་ཨམྲི་ཏ་ཝརྞ་ནཱ་མ་མ་ཧཱ་ཡ་[ཡཱ་]ན་སུ་[སཱུ་]ཏྲ།

④ Ārya-Amṛtavarṇa[3]-nāma-mahāyānasūtra

No. 153 ད(Da) 318a3-340b3 Toh 256

① ཆོས་ཀྱི་སྒོ་མོ།[4] སངས་རྒྱས་རྣམ་པར་སྣང་མཛད་ཀྱིས། བྱང་ཆུབ་སེམས་དཔའི་སེམས་ཀྱི་གནས་བཤད་པ་[5]ལེའུ་བཅུ་སྟེ།

② Chos kyi sgo mo / sangs rgyas rnam par snang mdzad kyis / byang chub sems dpa'i sems kyi gnas bshad pa le'u bcu ste

No. 154 ད(Da) 340b3-343b6 Toh 321

① མཆོད་རྟེན་བསྐོར་བའི་ཚིགས་སུ་བཅད་པ།

② mChod rten bskor ba'i tshigs su bcad pa

③ ཙེ་ཏྱ་[ཙཻ་ཏྱ་]པྲ་ད་ཀྵཱ་ཎི་[པྲ་དཀྵི་ཎ་]ག་[གཱ་]ཐཱ།

④ Caityapradakṣiṇa-gāthā

No. 155 ད(Da) 343b6-362a8 Toh 207

① གླང་པོའི་རྩལ་ཞེས་བྱ་བ་ཐེག་པ་ཆེན་པོའི་མདོ།

② Glang po'i rtsal zhes bya ba theg pa chen po'i mdo

③ ཧ་སྟེ་ཀ་ཀྵུ་[ཧསྟི་ཀཀྵྱ་]ན་[ནཱ་]མ་མ་ཧཱ་ཡཱ་ན་སཱུ་ཏྲ།

④ Hastikakṣya-nāma-mahāyānasūtra

---

1 USTD སྡེ་ལ་སོགས་པས། PN སྡེས། (omit ལ་སོགས་པ།)

2 PN add (Dhā, AW, editor's note) after ཕབ་པའོ།, cf. Appendix.

3 UST amṛtavarṇa, PN amṛtadāna, D amṛtavyāharaṇa

4 U སྒོ་མོ། SND རྒྱ་མོ། T རྒྱལ་མོ། P རྒྱ་མཚོ། D-CatP-CatS-Cat rgya-mo, N-Cat rgyal mo. Cf. PND colophon རྒྱ་མོ།

5 U omits པ།

## Volume 65 མདོ་སྡེ། ན (1–366)

### No. 156 ན(Na) 1b1-69b6 Toh 106

① འཕགས་པ་དགོངས་པ་ངེས་པར་འགྲེལ་པ་ཞེས་བྱ་བ་ཐེག་པ་ཆེན་པོའི་མདོ།

② 'Phags pa dgongs pa nges par 'grel pa zhes bya ba theg pa chen po'i mdo

③ ཨཱརྱ་སན་དྷི་ནི་ར་མོ་ཙ་[སཾ་དྷི་ནིརྨོ་ཙ་ན་]ནཱ་མ་མ་ཧཱ་ཡཱ་ན་སཱུ་ཏྲ།

④ Ārya-Saṃdhinirmocana-nāma-mahāyānasūtra

⑦ འཕགས་པ་དགོངས་པ་ངེས་པར་འགྲེལ་པ་ཞེས་བྱ་བ་ཐེག་པ་ཆེན་པོའི་[1]མདོ། ཡོན་ཏན་[2]གྱི་ཚོགས་རྣམ་པར་ངེས་པ་བསྟན་པའི་ལེའུ་ཞེས་བྱ་བ་རྫོགས་སོ།[3] སྐད་གསར་ཆད་[4]ཀྱིས་ཀྱང་བཅོས་ཏེ་གཏན་ལ་ཕབ་པ།

### No. 157 ན(Na) 69b6-136a4 Toh 134

① འཕགས་པ་བསོད་ནམས་ཐམས་ཅད་བསྡུས་པའི་ཏིང་ངེ་འཛིན་ཅེས་བྱ་བ་ཐེག་པ་ཆེན་པོའི་མདོ།

② 'Phags pa bsod nams thams cad bsdus pa'i ting nge 'dzin ces bya ba theg pa chen po'i mdo

③ ཨཱརྱ་སརྦ་པུ་ཎྱེ་ས་མུད་ཙ་ཡ་[པུ་ཎྱ་ས་མུཙྪ་ཡ་]ས་མཱ་དྷི་ན་[ནཱ་]མ་མ་ཧཱ་ཡཱ་ན་སཱུ་ཏྲ།

④ Ārya-Sarvapuṇyasamuccayasamādhi-nāma-mahāyānasūtra

⑤ Tr. Prajñāvarma, Śīlendrabodhi, Ye shes sde

⑦ འཕགས་པ་བསོད་ནམས་ཐམས་ཅད་བསྡུས་པའི་ཏིང་ངེ་འཛིན་ཅེས་བྱ་བ་ཐེག་པ་ཆེན་པོའི་མདོ་རྫོགས་སྷོ། རྒྱ་གར་གྱི་མཁན་པོ་པྲཛྙཱ་བར་མ་དང་། ཤཱི་ལེནྡྲ་བོ་དྷི་དང་། ཞུ་ཆེན་གྱི་ལོ་ཙཱ་བ་བན་དྷེ་ཡེ་ཤེས་སྡེ་ལ་སོགས་[5]པས་བསྒྱུར་ཅིང་ཞུས་ཏེ་གཏན་ལ་ཕབ་པ།[6]

### No. 158 ན(Na) 136a4-334a8 Toh 257

① འཕགས་པ་ཤིན་ཏུ་རྒྱས་པ་ཆེན་པོའི་སྡེ་ཉི་མའི་སྙིང་པོ་ཞེས་བྱ་བའི་མདོ།

② 'Phags pa shin tu rgyas pa chen po'i sde nyi ma'i snying po zhes bya ba'i mdo

---

1 U པོ།

2 PND ཆེན་པོའི་ཡོན་ཏན། (omit མདོ།)

3 PN omit after རྫོགས་སོ།

4 USTD ཆད།

5 T ལ་སྐྱོགས། P ལསོགས།

6 U པོ།

③ ཨཱརྻ་སཱུརྻ་གརྦྷ་ནཱ་མ་མ་ཧཱ་བཻ་པུ་ལྱ་སཱུ་ཏྲཱ།[ཏྲ།]

④ Ārya-Sūryagarbha-nāma-mahāvaipulya-sūtra

⑤ Tr. Sarvajñādeva, Vidyākaraprabha, Dharmākara, bZang skyong

⑥ Rev. dPal brtsegs

⑦ འཕགས་པ་འདུས་པ་ཆེན་པོ་ཐེག་པ་ཆེན་པོའི་མདོ་ལས་ཉི་མའི་སྙིང་པོའི་ལེའུ་སྟེ་[1] བཅུ་གཅིག་[2]པ་རྫོགས་སྷོ། འཕགས་པ་ཤིན་ཏུ་རྒྱས་པ་ཆེན་པོའི་སྡེ་[3]ཉི་མའི་སྙིང་པོ་ཞེས་བྱ་བའི་མདོ་རྫོགས་སྷོ། རྒྱ་གར་གྱི་མཁན་པོ་སར་ཛྙཱ་དེ་བ་དང་། བིདྱཱ་ཀ་ར་པྲ་བྷ་བ་དང་། དྷརྨཱ་ཀ་ར་དང་། ལོ་ཙཱ་བ་བན་དེ་བཟང་སྐྱོང་གིས་བསྒྱུར། ཞུ་ཆེན་གྱི་ལོ་ཙཱ་བ་བན་དེ་དཔལ་བརྩེགས་ཀྱིས་[4]ཞུས་ཏེ་གཏན་ལ་ཕབ་པ།

## No. 159 ན(Na) 334a8-351a2 Toh 248

① བྱང་ཆུབ་སེམས་དཔའི་སོ་སོར་ཐར་པ་ཆོས་བཞི་སྒྲུབ་པ་ཞེས་བྱ་བ་ཐེག་པ་ཆེན་པོའི་མདོ།

② Byang chub sems dpa'i so sor thar pa chos bzhi sgrub pa zhes bya ba theg pa chen po'i mdo

③ བོ་དྷི་སད་ཏྭ་[སཏྭ་]པྲ་ཏི་མོཀྵ་ཙ་ཏུ་ར་སྐ་[ཙ་ཏུཥྐ་]ཧ་ར་[ནིརྷཱ་ར་]ནཱ་མ་མ་ཧཱ་ཡཱ་ན་སཱུ་ཏྲ།

④ Bodhisattvapratimokṣacatuṣkanirhārā[5]-nāma-mahāyānasūtra

⑤ Tr. Dīpaṃkaraśrījñāna, Shākya blo gros, dGe ba'i blo gros

⑦ བྱང་ཆུབ་སེམས་དཔའི་སོ་སོར་ཐར་པ་[6]ཆོས་བཞི་སྒྲུབ་[7]པ་ཞེས་བྱ་བ་ཐེག་པ་ཆེན་པོའི་མདོ་རྫོགས་སྷོ། རྒྱ་གར་གྱི་མཁན་པོ་དཱི་པཾ་ཀ་ར་ཤྲཱི་ཛྙཱ་ན་དང་། ཞུ་ཆེན་གྱི་ལོ་ཙཱ་བ་དགེ་སློང་ཤཱཀྱ་བློ་གྲོས་དང་། དགེ་སློང་དགེ་བའི་བློ་གྲོས་ཀྱིས་བསྒྱུར་ཅིང་ཞུས་ཏེ་གཏན་ལ་ཕབ་པ།

## No. 160 ན(Na) 351a2-366a8 Toh 357

① འཕགས་པ་རི་གླང་རུ་ལུང་བསྟན་པ་ཞེས་བྱ་བ་ཐེག་པ་ཆེན་པོའི་མདོ།

② 'Phags pa ri glang ru lung bstan pa zhes bya ba theg pa chen po'i mdo

---

1 PND omit སྟེ།

2 P གཉིས།

3 U པོའི་སྟེ། STND པོའི་སྡེ། P པོའི་མདོ་སྡེ།

4 U རྩེགས་གྱིས། T རྩེགས་ཀྱིས།

5 UT caturskahara, S caturskaharama, ND(P) catuṣkanirhā(a)ra

6 UST པའི། PND པ།

7 P བསྒྲུབ།

③ ཨཱཪྱ་གོ་ཤྲག་[གོ་ཤྲིངྒ་]བྱཱ་ཀ་ར་ཎ་ནཱ་མ་མ་ཧཱ་ཡཱ་ན་སཱུ་ཏྲ།

④ Ārya-Gośṛṅga[1]vyākaraṇa-nāma-mahāyānasūtra

## Volume 66 མདོ་སྡེ། པ (1–333)

### No. 161 པ(Pa) 1b1-152b6 Toh 263

① འཕགས་པ་ཡང་དག་པར་སྤྱོད་པའི་ཚུལ་ནམ་མཁའི་མདོག་གིས་འདུལ་བའི་བཟོད་པ་ཞེས་བྱ་བ་ཐེག་པ་ཆེན་པོའི་མདོ།

② 'Phags pa yang dag par spyod pa'i tshul nam mkha'i mdog gis 'dul ba'i bzod pa zhes bya ba theg pa chen po'i mdo

③ ཨཱཪྱ་སཉྩཱ་ར་པྲ་ཏ་བི་དྷི་ག་ག་ཛུ་ཏི་བི་ན་ཡ་ཀྵཱན་ཏི་ནཱ་མ་མ་ཧཱ་ཡཱ་ན་སཱུ་ཏྲ།(*sic*)

④ Ārya-Samyagācāravidhigaganavarṇa[2]vinayakakṣānti-nāma-mahāyānasūtra[3]

⑦ ཡང་དག་པར་སྤྱོད་པའི་ཚུལ་ནམ་མཁའི་མདོག་གིས་འདུལ་བའི་བཟོད་པ་ཞེས་བྱ་བ་ཐེག་པ་ཆེན་པོའི་མདོ་རྫོགས་སྷོ།[4] བམ་པོ་བཅུ་གཅིག་ཀྱ་ལས་འགྱུར། འགྱུར་རྙིང་[5]པ་སྐད་གསར་ཆད་[6]ཀྱིས་མ་བཅོས་པར་སྣང་ངོ་།

### No. 162 པ(Pa) 152b6-167b3 Toh 244

① འཕགས་པ་ཆོས་ཀྱི་ཚུལ་ཞེས་བྱ་བ་ཐེག་པ་ཆེན་པོའི་མདོ།

② 'Phags pa chos kyi tshul zhes bya ba theg pa chen po'i mdo

③ ཨཱཪྱ་དྷརྨ་ནི་དྷི་ནཱ་མ་མ་ཧཱ་ཡཱ་ན་སཱུ་ཏྲ།

④ Ārya-Dharmanidhi[7]-nāma-mahāyānasūtra

⑤ Tr. Prajñāvarma, Ye shes sde

⑦ འཕགས་པ་ཆོས་ཀྱི་ཚུལ་ཞེས་བྱ་བ་ཐེག་པ་ཆེན་པོའི་མདོ་རྫོགས་སྷོ། རྒྱ་གར་གྱི་མཁན་པོ་པྲ་ཛྙཱ་

---

[1] USN gośrag, TP gośriṅga, D gośṛṅga

[2] U sañcārapratavidhigagajuti, ST samcārapratavidhigagajuti, P samyakcāryavādavidhikhagaju, N samyakcāryamyak(?)vādavidhikhagaju, D saṃmyakcāravṛttagaganavarṇa

[3] Title from S-Cat 111.

[4] PND omit after རྫོགས་སྷོ། P adds ལན་གཉིས་ཞུས་སོ། ཞུས་དག་གོ། after རྫོགས་སྷོ།

[5] UT སྙིང་། S རྙིང་།

[6] UT ཆད། S ཅད།

[7] UT(S) dharma(ā)nidhi, PD dharmanaya, N dharmaṇira

བར་མ་དང་། ཞུ་ཆེན་གྱི་ལོ་ཙཱ་བ[1]་བནྡེ་ཡེ་ཤེས་སྡེ་ལ་སོགས་[2]པས་བསྒྱུར་ཅིང་ཞུས་ཏེ་གཏན་ལ་ཕབ་པ།[3]

No. 163 པ(Pa) 167b4-287a4 Toh 238

① འཕགས་པ་ཆོས་ཡང་དག་པར་སྡུད་[4]པ་ཞེས་བྱ་བ་ཐེག་པ་ཆེན་པོའི་མདོ།

② 'Phags pa chos yang dag par sdud pa zhes bya ba theg pa chen po'i mdo

③ ཨཱརྻ་དྷརྨ་སང་གཱི་ཏི་[སངྒཱི་ཏི་]ནཱ་མ་མ་ཧཱ་ཡཱ་ན་སཱུ་ཏྲ།

④ Ārya-Dharmasaṅgīti-nāma-mahāyānasūtra

⑤ Tr. Mañjuśrīgarbha, Vijayaśīla, Śīlendrabodhi, Ye shes sde

⑦ འཕགས་པ་ཆོས་[5]ཡང་དག་པར་སྡུད་པ་སྟོང་ཕྲག་བརྒྱ་པའི་མདོ་ལས་རྩོམ་པ་མེད་ཀྱི་ལེའུ་སྟེ་བཅུ་གཉིས་པ་རྫོགས་སོ།། རྒྱ་གར་གྱི་མཁན་པོ་མཉྫུ་ཤྲཱི་གརྦྷ་དང་། བི་ཛ་ཡ་ཤཱི་ལ་དང་ཤཱི་ལེནྡྲ་བོ་དྷི་དང་། ཞུ་ཆེན་གྱི་ལོ་ཙཱ་བ་བནྡེ་ཡེ་ཤེས་སྡེས་བསྒྱུར་ཅིང་ཞུས་ཏེ། སྐད་གསར་ཆད་[6]ཀྱིས་ཀྱང་བཅོས་ནས་གཏན་ལ་ཕབ་པའོ།[7]

No. 164 པ(Pa) 287a4-294a5 Toh 245

① འཕགས་པ་ཆོས་ཀྱི་ཕུང་པོ་ཞེས་བྱ་བ་ཐེག་པ་ཆེན་པོའི་མདོ།

② 'Phags pa chos kyi phung po zhes bya ba theg pa chen po'i mdo

③ ཨཱརྻ་དྷརྨ་སྐན་དྷ་[དྷརྨ་སྐནྡྷ་]ནཱ་མ་མ་ཧཱ་ཡཱ་ན་སཱུ་ཏྲ།

④ Ārya-Dharmaskandha-nāma-mahāyānasūtra

⑤ Tr. Prajñāvarma, Ye shes sde

⑦ འཕགས་པ་ཆོས་ཀྱི་ཕུང་པོ་ཞེས་བྱ་བ་ཐེག་པ་ཆེན་པོའི་མདོ་རྫོགས་སོ།། རྒྱ་གར་གྱི་མཁན་པོ་པྲཛྙཱ་

---

1 U omits བ།

2 UP ལསོགས། STND ལ་སོགས།

3 U བོ།

4 UTPND སྡུད། S བསྡུད།

5 PND add ཐམས་ཅད།

6 UTPND ཆད། S བཅད།

7 N adds སྐར་མས་ཞུས་སོ། after ཕབ་པའོ།
ST add ཆོས་ཀུན་བགྲོ་བ་དང་འགྱུར་ཁྱད་ཅུང་ཟད་ཙམ་སྣང་སྟེ། མདོ་གཅིག་ཅིང་སྐད་གསར་བཅད་ཡིན་ནོ། ཞེ་ཆོམ་མི་འཚལ་ལགས། after ཕབ་པའོ།

བར་མ་དང་། ཞུ་ཆེན་གྱི་ལོ་ཙཱ་བ་བན་དྷེ་ཡེ་ཤེས་སྡེས་བསྒྱུར་[1]ཅིང་ཞུས་ཏེ་གཏན་ལ་ཕབ་པའོ།[2]
བཀའ་འགྱུར་ལོ་དང་པོར་གཏོགས་པའོ།

No. 165 པ(Pa) 294a5-298a6 Toh 255

① ཐེག་པ་ཆེན་པོའི་མདོ་ཆོས་རྒྱ་མཚོ་ཞེས་བྱ་བ།

② Theg pa chen po'i mdo chos rgya mtsho zhes bya ba

③ ད[རྨ་]རྨ་ས་མུ་དྲན་[དྲ་]ནཱ་མ་མ་ཧཱ་ཡཱ་ན་སཱུ་ཏྲ།

④ Dharmasamudra-nāma-mahāyānasūtra

⑦ ཐེག་པ་ཆེན་པོའི་མདོ། ཆོས་རྒྱ་མཚོ་ཞེས་བྱ་བ་རྫོགས་སྷོ།[3] རྒྱ་ལས་འགྱུར་བ་སྐད་གསར་ཆད་[4]ཀྱིས་གཏན་ལ་མ་ཕབ་པའོ།

No. 166 པ(Pa) 298a6-302b7 Toh 247

① འཕགས་པ་ཆོས་དང་དོན་རྣམ་པར་འབྱེད་པ་ཞེས་བྱ་བ་ཐེག་པ་ཆེན་པོའི་མདོ།

② 'Phags pa chos dang don rnam par 'byed pa zhes bya ba theg pa chen po'i mdo

③ ཨཱཪྻ་དྷརྨ་ཨརྠ་བི་ཙ་ཡཱན་[བི་ཙ་ཡ་]ནཱ་མ་མ་ཧཱ་ཡཱ་ན་སཱུ་ཏྲ།

④ Ārya-Dharmārthavicayā[5]-nāma-mahāyānasūtra

⑦ འཕགས་པ་ཆོས་དང་དོན་རྣམ་པར་འབྱེད་པ་ཞེས་བྱ་བ་ཐེག་པ་ཆེན་པོའི་མདོ། རྫོགས་སྷོ།[6]

No. 167 པ(Pa) 302b7-303b2 Toh 250

① ཆོས་བཞི་པའི་[7]མདོ།

② Chos bzhi pa'i mdo

③ ཙ་ཏུར་དྷར་མ་ཀ་[ཙ་ཏུརྡྷརྨ་ཀ་]སཱུ་ཏྲ།

④ Caturdharmaka-sūtra

⑦ ཆོས་བཞི་པའི་མདོ་རྫོགས་སྷོ།[8] བཀའ་འགྱུར་ལོ་དང་པོར་གཏོགས་པའོ།

---

1 U སྒྱུར། STPND བསྒྱུར།

2 PND omit after ཕབ་པའོ།

3 PN omit after རྫོགས་སྷོ།

4 UTD ཆད། S བཅད།

5 UT vicayāna, S vicamyan, PND vibhaṅga, P-CatD-CatS-CatN-Cat vibhaṅga

6 PND add colophon after རྫོགས་སྷོ།, cf. Appendix.

7 U བའི།

8 PND omit after རྫོགས་སྷོ།

No. 168 པ(Pa) 303b2-314b1 Toh 294

① མདོ་ཆེན་པོ་ལྔ་གསུམ་པ་ཞེས་བྱ་བ།

② mDo chen po lnga gsum pa zhes bya ba

③ པན་ཙ་[པཉྩ་]ཏྲ་ཡ་ན་[ཏྲ་ཡ་]ནཱ་མ་མ་ཧཱ་སཱུ་ཏྲ།

④ Pañcatraya[1]-nāma-mahāsūtra

⑤ Tr. Jinamitra, Prajñāvarma, Ye shes sde

⑦ མདོ་ཆེན་པོ་ལྔ་གསུམ་པ་ཞེས་བྱ་བ་རྫོགས་སྷོ།། རྒྱ་གར་གྱི་མཁན་པོ་འཛི་ན་མི་ཏྲ་དང་། པྲཛྙཱ་བརྨ་དང་། ཞུ་ཆེན་གྱི་ལོ་ཙཱ་བ་བནྡེ་ཡེ་ཤེས་སྡེ་ལ་སོགས་[2]པས་བསྒྱུར་ཅིང་ཞུས་ཏེ་གཏན་ལ་ཕབ་པ།

No. 169 པ(Pa) 314b1-333a8 Toh 288

① མདོ་ཆེན་པོ་སྒྱུ་མའི་དྲ་བ་[3]ཞེས་བྱ་བ།

② mDo chen po sgyu ma'i dra ba zhes bya ba

③ མཱ་ཡ་[ཡཱ་]ཛཱ་ལན་[ལ་]ནཱ་མ་མ་ཧཱ་སཱུ་ཏྲམ།[ཏྲ།]

④ Māyājāla-nāma-mahāsūtra

⑤ Tr. Jinamitra, Prajñāvarma, Ye shes sde

⑦ མདོ་ཆེན་པོ་སྒྱུ་མའི་དྲ་བ་ཞེས་བྱ་བ་རྫོགས་སྷོ།། རྒྱ་གར་གྱི་མཁན་པོ་འཛི་ན་མི་ཏྲ་དང་། པྲཛྙཱ་བར་མ་དང་། ཞུ་ཆེན་གྱི་ལོ་ཙྪ་བ་བན་དྷེ་ཡེ་ཤེས་སྡེ་ལ་སོགས་[4]པས་བསྒྱུར་ཅིང་ཞུས་ཏེ་གཏན་ལ་ཕབ་པའོ།[5]

## Volume 67 མདོ་སྡེ། ཕ (1–379)

No. 170 ཕ(Pha) 1b1-27b1 Toh 260

① འཕགས་པ་ནམ་མཁའི་སྙིང་པོ་ཞེས་བྱ་བ་ཐེག་པ་ཆེན་པོའི་མདོ།

② 'Phags pa nam mkha'i snying po zhes bya ba theg pa chen po'i mdo

③ ཨཱརྱ་ཨཱ་ཀཱ་ཤ་གརྦྷ་ནཱ་མ་མ་ཧཱ་ཡཱ་ན་སཱུ་ཏྲ།

④ Ārya-Ākāśagarbha-nāma-mahāyānasūtra

⑦ འཕགས་པ་ནམ་མཁའི་སྙིང་པོ་ཞེས་བྱ་བ་ཐེག་པ་ཆེན་པོའི་མདོ་རྫོགས་སྷོ།།[6]

---

1 US trayana, T trāyana, PD traya, N triyana

2 P ལསོགས།

3 UTPND དྲ་བ། S འདྲ་བ།

4 UP ལསོགས། STND ལ་སོགས།

5 S adds གླེགས་བམ་དུ་མ་ལ་གཏུགས་ཏེ། ཞུས་དག་ཅི་ནུས་བགྱིས། བསྟན་པ་རྒྱས་པར་ཤོག after ཕབ་པའོ།
T adds editor's note and AW after ཕབ་པའོ།, cf. Appendix.

6 D adds colophon after རྫོགས་སྷོ།, cf. Appendix.

## No. 171 ཕ(Pha) 27b2-41b3 Toh 139

① འཕགས་པ་རྡོ་རྗེའི་སྙིང་པོའི་གཟུངས་ཤེས་[1]བྱ་བ་ཐེག་པ་ཆེན་པོའི་མདོ།

② 'Phags pa rdo rje'i snying po'i gzungs shes bya ba theg pa chen po'i mdo

③ ཨཱརྱ་བཛྲ་མན་ཊ་[མཎྜ་]ནཱ་མ་དྷཱ་ར་ཎི་[ཎཱི་]མ་ཧཱ་ཡཱ་ན་སཱུ་ཏྲ།

④ Ārya-Vajramaṇḍa-nāma-dhāraṇī-mahāyānasūtra

⑦ འཕགས་པ་རྡོ་རྗེའི་སྙིང་པོའི་གཟུངས་ཞེས་བྱ་བ་[2]ཐེག་པ་ཆེན་པོའི་མདོ་རྫོགས་སྷོ།[3]

## No. 172=66(34) ཕ(Pha) 41b4-47a2 Toh 78

① འཕགས་པ་ཡོན་ཏན་རིན་ཆེན་མེ་ཏོག་ཀུན་ཏུ་རྒྱས་པས་ཞུས་པ་ཞེས་བྱ་བ་ཐེག་པ་ཆེན་པོའི་མདོ།

② 'Phags pa yon tan rin chen me tog kun tu rgyas pas zhus pa zhes bya ba theg pa chen po'i mdo

③ ཨཱརྱ་གུ་ཎ་རད་ན་[རཏྣ་]སང་ཀུ་[སཾ་ཀུ་]སུ་མི་ཏ་པྲིད་ཙ་[པ་རི་པྲི་ཙྪཱ་]ནཱ་མ་མ་ཧཱ་ཡཱ་ན་སཱུ་ཏྲ།

④ Ārya-Guṇaratnasaṅkusumitapari[4]pṛcchā-nāma-mahāyānasūtra

⑤ Tr. Jinamitra, Prajñāvarma, Ye shes sde

⑦ ཡོན་ཏན་རིན་ཆེན་མེ་ཏོག་ཀུན་ཏུ་རྒྱས་པའི་ལེའུ་ཞེས་བྱ་བ་རྫོགས་སྷོ། རྒྱ་གར་གྱི་མཁན་པོ་འཛི་ན་མི་ཏྲ་དང་། པྲཛྙཱ་བར་མ་དང་། ཞུ་ཆེན་གྱི་ལོ་ཙཱ་བ་བནྡེ་ཡེ་ཤེས་སྡེ་ལ་སོགས་[5]པས་བསྒྱུར་ཅིང་ཞུས་ཏེ་གཏན་ལ་ཕབ་པ།[6]

## No. 173 ཕ(Pha) 47a2-65b7 Toh 163

① འཕགས་པ་རིན་ཆེན་དྲ་བ་ཅན་གྱིས་ཞུས་པ་ཞེས་བྱ་བ་ཐེག་པ་ཆེན་པོའི་མདོ།

② 'Phags pa rin chen dra ba can gyis zhus pa zhes bya ba theg pa chen po'i mdo

③ ཨཱརྱ་རད་ན་[རཏྣ་]ཛཱ་ལི་པ་རི་པྲིད་ཚཱ་[པ་རི་པྲི་ཙྪཱ་]ནཱ་མ་མཱ་[མ་]ཧཱ་ཡ་[ཡཱ་]ན་སཱུ་ཏྲ།

④ Ārya-Ratnajālipariprcchā-nāma-mahāyānasūtra

⑤ Tr. Jñānagarbha, Ye shes snying po

---

1 UTP ཤེས། SND ཞེས།

2 UST པོའི་གཟུངས་ཞེས་བྱ་བ། PND པོ་ཞེས་བྱ་བའི་གཟུངས།

3 PND add colophon after རྫོགས་སྷོ།, cf. Appendix.

4 USTN omit pari, PD pari, cf. No. 66(34)

5 U ལསོགས། ST ལ་སོགས།

6 Cf. No. 66(34)

⑥ Rev. dPal brtsegs

⑦ འཕགས་པ་རིན་ཆེན་དྲ་བ་ཅན་གྱིས་[1] ཞུས་པ་ཞེས་བྱ་བ་ཐེག་པ་ཆེན་པོའི་མདོ་རྫོགས་སྷོ། རྒྱ་གར་གྱི་མཁན་པོ་ཛྙཱ་ན་གར་བྷ་དང་། ལོ་ཙ་བ་བནྡེ་ཡེ་ཤེས་སྙིང་པོ་སྣེས་བསྒྱུར་བ།[2] ཞུ་ཆེན་གྱི་ལོ་ཙྪ་བ་[3] བནྡེ་དཔལ་རྩེགས་[4] ཀྱིས་ཞུས་ཏེ་གཏན་ལ་ཕབ་པ།

## No. 174 ཕ(Pha) 65b7-73b6 Toh 221

① འཕགས་པ་རྒྱལ་པོ་ལ་གདམས་པ་ཞེས་བྱ་བ་ཐེག་པ་ཆེན་པོའི་མདོ།

② 'Phags pa rgyal po la gdams pa zhes bya ba theg pa chen po'i mdo

③ ཨཱརྱ་རཱ་ཛཱ་ཨ་བ་བཱ་ད་ཀ་ནཱ་མ་མ་ཧཱ་ཡཱ་ན་སཱུ་ཏྲ།

④ Ārya-Rājāvavādaka-nāma-mahāyānasūtra

⑦ འཕགས་པ་རྒྱལ་པོ་ལ་གདམས་པ་ཞེས་བྱ་བ་ཐེག་པ་ཆེན་པོའི་མདོ་རྫོགས་སོ།[5] བཀའ་འཁོར་ལོ་དང་པོར་གཏོགས་པའོ།

## No. 175 ཕ(Pha) 73b7-116b4 Toh 233

① འཕགས་པ་སྤྲིན་ཆེན་པོའི་མདོ་ལས་ཕྱོགས་བཅུའི་བྱང་ཆུབ་སེམས་དཔའ་རྒྱ་མཚོ་འདུས་པའི་དགའ་སྟོན་ཆེན་པོ་ལ་རྩེ་བ་ཞེས་བྱ་བའི་ལེའུ

② 'Phags pa sprin chen po'i mdo las phyogs bcu'i byang chub sems dpa' rgya mtsho 'dus pa'i dga' ston chen po la rtse ba zhes bya ba'i le'u

③ ཨཱརྱ་མཧཱ་མེ་གྷ་སུ་[སཱུ་]ཏྲཱད་ད་ཤ་དིག་བོ་དྷི་སད་[སཏྭ་]ས་མུད་[མུ་]དྲ་ས་མཱ་ག་མ་མ་ཧོཏ་ས་བ་ཀྲཱི་ཊ་[མ་ཧོ་ཏྶ་བ་ཀྲཱི་ཊ་]ནཱ་མ་པ་རི་བརྟ།

④ Ārya-Mahāmeghasūtrād daśadigbodhisattvasamudrasamāgamamahotsavakrīḍa[6]-nāma-parivarta

⑤ Tr. Surendrabodhi, Ye shes sde

⑦ མདོའི་རྒྱལ་པོ་ཆེན་པོ་[7] སྤྲིན་ཆེན་པོའི་ལེའུ་རེ་རེ་ལ། ཆོས་སྣང་བའི་སྒོ་སྟོང་ཕྲག་གང་གའི་[8] ཀླུང་གྲངས

---

1 D ཀྱིས།

2 ST(U) སྙིང་པོ་སྣེས་བསྒྱུར་བ(པ)། PND སྙིང་པོས་བསྒྱུར།

3 U omits བ།

4 U རྩེགས། STPND བརྩེགས།

5 PND omit after རྫོགས་སོ། D adds colophon after རྫོགས་སོ།, cf. Appendix.

6 UST samudrasamāgamamahotsavakrīḍa, P svāmutvasannipatimahodsapkrīṭito, N sāmudrasannipatimahodsavakrīḍota, D samudrasannipatimahotsavavikrīḍita

7 U omits ཆེན་པོ། STPND ཆེན་པོ།

8 UT གང་གའི། SN གངྒའི། PD གང་གཱའི།

མེད་པའི་བྱེ་མ་སྙེད་ཡང་དག་པར་འདུ་བ་[1] སྣང་བའི་དཀྱིལ་འཁོར་གྱི་དཔལ་གྱི་གློག་གིས་[2] གསལ་བར་བྱས་པའི་ལེའུ་ཆེན་པོའི་ཚོགས་མཐའ་ཡས་པ་གང་གའི་[3] ཀླུང་གི་བྱེ་མ་སྙེད་ལས། དགའ་ལྡན་ན་གནས་པ་ལ་སོགས་[4] པ། འཇིག་རྟེན་གྲངས་མེད་པ་དང་འཐུན་[5] པར་འཇུག་པའི་སྟོབས་ལ་སྦྱོར་[6] བའི་མཐུ་ལས་བྱུང་བས་དབང་བྱེད་ཅིང་། ཕྱོགས་བཅུའི་བྱང་ཆུབ་སེམས་དཔའ་རྒྱ་མཚོ་འདུས་པའི་དགའ་སྟོན་ཆེན་པོ་ལ་རྩེ་བ་ཞེས་བྱ་བའི་ལེའུ་སྟེ། སུམ་ཅུ་[7] བདུན་པ་རྫོགས་སོ། རྒྱ་གར་གྱི་མཁན་པོ་སུ་རེན་དྲ་བོ་དྷི་དང་། ཞུ་ཆེན་གྱི་ལོ་ཙཱ་བ་བནྡེ་ཡེ་ཤེས་སྡེས་ཞུས་ཏེ་གཏན་ལ་ཕབ་པ།

No. 176 ཕ(Pha) 116b5-135a6 Toh 195

(1) འཕགས་པ་སྤྱན་རས་གཟིགས་ཤེས་[8] བྱ་བ་ཐེག་པ་ཆེན་པོའི་མདོ།

(2) 'Phags pa spyan ras gzigs shes bya ba theg pa chen po'i mdo

(3) ཨཱརྻ་བ་ལོ་ཀི་ནི་[ཀ་ན་]ནཱ་མ་མ་ཧཱ་ཡཱ་ན་སཱུ་ཏྲ།

(4) Ārya-Avalokanā[9]-nāma-mahāyānasūtra

(5) Tr. Jinamitra, Dānaśīla, Ye shes sde

(7) འཕགས་པ་སྤྱན་རས་གཟིགས་ཤེས་[10] བྱ་བ་ཐེག་པ་ཆེན་པོའི་མདོ་རྫོགས་སོ། རྒྱ་གར་གྱི་མཁན་པོ་ཛི་ན་མི་ཏྲ་དང་། དཱ་ན་ཤཱི་ལ་དང་། ཞུ་ཆེན་གྱི་ལོ་ཙཱ་བ་བན་དྷེ་ཡེ་ཤེས་སྡེས་བསྒྱུར་ཅིང་ཞུས་ཏེ། སྐད་གསར་ཆད་ཀྱིས་ཀྱང་བཅོས་ནས་གཏན་ལ་ཕབ་པ།

No. 177 ཕ(Pha) 135a6-196a3 Toh 145

(1) འཕགས་པ་དཀོན་མཆོག་ཏ་ལ་ལའི་གཟུངས་ཤེས་[11] བྱ་བ་ཐེག་པ་ཆེན་པོའི་མདོ།

(2) 'Phags pa dkon mchog ta la la'i gzungs shes bya ba theg pa chen po'i mdo

---

1 PND འདུ་བྱ་བ།

2 T གི།

3 UT གང་གའི། SN གངྒའི། PD གང་གཱའི།

4 UP ལསོགས།

5 UTPD འཐུན། SN མཐུན།

6 T བསྦྱོར།

7 US ཅུ། T བཅུ། P བཅུ་རྩ། ND ཅུ་རྩ།

8 UTP ཤེས། SND ཞེས།

9 UST avalokini, PN avalokanani, D avalokinī

10 UTP ཤེས། SND ཞེས།

11 UTP ཤེས། SD ཞེས།

③ ཨཱརྱ་རད་ན་ལོ་ཀ་[རཏྣོལྐཱ་]ནཱ་མ་དྷཱ་ར་ཎི་[དྷཱ་ར་ཎཱི་]མ་ཧཱ་ཡཱ་ན་སཱུ་ཏྲ།

④ Ārya-Ratnolkā[1]-nāma-dhāraṇī-mahāyānasūtra

⑤ Tr. Surendrabodhi, Ye shes sde

⑦ ཤིན་ཏུ་རྒྱས་པ་ཆེན་པོའི་མདོ། འཕགས་པ་སངས་རྒྱས་ཕལ་པོ་ཆེ་ལས། དཀོན་མཆོག་ཏ་ལ་ལ་ཞེས་བྱ་བའི་གཟུངས་ཀྱི་ཆོས་ཀྱི་རྣམ་གྲངས་རྫོགས་སྷོ།[2] རྒྱ་གར་གྱི་མཁན་པོ་སུ་རེན་དྲ་བོ་དྷི་དང་། ཞུ་ཆེན་གྱི་ལོ་ཙ་བ་བན་དེ་ཡེ་ཤེས་སྡེས་བསྒྱུར་ཅིང་ཞུས་ཏེ་གཏན་ལ་ཕབ་པ།

## No. 178 ཕ(Pha) 196a3-215a4 Toh 218

① འཕགས་པ་ལས་ཀྱི་སྒྲིབ་པ་རྣམ་པར་དག་པ་ཞེས་བྱ་བ་ཐེག་པ་ཆེན་པོའི་མདོ།

② 'Phags pa las kyi sgrib pa rnam par dag pa zhes bya ba theg pa chen po'i mdo

③ ཨཱརྱ་ཀ་ར་མ་[ཀརྨ་]ཨ་བ་ར་ཎ་བི་ཤུད་དྷི་[བི་ཤུདྡྷི་]ནཱ་མ་མ་ཧཱ་ཡཱ་[ཡཱ་ན་]སཱུ་ཏྲ།

④ Ārya-Karmāvaraṇaviśuddhi-nāma-mahāyānasūtra

⑤ Tr. Jinamitra, Prajñāvarma, Ye shes sde

⑦ འཕགས་པ་ལས་ཀྱི་སྒྲིབ་པ་རྣམ་པར་དག་པ་ཞེས་བྱ་བ་ཐེག་པ་ཆེན་པོའི་མདོ་རྫོགས་སྷོ། རྒྱ་གར་གྱི་མཁན་པོ་འཛི་ན་མི་ཏྲ་དང་། པྲད་ཉཱ་བར་མ། ཞུ་ཆེན་གྱི་ལོ་ཙྪ་བ་བན་དེ་ཡེ་ཤེས་སྡེ་ལ་སོགས་[3]པས་བསྒྱུར་ཅིང་ཞུས་ཏེ་གཏན་ལ་ཕབ་པ།

## No. 179 ཕ(Pha) 215a4-225a6 Toh 164

① འཕགས་པ་རིན་ཆེན་ཟླ་བས་ཞུས་པ་ཞེས་བྱ་བ་ཐེག་པ་ཆེན་པོའི་མདོ།

② 'Phags pa rin chen zla bas zhus pa zhes bya ba theg pa chen po'i mdo

③ ཨཱརྱ་རད་ན་ཙན་ཏྲ་[རཏྣ་ཙནྡྲ་]པ་རི་པྲིད་ཚ་[པ་རི་པྲི་ཙྪཱ་]ནཱ་མ་མ་ཧཱ་ཡཱ་ན་སཱུ་ཏྲ།

④ Ārya-Ratnacandraparipṛcchā-nāma-mahāyānasūtra

⑤ Tr. Viśuddhasiṅha, dGe ba dpal

⑥ Rev. Vidyākarasiṅha, Devacandra

⑦ འཕགས་པ་རིན་ཆེན་ཟླ་བས་ཞུས་པ་ཞེས་བྱ་བ་ཐེག་པ་ཆེན་པོའི་མདོ་རྫོགས་སྷོ། རྒྱ་གར་གྱི་མཁན་པོ་བི་ཤུད་དྷ་སིཾ་ཧ་དང་། ལོ་ཙྪ་བ་བན་དེ་དགེ་བ་དཔལ་གྱིས་བསྒྱུར། རྒྱ་གར་གྱི་མཁན་པོ་བིདྱཱ་ཀ་ར་

---

1 U radnaloka, STN radnāloka, P radnolka, D(D-Cat) ratnolka(ā)

2 USTN ཤིན་ཏུ་རྒྱས་པ་ … རྫོགས་སྷོ། PD (omit ཤིན་ཏུ་རྒྱས་པ་ཆེན་པོའི་མདོ།) འཕགས་པ་ … རྫོགས་སྷོ།, cf. Appendix.

3 UP ལསོགས། STND ལ་སོགས།

ཤཱི་ཏ་དང་། ཞུ་ཆེན་གྱི་ལོ་ཙྪ་བ་བནྡེ་ཕ་ཙན་ཏྲས་ཞུས་ཏེ་གཏན་ལ་ཕབ་པའོ།

No. 180 ཕ(Pha) 225a7-364b8

① སངས་རྒྱས་རྗེས་སུ་དྲན་པའི་ཏིང་ངེ་འཛིན་གྱི་རྒྱ་མཚོ་ཞེས་བྱ་བ་ཐེག་པ་ཆེན་པོའི་མདོ།

② Sangs rgyas rjes su dran pa'i ting nge 'dzin gyi rgya mtsho zhes bya ba theg pa chen po'i mdo

③ བུད་དྷ་[བུདྡྷ་]ཨ་ནུ་སྨྲི་[སྨྲྀ་]ཏི་ས་མཱ་དྷི་ས་མུ་དྲ་ནཱ་མ་མ་ཧཱ་ཡཱ་ན་སཱུ་ཏྲ།

④ Buddhānusmṛtisamādhisamudra-nāma-mahāyānasūtra

⑦ གཞན་ཡང་འཁོར་མང་པོ་རྣམས་ཀྱང་བྱང་ཆུབ་ཏུ་སེམས་བསྐྱེད་དུ་བཅུག་གོ།[1]

No. 181 ཕ(Pha) 364b8-377b3 Toh 246

① འཕགས་པ་དོན་དམ་པའི་ཆོས་ཀྱིས་རྣམ་པར་རྒྱལ་བ་ཞེས་བྱ་བ་ཐེག་པ་ཆེན་པོའི་མདོ།

② 'Phags pa don dam pa'i chos kyis rnam par rgyal ba zhes bya ba theg pa chen po'i mdo

③ ཨཱརྱ་པ་ར་མཱརྠ་དྷརྨ་[མཱརྠ་དྷརྨ་]བི་ཛ་ཡ་ནཱ་མ་མ་ཧཱ་ཡ་ན་[ཡཱ་ན་]སཱུ་ཏྲ།

④ Ārya-Paramārthadharmavijaya-nāma-mahāyānasūtra

⑤ Tr. Jinamitra, Dānaśīla, Ye shes sde

⑦ འཕགས་པ་དོན་དམ་པའི་ཆོས་ཀྱི་རྣམ་པར་རྒྱལ་བ་ཞེས་བྱ་བ་ཐེག་པ་ཆེན་པོའི་མདོ་རྫོགས་སྷོ། རྒྱ་གར་གྱི་མཁན་པོ་འཛི་ན་མི་ཏྲ་དང་། དཱ་ན་ཤཱི་ལ་དང་། ཞུ་ཆེན་གྱི་ལོ་ཙྪ་བ་བནྡེ་ཡེ་ཤེས་སྡེས་བསྒྱུར་ཅིང་ཞུས་ཏེ། སྐད་གསར་ཆད་ཀྱིས་བཅོས་ནས་གཏན་ལ་ཕབ་པ།

No. 182 ཕ(Pha) 377b3-378a8 Toh 249

① འཕགས་པ་ཆོས་བཞི་བསྟན་པ་ཞེས་བྱ་བ་ཐེག་པ་ཆེན་པོའི་མདོ།

② 'Phags pa chos bzhi bstan pa zhes bya ba theg pa chen po'i mdo

③ ཨཱརྱ་ཙ་ཏུར་དྷརྨ་[ཙ་ཏུརྡྷརྨ་]ནི་ར་དེ་ཤན་[ནིརྡེ་ཤ་]ནཱ་མ་མ་ཧཱ་ཡཱ་ན་སཱུ་ཏྲ།

④ Ārya-Caturdharmanirdeśa-nāma-mahāyānasūtra

⑤ Tr. Surendrabodhi, Ye shes sde

⑦ འཕགས་པ་ཆོས་བཞི་བསྟན་པ་ཞེས་བྱ་བ་ཐེག་པ་ཆེན་པོའི་མདོ་རྫོགས་སྷོ། རྒྱ་གར་གྱི་མཁན་པོ་སུ་རེནྡྲ་བོ་དྷི་དང་། ཞུ་ཆེན་གྱི་ལོ་ཙྪ་བ་བནྡེ་ཡེ་ཤེས་སྡེས་བསྒྱུར་ཅིང་ཞུས་ཏེ་གཏན་ལ་ཕབ་པ།

---

1 ST add editor's note after བཅུག་གོ།, cf. Appendix.

No. 183 ཕ(Pha) 378a8-379a7 Toh 251

① འཕགས་པ་ཆོས་བཞི་པ་ཞེས་བྱ་བ་ཐེག་པ་ཆེན་པོའི་མདོ།

② 'Phags pa chos bzhi pa zhes bya ba theg pa chen po'i mdo

③ ཨཱརྻ་ཙ་ཏུར་དྷ་མ་ཀཱན་[ཙ་ཏུརྡྷརྨ་ཀ་]ནཱ་མ་མ་ཧཱ་ཡཱ་ན་སཱུ་ཏྲ།

④ Ārya-Caturdharmaka-nāma-mahāyānasūtra

## Volume 68 མདོ་སྡེ། བ (1–349)

No. 184 བ(Ba) 1b1-149a1 Toh 152

① འཕགས་པ་བློ་གྲོས་རྒྱ་མཚོས་ཞུས་པ་ཞེས་བྱ་བ་ཐེག་པ་ཆེན་པོའི་མདོ།

② 'Phags pa blo gros rgya mtshos zhus pa zhes bya ba theg pa chen po'i mdo

③ ཨཱརྻ་སཱ་ག་ར་མ་ཏི་པ་རི་པྲིད་ཚ་[པ་རི་པྲི་ཙྪཱ་]ནཱ་མ་མ་ཧཱ་ཡཱ་ན་སཱུ་ཏྲ།

④ Ārya-Sāgaramatiparipṛcchā-nāma-mahāyānasūtra

⑤ Tr. Jinamitra, Dānaśīla, Buddhaprabha, Ye shes sde

⑦ འདུས་པ་ཆེན་པོའི་ལེའུའི་ཆོས་ཀྱི་རྣམ་གྲངས་ལས། འཕགས་པ་བློ་གྲོས་རྒྱ་མཚོས་ཞུས་པ་ཞེས་བྱ་བའི་ལེའུ་སྟེ་ལྔ་པ་རྫོགས་སྷོ། རྒྱ་གར་གྱི་མཁན་པོ་ཛི་ན་མི་ཏྲ་དང་། དཱ་ན་ཤཱི་ལ་དང་། བུད་དྷ་པྲ་བྷ་དང་། ཞུ་ཆེན་གྱི་ལོ་ཙྪ་བ་བན་དྷེ་ཡེ་ཤེས་སྡེས་བསྒྱུར་ཅིང་ཞུས་ཏེ། སྐད་གསར་ཆད་ཀྱིས་ཀྱང་བཅོས་ནས་གཏན་ལ་ཕབ་པའོ།

No. 185 བ(Ba) 149a1-252b2 Toh 153

① འཕགས་པ་ཀླུའི་རྒྱལ་པོ་རྒྱ་མཚོས་ཞུས་པ་ཞེས་བྱ་བ་ཐེག་པ་ཆེན་པོའི་མདོ།

② 'Phags pa klu'i rgyal po rgya mtshos zhus pa zhes bya ba theg pa chen po'i mdo

③ ཨརྻ་[ཨཱརྻ་]སཱ་གར་[ག་ར་]ནཱ་ག་རཱ་ཛ་པ་རི་པྲིད་ཚ་[པ་རི་པྲི་ཙྪཱ་]ནཱ་མ་མ་ཧཱ་ཡཱ་ན་སཱུ་ཏྲ།

④ Ārya-Sāgaranāgarājaparipṛcchā-nāma-mahāyānasūtra

⑤ Tr. Jinamitra, Prajñāvarma, Ye shes sde

⑦ འཕགས་པ་ཀླུའི་རྒྱལ་པོ་རྒྱ་མཚོས་ཞུས་པ་ཞེས་བྱ་བ་ཐེག་པ་ཆེན་པོའི་མདོ་རྫོགས་སོ། རྒྱ་གར་གྱི་མཁན་པོ་འཛི་ན་མི་ཏྲ་དང་། པྲད་ཛྙཱ་བར་མ་དང་། ཞུ་ཆེན་གྱི་ལོ་ཙྪ་བ་བན་དྷེ་ཡེ་ཤེས་སྡེ་ལ་སོགས་[1] པས། བསྒྱུར་ཅིང་ཞུས་ཏེ་གཏན་ལ་ཕབ་པ།

---

[1] U ལས་སོགས། STND ལ་སོགས། P ལསོགས།

## No. 186 བ(Ba) 252b3-262a3 Toh 154

① འཕགས་པ་ཀླུའི་རྒྱལ་པོ་རྒྱ་མཚོས་ཞུས་པ་ཞེས་བྱ་བ་ཐེག་པ་ཆེན་པོའི་མདོ།

② 'Phags pa klu'i rgyal po rgya mtshos zhus pa zhes bya ba theg pa chen po'i mdo

③ ཨཱརྱ་སཱ་ག་ར་ནཱ་ག་རཱ་ཛ་པ་རི་པྲིད་ཚ་[པ་རི་པྲི་ཚྪཱ་]ནཱ་མ་མ་ཧཱ་ཡཱ་ན་སཱུ་ཏྲ།

④ Ārya-Sāgaranāgarājaparipṛcchā-nāma-mahāyānasūtra

⑤ Tr. Jinamitra, Dānaśīla, Munivarma, Ye shes sde

⑦ འཕགས་པ་ཀླུའི་རྒྱལ་པོ་རྒྱ་མཚོས་ཞུས་པ་ཞེས་བྱ་བ་ཐེག་པ་ཆེན་པོའི་མདོ་རྫོགས་སྷོ།[1] མདོ་ཆེ་བའི་ནང་ནས་བཀོལ་བ་སྣང་ངོ་། རྒྱ་གར་གྱི་མཁན་པོ་འཛི་ན་མི་ཏྲ་དང་། དཱ་ན་ཤཱི་ལ་དང་། མུ་ནེ་བར་མ་དང་། ཞུ་ཆེན་གྱི་ལོ་ཙྪ་བ་བནྡེ་ཡེ་ཤེས་སྡེ་ལ་སོགས་[2] པས་བསྒྱུར་ཅིང་ཞུས་ཏེ། སྐད་གསར་གཅད་[3] ཀྱིས་ཀྱང་བཅོས་ནས་གཏན་ལ་ཕབ་པ།

## No. 187 བ(Ba) 262a3-262b6 Toh 155

① འཕགས་པ་ཀླུའི་རྒྱལ་པོ་རྒྱ་མཚོས་[4] ཞུས་པ་ཞེས་བྱ་བ་ཐེག་པ་ཆེན་པོའི་མདོ།

② 'Phags pa klu'i rgyal po rgya mtshos zhus pa zhes bya ba theg pa chen po'i mdo

③ ཨཱརྱ་སཱ་ག་ར་ན་[ནཱ་]ག་རཱ་ཛ་པ་རི་པྲིད་ཚ་[པ་རི་པྲི་ཚྪཱ་]ནཱ་མ་མ་ཧཱ་ཡཱ་ན་སཱུ་ཏྲ།

④ Ārya-Sāgaranāgarājaparipṛcchā-nāma-mahāyānasūtra

⑤ Tr. Surendrabodhi, Ye shes sde

⑦ འཕགས་པ་ཀླུའི་རྒྱལ་པོ་རྒྱ་མཚོས་ཞུས་པ་ཞེས་བྱ་བ་ཐེག་པ་ཆེན་པོའི་མདོ་རྫོགས་སྷོ། རྒྱ་གར་གྱི་མཁན་པོ་སུ་རེན་དྲ་བོ་དྷི་དང་ཞུ་ཆེན་གྱི་ལོ་ཙ་བ་བནྡེ་ཡེ་ཤེས་སྡེས་བསྒྱུར་ཅིང་ཞུས་ཏེ། གཏན་ལ་ཕབ་པ།

## No. 188 བ(Ba) 262b6-287b6 Toh 191

① འཕགས་པ་བུ་མོ་ཟླ་མཆོག་ལུང་བསྟན་པ་ཞེས་བྱ་བ་ཐེག་པ་ཆེན་པོའི་མདོ།

② 'Phags pa bu mo zla mchog lung bstan pa zhes bya ba theg pa chen po'i mdo

③ ཨཱརྱ་ཙན་དྲོཏྟ་རཱ་[ཙནྡྲོཏྟ་རཱ་]དཱ་རི་ཀ་[ཀཱ་]བྱ་[བྱཱ་]ཀ་ར་ཎ་ནཱ་མ་མ་ཧཱ་ཡཱ་ན་སཱུ་ཏྲ།

④ Ārya-Candrottarādārikāvyākaraṇa-nāma-mahāyānasūtra

---

[1] PN omit after རྫོགས་སྷོ།

[2] U ལས་སོགས། STD ལ་སོགས།

[3] UST གཅད། D ཅད།

[4] P མཚོ།

⑤ Tr. Jinamitra, Ye shes sde

⑦ འཕགས་པ་བུ་མོ་ཟླ་མཆོག་ལུང་བསྟན་པ་ཞེས་བྱ་བ་ཐེག་པ་ཆེན་པོའི་མདོ་རྫོགས་སྷོ། རྒྱ་གར་གྱི་མཁན་པོ་འཛིན་མི་ཏྲ་དང་། ཞུ་ཆེན་གྱི་ལོ་ཙ་བ་བན་དྷེ་ཡེ་ཤེས་སྡེས་ཞུས་ཏེ་གཏན་ལ་ཕབ་པ།

## No. 189 བ(Ba) 287b6-333b8 Toh 167

① འཕགས་པ་རྣམ་པར་འཕྲུལ་པའི་རྒྱལ་པོས་ཞུས་པ་ཞེས་བྱ་བ་ཐེག་པ་ཆེན་པོའི་མདོ།

② 'Phags pa rnam par 'phrul pa'i rgyal pos zhus pa zhes bya ba theg pa chen po'i mdo

③ ཨཱརྱ་བི་ཀུར་བ་[བི་ཀུརྦཱ་ཎ་]རཱ་ཛ་པ་རི་པྲིད་ཚ་[པ་རི་པྲི་ཙྪཱ་]ནཱ་མ་མ་ཧཱ་ཡཱ་ན་སཱུ་ཏྲ།

④ Ārya-Vikurvāṇa[1]rājaparipṛcchā-nāma-mahāyānasūtra

⑤ Tr. Prajñāvarma, Ye shes sde

⑦ འཕགས་པ་རྣམ་པར་འཕྲུལ་པའི་རྒྱལ་པོས་ཞུས་པ་ཞེས་བྱ་བ་ཐེག་པ་ཆེན་པོའི་མདོ་རྫོགས་སྷོ། རྒྱ་གར་གྱི་མཁན་པོ་པྲཛྙཱ་བར་མ་དང་། ཞུ་ཆེན་གྱི་ལོ་ཙྪ་བ་བན་དྷེ་ཡེ་ཤེས་སྡེས་ཞུས་ཏེ་གཏན་ལ་ཕབ་པའོ།

## No. 190 བ(Ba) 333b8-349a7 Toh 159

① འཕགས་པ་ཚངས་པས་བྱིན་གྱིས་ཞུས་པ་ཞེས་བྱ་བ་ཐེག་པ་ཆེན་པོའི་མདོ།

② 'Phags pa tshangs pas byin gyis zhus pa zhes bya ba theg pa chen po'i mdo

③ ཨཱརྱ་བྲ་ཧྨ་དད་ཏ་[བྲཧྨ་དཏྟ་]པ་རི་པྲིད་ཚ་[པ་རི་པྲི་ཙྪཱ་]ནཱ་མ་མ་ཧཱ་ཡཱ་ན་སཱུ་ཏྲ།

④ Ārya-Brahmadattaparipṛcchā-nāma-mahāyānasūtra

⑤ Tr. Surendrabodhi, Prajñāvarma, Ye shes sde

⑦ འཕགས་པ་ཚངས་པས་[2]བྱིན་གྱིས་ཞུས་པ་ཞེས་བྱ་བ་ཐེག་པ་ཆེན་པོའི་མདོ་རྫོགས་སྷོ། རྒྱ་གར་གྱི་མཁན་པོ་སུ་རེནྡྲ་བོ་དྷི་དང་། པྲཛྙཱ་ཝརྨ་དང་། ཞུ་ཆེན་གྱི་ལོ་ཙྪ་བ་བནྡེ་ཡེ་ཤེས་སྡེ[3]་ལ་སོགས་[4]་པས་བསྒྱུར་ཅིང་ཞུས་ཏེ་གཏན་ལ་ཕབ་པའོ།[5]

---

1 UST vikurva, PND vikurvan, D-CatP-Cat vikurvāṇa

2 UT omit པས།

3 U omits སྡེ།

4 P ལསོགས།

5 D adds ཤོ་ལོ་ཀ་སུམ་བརྒྱ་མཆིས་སོ། after ཕབ་པའོ།
S(T) add ཤོ་ལོ་ཀ་སུམ་བརྒྱ་མཆིས་སོ། ཨོཾ་ཡེ་དྷརྨཱ་(དྷརྨཱ་)ཧེ་ཏུ་པྲ་བྷ་ཝཱ་ཧེ་ཏུནྟེ་ཥཱན་ཏ་ཐཱ་ག་ཏོ་ཧྱ་ཝ་དཏ། ཏེ་ཥཱཉྩ་ཡོ་ནི་རོ་དྷ་ཨེ་ཝཾ་ཝཱ་(བཾ་བཱ་) དཱི་མ་ཧཱ་ཤྲ་(ཤྲཱ་)མ་ཎ་ཡེ་སྭཱ་ཧཱ། གླེགས་བམ་དུ་མ་ལ་གཏུགས་ནས་ཞུས་དག་ཅི་ནུས་བགྱིས། སངས་རྒྱས་ཀྱི་བསྟན་པ་དར་བ་(བར་)ཤོག after ཕབ་པའོ། T adds AW and editor's note after ཤོག, cf. Appendix.

## Volume 69 མདོ་སྡེ། མ (1–354)

### No. 191 མ(Ma) 1b1-229b7 Toh 113

① དམ་པའི་ཆོས་པདྨ་དཀར་པོ་ཞེས་བྱ་བ་ཐེག་པ་ཆེན་པོའི་མདོ།

② Dam pa'i chos padma dkar po zhes bya ba theg pa chen po'i mdo

③ སད་དྷརྨ་[སདྡྷརྨ་]པུཎ་ཌ་[པུཎྜ་]རཱི་ཀ་ནཱ་མ་མ་ཧཱ་ཡཱ་ན་སཱུ་ཏྲ།

④ Saddharmapuṇḍarīka-nāma-mahāyānasūtra

⑤ Tr. Surendrabodhi, Ye shes sde

⑦ [1]དམ་པའི་ཆོས་པདྨ་དཀར་པོའི་ཆོས་ཀྱི་རྣམ་གྲངས་ཤིན་ཏུ་རྒྱས་པ་ཆེན་པོའི་མདོ་སྡེ། བྱང་ཆུབ་སེམས་དཔའ་སེམས་དཔའ་ཆེན་པོ་རྣམས་ལ་གདམས་པ་སངས་རྒྱས་ཐམས་ཅད་ཀྱིས་ཡོངས་སུ་[2]བཟུང་བ།[3] སངས་རྒྱས་ཐམས་ཅད་ཀྱི་གསང་ཆེན། སངས་རྒྱས་ཐམས་ཅད་ཀྱི་[4]སྦྲ་བ། སངས་རྒྱས་ཐམས་ཅད་ཀྱི་[5]རིགས། སངས་རྒྱས་ཐམས་ཅད་ཀྱི་གསང་[6]བའི་གནས། སངས་རྒྱས་ཐམས་ཅད་ཀྱི་བྱང་ཆུབ་ཀྱི་སྙིང་པོ། སངས་རྒྱས་ཐམས་ཅད་ཀྱི་[7]ཆོས་ཀྱི་[8]འཁོར་ལོ་བསྐོར་བ། སངས་རྒྱས་ཐམས་ཅད་ཀྱི་[9]སྐུ་གཅིག་ཏུ་འདུས་པ། ཐབས་མཁས་པ་ཆེན་པོ། ཐེག་པ་གཅིག་ཏུ་བསྟན་པ། དོན་དམ་པ་བསྒྲུབ་[10]པ་བསྟན་པ་རྫོགས་སོ། གང་ན་མདོ་སྡེ་འདི་ཡོད་པར། མི་མ་མུར་གྱི་[11]དོང་འབོབས་[12]ཤིང་།[13] སྤྱུ་གྲི་གཏམས་[14]ལས་འཇིགས་ནས་ཀྱང་། རིགས་ཀྱི་བུ་རྣམས་འགྲོ་བར་བྱ། རྒྱ་གར་གྱི་མཁན་པོ་སུ་རེན་དྲ་བོ་དྷི་དང་། ཞུ་ཆེན་གྱི་ལོ་ཙྪ་བ་བན་དྷེ་ཡེ་ཤེས་སྡེས་བསྒྱུར་ཅིང་ཞུས་ཏེ་གཏན་ལ་ཕབ་པ།

---

1 PND colophon, cf. Appendix.

2 T omits ཡོངས་སུ།

3 T adds དང་།

4 T ཀྱིས།

5 T ཀྱིས།

6 T བསང་།

7 U ཀྱིས།

8 T omits ཆོས་ཀྱི།

9 T ཀྱིས།

10 T བསྒྲུབས།

11 T གྱིས།

12 U འབོབས། ST འབོགས།

13 T བཞིན།

14 S གཏམ།

No. 192 མ(Ma) 229b7-231b3

① དེ་བཞིན་གཤེགས་པའི་མཚན་བརྒྱ་རྩ་བརྒྱད་པ།

② De bzhin gshegs pa'i mtshan brgya rtsa brgyad pa

No. 193 མ(Ma) 231b3-238b4 Toh 350

① གསེར་མདོག་གི་སྔོན་གྱི་སྦྱོར་བ་ཞེས་བྱ་བ།[1]

② gSer mdog gi sngon gyi sbyor ba zhes bya ba

③ ཀ་ན་ཀ་བརྞ་པུ་ར་བ་[པུརྦ་]ཡོ་ག་ནཱ་མ།

④ Kanakavarṇapūrvayoga-nāma

No. 194 མ(Ma) 238b5-240a5 Toh 327

① འཕགས་པ་སྐྱེས་བུ་དམ་པའི་མདོ།

② 'Phags pa skyes bu dam pa'i mdo

③ ཨཱརྱ་སད་པུ་[སཏྤུ་]རུ་ཥ་སཱུ་ཏྲམ།[ཏྲ།]

④ Ārya-Satpuruṣa-sūtra

⑤ Tr. Dharmākara, bZang skyong

⑥ Rev. dPal brtsegs

⑦ འཕགས་པ་སྐྱེས་བུ་དམ་པའི་མདོ་རྫོགས་སོ། རྒྱ་གར་གྱི་[2] མཁན་[3] པོ་དྷརྨ་ཀ་ར་དང་། ལོ་ཙྪ་བ་བན་དྷེ་བཟང་སྐྱོང་གིས་[4] བསྒྱུར། བན་དེ་དཔལ་བརྩེགས་ཀྱིས་ཞུ་ཆེན་བགྱིས།[5]

No. 195 མ(Ma) 240a5-241b7 Toh 183

① འཕགས་པ་སྦྱིན་པའི་ལེགས་པའོ།[6]

② 'Phags pa sbyin pa'i legs pa'o

③ ཨཱརྱ་དཱ་ནཱ་ནུས་[ནུ་]ཤངས།[ཤཾ་ས།]

④ Ārya-Dānānuśaṃsa[7]

---

1 U བའོ།
2 TN གྱིས།
3 U ཁན།
4 P གྱིས།
5 N colophon, cf. Appendix.
6 UST སྦྱིན་པའི་ལེགས་པའོ། PND སྦྱིན་པའི་ཕན་ཡོན་བསྟན་པ།
7 U dānānusśaṃsa, ST dānānuśaṃsa, PND dānānuśaṃsanirdeśa

⑦ འཕགས་པ་སྦྱིན་པའི་ལེགས་པ་རྫོགས་སོ།[1]

No. 196 མ(Ma) 241b7-245a2 Toh 298

① གཎ་ཊིའི་[2]མདོ།

② Gaṇ ḍi'i mdo

③ གཎ་ཊི་[གཎྜི་]སཱུ་ཏྲ།

④ Gaṇḍī-sūtra

⑤ Tr. Dharmaśrībhadra, Tshul khrims yon tan

⑥ Rev. Rin chen bzang po

⑦ གན་ཊྜིའི་[3]མདོ་རྫོགས་སོ། རྒྱ་གར་གྱི་མཁན་པོ་དྷརྨ་ཤྲཱི་བྷ་དྲ་དང་། ལོ་ཙྪ་བ་དགེ་སློང་ཚུལ་ཁྲིམས་ཡོན་ཏན་གྱིས་བསྒྱུར། ཞུ་ཆེན་གྱི་ལོ་ཙྪ་བ་དགེ་སློང་རིན་ཆེན་བཟང་པོས་བཅོས་ཏེ་གཏན་ལ་ཕབ་པ།

No. 197 མ(Ma) 245a2-248b5 Toh 334

① འཕགས་པ་དགའ་བ་ཅན་གྱི་མདོ།

② 'Phags pa dga' ba can gyi mdo

③ ཨཱརྻ་ནན་ད་ཀི་[ནནྡི་ཀ་]སཱུ་ཏྲ།

④ Ārya-Nandika-sūtra

⑦ འཕགས་པ་དགའ་བ་ཅན་གྱི་མདོ་རྫོགས་སོ།[4]

No. 198 མ(Ma) 248b6-250a7 Toh 329

① ལྷའི་མདོ།[5]

② lHa'i mdo

③ དེ་བ་སཱུ་ཏྲ།

④ Deva[6]-sūtra

---

1 PND add colophon after རྫོགས་སོ།, cf. Appendix.

2 UP གཎ་ཊིའི། ST གན་ཊྜིའི། ND གཎ་ཊྜིའི།

3 U གན་ཊྜིའི། S གཎྜིའི། T གཎྜྷིའི། P གཎ་ཊིའི། ND གཎ་ཊྜིའི།

4 D adds colophon after རྫོགས་སོ།, cf. Appendix.

5 Cf. Appendix.

6 UST deva, PN devata, D devatā

## No. 199 མ(Ma) 250a7-252a7 Toh 310

① མི་རྟག་པ་ཉིད་ཀྱི་མདོ།

② Mi rtag pa nyid kyi mdo

③ ཨ་ནིད་ཏྱ་[ཨ་ནི་ཏྱ་]སཱུ་ཏྲམ།[ཏྲ།]

④ Anitya[1]-sūtra

## No. 200 མ(Ma) 252a7-347b2 Toh 133

① འཕགས་པ་ད་ལྟར་གྱི་སངས་རྒྱས་མངོན་སུམ་དུ་བཞུགས་པའི་ཏིང་ངེ་འཛིན་ཅེས་བྱ་བ་ཐེག་པ་ཆེན་པོའི་མདོ།

② 'Phags pa da ltar gyi sangs rgyas mngon sum du bzhugs pa'i ting nge 'dzin ces bya ba theg pa chen po'i mdo

③ ཨཱརྻ་པྲཏྱུད་པན་ན་[པྲཏྱུཏྤནྣ་]བུད་དྷ་[བུདྡྷ་]སམ་[སཾ་]མུ་ཁ་ཨ་བ་སྠི་ཏ་ས་མཱ་དྷི་ནཱ་མ་མ་ཧཱ་ཡཱ་ན་སཱུ་ཏྲ།

④ Ārya-Pratyutpannabuddhasaṃmukhāvasthitasamādhi-nāma-mahāyānasūtra

⑤ Tr. Śākyaprabha, Ratnarakṣita

⑦ འཕགས་པ་ད་ལྟར་གྱི་སངས་རྒྱས་མངོན་སུམ་དུ་བཞུགས་པའི་ཏིང་ངེ་འཛིན་ཅེས་བྱ་བ་ཐེག་པ་ཆེན་པོའི་མདོ་རྫོགས་སྷོ། རྒྱ་གར་གྱི་མཁན་པོ་ཤཱཀྱ་པྲ་བྷ་དང་། ཞུ་ཆེན་གྱི་ལོ་ཙྪ་བ་བན་དེ་རཏ་ན་རཀྵི་ཏས་ཞུས་ཏེ་གཏན་ལ་ཕབ་པ།[2]

## No. 201 མ(Ma) 347b3-354a7 Toh 314

① མུན་གྱི་ནགས་ཚལ་གྱི་སྒོ་ཞེས་བྱ་བའི་མདོ།

② Mun gyi nags tshal gyi sgo zhes bya ba'i mdo

③ དན་དྷ་[ཨནྡྷ་]བ་ན་མུ་ཁ་ནཱ་མ་སཱུ་ཏྲ།

④ Andha[3]vanamukha-nāma-sūtra

⑦ མུན་གྱི་ནགས་ཚལ་གྱི་སྒོ་ཞེས་བྱ་བའི་མདོ་རྫོགས་སོ།[4]

---

1 UST anidtya, P anitya, N anidyata, D anityatā

2 PND add སྐད་གསར་ཆད་ཀྱིས་ཀྱང་བཅོས་ལགས། after ཕབ་པ།

3 UT dandha, S danda, D tamo, PN omit the Sanskrit title.

4 S(T) add གླེགས་བམ་དུམ་ལ་གཏུགས་ཏེ་ཞུ་(ཞུས་)དག་ཅི་ནུས་བགྱིས། ཤཱཀྱའི་བསྟན་པ་དར་བར་ཤོག after རྫོགས་སོ། (T adds གཅིག་ཞུས་དག་པར་གནང་དགེའོ། after ཤོག), PND add བྱང་ཕྱོགས་རྒྱུད་ཀྱི་ཕྲེང་བའི་མདོ་ཁྲི་པའི་ནང་ནས་ཡུལ་ཟ་ལེན་དྲའི་བྱང་ཕྱོགས་ཀྱི་མཚམས་ཀྱི་རི། ཨུ་ཤི་རིའི་བརྟགས་པའོ། after རྫོགས་སོ།

## Volume 70 མདོ་སྡེ། ཙ (1–360)

### No. 202 ཙ(Tsa) 1b1-11a8 Toh 269

① འཕགས་པ་ཕྱོགས་བཅུའི་མུན་པ་རྣམ་པར་སེལ་བ་ཞེས་བྱ་བ་ཐེག་པ་ཆེན་པོའི་མདོ།

② 'Phags pa phyogs bcu'i mun pa rnam par sel ba zhes bya ba theg pa chen po'i mdo

③ ཨཱརྱ་ད་ཤ་དི་ཀྐུ་[དིག་]ཨནྡྷ་ཀཱ་ར་བི་དྷྭཾ་ས་ན་ནཱ་མ་མ་ཧཱ་ཡཱ་ན་སཱུ་ཏྲ།

④ Ārya-Daśadigandhakāravidhvaṃsana-nāma-mahāyānasūtra

⑤ Tr. Viśuddhasiṅha, rTsangs Devendrarakṣita

⑥ Rev. Klu'i rgyal mtshan

⑦ འཕགས་པ་ཕྱོགས་བཅུའི་མུན་པ་རྣམ་པར་སེལ་བ་ཞེས་བྱ་བ་ཐེག་པ་ཆེན་པོའི་མདོ་རྫོགས་སྷོ། རྒྱ་གར་གྱི་མཁན་པོ་བི་ཤུད་དྷ་སིང་ཧ་དང་། ལོ་ཙྪ་བ་བན་དེ་རྩངས་དེ་བེན་དྲ་རཀྵི་ཏས་བསྒྱུར་ཞུ་ཆེན་གྱི་ལོ་ཙ་བ་བན་དེ་ཀླུའི་རྒྱལ་མཚན་གྱིས་ཞུ་ཆེན་བགྱིས་ཏེ་གཏན་ལ་ཕབ་པ།

### No. 203 ཙ(Tsa) 11b1-82b2 Toh 264

① འཕགས་པ་ཐར་པ་ཆེན་པོ་ཡོངས་སུ[1] རྒྱས་པ་འགྱོད་ཚངས་ཀྱིས[2] སྦྱངས་ཏེ།[3] སངས་རྒྱས་སུ་གྲུབ་པར་རྣམ་པར་བཀོད་པ་ཞེས་བྱ་བ་ཐེག་པ་ཆེན་པོའི་མདོ།

② 'Phags pa thar pa chen po yongs su rgyas pa 'gyod tshangs kyis sbyangs te / sangs rgyas su grub par rnam par bkod pa zhes bya ba theg pa chen po'i mdo

④ (Ārya-ghanajāmahābhricaphulukarma-avirnaśodhaya-bhudharakurabhuha(?)-nāma-mahāyāna-sūtra)[4]

⑦ འཕགས་པ་ཐར་པ་ཆེན་པོ་ཕྱོགས་བཅུ[5] རྒྱས་པ་ཞེས་བྱ་བ་ཐེག་པ་ཆེན་པོའི་མདོ་རྫོགས་སྷོ།[6]

### No. 204 ཙ(Tsa) 82b2-122a8 Toh 230

① འདུས་པ་ཆེན་པོ་ཐེག་པ་ཆེན་པོའི་མདོ་སྡེ་ལས། དེ་བཞིན་གཤེགས་པའི་དཔལ་གྱི་དམ་ཚིག་ཅེས་བྱ་བ་ཐེག་པ་ཆེན་པོའི་མདོ།

---

[1] UST ཡོངས་སུ། PND ཕྱོགས་སུ།

[2] UST ཀྱིས། PND ཀྱིས་སྡིག

[3] PND omit |

[4] Title from P-Cat 930, USTND omit the Sanskrit title.
Cf. D-Cat 264 (Ārya-Mahāmokṣadiśunpuṣyakrokramtyapāpaṃśodhana-nāma-viharatisma?)

[5] UT ཕྱོགས་བཅུ། S ཕྱོགས་སུ།

[6] PND colophon, cf. Appendix.

② 'Dus pa chen po theg pa chen po'i mdo sde las / de bzhin gshegs pa'i dpal gyi dam tshig ces bya ba theg pa chen po'i mdo

③ མ་ཧཱ་སན་ནི་པ་ཏཱད་[སནྣི་པཱ་ཏཱད་]མ་ཧཱ་ཡཱ་ན་སཱུ་ཏྲཱད་[ཏྲཱཏ་]ཏ་ཐཱ་ག་ཏ་ཤྲཱི་ས་མ་ཡན་[ཡ་]ནཱ་མ་མ་ཧཱ་ཡཱ་ན་སཱུ་ཏྲམ།[ཏྲ།]

④ Mahāsannipātād mahāyānasūtrāt tathāgataśrīsamaya-nāma-mahāyānasūtra

⑤ Tr. Sarvajñādeva, dPal brtsegs

⑦ འདུས་པ་ཆེན་པོ་ཐེག་པ་ཆེན་པོའི་མདོ་སྡེ་ལས། དེ་བཞིན་གཤེགས་པའི་དཔལ་གྱི་དམ་ཚིག་ཅེས་བྱ་བ་ཐེག་པ་ཆེན་པོའི་མདོ་རྫོགས་སྷོ། རྒྱ་གར་གྱི་མཁན་པོ་སརྦ་ཛྙཱ་དེ་བ་དང་། ཞུ་ཆེན་གྱི་ལོ་ཙཱ་བ་བན་དེ་དཔལ་བརྩེགས་ཀྱིས་བསྒྱུར་ཅིང་ཞུས་ནས་གཏན[1] ལ་ཕབ་པ། བྱ་བའི་རྒྱུད་དུ་གཏོགས།[2]

## No. 205=741 ཙ(Tsa) 122b1-148a4 Toh 98

① འཕགས་པ་དེ་བཞིན་གཤེགས་པ་ཐམས་ཅད་ཀྱི་བྱིན་གྱི[3] རླབས[4] སེམས་ཅན་ལ་གཟིགས་ཤིང་། སངས་རྒྱས་ཀྱི་ཞིང་གི་བཀོད་པ་ཀུན་ཏུ་སྟོན་པ་ཞེས་བྱ་བ་ཐེག་པ་ཆེན་པོའི་མདོ།

② 'Phags pa de bzhin gshegs pa thams cad kyi byin gyi rlabs sems can la gzigs shing / sangs rgyas kyi zhing gi bkod pa kun tu ston pa zhes bya ba theg pa chen po'i mdo

③ ཨཱརྱ་སརྦ་ཏ་ཐཱ་ག་ཏ་ཨ་དྷིཥྛི་[དྷིཥྛ་]ན་སད་ཏྭ་[སཏྭ་]ཨཱ་ལོ་ཀ་ན་བུད་དྷ་ཀྵེ་ཏྲ་[བུདྡྷ་ཀྵེ་ཏྲ་]སན་དར་ཤ་ན་[སཾ་དརྴ་ན་]བྱཱུ་[བྱཱུ་]ཧ་ནཱ་མ་མ་ཧཱ་ཡཱ་ན་སཱུ་ཏྲ།

④ Ārya-Sarvatathāgatādhiṣṭhānasattvālokana[5]-buddhakṣetrasaṃdarśana[6]vyūha-nāma-mahāyānasūtra

⑤ Tr. Jinamitra, Surendrabodhi, Ye shes sde, Klu'i rgyal mtshan

⑦ འཕགས་པ་དེ་བཞིན་གཤེགས་པ་ཐམས་ཅད་ཀྱི་བྱིན་གྱི[7] རླབས།[8] སེམས་ཅན་ལ་གཟིགས་ཤིང་། སངས་རྒྱས་ཀྱི་ཞིང་བཀོད་པ་ཀུན་ཏུ་སྟོན་པ་ཞེས་བྱ་བ་ཐེག་པ་ཆེན་པོའི་མདོ་རྫོགས་སྷོ། རྒྱ་གར་གྱི་

---

1 UT བཏན། SPND གཏན།

2 PND omit བྱ་བའི་རྒྱུད་དུ་གཏོགས། PND add (Dhā, AW) after ཕབ་པ།, cf. Appendix.

3 UTD གྱི། SPN གྱིས།, cf. No. 741

4 N བརླབས།

5 UT sadtva-ālokana, S satva-ālokana, P satvā-alokena, ND satvāvalokena

6 UST sandarśana, PND nirdeśana, cf. No. 741

7 UTPD གྱི། SN གྱིས།

8 N བརླབས།

མཁན་པོ་འཛི་ན་མི་ཏྲ་དང་། སུ་རེན་དྲ་བོ་དྷི་དང་། ཞུ་ཆེན་གྱི་ལོ་ཙཱ་བ་བན་དྷེ་ཡེ་ཤེས་སྡེས་ཞུས་ཏེ་གཏན་ལ་ཕབ་པ། བན་དྷེ་ཀླུའི་རྒྱལ་མཚན་གྱིས་བསྒྱུར།[1] བྱ་བའི་རྒྱུད་སྡེར་གཏོགས་སོ།

## No. 206 ཙ(Tsa) 148a4-181b1 Toh 265

① [2]འཕགས་པ་རྟོགས་པ་ཆེན་པོས་[3]ཡོངས་སུ་རྒྱས་པའི་མདོ་ལས།[4] ཕྱག་འཚལ་བའི་ཆོ་ག་དང་། མཚན་ནས་བརྗོད་པའི་ཡོན་ཏན་གྱི་གླེང་གཞི་དང་། དུས་གསུམ་གྱི་དེ་བཞིན་གཤེགས་པའི་[5]མཚན་དང་། མདོ་སྡེ་བཅུ་གཉིས་དང་། བྱང་ཆུབ་སེམས་དཔའ་རྣམས་ཀྱི་མཚན་ནས་བརྗོད་ཅིང་ཕྱག་འཚལ་བ་དང་། བཤགས་པའི་ལེའུ་རྣམས་འབྱུང་བ་ཉི་ཚེ་བཅོས་ཤིང་བསྒྱུར་བ།

② 'Phags pa rtogs pa chen pos yongs su rgyas pa'i mdo las / phyag 'tshal ba'i cho ga dang / mtshan nas brjod pa'i yon tan gyi gleng gzhi dang / dus gsum gyi de bzhin gshegs pa'i mtshan dang / mdo sde bcu gnyis dang / byang chub sems dpa' rnams kyi mtshan nas brjod cing phyag 'tshal ba dang / bshags pa'i le'u rnams 'byung ba nyi tshe bcos shing bsgyur ba

③ ཨཱརྻ་བུད་དྷོ་[བུདྡྷ་]མ་ཧཱ་ཤོ་དྷ་ཡ་པུས་ཏི་[པུསྟི་]སཱུ་ཏྲ།

④ Ārya-Buddhamahāśodhayapusti-sūtra[6]

⑦ འཕགས་པ་རྟོགས་པ་ཆེན་པོས་[7]ཡོངས་སུ་རྒྱས་པའི་མདོ་ལས་ཕྱག་འཚལ་བའི་ཆོ་ག་དང་།[8] འགྲོད་ཚངས་ཀྱི་ལེའུ་ཉི་ཚེ་རྫོགས་སྷོ།[9] གླེགས་བམ་མང་པོ་ལ་གཏུགས་ཏེ་མཚན་རྣམས་ཅི་ནུས་བསབས་སོ།

## No. 207 ཙ(Tsa) 181b2-332a4 Toh 231

① འཕགས་པ་དཀོན་མཆོག་སྤྲིན་ཅེས་བྱ་བ་ཐེག་པ་ཆེན་པོའི་མདོ།

② 'Phags pa dkon mchog sprin ces bya ba theg pa chen po'i mdo

③ ཨཱརྻ་རཏ་ན་[རཏྣ་]མེ་གྷཱ་ནཱ་མ་མ་ཧཱ་ཡཱ་ན་སཱུ་ཏྲ།

④ Ārya-Ratnamegha-nāma-mahāyānasūtra

---

1 PND omit བྱ་བའི་ … གཏོགས་སོ། add ཅིང་ཞུས་ཏེ་གཏན་ལ་ཕབ་པ། after བསྒྱུར། [PN add (Dhā, editor’s note, AW) after ཕབ་པ།, cf. Appendix.]

2 PND add སངས་རྒྱས་དང་བྱང་ཆུབ་སེམས་དཔའ་ཐམས་ཅད་ལ་ཕྱག་འཚལ་ལོ།

3 UST པོས། PND པོ།

4 N omits ལས། N adds བམ་པོ་དང་པོ།

5 UST པའི། PND པ་རྣམས་ཀྱི།

6 UT(S) ārya(ā)buddhomahāśodhayapustisūtra, PND omit the Sanskrit title.

7 USTP པོས། ND པོ།

8 USTD ཕྱག་འཚལ་བའི་ཆོ་ག་དང་། PN ཕྱག་འཚལ་བ་དང་།

9 PND omit after རྫོགས་སྷོ།

⑤ Tr. Vairocanarakṣita, Dharmatāśīla

⑦ འཕགས་པ་དཀོན་མཆོག་སྤྲིན་ཅེས་བྱ་བ་ཐེག་པ་ཆེན་པོའི་མདོ་རྫོགས་སྷོ། ཞུ་ཆེན་གྱི་ལོ་ཙ་བ་བན་དེ་བཻ་རོ་ཙ་ན་རཀྵི་ཏ་དང་། དྷརྨ་ཏཱ་ཤཱི་[1]ལས་ཞུས་ཏེ་གཏན་ལ་ཕབ་པ། སྐད་གསར་བཅད་[2]ཀྱིས་ཀྱང་བཅོས་ལགས་སོ།[3]

## No. 208 ཙ(Tsa) 332a4-335b4 Toh 344

① འཕགས་པ་སངས་རྒྱས་ཀྱི་རྟོགས་པ་བརྗོད་པ་ཤེས་ལྡན་གྱི་མདོ།

② 'Phags pa sangs rgyas kyi rtogs pa brjod pa shes ldan gyi mdo

③ ཨཱརྱ་ཛྙཱ་ན་ཀ་སཱུ་ཏྲ་བུད་དྷ་[བུདྡྷ་]ཨ་བ་དཱ་ན།

④ Ārya-Jñānaka-sūtra-buddhāvadāna

⑤ Tr. Vidyākarasiṅha, Sarvajñādeva, dPal brtsegs

⑦ འཕགས་པ་སངས་རྒྱས་ཀྱི་རྟོགས་པ་བརྗོད་པ་ཤེས་ལྡན་གྱི་མདོ་རྫོགས་སྷོ། རྒྱ་གར་གྱི་མཁན་པོ་བིད་ྱཱ་ཀ་ར་སིང་ཧ་དང་། སརྦ་ཛྙཱ་[4]དེ་བ་དང་། ཞུ་ཆེན་གྱི་ལོ་ཙ་བ་བན་དྷེ་དཔལ་བརྩེགས་ཀྱིས་བསྒྱུར་ཅིང་ཞུས་ཏེ་གཏན་ལ་ཕབ་པ།

## No. 209 ཙ(Tsa) 335b4-360a8 Toh 349

① དཔལ་གྱི་སྡེའི་རྟོགས་པ་བརྗོད་པ།

② dPal gyi sde'i rtogs pa brjod pa

③ ཤྲཱི་སེ་ན་ཨ་བ་དཱ་ན་མ།[ན།]

④ Śrīsenāvadāna[5]

⑤ Tr. Dharmaśrībhadra, Shes rab legs pa

⑥ Rev. Rin chen bzang po

⑦ རྒྱལ་པོ་དཔལ་གྱི་སྡེའི་རྟོགས་[6]པ་བརྗོད་པ་རྫོགས་སྷོ། རྒྱ་གར་གྱི་མཁན་པོ་དྷརྨ་ཤྲཱི་བྷ་དྲ་དང་ཞུ་ཆེན་གྱི་ལོ་ཙྪ་བ། དགེ་སློང་ཤེས་རབ་ལེགས་པས་བསྒྱུར། སླར་བསྒྱུར་[7]གྱི་ལོ་ཙྪ་བ་ཆེན་པོ་དགེ་སློང་རིན་ཆེན་བཟང་པོས་བཅོས་ཏེ་གཏན་ལ་ཕབ་པ།[8]

---

1 U ཤིའ། S ཤི། T ཤཱི།

2 U བཅས། ST བཅད།

3 PND colophon after རྫོགས་སྷོ།, cf. Appendix.

4 U ཉཱ།

5 UD avadānam, SN avadānām, T avadāni, P avadāna

6 UN རྟོག STPD རྟོགས།

7 UTN སྒྱུར། SPD བསྒྱུར།

8 TP add (AW, editor's note) after ཕབ་པ།, cf. Appendix.

## Volume 71 མདོ་སྡེ། ཚ (1–363)

### No. 210 ཚ(Tsha) 1b1-113a8 Toh 148

① འཕགས་པ་ནམ་མཁའི་མཛོད་ཀྱིས་ཞུས་པ་ཞེས་བྱ་བ་ཐེག་པ་ཆེན་པོའི་མདོ།

② 'Phags pa nam mkha'i mdzod kyis zhus pa zhes bya ba theg pa chen po'i mdo

③ ཨཱརྱ་ག་ག་ན་གཉྫ་པ་རི་པྲིཙྪ[པ་རི་པྲི་ཙྪཱ]ནཱ་མ་མ་ཧཱ་ཡཱ་ན་སཱུ་ཏྲ།

④ Ārya-Gaganagañjaparipṛcchā-nāma-mahāyānasūtra

⑤ Tr. Vijayaśīla, Śīlendrabodhi, Ye shes sde

⑦ འདུས་པ་ཆེན་པོའི་ལེའུ་ལས་འཕགས་པ་ནམ་མཁའ་མཛོད་ཀྱིས་ཞུས་པ་ཞེས་བྱ་བ་ཐེག་པ་ཆེན་པོའི་མདོ་རྫོགས་སོ།། རྒྱ་གར་གྱི་མཁན་པོ་བི་ཛ་ཡ་ཤཱི་ལ་དང་། ཤཱི་ལེན་དྲ་བོ་དྷི་དང་། ཞུ་ཆེན་གྱི་ལོ་ཙཱ་བ་བནྡེ་ཡེ་ཤེས་སྡེས་བསྒྱུར་ཅིང་ཞུས་[1]ཏེ། སྐད་གསར་ཆད་[2]ཀྱིས་ཀྱང་བཅོས་ཏེ་གཏན་ལ་ཕབ་པ།[3]

### No. 211 ཚ(Tsha) 113a8-115b3 Toh 205

① འཕགས་པ་གྲོང་ཁྱེར་གྱིས་འཚོ་བ་ཞེས་བྱ་བ་ཐེག་པ་ཆེན་པོའི་མདོ།

② 'Phags pa grong khyer gyis 'tsho ba zhes bya ba theg pa chen po'i mdo

③ ཨཱརྱ་ན་ག་ར་[ནཱ་ག་ར་]ཨ་བ་ལམ་བི་ཀཱ་[ཨ་བ་ལམྦི་ཀཱ་]ནཱ་མ་མ་ཧཱ་ཡ་[ཡཱ་]ན་སཱུ་ཏྲ།

④ Ārya-Nāgarāvalambikā-nāma-mahāyānasūtra

⑤ Tr. Jñānagarbha, Klu'i dbang po

⑥ Rev. Vidyākarasiṅha, Devacandra

⑦ འཕགས་པ་གྲོང་ཁྱེར་གྱིས་འཚོ་བ་ཞེས་བྱ་བ་ཐེག་པ་ཆེན་པོའི་མདོ་རྫོགས་སོ།། རྒྱ་གར་གྱི་མཁན་པོ་ཛྙཱ་ན་གར་བྷ་དང་། ལོ་ཙཱ་བ་བནྡེ་ཀླུའི་དབང་པོས་བསྒྱུར།[4] རྒྱ་གར་གྱི་མཁན་པོ་བིདྱཱ་ཀ་ར་སེང་ཧ་དང་། ཞུ་ཆེན་གྱི་ལོ་ཙཱ་བ་བནྡེ་དེ་བ་ཙནྡྲས་ཞུས་ཏེ་གཏན་ལ་ཕབ་པ།

### No. 212 ཚ(Tsha) 115b3-126a7 Toh 158

① འཕགས་པ་ཚངས་པས་ཞུས་པ་ཞེས་བྱ་བ་ཐེག་པ་ཆེན་པོའི་མདོ།

② 'Phags pa tshangs pas zhus pa zhes bya ba theg pa chen po'i mdo

---

1 PND omit ཅིང་ཞུས། T ཞིང་ཞུས།

2 UTPD ཆད། S བཅད། N ཅད།

3 P adds editor’s note after ཕབ་པ།, cf. Appendix.

4 PND add བ། (བསྒྱུར་བ།)

③ ཨཱརྱ་བྲ་ཧྨ་པ་རི་པྲིད་ཚ་[པ་རི་པྲི་ཙྪཱ]ནཱ་མ་མ་ཧཱ་ཡཱ་ན་སཱུ་ཏྲ།

④ Ārya-Brahmaparipṛcchā-nāma-mahāyānasūtra

⑤ Tr. Jinamitra, Ye shes sde

⑦ འཕགས་པ་ཚངས་པས་ཞུས་པ་ཞེས་བྱ་བ་ཐེག་པ་ཆེན་པོའི་མདོ་རྫོགས་སྷོ། རྒྱ་གར་གྱི་མཁན་པོ་འཛིན་མི་ཏྲ་དང་། ཞུ་ཆེན་གྱི་ལོ་ཙཱ་བ་བན་དྷེ་ཡེ་ཤེས་སྡེས་བསྒྱུར་ཅིང་ཞུས་ཏེ་གཏན་ལ་ཕབ་པ།

## No. 213 ཚ(Tsha) 126a8-136b2 Toh 118

① འཕགས་པ་རིན་པོ་ཆེའི་མཐའ་ཞེས་བྱ་བ་ཐེག་པ་ཆེན་པོའི་མདོ།

② 'Phags pa rin po che'i mtha' zhes bya ba theg pa chen po'i mdo

③ ཨཱརྱ་ར་ཏ་ནཱ་[ར་ཏྣ་]ཀོ་ཊི་ར་[ཊི་]ནཱ་མ་མ་ཧཱ་ཡཱ་ན་སཱུ་ཏྲ།

④ Ārya-Ratnakoṭi[1]-nāma-mahāyānasūtra

⑤ Tr. Prajñāvarma, Ye shes sde

⑦ འཕགས་པ་རིན་པོ་ཆེའི་མཐའ་ཞེས་བྱ་བ་ཐེག་པ་ཆེན་པོའི་མདོ་རྫོགས་སྷོ། རྒྱ་གར་གྱི་མཁན་པོ་པྲཛྙཱ་[2] བར་མ་དང་། ཞུ་ཆེན་གྱི་ལོ་ཙྪ་བ་བན་དྷེ་ཡེ་ཤེས་སྡེ་ལ་སོགས་[3] པས་བསྒྱུར་ཅིང་ཞུས་ཏེ་གཏན་ལ་ཕབ་པའོ།[4]

## No. 214 ཚ(Tsha) 136b2-233b8 Toh 160

① འཕགས་པ་ཚངས་པ་ཁྱད་པར་སེམས་ཀྱིས་ཞུས་པ་ཞེས་བྱ་བ་ཐེག་པ་ཆེན་པོའི་མདོ།

② 'Phags pa tshangs pa khyad par sems kyis zhus pa zhes bya ba theg pa chen po'i mdo

③ ཨཱརྱ་བི་ཤེ་ཤ་[ཥ་]ཙིན་ཏི་[ཙིནྟི་]བྲ་ཧྨ་པ་རི་པྲིད་ཚ་[པ་རི་པྲི་ཙྪཱ]ནཱ་མ་མ་ཧཱ་ཡཱ་ན་སཱུ་ཏྲ།

④ Ārya-Viśeṣacintibrahma[5]paripṛcchā-nāma-mahāyānasūtra

⑤ Tr. Śākyaprabha, Dharmapāla, Jinamitra, Dharmatāśīla

⑥ Rev. Devendraśīla, Kumāraśīla

⑦ འཕགས་པ་ཚངས་པ་ཁྱད་པར་སེམས་ཀྱིས་ཞུས་པ་ཞེས་བྱ་བ་ཐེག་པ་ཆེན་པོའི་མདོ་རྫོགས་སྷོ། རྒྱ་གར་གྱི་མཁན་པོ་ཤཱཀྱ་པྲ་བྷ་དང་། དྷརྨ་པཱ་ལ་དང་། ཛིན་མི་ཏྲ་དང་། ཞུ་ཆེན་གྱི་ལོ་ཙཱ་བ་བན་དེ་དྷརྨཱ

---

1 UT koṭir, S koṭira, P kotir, D koṭi

2 U པཛྙཱ།

3 P ལསོགས།

4 PN add (Dhā, AW, editor's note) after ཕབ་པའོ།, cf. Appendix.

5 US(T) viśeśaci(a)ntibrahma, P prahmāviśeṣacidti, ND brahmaviśeṣacinti

ཏ་ཤཱི་ལ་དང་། བར་ཞུས་ཀྱི་ལོ་ཙཱ་བ་བན་སྡེ་དེ་བེན་དྲ་ཤི་ལ་[1]དང་། ཀུ་མ་ར་ཤཱི་ལ་ལ་སོགས་[2]པས་ཞུས་ཏེ་གཏན་ལ་ཕབ་པའོ།

No. 215 ཚ(Tsha) 234a1-315b8 Toh 157

① འཕགས་པ་མི་འམ་ཅིའི་རྒྱལ་པོ་ལྗོན་པས་[3]ཞུས་པ་ཞེས་བྱ་བ་ཐེག་པ་ཆེན་པོའི་མདོ།

② 'Phags pa mi 'am ci'i rgyal po ljon pas zhus pa zhes bya ba theg pa chen po'i mdo

③ ཨཱརྻ་དྲུ་མ་ཀིན་ན་[ཀིནྣ་ར་]རཱ་[རཱ་ཛཱ་]པ་རི་པྲིད་ཚ་[པ་རི་པྲི་ཙྪཱ་]ན་[ནཱ་]མ་མ་ཧཱ་ཡཱ་ན་སཱུ་ཏྲ།

④ Ārya-Drumakinnararājā[4]paripṛcchā-nāma-mahāyānasūtra

⑤ Tr. dPal gyi lhun po, dPal brtsegs rakṣita

⑦ འཕགས་པ་མི་འམ་ཅིའི་རྒྱལ་པོ་ལྗོན་པས་[5]ཞུས་པ་ཞེས་བྱ་བ་ཐེག་པ་ཆེན་པོའི་མདོ་རྫོགས་སྷོ། ཞུ་ཆེན་གྱི་ལོ་ཙྪ་བ་བན་དྷེ་དཔལ་གྱི་ལྷུན་པོ་དང་། བན་དྷེ་དཔལ་བརྩེགས་རཀྵི་ཏས་བསྒྱུར་ཅིང་། ཞུས་ཏེ་གཏན་ལ་ཕབ་པའོ།[6]

No. 216 ཚ(Tsha) 315b8-363a8 Toh 161

① འཕགས་པ་ལྷའི་བུ་རབ་རྩལ་[7]སེམས་ཀྱིས་ཞུས་པ་ཞེས་བྱ་བ་ཐེག་པ་ཆེན་པོའི་མདོ།

② 'Phags pa lha'i bu rab rtsal sems kyis zhus pa zhes bya ba theg pa chen po'i mdo

③ ཨཱརྻ་སུ་བི་ཀྲཱན་ཏ་ཙིན་ཏ་[ཙིནྟ་]དེ་བ་པུ་ཏྲ་པ་རི་པྲིད་ཚ་[པ་རི་པྲི་ཙྪཱ་]ནཱ་མ་མཱ་[མ་]ཧཱ་ཡཱ་ན་སཱུ་ཏྲ།

④ Ārya-Suvikrāntacintadevaputraparipṛcchā-nāma-mahāyānasūtra

⑤ Tr. Prajñāvarma, Ye shes sde

⑦ འཕགས་པ་ལྷའི་བུ་རབ་རྩལ་[8]སེམས་ཀྱིས་ཞུས་པ་ཞེས་བྱ་བ་ཐེག་པ་ཆེན་པོའི་མདོ་རྫོགས་སྷོ། རྒྱ་གར་གྱི་མཁན་པོ་པྲཛྙཱ་བརྨ་དང་། ཞུ་ཆེན་གྱི་ལོ་ཙཱ་བ་བནྡེ་ཡེ་ཤེས་སྡེས་[9]བསྒྱུར་ཅིང་ཞུས་ཏེ་གཏན་ལ་ཕབ་པ།[10]

---

1 U ཤི་ལ། S ཤཱི་ལ། T ཤཱི་ལི། PND རཀྵི་ཏ།

2 P ལསྐྱོགས།

3 UST ལྗོན་པས། PND སྡོང་པོས།

4 U kinnarā, S kinnarāja, T kinnārājā, PND kinnararāja

5 UST ལྗོན་པས། PND སྡོང་པོས།

6 PN add (Dhā, AW, editor's note) after ཕབ་པའོ།, cf. Appendix.

7 T བསྐུལ།

8 T བརྩལ།

9 U སྡེ་ལས། ST སྡེས། P སྡེ་ལསོགས་པས། ND སྡེ་ལ་སོགས་པས།

10 T adds AW after ཕབ་པ།, cf. Appendix.

## Volume 72 མདོ་སྡེ། ཛ (1–368)

### No. 217 ཛ(Dza) 1b1-120a2 Toh 175

① འཕགས་པ་བློ་གྲོས་མི་ཟད་པས་བསྟན་པ་ཞེས་བྱ་བ་ཐེག་པ་ཆེན་པོའི་མདོ།

② 'Phags pa blo gros mi zad pas bstan pa zhes bya ba theg pa chen po'i mdo

③ ཨཱརྻ་ཨཀྵཱ་[ཨཀྵ་]ཡ་མ་ཏི་ནིརྡ་ཤ་[ནིརྡེ་ཤ་]ནཱ་མ་མ་ཧཱ་ཡཱ་ན་སཱུ་ཏྲ།

④ Ārya-Akṣayamatinirdeśa-nāma-mahāyānasūtra

⑤ Tr. Dharmatāśīla

⑦ འདུས་པ་ཆེན་པོའི་[1] ལེའུ་འབུམ་པ་[2] ལས། བློ་གྲོས་མི་ཟད་པས་བསྟན་པ་ཞེས་བྱ་བ་ཐེག་པ་ཆེན་པོའི་མདོ་རྫོགས་སྷོ།[3] ཞུ་ཆེན་གྱི་ལོ་ཙྪ་བ་བན་དྷེ་དྷརྨ་ཏཱ་ཤཱི་ལས། སྐད་གསར་ཆད་[4] ཀྱིས་ཀྱང་བཅོས་ཏེ་གཏན་ལ་ཕབ་པ།

### No. 218 ཛ(Dza) 120a2-250a4 Toh 147

① འཕགས་པ་དེ་བཞིན་གཤེགས་པའི་སྙིང་རྗེ་ཆེན་པོ་བསྟན་པ་ཞེས་བྱ་བ་ཐེག་པ་ཆེན་པོའི་མདོ།

② 'Phags pa de bzhin gshegs pa'i snying rje chen po bstan pa zhes bya ba theg pa chen po'i mdo

③ ཨཱརྻ་ཏ་ཐཱ་ག་ཏ་མཧཱ་ཀ་རུ་ཎ་[ཎཱ་]ནི་ར་དེ་ཤ་[ནིརྡེ་ཤ་]ནཱ་མ་མ་ཧཱ་ཡཱ་ན་སཱུ་ཏྲ།

④ Ārya-Tathāgatamahākaruṇānirdeśa-nāma-mahāyānasūtra

⑤ Tr. Śīlendrabodhi, Ye shes sde

⑦ འཕགས་པ་[5] དེ་བཞིན་གཤེགས་པའི་སྙིང་རྗེ་ཆེན་པོ་བསྟན་པ་ཞེས་བྱ་བ་ཐེག་པ་ཆེན་པོའི་མདོ་རྫོགས་སྷོ། རྒྱ་གར་གྱི་མཁན་པོ་ཤཱི་ལེན་དྲ་བོ་དྷི་དང་ཞུ་ཆེན་གྱི་ལོ་ཙྪ་བ་བན་དྷེ་ཡེ་ཤེས་སྡེས་བསྒྱུར་ཅིང་ཞུས་ཏེ། སྐད་གསར་ཆད་[6] ཀྱིས་ཀྱང་བཅོས་ནས་གཏན་ལ་ཕབ་པ།

---

1 UT པོ། SPND པོའི།

2 P omits པ།

3 PN omit after རྫོགས་སྷོ།

4 UTD ཆད། S བཅད།

5 U བ།

6 UTPD ཆད། SN བཅད།

### No. 219 ཛ(Dza) 250a5-261a8 Toh 252

① འཕགས་པ་བཞི་པ་བསྒྲུབ་[1]པ་ཞེས་བྱ་བ་ཐེག་པ་ཆེན་པོའི་མདོ།

② 'Phags pa bzhi pa bsgrub pa zhes bya ba theg pa chen po'i mdo

③ ཨཱརྱ་ཙ་ཏུརྠ་ནི་ར་ཧཱ་ར་[ནིརྷཱ་ར་]ནཱ་མ་མ་ཧཱ་ཡཱ་ན་སཱུ་ཏྲ།

④ Ārya-Caturthanirhāra[2]-nāma-mahāyānasūtra

### No. 220 ཛ(Dza) 261b1-267b5 Toh 142

① འཕགས་པ་རྣམ་པར་མི་རྟོག་པར་འཇུག་པ་ཞེས་བྱ་བའི་གཟུངས།

② 'Phags pa rnam par mi rtog par 'jug pa zhes bya ba'i gzungs

③ ཨཱརྱ་ཨ་བི་ཀལ་པ་[ཀལྤ་]པྲ་བེ་ཤ་ནཱ་མ་དྷཱ་ར་ཎི།[ཎཱི།]

④ Ārya-Avikalpapraveśa-nāma-dhāraṇī

⑦ འཕགས་པ་རྣམ་པར་མི་རྟོག་པར་འཇུག་པའི་[3]གཟུངས་རྫོགས་སྷོ།[4]

### No. 221 ཛ(Dza) 267b5-356a2 Toh 176

① འཕགས་པ་དྲི་མ་མེད་པར་གྲགས་པས་བསྟན་པ་ཞེས་བྱ་བ་ཐེག་པ་ཆེན་པོའི་མདོ།

② 'Phags pa dri ma med par grags pas bstan pa zhes bya ba theg pa chen po'i mdo

③ ཨཱརྱ་བི་མ་ལ་ཀཱིར་ཏི་[ཀཱིརྟི་]ནིར་དེ་ཤ་[ནིརྡེ་ཤ་]ནཱ་མ་མ་ཧཱ་ཡཱ་ན་སཱུ་ཏྲ།

④ Ārya-Vimalakīrtinirdeśa-nāma-mahāyānasūtra

⑤ Tr. Dharmatāśīla

⑦ འཕགས་པ་དྲི་མ་མེད་པར་གྲགས་པས་བསྟན་པ་ཞེས་བྱ་བ་ཐེག་པ་ཆེན་པོའི་མདོ་རྫོགས་སོ།། ཞུ་ཆེན་གྱི་ལོ་ཙྪ་བ་བན་དྷེ་དྷརྨ་ཏཱ་ཤཱི་ལས་[5]བསྒྱུར་[6]ཅིང་ཞུས་ཏེ་གཏན་ལ་[7]ཕབ་པའོ།

---

1 UST བསྒྲུབ། PND སྒྲུབ།

2 USTS-Cat caturthanirhāra, PND catuśkanirhāra, D-CatP-CatN-Cat catuṣkanirhāra

3 UST འཇུག་པའི། PND འཇུག་པ་ཞེས་བྱ་བའི།

4 PND add colophon after རྫོགས་སྷོ།, cf. Appendix.

5 UST ཞུ་ཆེན་གྱི་ལོ་ཙྪ་བ་བན་དྷེ་དྷརྨ་ཏཱ་ཤཱི་ལས་ PND ཤུ་ལོ་ཀ་སྟོང་བརྒྱད་བརྒྱ་སྟེ་བམ་པོ་དྲུག་གོ། ལོ་ཙྪ་བ་བན་དེ་ཆོས་ཉིད་ཚུལ་ཁྲིམས་ཀྱིས་

6 U སྒྱུར། STPND བསྒྱུར།

7 U omits ལ།

No. 222 ཛ(Dza) 356a2-357b2

① སའི་མདོ།

② Sa'i mdo

③ བྷཱུ་མི་སཱུ་ཏྲ།

④ Bhūmi-sūtra

⑤ Tr. Padmākaravarma, Rin chen bzang po

⑦ སའི་མདོ་རྫོགས་སོ། རྒྱ་གར་གྱི་མཁན་པོ་པདྨ་ཀ་ར་བར་མ་དང་། ཞུ་ཆེན་གྱི་ལོ་ཙཱ་བ་དགེ་སློང་རིན་ཆེན་བཟང་པོས་བསྒྱུར་[1]ཅིང་ཞུས་ཏེ། གཏན་ལ་ཕབ་པ།

No. 223 ཛ(Dza) 357b2-358b3 Toh 336

① ཁར་[2]སིལ་[3]འཆང་བའི་ཀུན་ཏུ་སྤྱོད་པའི་ཆོ་ག

② Khar sil 'chang ba'i kun tu spyod pa'i cho ga

No. 224 ཛ(Dza) 358b3-359b3 Toh 300

① འཕགས་པ་དགེ་བའི་བཤེས་གཉེན་བསྟེན་པའི་མདོ།

② 'Phags pa dge ba'i bshes gnyen bsten pa'i mdo

③ ཨཱརྱ་ཀ་ལྱ་[ཀ་ལྱཱ་ཎ་]མི་ཏྲ་སེ་བ་ནམ་[ན་]སཱུ་ཏྲ།

④ Ārya-Kalyāṇamitra[4]sevana[5]-sūtra

No. 225 ཛ(Dza) 359b4-361a7 Toh 104

① འཕགས་པ་དེ་བཞིན་གཤེགས་པ་རྣམས་ཀྱི་སངས་རྒྱས་ཀྱི་ཞིང་གི་ཡོན་ཏན་བརྗོད་པའི་ཆོས་ཀྱི་རྣམ་གྲངས།

② 'Phags pa de bzhin gshegs pa rnams kyi sangs rgyas kyi zhing gi yon tan brjod pa'i chos kyi rnam grangs

③ ཨཱརྱ་ཏ་ཐཱ་ག་ཏཱ་ནམ་བུད་དྷ་[ནཱམ་བུདྡྷ་]ཀྵེ་ཏྲ་གུ་ཎོ་ཀྟ་དྷརྨཱ་རྱ་ཡ།[དྷརྨ་པརྱཱ་ཡ།]

④ Ārya-Tathāgatānāṃ[6] buddhakṣetraguṇoktadharmaparyāya[7]

---

1 U སྒྱུར། ST བསྒྱུར།

2 UP ཁར། SND འཁར། T མཁར།

3 UP སིལ། STND གསིལ།

4 UST kalyamitra, P kalyanemitra, D(N) kalyā(a)ṇamitra

5 UP sevanam, ST sevanama, ND sevani

6 UST nam, PND nāma

7 UT(S) dharmārya(ā)ya, P dharmaparryāya(དྷརྨ་པར་རྱཱ་ཡ།), ND dharmaparyāya

⑦ འཕགས་པ་དེ་བཞིན་གཤེགས་པ་རྣམས་ཀྱི་སངས་རྒྱས་ཀྱི་ཞིང་གི་ཡོན་ཏན་བརྗོད་པའི་ཆོས་ཀྱི་རྣམ་གྲངས་རྫོགས་སོ།[1]

No. 226 ཛ(Dza) 361a7-368a7 Toh 318

① འཕགས་པ་དོན་རྒྱས་པ་ཞེས་བྱ་བའི་ཆོས་ཀྱི་རྣམ་གྲངས།

② 'Phags pa don rgyas pa zhes bya ba'i chos kyi rnam grangs

③ ཨཱརྻ་ཨར་ཐ་[ཨརྠ་]བིསྟ་རོ་[ར་]ནཱ་མ་དྷརྨ་པརྻ་ཡ།[པརྻཱ་ཡ།]

④ Ārya-Arthavistarā[2]-nāma-dharmaparyāya

⑦ གླེགས་བམ་དུ་མ་ལ་གཏུགས་ནས། ཞུ་དག་ཅི་ནུས་བགྱིས།[3]

## Volume 73 མདོ་སྡེ། ཝ (1–380)

No. 227=50(18) ཝ(Wa) 1b1-42a8 Toh 62

① འཕགས་པ་ཡུལ་འཁོར་སྐྱོང་གིས་ཞུས་པ་ཞེས་བྱ་བ་ཐེག་པ་ཆེན་པོའི་མདོ།

② 'Phags pa yul 'khor skyong gis zhus pa zhes bya ba theg pa chen po'i mdo

③ ཨཱརྻ་རཱ་ཥྚ་[རཱཥྚ་]པཱ་ལ་པ་རི་པྲྀཙྪཱ་[པ་རི་པྲྀ་ཙྪཱ་]ནཱ་མ་མ་ཧཱ་ཡཱ་ན་སཱུ་ཏྲ།

④ Ārya-Rāṣṭrapālaparipṛcchā[4]-nāma-mahāyānasūtra

⑤ Tr. Jinamitra, Dānaśīla, Munivarma, Ye shes sde

⑦ འཕགས་པ་ཡུལ་འཁོར་སྐྱོང་གིས་ཞུས་པ་ཞེས་བྱ་བ་རྫོགས་སྷོ།[5] རྒྱ་གར་གྱི་མཁན་པོ་འཛི་ན་མི་ཏྲ་དང་། དཱ་ན་ཤཱི་ལ་དང་། མུ་ནི་བར་མ་དང་། ཞུས་ཆེན་གྱི་ལོ་ཙྪ་བ་བནྡེ་ཡེ་ཤེས་སྡེས་བསྒྱུར་ཅིང་ཞུས་ཏེ། སྐད་གསར་ཆད་[6]ཀྱིས་ཀྱང་བཅོས་ནས། གཏན་ལ་ཕབ་པ།[7] ཤོ་ལོ་ཀ་སྟོང་སྟེ། བམ་པོ་གསུམ་དང་། ཤོ་ལོ་ཀ་བརྒྱ།

---

1 D adds colophon after རྫོགས་སོ།, cf. Appendix.

2 U vistaro, S vastiro, T vistoro, PN vighuṣṭa, D vistara

3 SPND omit གླེགས་བམ་དུ་མ་ལ་གཏུགས་ནས། ཞུ་དག་ཅི་ནུས་བགྱིས། T ?

4 U pūstupāla, ST pūstapāla, P rāṣṭapālapari, N rāṣṭapalanapari, D rāṣṭrapālapari, cf. No. 50(18)

5 Cf. No. 50(18)

6 UTPND ཆད། S བཅད།

7 PD omit after ཕབ་པ།

## No. 228 ཝ(Wa) 42a8-232a5 Toh 120

① འཕགས་པ་ཡོངས་སུ་མྱ་ངན་ལས་འདས་པ་ཆེན་པོ་ཐེག་པ་ཆེན་པོའི་མདོ།

② 'Phags pa yongs su mya ngan las 'das pa chen po theg pa chen po'i mdo

③ ཨ་རྱ་[ཨཱརྱ་]མཧཱ་པ་རི་ནི་རྦཱ་ཎ་མ་ཧཱ་ཡཱ་ན་སཱུ་ཏྲ།

④ Ārya-Mahāparinirvāṇa[1]-mahāyānasūtra

⑤ Tr. Jinamitra, Jñānagarbha, Devacandra…

⑦ … ཞེས་བྱ་བའི་ལེའུ། འཕགས་པ་ཡོངས་སུ་མྱ་ངན་ལས་འདས་པ་ཐེག་པ་ཆེན་པོའི་མདོ་[2]རྫོགས་སོ།། ཤོ་ལོ་ཀ་སུམ་སྟོང་བརྒྱད་བརྒྱ་མཆིས། རྒྱ་གར་གྱི་མཁན་པོ་འཛི་ན་མི་ཏྲ་དང་། ཛྙཱ་ན་གར་བྷ་དང་། ཞུ་ཆེན་གྱི་ལོ་ཙཱ་བ་བནྡེ་དེ་བ་ཙནྡྲས་བསྒྱུར་ཏེ་གཏན་ལ་ཕབ་པ།

## No. 229 ཝ(Wa) 232a6-380a7 Toh 353

① ཐབས་མཁས་པ་ཆེན་པོ་སངས་རྒྱས་དྲིན་ལན་བསབ་པའི་མདོ།

② Thabs mkhas pa chen po sangs rgyas drin lan bsab pa'i mdo

③ [3](དེའི་ཕང་བྱ་ན་ཕྱུར་པོའུ་ཤིན་ཀྱིང་སུ་ཐིམ་དེའི་ཀྱིར།) (from Chinese)

⑦ ཐབས་མཁས་པ་ཆེན་པོ་སངས་རྒྱས་དྲིན་ལན་བསབ་པ་ཞེས་བྱ་བའི་མདོ་རྫོགས་སོ།།[4] རྒྱ་ནག་ལས་བོད་དུ་འགྱུར་བ་ལ་འགྱུར་གསར་ཆད་[5]མ་བྱས་པའོ།[6]

# Volume 74 མདོ་སྡེ། ཞ (1–372)

## No. 230 ཞ(Zha) 1b1-94a1 Toh 174

① འཕགས་པ་འཇིག་རྟེན་འཛིན་གྱིས་ཡོངས་སུ་དྲིས་པ་ཞེས་བྱ་བའི་མདོ།

② 'Phags pa 'jig rten 'dzin gyis yongs su dris pa zhes bya ba'i mdo

③ ཨཱརྱ་ལོ་ཀ་དྷ་ར་པ་རི་པྲི་ཙྪཱ་[པ་རི་པྲྀ་ཙྪཱ་]ནཱ་མ་སཱུ་ཏྲ།

④ Ārya-Lokadharaparipṛcchā-nāma-sūtra[7]

---

1 PND add nāma

2 PND omit འཕགས་པ་ཡོངས་སུ་མྱ་ངན་ལས་འདས་པ་ཐེག་པ་ཆེན་པོའི་མདོ་

3 UTN རྒྱ་ཡི་སྐད་དུ། S རྒྱ་གར་སྐད་དུ། PD རྒྱའི་སྐད་དུ།, cf. Appendix.

4 PD omit after རྫོགས་སོ།

5 UTN ཆད། S བཅད།

6 UT add (Dhā, AW, editor’s note) after བྱས་པའོ།, cf. Appendix.

7 PN omit the Sanskrit title.

⑦ འཕགས་པ་འཇིག་རྟེན་འཛིན་ཅེས་བྱ་བའི་མདོ་རྫོགས་སོ།

No. 231 ཞ(Zha) 94a2-147b4 Toh 229

① དེ་བཞིན་གཤེགས་པ་བགྲོ་བ་ཞེས་བྱ་བ་ཐེག་པ་ཆེན་པོའི་མདོ།

② De bzhin gshegs pa bgro ba zhes bya ba theg pa chen po'i mdo

③ ཏ་ཐཱ་ག་ཏ་སང་གཱི་ཏིན་མ་[སངྒཱི་ཏི་ནཱ་མ་]མ་ཧཱ་ཡཱ་ན་སཱུ་ཏྲ།

④ Tathāgatasaṅgīti-nāma-mahāyānasūtra

⑤ Tr. Jñānagarbha, dPal dbyangs

⑥ Rev. dPal brtsegs

⑦ དེ་བཞིན་གཤེགས་པ་བགྲོ་བ་ཞེས་བྱ་བ་ཐེག་པ་ཆེན་པོའི་མདོ་རྫོགས་སོ།། རྒྱ་གར་གྱི་མཁན་པོ་ཛྙཱ་ན་གར་བྷ་དང་། ལོ་ཙྪ་བ་བན་དེ་དཔལ་གྱི་དབྱངས་ཀྱིས་བསྒྱུར་ཅིང་། ཞུ་ཆེན་གྱི་ལོ་ཙྪ་བ་བན་དེ་དཔལ་བརྩེགས་ཀྱིས་ཞུས་ཏེ་གཏན་ལ་ཕབ་པའོ།

No. 232 ཞ(Zha) 147b4-177b1 Toh 179

① འཕགས་པ་ཀུན་རྫོབ་དང་དོན་དམ་པའི་བདེན་པ་[1] བསྟན་པ་ཞེས་བྱ་བ་ཐེག་པ་ཆེན་པོའི་མདོ།

② 'Phags pa kun rdzob dang don dam pa'i bden pa bstan pa zhes bya ba theg pa chen po'i mdo

③ ཨཱརྱ་སམ་བྲི་ཏི་[སཾ་བྲྀ་ཏི་]པ་ར་མཱརྠ་སད་ཏྱ[སཏྱ]ནི་ར་དེ་ཤ་[ནིརྡེ་ཤ་]ནཱ་མ་མ་ཧཱ་ཡཱ་ན་སཱུ་ཏྲ།

④ Ārya-Saṃvṛtiparamārthasatyanirdeśa-nāma-mahāyānasūtra

⑤ Tr. Śākyaprabha, Jinamitra, Dharmatāśīla

⑦ འཕགས་པ་ཀུན་རྫོབ་དང་། དོན་དམ་པའི་བདེན་པ་[2] བསྟན་པ་ཞེས་བྱ་བ་ཐེག་པ་ཆེན་པོའི་མདོ་རྫོགས་སོ།། རྒྱ་གར་གྱི་མཁན་པོ་ཤཱཀྱ་པྲ་བྷ་བ་དང་། འཛིན་ན་མི་ཏྲ་དང་། ཞུ་ཆེན་གྱི་ལོ་ཙྪ་བ་བན་དེ་དྷརྨ་ཏཱ་ཤཱི་ལ་ལ་སོགས་པས་བསྒྱུར་ཅིང་ཞུས་ནས་གཏན་ལ་ཕབ།

No. 233 ཞ(Zha) 177b1-190b2 Toh 224

① འཕགས་པ་ལྷག་པའི་[3] བསམ་པ་[4] བརྟན་པའི་ལེའུ་ཞེས་བྱ་བ་ཐེག་པ་ཆེན་པོའི་མདོ།

② 'Phags pa lhag pa'i bsam pa brtan pa'i le'u zhes bya ba theg pa chen po'i mdo

---

[1] U བ།

[2] UT བ།

[3] T omits པའི།

[4] UTP-Cat བ། SPND བ།

③ ཨཱརྱ་དྲི་ཌྷཱ་[དྲི་ཌྷ་]ཨ་དྷི་[ཨདྷྱཱ་]ཤ་ཡ་པ་རི་བརྟེ་[བརྟ་]ནཱ་མ་མ་ཧཱ་ཡཱ་ན་སཱུ་ཏྲ།

④ Ārya-Dṛḍhādhyāśaya[1]parivarta-nāma-mahāyānasūtra

⑤ Tr. Surendrabodhi, Prajñāvarma, Ye shes sde

⑦ འཕགས་པ་ལྷག་པའི་བསམ་པ་[2]བརྟན་པའི་ལེའུ་ཞེས་བྱ་བ་ཐེག་པ་ཆེན་པོའི་མདོ་རྫོགས་སྷོ། རྒྱ་གར་གྱི་མཁན་པོ་སུ་རེ་ན་དྲ་བོ་དྷི་དང་། པྲཛྙཱ་བར་མ་དང་། ཞུ་ཆེན་གྱི་ལོ་ཚ་བ་བན་དྷེ་ཡེ་ཤེས་སྡེ་ལ་སོགས་པས་བསྒྱུར་ཅིང་ཞུས་ཏེ་གཏན་ལ་ཕབ་པ།[3]

## No. 234 ཞ(Zha) 190b2-195a1 Toh 203

① འཕགས་པ་ཆོས་ཀྱི་ཕྱག་རྒྱ་ཞེས་བྱ་བ་ཐེག་པ་ཆེན་པོའི་མདོ།

② 'Phags pa chos kyi phyag rgya zhes bya ba theg pa chen po'i mdo

③ ཨཱརྱ་དྷརྨ་མུད་དྲཱ་[དྷརྨ་མུ་དྲཱ་]ནཱ་མ་མ་ཧཱ་ཡ་[ཡཱ་]ན་སཱུ་ཏྲ།

④ Ārya-Dharmamudrā-nāma-mahāyānasūtra

⑤ Tr. Klu'i dbang po, lHa'i zla ba

⑦ འཕགས་པ་ཆོས་ཀྱི་ཕྱག་རྒྱ་ཞེས་བྱ་བ་ཐེག་པ་ཆེན་པོའི་མདོ་རྫོགས་སྷོ།[4] ལོ་ཙྪ་བ་བན་དེ་ཀླུའི་དབང་པོ་དང་། ལྷའི་ཟླ་བས་བསྒྱུར་ཅིང་གཏན་ལ་ཕབ་པའོ།

## No. 235 ཞ(Zha) 195a2-200b4 Toh 115

① འཕགས་པ་བདེ་བ་ཅན་གྱི་བཀོད་པ་ཞེས་བྱ་བ་ཐེག་པ་ཆེན་པོའི་མདོ།

② 'Phags pa bde ba can gyi bkod pa zhes bya ba theg pa chen po'i mdo

③ ཨཱརྱ་སུ་ཁཱ་བ་ཏི་[ཏཱི་]བྱཱུ་ཧཱ་[བྱཱུ་ཧ་]ནཱ་མ་མ་ཧཱ་ཡཱ་ན་སཱུ་ཏྲ།

④ Ārya-Sukhāvatīvyūha-nāma-mahāyānasūtra

⑤ Tr. Dānaśīla, Ye shes sde

⑦ འཕགས་པ་བདེ་བ་ཅན་གྱི་བཀོད་པ་ཞེས་བྱ་བ་ཐེག་པ་ཆེན་པོའི་མདོ་རྫོགས་སྷོ།[5] རྒྱ་གར་གྱི་མཁན་པོ་དཱ་ན་ཤཱི་ལ་ལ་སོགས་པ་དང་། ཞུ་ཆེན་གྱི་ལོ་ཙྪ་བ་བན་དྷེ་ཡེ་ཤེས་སྡེ་ལ་སོགས་པས་བསྒྱུར་ཅིང་གཏན་ལ་ཕབ་པ།

---

1 U driḍhyātiśaya, S driḍhyātiśāya, T dridhyātiśāya, P sthirādhiśaya, N sthirādyāśaya, D sthīrādhyāśaya

2 UT བ། PND པ། S omits

3 P adds Dhā after ཕབ་པ།, cf. Appendix.

4 PN omit after རྫོགས་སྷོ།

5 PN omit after རྫོགས་སྷོ།

No. 236 ཞ(Zha) 200b4-205b2 Toh 166

① འཕགས་པ་ཡུལ་འཁོར་སྐྱོང་གིས་ཞུས་པ་ཞེས་བྱ་བ་ཐེག་པ་ཆེན་པོའི་མདོ།

② 'Phags pa yul 'khor skyong gis zhus pa zhes bya ba theg pa chen po'i mdo

③ ཨཱརྱ་རཱཥྚ་[རཱཥྚྲ་]པཱ་ལ་པ་རི་པྲི་ཙྪཱ་[པ་རི་པྲྀ་ཙྪཱ་]ནཱ་མ་མ་ཧཱ་ཡཱ་ན་སཱུ་ཏྲ།

④ Ārya-Rāṣṭrapālaparipṛcchā[1]-nāma-mahāyānasūtra

⑤ Tr. Jinamitra, Ye shes sde

⑦ འཕགས་པ་ཡུལ་འཁོར་སྐྱོང་གིས་ཞུས་པ་ཞེས་བྱ་བ་ཐེག་པ་ཆེན་པོའི་མདོ་རྫོགས་སྷོ།[2] རྒྱ་གར་གྱི་མཁན་པོ་ཛི་ན་མི་ཏྲ་ལ་སོགས་པ་དང་། ཞུ་ཆེན་གྱི་ལོ་ཙྪ་བ་བན་དེ་ཡེ་ཤེས་སྡེས་བསྒྱུར་ཅིང་གཏན་ལ་ཕབ་པ།

No. 237 ཞ(Zha) 205b2-211b6 Toh 200

① འཕགས་པ་འཇིག་རྟེན་གྱི་རྗེས་སུ་འཐུན་[3]པར་འཇུག་པ་ཞེས་བྱ་བ་ཐེག་པ་ཆེན་པོའི་མདོ།

② 'Phags pa 'jig rten gyi rjes su 'thun par 'jug pa zhes bya ba theg pa chen po'i mdo

③ ཨཱརྱ་ལོ་ཀཱ་ནུ་བརྟན་[བརྟ་ན་]ནཱ་མ་མ་ཧཱ་ཡཱ་ན་སཱུ་ཏྲ།

④ Ārya-Lokānuvartanā[4]-nāma-mahāyānasūtra

⑤ Tr. Jinamitra, Dānaśīla, Ye shes sde

⑦ འཕགས་པ་འཇིག་རྟེན་གྱི་རྗེས་སུ་འཐུན་[5]པར་འཇུག་པ་ཞེས་བྱ་བ་ཐེག་པ་ཆེན་པོའི་མདོ་རྫོགས་སྷོ། རྒྱ་གར་གྱི་མཁན་པོ་འཛི་ན་མི་ཏྲ་དང་། དཱ་ན་ཤཱི་ལ་དང་། ཞུ་ཆེན་གྱི་ལོ་ཙྪ་བ་བན་དེ་ཡེ་ཤེས་སྡེས་བསྒྱུར་ཅིང་ཞུས་ཏེ། སྐད་གསར་ཆད་[6]ཀྱིས་ཀྱང་བཅོས་ནས། གཏན་ལ་ཕབ་པ།[7]

No. 238 ཞ(Zha) 211b6-231b2 Toh 202

① འཕགས་པ་ངེས་པ་དང་མ་ངེས་པར་འགྲོ་བའི་ཕྱག་རྒྱ་ལ་འཇུག་པ་ཞེས་བྱ་བ་ཐེག་པ་ཆེན་པོའི་མདོ།

② 'Phags pa nges pa dang ma nges par 'gro ba'i phyag rgya la 'jug pa zhes bya ba theg pa chen po'i mdo

---

1 UTPN rāṣṭa, S raṣṭa, D rāṣṭra

2 PN omit after རྫོགས་སྷོ།

3 UTPD འཐུན། SN མཐུན།

4 USD(T) lokā(a)nuvartana, PN lokānusamānā-avatāra

5 UTPD འཐུན། SN མཐུན།

6 UTPD ཆད། SN བཅད།

7 PN add (Dhā, AW) after ཕབ་པ།, cf. Appendix.

③ ཨཱཪྱ་ནི་ཡ་ཏ་ཨ་ནི་ཡ་ཏ་ག་ཏི་མུད་དྲཱ་[མུ་དྲཱ་]ཨ་བ་ཏ་[ཏཱ་]ར་ནཱ་མ་མ་ཧཱ་ཡཱ་ན་སཱུ་ཏྲ།

④ Ārya-Niyatāniyatagatimudrāvatāra-nāma-mahāyānasūtra

⑤ Tr. Prajñāvarma, Surendrabodhi, Ye shes sde

⑦ འཕགས་པ་ངེས་པ་དང་། མ་ངེས་པར་འགྲོ་བའི་ཕྱག་རྒྱ་ལ་འཇུག་པ་ཞེས་བྱ་བ་ཐེག་པ་ཆེན་པོའི་མདོ་རྫོགས་སྷོ། རྒྱ་གར་གྱི་མཁན་པོ་པྲཛྙཱ་བར་མ་དང་། སུ་རེན་དྲ་བོ་དྷི་དང་། ཞུ་ཆེན་གྱི་ལོ་ཙྪ་བ་བན་དྷེ་ཡེ་ཤེས་སྡེས་[1] བསྒྱུར་ཅིང་ཞུས་ཏེ། གཏན་ལ་ཕབ་པ།

## No. 239=531 ཞ(Zha) 231b2-244a2 Toh 504

① འཕགས་པ་བཅོམ་ལྡན་འདས་སྨན་གྱི་བླ་བཻ་ཌཱུཪྻའི་[2] འོད་ཀྱི་སྔོན་གྱི་སྨོན་ལམ་གྱི་ཁྱད་པར་རྒྱས་པ་ཞེས་བྱ་བ་ཐེག་པ་ཆེན་པོའི་མདོ།

② 'Phags pa bcom ldan 'das sman gyi bla bai ḍūrya'i 'od kyi sngon gyi smon lam gyi khyad par rgyas pa zhes bya ba theg pa chen po'i mdo

③ ཨཱཪྱ་བྷ་ག་བ་ཏེ་[ཏོ་]བྷཻ་ཥ་ཛྱ་གུ་རུ་བཻ་དཱུཪྻ་[བཻ་ཌཱུཪྻ་]པྲ་བྷ་སྱ་པཱུརྦ་པྲ་ཎི་དྷ་[དྷཱ་]ན་བི་སྟེ་རན་[བི་ཤེ་ཥ་བིསྟཱ་ར་] ནཱ་མ་མ་ཧཱ་ཡཱ་ན་སཱུ་ཏྲ།

④ Ārya-Bhagavato bhaiṣajyaguruvaiḍūryaprabhasya pūrvapraṇidhānaviśeṣavistārā[3]-nāma-mahāyānasūtra

⑦ འཕགས་པ་བཅོམ་ལྡན་འདས་སྨན་གྱི་བླ་བཻ་ཌཱུརྻའི་[4] འོད་ཀྱི་སྔོན་གྱི་སྨོན་ལམ་གྱི་ཁྱད་པར་རྒྱས་པ་ཞེས་བྱ་བ་ཐེག་པ་ཆེན་པོའི་མདོ་རྫོགས་སྷོ།[5] མདོ་བརྒྱད་བརྒྱ་པ་ནས་བཀོལ་བའོ།

## No. 240 ཞ(Zha) 244a2-254a1 Toh 210

① འཕགས་པ་སཱ་ལུ་[6] ལྗང་པ་ཞེས་བྱ་བ་ཐེག་པ་ཆེན་པོའི་མདོ།

② 'Phags pa sā lu ljang pa zhes bya ba theg pa chen po'i mdo

③ ཨཱཪྱ་ཤཱ་ལི་སྟཾ་བྷ་ནཱ་མ་ཧཱ་[ནཱ་མ་མ་ཧཱ་]ཡཱ་ན་སཱུ་ཏྲ།

④ Ārya-Śālistambha[7]-nāma-mahāyānasūtra

---

1 P སྡེ་ལསོགས་པས། ND སྡེ་ལ་སོགས་པས། UST སྡེས། (omit ལ་སོགས་པ།)

2 UND བཻ་ཌཱུཪྻའི། S བཻ་ཌཱུརྻའི། TP བཻ་དཱུཪྻའི།

3 UT visteran, S visterana, P viśeṣavistara, ND viśeṣavistāra, cf. No. 531

4 UST བཻ་ཌཱུརྻའི། P བཻདཱུཪྻའི། ND བཻ་ཌཱུཪྻའི།, cf. No. 531

5 PND after རྫོགས་སྷོ།, cf. No. 531

6 UST ལུ། PND ལུའི།

7 USTD stambha, P stampa, N sambhava

## No. 241 ཞ(Zha) 254a1-273b6 Toh 217

① འཕགས་པ་དཔལ་སྦས་ཤེས་[1]བྱ་བའི་མདོ།

② 'Phags pa dpal sbas shes bya ba'i mdo

③ ཨཱརྻ་ཤྲཱི་གུབ་ཏ་[གུཔྟ་]ནཱ་མ་སཱུ་ཏྲ།

④ Ārya-Śrīgupta-nāma-sūtra

⑤ Tr. Jinamitra, Dānaśīla, Ye shes sde

⑦ འཕགས་པ་དཔལ་སྦས་ཞེས་[2]བྱ་བའི་མདོ་རྫོགས་སྷོ། རྒྱ་གར་གྱི་མཁན་པོ་འཛི་ན་མི་ཏྲ་དང་། དཱ་ན་ཤཱི་ལ་དང་། ཞུ་ཆེན་གྱི་ལོ་ཙཱ་བ་བན་དྷེ་ཡེ་ཤེས་སྡེས་བསྒྱུར་ཅིང་ཞུས་ཏེ། སྐད་གསར་ཆད་[3]ཀྱིས་བཅོས་ནས་གཏན་ལ་ཕབ་པ།[4]

## No. 242 ཞ(Zha) 273b6-278b4 Toh 128

① [5]ཆོས་ཉིད་རང་གི་ངོ་བོ་ཉིད་[6]ལས་མི་གཡོ་བར་ཐ་དད་པར་ཐམས་ཅད་ལ་སྣང་བ་ཞེས་བྱ་བ་ཐེག་པ་ཆེན་པོའི་མདོ།[7]

② Chos nyid rang gi ngo bo nyid las mi g.yo bar tha dad par thams cad la snang ba zhes bya ba theg pa chen po'i mdo

④ (Ārya-Dharmatāsvabhāvaśūnyatācalapratisarvāloka-sūtra)[8]

⑤ Tr. Dānaśīla, Ye shes sde

⑦ … བསྟོད་དོ། [9]རྫོགས་སྷོ། རྒྱ་གར་གྱི་མཁན་པོ་དཱ་ན་ཤཱི་ལ་དང་། བན་དེ་ཡེ་ཤེས་སྡེས་བསྒྱུར་ཅིང་ཞུས་ཏེ་གཏན་ལ་ཕབ་པའོ།[10]

---

[1] U ཤེས། STPND ཞེས།

[2] USTND ཞེས། P ཤེས།

[3] UTPND ཆད། S བཅད།

[4] U བ།

[5] PND add འཕགས་པ།

[6] PND ངོ་བོ་སྟོང་པ་ཉིད། UST omit སྟོང་པ།

[7] UST སྣང་བ་ཞེས་བྱ་བ་ཐེག་པ་ཆེན་པོའི་མདོ། PND སྣང་བའི་མདོ།

[8] Title from D-Cat 128.

[9] PND add ཆོས་ཉིད་རང་གི་ངོ་བོ་ཉིད་ལས་མི་གཡོ་བར་ཐ་དད་པར་ཐམས་ཅད་སྣང་བའི་མདོ།

[10] PND add དཱ་ན་ཤཱི་ལའི་ཞལ་ནས་སྡེ་སྣོད་ཀྱི་བསྟན་བཅོས་དང་དབུ་མའི་ལྟ་བ་ཐ་དད་རྣམས་འདི་ལས་འཕྲོས་པ་ཡིན་གསུང་སྐད། after ཕབ་པའོ།

## No. 243 ཞ(Zha) 278b4-281a6 Toh 173

① འཕགས་པ་བདག་མེད་པ་དྲིས་པ་ཞེས་བྱ་བ་ཐེག་པ་ཆེན་པོའི་མདོ།

② 'Phags pa bdag med pa dris pa zhes bya ba theg pa chen po'i mdo

③ ཨ་རྱ་[ཨཱརྱ་]ནཻའི་རད་ཏྨྱ་[ནཻ་རཱཏྨྱ་]པ་རི་པྲིད་ཚ་[པ་རི་པྲྀ་ཚྪཱ་]ནཱ་མ་མ་ཧཱ་ཡཱ་ན་སཱུ་ཏྲ།

④ Ārya-Nairātmyaparipṛcchā-nāma-mahāyānasūtra

⑦ འཕགས་པ་བདག་མེད་པ་དྲིས་པ་ཞེས་བྱ་བ་ཐེག་པ་ཆེན་པོའི་མདོ་རྫོགས་སྶོ།[1]

## No. 244 ཞ(Zha) 281a6-289b3 Toh 199

① འཕགས་པ་བྱང་ཆུབ་སེམས་དཔའ་བྱམས་པ་དགའ་ལྡན་གནས་སུ་[2]སྐྱེ་བ་བླངས་པའི་མདོ།

② 'Phags pa byang chub sems dpa' byams pa dga' ldan gnas su skye ba blangs pa'i mdo

③ [3](ཀྭན་བྱི་ལོག་པོས་ཞོང་ཤེ་ཧེ་འུ་ཤུད་ཐེན་ཀྱིང་།)

⑤ Tr. Pab stong, Shes rab seng ge (from Chinese)

⑦ འཕགས་པ་བྱང་ཆུབ་སེམས་དཔའ་བྱམས་པ་དགའ་ལྡན་གནམ་དུ་སྐྱེ་བ་བླངས་བའི་མདོ་རྫོགས་སྶོ། ཞུ་བའི་ལོ་ཙ་བ་བན་དེ་པབ་སྟོང་དང་། བན་དེ་ཤེས་རབ་སེང་གེས་རྒྱའི་དཔེ་ལས་བསྒྱུར།

## No. 245 ཞ(Zha) 289b3-291a6 Toh 225

① འཕགས་པ་དཀོན་མཆོག་གསུམ་[4]ལ་སྐྱབས་སུ་འགྲོ་བ་ཞེས་བྱ་བ་ཐེག་པ་ཆེན་པོའི་མདོ།

② 'Phags pa dkon mchog gsum la skyabs su 'gro ba zhes bya ba theg pa chen po'i mdo

③ ཨཱརྱ་ཏྲི་ཤ་ར་རན་ད་ན་[ཏྲི་ཤ་ར་ཎ་]ག་མ་ན་ནཱ་མ་མ་ཧཱ་ཡཱ་ན་སཱུ་ཏྲམ།[ཏྲ།]

④ Ārya-Triśaraṇagamana[5]-nāma-mahāyānasūtra

⑤ Tr. Sarvajñādeva, dPal brtsegs

⑦ འཕགས་པ་གསུམ་ལ་སྐྱབས་སུ་འགྲོ་བ་ཞེས་བྱ་བ་ཐེག་པ་ཆེན་པོའི་མདོ་རྫོགས་སྶོ། རྒྱ་གར་གྱི་མཁན་པོ་སཐད་ཉ་དེ་བ་དང་། ཞུ་ཆེན་གྱི་ལོ་ཙ་བ་བན་དེ་དཔལ་བརྩེགས་ཀྱིས་བསྒྱུར་ཅིང་ཞུས་ཏེ་གཏན་ལ་ཕབ་པ།

---

1 PND add colophon after རྫོགས་སྶོ།, cf. Appendix.

2 UST གནས་སུ། D གནམ་དུ།

3 USTD རྒྱའི་སྐད་དུ།, cf. Appendix.

4 UST འཕགས་པ་དཀོན་མཆོག་གསུམ། PND འཕགས་པ་གསུམ།

5 U triśararandanagamana, ST triśaradnagamana, P triśaraṇaṃgacchame, N triśraṇagacchāmi, D triśaraṇagamana

No. 246 ཞ(Zha) 291a6-291a8 Toh 323

① ཚིགས་སུ་བཅད་པ་གཅིག་པ།

② Tshigs su bcad pa gcig pa

③ ཨེ་ཀ་ག་[གཱ་]ཐཱ།

④ Eka-gāthā

No. 247 ཞ(Zha) 291a8-291b6 Toh 324

① ཚིགས་སུ་བཅད་པ་བཞི་པ།

② Tshigs su bcad pa bzhi pa

③ ཙ་ཏུར་ག་ཐཱ།[ཙ་ཏུརྒཱ་ཐཱ།]

④ Catur-gāthā

No. 248 ཞ(Zha) 291b6-297a2 Toh 171

① འཕགས་པ་བསྒྲེས་[1] མོས་ཞུས་པ་ཞེས་བྱ་བ་ཐེག་པ་ཆེན་པོའི་མདོ།

② 'Phags pa bsgres mos zhus pa zhes bya ba theg pa chen po'i mdo

③ ཨཱརྻ་མ་ཧཱ་ལླི་ཀ་[མ་ཧ་ལླི་ཀཱ་]པ་རི་པྲིད་ཚྪཱ་[པ་རི་པྲི་ཚྪཱ་]ནཱ་མ་མ་ཧཱ་ཡཱ་ན་སཱུ་ཏྲ།

④ Ārya-Mahallikā[2]paripṛcchā-nāma-mahāyānasūtra

⑦ འཕགས་པ་བསྒྲེས་[3] མོས་ཞུས་པ་ཞེས་བྱ་བ་ཐེག་པ་ཆེན་པོའི་མདོ་རྫོགས་སྷོ།[4]

No. 249 ཞ(Zha) 297a2-298b7 Toh 206

① ཟས་ཀྱི་འཚོ་བ་རྣམ་པར་དག་པ་ཞེས་བྱ་བ་ཐེག་པ་ཆེན་པོའི་མདོ།

② Zas kyi 'tsho ba rnam par dag pa zhes bya ba theg pa chen po'i mdo

⑦ འཚོ་བ་རྣམ་པར་དག་པ་[5] རྫོགས་སྷོ།[6] མོའུ་དགལ་[7] འཚོ་བའི་མདོ་ཞེས་པ་དེའོ།

---

[1] UT བསྒྲེས། SPND བགྲེས།

[2] UST mahālīka, PN mahālalika, D mahalalikā, D-CatP-CatS-Cat mahālalikā

[3] UT བསྒྲེས། SPND བགྲེས།

[4] PND add colophon after རྫོགས་སྷོ།, cf. Appendix.

[5] US དག་པ། T དག་པར། PND དག་པའི་མདོ།

[6] PND omit after རྫོགས་སྷོ།

[7] UT དགལ། S འགལ།

No. 250 ཞ(Zha) 298b8-299b2 Toh 122

① འཕགས་པ་འདའ་ཀ་[1]ཡེ་ཤེས་ཞེས་བྱ་བ་ཐེག་པ་ཆེན་པོའི་མདོ།

② 'Phags pa 'da' ka ye shes zhes bya ba theg pa chen po'i mdo

③ ཨརྱ་[ཨཱརྱ་]ཨཱ་ཏ་ཛྙཱ་ན་[ཛྙཱ་ན་]མ་ཧཱ་ཡཱ་ན་སཱུ་ཏྲ།

④ Ārya-Ātajñāna-nāma[2]-mahāyānasūtra

⑦ འཕགས་པ་འདའ་ཀ་[3]ཡེ་ཤེས་ཞེས་བྱ་བ་ཐེག་པ་ཆེན་པོའི་མདོ་རྫོགས་སྷོ།[4] དཀར་ཆག་[5]སྙིང་པར་རྒྱ་ལས་འགྱུར་བར་བཤད། (from Chinese)

No. 251 ཞ(Zha) 299b2-309a2 Toh 291

① མདོ་ཆེན་པོ་སྟོང་པ་ཉིད་ཆེན་པོ་ཞེས་བྱ་བ།

② mDo chen po stong pa nyid chen po zhes bya ba

③ མ་ཧཱ་ཤཱུ་ནྱ་[ཏྲ]ཏཱ་ནཱ་མ་མ་ཧཱ་ཡ་ན་སཱུ་ཏྲམ།[ནཱ་མ་མ་ཧཱ་སཱུ་ཏྲ།]

④ Mahāśūnyatā-nāma-mahāsūtra

⑤ Tr. Jinamitra, Prajñāvarma, Ye shes sde

⑦ མདོ་ཆེན་པོ་སྟོང་པ་ཉིད་ཆེན་པོ་ཞེས་བྱ་བ་རྫོགས་སྷོ། རྒྱ་གར་གྱི་མཁན་པོ་འཛི་ན་མི་ཏྲ་དང་། པྲད་ཛྙཱ་བར་མ་དང་། ཞུ་ཆེན་གྱི་ལོ་ཙཱ་བ་བན་དྷེ་ཡེ་ཤེས་སྡེ་ལ་སོགས་[6]པས་བསྒྱུར་ཅིང་ཞུས་ཏེ། གཏན་ལ་ཕབ་པ། བཀའ་དང་པོར་གཏོགས།

No. 252 ཞ(Zha) 309a2-313b1 Toh 292

① མདོ་ཆེན་པོ་རྒྱལ་མཚན་མཆོག་ཅེས་བྱ་བ།

② mDo chen po rgyal mtshan mchog ces bya ba

③ དྷྭ་ཛ་གྲན་[དྷྭ་ཛཱ་གྲ་]ནཱ་མ་མ་ཧཱ་སཱུ་ཏྲམ།[ཏྲ།]

④ Dhvajāgra[7]-nāma-mahāsūtra

---

1 USTD འདའ་ཀ། PN འདའ་ཁ།

2 UST omit nāma, U ātajñana, ST ātajñāna, P atajñānanāma, ND ātajñānanāma, D-CatS-CatN-Cat atyayajñānanāma, P-Cat ātajñānanāma

3 USTD འདའ་ཀ། PN འདའ་ཁ།

4 PND omit after རྫོགས་སྷོ།

5 UT ཆགས། S ཆག

6 P ལསོགས།

7 US dhvajagran, T dhājāgran, PND dhvajāgran

⑤ Tr. Jinamitra, Prajñāvarma, Ye shes sde

⑦ མདོ་ཆེན་པོ་རྒྱལ་མཚན་མཆོག་ཅེས་བྱ་བ་རྫོགས་སྷོ། རྒྱ་གར་གྱི་མཁན་པོ་འཛི་ན་མི་ཏྲ་དང་། པྲད་ཉཱ་བར་མ་དང་། ཞུ་ཆེན་གྱི་ལོ་ཙ་བ[1]་བན་དྷེ་ཡེ་ཤེས་སྡེ་ལ་སོགས་པས་བསྒྱུར་ཅིང་ཞུས་ཏེ་གཏན་ལ་ཕབ་པ།

## No. 253 ཞ(Zha) 313b1-315b2 Toh 293

① མདོ་ཆེན་པོ་རྒྱལ་མཚན་དམ་པ་ཞེས་བྱ་བ།

② mDo chen po rgyal mtshan dam pa zhes bya ba

③ དྷྭ་ཛཱ་གྲན་[གྲ་]ནཱ་མ་མ་ཧཱ་སཱུ་ཏྲམ།[ཏྲ།]

④ Dhvajāgra[2]-nāma-mahāsūtra

⑤ Tr. Jinamitra, Prajñāvarma, Ye shes sde

⑦ མདོ་ཆེན་པོ་རྒྱལ་མཚན་དམ་པ་ཞེས་བྱ་བ་རྫོགས་སྷོ།[3] རྒྱ་གར་གྱི་མཁན་པོ་འཛི་ན་མི་ཏྲ་དང་། པྲད་ཉཱ་བར་མ་དང་། ཞུ་ཆེན་གྱི་ལོ་ཙ་བ་བན་དྷེ་ཡེ་ཤེས་སྡེ་ལ་སོགས་པས་བསྒྱུར་ཅིང་ཞུས་ཏེ་གཏན་ལ་ཕབ་པ།

## No. 254 ཞ(Zha) 315b2-322b7 Toh 289

① མདོ་ཆེན་པོ་གཟུགས་ཅན་སྙིང་པོས་བསུ་བ་ཞེས་བྱ་བ།

② mDo chen po gzugs can snying pos bsu ba zhes bya ba

③ བིམ་བི་སཱ་ར་པྲད་ཏྱུད་ག་མ་ནན་[པྲ་ཏྱུདྒ་མ་ན་]ནཱ་མ་མ་ཧཱ་སཱུ་ཏྲ།

④ Bimbisārapratyudgamana-nāma-mahāsūtra

⑤ Tr. Jinamitra, Prajñāvarma, Ye shes sde

⑦ མདོ་ཆེན་པོ་གཟུགས་ཅན་སྙིང་པོས་བསུ་བ་ཞེས་བྱ་བ་རྫོགས་སྷོ། རྒྱ་གར་གྱི་མཁན་པོ་འཛི་ན་མི་ཏྲ་དང་། པྲཛྙཱ་བར་མ་དང་། ཞུ་ཆེན་གྱི་ལོ་ཙྪ་བ་བན་དྷེ་ཡེ་ཤེས་སྡེ་ལ་སོགས[4]་པས་བསྒྱུར་ཅིང་ཞུས་ཏེ་གཏན་ལ་ཕབ་པའོ།

---

[1] U omits བ།

[2] UTPND dhvajāgran, S dhvajāgranā

[3] PN omit after རྫོགས་སྷོ།

[4] U ལས་སོགས། STND ལ་སོགས། P ལསོགས།

No. 255 ཞ(Zha) 322b7-328a7 Toh 333

① འཕགས་པ་གནས་འཇོག་གི་མདོ་ཞེས་བྱ་བ།

② 'Phags pa gnas 'jog gi mdo zhes bya ba

⑤ Tr. Sarvajñādeva, dPal brtsegs

⑦ འཕགས་པ་གནས་འཇོག་ཅེས་བྱ་བའི་མདོ་རྫོགས་སྷོ། རྒྱ་གར་གྱི་མཁན་པོ་སརྦ་ཛྙཱ་དེ་བ་དང་། ཞུ་ཆེན་གྱི་ལོ་ཙཱ་བ་བནྡེ་དཔལ་བརྩེགས་ལ་སོགས་[1]པས་བསྒྱུར་ཅིང་ཞུས་[2]ཏེ་གཏན་ལ་ཕབ་པ།[3] བཀའ་དང་པོར་གཏོགས། གླེགས་བམ་དུ་མ་ལ་གཏུགས་ཏེ།[4]

No. 256 ཞ(Zha) 328a7-372a8 Toh 266

① འཕགས་པ་མེ་ཏོག་གི་ཚོགས་ཤེས་[5]བྱ་བ་ཐེག་པ་ཆེན་པོའི་མདོ།

② 'Phags pa me tog gi tshogs shes bya ba theg pa chen po'i mdo

③ ཨཱརྱ་ཀུ་སུ་མ་སན་ཙ་ཡཱ་[སཉྩ་ཡ་]ནཱ་མ་མ་ཧཱ་ཡཱ་ན་སཱུ་ཏྲ།

④ Ārya-Kusumasañcayā[6]-nāma-mahāyānasūtra

⑤ Tr. Jñānasiddhi, Dharmatāśīla

⑦ འཕགས་པ་མེ་ཏོག་གི་ཚོགས་ཤེས་[7]བྱ་བ་ཐེག་པ་ཆེན་པོའི་མདོ་རྫོགས་སྷོ། རྒྱ་གར་གྱི་མཁན་པོ་ཛྙཱ་ན་སིདྡྷི་དང་། ཞུ་ཆེན་གྱི་ལོ་ཙཱ་བ་བནྡེ་དྷརྨ་ཏཱ་ཤཱི་ལ་ལ་སོགས་པས། ཞུ་ཆེན་བགྱིས་[8]ཞུས་[9]ཏེ་གཏན་ལ་ཕབ་པ།[10]

## Volume 75 མདོ་སྡེ། ཟ (1–312)

No. 257 ཟ(Za) 1b1-5b4 Toh 337

① ཆོས་ཀྱི་འཁོར་ལོའི་མདོ།

② Chos kyi 'khor lo'i mdo

---

1. P ལསོགས།
2. U ཞུགས།
3. PND omit after ཕབ་པ།
4. S adds ཞུས་དག after ཏེ།
5. UTP ཤེས། SNDP-Cat ཞེས།
6. USTPN sancayā, D sañcaya
7. UTP ཤེས། SND ཞེས།
8. T omits after བགྱིས། and adds ལོ་ཙྪ་བ་བརྐྱེའི་བསྒྱུར་པ།
9. SPND omit ཞུས།
10. SN add (Dhā, editor's note) after ཕབ་པ།, T adds Dhā, AW, and editor's note after བསྒྱུར་པ།, cf. Appendix.

③ དྷརྨ་ཙག་ཀྲ་[ཙཀྲ་]སཱུ་ཏྲ།

④ Dharmacakra-sūtra

⑦ ཆོས་ཀྱི་འཁོར་ལོའི་མདོ་རྫོགས་སྷོ།[1] ཐར་པ་ལོ་ཙྪམ་བསྒྱུར་བ་དང་། མདོའི་ངོ་གཅིག་ཏུ་སྣང་།

## No. 258 ཟ(Za) 5b4-6b4 Toh 303

① ཚུལ་ཁྲིམས་ཡང་དག་པར་ལྡན་པའི་མདོ།

② Tshul khrims yang dag par ldan pa'i mdo

③ ཤཱི་ལ་སམ་ཡུག་ག་ཏ་[སཾ་ཡུཀྟ་]སཱུ་ཏྲ།

④ Śīlasaṃyukta-sūtra

## No. 259 ཟ(Za) 6b4-7a8 Toh 194

① འཕགས་པ་རྒྱལ་བའི་བློ་གྲོས་ཀྱིས་ཞུས་པ་[2] ཞེས་བྱ་བ་ཐེག་པ་ཆེན་པོའི་མདོ།

② 'Phags pa rgyal ba'i blo gros kyis zhus pa zhes bya ba theg pa chen po'i mdo

③ ཨཱརྱ་ཛ་ཡ་མ་ཏེར་[ཏི་]ནཱ་མ་མ་ཧཱ་ཡཱ་ན་སཱུ་ཏྲ།

④ Ārya-Jayamati-nāma-mahāyānasūtra

⑦ འཕགས་པ་རྒྱལ་བའི་བློ་གྲོས་ཀྱིས་ཞུས་པ་[3] ཞེས་བྱ་བ་ཐེག་པ་ཆེན་པོའི་མདོ་རྫོགས་སྷོ།[4]

## No. 260 ཟ(Za) 7b1-8a7 Toh 150

① འཕགས་པ་སྤྱན་རས་གཟིགས་ཀྱི་[5] དབང་ཕྱུག་གིས་ཞུས་པ་ཆོས་བདུན་པ་ཞེས་བྱ་བ་ཐེག་པ་ཆེན་པོའི་མདོ།

② 'Phags pa spyan ras gzigs kyi dbang phyug gis zhus pa chos bdun pa zhes bya ba theg pa chen po'i mdo

③ ཨཱརྱ་པ་[བ་]ལོ་ཀི་ཏེ་ཤྭ་ར་པ་རི་པྲིད་ཚ་[པ་རི་པྲྀ་ཙྪཱ་]སབ་ཏ་[སཔྟ་]དྷརྨ་ཀ་ན་[དྷརྨ་ཀ་]ནཱ་མ་མ་ཧཱ་ཡཱ་ན་སཱུ་ཏྲ།

④ Ārya-Avalokiteśvaraparipṛcchāsaptadharmaka-nāma-mahāyānasūtra

⑤ Tr. Dīpaṃkaraśrījñāna, dGe ba'i blo gros

---

1 PND omit after རྫོགས་སྷོ།

2 USTN ཀྱིས་ཞུས་པ། PD omit ཀྱིས་ཞུས་པ།

3 UST ཀྱིས་ཞུས་པ། PND omit ཀྱིས་ཞུས་པ།

4 ST add Dhā after རྫོགས་སྷོ།, cf. Appendix.

5 UST ཀྱི། PND omit ཀྱི།

⑦ འཕགས་པ་སྤྱན་རས་གཟིགས་དབང་ཕྱུག་གིས་ཞུས་པ། ཆོས་བདུན་པ་ཞེས་བྱ་བ་ཐེག་པ་ཆེན་པོའི་མདོ་རྫོགས་སྷོ། རྒྱ་གར་གྱི་མཁན་པོ་དཱི་པང་ཀ་ར་ཤྲཱི་ཛྙཱ་ན་དང་། ཞུ་ཆེན་གྱི་[1]ལོ་ཙཱ་བ་དགེ་སློང་དགེ་བའི་བློ་གྲོས་ཀྱིས་བསྒྱུར་ཅིང་ཞུས་ཏེ་གཏན་ལ་ཕབ་པ།[2]

No. 261 ཟ(Za) 8a7-10a2 Toh 26

① འཕགས་པ་ཤེས་རབ་ཀྱི་ཕ་རོལ་ཏུ་ཕྱིན་པ་ཉི་མའི་[3]མདོ་ཐེག་པ་ཆེན་པོའོ།[4]

② 'Phags pa shes rab kyi pha rol tu phyin pa nyi ma'i mdo theg pa chen po'o

③ ཨཱརྱ་པྲད་ཉཱ[པྲཛྙཱ]པཱ་ར་མི་ཏཱ་སཱུརྱ་མ་ཧཱ་ཡཱ་ན་སཱུ་ཏྲ།

④ Ārya-Prajñāpāramitāsūrya[5]-mahāyānasūtra

⑦ འཕགས་པ་ཤེས་རབ་ཀྱི་ཕ་རོལ་ཏུ་ཕྱིན་པ་ཉི་མའི་མདོ་[6]ཐེག་པ་ཆེན་པོའི་མདོ་རྫོགས་སྷོ།

No. 262 ཟ(Za) 10a2-39a2 Toh 135

① རྡོ་རྗེའི་ཏིང་ངེ་འཛིན་གྱི་ཆོས་ཀྱི་ཡི་གེ།

② rDo rje'i ting nge 'dzin gyi chos kyi yi ge

No. 263 ཟ(Za) 39a2-68b1 Toh 131

① འཕགས་པ་དེ་བཞིན་གཤེགས་པའི་ཡེ་ཤེས་ཀྱི་ཕྱག་རྒྱའི་ཏིང་ངེ་འཛིན་ཅེས་[7]བྱ་བ་ཐེག་པ་ཆེན་པོའི་མདོ།

② 'Phags pa de bzhin gshegs pa'i ye shes kyi phyag rgya'i ting nge 'dzin ces bya ba theg pa chen po'i mdo

③ ཨཱརྱ་ཏ་ཐཱ་ག་ཏ་ཛྙཱ་ན་མུ་དྲ[དྲཱ]ནཱ་མ་ས་མཱ་དྷི་མ་ཧཱ་ཡཱ་ན་སཱུ་ཏྲ།

④ Ārya-Tathāgatajñānamudrāsamādhi-nāma[8]-mahāyānasūtra

⑤ Tr. Jinamitra, Munivarma, Dānaśīla, Ye shes sde

---

1 PND omit ཞུ་ཆེན་གྱི།

2 UST བསྒྱུར་ཅིང་ཞུས་ཏེ་གཏན་ལ་ཕབ་པ། P བསྒྱུར་བ། ཡང་ཞུས་བྱད། སྐར་ཞུས། N བསྒྱུར་བའོ། D བསྒྱུར་བ།

3 UST ཉི་མའི། ND(P) ཉི་མའི་སྙིང་པོ(པོའི)།

4 UST མདོ་ཐེག་པ་ཆེན་པོའོ། ND(P) ཐེག་པ་ཆེན་པོའི་(པོ་)མདོ།

5 PND add garbha

6 UST ཉི་མའི་མདོ། PND ཉི་མའི་སྙིང་པོ།

7 USTPNDP-Cat ཅེས། D-Cat ཞེས།

8 UST nāmasamādhi, PND samādhināma

⑦ འཕགས་པ་དེ་བཞིན་གཤེགས་པའི་ཡེ་ཤེས་ཀྱི་ཕྱག་རྒྱའི་ཏིང་ངེ་འཛིན་ཅེས་[1] བྱ་བ་བ་ཐེག་པ་ཆེན་པོའི་མདོ་རྫོགས་སྷོ།[2] རྒྱ་གར་གྱི་མཁན་པོ་ཛི་ན་མི་ཏྲ་དང་། མུ་ནེ་བར་མ་དང་། དཱ་ན་ཤཱི་ལ་དང་། ཞུ་ཆེན་གྱི་ལོ་ཙ་བ་བནྡེ་ཡེ་ཤེས་སྡེས་བསྒྱུར་[3]ཅིང་ཞུས་ཏེ། སྐད་གསར་ཆད་[4]ཀྱིས་ཀྱང་བཅོས་ནས་[5]གཏན་ལ་ཕབ་པ།

No. 264 ཟ(Za) 68b2-69a7 Toh 149

① འཕགས་པ་བྱམས་པས་ཞུས་པ་ཞེས་བྱ་བ་ཐེག་པ་ཆེན་པོའི་མདོ།

② 'Phags pa byams pas zhus pa zhes bya ba theg pa chen po'i mdo

③ ཨ་ཪྻ་[ཨཱཪྻ་]མཻ་ཏྲི་[མཻ་ཏྲེ་ཡ་]པ་རི་པྲིད་ཚྪ་[པ་རི་པྲི་ཚྪཱ་]ནཱ་མ་མ་ཧཱ་ཡཱ་ན་སཱུ་ཏྲ།

④ Ārya-Maitreya[6]paripṛcchā-nāma-mahāyānasūtra

⑦ འཕགས་པ་བྱམས་པས་ཞུས་པ་ཞེས་བྱ་བ་ཐེག་པ་ཆེན་པོའི་མདོ་རྫོགས་སྷོ།[7]

No. 265=269 ཟ(Za) 69a7-85a6 Toh 243

① དམ་པའི་ཆོས་ཀྱི་རྒྱལ་པོ་ཐེག་པ་ཆེན་པོའི་མདོ།

② Dam pa'i chos kyi rgyal po theg pa chen po'i mdo

③ སད་དྷརྨ་[སདྡྷརྨ་]རཱ་ཛ་མ་ཧཱ་ཡཱ་ན་སཱུ་ཏྲ།

④ Saddharmarāja-mahāyānasūtra

⑦ དམ་པའི་[8]ཆོས་ཀྱི་རྒྱལ་པོའི་ཡི་གེ་བམ་པོ་གཅིག་སྟེ་རྫོགས་སྷོ།[9] སྔོན་རྒྱ་ལས་འགྱུར་བའི་རྙིང་པ་[10]སྐད་གསར་གྱིས་མ་བཅོས་པར་སྣང་།

---

1 USTPND ཅེས།

2 P omits after རྫོགས་སྷོ།

3 UT སྒྱུར། SND བསྒྱུར།

4 UTD ཆད། S བཅད།

5 N omits སྐད་གསར་ཆད་ཀྱིས་ཀྱང་བཅོས་ནས།

6 USTD maitri, PN metre, D-CatP-CatS-CatN-Cat Maitreya

7 P adds ཡང་ཞུས་བྱང་། སྐར་ཞུས། after རྫོགས་སྷོ།

8 P omits དམ་པའི།

9 S དམ་པའི་ཆོས་ཀྱི་རྒྱལ་པོའི་མདོ་རྫོགས་སོ། PN omit after རྫོགས་སྷོ།

10 T སྙིང་པོ།

## No. 266 ཟ(Za) 85a6-98a8 Toh 354

① འཕགས་པ་ལེགས་ཉེས་ཀྱི་རྒྱུ་དང་འབྲས་བུ་བསྟན་པ་ཞེས་བྱ་བ་ཐེག་པ་ཆེན་པོའི་མདོ།

② 'Phags pa legs nyes kyi rgyu dang 'bras bu bstan pa zhes bya ba theg pa chen po'i mdo

⑤ Tr. Chos grub (from Chinese)

⑦ འཕགས་པ་ལེགས་ཉེས་ཀྱི་རྒྱུ་དང་འབྲས་བུ་བསྟན་པ་ཞེས་བྱ་བའི་མདོ་རྫོགས་སོ།། ཞུ་ཆེན་གྱི་ལོ་ཙྪ་བ་བན་དྷེ་ཆོས་གྲུབ་ཀྱིས་རྒྱ་གར་དང་རྒྱའི་དཔེ་ལས་བསྒྱུར་ཅིང་ཞུས་ཏེ། གཏན་ལ་ཕབ་པ་རྫོགས་སོ།།[1]

## No. 267 ཟ(Za) 98a8-98b7 Toh 282

① བསླབ་པ་གསུམ་གྱི་མདོ་ཞེས་བྱ་བ།[2]

② bSlab pa gsum gyi mdo zhes bya ba

③ ཤི་ཀྵ་[ཤི་ཀྵཱ་]ཏྲ་ཡ་ནཱ་མ་སཱུ་ཏྲ།

④ Śikṣātraya-nāma-sūtra[3]

⑦ བསླབ་པ་གསུམ་གྱི་མདོ་རྫོགས་སོ།།

## No. 268 ཟ(Za) 98b7-99b8 Toh 283

① འཕགས་པ་སྐུ་གསུམ་པ་ཞེས་བྱ་བ་ཐེག་པ་ཆེན་པོའི་མདོ།

② 'Phags pa sku gsum pa zhes bya ba theg pa chen po'i mdo

③ ཨཱརྻ་ཀཱ་ཡ་ཏྲི་[ཏྲི་ཀཱ་ཡ་]ན་[ནཱ་]མ་མ་ཧཱ་ཡཱ་ན་སཱུ་ཏྲ།

④ Ārya-Trikāya[4]-nāma-mahāyānasūtra

## No. 269=265 ཟ(Za) 99b8-116a8 Toh 243

① དམ་པའི་ཆོས་ཀྱི་རྒྱལ་པོ་ཐེག་པ་ཆེན་པོའི་མདོ།

② Dam pa'i chos kyi rgyal po theg pa chen po'i mdo

③ སདྡྷར་མ་[སདྡྷརྨ་]རཱ་ཛ་མ་ཧཱ་ཡཱ་ན་སཱུ་ཏྲ།

④ Saddharmarāja-mahāyānasūtra

---

1 SPD omit རྫོགས་སོ།

2 USTD ཞེས་བྱ་བ། D-CatP-Cat omit ཞེས་བྱ་བ། PN omit the Tibetan title.

3 PN omit the Sanskrit title.

4 UST kāyatri, P kāyatrai(ཀཱ་ཡ་ཏྲཻ།), N kāyatrai, D trikāya, P-Cat kāyatraya

⑦ ཆོས་ཀྱི་རྒྱལ་པོའི་ཡི་གེ་བམ་པོ་གཅིག་སྟེ་རྫོགས་སོ།[1]

No. 270 ཟ(Za) 116a8-213b2 Toh 181

① འཕགས་པ་ཕ་རོལ་ཏུ་ཕྱིན་པ་ལྔ་བསྟན་པ་ཞེས་བྱ་བ་ཐེག་པ་ཆེན་པོའི་མདོ།

② 'Phags pa pha rol tu phyin pa lnga bstan pa zhes bya ba theg pa chen po'i mdo

③ ཨཱརྱ་པང་ཙ་[པཉྩཱ]པཱ་ར་མི་ཏཱ་ནི་ར་དེ་ཤ་[ནིརྡེ་ཤ་]ནཱ་མ་མ་ཧཱ་ཡཱ་ན་སཱུ་ཏྲ།

④ Ārya-Pañcapāramitānirdeśa-nāma-mahāyānasūtra

⑤ Tr. Jinamitra, Ye shes sde

⑦ འཕགས་པ་ཕ་རོལ་ཏུ་ཕྱིན་པ་ལྔ་བསྟན་པ་ཞེས་བྱ་བ་[2]ཐེག་པ་ཆེན་པོའི་མདོ་རྫོགས་སོ།། རྒྱ་གར་གྱི་མཁན་པོ་འཛི་ན་མི་ཏྲ་དང་། ཞུ་ཆེན་གྱི་ལོ་ཙྪ་བ་བན་དྷེ་ཡེ་ཤེས་སྡེ་ལ་སོགས་[3]པས་བསྒྱུར་ཅིང་། ཞུས་ཏེ་གཏན་ལ་ཕབ་པ།

No. 271 ཟ(Za) 213b2-237b4 Toh 182

① འཕགས་པ་སྦྱིན་པའི་ཕ་རོལ་ཏུ་ཕྱིན་པ་ཞེས་བྱ་བ་ཐེག་པ་ཆེན་པོའི་མདོ།

② 'Phags pa sbyin pa'i pha rol tu phyin pa zhes bya ba theg pa chen po'i mdo

③ ཨཱརྱ་དཱ་ན་པཱ་ར་མི་ཏ་[ཏཱ]ནཱ་མ་མ་ཧཱ་ཡཱ་ན་སཱུ་ཏྲ།

④ Ārya-Dānapāramitā-nāma-mahāyānasūtra

⑤ Tr. Prajñāvarma, Ye shes sde

⑦ འཕགས་པ་སྦྱིན་པའི་ཕ་རོལ་ཏུ་ཕྱིན་པ་ཞེས་བྱ་བ་ཐེག་པ་ཆེན་པོའི་མདོ་རྫོགས་སོ།། རྒྱ་གར་གྱི་མཁན་པོ་པྲད་ཛྙཱ་བར་མ་དང་། ཞུ་ཆེན་གྱི་ལོ་ཙཱ་བ་བན་དྷེ་ཡེ་ཤེས་སྡེ་ལ་སོགས་[4]པས། བསྒྱུར་ཅིང་ཞུས་ཏེ་གཏན་ལ་ཕབ་པ།

No. 272 ཟ(Za) 237b4-312a8 Toh 216

① འཕགས་པ་མ་སྐྱེས་དགྲའི་འགྱོད་པ་བསྩལ་པ་[5]ཞེས་བྱ་བ་ཐེག་པ་ཆེན་པོའི་མདོ།

② 'Phags pa ma skyes dgra'i 'gyod pa bstsal pa zhes bya ba theg pa chen po'i mdo

---

1 T adds མཧྣ་ལཾ་ཧྲ་ཥ་ཏྲ། after རྫོགས་སོ།, cf. No. 265

2 P omits ཞེས་བྱ་བ།

3 UP ལསོགས། STND ལ་སོགས།

4 U ལ་སྡོག STND ལ་སོགས། P ལསོགས།

5 U བསྩལ་པ། STPND བསལ་བ།

③ ཨརྱ་[ཨཱརྱ་]ཨ་ཛཱ་ཏ་ཤ་ཏྲུ་ཀོ་ཀྲིད་ཏ་[ཀཽ་ཀྲི་ཏྱ་]པྲ་ཏི་བི་ནོ་ད་ན་ནཱ་མ་མ་ཧཱ་ཡཱ་ན་སཱུ་ཏྲ།

④ Ārya-Ajātaśatrukaukṛtyaprativinodana[1]-nāma-mahāyānasūtra

⑤ Tr. Mañjuśrīgarbha, Ratnarakṣita

⑦ རྒྱལ་པོ་མ་སྐྱེས་དགྲའི་འགྱོད་པ་བསྐྱལ་པ་[2]ཞེས་བྱ་བ་ཐེག་པ་ཆེན་པོའི་མདོ་རྫོགས་སྷོ།[3] ཨཱ་ཙརྱ་མཉྫུ་ཤྲཱི་གརྦྷ་དང་། རཏྣ་རཀྵི་ཏས་ཞུ་ཆེན་བགྱིས།[4]

## Volume 76 མདོ་སྡེ། འ (1–365)

### No. 273 འ('A) 1b1-7a7 Toh 277

① འཕགས་པ་དཀྱིལ་འཁོར་བརྒྱད་པ་ཞེས་བྱ་བའི་ཆོས་ཀྱི་རྣམ་གྲངས་ཐེག་པ་ཆེན་པོའི་མདོ།

② 'Phags pa dkyil 'khor brgyad pa zhes bya ba'i chos kyi rnam grangs theg pa chen po'i mdo

③ ཨཱརྱ་ཨཥྚ་མཎྜ་ལ་ཀཱ་[ཀ་ནཱ་]མ་མ་ཧཱ་ཡཱ་ན་སཱུ་ཏྲ།

④ Ārya-Aṣṭamaṇḍalaka-nāma-mahāyānasūtra

⑦ འཕགས་པ་དཀྱིལ་འཁོར་བརྒྱད་པ་ཞེས་བྱ་བ་ཐེག་པ་ཆེན་པོའི་མདོ་རྫོགས་སྷོ།[5]

### No. 274 འ('A) 7a7-41b8 Toh 96

① འཕགས་པ་འཇམ་དཔལ་རྣམ་པར་རོལ་པ་ཞེས་བྱ་བ་ཐེག་པ་ཆེན་པོའི་མདོ།

② 'Phags pa 'jam dpal rnam par rol pa zhes bya ba theg pa chen po'i mdo

③ ཨཱརྱ་མན་ཛུ་ཤྲཱི་[མཉྫུ་ཤྲཱི་]བི་ཀྲཱི་ཊི་ཏི་[ཏ་]ནཱ་མ་མ་ཧཱ་ཡ་[ཡཱ་]ན་སཱུ་ཏྲ།

④ Ārya-Mañjuśrīvikrīḍita[6]-nāma-mahāyānasūtra

⑤ Tr. Surendrabodhi, Ye shes sde

⑦ འཕགས་པ་འཇམ་དཔལ་རྣམ་པར་རོལ་པ་ཞེས་བྱ་བ་ཐེག་པ་ཆེན་པོའི་མདོ་རྫོགས་སྷོ། རྒྱ་གར་གྱི་མཁན་པོ་སུ་རེན་དྲ་བོ་དེ་དང་། ཞུ་ཆེན་གྱི་ལོ་ཙ་བ་བན་དྷེ་ཡེ་ཤེས་སྡེས་ཞུས་ཏེ་གཏན་ལ་ཕབ་པ།

---

1 U kokridtaprativinodana, S kokridtaprativinoda, T kokṛdtaprativinodana, P kaukridtyavinodanā, ND kaukṛttyavinodana

2 U བསྐྱལ་པ། STPND བསལ་བ།

3 S omits after རྫོགས་སྷོ།

4 UTD ཞུ་ཆེན་བགྱིས། PN ཞུས། T adds གཅིག་ཞུས་དག་པར་གནང་། after བགྱིས།

5 D adds colophon after རྫོགས་སྷོ།, cf. Appendix.

6 U vikrīḍiti, S vikriḍīti, T viḍiti, PND vikrīḍita

No. 275 འ('A) 42a1-53b5 Toh 188

① འཕགས་པ་མར་མེ་མཛད་ཀྱིས་ལུང་བསྟན་པ་ཞེས་བྱ་བ་ཐེག་པ་ཆེན་པོའི་མདོ།

② 'Phags pa mar me mdzad kyis lung bstan pa zhes bya ba theg pa chen po'i mdo

③ ཨཱརྱ་དཱི་པང་ཀ་ར་[དཱི་པཾ་ཀ་ར་]བྱཱ་ཀ་ར་ཎ་ནཱ་མ་མ་ཧཱ་ཡཱ་ན་སུ་[སཱུ་]ཏྲ།

④ Ārya-Dīpaṃkaravyākaraṇa-nāma-mahāyānasūtra

⑤ Tr. Viśuddhasiṅha, dGe ba dpal

⑥ Rev. Jñānagarbha, Klu'i rgyal mtshan

⑦ འཕགས་པ་མར་མེ་མཛད་ཀྱིས་ལུང་བསྟན་པ་ཞེས་བྱ་བ་ཐེག་པ་ཆེན་པོའི་མདོ་རྫོགས་སོ།། རྒྱ་གར་གྱི་མཁན་པོ་བི་ཤུད་དྷ་སིང་ཧ་དང་། ལོ་ཙཱ་བ་བན་དེ་དགེ་བ་དཔལ་གྱིས་བསྒྱུར། རྒྱ་གར་གྱི་མཁན་པོ་ཛྙཱ་ན་གར་བྷ་དང་། ཞུ་ཆེན་གྱི་ལོ་ཙཱ་བ་བན་དེ་ཀླུའི་རྒྱལ་མཚན་གྱིས་ཞུ་ཆེན་བགྱིས་ཏེ་གཏན་ལ་ཕབ་པ།

No. 276 འ('A) 53b5-57a2 Toh 192

① འཕགས་པ་བདེ་ལྡན་མ་ལུང་བསྟན་པ་ཞེས་བྱ་བ་ཐེག་པ་ཆེན་པོའི་མདོ།

② 'Phags pa bde ldan ma lung bstan pa zhes bya ba theg pa chen po'i mdo

③ ཨཱརྱ་ཀྵེ་མ་ཏི་[ཀྵེ་མ་བ་ཏཱི་]བྱཱ་ཀ་ར་ན་[ཎ་]ནཱ་མ་མ་ཧཱ་ཡ་[ཡཱ་]ན་སཱུ་ཏྲ།

④ Ārya-Kṣemavatī[1]vyākaraṇa-nāma-mahāyānasūtra

No. 277 འ('A) 57a2-95a2 Toh 144

① འཕགས་པ་ཐེག་པ་ཆེན་པོ་ལ་དད་པ་རབ་ཏུ་སྒོམ་པ་ཞེས་བྱ་བ་ཐེག་པ་ཆེན་པོའི་མདོ།

② 'Phags pa theg pa chen po la dad pa rab tu sgom pa zhes bya ba theg pa chen po'i mdo

③ ཨཱརྱ་མ་ཧཱ་ཡཱ་ན་པྲ་བྷ་བ་ན་[པྲ་བྷཱ་བ་ན་]ནཱ་མ་མ་ཧཱ་ཡཱ་ན་སཱུ་ཏྲ།

④ Ārya-Mahāyānaprasāda[2]prabhāvana-nāma-mahāyānasūtra

⑤ Tr. Jinamitra, Dānaśīla, Ye shes sde

⑦ འཕགས་པ་ཐེག་པ་ཆེན་པོ་ལ་དད་པ་རབ་ཏུ་སྒོམ་པ་ཞེས་བྱ་བ་ཐེག་པ་ཆེན་པོའི་མདོ་རྫོགས་སྷོ།། རྒྱ་གར་གྱི་མཁན་པོ་འཛི་ན་མི་ཏྲ་དང་། དཱ་ན་ཤཱི་ལ་དང་། ཞུ་ཆེན་གྱི་ལོ་ཙཱ་བ་བན་དེ་ཡེ་ཤེས་སྡེ་ལས་སོགས་[3] པས་ཞུས་ཤིང་བྲིས་ཏེ་གཏན་ལ་ཕབ་པ།[4]

---

1 U(S) kṣemati(ī), T kśematī, PN(D) kṣemā(a)vatī

2 UST omit prasāda, PND prasāda

3 U ལས་སོགས། SPND ལ་སོགས། T ལ་སྦྱོགས།

4 P adds editor's note after ཕབ་པ།, cf. Appendix.

No. 278 འ('A) 95a2-104a6 Toh 109

① འཕགས་པ་ག་ཡ་མགོའི་རི་ཞེས་བྱ་བ་ཐེག་པ་ཆེན་པོའི་མདོ།

② 'Phags pa ga ya mgo'i ri zhes bya ba theg pa chen po'i mdo

③ ཨཱརྱ་ག་ཡ་ཤིར་ཥ་[ག་ཡཱ་ཤཱིརྵ་]ནཱ་མ་མ་ཧཱ་ཡཱ་ན་སཱུ་ཏྲ།

④ Ārya-Gayāśīrṣa-nāma-mahāyānasūtra

⑤ Tr. Surendrabodhi, Ye shes sde

⑦ འཕགས་པ་ག་ཡ་མགོའི་རི་ཞེས་བྱ་བ་ཐེག་པ་ཆེན་པོའི་མདོ་རྫོགས་སོ། རྒྱ་གར་གྱི་མཁན་པོ་སུ་རེན་དྲ་བོ་དྷི་དང་། ཞུ་ཆེན་གྱི་ལོ་ཙྪ་བ་བན་དྷེ་ཡེ་ཤེས་སྡེས་བསྒྱུར་ཅིང་ཞུས་ཏེ། གཏན་ལ་ཕབ་པའོ།[1] ག་ཡའི་རྗེ་མོ་དང་འགྱུར་ཁྱད་ཡིན།

No. 279 འ('A) 104a6-135a3 Toh 236

① བཅོམ་ལྡན་འདས་ཀྱི་གཙུག་ཏོར་ཆེན་པོ་དེ་བཞིན་གཤེགས་པའི་གསང་བ་བསྒྲུབ་[2] པའི་དོན་མངོན་པར་ཐོབ་[3] པའི་རྒྱུ་བྱང་ཆུབ་སེམས་དཔའ་ཐམས་ཅད་ཀྱི་སྤྱོད་པ་དཔའ་བར་འགྲོ་བའི་མདོ་ལེའུ་སྟོང་ཕྲག་བཅུ་པ་ལས་ལེའུ་བཅུ་པ།

② bCom ldan 'das kyi gtsug tor chen po de bzhin gshegs pa'i gsang ba bsgrub pa'i don mngon par thob pa'i rgyu byang chub sems dpa' thams cad kyi spyod pa dpa' bar 'gro ba'i mdo le'u stong phrag bcu pa las le'u bcu pa

③ བྷ་ག་བན་[བད་]ཥྞི་ཥ་[ཨུ་ཥྞཱི་ཥ་]མ་ཧཱ།

④ Bhagavaduṣṇīṣamahā[4]

⑦ འཕགས་པ་དེ་བཞིན་གཤེགས་པའི་གཙུག་ཏོར་ཆེན་པོའི།[5] ལེའུ་སྟོང་ཕྲག་བཅུ་པ་ལས། དེ་བཞིན་གཤེགས་པའི་གསང་བ། བྱང་ཆུབ་སེམས་དཔའ་ཐམས་ཅད་ཀྱིས་བསྒྲུབས་པ། དོན་མངོན་པར་འཐོབ་[6] པར་སྤྱོད་པའི་རྒྱུ་ལེའུ་བཅུ་པ་རྫོགས་སོ།[7] རྒྱ་ལས་འགྱུར་བའི་བརྡལ་[8] རྙིང་བར་[9] སྣང་།

---

1 PND omit after ཕབ་པའོ། PN add (Dhā, editor's note) after ཕབ་པའོ།, cf. Appendix.

2 UST བསྒྲུབ། PND སྒྲུབ།

3 USTPND ཐོབ།

4 U bhagavanṣṇiṣamahā, ST bhagavanoṣṇīṣamahā, N bhagavanuṣṇiṣamahā, S-CatN-Cat bhagavaduṣṇīṣamahā, PD omit the Sanskrit title.

5 UST པོའོ། PND པོའི།

6 UTPND འཐོབ། S ཐོབ།

7 PND omit after རྫོགས་སོ།

8 U བརྡལ། ST བརྡ།

9 U སྙིང་བར། S རྙིང་པར། T རྙིང་བར།

No. 280 འ('A) 135a3-141a1 Toh 297

① ཁམས་མང་པོའི་མདོ།

② Khams mang po'i mdo

③ བ་ཧུད་[ཧུ་]དྷཱ་ཏུ་ཀ་སུ་[སཱུ་]ཏྲ།

④ Bahudhātuka[1]-sūtra

⑦ ཁམས་མང་པོ་[2] ཞེས་བྱ་བའི་མདོ་རྫོགས་སོ།

No. 281 འ('A) 141a1-143a5 Toh 320

① འཕགས་པ་དེ་བཞིན་གཤེགས་པའི་གཟུགས་བརྙན་བཞག་པའི་ཕན་ཡོན་ཡང་དག་པར་བརྗོད་པ་ཞེས་བྱ་བའི་ཆོས་ཀྱི་རྣམ་གྲངས།

② 'Phags pa de bzhin gshegs pa'i gzugs brnyan bzhag pa'i phan yon yang dag par brjod pa zhes bya ba'i chos kyi rnam grangs

③ ཨཱརྱ་ཏ་ཐཱ་ག་ཏ་པྲ་ཏི་བིམ་བ་[པྲ་ཏི་བིམྦ་]པྲ་ཏི་ཥྛ[པྲ་ཏི་ཥྛཱ་]ཨཱ་[ཨ་]ནུ་ཤང་[ཤཾ་]ས་སམ་བརྞ་[སཾ་བརྞ་ན་]
ནཱ་མ་དྷརྨ་པརྻ་ཡང།[པརྻཱ་ཡ།]

④ Ārya-Tathāgatapratibimbapratiṣṭhānuśaṃsasaṃvarṇanā[3]-nāma-dharmaparyāya

⑤ Tr. Dharmākara, Ye shes snying po

⑥ Rev. dPal brtsegs

⑦ འཕགས་པ་དེ་བཞིན་གཤེགས་པའི་གཟུགས་བརྙན་བཞག་[4]པའི་ཕན་ཡོན་ཡང་དག་པར་བསྟན་པ་ཞེས་བྱ་བའི་ཆོས་ཀྱི་རྣམ་གྲངས་རྫོགས་སོ། རྒྱ་གར་གྱི་མཁན་པོ་དྷརྨ་ཀ་ར་དང་། ལོ་ཙྪ་བ་བན་དེ་ཡེ་ཤེས་སྙིང་པོས་བསྒྱུར། བན་དེ་དཔལ་བརྩེགས་ཀྱིས་ཞུ་ཆེན་བགྱིས་ཏེ། གཏན་ལ་ཕབ་པ།

No. 282=130 འ('A) 143a5-143b8 Toh 279

① འཕགས་པ་སངས་རྒྱས་རྗེས་སུ་དྲན་པ།

② 'Phags pa sangs rgyas rjes su dran pa

③ ཨཱརྱ་བུད་དྷ་[བུདྡྷ་]ཨ་ནུ་སྨྲི་ཏི།[སྨྲྀ་ཏི།]

④ Ārya-Buddhānusmṛti

---

[1] UT(S) bahuddhā(a)tuka, PND dhātubahutaka, D-Cat dhātubahuka

[2] P adds བ། ND add པ།

[3] UST samvarna, P sampadanti, N samvadanati, D samvadanti, D-CatN-Cat saṃvadana, P-Cat saṃvadanti, S-Cat saṃvarṇana

[4] U གཞག STPND བཞག

⑦ [1]སངས་རྒྱས་རྗེས་སུ་དྲན་པ་རྫོགས་སོ།

## No. 283 འ('A) 143b8-182a5 Toh 180

① འཕགས་པ་ཆོས་ཐམས་ཅད་འབྱུང་བ་མེད་པར་བསྟན་པ་ཞེས་བྱ་བ་ཐེག་པ་ཆེན་པོའི་མདོ།

② 'Phags pa chos thams cad 'byung ba med par bstan pa zhes bya ba theg pa chen po'i mdo

③ ཨཱརྱ་སརྦ་དྷར་མཱ་[དྷརྨཱ་]པྲ་བྲིད་ཏ་[པྲ་བྲིཏྟི་]ནི་ར་དེ་ཤཱ་[ནིརྡེ་ཤ་]ནཱ་མ་མ་ཧཱ་ཡཱ་ན་སཱུ་ཏྲ།

④ Ārya-Sarvadharmāpravṛttinirdeśa-nāma-mahāyānasūtra

⑤ Tr. Rin chen 'tsho

⑦ འཕགས་པ་ཆོས་ཐམས་ཅད་འབྱུང་བ་མེད་པར་བསྟན་པ་ཞེས་བྱ་བ་ཐེག་པ་ཆེན་པོའི་མདོ་རྫོགས་སྷོ། ལོ་ཙྪ་བ་བན་དྷེ་རིན་ཆེན་འཚོས་བསྒྱུར་ཅིང་ཞུས།[2] གླེགས་བམ་དུ་མ་ལ་གཏུགས་ཏེ། ཅི་ནུས་ཀྱིས་ཞུས་དག་བགྱིས།

## No. 284=129 འ('A) 182a5-213a1 Toh 190

① འཕགས་པ་བུད་མེད་འགྱུར་བ་ལུང་བསྟན་པ་ཞེས་བྱ་བ་ཐེག་པ་ཆེན་པོའི་མདོ།

② 'Phags pa bud med 'gyur ba lung bstan pa zhes bya ba theg pa chen po'i mdo

③ ཨཱརྱ་སྟྲི་[སྟྲཱི་]བི་བར་ཏ་[བི་བརྟ་]བྱ་[བྱཱ་]ཀ་ར་ཎ་ནཱ་མ་མ་ཧཱ་ཡཱ་ན་སཱུ་ཏྲ།

④ Ārya-Strīvivartavyākaraṇa-nāma-mahāyānasūtra

⑦ འཕགས་པ་བུད་མེད་འགྱུར་བ་ལུང་བསྟན་པ་ཞེས་བྱ་བ་ཐེག་པ་ཆེན་པོའི་མདོ་རྫོགས་སྷོ།[3]

## No. 285 འ('A) 213a1-218b5 Toh 209

① འཕགས་པ་སེང་གེའི་སྒྲ་བསྒྲགས[4]་པ་ཞེས་བྱ་བ་ཐེག་པ་ཆེན་པོའི་མདོ།

② 'Phags pa seng ge'i sgra bsgrags pa zhes bya ba theg pa chen po'i mdo

③ ཨཱརྱ་སིང་ཧ་[སིཾཧ་]ནཱ་དི་ཀན་[ཀ་]ནཱ་མ་མ་ཧཱ་ཡཱ་ན་སཱུ་ཏྲ།

④ Ārya-Siṅhanādikā[5]-nāma-mahāyānasūtra

---

[1] PND add འཕགས་པ།

[2] PND omit གླེགས་ … བགྱིས། after ཞུས། and add ཏེ་གཏན་ལ་ཕབ་པ། after ཞུས། (PN add Dhā and AW after ཕབ་པ།, cf. Appendix.)

[3] D adds colophon after རྫོགས་སྷོ།, cf. Appendix.

[4] UT སྒྲགས། SPND བསྒྲགས།

[5] UT nādikan, S nadikan, P nadika, N nādika, D nādikana

⑤ Tr. Vidyākarasiṅha, sBa rje Ye shes snying po

⑦ འཕགས་པ་སེང་གེའི་སྒྲ་བསྒྲགས་[1]པ་ཞེས་བྱ་བ་ཐེག་པ་ཆེན་པོའི་མདོ་རྫོགས་སོ། །རྒྱ་གར་གྱི་མཁན་པོ་བིད་དྱ་ཀ་ར་སིང་ཧ་དང་། ལོ་ཙྪ་བ་བན་དེ་སྦ་རྗེ་[2]ཡེ་ཤེས་སྙིང་པོས་བསྒྱུར་[3]བ།[4]

No. 286 འ('A) 218b6-221b3 Toh 226

① འཕགས་པ་སྲིད་པ་འཕོ་བ་ཞེས་བྱ་བ་ཐེག་པ་ཆེན་པོའི་མདོ།

② 'Phags pa srid pa 'pho ba zhes bya ba theg pa chen po'i mdo

③ ཨཱརྱ་བྷ་བ་སང་ཀྲན་ཏི་[སཾ་ཀྲཱནྟི་]ནཱ་མ་མ་ཧཱ་ཡ་[ཡཱ་]ན་སཱུ་ཏྲ།

④ Ārya-Bhavasaṃkrānti-nāma-mahāyānasūtra

⑤ Tr. Jinamitra, Dānaśīla, Ye shes sde

⑦ འཕགས་པ་སྲིད་པ་འཕོ་བ་ཞེས་བྱ་བ་ཐེག་པ་ཆེན་པོའི་མདོ་རྫོགས་སོ། །རྒྱ་གར་གྱི་མཁན་པོ་འཛི་ན་མི་ཏྲ་དང་། དཱ་ནཱ་ཤཱི་ལ་དང་། ཞུ་ཆེན་གྱི་ལོ་ཙྪ་བ་བན་དྷེ་ཡེ་ཤེས་སྡེས་བསྒྱུར་ཅིང་ཞུས་ཏེ། སྐད་གསར་ཆད་[5]ཀྱིས་ཀྱང་བཅོས་ཏེ་གཏན་ལ་ཕབ།[6] གླེགས་བམ་དུ་མ་ལ་གཏུགས་ཤིང་། ཞུས་དག་ཅི་ལྕོགས་བགྱིས།[7] རྒྱལ་བའི་བསྟན་པ་རྒྱས་པར་ཤོག

No. 287 འ('A) 221b3-285a3 Toh 116

① འཕགས་པ་ཟ་མ་ཏོག་བཀོད་པ་ཞེས་བྱ་བ་ཐེག་པ་ཆེན་པོའི་མདོ།

② 'Phags pa za ma tog bkod pa zhes bya ba theg pa chen po'i mdo

③ ཨཱརྱ་ཀ་རཎྜ་བྱུང་ཧ[བྱཱུ་ཧ]ནཱ་མ་མ་ཧཱ་ཡཱ་ན་སཱུ་ཏྲ།

④ Ārya-Karaṇḍavyūha-nāma-mahāyānasūtra

⑤ Tr. Jinamitra, Dānaśīla, Ye shes sde

⑦ འཕགས་པ་ཟ་མ་ཏོག་བཀོད་པ་ཞེས་བྱ་བ་ཐེག་པ་ཆེན་པོའི་མདོ་རྫོགས་སོ།[8] རྒྱ་གར་གྱི་མཁན་པོ་ཛི་ན་མི་ཏྲ་དང་། དཱ་ན་ཤཱི་ལ་དང་། ཞུ་ཆེན་གྱི་ལོ་ཙཱ་བ་བན་དྷེ་ཡེ་ཤེས་སྡེས་བསྒྱུར་ཅིང་ཞུས་ཏེ་གཏན་ལ་ཕབ་པ།

---

1 U སྒྲགས། STPND བསྒྲགས།

2 U བན་དེས་རྗེ། SN བཙྡེ་སྦ་རྗེ། TP བན་དྷེ་སྦ་རྗེ། D བན་དེ་སྦ་རྗེ།

3 ND add ནས་གཏན་ལ་ཕབ་པ། after བསྒྱུར།

4 P adds ནས་གཏན་ལ་ཕབ་པ། after བསྒྱུར་བ།

5 UTPD ཆད། SN བཅད།

6 PND omit after ཕབ།

7 S omits after བགྱིས།

8 P omits after རྫོགས་སོ། N མཁན་པོ་ཤཱཀྱ་པྲ་བ་དང་། རཏྣ་རཀྵི་ཏས་ཞུས་ཆེན་བགྱིས། after རྫོགས་སོ།

## No. 288 འ('A) 285a4-365a8 Toh 240

① འཕགས་པ་ཕྱིར་མི་ལྡོག་པའི་འཁོར་ལོ་ཞེས་བྱ་བ་ཐེག་པ་ཆེན་པོའི་མདོ།

② 'Phags pa phyir mi ldog pa'i 'khor lo zhes bya ba theg pa chen po'i mdo

③ ཨཱརྱ་ཨ་བེ་བརྟྱ་[ཨ་བཻ་བརྟ་]ཙཀྲ་ནཱ་མ་མ་ཧཱ་ཡཱ་ན་སཱུ་ཏྲ།

④ Ārya-Avaivarta[1]cakra-nāma-mahāyānasūtra

⑤ Tr. Dānaśīla, Munivarma, Ye shes sde

⑦ འཕགས་པ་ཕྱིར་མི་ཟློག་[2]པའི་འཁོར་ལོ་ཞེས་བྱ་བ་ཐེག་པ་ཆེན་པོའི་མདོ་རྫོགས་སོ། རྒྱ་གར་གྱི་མཁན་པོ་འཛི་ན་མི་ཏྲ་དང་། དཱ་ན་ཤཱི་ལ་དང་། མུ་ནི་བར་མ་དང་། ཞུ་ཆེན་གྱི་ལོ་ཙྪ་བ་བན་དྷེ་ཡེ་ཤེས་སྡེ་ལ་སོགས་[3]པས་བསྒྱུར་ཅིང་ཞུས་ཏེ་གཏན་ལ་ཕབ་པ།[4]

## Volume 77 མདོ་སྡེ། ཡ (1–338)

## No. 289=582 ཡ(Ya) 1b1-163b3 Toh 556

① འཕགས་པ་གསེར་འོད་དམ་པ་མདོ་སྡེའི་དབང་པོའི་རྒྱལ་པོ་ཞེས་བྱ་བ་ཐེག་པ་ཆེན་པོའི་མདོ།

② 'Phags pa gser 'od dam pa mdo sde'i dbang po'i rgyal po zhes bya ba theg pa chen po'i mdo

③ ཨཱརྱ་སུ་བརྞ་པྲ་བྷཱ་ས་ཨུད་ཏ་མ་སཱུ་ཏྲ་ཨིན་དྲ་[པྲ་བྷཱ་ས་ཨུཏྟ་མ་སཱུ་ཏྲ་ཨིནྡྲ་]རཱ་ཛ་ནཱ་མ་མ་ཧཱ་ཡཱ་ན་སཱུ་ཏྲ།

④ Ārya-Suvarṇaprabhāsottamasūtrendrarāja-nāma-mahāyānasūtra

⑤ Tr. Jinamitra, Śīlendrabodhi, Ye shes sde

⑦ འཕགས་པ་གསེར་འོད་དམ་པ་མདོ་སྡེའི་དབང་པོའི་རྒྱལ་པོ་ཞེས་བྱ་བ་ཐེག་པ་ཆེན་པོའི་མདོ་རྫོགས་སོ། རྒྱ་གར་གྱི་མཁན་པོ་[5]འཛི་ན་མི་ཏྲ་དང་། ཤཱི་ལ་ཨིན་ཏྲ་བོ་དྷི་དང་། ཞུ་ཆེན་གྱི་ལོ་ཙྪ་བ་བན་དེ་ཡེ་ཤེས་སྡེས་[6]ཞུས་ཏེ། སྐད་གསར་བཅད་[7]ཀྱིས་བཅོས་ནས་གཏན་ལ་ཕབ་པའོ།[8]

---

1 UST ārya-avevartya (ཨཱརྱ་ཨ་བེ་བརྟྱ་), P āryavevarta (ཨཱ་རྱ་བེ་བརྟ་), N aryāvevarta (ཨརྱཱ་བེ་བརྟ་), D āryāvaivarta (ཨཱརྱཱ་བཻ་བརྟ་), D-CatP-CatN-Cat Ārya-avaivarta, S-Cat ārya-Avaivartika

2 U ཟློག STPND ལྡོག

3 P ལསོགས།

4 T adds གླེགས་བམ་དུ་མ་ལ་གཏུགས་ཤིང་ཞུས་དག་ཅི་ནུས་བགྱིས་སོ། དགེའོ་ཕྲི་ཚྭ་ཤུཀླ་གཅིག་ཞུས། after ཕབ་པ།

5 USTN རྒྱ་གར་གྱི་མཁན་པོ། P པན་ཊི་ཏ། D པཎྜི་ཏ།

6 PD add བསྒྱུར་ཅིང་།

7 UST བཅད། PND ཆད།

8 PN add (Dhā, AW) after ཕབ་པའོ།, cf. Appendix.

No. 290=581 ཡ(Ya) 163b3-338a7 Toh 555

① འཕགས་པ་གསེར་འོད་དམ་པ་མཆོག་ཏུ་རྣམ་པར་རྒྱལ་བ་[1] མདོ་སྡེའི་རྒྱལ་པོ་ཞེས་བྱ་བ་[2] ཐེག་པ་ཆེན་པོའི་མདོ།

② 'Phags pa gser 'od dam pa mchog tu rnam par rgyal ba mdo sde'i rgyal po zhes bya ba theg pa chen po'i mdo

③ [3](དེའི་ཤིང་ཀིམ་ཀྲང་མེང་ཛྭའི་ཤིང་ཤང་ཀྱང་།)

⑤ Tr. Chos grub (from Chinese)

⑦ འཕགས་པ་གསེར་འོད་དམ་པ་མཆོག་ཏུ་རྣམ་པར་རྒྱལ་བ་མདོ་སྡེའི་རྒྱལ་པོ་ཞེས་བྱ་བ་ཐེག་པ་ཆེན་པོའི་མདོ་རྫོགས་སྷོ། ཞུ་ཆེན་གྱི་མཁན་པོ་དང་། ལོ་ཙྪ་བ་བཅོམ་ལྡན་འདས་ཀྱི་རིང་ལུགས་པ་བན་དྷེ་ཆོས་གྲུབ་ཀྱིས་[4]རྒྱའི་དཔེ་ལས་བསྒྱུར་ཅིང་ཞུས་པའོ།[5]

## Volume 78 མདོ་སྡེ། ར (1–345)

No. 291=590 ར(Ra) 1b1-135a7 Toh 138

① འཕགས་པ་འདུས་པ་ཆེན་པོ་རིན་པོ་ཆེ་ཏོག་གི་གཟུངས་ཤེས་[6] བྱ་བ་ཐེག་པ་ཆེན་པོའི་མདོ།

② 'Phags pa 'dus pa chen po rin po che tog gi gzungs shes bya ba theg pa chen po'i mdo

③ ཨཱརྻ་མ་ཧཱ་སནྣི་པཱ་ཏ་[སནྣི་པཱ་ཏ་]རཏྣ་[རཏྣ་]ཀེ་ཏུ་དྷཱ་ར་ཎི་[ཎཱི་]ནཱ་མ་མ་ཧཱ་ཡཱ་ན་སཱུ་ཏྲ།

④ Ārya-Mahāsannipātaratnaketudhāraṇī-nāma-mahāyānasūtra

⑤ Tr. Śīlendrabodhi, Jinamitra, Surendrabodhi, Ye shes sde

⑦ འཕགས་པ་འདུས་པ་ཆེན་པོ་རིན་པོ་ཆེ་ཏོག་གི་གཟུངས་ཞེས་བྱ་བ་ཐེག་པ་ཆེན་པོའི་མདོ་རྫོགས་སོ། རྒྱ་གར་གྱི་མཁན་པོ་ཤཱི་ལེན་དྲ་བོ་དྷི་དང་། ཛི་ན་མི་ཏྲ་དང་། སུ་རེན་དྲ་བོ་དྷི་དང་།[7] ཞུ་ཆེན་གྱི་ལོ་ཙྪ་བ་བན་དེ་ཡེ་ཤེས་སྡེས་བསྒྱུར་ཅིང་།[8] ཞུས་ཏེ་སྐད་གསར་ཆད་[9]ཀྱིས་ཀྱང་བཅོས་ནས་གཏན་ལ་ཕབ་པའོ།

---

1 USTN བ། PD བའི།
2 USTN ཞེས་བྱ་བ། PD omit ཞེས་བྱ་བ།
3 UST རྒྱའི་སྐད་དུ། PD རྒྱ་ཡི་སྐད་དུ། N རྒྱ་གར་སྐད་དུ།, cf. Appendix.
4 U ཀྱི། STPND ཀྱིས།
5 UST ཞུས་པའོ། PND ཞུས་ཏེ་གཏན་ལ་ཕབ་པ།, cf. No. 581
6 UTP ཤེས། SND ཞེས།, cf. No. 590
7 PND omit ཛི་ན་མི་ཏྲ་དང་། སུ་རེན་དྲ་བོ་དྷི་དང་།, cf. No. 590
8 PND omit བསྒྱུར་ཅིང་།, cf. No. 590
9 UTPD ཆད། SN བཅད།

No. 292 ར(Ra) 135a8-145b2 Toh 306

① རྣམ་པར་གྲོལ་བའི་ལམ་ལས་སྦྱངས་པའི་ཡོན་ཏན་བསྟན་པ་ཞེས་བྱ་བ།

② rNam par grol ba'i lam las sbyangs pa'i yon tan bstan pa zhes bya ba

③ བི་མུག་ཏི་[བི་མུཀྟི་]མར་གེ་[མཱརྒ་]དྷུ་ཏ་གུ་ཎ་ནི་ར་དེ་ཤོ་[ནིརྡེ་ཤ་]ནཱ་མ།

④ Vimuktimārga[1]dhuta[2]guṇanirdeśa[3]-nāma

⑤ Tr. Vidyākaraprabha, dPal brtsegs

⑦ རྣམ་པར་གྲོལ་བའི་ལམ་ལས་སྦྱངས་པའི་ཡོན་ཏན་བསྟན་པ་ཞེས་བྱ་བ་སྟེ། ཀུན་ནས་བཏུས་པ་གསུམ་པ་རྫོགས་སོ། རྒྱ་གར་གྱི་མཁན་པོ་བིདྱཱ་ཀ་ར་པྲ་བྷ་དང་། ཞུ་ཆེན་གྱི་ལོ་ཙ་བ་བན་དེ་དཔལ་རྩེགས་[4]ཀྱིས། བསྒྱུར་ཅིང་ཞུས་སྟེ། གཏན་ལ་ཕབ་པ།

No. 293=146 ར(Ra) 145b2-345a8 Toh 107

① འཕགས་པ་ལང་ཀར་གཤེགས་པ་[5]ཐེག་པ་ཆེན་པོའི་མདོ།

② 'Phags pa lang kar gshegs pa theg pa chen po'i mdo

③ ཨཱརྱ་ལང་ཀཱ་[ལངྐཱ་]ཨཱ་[ཨ་]བ་ཏཱ་ར་མ་ཧཱ་ཡཱ་ན་སཱུ་ཏྲ།

④ Ārya-Laṅkāvatāra-mahāyānasūtra

⑦ འཕགས་པ་ལང་ཀར་གཤེགས་པ་ཞེས་བྱ་བ་ཐེག་པ་ཆེན་པོའི་མདོ་ཇི་སྙེད་པ་རྫོགས་སྷོ།[6]

## Volume 79 མདོ་སྡེ། ལ (1–335)

No. 294 ལ(La) 1b1-79a7 Toh 146

① འཕགས་པ་བྱང་ཆུབ་སེམས་དཔའི་སྤྱོད་ཡུལ་གྱི་[7]ཐབས་ཀྱི་ཡུལ་ལ་རྣམ་པར་འཕྲུལ་བ་[8]བསྟན་པ་ཞེས་བྱ་བ་ཐེག་པ་ཆེན་པོའི་མདོ།

② 'Phags pa byang chub sems dpa'i spyod yul gyi thabs kyi yul la rnam par 'phrul ba bstan pa zhes bya ba theg pa chen po'i mdo

---

1 UST marge, PND mārga
2 USTND dhuta, P dhūta, D-CatP-Cat dhauta, S-CatN-Cat dhūta
3 UT nirdeśo, S naridešo, PND nirdeśa
4 U རྩེགས། STPND བརྩེགས།
5 UST པ། PND པའི།, cf. No. 146
6 Cf. No. 146. TND add (AW, colophon note) after རྫོགས་སྷོ།, cf. Appendix.
7 S omits གྱི།
8 USPND བ། TD-CatP-Cat པ།

③ ཨཱརྻ་བོ་དྷི་སདྭ་[སཏྭ་]གོ་ཙ་རོ་པཱ་ཡ་བ་[བི་]ཥ་ཡ་བི་ཀུརྦི་ཏ་ནིརྡེ་ཤ་ནཱ་མ་མ་ཧཱ་ཡཱ་ན་སཱུ་ཏྲ།

④ Ārya-Bodhisattvagocaropāyaviṣaya[1]vikurvita[2]nirdeśa-nāma-mahāyānasūtra

⑤ Tr. Prajñāvarma, Ye shes sde

⑦ འཕགས་པ་བྱང་ཆུབ་སེམས་དཔའི་སྤྱོད་ཡུལ་གྱི་ཐབས་ཀྱི་ཡུལ་ལ་རྣམ་པར་འཕྲུལ་པ་[3]བསྟན་པ་ཞེས་བྱ་བ་ཐེག་པ་ཆེན་པོའི་མདོ་རྫོགས་སོ། རྒྱ་གར་གྱི་མཁན་པོ་པྲཛྙཱ་བར་མ་དང་། ཞུ་ཆེན་གྱི་ལོ་ཙ་བ་བནྡེ་ཡེ་ཤེས་སྡེ་ལ་སོགས་[4]པས། བསྒྱུར་ཅིང་ཞུས་ཏེ། གཏན་ལ་ཕབ་པ།[5]

## No. 295 ལ(La) 79a7-127b4 Toh 185

① འཕགས་པ་དེ་བཞིན་གཤེགས་པའི་ཡོན་ཏན་དང་ཡེ་ཤེས་བསམ་གྱིས་མི་ཁྱབ་པའི་ཡུལ་ལ་འཇུག་པ་བསྟན་པ་ཞེས་བྱ་བ་ཐེག་པ་ཆེན་པོའི་མདོ།

② 'Phags pa de bzhin gshegs pa'i yon tan dang ye shes bsam gyis mi khyab pa'i yul la 'jug pa bstan pa zhes bya ba theg pa chen po'i mdo

③ ཨཱརྻ་ཏ་ཐ་[ཐཱ་]ག་ཏ་གུ་ཎ་ཛྙཱ་ན་ཨ་ཙིན་ཏྱ་[ཨ་ཙིནྟྱ་]བི་ཥ་ཡ་ཨ་བ་ཏ་[ཏཱ་]ར་ནི་ར་དེ་ཤ་[ནིརྡེ་ཤ་]ནཱ་མ་མ་ཧཱ་ཡཱ་ན་སཱུ་ཏྲ།

④ Ārya-Tathāgataguṇajñānācintyaviṣayāvatāranirdeśa-nāma-mahāyānasūtra

⑤ Tr. Jñānagarbha, Ye shes sde

⑦ འཕགས་པ་དེ་བཞིན་གཤེགས་པའི་ཡོན་ཏན་དང་། ཡེ་ཤེས་བསམ་གྱིས་མི་ཁྱབ་པའི་ཡུལ་ལ་འཇུག་པ་བསྟན་[6]པ་ཞེས་བྱ་བ་ཐེག་པ་ཆེན་པོའི་མདོ་རྫོགས་སོ། རྒྱ་གར་གྱི་མཁན་པོ་ཛྙཱ་ན་གར་བྷ་དང་། ཞུ་ཆེན་གྱི་ལོ་ཙ་བ་བནྡེ་ཡེ་ཤེས་སྡེས་བསྒྱུར་ཅིང་ཞུས་ཏེ་གཏན་ལ་ཕབ་པ།

## No. 296 ལ(La) 127b4-154a4

① མདོ་སྡེ་སྙན་གྱི་གོང་རྒྱན་ཞེས་བྱ་བ་ཐེག་པ་ཆེན་པོའི་མདོ།

② mDo sde snyan gyi gong rgyan zhes bya ba theg pa chen po'i mdo

⑤ Tr. Ce bTsan skyes

---

1 U vaṣaya, S vaṣāya, T viṣāya, PND viṣaya

2 UST vikurvita, PND vikurvaṇa

3 UTP བ། SND པ།

4 P ལསོགས།

5 P adds colophon note after ཕབ་པ།, cf. Appendix.

6 USTPN བསྟན། D སྟོན།

⑦ སངས་རྒྱས་ཀྱི་སྐན་གྱི་གོང་རྒྱན་ལས་ཤིན་ཏུ་རྒྱ་ཆེ་བའི་ཐེག་པ་ཆེན་པི་བཤད་པ་རྣམ་པར་སྣང་མཛད་ཀྱི་ལེའུ་ཞེས་བྱ་བ་ཐེག་པ་ཆེན་པོའི་རྒྱུད་རྫོགས་སྷོ། ལོ་ཙཱ་བ་ཅེ་བཙན་སྐྱེས་ཀྱིས་བསྒྱུར།[1] ཡི་གེ་བ་ནི་ཤིན་མུལ་ཧོལ་བྲིས།

No. 297 ལ(La) 154a4-262b2 Toh 124

① འཕགས་པ་དཀོན་མཆོག་འབྱུང་གནས་ཤེས་[2]བྱ་བ་ཐེག་པ་ཆེན་པོའི་མདོ།

② 'Phags pa dkon mchog 'byung gnas shes bya ba theg pa chen po'i mdo

③ ཨཱརྻ་རཏ་ནཱ་ཀ་ར་ན་[རཏྣཱ་ཀ་ར་]ནཱ་མ་མ་ཧཱ་ཡཱ་ན་སཱུ་ཏྲ།

④ Ārya-Ratnākara[3]-nāma-mahāyānasūtra

⑤ Tr. Jinamitra, Surendrabodhi, Ye shes sde

⑦ འཕགས་པ་དཀོན་མཆོག་འབྱུང་གནས་ཤེས་[4]བྱ་བ་ཐེག་པ་ཆེན་པོའི་མདོ་རྫོགས་སོ། རྒྱ་གར་གྱི་མཁན་པོ་ཛི་ན་མི་ཏྲ་དང་། སུ་རེན་དྲ་བོ་དྷི་དང་། ཞུ་ཆེན་གྱི་ལོ་ཙཱ་བ་བནྡེ་ཡེ་ཤེས་སྡེས་ཞུས་ཏེ་སྐད་གསར་ཆད་[5]ཀྱིས་ཀྱང་བཅོས་ནས། སྐད་ཀྱིས་གཏན་ལ་ཕབ་པ།

No. 298 ལ(La) 262b2-334a8 Toh 110

① འཕགས་པ་རྒྱན་སྟུག་པོ་བཀོད་[6]པ་ཞེས་བྱ་བ་ཐེག་བ་ཆེན་པོའི་མདོ།

② 'Phags pa rgyan stug po bkod pa zhes bya ba theg ba chen po'i mdo

③ ཨཱརྻ་གྷ་ན་བྱཱུ་[ཝྱཱུ་]ཧ་ནཱ་མ་མ་ཧཱ་ཡཱ་ན་སཱུ་ཏྲ།

④ Ārya-Ghanavyūha-nāma-mahāyānasūtra

⑦ སྟོང་ཕྲག་བཅུ་གཉིས་པའི་རྒྱན་སྟུག་པོ་ལས། དེ་[7]སྙིང་བརྗོད་[8]པའི་མདོ་རྫོགས་སོ།[9] བསྒྱུར་བ་མ་རྫོགས་པར་བཞེད།

---

1 T omits after བསྒྱུར།

2 UT ཤེས། SPND ཞེས།

3 UST ratnākarana, P radnākara, ND ratnākara

4 UTP ཤེས། SND ཞེས།

5 UTPD ཆད། SN བཅད།

6 U དགོད། STPND བཀོད།

7 P ཅི།

8 PND omit བརྗོད།

9 PND omit after རྫོགས་སོ།

## No. 299 ལ(La) 334b1-335a8 Toh 316

① འཕགས་པ་[1]བདེན་པ་བཞིའི་[2]མདོ།

② 'Phags pa bden pa bzhi'i mdo

③ ཨཱརྱ་ཙ་ཏུར་[ཙ་ཏུཿ]ས་ཏྱ་སཱུ་ཏྲ།

④ Ārya-Catuḥsatya[3]-sūtra

⑦ འཕགས་པ་བདེན་པ་[4]བཞིའི་མདོ་རྫོགས་སོ།[5]

## Volume 80 མདོ་སྡེ། ཤ (1–382)

## No. 300 ཤ(Sha) 1b1-382a8 Toh 343

① གང་པོ་ལ་སོགས་པའི་རྟོགས་པ་བརྗོད་པ་བརྒྱ་པ།

② Gang po la sogs pa'i rtogs pa brjod pa brgya pa

③ པཱུརྞ་མུ་ཁ་[པྲ་མུ་ཁ་]ཨ་བ་དཱ་ཏ་[ན་]ཤ་ཏ་ཀ།

④ Pūrṇapramukha[6]-avadānaśataka[7]

⑤ Tr. Jinamitra, Devacandra

⑦ རྟོགས་པ་བརྗོད་པ་བརྒྱ་པ་ལས་སྡོམ་གྱི་ཚིགས་སུ་བཅད་པ་རྫོགས་ཏེ། གང་པོ་ལ་སོགས་[8]པའི་རྟོགས་པ་བརྗོད་[9]པ་བརྒྱ་པ་རྫོགས་སྷོ། རྒྱ་གར་གྱི་མཁན་པོ་ཛི་ན་མི་ཏྲ་དང་། ཞུ་ཆེན་གྱི་ལོ་ཙཱ་བ་བན་དེ་དེ་བ་ཙན་དྲས་བསྒྱུར་ཏེ་གཏན་ལ་ཕབ་པ།[10]

---

1 U པའི། STPND པ།

2 UT བཞི་ཡི། SPND བཞིའི།

3 UST catursatya, PN catusatya, D catuḥsatya

4 P omits པ།

5 T adds གཅིག་ཞུས། after རྫོགས་སོ།

6 USTN pūrṇamukha, P būrṇabramukha, D pūrṇapramukha

7 USTN avadātaśataka, P apadānaśataka, D avadānaśatika, D-CatP-Cat avadānaśataka

8 P ལསོགས།

9 UTN རྗོད། SPD བརྗོད།

10 UT add AW after ཕབ་པ།, cf. Appendix.

## Volume 81 མདོ་སྡེ། ས (1–340)

### No. 301 ས(Sa) 1b1-31b1 Toh 347

① བསོད་ནམས་[1]སྟོབས་ཀྱི་རྟོགས་པ་བརྗོད་པ།

② bSod nams stobs kyi rtogs pa brjod pa

③ པུ་ཎྱ་བ་ལ་ཨ་བ་དཱ་ན།

④ Puṇyabalāvadāna

⑤ Tr. Jinamitra, Devacandra

⑦ བསོད་ནམས་སྟོབས་ཀྱི་རྟོགས་པ་བརྗོད་པ་རྫོགས་སྷོ། རྒྱ་གར་གྱི་མཁན་པོ་འཛིན་མི་ཏྲ་དང་། ཞུ་ཆེན་གྱི་ལོ་ཙཱ་བ་[2]བན་དྷེ་དེ་བ་ཙན་དྲས་བསྒྱུར་ཏེ་གཏན་ལ་ཕབ་པའོ།

### No. 302 ས(Sa) 31b1-34a1 Toh 345

① ཕག་མོའི་རྟོགས་[3]པ་བརྗོད་པ་ཞེས་བྱ་བའི་མདོ།

② Phag mo'i rtogs pa brjod pa zhes bya ba'i mdo

③ སུ་ཀ་རི་ཀ་[ཀཱ་]བ་དཱ་ན་ནཱ་མ་སུ་[སཱུ་]ཏྲ།

④ Sūkarikāvadāna-nāma-sūtra

⑤ Tr. Jinamitra, Ye shes sde

⑦ ཕག་མོའི་རྟོགས་པ་བརྗོད་པའི་མདོ་རྫོགས་སྷོ། རྒྱ་གར་གྱི་མཁན་པོ་འཛི་ན་མི་ཏྲ་དང་། ཞུ་ཆེན་གྱི་ལོ་ཙྪ་བ་བན་དེ་ཡེ་ཤེས་སྡེས་བསྒྱུར་[4]ཅིང་ཞུས་ཏེ་གཏན་ལ་ཕབ་པ།

### No. 303 ས(Sa) 34a1-46a2 Toh 348

① ཟླ་འོད་ཀྱི་རྟོགས་པ་བརྗོད་པ།

② Zla 'od kyi rtogs pa brjod pa

③ ཙན་དྲ་[ཙནྡྲ་]པྲ་བྷ་ཨ་བ་དཱ་ནཱ་མ།[དཱ་ན།]

④ Candraprabhāvadāna

⑤ Tr. Dharmaśrībhadra, Shes rab legs pa

---

[1] D adds ཀྱི།

[2] U omits བ།

[3] UN རྟོག STPD རྟོགས།

[4] UN སྒྱུར། STPD བསྒྱུར།

⑥ Rev. Rin chen bzang po

⑦ རྒྱལ་པོ་ཟླ་འོད་ཀྱི་རྟོགས་པ་བརྗོད་པ་རྫོགས་སྷོ། རྒྱ་གར་གྱི་མཁན་པོ་རྣམ་ཤྲི་ཛྙཱ་ཊ་དང་། ཞུ་ཆེན་གྱི་ལོ་ཙྪ་བ་དགེ་སློང་ཤེས་རབ་ལེགས་པས་བསྒྱུར། སྒྲ་བསྒྱུར་གྱི་ལོ་ཙྪ་བ་[1]དགེ་སློང་རིན་ཆེན་བཟང་པོས་བཅོས་ཏེ་གཏན་ལ་ཕབ་པ།

## No. 304 ས(Sa) 46a2-55b1 Toh 346

① མ་ག་དྷ་[2]བཟང་མོའི་རྟོགས་པ་བརྗོད་པ།

② Ma ga dha bzang mo'i rtogs pa brjod pa

③ སུ་མ་ག་དྷ་ཨ་བ་དཱ་ན་མ།[དཱ་ན།]

④ Sumagadhāvadāna

⑤ Tr. Dharmaśrībhadra, Tshul khrims yon tan

⑥ Rev. Rin chen bzang po

⑦ མ་ག་དྷ་[3]བཟང་མོའི་རྟོགས་པ་བརྗོད་པ་རྫོགས་སྷོ། རྒྱ་གར་གྱི་མཁན་པོ་དྷརྨ་ཤྲཱི་བྷ་དྲ་དང་། ཞུ་ཆེན་གྱི་ལོ་ཙྪ་བ་དགེ་སློང་ཚུལ་ཁྲིམས་ཡོན་ཏན་གྱིས་བསྒྱུར་[4]སྒྲ་སྒྱུར་[5]གྱི་ལོ་ཙྪ་བ་ཆེན་པོ། དགེ་སློང་རིན་ཆེན་བཟང་པོས་བཅོས་ཏེ། གཏན་ལ་ཕབ་པ།[6]

## No. 305 ས(Sa) 55b1-135b2 Toh 123

① སངས་རྒྱས་ཀྱི་མཛོད་ཀྱི་ཆོས་ཀྱི་ཡི་གེ།

② Sangs rgyas kyi mdzod kyi chos kyi yi ge

③ བུད་དྷདྷརྨ་[བུདྡྷ་དྷརྨ་]ཀོ་ཥ་[ཤ་]ཀཱ་ར།

④ Buddhadharmakośakāra[7]

⑦ [8]སངས་རྒྱས་ཀྱི་མཛོད་ཀྱི་ཆོས་ཀྱི་ཡི་གེ་རྫོགས་སྷོ། རྒྱ་ལས་འགྱུར་བའི་བརྡའ་[9]རྙིང་པར་སྣང་ངོ།
(from Chinese)

---

1 UN(S) བསྒྱུར། སྒྲ་བསྒྱུར་གྱི་ལོ་ཙྪ་(ཙ་)བ་, T བསྒྱུར། སྒྲ་བསྒྱུར་གྱི་ལོ་ཙ་, P སྒྱུར་ཅིང་ཞུས་ཏེ། D བསྒྱུར་ཅིང་ཞུས་ཏེ།

2 D དྷཱ།

3 D དྷཱ།

4 P adds དེ། D adds ཏེ།

5 UPND སྒྱུར། ST བསྒྱུར།

6 PN add (Dhā, editor's note, AW) after ཕབ་པ།, cf. Appendix.

7 USTN koṣakāra, PD omit the Sanskrit title.

8 PND, cf. Appendix.

9 U བརྡའ། ST བརྡ།

No. 306 ས(Sa) 135b3-140a7 Toh 332

① ཁང་བུ་བརྩེགས་པའི་མདོ།

② Khang bu brtsegs pa'i mdo

③ ཀཱུ་[ཀཱུ་]ཊཱ་གཱ་རཱ་[ར་]སཱུ་ཏྲ།

④ Kūṭāgāra-sūtra

⑦ ཁང་བུ་བརྩེགས་པའི་མདོ་རྫོགས་སྷོ།[1]

No. 307 ས(Sa) 140a8-144b1 Toh 322

① གསལ་རྒྱལ་གྱི་ཚིགས་སུ་བཅད་པ།

② gSal rgyal gyi tshigs su bcad pa

③ པྲ་སེ་ན་ཛིད་གཱ་ཐཱ།

④ Prasenajid-gāthā

No. 308 ས(Sa) 144b1-161a5 Toh 227

① འཕགས་པ་རྣམ་པར་འཐག་པ་ཐམས་ཅད་བསྡུས་པ་ཞེས་བྱ་བ་ཐེག་པ་ཆེན་པོའི་མདོ།

② 'Phags pa rnam par 'thag pa thams cad bsdus pa zhes bya ba theg pa chen po'i mdo

③ ཨཱརྻ་ས་[སརྦ་]བཻའི་དལ་ལྱ་སང་གྲ་ཧ་[བཻ་དལྱ་སཾ་གྲ་ཧ་]ནཱ་མ་མ་ཧཱ་ཡཱ་ན་སཱུ་ཏྲ།

④ Ārya-Sarvavaidalya[2]saṃgraha[3]-nāma-mahāyānasūtra

⑤ Tr. Ye shes sde

⑦ འཕགས་པ་རྣམ་པར་འཐག་པ་ཐམས་ཅད་བསྡུས་པ་ཞེས་བྱ་བ་ཐེག་པ་ཆེན་པོའི་མདོ་རྫོགས་སྷོ། ཞུ་ཆེན་གྱི་ལོ་ཙྪ་བ་བན་དྷེ་ཡེ་ཤེས་སྡེ་ལ་སོགས་པས་[4]བསྒྱུར་ཅིང་ཞུས་ཏེ་གཏན་ལ་ཕབ་པའོ།

No. 309 ས(Sa) 161a6-167a5 Toh 162

① འཕགས་པ་དཔལ་དབྱིག་གིས་ཞུས་པ་ཞེས་བྱ་བ་ཐེག་པ་ཆེན་པོའི་མདོ།

② 'Phags pa dpal dbyig gis zhus pa zhes bya ba theg pa chen po'i mdo

③ ཨཱརྻ་ཤྲཱི་བ་སུ་པ་རི་པྲིད་ཚ་[པ་རི་པྲི་ཙྪཱ་]ནཱ་མ་མ་ཧཱ་ཡཱ་ན་སཱུ་ཏྲ།

④ Ārya-Śrīvasuparipṛcchā-nāma-mahāyānasūtra

---

1 PND add colophon after རྫོགས་སྷོ།, cf. Appendix.

2 UST ས་བེའི་དལ་ལྱ་, PND sarvavidalya

3 UT སང་གྲ་ཧ་, SD སཾ་གྲ་ཧ་, P སཾ་གྲ་ཏ་, N ས་མེ་གྲ་ཏ་

4 U སྡེ་ལསོགས་པས། ST སྡེ་ལ་སོགས་པས། PND སྡེས། (omit ལ་སོགས་པ།)

⑤ Tr. Surendrabodhi, Prajñāvarma, Ye shes sde

⑦ འཕགས་པ་དཔལ་དབྱིག་གིས[1]ཞུས་པ་ཞེས་བྱ་བ་ཐེག་པ་ཆེན་པོའི་མདོ་རྫོགས་སོ།། རྒྱ་གར་གྱི་མཁན་པོ་སུ་རེན་དྲ་བོ་དྷི་དང་། པྲད་ཉཱ་བར་མ་དང་། ཞུ་ཆེན་གྱི་ལོ་ཙྪ་བ་བནྡེ་ཡེ་ཤེས་སྡེ་ལ་སོགས[2]པས་བསྒྱུར་ཅིང་ཞུས་ཏེ་གཏན་ལ་ཕབ་པ།

## No. 310 ས(Sa) 167a5-184a2 Toh 237

① གཙུག་ཏོར་ཆེན་པོ་བམ་པོ་དགུ་པ་ལས[3]བདུད་ཀྱི་ལེའུ་ཉི་ཚེ[4]འབྱུང[5]བ།

② gTsug tor chen po bam po dgu pa las bdud kyi le'u nyi tshe 'byung ba

⑦ གཙུག་ཏོར[6]ཆེན་པོ་བམ་པོ་དགུ་པ་ལས། བདུད་ཀྱི་ལེའུ་ཉི་ཚེ་འབྱུང་བ་རྫོགས་སོ།།[7] སྔོན་གྱི་དཀར་ཆག[8]གསུམ་དུ་རྒྱ་ནག་ལས་འགྱུར་བར་བཤད་དོ།

## No. 311 ས(Sa) 184a2-239b3 Toh 117

① འཕགས་པ་དཀོན་མཆོག་གི་ཟ་མ་ཏོག་ཅེས་བྱ་བ་ཐེག་པ་ཆེན་པོའི་མདོ།

② 'Phags pa dkon mchog gi za ma tog ces bya ba theg pa chen po'i mdo

③ ཨཱརྱ་རད་ན་ད་ཀ་རན་ད་[རཏྣ་ཀ་རཎྜ]ནཱ་མ་མ་ཧཱ་ཡཱ་ན་སཱུ་ཏྲ།

④ Ārya-Ratnakaraṇḍa-nāma-mahāyānasūtra

⑤ Tr. Rin chen 'tsho

⑦ དཀོན་མཆོག་གི་ཟ་མ་ཏོག་ཅེས་བྱ་བ་ཐེག་པ་ཆེན་པོའི་མདོ་རྫོགས་སོ།། ལོ་ཙྪ་བ་བནྡེ་རིན་ཆེན་འཚོས་བསྒྱུར་ཅིང་ཞུས།[9]

## No. 312 ས(Sa) 239b3-241a2

① འཕགས་པ་ཚུལ་ཁྲིམས་ཉམས་པའི་རྣམ་པར་སྨིན་པ་ལྕི་ཡང་བསྟན་པའི་མདོ།

② 'Phags pa tshul khrims nyams pa'i rnam par smin pa lci yang bstan pa'i mdo

---

1 P གི།

2 U ལས་སོགས། STPND ལ་སོགས།

3 UT omit བམ་པོ་དགུ་པ་ལས། SPND བམ་པོ་དགུ་པ་ལས།

4 UST omit ཉི་ཚེ། PND ཉི་ཚེ།

5 USTP འབྱུང་། ND བྱུང་།

6 U གཏོར། STPND ཏོར།

7 PN omit after རྫོགས་སོ།, cf. Appendix.

8 UT ཆགས། SD ཆག

9 PND colophon after རྫོགས་སོ།, cf. Appendix.

No. 313 ས(Sa) 241a2-242b2

① བྱང་ཆུབ་སེམས་དཔའ་སེམས་དཔའ་ཆེན་པོ་[1]སའི་སྙིང་པོས་བཅོམ་ལྡན་འདས་ལ་ཞུས་པའི་མདོ་ལས། སེམས་ཅན་སྐྱེས་དགུ་ …

② Byang chub sems dpa' sems dpa' chen po sa'i snying pos bcom ldan 'das la zhus pa'i mdo las / sems can skyes dgu …

⑦ ཁ་ཆེའི་པན་ཊི་ཏ་ཤཱཀྱ་ཤྲི་ལས་བསྒྱུར་ཏེ་[2]བྱུང་ཞེས་གྲག་གོ།

No. 314 ས(Sa) 242b2-244b6

① འཕགས་པ་ཡོངས་སུ་སྐྱོབ་པའི་སྣོད་ཅེས་བྱ་བའི་མདོ།

② 'Phags pa yongs su skyob pa'i snod ces bya ba'i mdo

③ ཨཱརྱ་པ་རི་ཤ་ར་ཎི་[ཎ་]བྷཉྫ་[བྷཱ་ཛ་ན་]ནཱ་མ་སཱུ་ཏྲ།

④ Ārya-Pariśaraṇabhājanā[3]-nāma-sūtra

⑤ Tr. 'Gos Chos grub (from Chinese)

⑦ འཕགས་པ་ཡོངས་སུ་སྐྱོབ་པའི་སྣོད་ཅེས་བྱ་བའི་མདོ་རྫོགས་སོ། ཞུ་ཆེན་གྱི་ལོ་ཙྪ་བ་དགེ་སློང་འགོས་ཆོས་གྲུབ་ཀྱིས། རྒྱའི་དཔེ་ལས་བསྒྱུར་ཅིང་ཞུས་ཏེ་གཏན་ལ་ཕབ་པའོ།

No. 315 ས(Sa) 244b6-264b6 Toh 351

① འཕགས་པ་རྒྱལ་བུ་དོན་གྲུབ་ཀྱི་མདོ།

② 'Phags pa rgyal bu don grub kyi mdo

④ (Ārya-Jinaputra-arthasiddhi-sūtra)[4]

⑦ འཕགས་པ་རྒྱལ་བུ་དོན་གྲུབ་ཀྱི་མདོ་ཞེས་བྱ་བའི་[5]བམ་པོ་གཅིག་རྫོགས་སྷོ།[6] སྔོན་རྒྱ་ལས་འགྱུར་བའི་བརྡ་རྙིང་[7]པར་འདུག

---

1 UT པོ། S པོའི།

2 UT ཏེ། S དེ།

3 UST pariśaraṇibhañja, S-Cat pariśaraṇabhājana

4 Title from P-Cat 1020.

5 USTN བའི། PD བ།

6 P omits after རྫོགས་སྷོ།

7 UN སྙིང་། STD རྙིང་།

No. 316 ས(Sa) 264b6-267b7

① འཕགས་པ་རྒྱལ་བུ་ཀུན་ཏུ་དགེ་ཞེས་བྱ་བ་ཐེག་པ་ཆེན་པོའི་མདོ།

② 'Phags pa rgyal bu kun tu dge zhes bya ba theg pa chen po'i mdo

No. 317 ས(Sa) 267b7-279a8 Toh 4199

① གནས་བརྟན་[1] སྤྱན་དྲང་བ།

② gNas brtan spyan drang ba

③ སྠ་བི་རི་[རོ་]པ་ནི་མན་ཏྲ་ཎ།[མནྟྲ་ཎ།]

④ Sthaviropanimantraṇa

⑤ Tr. Jinamitra, Ye shes sde

⑦ གནས་བརྟན་སྤྱན་དྲངས་བ་རྫོགས་སྷོ།[2] ཨཱ་ཙརྱ་འཛིན་མི་ཏྲ་དང་། བན་དྷེ་ཡེ་ཤེས་སྡེས་བསྒྱུར་ཏེ་[3]
གཏན་ལ་ཕབ་པ།

No. 318 ས(Sa) 279a8-285a4 Toh 359

① མིག་བཅུ་གཉིས་པ་ཞེས་བྱ་བའི་མདོ།

② Mig bcu gnyis pa zhes bya ba'i mdo

③ དྭ་[དྭཱ་]ད་ཤ་ལོ་ཙ་ན་སཱུ་ཏྲ།

④ Dvādaśalocana-nāma[4]-sūtra

⑦ མིག་བཅུ་གཉིས་པ་ཞེས་བྱ་བའི་མདོ་རྫོགས་སྷོ།[5]

No. 319 ས(Sa) 285a4-306b2 Toh 4321[6]

① ཐུབ་པ་ཆེན་པོ་དྲང་སྲོང་གར་གས་[7] ལྟས་ཀྱི་རྣམ་པ་བསྟན་པ་ཞེས་བྱ་བའི་གཙུག་ལག

② Thub pa chen po drang srong gar gas ltas kyi rnam pa bstan pa zhes bya ba'i gtsug lag

④ (Mahāmunigargarṣyakṣanimittākṛtinirdeśa-nāma)[8]

---

1 T བསྟན།

2 UT(S) དྲངས་བ(པ)་རྫོགས་སྷོ(སོ)། D(PN) དྲང་བ་སློབ་དཔོན་ཛྙཱ་(ཛྙ་)བ་སྐཎྜ་པ་(ཀཎྜ་ད་སྦྱ་)ཞེས་བྱ་བས་མཛད་པ་རྫོགས་སོ།

3 UST བསྒྱུར་ཏེ། PND བསྒྱུར་ཅིང་ཞུས་ཏེ།

4 USTN omit nāma, PD nāma

5 P adds Dhā after རྫོགས་སྷོ།, cf. Appendix.

6 Cf. P-Cat 5815, S-Cat 271, NT p. 104, Nm-Cat vol. 1 p. 74 D 4321.1(20b1-33b7). See also p. 414.

7 UTD གར་གས། SPN གརྒས།

8 Title from D-Cat 4321(footnote 2), P-Cat 5815.

⑦ ཐུབ་པ་ཆེན་པོ་དྲང་སྲོང་སྐར་མའི་ལྷས་ཀྱི་གཙུག་ལག་རྨ་བྱ་[1] ལྷས་སྨྲ་ཚོགས་བསྟན་པ་ཞེས་བྱ་བའི་ལས་[2] ཇི་སྙེད་པ་རྫོགས་སྷོ།

No. 320 ས(Sa) 306b2-327b8 Toh 4321A[3]

① ཨཱ་རྱ་བྱཱ་ཀ་ར་ཎའི་[4] ནང་ནས་བྱུང་བ་གཟའ་[5] དང་རྒྱུ་སྐར་གྱི་[6] རང་བཞིན་བཤད་པ།

② Ā rya byā ka ra ṇa'i nang nas byung ba gza' dang rgyu skar gyi rang bzhin bshad pa

④ (Ārya-Vyākaraṇāntarodbhava-graha-nakṣatra-prakṛti-nirdeśa)[7]

⑦ ཨརྱ་[8] ཤ་ལ་[9] ཀར་ཎྜའི་[10] ནང་ནས་གཟའ་སྐར་གྱི་ལྷས་[11] འབྱུང་བ་བཏུས་པ་[12] ལྷས་དང་མཚན་མ་དགེ་བར་གྱུར་ཅིག་རྫོགས་སྷོ།

No. 321 ས(Sa) 327b8-340a7

① ཟླ་བའི་ཁྱིམ་བརྩི་བ་དང་རྒྱུ་སྐར་བརྩི་བའི་མདོ་སྡེ་ལས་འབྱུང་བ།

② Zla ba'i khyim brtsi ba dang rgyu skar brtsi ba'i mdo sde las 'byung ba

## Volume 82 མདོ་སྡེ། ཧ (1–359)

No. 322 ཧ(Ha) 1b1-359a8 《Vol. 82 Ha. 1b1–Vol. 83 A. 214b2》 Toh 340

① ལས་བརྒྱ་ཐམ་པ།[13]

② Las brgya tham pa

③ པ་རི་བརྟ་ཀར་མ་[ཀརྨ་]ཤ་ཏ་ཀ།

④ Karmaśataka[14]

---

1 N adds ལས། (བྱ་ལས་ལྷས་) D བའི།
2 UST ལས། PND ལྷས།
3 Cf. P-Cat 5816, S-Cat 272, NT p. 104, Nm-Cat vol. 1 p. 74 D 4321.2(33b7-49a7). See also p. 414.
4 UT ཨརྱ་བྱ་ཀར་ཎྜའི། SD ཨཱ་རྱ་བྱཱ་ཀ་ར་ཎའི། P ཨཱ་རྱ་བྱ་ཀ་ར་ཎའི། N ཨཱརྱ་བྱ་ཀ་ར་ཎའི།
5 UTPND གཟའ། S བཟའ།
6 N གྱིས།
7 Title from P-Cat 5816.
8 US ཨརྱ། PND ཨཱརྱ།
9 U ཤ་ལ། SD ཤ་རུ་ལ། PN ཤ་རུ་ལོ།
10 US ཀར་ཎྜའི། PND ཀྚའི།
11 P བལྷས།
12 T adds དང་།
13 U ཐམ་བ་བ། S ཐམ་པ་པ། T ཐམ་བ་པ། PND ཐམ་པ།
14 U(T) parivarṇ(n)akarmaśataka, S paravarnakarmaśataka, PND karmaśataka

## Volume 83 མདོ་སྡེ། ཨ (1–348)

### No. 322 ཨ(A) 1b1-214b2

Continued

⑦ ལས་བརྒྱ་ཐམ་[1]པ་རྫོགས་སྐོ།

### No. 323 ཨ(A) 214b2-219b5 Toh 356

① སངས་རྒྱས་ཤཱཀྱ་ཐུབ་པ་ལ་བྱང་ཆུབ་སེམས་དཔའ་ཟླ་བའི་སྙིང་པོས་ཞུས་པ་ལས་ལུང་བསྟན་པ།[2]

② Sangs rgyas shākya thub pa la byang chub sems dpa' zla ba'i snying pos zhus pa las lung bstan pa

⑦ [3]སངས་རྒྱས་ཤཱཀྱ་ཐུབ་པ་ལ་བྱང་ཆུབ་སེམས་དཔའ་ཟླ་བའི་སྙིང་པོས་ཞུས་པ་ལས་ལུང་བསྟན་པ་རྫོགས་སོ།

### No. 324=753 ཨ(A) 219b5-287a2 Toh 168

① དྲི་མ་མེད་པའི་འོད་ཀྱིས་ཞུས་པ།

② Dri ma med pa'i 'od kyis zhus pa

③ བི་མ་ལ་པྲ་བྷ་པ་རི་པྲི་ཙྪཱ།[པ་རི་པྲྀ་ཙྪཱ།]

④ Vimalaprabhaparipṛcchā

⑦ ཐེག་པ་ཆེན་པོའི་མདོ། དྲི་མ་མེད་པའི་འོད་ཀྱིས་ཞུས་པ་ཞེས་བྱ་བ་རྫོགས་སོ།[4]

### No. 325 ཨ(A) 287a2-287b4

① འདུ་ཤེས་བཅུ་བསྟན་པའི་མདོ།

② 'Du shes bcu bstan pa'i mdo

③ ད་ཤ་སམ་ཛྙཱ་[སཾ་ཛྙཱ་]དེ་ཤ་སཱུ་ཏྲ།

④ Daśasaṃjñānirdeśa[5]-sūtra

---

1 P omits ཐམ།

2 Title from the colophon. USTN have an identical colophon. PD title འཕགས་པ་ཟླ་བའི་སྙིང་པོས་ཞུས་པའི་མདོ་ལས། སངས་རྒྱས་ཀྱི་བསྟན་པ་གནས་པ་དང་འཇིག་པའི་ཚུལ་ལུང་བསྟན་པ།

3 PD, cf. Appendix.

4 ST add ལྷ་མོ་དྲི་མ་མེད་པའི་འོད་ཀྱིས་ཞུས་པའི་མདོ་འདི་ཤིན་ཏུ་དག་པར་ཡོད་པས་ཡིད་ཆེས་ཀྱི་གནས་སོ། གཞན་འགྱུར་ཆད་ཡོད་པ་མང་བར་སྣང་སྟེ་གླེགས་བམ་མང་དུ་བལྟས་སོ། after རྫོགས་སོ།, cf. No. 753

5 USTN daśasaṃjñādeśa, S-Cat daśasaṃjñānirdeśa

No. 326 ཨ(A) 287b4-348a8 Toh 358

① སྟག་རྣའི་རྟོགས་པ་བརྗོད་པ།

② sTag rna'i rtogs pa brjod pa

③ ཤཱ་རྡཱུ་ལཀྞ་[ཤཱརྡཱུ་ལ་ཀརྞ་]ཨ་བ་དཱ་ན།

④ Śārdūlakarṇāvadāna

⑤ Tr. Ajitaśrībhadra, Shākya 'od

⑦ འཕགས་པ་སྟག་རྣའི་མདོ་རྫོགས་སོ། རྒྱ་གར་གྱི་མཁན་པོ་དགེ་སློང་ཨ་ཛི་ཏ་ཤྲཱི་བྷདྲ་དང་། ཞུ་ཆེན་གྱི་ལོ་ཙྪ་བ་[1] དགེ་སློང་ཤཱཀྱ་འོད་ཀྱིས་[2] བསྒྱུར།[3]

※ རིགས་ལྡའི་བཀྲ་ཤིས།

This short work with no proper title, mentioned in the *Thob yig* of Dzaya-paṇḍita[4] (Géza Bethlenfalvy's Hand-list No. 326) is not included in this volume. sTog[5], Tokyo[6], London[7] manuscript Kangyur and Narthang[8] edition preserve this title.

## Volume 84 མདོ་སྡེ། ཀི (1–346)

No. 327 ཀི(Ki) 1b1-346a8 《Vol. 84 Ki. 1b1–Vol. 87 Ngi. 364a8》 Toh 287

① འཕགས་པ་དམ་པའི་ཆོས་དྲན་པ་ཉེ་བར་གཞག་པ།

② 'Phags pa dam pa'i chos dran pa nye bar gzhag pa

③ ཨཱརྱ་སདྡྷརྨ་སྨྲི་[སྨྲྀ་]ཏྱུ་པསྠཱ་ན།

④ Ārya-Saddharmasmṛtyupasthāna

⑤ Tr. Pa tshab Tshul khrims rgyal mtshan

---

1 UN གྱི། STPD གྱིས།

2 PD add སེང་གར།

3 U adds Dhā and AW after བསྒྱུར།, cf. Appendix.

4 Śata-Piṭaka Series vol. 281, *Collected Works of Jaya-paṇḍita Blo-bzaṅ-ḥphrin-las* vol. 4, 234b1

5 S-Cat 279 bKra-śis-dam-pa (mDo-sde A 373a1-373a7)

6 Tokyo Manuscript mDo-sde A 358a1-358a7 (T-Study included in 277)

7 London Manuscript mDo A 347b6-348a5 (L-Cat included in 198)

8 Narthang Kha-skong 314b2-314b7 (N-Cat 789)

## Volume 85 མདོ་སྡེ། ཁི (1–360)

### No. 327 ཁི(Khi) 1b1-360a8

Continued

## Volume 86 མདོ་སྡེ། གི (1–362)

### No. 327 གི(Gi) 1b1-362a7

Continued

## Volume 87 མདོ་སྡེ། ངི (1–364)

### No. 327 ངི(Ngi) 1b1-364a8

Continued

⑦ སྟོང་ཕྲག་སུམ་ཅུ་རྩ་དྲུག་པ་འཕགས་པ་དམ་པའི་ཆོས་དྲན་པ་[1]ཉེ་བར་གཞག་པ་ཞེས་བྱ་བ་ཐེག་པ་ཆེན་པོའི་མདོ་རྫོགས་སྷོ། ཆོས་རྣམས་ཐམས་ཅད་རྒྱུ་ལས་བྱུང་། དེ་རྒྱུ་[2]དེ་བཞིན་གཤེགས་པས་གསུངས། དེའི་[3]འགོག་པ་གང་ཡིན་པ།[4] དགེ་སྦྱོང་ཆེན་པོས་འདི་[5]སྐད་གསུངས། ཉེ་བར་མགོ་[6]བ་ཐམས་ཅད་ལེགས་པར་སྐྲུན་པ་ལ་སོགས་[7]པས་[8]ཕུན་སུམ་ཚོགས་པའི་དངོས་པོ་མཐའ་དག་དང་ལྡན་པ་ས་གཞིའི་ཡོན་ཏན་དང་རིག་པའི་གནས་མཐའ་དག་གི་[9]འབྱུང་གནས་སུ་གྱུར་པ་སྦྱང་[10]ཞིང་སྦྲིན་ལ་སྐྱེ་བོ་ཐམས་ཅད་བློ་[11]དང་ལྡན་པས་[12]འཛམ་བུའི་གླིང་[13]ཡུལ་རྣམས་ཀྱི་མིག་ཏུ་[14]དགོངས་

---

1 UT བ། SPND པ།

2 USTP དེ་རྒྱུ། ND རྒྱུ་དེ།

3 U དེའི། STPND དེ་ཡི།

4 UT བ། SPND པ།

5 U འདི། STPND དེ།

6 U འགོ། STPND མགོ།

7 P ལསོགས།

8 UST པས། PND པ།

9 T omits གི།

10 UST སྦྱང་། PND སྦྱང་།

11 T བློ།

12 U བས།

13 PND add གི།

14 UT ཏུ། SPND དུ།

ནས། སྟོན་པ་ཡང་དག་པར་རྫོགས་པའི་སངས་རྒྱས་མངོན་པར་[1]རྫོགས་པར་སངས་རྒྱས་པ་[2]ནི་ཀླུང་ཆེན་པོ་འབབ་པ་ཆུ་བོ་གང་གའི་[3]འགྲམ་གྱིས་བསྐོར་[4]པ་ཆེས་[5]ཡངས་པར་གྱུར་པ་རྒྱ་གར་གྱི་ཡུལ་ལོ་དེའི་ཡང་དབུས་སུ་གཏོགས་[6]པ་ལས་ཤར་གྱི་ཆ་[7]ཡུལ་ཆེན་པོ་ཤར་ཕྱོགས་བ་[8]ལེན་དྲ་[9]ཞེས་བྱ་བའི་གཙུག་ལག་ཁང་ཆེན་པོ་སྟོན་པའི་བསྟན་པའི་མིག་[10]དང་རྩ་བ་དང་གཞིར་གྱུར་པ་དཔལ་དང་ལྡན་པའི་རྒྱལ་པོའི་ཐུགས་ཕུན་སུམ་ཚོགས་པའི་དཔལ་གྱིས་གཞན་ལས་མཐོ་བས་མངའ་ཆེར་སྐྱུར་བའི་སའི་བདག་པོ་ནེ་[11]པེའི་[12]པཱ་ལ་ཞེས་བྱ་བའི་[13]མཐོ་རིས་དང་ཐར་པའི་ཐེམ་[14]སྐས་མཁས་ཤིང་བཙུན་[15]ལ་དུལ་བའི་སྐྱེས་བུ་དམ་པ་རྣམས་ཀྱི་བཞུགས་གནས་སུ་མཛད་པའི་གཙུག་ལག་ཁང་ཛ་གད་དུ་[16]ལན་[17]མཁས་པའི་སྐྱེ་དགུ་པཎྜི་ཏ་[18]རྣམས་མང་དུ་བྱུང་ཞིང་མང་གིས་ཀྱུང་ཆེན་པོ་ལས་ཆེན་[19]པོར་གྱུར་པ་ལྔ་བརྒྱ་པའི་ཐམས་ཅད་མཁྱེན་པར་[20]འཇིག་རྟེན་པར་[21]སྒྲོགས་པ་སྟོན་གྱི་སློབ་དཔོན་ཆེན་པོ་རྣམས་དང་མཚུངས་པ་ཡིན་ཞེས་བྱ་བའི་བསྔགས་[22]པས་པཎྜི་ཏ་[23]རྣམས་ཀྱིས་

---

1 UT བར།

2 USTD པ། PN པའི།

3 U གང་གའི། S གངྒའི། TPD གང་གཱའི། N གངྒའི།

4 P སྐོར།

5 P ཆོས།

6 P རྟོགས།

7 S ཤར་གྱི་ཤ་ཆ།

8 UD བ། STN པ། P འབབ།

9 USTP ལེན་དྲ། ND ལེནྡྲ།

10 USPND ཆེན་པོ་སྟོན་པའི་བསྟན་པའི་མིག T ཆེན་པོ་སྟོན་པའི་མིག

11 N ན།

12 UST པེའི། PND པཻ།

13 UST བའི། PND བས།

14 P ཐེམས།

15 S བརྩུན།

16 US ཛ་གད་དུ། T ཛ་ག་ད་དུ། P འཛ་གད་དུ། ND ཛ་གདྡུ།

17 UST ལན། PND ལ་ན།

18 UND པཎྜི་ཏ། S པཎྜི་ཏ། T པན་ཌི་ཏ། P པཎ་ཌི་ཏ།

19 N ཅན།

20 S པའི།

21 UST པར། PND ལས།

22 P སྔགས།

23 UND པཎྜི་ཏ། S པཎྜི་ཏ། T པན་ཌི་ཏ། P པཎ་ཌི་ཏ།

བསྔགས་[1]པར་མཛད་པ་འཇིག་རྟེན་གྱི་ཕུན་སུམ་ཚོགས་པས་ང་རྒྱལ་བའི་རྒྱལ་པོ་[2]དང་བློན་པོ་
རྣམས་ཀྱིས་ལུས་ཀྱི་མགོ་ལྟར་མཉན་པར་[3]ཁུར་བ། མཁས་པའི་ང་རྒྱལ་ཅན་པཎྜི་[4]ཏའི་[5]འཇིག་རྟེན་
པ་རྣམས་ཀྱིས་གཙུག་གི་ནོར་བུ་ལྟར་འཛིན་པ། ཚེ་འདི་རིང་དུ་སྤངས་པའི་སྐྱེ་བོ་ཐར་པ་བསྒྲུབས་[6]པ་
ལ་བརྩོན་པ་རྣམས་ཀྱིས་སྐྱོན་ཡོན་[7]ལེགས་[8]པར་མཐོང་བས་ལམ་འདྲེན་པའི་མིག་དང་འདྲ་བར་[9]ལྟ་
བ་ཡུལ་གྱི་མི་ཐམས་ཅད་ཀྱིས་བུ་གཅིག་པ་ལྟར་སྙིང་དུ་སྡུག་པའི་[10]འཐུན་[11]པར་གྱུར་པས་དམུ་རྒོད་
ལྟ་བུར་ལོག་པར་སྒྲུབ་པ་རྣམས་ལ་ཆེས་[12]འཐུན་[13]པར་འཛིན་པས་ཡིད་འཕྲོག་པར་མཛད་པས།[14]
འགྲོ་བ་ཉམས་[15]ཐག་པ་རྣམས་གཟིགས་ནས་བརྩེ་[16]བའི་ཐུགས་རྗེས་སེམས་གདུངས་ཀྱང་ཐུགས་རྗེའི་
ཕྱག་བརྒྱང་བས་[17]སྐལ་བ་[18]དང་འཐུན་[19]པར་[20]རྗེས་སུ་འཛིན་པར་མཛད་པ། སྤྱིར་ལུང་བསྟན་པའི་
མདོ་སྡེ་སྟག་རྣའི་རྒྱ་སྐར་ལས་ཡོན་ཏན་དུ་མ་དང་ལྡན་པ་དང་[21]རྩོམ་པ་པོ་ཆེན་པོ་ཉིད་དང་ལུས་
རྗེས་[22]ནས་མཐོ་རིས་སུ་སྐྱེ་བ་བཞེས་པ།[23] ལུང་བསྟན་[24]འཕགས་པ་བྱམས་པ་དང་མཇལ་[25]བར་

[1] P སྔགས།
[2] P པོའི།
[3] U མཉན་པར། ST གཉན་པར། P གཉའ་བར། ND གཉའ་བར།
[4] UND པཎྜི། S པཎྜི། T པཎ་ཌི། P པཊ་ཊི།
[5] UST ཏའི། PND ཏ་དང་།
[6] U བསྒྲུབས། ST བསྒྲུབ། PND སྒྲུབ།
[7] PN omit ཡོན།
[8] P ལགས།
[9] PND add འདྲེན་པར།
[10] UST པའི། PND ཅིང་།
[11] USTPD འཐུན། N མཐུན།
[12] P ཆོས།
[13] USTPD འཐུན། N མཐུན།
[14] UST པས། PND པ།
[15] U ཉམས། STPND ཉམ།
[16] U རྩེ།
[17] USND བརྒྱང་བས། T བརྒྱངས་བས། P བརྒྱད་པས།
[18] U པ།
[19] USTPD འཐུན། N མཐུན།
[20] T བར།
[21] USTD པ་དང་། PN པའི།
[22] UT རྗེས། SPND བརྗེས།
[23] UT ཞེས་པ། S བཞེས་པ། PND བཞེས་པར།
[24] PND add པ།
[25] UT འཛལ། SPND མཛལ།

བཞེད་པའི་སྲེད་པ་དང་ཆོས་ཀྱི་[1] སྲེད་པ་བླ་ལྷག་པ་མངའ་བ། ཆགས་སྡང་ལ་སོགས་[2] པ་ཐམས་ཅད་ནི་ཤས་ཆུང་བར་གྱུར་པའི་[3] སྐྱེས་བུ་དེའི་བསྔགས་[4] པ་སྒྲོ་བར་ནི་སུས་ནུས། མདོར་བསྡུ་ན་འཇིག་རྟེན་མི་ཆོས་ཀྱི་མཁྱེན་པ་ཆེ་ཞིང་བཟང་བ་གསེར་གྱི་ས་གཞི་དང་འདྲ་བ་ལ། དམ་པའི་ལྷ་[5] ཆོས་ཕུན་སུམ་ཚོགས་པ་མཁས་པ་དང་བཙུན་[6] པ་དང་ཞི་བ་དང་དུལ་བ་དང་མཉེན་པ་དང་དེས་པ་དང་བདེན་པར་[7] སྨྲ་བ་གཡོ་མེད་པ་དྲང་པོའི་[8] རང་བཞིན་ཅན། བསླབ་[9] པ་ལ་སྙིང་པོར་མཛད་པའི་དཔག་བསམས་ཀྱི་[10] ལྗོན་ཞིང་[11] ལོ་འདབ་རྒྱས་པ་གཡུའི་མཎྜལ་[12] དང་མཚུངས་པར་འཁྲུངས་པ་ལས། ཚེ་འདི་དང་གཞན་དང་གནས་སྐབས་དང་མཐར་ཐུག་པའི་དགེ་བའི་ལོ་ཏོག་ཕུན་སུམ་ཚོགས་པའི་མེ་ཏོག་དང་འབྲས་བུ་ཡོངས་སུ་རྒྱས་ཤིང་རྣམ་པར་སྨིན་པས། བདག་དང་གཞན་ལ་ཕན་པའི་[13] ཕ་རོལ་ཏུ་[14] ཕྱིན་པས་ཅུང་ཟད་ཀྱང་དོན་མེད་པ་མ་ཡིན་པ།[15] རིག་པའི་གནས་ལྔ་ལ་ཐོགས་པ་མེད་པའི་མཁྱེན་པ་དང་ལྡན་པའི་དཔལ་གྱིས་མཛེས་པའི་པཎྜི་ཏ་[16] ཆེན་པོ་ཤཱན་ཏ་[17] ཨ་ཀ་ར་[18] འགུ་པ་ཏའི་[19] ཞལ་སྔ་ནས་དང་། མཁས་པ་ཆེན་པོ་སྐྱེས་བུ་དམ་པ་འདུལ་བ་འཛིན་པའི་ཡང་མཆོག་ཏུ་གྱུར་

---

1 P adds སྲེད་པ་དང་། ནོར་གྱི་ N adds སྲེད་པ་དང་། ཆོས་ཀྱི་
2 P ལསོགས།
3 UTND པའི། SP བའི།
4 P སྔགས།
5 PND omit ལྷ།
6 S བཙུན།
7 UT བར། SPND པར།
8 P བའི།
9 UST བསླབ། PND སླབ།
10 UST བསམས་ཀྱི། PND བསམ་གྱི།
11 U ཞིང་། STPND ཤིང་།
12 UND མཎྜལ། S མཎྜྷལ། T མཎ་ཌ་ལ། P མཎ་ཌ་ལ།
13 T བའི།
14 S adds ཕྱིན།
15 T བ།
16 UND པཎྜི་ཏ། S པཎྜྷི་ཏ། T པན་ཌི་ཏ། P པཎ་ཌི་ཏ།
17 USTP ཤཱན་ཏ། ND ཤཱནྟ།
18 UST ཨ་ཀ་ར། P ཨ་ག་ར། N ཨཱ་ཀར། D ཨཱ་ཀ་ར།
19 USTP འགུ་པ་ཏའི། N འགུ་པྟ་ཏའི། D གུཔྟའི།

པ་པཎྜིཏ་[1]ཆེན་པོ་ཤཱར་ཡ་[2]ཨ་[3]ཀ་ར་[4]འགྲུ་པ་ཏ་[5]དང་། ཐོས་པ་འཛིན་པས་འཇམ་དཔལ་དང་འདྲ་བར་གྲགས་པ་སློབ་པའི་ཤེས་རབ་ཅན་རྣམས་ཀྱིས་[6]མཆོག་པཎྜིཏ་[7]ཤཱཀྱ་རཀྵི་ཏ་དང་། པཎྜིཏ་[8]ཆེན་པོ་བ་རི་ཛ་[9]ཤྲཱ་[10]ཀ་ར་[11]ཤན་ཏི་[12]ལ་སོགས་[13]པ་རྣམས་ལ་རྒྱ་དཔེ་ལྷ་དང་། གཞན་ཡང་ཡུལ་དབུས་མ་ག་དྷ་[14]ཞེས་བྱ་བ་དེ་བཞིན་གཤེགས་པའི་རྟེན་མང་དུ་བཞུགས་ཤིང་སངས་རྒྱས་པའི་སྐྱེ་བོ་དཀོན་མཆོག་གསུམ་ལ་དད་པས་ཡུལ་གང་བའི་མ་ག་དྷའི་[15]ཡུལ་སྨད་ན།[16] རྒྱལ་པོ་བྱང་ཆུབ་སེམས་དཔའ་དེ་བ་པ་[17]ལས་མཛད་པའི་གཙུག་ལག་ཁང་ཆེན་པོ་བསྟན་པའི་མིག་ཏུ་[18]གྱུར་པ་འབྲི་ཀྲ་མ་ཤཱི་ལ་[19]ན་ཡང་མཁས་པའི་སྐྱེ་བོ་མང་དུ་ཟིན་ཀྱང་[20]རཀྵི་ཏ་དེ་ཉིད་དང་། སྒྲ་དང་སྙན་ངག་[21]དང་ལེགས་པར་སྦྱར་བའི་[22]སྐད་ཀྱི་ལུགས་ལ་མཁས་པའི་པཎྜིཏ་[23]ཆེན་པོ་སུ་བུ་[24]ཏི་ཙན་དྲ་[25]དང་། མངོན་

---

1 U པཎྜིཏ། S པཎྜི་ཏ། T པན་ཊི་ཏ། P པཎ་ཊི་ཏ། ND པཎྜི་ཏ།

2 UT ཤཱར་ཡ། S ཤཱཀྱ། P ཤཱ་ཀྱ། ND ཤ་ཀྱ།

3 USP ཨ། T ཨཱ། ND ཡཱ།

4 USTD ཀ་ར། PN ཀར།

5 UT འགྲུ་པ་ཏ། S གྲུ་པ་ཏ། P འགྲུ་ཏྟ་ཏ། N འགྲུ་པྟ་ཏ། D གྲུ་པྟ།

6 UT ཀྱིས། SPND ཀྱི།

7 U པཎྜིཏ། S པཎྜི་ཏ་ཆེན་པོ། T པན་ཊི་ཏ་ཆེན་པོ། P པཎ་ཊི་ཏ་ཆེན་པོ། ND པཎྜི་ཏ་ཆེན་པོ།

8 U པཎྜིཏ། S པཎྜི་ཏ། T པན་ཊི་ཏ། P པཎ་ཊི་ཏ། ND པཎྜི་ཏ།

9 U བ་རི་ཛ། ST བ་རི་ཛྙ། P བིཏྲ། ND བྲིཏྲ།

10 P ཨ།

11 PND ཀར།

12 UP ཤན་ཏི། ST ཤཱན་ཏི། ND ཤཱནྟི།

13 P ལསོགས།

14 D དྷཱ།

15 D དྷཱའི།

16 T སྨད་ན།

17 U དེ་བ་པ། S དེ་ཝ་པཱ། TPN དེ་བ་པཱ། D དེ་བ་པཱ།

18 T ཏུ།

19 UT འབྲི་ཀྲ་མ་ཤཱི་ལ། S བྲི་ཀ་མ་ཤི་ལ། PND བི་ཀྲ་མ་ཤཱི་ལ།

20 PND add ཤཱཀྱ།

21 U ངག SPND དངགས། T ངགས།

22 USTD སྦྱར་བའི། N དབྱུད་པའི། P སྦྱུད་པའི།

23 U པཎྜིཏ། S པཎྜི་ཏ། T པན་ཊི་ཏ། P པཎ་ཊི་ཏ། ND པཎྜི་ཏ།

24 US བུ། TND བྷཱུ། P བྷུ།

25 UTP ཙན་དྲ། SND ཙནྡྲ།

བ་[1] ལ་མཁས་པ་ཨ་ཏི་[2] ཏ་ཙན་ཏྲ་[3] ལ་སོགས་[4] པ་རྣམས་ལ་རྒྱ་དཔེ་གཉིས་ལ་ལེགས་པར་མཉན་ཅིང་གུས་པས་ཐད་དུ་བསྟེན་[5] ནས་དོན་དང་ཚིག་མ་ལུས་པར་རྟོགས་པའི་བཤད་པ་ཞུས་ནས། ཤིན་ཏུ་དཀའ་བའི་གནས་རྣམས་ལ་ནི་ཕྱི་[6] ཞིང་ལེགས་པར་དཔྱད་པས་དོན་དགྲོལ་བའི་ཐབས་ཞུས་ཏེ། འགྱུར་གྱི་ཡན་ལག་རྒྱ་གར་གྱི་སང་གྲྀ་[7] ཏ་དང་། འཕྲུལ་སྐད་གཉིས། བོད་ཀྱི་ཆོས་སྐད་དང་འཕྲུལ་སྐད་གཉིས་ཏེ། བཞི་ལ་དབང་འགྱུར་པའི་ཤེས་རབ་ཀྱི་སྣང་བ་ཐོབ་མོད་ཀྱིས་ཀྱང་། སྤྱིར་མདོ་སྡེ་ལ་དོན་གྱི་གནས་མང་བས་[8] ཚིག་དོན་ཕལ་ཆེར་བརྙིང་[9] ཞིང་[10] ལྷག་པར་ཡང་མདོ་འདི་དོན་དུ་མ་ཚིག་ཟུར་རྣམས་ཀྱིས་ངག་གཅིག་ཏུ་འབྲེལ་བར་[11] སྟོན་པ་ནི་ཚིག་མཛེས་པའི་རྒྱན་གྱིས་དོན་གསལ་བར་མཛད་པ་སྙན་ངག་གི་[12] དབང་ཕྱུག་འགྲན་གྱི་དོ་མེད་པ་[13] རྣམས་ཀྱི་[14] མཛད་པའི་[15] རིམ་པ་ཡིན་པའི་[16] ཕྱིར་ན། སྦྱངས་[17] པ་ཞན་པ་རྣམས་ལ་སླ་བ་མ་ཡིན་ལ་ཁྱད་པར་དུ་ཡང་གཞུང་ཉུང་བས་དོན་དུ་མ་སྟོན་པའི་མདུན་རོལ་དུ་མ་བུ་[18] རྣམས་ནི་སྤྱིར་[19] སོར་བསྒྱུར་བར་མཛོན་ཡང་། བློའི་ནོར་ཅན་རྣམས་ཀྱིས་ནི་དེ་ཉིད་ལ་དོན་དུ་མ་ངེས་ནུས་ལ་བྱེ་བྲག་ཏུ་[20] གསལ་བཏབ་[21] ན་ནི་དོན་ཅིག་[22] སྟོན་

---

[1] UN བ། STPD པ།
[2] S ཏེ།
[3] UST ཙན་ཏྲ། P ཙན་དྲ། ND ཙནྡྲ།
[4] U ལས་སོགས། SND ལ་སོགས། TP ལསོགས།
[5] D བསྟན།
[6] UST ཕྱི། PND ཕྱིར།
[7] U སང་གྲྀ། S སཀྲྀ། T སང་གྲྀ། P སང་སྐྲྀ། ND སཾ་སྐྲྀ།
[8] U པས།
[9] UT བརྙིང་། S བརྙིངས། PND བརླིང་།
[10] S ཤིང་།
[11] USTP བར། ND པར།
[12] U ངག་གི། SPND དངགས་ཀྱི། T ངགས་ཀྱི།
[13] U དོ་མེད་བ། ST དོ་མེད་པ། PND དོ་ཟླ་མེད་པ།
[14] USPN ཀྱི། TD ཀྱིས།
[15] T omits པའི།
[16] T བའི།
[17] UN སྦྱངས། STPD སྦྱངས།
[18] UST མདུན་རོལ་དུ་མ་བུ། PND མདོ་དུམ་བུ།
[19] UST སྤྱིར། PND སྤྱི།
[20] U དུ།
[21] U བརྟབ། STPND བཏབ།
[22] USTP ཅིག ND གཅིག

པར་འབྲུལ་བའི་[1]ཕྱིར་དང་། ཚིག་ཇི་ཙམ་པས་བརྗོད་པ་དེ་ཙམ་དུ་བསྒྱུར་བར་རིགས་པའི་ཡང་ཕྱིར་ཏེ། མདོར་ན་རྒྱ་བོད་ཀྱི་དོན་ཐུན་མོང་པ་[2]བརྡའ་[3]ཐ་དད་པའི་བྱེད་པ་མ་ཉམས་པར་བྱས་ནས། སྔོན་གྱི་བསྒྱུར་[4]བ་ལ་[5]མཁས་པ་རྣམས་ཀྱི་[6]བཀས་དཔྱད་[7]ལ་སོགས་[8]པའི་ལུགས་དང་ཡང་མི་འགལ་བར་བྱང་ཕྱོགས་པ་ཚབ་ཀྱི་རྒྱུད་དུ་སྐྱེས་པའི་དགེ་སློང་ཚུལ་ཁྲིམས་རྒྱལ་མཚན་གྱིས་དམ་པའི་ཆོས་ལ་གུས་པས་རྒྱ་གར་གྱི་རྒྱལ་པོ་ཕུན་སུམ་ཚོགས་པའི་དཔལ་གྱི་རྒྱལ་མཚན་གྱི་དབང་ཕྱུག་གཞན་བས་[9]ཆེས་མཐོ་བ་དང་ལྡན་བ་ར་མཱ་པ་[10]ལའི་རིང་ལ། ཐེག་པ་ཆེན་པོའི་མདོ་སྡེ་དམ་པའི་ཆོས་དྲན་པ་[11]ཉེ་བར་གཞག་[12]པ་ཞེས་བྱ་བ་[13]ཤས་ཤིག་[14]འགྱུར་བ་[15]འཕྲོ་ཡོངས་སུ་རྫོགས་པར་བྱས་ནས་བསྒྱུར་བའོ། སླད་ཀྱིས་[16]ཞུ་ཐག་[17]ལ་ནི་དགེ་བའི་བཤེས་གཉེན་ཞང་བུ་ཅིག་[18]པ་ཞེས་བྱ་བ་[19]རབ་ཏུ་གྲགས་ཤིང་སྐྱེ་[20]དགུ་རྣམས་སྒྲོགས་པ་ཡང་། འཇིག་རྟེན་པ་ནི་རང་ལ་ཕན་པའི་རྒྱུ་མཚན་གྱིས་བརྗོད་[21]པ་དེ་དག་རྣམས་ཀྱི་གཤེས་ཡིན་པའི་[22]ཕྱིར་ཏེ། སྐྱེས་བུ་དེས་ནི་སེམས་ཅན་ལ་བུ་གཅིག་

---

1 UST བའི། PND པའི།
2 UP པ། STND བ།
3 UT བརྡའ། SPND བརྡ།
4 T སྒྱུར།
5 S omits ལ།
6 UST ཀྱི། PND ཀྱིས།
7 U དཔྱད། STPND བཅད།
8 P ལསོགས།
9 USTD བས། PN པས།
10 U བ་ར་མཱ་པ། S པ་ར་མཱ་པ། T བ་ར་མཱ་བ། P པར་མ་པ། N པ་ར་མ་པཱ། D པ་རཱ་མ་པཱ།
11 U བ།
12 N བཞག
13 UST བ། PND བའི།
14 S ཤིང་།
15 UST བ། PND བའི།
16 T ཀྱིས།
17 U ཞུ་ཐག ST ཞུ་དག PND ཞུས་ཐུག
18 U ཅིག STPND གཅིག
19 PND omit བྱ་བ།
20 T omits སྐྱེ།
21 USTP བརྗོད། ND རྗོད།
22 T བའི།

པ་[1]ལ་[2]བཞིན་དུ་དགོངས་པས་སྲས་གཅིག་པའོ། དེས་ནི་ཕྱུགས་རྫི་ཆེན་པོ་དང་ལྡན་པ་མཚོན་ནོ། ཆོས་ལ་གནས་པ་རྣམས་ལ་[3]ཤེས་རབ་འོད་ཞེས་[4]གྲགས་པ་ཡང་། ཐེག་པའི་རིམ་པ་དང་འཕྲུན་པར་[5]མཁྱེན་ཅིང་བདེན་པ་[6]གཉིས་ལ་སོགས་པའི་བསྒྲོར་[7]བསྒྲུ་བ་དང་མོས་པ་[8]དང་ངེས་པ་དང་། མངོན་དུ་[9]རྟོགས་ཤིང་ཤེས་ནས། རང་དང་གཞན་གྱི་[10]ཉོན་མོངས་པ་དང་ཤེས་བྱའི་སྒྲིབ་པའི་མུན་པ་འཇོམས་པའི་འོད་མཛད་པའི་ཕྱིར་ཏེ། དེས་ནི་ཤེས་རབ་ཆེན་པོ་[11]དང་ལྡན་པ་དང་། བདག་[12]གཞན་གྱི་དོན་ཕུན་སུམ་ཚོགས་པ་བསྟན་ཏོ། དམ་པའི་སྐྱེ་བོ་དེས་གྲོགས་མཛད་ནས། དགེ་སློང་ཚུལ་ཁྲིམས་རྒྱལ་མཚན་ཉིད་ཀྱིས་དག་པར་བྱས་སོ། དེ་ལྟར་ན་དང་པོའི་གཞི་[13]འགྱུར་དང་། ཞུ་ཆེན་དང་། ཚིག་དོན་གྱི་འགྲེལ་དཔྱད་པ་དང་། ཞུ་ཆུང་དང་ཡང་འགྲེལ་དཔྱད་པ་དང་། ལྡེ་[14]ཞུས་ཤིང་གཏུགས་[15]ཏེ་གཏན་ལ་ཕབ་པའོ། དམ་ཆོས་མདོ་སྡེ་[16]རིན་ཆེན་ཐེག་པ་ཀུན་གྱི་གཞི་དང་རྩ་བ་བཙུད་དུ་གྱུར་པའི་ཐེག་ཆེན་དྲན་གཞག་འདི། ལེགས་སྦྱར་[17]དངོས་དང་[18]གྲོགས་བྱེད་ཐམས་ཅད་དང་ནི་ནམ་མཁའ་[19]མཐས་གཏུགས་[20]འགྲོ་ཀུན་དགེ་བ་དྲི་མེད་ཀྱིས། སྲིད་ན་བདེ་[21]སྨིན་སྐྱབས་

---

1 T བ།
2 PND omit ལ།
3 S omits ལ།
4 UT ཞེས། SPND ཅེས།
5 U འཐུན་པར། STN མཐུན་པར། PD འཐུན་པར།
6 U བ།
7 U བསྒྲོར། STPND སྒྲོར།
8 U བསྒྲུ་བ་དང་མོས། ST བསྒྲུ་བ་དང་མོས་པ། PND བསྒྲུ་བས་མོས་པ།
9 T ཏུ།
10 S omits གྱི།
11 USTD པོ། PN པོའི།
12 PND add དང་།
13 P གཞིར།
14 UT ལྡེ། S ལྡེས། PND ལྡེར།
15 P བཏུགས།
16 T སྟེ།
17 UTP སྦྱུར། SND བསྦྱུར།
18 P adds དེའི། ND add དེ་ཡི།
19 PND མཁའི།
20 P བཏུགས།
21 U པདེ།

གནས་རྫོགས་པའི་བྱང་ཆུབ་འབྲས་ལྡན་སའི་[1] གནས་སྐབས་ལྷོན་ཤིང་ལོ་འདབ་[2] ཕུན་ཚོགས་ཤོག[3] དང་པོར་ཚེ་འདི་རྗེས་[4] ནས་སངས་རྒྱས་ཞིང་དག་སྐྱེ་ཞིང་འཁོར་ཚེ་གཞན་ལ་ཕན་པ་[5] འབབ་ཤིག་[6] བྱེད་པར་ཤོག  བམ་པོའི་གྲངས་སུ་[7] ནི་མ་བཅད་དོ། གཞུང་ཚད་ནི་སྟོང་ཕྲག་སུམ་ཅུ་རྩ་དྲུག་ཏུ་རྒྱ་དཔེ་རང་ལ་བཞུགས་སོ།[8] ཡི་གེའི་བརྡ་སྦྱོན་གྱི་སྙིང་པ་དང་མི་འདྲ་བ་ཙུང་ཟད་སྣང་། དྲན་པ་[9] ཉེ་བར་གཞག་པ། ཤོ་ལོག་[10] སུམ་བརྒྱ་ལ་བམ་པོར་བཅད་ན་བརྒྱ་ཉི་ཤུའོ།

## Volume 88 མདོ་སྡེ། ཅི (1–421)

### No. 328 ཅི(Ci) 1b1-222b8 Toh 341

① འཛངས་[11] བླུན་ཞེས་བྱ་བའི་མདོ།

② 'Dzangs blun zhes bya ba'i mdo

③ ད་མ་མུ་ཀོ་[ཀ་]ནཱ་མ་སཱུ་ཏྲ།

④ Damamūka-nāma-sūtra[12]

⑦ འཛངས་[13] བླུན་ཞེས་བྱ་བའི་མདོ་རྫོགས་སྷོ།[14] རྒྱ་ནག་ལས་འགྱུར་བར་སྣང་ངོ་།

### No. 329 ཅི(Ci) 222b8-224a7 Toh 299

① གཎ་ཌིའི་[15] དུས་ཀྱི་མདོ།

② Gaṇ ḍi'i dus kyi mdo

---

1 UST སའི། PND ས་ཡི།
2 P མདབ།
3 P omits after ཤོག
4 UTN རྗེས། SD བརྗེས།
5 U བ།
6 UT ཤིག SND ཞིག
7 ND omit སུ།
8 N omits after བཞུགས་སོ།
9 U བ། STD པ།
10 U ཤོ་ལོག S ཤློ་ཀ། T ཤོ་ལོ་ཀ། D ཤློ་ཀ།
11 UTPN འཛངས། SD མཛངས།
12 USTN damamūko, S-Cat damamūka, PD omit the Sanskrit title.
13 UTPN འཛངས། SD མཛངས།
14 P omits after རྫོགས་སྷོ།
15 U གཎ་ཌིའི། ST གཎྜིའི། P གཎ་ཌིའི། ND གཎ་ཌྀའི།

③ གན་ཌཱི་[གཎྜཱི་]ས་མ་ཡ་སཱུ་ཏྲ།

④ Gaṇḍīsamaya-sūtra

⑤ Tr. Dīpaṃkaraśrījñāna, dGe ba'i blo gros

⑦ [1]གཎ་ཊེའི་[2]དུས་ཀྱི་[3]མདོ་རྫོགས་སོ།། རྒྱ་གར་གྱི་མཁན་པོ་དཱི་པམ་ཀ་ར་ཤྲཱི་ཛྙཱ་ན་དང་། ལོ་ཙཱ་བ་དགེ་སློང་དགེ་བའི་བློ་གྲོས་ཀྱིས་བསྒྱུར་[4]བའོ།

## No. 330 ཅི(Ci) 224a7-237a6 Toh 308

① ཚེ་འཕོ་བ་ཇི་ལྟར་འགྱུར་བ་ཞུས་པའི་མདོ།

② Tshe 'pho ba ji ltar 'gyur ba zhus pa'i mdo

③ ཨཱ་ཡུཿཡ་ཐ་[ཐཱ་]བྷུ་[བྷཱུ་]ཏཱ་གྲ་ཏ་[ཏཱ་]སཱུ་ཏྲ།

④ Āyuṣpattiyathākāraparipṛcchā-sūtra[5]

⑦ འཆི་འཕོ་བ་ཇི་ལྟར་འགྱུར་བ་བསྟན་པའི་མདོ་རྫོགས་སོ།།[6] བསྟན་པ་སྔ་དར་བའི་ཚེ་འགྱུར་བ་ལས་སྐད་གསར་ཆད་[7]ཀྱིས་མ་བཅོས་པའོ།

## No. 331 ཅི(Ci) 237a7-240a3 Toh 121

① འཕགས་པ་ཡོངས་སུ་མྱ་ངན་ལས་འདས་པ་ཆེན་པོའི་མདོ།

② 'Phags pa yongs su mya ngan las 'das pa chen po'i mdo

③ ཨཱརྱ་མ་ཧཱ་པ་རི་ནི་ར་བཱ་ན་[ནིརྦཱ་ཎ་]སཱུ་ཏྲ།

④ Ārya-Mahāparinirvāṇa-sūtra

⑤ Tr. Kamalagupta, Rin chen bzang po

⑦ འཕགས་པ་ཡོངས་སུ་མྱ་ངན་ལས་འདས་པ་ཆེན་པོའི་མདོ་རྫོགས་སོ།། རྒྱ་གར་གྱི་མཁན་པོ་ཀ་མ་ཏ་[8]དང་། ཞུ་ཆེན་གྱི་ལོ་ཙཱ་བ་དགེ་སློང་རིན་ཆེན་བཟང་པོས་བསྒྱུར།

---

1 PND add འཕགས་པ།

2 U གཎ་ཊེའི། ST གཎྜིའི། P གཎ་ཊེའི། ND གཎ་ཌྀའི།

3 U omits ཀྱི།

4 U བསྒྱུ། STPND བསྒྱུར།

5 Title from D-Cat 308. UT(S) āyuḥyathabhutāgrat(h)asūtra, P(N) āyupadtiyathākāroparipri(ṛ)cchā(a)sūtra, D āyuḥpattiyathākāroparipṛcchāsūtra, D-CatP-CatS-Cat āyuṣpattiyathākāraparipṛcchā-sūtra

6 PN omit after རྫོགས་སོ།

7 UTD ཆད། S བཅད།

8 UST ཀ་མ་ཏ། P ཀ་མ་ལ་གུབ་ཏ། ND ཀ་མ་ལ་གུཔྟ།

## No. 332 ཅི(Ci) 240a3-314b7 Toh 4088

① ལས་གདགས་པ།

② Las gdags pa

③ ཀར་མ་པྲད་ཉ་བ་ཏི།[ཀརྨ་པྲཛྙཔྟི།]

④ Karmaprajñapti[1]

⑦ ལས་གདགས་པ་བཤད་པ་[2] གསུམ་པ་རྫོགས་སོ།[3]

## No. 333 ཅི(Ci) 314b8-339a1 Cf. Toh 338

① ལས་རྣམ་པར་འབྱེད་པ།[4]

② Las rnam par 'byed pa

③ ཀརྨ་བི་བྷང་ཀ།[ཀརྨ་བི་བྷངྒ།]

④ Karmavibhaṅga

⑤ Tr. Jinamitra, Dānaśīla, Munivarma, Ye shes sde

⑦ ལས་རྣམ་པར་འབྱེད་པ་རྫོགས་སོ།[5] རྒྱ་གར་གྱི་མཁན་པོ་ཛི་ན་མི་ཏྲ་དང་། དཱ་ན་ཤཱི་ལ་དང་། མུ་ནི་བར་མ་དང་། ཞུ་ཆེན་གྱི་ལོ་ཙྪ་བ་[6] བན་དེ་ཡེ་ཤེས་སྡེ་ལ་སོགས་པས་བསྒྱུར་ཅིང་ཞུས་ནས་གཏན་ལ་ཕབ་པའོ།

## No. 334=583 ཅི(Ci) 339a1-421a8 Toh 557

① འཕགས་པ་གསེར་འོད་དམ་པ་མདོ་སྡེའི་དབང་པོའི་རྒྱལ་པོ་ཞེས་བྱ་བ་ཐེག་པ་ཆེན་པོའི་མདོ།

② 'Phags pa gser 'od dam pa mdo sde'i dbang po'i rgyal po zhes bya ba theg pa chen po'i mdo

③ ཨཱརྻ་སུ་བར་ཎ་[སུ་བརྞ་]པྲ་བྷ་སོད་ཏ་མ་[པྲ་བྷཱ་སོཏྟ་མ་]སུ་ཏྲེན་དྲ་[སཱུ་ཏྲེནྡྲ་]རཱ་ཛ་ནཱ་མ་ཧཱ་[ནཱ་མ་མ་ཧཱ་]ཡཱ་ན་སཱུ་ཏྲ།

④ Ārya-Suvarṇaprabhāsottamasūtrendrarāja-nāma-mahāyānasutra

⑦ འཕགས་པ་གསེར་འོད་དམ་པ་མདོ་སྡེའི་དབང་པོའི་རྒྱལ་པོ་ཞེས་བྱ་བ་ཐེག་པ་ཆེན་པོའི་མདོ་རྫོགས་སྷོ།[7]

---

1 U pradñabati, S prajñābati, TN pradñābati, P prajñāsti, D prajñāpti

2 PD add སྡེ།

3 PD add colophon after རྫོགས་སོ།, cf. Appendix.

4 There are two versions of Las rnam par 'byed pa preserved in Tibetan translation. This shorter version agrees closer with the Sanskrit version edited by Sylvain Lévi. Cf. Appendix.

5 PN(323)D omit after རྫོགས་སོ།

6 U omits བ།

7 D adds Dhā after རྫོགས་སྷོ།, cf. Appendix.

## Volume 89 མདོ་སྡེ། ཆི (1–361)

### No. 335 ཆི(Chi) 1b1-7a8 Toh 31

① ཆོས་ཀྱི་འཁོར་ལོ་རབ་ཏུ་བསྐོར་བའི་མདོ།

② Chos kyi 'khor lo rab tu bskor ba'i mdo

③ དྷརྨ་ཙཀྲ་པྲ་བརྟ་ན་སཱུ་ཏྲ།

④ Dharmacakrapravartana-sūtra

⑤ Tr. Ānandaśrī, Nyi ma rgyal mtshan

⑦ ཆོས་ཀྱི་འཁོར་ལོ་བསྐོར་བའི་མདོ་རྫོགས་སྐོ།[1] སངས་རྒྱས་ཀྱི་བསྟན་པ་ལ་མི་ཕྱེད་པའི་དད་པ་དང་ལྡན་ཞིང་། གཙུག་ལག་གཉིས་ལ་ཐུགས་ལེགས་པར་བྱང་བ། དཔལ་འབྱོར་དབང་ཕྱུག་དམ་པ་དཀར་ཕྱོགས་ཀྱི་ཟླ་བ་ལྟར་འཕེལ་བའི་ཞལ་ལྔ་[2]བ་སྐུ་ཞང་གྲགས་པ་རྒྱལ་མཚན་དུ་དབེན་ཤའི་བཀའ་ལུང་གིས་བྱང་ཆུབ་ཀྱི་སྙིང་པོ་རྡོ་རྗེའི་གདན་ལས། ལྷོ་ཕྱོགས་སུ་དཔག་ཚད་དྲུག་བརྒྱ་ཙམ་བགྲོད་པའི་གནས། སིཾ་ཧ་གླིང་པ་བྲམ་ཟེའི་རིགས་ལས་ལེགས་པར་རབ་ཏུ་བྱུང་ཞིང་། བསླེན་པར་རྫོགས་པ་སྡེ་སྣོད་གསུམ་ལ་ཐུགས་ལེགས་པར་བྱང་བའི་པཎྜི་ཏ་ཆེན་པོ་ཨཱ་ནནྡ་ཤྲིའི་ཞལ་སྔ་ནས། མང་དུ་ཐོས་པའི་ལོ་ཙཱ་བ་ཤཱཀྱའི་དགེ་སློང་ཉི་མ་རྒྱལ་མཚན་དཔལ་བཟང་པོས། སྐད་གཉིས་སྨྲ་བ་རྣམས་ཀྱི་གདན་ས།[3] གཙུག་ལག་ཁང་ཆེན་པོ་དཔལ་ཐར་པ་གླིང་དུ་བསྒྱུར་ཅིང་ཞུས་ཏེ་གཏན་ལ་ཕབ་པའོ།[4] སའི་སྙིང་དུ་ཉི་མ་དང་ཟླ་བ་ལྟ་བུར་གྱུར་ཅིག

### No. 336 ཆི(Chi) 7b1-99b2 Toh 32

① སྐྱེས་པ་རབས་ཀྱི་གླེང་གཞི།

② sKyes pa rabs kyi gleng gzhi

③ ཛཱ་ཏ་ཀ་ནི་དཱ་ནཾ།[ནཾ།]

④ Jātakanidāna

⑤ Tr. Ānandaśrī, Nyi ma rgyal mtshan

---

1 P omits after རྫོགས་སྐོ།

2 UN ཞལ་ལྔ། SD ཞ་ལྔ། T ཞལྔ།

3 USND གདན་ས། T གདན་ནས།

4 S omits after ཕབ་པའོ།

⑦ སྐྱེས་པ་རབས་ཀྱི་གླེང་གཞི་བཤད་པ་རྫོགས་སྷོ།[1] པཎྜི་ཏ་ཨཱ་ནནྡ་ཤྲཱིའི་ཞལ་སྔ་ནས་དང་། མང་དུ་ཐོས་པའི་ལོ་ཙྪ་བ་ཤཱཀྱའི་དགེ་སློང་ཉི་མ་རྒྱལ་མཚན་དཔལ་བཟང་པོས། སྐད་གཉིས་སྨྲ་བ་རྣམས་ཀྱི་གདན་ས་གཙུག་ལག་ཁང་ཆེན་པོ་དཔལ་ཐར་པ་གླིང་དུ་བསྒྱུར་ཅིང་ཞུས་ཏེ་གཏན་ལ་ཕབ་པའོ། སའི་སྟེང་དུ་ཉི་ཟླ་ལྟར་གྱུར་ཅིག

## No. 337 ཆི(Chi) 99b2-111b2 Toh 33

① ལྕང་ལོ་ཅན་གྱི་ཕོ་བྲང་གི་མདོ།

② lCang lo can gyi pho brang gi mdo

③ ཨཱ་ཊཱ་ནཱ་ཊི་ཡ་སཱུ་ཏྲ།

④ Āṭānāṭiya-sūtra

⑤ Tr. Ānandaśrī, Nyi ma rgyal mtshan

⑦ ལྕང་ལོ་ཅན་གྱི་ཕོ་བྲང་གི་མདོ་རྫོགས་སྷོ།[2] པཎྜི་ཏ་ཨཱནནྡ་ཤྲཱིའི་ཞལ་སྔ་ན། མང་དུ་ཐོས་པའི་ལོ་ཙྪ་བ་ཤཱཀྱའི་དགེ་སློང་ཉི་མ་རྒྱལ་མཚན་དཔལ་བཟང་པོས། སྐད་གཉིས་སྨྲ་བ་རྣམས་ཀྱིས་གདན་ས་གཙུག་ལག་ཁང་ཆེན་པོ་དཔལ་ཐར་པ་གླིང་དུ་བསྒྱུར་ཅིང་ཞུས་ཏེ་གཏན་ལ་ཕབ་པའོ། སའི་སྟེང་དུ་ཉི་ཟླ་ལྟར་གྱུར་ཅིག

## No. 338 ཆི(Chi) 111b3-115b8 Toh 34

① འདུས་པ་ཆེན་པོའི་མདོ།

② 'Dus pa chen po'i mdo

③ མ་ཧཱ་ས་མ་ཡ་སཱུ་ཏྲ།

④ Mahāsamaya-sūtra

⑤ Tr. Ānandaśrī, Nyi ma rgyal mtshan

⑦ འདུས་པ་ཆེན་པོའི་མདོ་རྫོགས་སྷོ།[3] པཎྜི་ཏ་ཨ་ནནྡ་ཤྲཱིའི་ཞལ་སྔ་ནས་མང་དུ་ཐོས་པའི་ལོ་ཙྪ་བ་ཤཱཀྱའི་དགེ་སློང་ཉི་མ་རྒྱལ་མཚན་དཔལ་བཟང་པོས་སྐད་གཉིས་སྨྲ་བ་རྣམས་ཀྱི་གདན་ས། གཙུག་

---

[1] P omits after རྫོགས་སྷོ།

[2] P omits after རྫོགས་སྷོ།

[3] P omits after རྫོགས་སྷོ།

ལག་ཁང་ཆེན་པོ་དཔལ་ཐར་པ་གླིང་དུ་བསྒྱུར་[1]ཅིང་ཞུས་སྟེ་གཏན་ལ་ཕབ་པའོ། སའི་སྟེང་དུ་ཉི་མ་དང་ཟླ་ལྟར་གྱུར་ཅིག[2] ཆོས་འདིར་ཡོད་ཀུན་སྔར་འགྱུར་དང་མཚུངས།

## No. 339 ཆི(Chi) 115b8-124a5 Toh 35

① བྱམས་པའི་མདོ།

② Byams pa'i mdo

③ མཻ་ཏྲི་[མཻ་ཏྲཱི་]སཱུ་ཏྲ།

④ Maitrī-sūtra

⑤ Tr. Ānandaśrī, Nyi ma rgyal mtshan

⑦ བྱམས་པའི་མདོ་རྫོགས་སྷོ།[3] པཎྜི་ཏ་ཆེན་པོ། ཨཱ་ནནྡ་ཤྲཱིའི་ཞལ་སྔ་ནས། མང་དུ་ཐོས་པའི་ལོ་ཙྪ་བ་ཤཱཀྱའི་དགེ་སློང་ཉི་མ་རྒྱལ་མཚན་དཔལ་བཟང་པོས། སྐད་གཉིས་སྨྲ་བ་རྣམས་ཀྱི་གདན་ས། གཙུག་ལག་ཁང་ཆེན་པོ་དཔལ་ཐར་པ་གླིང་དུ་བསྒྱུར་ཅིང་ཞུས་ཏེ་གཏན་ལ་ཕབ་པའོ། ས་[4]སྟེང་དུ་ཉི་མ་དང་ཟླ་བ་ལྟར་གྱུར་ཅིག[5] སྔར་འགྱུར་བྱམས་པ་ལུང་བསྟན་དང་དོན་ཅིག

## No. 340 ཆི(Chi) 124a5-125a8 Toh 36

① བྱམས་པ་བསྒོམ་པའི་མདོ།

② Byams pa bsgom pa'i mdo

③ མཻ་ཏྲི་[མཻ་ཏྲཱི་]བྷཱ་བ་ན་[ནཱ་]སཱུ་ཏྲ།

④ Maitrī-bhāvanā-sūtra

⑤ Tr. Ānandaśrī, Nyi ma rgyal mtshan

⑦ བྱམས་པ་བསྒོམ་པའི་མདོ་རྫོགས་སྷོ།[6] པཎྜི་ཏ་ཆེན་པོ། ཨཱ་ནནྡ་ཤྲཱིའི་ཞལ་སྔ་ནས། མང་དུ་ཐོས་པའི་ལོ་ཙྪ་བ་ཤཱཀྱའི་དགེ་སློང་ཉི་མ་རྒྱལ་མཚན་དཔལ་བཟང་པོས། སྐད་གཉིས་སྨྲ་བ་རྣམས་ཀྱི་གདན་ས། གཙུག་ལག་ཁང་ཆེན་པོ་དཔལ་ཐར་པ་གླིང་དུ་བསྒྱུར་ཅིང་ཞུས་ཏེ་གཏན་ལ་ཕབ་པའོ། སའི་སྟེང་དུ་ཉི་མ་དང་ཟླ་བ་ལྟར་གྱུར་ཅིག

---

1 UN སྒྱུར། STD བསྒྱུར།

2 D omits after ཅིག

3 P omits after རྫོགས་སྷོ།

4 USTN ས། D སའི།

5 D omits after ཅིག

6 P omits after རྫོགས་སྷོ།

No. 341 ཆི(Chi) 125a8-132a4 Toh 37

① བསླབ་པ་ལྔའི་ཕན་ཡོན་གྱི་མདོ།

② bSlab pa lnga'i phan yon gyi mdo

③ པཉྩ་ཤིཀྵཱ་ནུ་ཤཾ་ས་[ཤིཀྵཱ་ནུ་ཤཾ་སཱ་]སཱུ་[སཱུ་]ཏྲ།

④ Pañcaśikṣānuśaṃsā-sūtra

⑤ Tr. Ānandaśrī, Nyi ma rgyal mtshan

⑦ ཚུལ་ཁྲིམས་ལྔའི་ཕན་ཡོན་བསྟན་པའི་མདོ་རྫོགས་སྷོ།[1] པཎྜི་ཏ་ཆེན་པོ། ཨཱ་ནནྡ་ཤྲཱིའི་ཞལ་སྔ་ནས། མང་དུ་ཐོས་པའི་ལོ་ཙྪ་བ་ཤཱཀྱའི་དགེ་སློང་། ཉི་མ་རྒྱལ་མཚན་དཔལ་བཟང་པོས། སྐད་གཉིས་སྨྲ་བ་རྣམས་ཀྱི་གདན་ས། གཙུག་ལག་ཁང་ཆེན་པོ་དཔལ་ཐར་པ་གླིང་དུ་བསྒྱུར་ཅིང་ཞུས་ཏེ་གཏན་ལ་ཕབ་པའོ། སའི་སྙིང་དུ་ཉི་མ་ཟླ་བ་ལྟར་གྱུར་ཅིག

No. 342 ཆི(Chi) 132a4-135b7 Toh 38

① རིའི་ཀུན་དགའ་བོའི[2]་མདོ།

② Ri'i kun dga' bo'i mdo

③ གི་རི་ཨཱ་ནནྡ་སཱུ་ཏྲ།

④ Giri-Ānanda-sūtra

⑤ Tr. Ānandaśrī, Nyi ma rgyal mtshan

⑦ ཚེ་དང་ལྡན་པ་རིའི་ཀུན་དགའ་བོའི་མདོ་རྫོགས་སྷོ།[3] པཎྜི་ཏ་ཆེན་པོ། ཨཱ་ནནྡ་ཤྲཱིའི་ཞལ་སྔ་ནས། མང་དུ་ཐོས་པའི་ལོ་ཙྪ་བ་ཤཱཀྱའི་དགེ་སློང་ཉི་མ་རྒྱལ་མཚན་དཔལ་བཟང་པོས། སྐད་གཉིས་སྨྲ་བ་རྣམས་ཀྱི་གདན་ས། གཙུག་ལག་ཁང་ཆེན་པོ་དཔལ་ཐར་པ་གླིང་དུ་བསྒྱུར་ཅིང་ཞུས་ཏེ་གཏན་ལ་ཕབ་པའོ།

No. 343 ཆི(Chi) 135b7-136b5 Toh 315

① ཕ་མའི་མདོ།

② Pha ma'i mdo

---

1 P omits after རྫོགས་སྷོ།

2 UN བའི། STPD བོའི།

3 P omits after རྫོགས་སྷོ།

③ པི་ཏྲ་[པི་ཏྲྀ་]མ་ཏྲི་[མཱ་ཏྲྀ་]སཱུ་ཏྲ།

④ Pitṛmātṛ-sūtra

## No. 344 ཆི(Chi) 136b6-151a8 Toh 339

① ལས་ཀྱི་[1] རྣམ་པར་འགྱུར་བ་ཞེས་བྱ་བའི་ཆོས་ཀྱི་གཞུང་།

② Las kyi rnam par 'gyur ba zhes bya ba'i chos kyi gzhung

③ ཀར་མ་བི་བང་ཀ་[ཀརྨ་བི་བྷངྒ་]ནཱ་མ་དྷར་མ་པ་རི་ཡ་ཡ།[དྷརྨ་པར་ཡཱ་ཡ།]

④ Karmavibhaṅga-nāma-dharmaparyāya[2]

⑦ ལས་རྣམ་པར་འགྱུར་བ་བམ་པོ་གཅིག་པ་[3] རྫོགས་སྷོ།

## No. 345 ཆི(Chi) 151a8-159a7 Toh 307

① ཚེའི་མཐའི་མདོ།

② Tshe'i mtha'i mdo

③ ཨཱ་ཡུ་པརྻ་ན་[ཨཱ་ཡུཥྤརྻནྟ་]སཱུ་ཏྲམ།[ཏྲ།]

④ Āyuṣparyanta-sūtra

⑤ Tr. Viśuddhasiṅha, dGe ba dpal

⑥ Rev. Vidyākarasiṅha, dPal brtsegs

⑦ ཚེའི་མཐའི་མདོ་རྫོགས་སྷོ། རྒྱ་གར་གྱི་མཁན་པོ་བི་ཤུད་དྷ་སིང་ཧ་དང་། ལོ་ཙྪ་བ་བན་དྷེ་དགེ་བ་དཔལ་གྱིས་བསྒྱུར། རྒྱ་གར་གྱི་མཁན་པོ་བིདྱཱ་ཀ་ར་སིང་ཧ་དང་། ལོ་ཙྪ་བ་བན་དྷེ་དཔལ་བརྩེགས་ཀྱིས་ཞུ་ཆེན་བགྱིས་ཏེ་གཏན་ལ་ཕབ།[4] གླེགས་བམ་དུ་མ་ལ་གཏུགས་ནས་ཞུས་དག་ཅི་ནུས་བགྱིས།[5]

## No. 346 ཆི(Chi) 159a7-185a3 Toh 295

① འཕགས་པ་རྡོ་འཕངས་པའི་མདོ།

② 'Phags pa rdo 'phangs pa'i mdo

③ ཨཱརྻ་ཤི་ལ་ནི་ཀྵ་པ་[ཤི་ལཱ་ནི་ཀྵིཔྟ་]སཱུ་ཏྲམ།[ཏྲ།]

④ Ārya-Śilānikṣipta-sūtra[6]

---

1 U གྱིས། STPND གྱི།

2 UST dharmapariyaya, PND dharmagrantha, S-Cat dharmaparyāya

3 PN omit བམ་པོ་གཅིག་པ།

4 PND omit after ཕབ།

5 U adds དམ་ཆོས་རྒྱས་པར་ཤོག །བཀྲ་ཤིས་པར་ཤོག after བགྱིས། T adds དམ་ཆོས་རྒྱས་པར་ཤོག after བགྱིས།

6 UT(S) śilanikśapasūtram(sūtra), P śilakṣibatasūtram, N śilakṣapatasūtram, D śilakṣiptasūtram, D-CatP-Cat śilākṣiptasūtra, S-Cat śilānikṣepasūtra

⑤ Tr. bZang skyong

⑥ Rev. dPal brtsegs

⑦ འཕགས་པ་ཇོ་འཕངས་པའི་མདོ་རྫོགས་སྷོ།[1] ལོ་ཙྪ་བ་བཟང་སྐྱོང་གིས་བསྒྱུར། དཔལ་བརྩེགས་ཀྱིས་ཞུ་ཆེན་བགྱིས།

No. 347 ཆི(Chi) 185a3-188a8 Toh 304

① ལྟུང་བ་སྡེ་ལྔའི་དགེ་བ་དང་མི་དགེ་བའི་འབྲས་བུ་བརྟག་པའི་མདོ།

② lTung ba sde lnga'i dge ba dang mi dge ba'i 'bras bu brtag pa'i mdo

③ པན་ཙ་པ་ཏྟི་ནི་[པ་ཉྩཱ་པཏྟི་ནི་]ཀཱ་ཡ་ཤུ་བྷཱ་ཤུ་བྷ་ཕ་ལ་པ་རཱི་ཀྵ་སཱུ་ཏྲ།

④ Pañcāpattinikāyaśubhāśubhaphalaparīkṣa-sūtra

⑤ Tr. Jñānaśrīgupta, Shākya blo gros

⑦ ལྟུང་བ་སྡེ་ལྔའི་དགེ་བ་དང་མི་དགེ་བའི་འབྲས་བུ་བརྟག་པའི་མདོ་རྫོགས་སྷོ། རྒྱ་གར་གྱི་མཁན་པོ་ཛྙཱ་ན་ཤྲཱི་གུ་པ་ཏ་དང་། བོད་ཀྱི་ལོ་ཙྪ་བ་དགེ་སློང་ཤཱཀྱ་བློ་གྲོས་ཀྱིས་བསྒྱུར་ཅིང་གཏན་ལ་ཕབ་པ།

No. 348 ཆི(Chi) 188a8-190a8 Toh 296

① གཞོན་ནུའི་[2] དཔེའི་མདོ།

② gZhon nu'i dpe'i mdo

③ ཀུ་མཱ་རི་[ར་]དྲ་ཥྚཱ་ཏ་[དྲི་ཥྚཱནྟ་]སཱུ་ཏྲ།

④ Kumāradṛṣṭānta-sūtra

⑦ གཞོན་ནུ་དཔེའི་མདོ་རྫོགས་སྷོ།

No. 349 ཆི(Chi) 190a8-193b4 Toh 39

① ཀླུའི་རྒྱལ་པོ་དགའ་བོ་ཉེར་[3] དགའ་འདུལ་བའི་མདོ།

② Klu'i rgyal po dga' bo nyer dga' 'dul ba'i mdo

③ ནནྡོ་པ་ནནྡ་ནཱ་ག་རཱ་ཛ་ད་མ་ན་སཱུ་ཏྲ།

④ Nandopanandanāgarājadamana-sūtra

---

1 PN omit after རྫོགས་སྷོ།

2 UST ནུའི། PND ནུ།

3 UTPND ཉེར། S ཉེ།

⑤ Tr. Ānandaśrī, Nyi ma rgyal mtshan

⑦ ཀླུའི་རྒྱལ་པོ་དགའ་བོ་ཉེར་དགའ་འདུལ་བའི་མདོ་རྫོགས་སྷོ།[1] པཎྜི་ཏ་ཆེན་པོ། ཨཱནནྡ་ཤྲཱིའི་ཞལ་སྔ་ནས། མང་དུ་ཐོས་པའི་ལོ་ཙྪ་བ་ཤཱཀྱའི་དགེ་སློང་ཉི་མ་རྒྱལ་མཚན་དཔལ་བཟང་པོས། སྐད་གཉིས་སྨྲ་བ་རྣམས་ཀྱི་གདན་ས། གཙུག་ལག་ཁང་ཆེན་པོ་དཔལ་ཐར་པ་གླིང་དུ་བསྒྱུར་ཅིང་ཞུས་ཏེ་གཏན་[2]ལ་ཕབ་པའོ།[3] སའི་སྟེང་དུ་ཉི་མ་དང་ཟླ་བ་ལྟར་གྱུར་ཅིག

## No. 350 ཆི(Chi) 193b4-195a2 Toh 40

① འོད་སྲུང་[4]ཆེན་པོའི་མདོ།

② 'Od srung chen po'i mdo

③ མ་ཧཱ་ཀཱ་ཤྱ་པ་སཱུ་ཏྲ།

④ Mahākāśyapa-sūtra

⑤ Tr. Ānandaśrī, Nyi ma rgyal mtshan

⑦ གནས་བརྟན་འོད་བསྲུང་[5]ཆེན་པོའི་མདོ་རྫོགས་སྷོ།[6] པཎྜི་ཏ་ཆེན་པོ། ཨཱ་ནནྡ་ཤྲཱིའི་ཞལ་སྔ་ནས། མང་དུ་ཐོས་པའི་ལོ་ཙྪ་བ་ཤཱཀྱའི་དགེ་སློང་ཉི་མ་རྒྱལ་མཚན་དཔལ་བཟང་པོས། སྐད་གཉིས་སྨྲ་བ་རྣམས་ཀྱི་གདན་ས། གཙུག་ལག་ཁང་ཆེན་པོ་དཔལ་ཐར་པ་གླིང་དུ་བསྒྱུར་ཅིང་ཞུས་ཏེ་གཏན་[7]ལ་ཕབ་པའོ། སའི་སྟེང་དུ་ཉི་མ་དང་ཟླ་བ་ལྟར་གྱུར་ཅིག་སྨྲར་[8]འགྱུར་ཡོད།

## No. 351 ཆི(Chi) 195a2-195b7 Toh 41

① ཉི་མའི་མདོ།

② Nyi ma'i mdo

③ སཱུརྻ་སཱུ་ཏྲ།

④ Sūrya-sūtra

---

1 P omits after རྫོགས་སྷོ།

2 U བཏན། STND གཏན།

3 D omits after ཕབ་པའོ།

4 UPND སྲུང་། ST སྲུངས།

5 U བསྲུང་། TPND སྲུང་། S སྲུངས།

6 PD omit after རྫོགས་སྷོ།

7 U བཏན། STN གཏན།

8 UTN སྨྲར། S སྨྲ།

⑤ Tr. Ānandaśrī, Nyi ma rgyal mtshan

⑦ ཉི་མའི་མདོ་རྫོགས་སོ།[1] པཎྜི་ཏ་ཆེན་པོ། ཨཱནནྡ་ཤྲཱིའི་ཞལ་སྔ་ནས། མང་དུ་ཐོས་པའི་ལོ་ཙཱ་བ་ཤཱཀྱའི་དགེ་སློང་ཉི་མ་རྒྱལ་མཚན་དཔལ་བཟང་པོས། སྐད་གཉིས་སྨྲ་བ་རྣམས་ཀྱི་གདན་ས། གཙུག་ལག་ཁང་ཆེན་པོ་དཔལ་ཐར་པ་གླིང་དུ་བསྒྱུར་ཅིང་ཞུས་སྟེ་གཏན་ལ་ཕབ་པའོ། སའི་སྟེང་དུ་ཉི་མ་དང་ཟླ་བ་ལྟར་གྱུར་ཅིག

## No. 352 ཆི(Chi) 195b7-196b2 Toh 42

① ཟླ་བའི་མདོ།

② Zla ba'i mdo

③ ཙནྡ་[ཙནྡྲ་]སཱུ་ཏྲ།

④ Candra-sūtra

⑤ Tr. Ānandaśrī, Nyi ma rgyal mtshan

⑦ ཟླ་བའི་མདོ་རྫོགས་སོ།[2] པཎྜི་ཏ་ཆེན་པོ། ཨཱནནྡ་ཤྲཱིའི་ཞལ་སྔ་ནས། མང་དུ་ཐོས་པའི་ལོ་ཙཱ་བ་ཤཱཀྱའི་དགེ་སློང་ཉི་མ་རྒྱལ་མཚན་དཔལ་བཟང་པོས། སྐད་གཉིས་སྨྲ་བ་རྣམས་ཀྱི་[3]གདན་ས། གཙུག་ལག་ཁང་ཆེན་པོ་དཔལ་ཐར་པ་གླིང་དུ་བསྒྱུར་ཅིང་ཞུས་ཏེ་གཏན་ལ་ཕབ་པའོ། སའི་སྟེང་དུ་ཉི་མ་དང་ཟླ་བ་ལྟར་གྱུར་ཅིག སྔར་[4]འགྱུར་ཡང་ཡོད།

## No. 353 ཆི(Chi) 196b3-197b4 Toh 43

① བཀྲ་ཤིས་ཆེན་པོའི་མདོ།

② bKra shis chen po'i mdo

③ མ་ཧཱ་མཾ་ག་ལ་[མངྒ་ལ་]སཱུ་ཏྲ།

④ Mahāmaṅgala-sūtra

⑤ Tr. Ānandaśrī, Nyi ma rgyal mtshan

⑦ [5]བཀྲ་ཤིས་ཆེན་པོའི་མདོ་རྫོགས་སོ།། པཎྜི་ཏ་ཆེན་པོ། ཨཱནནྡ་ཤྲཱིའི་ཞལ་སྔ་ནས། མང་དུ་ཐོས་པའི་ལོ་ཙཱ་བ་ཤཱཀྱའི་དགེ་སློང་ཉི་མ་རྒྱལ་མཚན་དཔལ་བཟང་པོས། སྐད་གཉིས་སྨྲ་བ་རྣམས་ཀྱི་གདན་ས།

---

1 PD omit after རྫོགས་སོ།

2 PD omit after རྫོགས་སོ།

3 U གྱི། STN ཀྱི།

4 UTN སྔར། S སྔ།

5 PD colophon, cf. Appendix.

གཙུག་ལག་ཁང་ཆེན་པོ་དཔལ་ཐར་པ་གླིང་དུ་བསྒྱུར་ཅིང་ཞུས་ཏེ་གཏན་ལ་ཕབ་པའོ། སའི་སྙིང་དུ་ཉི་མ་དང་ཟླ་བ་ལྟར་གྱུར་ཅིག སྔར་[1]འགྱུར་ཡང་ཡོད།

## No. 354 ཆི(Chi) 197b4-203a3 Toh 165

① འཕགས་པ་བདེ་བྱེད་ཀྱིས་ཞུས་པ་ཞེས་བྱ་བ་ཐེག་པ་ཆེན་པོའི་མདོ།

② 'Phags pa bde byed kyis zhus pa zhes bya ba theg pa chen po'i mdo

③ ཨཱརྻ་ཀྵེ་མང་ཀ་ར་[ཀྵེ་མངྐ་ར་]པ་རི་པྲིད་ཙ་[པ་རི་པྲི་ཙྪཱ་]ནཱ་མ་མ་ཧཱ་ཡཱ་ན་སཱུ་ཏྲ།

④ Ārya-Kṣemaṅkarā[2]paripṛcchā-nāma-mahāyānasūtra

⑤ Tr. Prajñāvarma, Ye shes sde

⑦ འཕགས་པ་བདེ་བྱེད་ཀྱིས་ཞུས་པ་ཞེས་བྱ་བ་ཐེག་པ་ཆེན་པོའི་མདོ་རྫོགས་སྷོ།། རྒྱ་གར་གྱི་མཁན་པོ་པྲད་ཛྙཱ་བར་མ་དང་། ཞུ་ཆེན་གྱི་ལོ་ཙ་བ་བན་དྷེ་ཡེ་ཤེས་སྡེ་ལ་སོགས་[3]པས་བསྒྱུར་ཅིང་ཞུས་ཏེ་གཏན་ལ་ཕབ་པ།[4]

## No. 355 ཆི(Chi) 203a3-264b2 Toh 156

① འཕགས་པ་ཀླུའི་རྒྱལ་པོ་མ་དྲོས་པས་ཞུས་པ་ཞེས་བྱ་བ་ཐེག་པ་ཆེན་པོའི་མདོ།

② 'Phags pa klu'i rgyal po ma dros pas zhus pa zhes bya ba theg pa chen po'i mdo

③ ཨཱརྻ་ཨ་ན་བ་ཏཔ་ཏ་[ཏཔྟ་]ནཱ་ག་ར་[རཱ་]ཛ་པ་རི་པྲིད་ཚ་[པ་རི་པྲི་ཙྪཱ་]ནཱ་མ་མ་ཧཱ་ཡཱ་ན་སཱུ་ཏྲ།

④ Ārya-Anavataptanāgarājaparipṛcchā-nāma-mahāyānasūtra

⑤ Tr. Jinamitra, Dānaśīla, Ye shes sde, dGon gling rma

⑦ འཕགས་པ་ཀླུའི་རྒྱལ་པོ་མ་དྲོས་པས་ཞུས་པ་ཞེས་བྱ་བ་ཐེག་པ་ཆེན་པོའི་མདོ་རྫོགས་སྷོ།། རྒྱ་གར་གྱི་མཁན་པོ་འཛིན་མི་ཏྲ་དང་། དཱ་ན་ཤཱི་ལ་དང་། བན་དྷེ་ཡེ་ཤེས་སྡེ་དང་། ཡི་གེ་པ་དགོན་གླིང་རྨ་ལ་སོགས་[5]པས་ཞུ་ཆེན་བགྱིས་ཏེ། གཏན་ལ་ཕབ་པ།

## No. 356 ཆི(Chi) 264b3-342a5 Toh 4144

① གསེར་མདོག་གི་རྟོགས་པ་བརྗོད་པ།

② gSer mdog gi rtogs pa brjod pa

---

1 UTN སྔར། S སྔ།

2 USTD kśemaṅkara, N kṣemaṅkara, P śaṅkara

3 P ལསོགས།

4 U བ།

5 P ལསོགས།

③ སུ་བར་ཎ་བ་རྞ་[སུ་བརྞ་བརྞ་]ཨ་བ་དཱ་ན་མ།[དཱ་ན།]

④ Suvarṇavarṇāvadāna[1]

⑤ Tr. Dharmaśrībhadra, Rin chen bzang po

⑦ གསེར་མདོག་གི་རྟོགས་པ་བརྗོད་པ་རྫོགས་སོ།། རྒྱ་གར་གྱི་མཁན་པོ་དྷརྨ་ཤྲཱི་བྷ་ཏྲ་དང་། ཞུ་ཆེན་གྱི་ལོ་ཙ་བ་དགེ་སློང་རིན་ཆེན་བཟང་པོས་[2]ཞུས་ཏེ་གཏན་ལ་ཕབ་པ།

## No. 357 ཆི(Chi) 342a5-358a2 Toh 4145

① ཀུ་ན་ལའི་རྟོགས་པ་བརྗོད་པ།

② Ku na la'i rtogs pa brjod pa

③ ཀུ་ན་ལ་[ཀུ་ཎཱ་ལ་]ཨ་པ་ད་ན་མ།[ཨ་བ་དཱ་ན།]

④ Kuṇālāvadāna[3]

⑦ རྫོ་འཛོག་པའི་གྲོང་ཁྱེར་བ་རྣམས་ཀྱང་རབ་ཏུ་བཙོམ་མོ།[4]

## No. 358 ཆི(Chi) 358a2-361a8 Toh 4196

① དཔེའི་འཕྲེང་པ།[5]

② dPe'i 'phreng pa

③ དྲི་ཥྚ་[དྲི་ཥྚཱནྟ་]མཱ་ལ།

④ Dṛṣṭāntamāla[6]

⑤ Tr. Dharmaśrībhadra, Tshul khrims yon tan

⑥ Rev. Rin chen bzang po

⑦ སངས་རྒྱས་མཆོག་གི་དཔེ་སྟེ་[7]དང་པོ་[8]རྫོགས་སོ།། རྒྱ་གར་གྱི་མཁན་པོ་དྷརྨ་ཤྲཱི་བྷ་དྲ་དང་ལོ་ཙ་བ་བན་དྷེ་ཚུལ་ཁྲིམས་ཡོན་ཏན་གྱིས་བསྒྱུར་ཅིང་། དགེ་སློང་ཆེན་པོ་བཟང་པོས་བཅོས་ནས་ཞུས་ཏེ་གཏན་ལ་ཕབ་པ།

---

1 UT suvarṇavarṇāvadānama, S suvarṇāvadānama, D(PN) suvarṇṇavarṇṇā(a)vadānama, D-CatP-CatS-Cat suvarṇavarṇāvadāna

2 P(ND) add སྒྱུར་(བསྒྱུར་)ཅིང་།

3 U(ST) kunala-apadana(ā)ma, PN kunalāvadānam, D kunala-avadānam

4 PND add translator's colophon after རབ་ཏུ་བཙོམ་མོ།, cf. Appendix.

5 U འཕྲེང་པ། S འཕྲེང་པ། TPND ཕྲེང་བ།

6 US driśṭatamāla, T dṛśṭatamāla, PND dṛṣṭāntamālya

7 USTD སྟེ། PN དེ།

8 D པོའོ།

# Volume 90 མདོ་སྡེ། ཇི (1–378)

## No. 359 ཇི(Ji) 1b1-127b2 Toh 4086

① འཇིག་རྟེན་བཞག་[1]པ།

② 'Jig rten bzhag pa

③ ལོ་ཀ་པྲཛྙཱ་པ་ཏི།[པྲཛྙཔྟི།]

④ Lokaprajñapti[2]

⑦ འཇིག་རྟེན་བཞག་[3]པ་རྫོགས་སོ།[4]

## No. 360 ཇི(Ji) 127b2-184a2 Toh 326

① ཆེད་དུ་བརྗོད་པའི་ཚོམས།

② Ched du brjod pa'i tshoms

③ ཨུ་དྣ་ན་བར་ག[བརྒ།]

④ Udānavarga

⑤ Author: Chos skyob; Tr. Vidyākaraprabha, Rin chen mchog

⑥ Rev. dPal brtsegs

⑦ ཆེད་དུ་བརྗོད་པའི་ཚོམས། དགྲ་བཅོམ་པ་ཆོས་སྐྱོབ་ཀྱིས་བསྡུས་པ་རྫོགས་སོ། རྒྱ་གར་གྱི་མཁན་པོ་བི་དྱཱ་ཀ་ར་པྲ་བྷ་དང་། ལོ་ཙྪ་བ་བན་དྷེ་རིན་ཆེན་མཆོག་གིས་བསྒྱུར། ཞུ་ཆེན་གྱི་ལོ་ཙྪ་བ་བན་དྷེ་དཔལ་བརྩེགས་ཀྱིས་ཞུས་ནས་གཏན་ལ་ཕབ།

## No. 361 ཇི(Ji) 184a3-197a8

① མཛོད་དང་འཇིག་རྟེན་བརྗོད་པའི་མདོ།

② mDzod dang 'jig rten brjod pa'i mdo

③ ཀོ་ཥ་ལོ་ཀ་པྲཛྙཱ་བ་ཏི་[ཀོ་ཤ་ལོ་ཀ་པྲཛྙཔྟི་]ཀ་ན་ཙ་སྐྲེ་པ།[སྐྲེ་པ།]

④ Kośalokaprajñapti[5]

---

1 USTPN བཞག D གཞག

2 UTPN lokaprajñābati, S lokaprajñabati, D lokaprajñā

3 UST བཞག PND གཞག

4 PN add editor's note after རྫོགས་སོ།, cf. Appendix.

5 UT(S) koṣalokaprajñā(a)batikanacakśeba

⑦ ལོ་ཀ་པྲཛྙཱ་[1] རྫོགས་སོ། བརྡ་ཉིད་དུ་སྣང་ངོ།

## No. 362 ཇི(Ji) 197a8-303b8 Toh 4087

① རྒྱུ་གདགས་པ།

② rGyu gdags pa

③ ཀཱ་ར་ན་པྲཛྙཱ་བ་ཏེ།[ཀཱ་ར་ཎ་པྲཛྙཱསྟི]

④ Kāraṇaprajñapti[2]

⑤ Tr. Jinamitra, Prajñāvarma, Ye shes sde

⑦ རྒྱུ་གདགས་པ་རྫོགས་ཏེ་གཉིས་པའོ། རྒྱ་གར་གྱི་མཁན་པོ་འཛི་ན་མི་ཏྲ་དང་། པྲཛྙཱ་བར་མ་དང་། ཞུ་ཆེན་གྱི་ལོ་ཙྪ་བ་བན་དེ་ཡེ་ཤེས་སྡེ་ལ་སོགས་པས་བསྒྱུར་ཅིང་ཞུས་ཏེ་གཏན་ལ་ཕབ་པ།

## No. 363 ཇི(Ji) 304a1-313b3 Toh 4201

① དགྲ་བཅོམ་པ་དགེ་འདུན་འཕེལ་གྱིས་ལུང་བསྟན་པ།

② dGra bcom pa dge 'dun 'phel gyis lung bstan pa

④ (Arhatsaṃghavardhanavyākaraṇa)[3]

⑦ [4]དགེ་འདུན་འཕེལ་གྱིས་ལུང་བསྟན་པ་རྫོགས་སོ།[5]

## No. 364 ཇི(Ji) 313b4-343b4 Toh 4202

① (ལིའི་ཡུལ་ལུང་བསྟན་པ།)[6]

② (Li'i yul lung bstan pa)

④ (Kaṃsadeśavyākaraṇa)[7]

---

1 U པྲཛྙཱ། S པྲ་ཛྙཱ། T པྲད་ཛྙཱ།

2 U kāranaprajñābate, S kāraprajñabate, T kāranapradjñābate, PND kāraṇaprajñāsti

3 Title from D-Cat 4201.

4 PND add དགྲ་བཅོམ་པ།

5 PN add AW after རྫོགས་སོ།, cf. Appendix.

6 Title from D-Cat 4202. The Tokyo manuscript ends abruptly with *slad rol du mi mchi bar ci gnang zhes gsol pa dang* and begins the next title, No. 366, from *bsam gtan la sogs pa snyoms par 'jug pa'i skal pa dang ldan par gyur cig*. Thus, the end of title No. 364, full text of title No. 365 and beginning of title No. 366 are missing; cf. Appendix.

7 Title from D-Cat 4202.

## No. 365 ཇི(Ji) 343b4-349b7 Toh 4146

① འཕགས་པ་དགའ་བའི་བཤེས་གཉེན་གྱི་རྟོགས་པ་བརྗོད་པ་ཞེས་བྱ་བ།

② 'Phags pa dga' ba'i bshes gnyen gyi rtogs pa brjod pa zhes bya ba

③ ཨཱརྱ་ནན་ད་[ནནྡ་]མི་ཏྲ་ཨ་བ་དྷཱ་ར་ཎམ་[ཨ་བ་དཱ་ན་]ནཱ་མ།

④ Ārya-Nandamitrāvadāna-nāma[1]

⑤ Tr. Ajitaśrībhadra, Shākya 'od

⑦ འཕགས་ པ་ དགའ་ བའི་ བཤེས་ གཉེན་ གྱི་ [2]རྟོགས་ པ་ [3]བརྗོད་ པ་ [4]རྫོགས་སྷོ། རྒྱ་ གར་ གྱི་ མཁན་ པོ་ དགེ་སློང་ཨ་ཛི་ཏ་ཤྲཱི་ར་བྷ་དྲ་དང་། དགེ་སློང་ཤཱཀྱ་འོད་ཀྱིས་བསྒྱུར།

## No. 366 ཇི(Ji) 349b7-352b1

① རྒྱལ་པོ་གསེར་གྱི་ལག་པའི་[5]མར་མེའི་ལོ་རྒྱུས་དང་སྨོན་ལམ་གྱི་མདོ།

② rGyal po gser gyi lag pa'i mar me'i lo rgyus dang smon lam gyi mdo

③ རཱ་ཛ་ཀཱ་ཉྩ་[ཀཱཉྩན་]བཱ་ཧུ་དཱི་པ་སྱ་པྲ་ཀྲི་ཡཱ་པྲ་ཎི་དྷཱ་[པྲ་ཀྲི་ཡཱ་པྲ་ཎི་དྷཱ་ན་]སཱུ་ཏྲ།

④ Rājakāñcana-bāhudīpasya prakriyā[6]praṇidhāna-sūtra

⑦ རྒྱལ་པོ་གསེར་གྱི་ལག་[7]པའི་མར་མེའི་སྨོན་ལམ་གྱི་མདོ་རྫོགས་སྷོ།

## No. 367 ཇི(Ji) 352b1-356b7 Toh 1095

① འཕགས་པ་བཟང་པོ་སྤྱོད་པའི་སྨོན་ལམ་གྱི་རྒྱལ་པོ།

② 'Phags pa bzang po spyod pa'i smon lam gyi rgyal po

③ ཨཱརྱ་བྷ་དྲ་ཙརྱ་[ཙརྻཱ་]པྲ་ཎི་དྷཱ་ན་[པྲ་ཎི་དྷཱ་ན་]རཱ་ཛ།

④ Ārya-Bhadracaryāpraṇidhānarāja

⑦ འཕགས་པ་བཟང་པོ་སྤྱོད་པའི་སྨོན་ལམ་གྱི་རྒྱལ་པོ་རྫོགས་སྷོ།[8]

---

1 US nandamitra-avadhāraṇamnāma, P(N) namidmitrāvana(ā)nāma, D nandimitra-avadānanāma

2 USD གྱི། PN གྱིས།

3 U པར།

4 PND add ཞེས་བྱ་བ།

5 P omits རྒྱལ་པོ་གསེར་གྱི་ལག་པའི།

6 U bāhudīpasyaprakṛyā, S bāhudripasyaprakyiyu

7 P adds པས་མཛད།

8 D(4377) adds editor's note after རྫོགས་སྷོ།, cf. Appendix.

## No. 368 ཇི(Ji) 356b7-358b1 Toh 1096

① འཕགས་པ་བྱམས་པའི་སྨོན་ལམ།[1]

② 'Phags pa byams pa'i smon lam

③ ཨཱརྻ་མཻཏྲི་[མཻ་ཏྲཱི་]པྲ་ཎི་དྷ་[དྷཱ་]ན།

④ Ārya-Maitrīpraṇidhāna[2]

⑦ འཕགས་པ་བྱམས་པའི་སྨོན་ལམ་རྫོགས་སོ།[3]

## No. 369 ཇི(Ji) 358b2-363a5

① བྱང་ཆུབ་དམ་པའི་རྗེས་སུ་མོས་པའི་སྨོན་ལམ།

② Byang chub dam pa'i rjes su mos pa'i smon lam

## No. 370 ཇི(Ji) 363a5-364b5 Toh 1097

① མཆོག་གི་སྤྱོད་པའི་སྨོན་ལམ།

② mChog gi spyod pa'i smon lam

③ ཨ་གྲ་ཙརྻ་[ཙརྻཱ་]པྲ་ཎི་དྷ་ནན།[པྲ་ཎི་དྷཱ་ན།]

④ Agracaryāpraṇidhāna

⑤ Tr. Prajñāvarma, Ye shes sde

⑦ མཆོག་གི་སྤྱོད་པའི་སྨོན་ལམ་རྫོགས་སོ།། རྒྱ་གར་གྱི་མཁན་པོ་པྲཛྙཱ་བརྨ་དང་། ཞུ་ཆེན་གྱི་ལོ་ཙ་བ་བན་དེ་ཡེ་ཤེས་སྡེ་ལ་སོགས་[4]པས་བསྒྱུར་ཅིང་ཞུས་ཏེ་གཏན་ལ་ཕབ་པ།

## No. 371 ཇི(Ji) 364b5-368a6 Toh 285

① འཕགས་པ་བསམ་པ་ཐམས་ཅད་ཡོངས་སུ་རྫོགས་པ་ཞེས་[5]བྱ་བའི་ཡོངས་སུ་བསྔོ་བ།

② 'Phags pa bsam pa thams cad yongs su rdzogs pa zhes bya ba'i yongs su bsngo ba

⑦ འཕགས་པ་བསམ་པ་ཐམས་ཅད་ཡོངས་སུ་རྫོགས་པར་བྱེད་པ་ཞེས་བྱ་བའི་ཡོངས་སུ་བསྔོ་བ་རྫོགས་སོ།

---

[1] D(4378) adds གྱི་རྒྱལ་པོ། after ལམ།

[2] UT maittripraṇidhana, S maitripraṇidhana

[3] D(4378) colophon, cf. Appendix.

[4] P ལསོགས།

[5] UST རྫོགས་པ་ཞེས། PND རྫོགས་པར་བྱེད་པ་ཞེས།

## No. 372 ཇི(Ji) 368a6-371a2 Toh 286

① འཕགས་པ་འགྲོ་བ་ཐམས་ཅད་ཡོངས་སུ་སྐྱོབ་པར་བྱེད་པ་ཞེས་བྱ་བའི་ཡོངས་སུ་བསྔོ་བ།

② 'Phags pa 'gro ba thams cad yongs su skyob par byed pa zhes bya ba'i yongs su bsngo ba

⑤ Tr. Vidyākaraprabha, Ye shes sde

⑥ Rev. dPal brtsegs

⑦ འཕགས་པ་དགྲ་བཅོམ་པ་[1]ཐམས་ཅད་ཡོངས་སུ་སྐྱོབ་པར་བྱེད་པ་ཞེས་བྱ་བའི་ཡོངས་སུ་བསྔོ་བ་རྫོགས་[2]སྷོ། རྒྱ་གར་གྱི་མཁན་པོ་བིད་དྱ་ཀ་ར་པྲ་བྷ་དང་། ལོ་ཙྪ་བ་བན་དེ་ཡེ་ཤེས་སྙིང་པོས་བསྒྱུར། ཞུ་ཆེན་གྱི་ལོ་ཙྪ་བ་བན་དེ་དཔལ་བརྩེགས་ཀྱིས་ཞུས་ཏེ་གཏན་ལ་ཕབ་པ།[3]

## No. 373 ཇི(Ji) 371a2-372a4

① རྡོ་རྗེ་རྒྱལ་མཚན་གྱི་ཡོངས་སུ་བསྔོ་བ།

② rDo rje rgyal mtshan gyi yongs su bsngo ba

## No. 374 ཇི(Ji) 372a4-373a1

① བདེ་ལེགས་སུ་འགྱུར་བའི་ཚིགས་སུ་བཅད་པ།

② bDe legs su 'gyur ba'i tshigs su bcad pa

③ སྭ་སྟྱ་ཡ་ན་གཱ་ཐ།[ཐཱ།]

④ Svastyayana-gāthā

⑤ Tr. Jinamitra, Surendrabhodi, Ye shes sde

⑦ བདེ་ལེགས་སུ་འགྱུར་བའི་ཚིགས་སུ་བཅད་པ་རྫོགས་སྷོ། རྒྱ་གར་གྱི་མཁན་པོ་འཛི་ན་མི་ཏྲ་དང་། སུ་ལེནྡྲ་བོ་དྷི་དང་། ཞུ་ཆེན་གྱི་ལོ་ཙྪ་བ་བན་དེ་ཡེ་ཤེས་སྡེས་བསྒྱུར་ཅིང་ཞུས་ཏེ་གཏན་ལ་ཕབ་པ།

## No. 375 ཇི(Ji) 373a1-375a2 Toh 817

① བདེ་ལེགས་ཀྱི་ཚིགས་སུ་བཅད་པ།

② bDe legs kyi tshigs su bcad pa

③ སྭ་སྟི་གཱ་ཐ།[ཐཱ།]

④ Svasti-gāthā

---

[1] U དགྲ་བཅོམ་པ། STPND འགྲོ་བ།

[2] UST བསྔོ་བ་རྫོགས། PND བསྔོ་བ་ཞེས་བྱ་བ་རྫོགས།

[3] P adds AW after ཕབ་པ།, cf. Appendix.

## No. 376=832 ཇི(Ji) 375a3-375b2 Toh 822

① དེ་བཞིན་གཤེགས་པ་ལྔའི་བཀྲ་ཤིས་ཀྱི་[1]ཚིགས་སུ་བཅད་པ།

② De bzhin gshegs pa lnga'i bkra shis kyi tshigs su bcad pa

③ པན་ཙ་[པཉྩ་]ཏ་ཐཱ་ག་ཏ་མང་ག་ལ་[མྔྒ་ལ་]གཱ་ཐཱ།

④ Pañcatathāgatamaṅgala-gāthā

⑦ དེ་བཞིན་གཤེགས་པ་ལྔའི་བཀྲ་ཤིས་ཚིགས་སུ་བཅད་པ་རྫོགས་སྷོ།

## No. 377 ཇི(Ji) 375b2-377b8

① (བཀྲ་ཤིས་ཀྱི་ཚིགས་སུ་བཅད་པ།)[2]

② (bKra shis kyi tshigs su bcad pa)

## No. 378 ཇི(Ji) 377b8-378a8 Cf. Toh 4416

① དཀོན་མཆོག་གསུམ་གྱི་བདེ་ལེགས་ཀྱི་ཚིགས་སུ་བཅད་པ།

② dKon mchog gsum gyi bde legs kyi tshigs su bcad pa

③ རད་ན་[རཏྣ་]ཏྲ་ཡ་སྭསྟི་ག་[གཱ་]ཐཱ།

④ Ratnatrayasvasti-gāthā

⑦ དཀོན་མཆོག་གསུམ་གྱི་བདེ་ལེགས་ཀྱི་ཚིགས་སུ་བཅད་པ་རྫོགས་སྷོ།[3]

---

[1] U(376)S(330)T(325) ཀྱི། PND omit ཀྱི།, cf. No. 832 [U(832)S(762)T(760) omit ཀྱི།]

[2] Title from Derge. This title is not mentioned in *Thob yig* of Dzaya-paṇḍita or Géza Bethlenfalvy's Hand-list. U 375b2-376b1 equivalent to D-Cat 3785 224b4-225a7, U 376b1-377a2 equivalent to D-Cat 821 261a1-261a7, U 377a2-377a6 equivalent to D-Cat 826 262b4-262b6, U 377a6-377b2 equivalent to D-Cat 827 263b7-264a5

[3] S adds colophon after རྫོགས་སྷོ།, cf. S-Cat 332 pp. 166–167. T adds Dhā and editor's note after རྫོགས་སྷོ།, cf. Appendix.

# མྱང་འདས། (Myang 'das)

## Volume 91 མྱང་འདས། ཀ (1–307)

No. 379 ཀ(Ka) 1b1-307a8 《Vol. 91 Ka. 1b1–Vol. 93 Ga. 300a6》 Toh 119

① འཕགས་པ་ཡོངས་སུ་མྱ་ངན་ལས་འདས་པ་ཆེན་པོ་ཞེས་བྱ་བའི་མདོ།[1]

② 'Phags pa yongs su mya ngan las 'das pa chen po zhes bya ba'i mdo

③ ཨཱརྱ་མ་ཧཱ་པ་རི་ནིརྦཱ་ཎྃ་[ཎ་]ནཱ་མ་སཱུ་ཏྲ།

④ Ārya-Mahāparinirvāṇa[2]-nāma-sūtra[3]

⑤ Tr. Wang pham zhum, dGe ba'i blo gros, rGya mtsho'i sde

## Volume 92 མྱང་འདས། ཁ (1–302)

No. 379 ཁ(Kha) 1b1-302a8

Continued

## Volume 93 མྱང་འདས། ག (1–300)

No. 379 ག(Ga) 1b1-300a6

Continued

⑦ འཕགས་པ་ཡོངས་སུ་མྱ་ངན་ལས་འདས་པ་ཆེན་པོའི་མདོ་ལས། བམ་པོ་བཞི་བཅུ་རྩ་གསུམ་ཏེ་[4] རྫོགས་སོ།[5] རྒྱའི་[6]མཁན་པོ་ཝ་ཕམ་ཞུམ་[7]དང་། ཆོས་ཀྱི་[8]གཞི་འཛིན་དགེ་བའི་བློ་གྲོས་དང་། ལོ་ཙཱ་བ་རྒྱ་མཚོའི་སྡེས་བསྒྱུར་ཅིང་ཞུས་ཏེ་གཏན་ལ་ཕབ་པའོ།[9]

---

1 UST ཆེན་པོ་ཞེས་བྱ་བའི་མདོ། PND ཆེན་པོའི་མདོ།

2 USTN parinirvāṇam (U ཎྃ་ STN ཎཾ་)

3 PD omit the Sanskrit title.

4 UT ཏེ། S སྟེ། PND omit ལས། བམ་པོ་བཞི་བཅུ་རྩ་གསུམ་ཏེ་

5 P(ND) add མདོ་མྱ་ངན་ལས་འདས་པ་ཆེན་པོའི་(པོ་)རྒྱ་ནག་ནས་བསྒྱུར་བ་འདི། between རྫོགས་སོ། and རྒྱའི་

6 UST རྒྱའི། PND རྒྱ་ནག་གི།

7 UT ཝ་ཕམ་ཞུམ། S ཝང་ཕམ་ཞུམ། PND ཝང་ཕབ་ཞུན།

8 UST ཆོས་ཀྱི། PND དྷརྨའི།

9 PN add Dhā after ཕབ་པའོ།, cf. Appendix.

# རྙིང་རྒྱུད། (rNying rgyud)

## Volume 94 རྙིང་རྒྱུད། ཀ (1–421)

No. 380 ཀ།(Ka) 1b1-102a3 Toh 828

① ཆོས་ཐམས་ཅད་རྫོགས་པ་ཆེན་པོ་བྱང་ཆུབ་ཀྱི་སེམས་ཀུན་བྱེད་རྒྱལ་པོ།

② Chos thams cad rdzogs pa chen po byang chub kyi sems kun byed rgyal po

③ སརྦ་དྷརྨ་མ་ཧཱ་སན་ཏི་[ཤཱནྟི་]བོ་དྷི་ཙིད་ཏ་[ཙིཏྟ་]ཀུ་ལ་ཡ་ར་[རཱ་]ཛ།

④ Sarvadharmamahāśānti[1]bodhicittā[2]-kulayarāja[3]

⑤ Tr. Śrīsiṅhaprabhā, Vairocana (1-57) / dPal gyi seng ge mgon po, Vairocana (58-84)

⑦ བྱང་ཆུབ་ཀྱི་སེམས་ཀུན་བྱེད་རྒྱལ་པོའི་མདོ་ལས་བསྟན་པ་གཏད་[4]པའི་ལེའུ་སྟེ་ལྔ་བཅུ་རྩ་བདུན་པའོ། བྱང་ཆུབ་ཀྱི་སེམས་ཀུན་བྱེད་རྒྱལ་པོ་རྫོགས་སོ། རྒྱ་གར་གྱི་མཁན་པོ་[5]ཤྲཱི་སིཾ་ཧ་པྲ་བྷཱ་དང་། བོད་ཀྱི་ལོ་ཙྪ་བ་པ་གོར་བཻ་རོ་ཙ་ནས་བསྒྱུར་ཅིང་ཞུས་ཏེ་གཏན་ལ་ཕབ་པའོ། U 77b1-3[6]

བྱང་ཆུབ་ཀྱི་སེམས་ཀུན་བྱེད་རྒྱལ་པོ་བལྟ་[7]བ་ནམ་མཁའ་ལྟར་མཐའ་དབུས་མེད་པའི་རྒྱུད་ནམ་མཁའི་སྙིང་པོ་མཆོག་གི་དོན་གསང་བ་མཆོག་གི་མདོ་ལུང་བརྒྱད་བཅུ་[8]རྩ་བཞི་པ་རྫོགས་སོ། རྒྱ་གར་གྱི་མཁན་པོ་དཔལ་གྱི་སེང་གེ་མགོན་པོ་དང་དགེ་སློང་བཻ་རོ་ཙ་ནས་བསྒྱུར་ཅིང་ཞུས་ཏེ་གཏན་[9]ལ་ཕབ་པའོ། U 102a1-3[10]

---

1 UPND mahāsanti, D-CatN-Cat mahāśānti, P-Cat mahāśanti

2 UPN cidta, D citta

3 UN raja, P rāja, D rājā, cf. Appendix.

4 UND པ་གཏད། P ལ་བཏད།

5 UPN མཁན་པོ། D མཁས་པ།

6 Cf. P 61b3-61b4, N 91a4-91a5, D 65b4-65b5

7 U N བལྟ། PD ལྟ།

8 UP བཅུ། ND ཅུ།

9 UND གཏན། P བཏན།

10 Cf. P 81b1-81b3, N 120b3-120b4, D 86a6-86a7

## No. 381 ཀ།(Ka) 102a3-345a8 Toh 829

① དེ་བཞིན་གཤེགས་པ་ཐམས་ཅད་ཀྱི་ཐུགས་གསང་བའི་ཡེ་ཤེས་དོན་གྱི་སྙིང་པོ་རྡོ་རྗེ་བཀོད་པའི་རྒྱུད་རྣལ་འབྱོར་གྲུབ་པའི་ལུང་[1]ཀུན་འདུས་རིག་པའི་མདོ་ཐེག་པ་ཆེན་པོ་མངོན་པར་རྟོགས་པ་ཆོས་ཀྱི་རྣམ་གྲངས་རྣམ་པར་བཀོད་པ་ཞེས་བྱ་བའི་མདོ།

② De bzhin gshegs pa thams cad kyi thugs gsang ba'i ye shes don gyi snying po rdo rje bkod pa'i rgyud rnal 'byor grub pa'i lung kun 'dus rig pa'i mdo theg pa chen po mngon par rtogs pa chos kyi rnam grangs rnam par bkod pa zhes bya ba'i mdo

③ སརྦ་ཏ་ཐཱ་ག་ཏ་ཙི་ཏ་ཏ་[ཙིཏྟ་]ཛྙཱ་ན་གུ་ཧྱ་ཨརྠ་གརྦྷ་བྱུ་[བྱཱུ་]ཧ་བཛྲ་ཏན་ཏྲ་[ཏནྟྲ་]སིད་དྷི་[སིདྡྷི་]ཡོ་ག་ཨཱ་ག་མ་ས་མཱ་ཛ་སརྦ་བིདྱ་[བིདྱཱ་]སཱུ་ཏྲ་མ་ཧཱ་ཡཱ་ན་ཨ་བྷི་ས་མ་ཡ་དྷརྨཱ་[དྷརྨ་]པཪྻ་[པཪྻཱ་]ཡ་བི་བྱཱུ་ཧ་ནཱ་མ་སཱུ་ཏྲཾ།[སཱུ་ཏྲ།]

④ Sarvatathāgatacitta[2]jñānaguhyārthagarbhavyūhavajratantrasiddhiyogāgamasamāja-sarvavidyāsūtra-mahāyānābhi[3]samayadharmaparyāyavyūha[4]-nāma-sūtra[5]

⑤ Tr. Dharmabodhi, Dānarakṣita, Ce bTsan skyes

⑦ རྒྱ་གར་གྱི་མཁན་པོ་དྷརྨ་བོ་དྷི་དང་། རིང་ལུགས་ཆེན་པོ་དཱ་ན་རཀྵི་ཏ་དང་། ཞུ་ཆེན་གྱི་ལོ་ཙྪ་བ་ཆེ་[6]བཙན་སྐྱེས་ཀྱིས་བྲུ་ཤའི་ཡི་གེ་ལས་བྲུ་ཤའི་ཡུལ་གྱི་ཁྲིམ་དུ་བསྒྱུར་ཅིང་གཏན་ལ་ཕབ་པའོ། བཀའ་འདི་ལ་དབུ་ཞབས་སུ་བྱུང་ཚུལ་བཅུ་གཉིས་པ། ལེའུ་བདུན་ཅུ་རྩ་ལྔ་པ། བམ་པོ་བཅུ་དང་། ཤུ་ལོ་ཀ་ཉིས་བརྒྱ་ལྔ་བཅུ་རྩ་གཉིས་སོ།

## No. 382 ཀ།(Ka) 345a8-421a6 Toh 830

① དེ་བཞིན་གཤེགས་པ་ཐམས་ཅད་ཀྱི་གསང་བ། གསང་བའི་མཛོད་ཆེན་པོ་མི་བཟད་[7]པ་གཏེར་གྱི་སྒྲོན་མ། བརྟུལ་ཞུགས་ཆེན་པོ་བསྒྲུབ་པའི་རྒྱུད། ཡེ་ཤེས་རྔམ་པ་གློག་གི་འཁོར་ལོ་ཞེས་བྱ་བ་ཐེག་པ་ཆེན་པོའི་མདོ།

---

1 UN omit ལུང་།

2 UPN citata, D citta

3 UPD abhi (ཨ་བྷི་), N sabhi (ས་བྷི་)

4 UPND vivyūha (བི་བྱཱུ་ཧ་), D-CatN-Cat vyūha, P-Cat vivyūha

5 UN སཱུ་ཏྲཾ། PD སཱུ་ཏྲྃ། D-CatP-CatN-Cat sūtra, UPND add བྲུ་ཞའི་སྐད་དུ། ཧོན་པན་རིལ་ཏིལ་ཕི་བུ་ཕི་ཏིལ་ཏི་ཏ་སིང་ཙུན་ཙུབ་ཏང་པང་རིལ་ཙུབ་ཕི་སུ་བང་རི་ཞི་ཏལ་པའི་མ་ཀྲུང་ཀུའི་དང་རོད་ཏི། after the Sanskrit title.

6 UPND ཆེ།

7 UN བཟད། PD ཟད།

② De bzhin gshegs pa thams cad kyi gsang ba / gsang ba'i mdzod chen po mi zad pa gter gyi sgron ma / brtul zhugs chen po bsgrub pa'i rgyud / ye shes rngam pa glog gi 'khor lo zhes bya ba theg pa chen po'i mdo

④ (Sarvatathāgataguhyamahāguhyakośākṣayanidhadīpamahāpratapasādhanatantra-jñānāścaryadyuticakra-nāma-mahāyāna-sūtra)[1]

⑤ Tr. Vajraviśvamitra, Vairocanarakṣita

⑦ འཕགས་པ་རྒྱུད་ཀྱི་རྒྱལ་པོ་ཡེ་ཤེས་རྔམ་པ་གློག་གི་འཁོར་ལོའི་མདོ་ཞེས་བྱ་བ་ལས་ནན་ཏུར་[2]ཀྱི་ལས་རིམ་པར་ཕྱེ་བའི་ལེའུ་སྟེ་བཅུ་དྲུག་པ་[3]རྫོགས་སོ། རྒྱ་གར་གྱི་མཁན་པོ་བཛྲ་བི་ཤྭ་མི་ཏྲ་དང་། ཞུ་ཆེན་གྱི་ལོ་ཙྪ་བ་གོར་བཻ་རོ་ཙ་ན་རཀྵི་[4]ཏས་བསྒྱུར་[5]ཅིང་ཞུས་ཏེ་གཏན་ལ་ཕབ་པའོ། U 404a1-2[6]

འཕགས་པ་རྒྱུད་ཀྱི་རྒྱལ་པོ་ཡེ་ཤེས་རྔམ་པ་གློག་གི་འཁོར་ལོའི་མདོ་ཞེས་བྱ་བ་ཐེག་པ་ཆེན་པོའི་མདོ་རྫོགས་སྷོ།[7] U 421a6[8]

## Volume 95 རྙིང་རྒྱུད། ཁ (1–374)

### No. 383 ཁ(Kha) 1b1-127a3 Toh 831

① དེ་བཞིན་གཤེགས་པ་ཐམས་ཅད་ཀྱི་ཐུགས་གསང་བའི་ཡེ་ཤེས་དོན་གྱི་སྙིང་པོ་ཁྲོ་བོ་རྡོ་རྗེའི་རིགས་ཀུན་འདུས་རིག་པའི་མདོ་རྣལ་འབྱོར་གྲུབ་པའི་རྒྱུད་ཅེས་བྱ་བ་ཐེག་པ་ཆེན་པོའི་མདོ།

② De bzhin gshegs pa thams cad kyi thugs gsang ba'i ye shes don gyi snying po khro bo rdo rje'i rigs kun 'dus rig pa'i mdo rnal 'byor grub pa'i rgyud ces bya ba theg pa chen po'i mdo

③ སརྦ་ཏ་ཐཱ་ག་ཏ་ཙིཏྟ་གུ་ཧྱ་ཛྙཱ་ན་ཨརྠ་གརྦྷ་བཛྲ་ཀྲོ་དྷ་ཀུ་ལ་ཏནྟྲ་པིན་ཐརྠ་[པིཎྜཱརྠ་]བིདྱཱ་ཡོ་ག་སིདྡྷི་ནཱ་མ་མ་ཧཱ་ཡཱ་ན་སཱུ་ཏྲ།

---

1 Title from D-Cat 830, cf. Appendix.

2 UND ཏུར། P དུར།

3 UND པ། P པའོ།

4 UN ར་ཀྵི། PD རཀྵི།

5 UND བསྒྱུར། P སྒྱུར།

6 Cf. P 327b6-327b7, N 481b7-482a2, D 342b4-342b6

7 PND add (Dhā, AW) after རྫོགས་སྷོ།, cf. Appendix.

8 Cf. P 327b6-327b7, N 481b7-482a2, D 342b4-342b6

④ Sarvatathāgatacittaguhyajñānārthagarbhavajrakrodha[1]kulatantrapiṇḍārtha[2]vidyā-
yogasiddhi[3]-nāma-mahāyānasūtra

⑦ རྒྱུད་ཀྱི་རྒྱལ་པོ་ཆེན་པོ་[4] རྡོ་རྗེ་བཀོད་པ་ཀུན་འདུས་རིག་པའི་མདོ་རྫོགས་སོ།

## No. 384 ཁ(Kha) 127a3-153b7 Toh 832

① དཔལ་གསང་བའི་སྙིང་པོ་དེ་ཁོ་ན་ཉིད་རྣམ་པར་ངེས་པ།

② dPal gsang ba'i snying po de kho na nyid rnam par nges pa

③ ཤྲཱི་[5] གུ་ཧྱ་གརྦྷ་ཏ་ཏྭ་[6] [ཏཏྭ་]བི་ནི་ཤྩ་ཡ།

④ Śrī-Guhyagarbhatattvaviniścaya

## No. 385 ཁ(Kha) 153b7-234a5 Toh 833

① རྡོ་རྗེ་སེམས་དཔའི་སྒྱུ་འཕྲུལ་དྲ་བ་གསང་བ་ཐམས་ཅད་ཀྱི་མེ་ལོང་ཞེས་བྱ་བའི་རྒྱུད།

② rDo rje sems dpa'i sgyu 'phrul dra ba gsang ba thams cad kyi me long zhes bya ba'i rgyud

③ བཛྲ་ས་ཏྭ་[སཏྭ་]མཱ་ཡཱ་ཛ་[ཛཱ་]ལ་གུ་ཧྱ་སརྦ་ཨཱ་ད་ར་ཤཱ་[དརྴཱ་]ནཱ་མ་ཏན་ཏྲ།[ཏནྟྲ།]

④ Vajrasattvamāyājāla[7]guhyasarvādarśa[8]-nāma-tantra

⑤ Tr. Vimalamitra, Jñānakumāra

⑦ རྡོ་རྗེ་སེམས་དཔའི་སྒྱུ་འཕྲུལ་དྲ་བ་རྡོ་རྗེ་སེམས་དཔའ་གསང་བ་མེ་ལོང་གི་རྒྱུད་ཆེན་པོ་རྫོགས་སྷོ། རྒྱ་གར་གྱི་མཁན་པོ་བི་མ་ལ་མི་ཏྲ་དང་། བན་དེ་ཛྙཱ་ན་ཀུ་མཱ་རས་བསྒྱུར་ཅིང་ཞུས་ཏེ་གཏན་ལ་ཕབ་པའོ། སླད་ནས་བི་མ་ལ་མི་ཏྲ་ཉིད་ལ་བྲམ་ཟེ་མོ་དགེ་སློང་མས་ཡང་དང་ཡང་དུ་ནན་དུ་ཞུས་པ་འདི་གཞན་ལ་སྤེལ་ན་དམ་ཚིག་ཉམས་སོ།

## No. 386 ཁ(Kha) 234a6-358b1 Toh 834

① གསང་བའི་སྙིང་པོ་དེ་ཁོ་ན་ཉིད་ངེས་པ།

② gSang ba'i snying po de kho na nyid nges pa

---

1 UPND vajrakrodha, D-Cat krodhavajra

2 U pinthartha (པིན་ཐརྠ་), P pinathārtha (པི་ན་ཐཱརྠ་), N pinthārtha (པིན་ཐཱརྠ་), D piṇḍārtha (པིཎྜཱརྠ་)

3 UPN siddhi, D siddha

4 P omits ཆེན་པོ།

5 N ཤྲཱིར།

6 UPND ཏ་ཏྭ།

7 UND jala (ཛ་ལ་), P jāla (ཛཱ་ལ་)

8 UN ādarśā, PD ādarśa

No. 387 ཁ(Kha) 358b1-374a8 Toh 835

① འཕགས་པ་ཐབས་ཀྱི་ཞགས་པ་པདྨོའི་[1]ཕྲེང་ཞེས་བྱ་བ།[2]

② 'Phags pa thabs kyi zhags pa padmo'i phreng zhes bya ba

⑦ འཕགས་པ་ཐབས་ཀྱི་ཞགས་པ་པདྨ་[3]ཕྲེང་[4]རྫོགས་སྷོ།[5]

## Volume 96 རྙིང་རྒྱུད། ག (1–312)

No. 388 ག(Ga) 1b1-39b5 Toh 836

① ལྷ་མོ་སྒྱུ་འཕྲུལ་དྲ་བ་ཆེན་མོ་[6]ཞེས་བྱ་བའི་རྒྱུད།

② lHa mo sgyu 'phrul dra ba chen mo zhes bya ba'i rgyud

③ དེ་ཝཱི་ཛཱ་ལ་མ་ཧཱ་མཱ་ཡཱ་ཏནྟྲ་ནཱ་མ།

④ Devījāla[7]mahāmāyā-tantra-nāma

No. 389 ག(Ga) 39b5-68b8 Toh 837

① གསང་བའི་སྙིང་པོ་དེ་ཁོ་ན་ཉིད་ངེས་པའི་བླ་མ་ཆེན་པོའོ།

② gSang ba'i snying po de kho na nyid nges pa'i bla ma chen po'o

No. 390 ག(Ga) 68b8-87a3 Toh 838

① འཕགས་པ་འཇམ་དཔལ་ལས་བཞི་འཁོར་ལོ་གསང་བའི་རྒྱུད།

② 'Phags pa 'jam dpal las bzhi 'khor lo gsang ba'i rgyud

③ ཨཱརྻ་མཉྫུ་ཤྲཱི་ཀརྨ་ཙྟད་ཏ་རི་ཙཀྲ་[8][ཙ་ཏུཿཙཀྲ་]གུ་ཧྱ་ཏན་ཏྲ།[ཏནྟྲ།]

④ Ārya-Mañjuśrīkarmacatuścakra-guhyatantra

---

1 P པད་མོའི།

2 UN omit བ།

3 PN པད་མོ།

4 N འཕྲེང་།

5 PN add (Dhā, AW) after རྫོགས་སྷོ།, cf. Appendix.

6 UPND ཆེན་མོ། D-Cat ཆེན་པོ།(chen-po), P-Cat chen-mo

7 U jāla, PND jāli, D-CatN-Cat jāla, P-Cat jāli

8 UN ཙྟད་ཏ་རི་ཙཀྲ་, P ཙྟད་ཏ་རི་ཙ་ཀྲ་, D ཙ་ཏུཿཙཀྲ་

No. 391 ག(Ga) 87a3-143b7 Toh 839

① དེ་བཞིན་གཤེགས་པ་ཐམས་ཅད་ཀྱི་དགོངས་པ་བླ་ན་མེད་པ་གསང་བ་རྟ་མཆོག་རོལ་པའི་རྒྱུད་ཆེན་པོ་ཞེས་བྱ་བ།

② De bzhin gshegs pa thams cad kyi dgongs pa bla na med pa gsang ba rta mchog rol pa'i rgyud chen po zhes bya ba

③ སརྦ་ཏ་ཐཱ་ག་ཏ་བུད་ཏོ་ཕུན་གུ་ཧྱ་བ་ནོ་ཤི་ཡ་ཤད་ད་མ་བི་ན་ས་མ་ཏ་ཏན་ཏྲ་ནཱ་མ།(*sic*)

④ Sarvatathāgatabuddhānuttaraguhyāśvottamavīṇāsamata-mahātantra-nāma[1]

⑦ དེ་བཞིན་གཤེགས་པ་ཐམས་ཅད་ཀྱི་དགོངས་པ་བླ་ན་མེད་པའི་གསང་བ་དཔལ་རྟ་མཆོག་རོལ་པའི་རྒྱུད་ཆེན་པོའི་རྩ་བ་རྫོགས་སོ།

No. 392 ག(Ga) 143b7-221b4 Toh 840

① དཔལ་ཧེ་རུ་ཀ་སྙིང་རྗེ་རོལ་པའི་རྒྱུད་གསང་བ་ཟབ་མོའི་མཆོག་ཅེས་བྱ་བ།

② dPal he ru ka snying rje rol pa'i rgyud gsang ba zab mo'i mchog ces bya ba

③ ཤྲཱི་ཧེ་རུ་ཀ་ཀཱ་[ཀ་]རུ་ཎ་[ཎཱ་]ཀྲཱི་ཊི་ཏ་ཏན་ཏྲ་[ཏནྟྲ་]གུ་ཧྱ་གཾ་བྷཱི་ར་ཨུད་ཏ་མ་[ཨུཏྟ་མ་]ནཱ་མ།

④ Śrī-Herukakaruṇā[2]krīḍitatantra-guhyagaṃbhīrottama-nāma

⑤ Tr. Śrīkīrti

⑦ གསང་བའི་སྙིང་པོ་ཟབ་མོ་མཆོག་དཔལ་སྙིང་རྗེ་རོལ་པའི་རྒྱུད་རྫོགས་སྷོ། རྒྱ་གར་གྱི་ལོ་ཙྪ་བ་མཁས་པར་ལོབས་པ་བལ་པོ་ཤྲཱི་ཀཱིར་ཏིས་གཏན་ལ་ཕབ་སྟེ། སྐད་གསར་པས་བསྒྱུར་ནས་སོག་པོ་མཆོག་གི་སྙིང་པོ་དང་། ཨན་བཀྲ་ཤིས་དང་། བལ་མོ་བཟང་བཀྲ་ཤིས་རྒྱ་མཚོས་ཡོན་བདག་བགྱིས་ནས་མང་ཡུལ་བྱམས་སྤྲིན་གཙུག་ལག་ཁང་གི་ཡ་ཐོག་གི་དབུ་རྩེར་ཤིན་ཏུ་གསང་སྟེ། སྐད་གསལ་བར་བསྒྱུར་རོ།

No. 393 ག(Ga) 221b4-243a6 Toh 841

(1) ① ཐམས་ཅད་བདུད་རྩི་ལྔའི་རང་བཞིན། དངོས་གྲུབ་ཆེན་པོ་ཉེ་བའི་སྙིང་པོ་མཆོག བམ་པོ་ཆེན་པོ་བརྒྱད་པ། 《221b4-223a1》

② Thams cad bdud rtsi lnga'i rang bzhin / dngos grub chen po nye ba'i snying po mchog / bam po chen po brgyad pa

---

1 Title from D-Cat, cf. Appendix.

2 UND kāruṇa, P kāruṇi, D-CatP-CatN-Cat karuṇā

③ སརྦ་པཉྩ་ཨ་མྲི་ཏ། ས་ར་སིདྡྷི་མཧཱ་དུ་ག། ཧྲི་ད་ཡཱ་ན་པ་ར་བིད་ཏྟན་ཨཥྚ།(*sic*)

④ Sarvapañcāmṛtasāra-siddhimahadgata-hṛdayaparivartāṣṭaka[1]

(2) ① ཚངས་པ་ལ་སོགས་པ་དྲང་སྲོང་དང་། ལྷ་དང་ཀླུ་དང་མིའི་བྱང་ཆུབ་སེམས་དཔའ་རྣམས་ལ་ཕྱག་འཚལ་ལོ། 《223a1-228a6》

② Tshangs pa la sogs pa drang srong dang / lha dang klu dang mi'i byang chub sems dpa' rnams la phyag 'tshal lo

③ ཨ་མྲི་ཏ་ར་ས་ཡ་ན་ཏ་ན་ཛྷ་ཡ། པྲ་ཤ་སྟ་པྲ་མ་ན་ཤྲི་ཀྲ་ན་པྲ་ཤ་སྟ་ཡ་ན་མོ།(*sic*)

④ Amṛtarasāyana-tanajhayapraśastapramaṇaśrikranapraśastaya namo[2]

(3) ① བཅོམ་ལྡན་འདས་གཉིས་མེད་ཀྱི་རྒྱལ་པོ་ཆེན་པོ་ལ་ཕྱག་འཚལ་ལོ། 《228a6-229b1》

② bCom ldan 'das gnyis med kyi rgyal po chen po la phyag 'tshal lo

③ པཛྙཱ་[པྲཛྙཱ་]བྷ་ག་བན་མ་ཧཱ་རཱ་ཛཱ།

④ Prajñābhagavanmahārājā[3]

(4) ① འབྲས་བུ་ཆེན་པོ་ལྔ་བསྒྲལ་བའོ། 《229b1-233a1》

② 'Bras bu chen po lnga bsgral ba'o

③ སྟ་ན་མ་ཧཱ་ད་ར་པཉྩ།(*sic*)

④ Stanamahādarapañca[4]

(5) ① རིགས་ལྔ་བདེ་བར་གཤེགས་པ་ལ་ཕྱག་འཚལ་ལོ། 《233a1-234a7》

② Rigs lnga bde bar gshegs pa la phyag 'tshal lo

③ ཏ་ཐཱ་ག་ཏ་པཉྩ་བུ་དྡྷ་[བུདྡྷ་]ནཱ་མ།

④ Tathāgatapañcabuddha-nāma[5]

(6) ① བདུད་རྩི་འཁྱིལ་པ་ལ་ཕྱག་འཚལ་ལོ། 《234a8-236b6》

② bDud rtsi 'khyil pa la phyag 'tshal lo

③ ཨ་མྲི་ཏ་ཀུན་ཌ་ལ་ཡི་ན་མ།(*sic*)

④ Amṛtakuṇḍalyai namaḥ[6]

---

1 Title from D-Cat, cf. Appendix.
2 Title from D-Cat, cf. Appendix.
3 Cf. Appendix.
4 Cf. Appendix.
5 Title from P-Cat, cf. Appendix.
6 Title from D-Cat, cf. Appendix.

(7) ① བདུད་རྩི་བུམ་པའི་ལུང་། 《236b7-240b7》

② bDud rtsi bum pa'i lung

③ ཨ་མྲི་ཏ་ཀ་ལ་ཤ་སིདྡྷི།(*sic*)

④ Amṛtakalaśasiddhi[1]

(8) ① བཅོམ་ལྡན་འདས་འཇམ་དཔལ་རྣོན་པོ་ལ་ཕྱག་འཚལ་ལོ། 《240b8-243a5》

② bCom ldan 'das 'jam dpal rnon po la phyag 'tshal lo

③ བྷ་ག་བན་མཉྫུ་ཤྲཱི་ཏིག་ཥྞ་ནཱ་མ་སི་དམ།(*sic*)

④ Bhagavadmañjuśrītīkṣṇāya namaḥ[2]

⑤ Tr. Vimalamitra, Jñānakumāra

⑦ སྤྱིར་བདུད་རྩི་འབུམ་སྡེ་ལས་ཉུང་ཤས་ཙམ་ཅིག བི་མ་ལ་མི་ཏྲས་བཤད་ཅིང་། ལོ་ཙྪ་བ་ཛྙཱ་ན་ཀུ་མཱ་རས་བསྒྱུར་བའོ། རྡོ་རྗེ་ཡང་དབང་[3] གཏེར་གྱི་ལགས་རྫོགས་སོ།

No. 394 ག(Ga) 243a6-245a3 Toh 841A[4]

① (རྡོ་རྗེ་ཁྲོས་པས་ཞེ་སྡང་གཅོད།)[5]

② (rDo rje khros pas zhe sdang gcod)

No. 395 ག(Ga) 245a3-276a1 Toh 842

① མཁའ་འགྲོ་མ་[6] མེ་ལྕེ་འབར་བའི་རྒྱུད།

② mKha' 'gro ma me lce 'bar ba'i rgyud

③ ཌཱ་ཀི་ནི་[ནྱི་]ཨགྣི་[ཨགྣི་]ཛི་བ་[ཛི་ཧྭ་]ཛྭ་ལ་[ལཱ་]ཏན་ཏྲ།[ཏནྟྲ།]

④ Ḍākinyagnijihvajvalā-tantra[7]

⑦ མཁའ་འགྲོ་མ་མེ་ལྕེ་འབར་བའི་རྒྱུད་ལས། ཡོངས་སུ་ལུང་བསྟན་པའི་ལེའུ་སྟེ་ཉི་ཤུ་རྩ་གཉིས་པ་རྫོགས་སོ། མཆོད་ན་རྒྱལ་བ་རིགས་ལྔ་རྟག་ཏུ་མཆོད། སྲུང་ན་དམ་ཚིག་ཉི་ཤུ་རྩ་བརྒྱད་སྲུངས། དགྲ་བྱུང་ལྷ་

---

1 Cf. Appendix.

2 Title from D-Cat, cf. Appendix.

3 UND དབང་། P དབབ།

4 Cf. D 841A(Ga 222a5-223b6), Sakai p. 102. See also p. 414.

5 D 841A, P-Cat 465, N-Cat 758

6 UN omit མ།

7 Cf. Appendix.

མོ་ནག་མོ་མཚོན་ཆར་ཕྱུང་། ཉེས་ཆུང་ཁ་འཐབ་ཙམ་ལ་མཚོན་མི་དབྱུང་། ང་ཡི་དཀོར་ཁང་འཇིག་ན་མཚོན་ཆར་ཕྱུང་། དཀོན་མཆོག་དབུ་འཕང་སྨོད་ན་མཚོན་ཆར་ཕྱུང་། སངས་རྒྱས་བསྟན་པ་འཇིག་ན་མཚོན་ཆར་ཕྱུང་། དཀོན་མཆོག་སྐུ་དགྲ་དར་ན་མཚོན་ཆར་ཕྱུང་། ཞེས་སློབ་དཔོན་པདྨས། སློབ་བུ་གླང་དཔལ་གྱི་སེང་གེ་ལ། དེ་སྐད་ཅེས་བཀའ་སྩལ་ཞིང་གདམས་སོ།

No. 396 ག(Ga) 276a1-291b8 Toh 843

① དྲག་སྔགས་འདུས་པ་རྡོ་རྗེ་རྩ་བའི་རྒྱུད་ཞེས་[1] བྱ་བ།[2]

② Drag sngags 'dus pa rdo rje rtsa ba'i rgyud zhes bya ba

③ བཛྲ་མན་ཏྲ་[མནྟྲ་]བྷི་རུ་སན་དྷི་[བྷི་རུ་སནྡྷི་]མ་ར་ཏན་ཏྲ་[མཱུ་ལ་ཏནྟྲ་]ནམཿ།[ནཱ་མ།]

④ Vajramantrabhīrusandhimūlatantra-nāma[3]

⑤ Tr. Padma 'byung gnas, Vairocana

⑦ དྲག་སྔགས་འདུས་པ་རྡོ་རྗེ་རྩ་བའི་རྒྱུད་ཞེས་[4] བྱ་བ་རྫོགས་སྷོ། རྒྱ་གར་གྱི་མཁན་པོ་ཆེན་པོ་སློབ་དཔོན་པདྨ་འབྱུང་གནས་དང༔ བོད་ཀྱི་ལོ་ཙྪ་བ་བདག་བཻ་རོ་ཙ་ནས་བསྒྱུར་ཅིང་ཞུས་ཏེ་གཏན་ལ་ཕབ་པའོ། རྒྱལ་པོ་ཁྲི་སྲོང་ལྡེ་བཙན་གྱི་བླའི་ཕྱག་དཔེ་ལ་ཞལ་བཤུས་པ་ལས་རྒྱུད་པའོ༔

No. 397 ག(Ga) 291b8-312a7 Toh 844

① འཇིག་རྟེན་མཆོད་བསྟོད་སྒྲུབ་པ་རྩ་བའི་རྒྱུད་ཞེས་བྱ་བ།[5]

② 'Jig rten mchod bstod sgrub pa rtsa ba'i rgyud zhes bya ba

③ ལོ་ག་ཧོ་ཏྲ་པུ་ཙ་ཏན་ཏྲན་མ་ནོ་ཧྲི་ཀ་སན་ཏ་ཀཿ(*sic*)

④ Lokastotrapūjatantra-nāma[6]

⑦ དྲེགས་པ་ཅན་གྱི་ལྷེ་དཔོན་འཇིག་རྟེན་མཆོད་བསྟོད་སྒྲུབ་པ་རྩ་བའི་རྒྱུད་ཞེས་[7] བྱ་བ་རྫོགས་སོ།[8]

---

[1] UPN ཞེས། D ཅེས།

[2] U ༈ N ༈ PD །

[3] Title from D-Cat, cf. Appendix.

[4] UPN ཞེས། D ཅེས།

[5] U ཞེས་པ༔ P ཞེས་བྱ་བ། N ཞེས་པ༔ D ཅེས་བྱ་བ།

[6] Title from D-Cat, cf. Appendix.

[7] UPN ཞེས། D ཅེས།

[8] UPND add (Dhā, AW) after རྫོགས་སོ།, cf. Appendix.

# རྒྱུད། (rGyud)

## Volume 97 རྒྱུད། ཀ (1–440)

### No. 398 ཀ(Ka) 1b1-11b3 Toh 361

① དབང་མདོར་བསྟན་པ།

② dBang mdor bstan pa

③ ཥ་ཀོ་ཏ་ད་ཤ།[སེ་ཀོདྡེ་ཤ།]

④ Sekoddeśa[1]

⑤ Tr. Somanātha, 'Bro Shes rab grags pa

⑥ Rev. Rin chen rgyal mtshan

⑦ འདི་ནི་ཁ་ཆེའི་པཎྜི་ཏ་སོ་མ་ནཱ་ཐ་དང་། བོད་ཀྱི་ལོ་ཙྪ་བ་འབྲོ་དགེ་སློང་ཤེས་རབ་གྲགས་པས་བསྒྱུར་ཅིང་[2] ཞུས་ཏེ། གཏན་ལ་ཕབ་པ་ལས། སླར་ཡང་རིན་ཆེན་[3] རྒྱལ་མཚན་གྱིས། དཔལ་ནཱ་རོ་པའི་འགྲེལ་བཤད་དང་འཐུན་[4] པར་བསྒྱུར་ཅིང་[5] ཞུས་ཏེ་དག་པར་བྱས་པའོ།

### No. 399 ཀ(Ka) 11b3-144b4 Toh 362

① མཆོག་གི་དང་པོའི་སངས་རྒྱས་ལས་ཕྱུང་བ་རྒྱུད་ཀྱི་རྒྱལ་པོ་དཔལ་དུས་ཀྱི་འཁོར་ལོ་ཞེས་བྱ་བ།

② mChog gi dang po'i sangs rgyas las phyung ba rgyud kyi rgyal po dpal dus kyi 'khor lo zhes bya ba

③ པ་ར་མ་ཨཱ་དི་བུདྡྷ་ཨུད་དྷྲི་ཏ[ཨུདྡྷྲི་ཏ]ཤྲཱི་ཀཱ་ལ་ཙཀྲ་ནཱ་མ་ཏནྟྲ་རཱ་ཛཱ།[རཱ་ཛ།]

④ Paramādibuddhoddhṛtaśrīkālacakra-nāma-tantrarāja

⑤ Tr. Somanātha, 'Bro Shes rab grags

⑥ Rev. Shong ston (rDo rje rgyal mtshan)

⑦ མཆོག་གི་དང་པོའི་སངས་རྒྱས་ལས་ཕྱུང་བ་རྒྱུད་ཀྱི་རྒྱལ་པོ་དཔལ་དུས་ཀྱི་འཁོར་ལོ་ཞེས་བྱ་བ་རྫོགས་སོ། ཁ་ཆེའི་པཎྜི་ཏ་སོ་མ་ནཱ་ཐ་དང་བོད་ཀྱི་ལོ་ཙྪ་བ་འབྲོ་དགེ་སློང་ཤེས་རབ་གྲགས་ཀྱིས་

---

[1] USTN ṣakotadaśa, P sekoddeśa, D sekkoddeśa, P-Cat Śekhoddeśa, D-CatS-CatN-Cat Sekoddeśa

[2] USTN ཅིང་། PD ཞིང་།

[3] USP(HY)N སླར་ཡང་རིན་ཆེན། T སླར་སྦྱོས་ཁང་རིན་ཆེན། P(O)D སླར་ཡང་སྨྲ་ཚད་པ་རིན་ཆེན།

[4] UTN འཐུན། SPD མཐུན།

[5] USTPN ཅིང་། D ཞིང་།

བསྒྱུར་ཅིང་ཞུས་ཏེ་གཏན་ལ་ཕབ་པ་ལས། དུས་ཕྱིས་ཡོན་ཏན་ཕུལ་དུ་བྱུང་བ་[1] དཔག་ཏུ་མེད་པས་སྤྲས་པའི་བླ་མ་དམ་པ་ཆོས་ཀྱི་རྒྱལ་པོའི་བཀའ་ལུང་དང་། དཔོན་ཆེན་ཤཱཀྱ་བཟང་པོའི་གསུང་བཞིན་དུ། མཁས་པ་ཆེན་པོ་ཞང་སྟོན་མདོ་སྡེ་[2] དཔལ་དང་། དུས་ཀྱི་འཁོར་ལོའི་ཚུལ་ཁོང་དུ་ཆུད་པའི་དགེ་སློང་ཚུལ་ཁྲིམས་དར་གྱིས་དོན་གྱི་ཆ་ལ་ལེགས་པར་དཔྱད་ཅིང་བསྒྲུལ་ཏེ། ལེགས་པར་སྦྱར་བའི་སྐད་ཀྱིས་[3] བརྡ་སྤྲོད་པའི་བསྟན་བཅོས་རིག་པའི་དགེ་སློང་ཤོང་སྟོན་གྱིས། དཔལ་ས་སྐྱའི་གཙུག་ལག་ཁང་ཆེན་པོར། ཡུལ་དབུས་ཀྱི་རྒྱ་དཔེ་གཉིས་ལ་གཏུགས་ཤིང་ལེགས་པར་བཅོས་ཏེ་གཏན་ལ་ཕབ་པའོ། གང་གིས་ཐུགས་དགོངས་རྣམ་པར་དག་པ་ཡིས། འདི་ལ་བསྒྲུལ་ཞིང་འཕྲུན་[4] ཕྱིན་བསྒྲུབས་པ་དང་། བདག་གིས་འབད་ལས་བསོད་ནམས་གང་ཐོབ་དེས། ཀུན་གྱིས་འདི་རྟོགས་སངས་རྒྱས་སར་གནས་ཤོག[5]

No. 400 ཀ།(Ka) 144b5-164a6 Toh 363

① དཔལ་དུས་ཀྱི་[6] འཁོར་ལོའི་རྒྱུད་ཀྱི་རྒྱལ་པོའི་ཕྱི་མ་[7] རྒྱུད་ཀྱི་སྙིང་པོ་ཞེས་བྱ་བ།[8]

② dPal dus kyi 'khor lo'i rgyud kyi rgyal po'i phyi ma rgyud kyi snying po zhes bya ba

③ ཤྲཱི་ཀཱ་ལཱ་[ཀཱ་ལ་]ཙ་ཀྲ་ཨུཏྟ་ར་ཏནྟྲ་རཱ་ཛཱ་[ཛ་]ཏནྟྲ་ཧྲི་ད་ཡ་ནཱ་མ།

④ Śrī-Kālacakrottaratantrarājatantra[9]hṛdaya-nāma

⑤ Tr. gNyan chung Dar ma grags

⑦ དཔལ་དང་པོའི་སངས་རྒྱས་ཀྱི་རྒྱུད་ལས་ཕྱུང་བའི་[10] དཔལ་དུས་ཀྱི་འཁོར་ལོའི་རྒྱུད་ཕྱི་མ་རྒྱུད་ཀྱི་སྙིང་པོ་ཞེས་བྱ་བ་[11] རྫོགས་སོ། ལོ་ཙྪ་བ་ཤཱཀྱའི་དགེ་སློང་གཉན་ཆུང་[12] དར་མ་གྲགས་ཀྱིས་བསྒྱུར་[13] ཅིང་ཞུས་ཏེ་གཏན་ལ་ཕབ་པའོ།

---

1 UN པ། STPD བ།

2 T omits སྡེ།

3 U གྱིས། STPD ཀྱིས།

4 UTN འཕྲུན། SPD མཕྲུན།

5 P adds translator's colophon and Dhā after གནས་ཤོག, cf. Appendix.

6 P omits ཀྱི།

7 USTN འཁོར་ལོའི་རྒྱུད་ཀྱི་རྒྱལ་པོའི་ཕྱི་མ་ PD འཁོར་ལོའི་རྒྱུད་ཕྱི་མ་

8 P(HY) omits the Sanskrit title and Tibetan title. P(O) adds the Sanskrit title and Tibetan title.

9 UTN(S) kālacakrottaratantrarājā(a)tantra, PD kālacakratantrottaratantra

10 P omits དཔལ་དང་པོའི་སངས་རྒྱས་ཀྱི་རྒྱུད་ལས་ཕྱུང་བའི།

11 PD omit ཞེས་བྱ་བ།

12 UN མཉན་ཆུང་། STD གཉན་ཆུང་། P omits གཉན་ཆུང་།

13 PD བསྒྱུར་བའོ། (omits ཅིང་ཞུས་ཏེ་གཏན་ལ་ཕབ་པའོ།), P adds Dhā after བསྒྱུར་བའོ།, cf. Appendix.

No. 401 ཀ(Ka) 164a6-216a2 Toh 366

① དཔལ་སངས་རྒྱས་ཐམས་ཅད་དང་མཉམ་པར་སྦྱོར་བ་མཁའ་འགྲོ་སྒྱུ་མ་བདེ་བའི་མཆོག་ཅེས་བྱ་བའི་རྒྱུད་ཕྱི་མ།

② dPal sangs rgyas thams cad dang mnyam par sbyor ba mkha' 'gro sgyu ma bde ba'i mchog ces bya ba'i rgyud phyi ma

③ ཤྲཱི་སརྦ་བུདྡྷ་ས་མ་ཡོ་ག་ཌཱ་ཀི་ནཱི་ཛ་[ཛཱ་]ལ་སཾ་བ་ར་ནཱ་མ་ཨུཏྟ་ར་ཏནྟྲ།

④ Śrī-Sarvabuddhasamayogaḍākinījālasaṃvara-nāma-uttaratantra

⑦ སངས་རྒྱས་ཐམས་ཅད་དང་མཉམ་པར་སྦྱོར་བ་མཁའ་འགྲོ་སྒྱུ་མ་བདེ་བའི་མཆོག་ཅེས་བྱ་བའི་རྟོག་པ། རྟོག་པ་ཐམས་ཅད་ཀྱི་འཁོར་ལོས་བསྐོར་བ་ཆེན་པོ་བདེ་བ་ཆེན་པོ་རྫོགས་སོ།

No. 402 ཀ(Ka) 216a2-240b5 Toh 367

① རྟོག་པ་ཐམས་ཅད་འདུས་པ་ཅེས་[1]བྱ་བ་སངས་རྒྱས་ཐམས་ཅད་དང་མཉམ་པར་སྦྱོར་བ་མཁའ་འགྲོ་སྒྱུ་མ་བདེ་བའི་མཆོག་གི་རྒྱུད་ཕྱི་མའི་ཕྱི་མ།

② rTog pa thams cad 'dus pa ces bya ba sangs rgyas thams cad dang mnyam par sbyor ba mkha' 'gro sgyu ma bde ba'i mchog gi rgyud phyi ma'i phyi ma

③ སརྦ་ཀལྤ་[ཀལྤ་]ས་མུ་ཙྪ་[ཙྪ་]ཡ་ནཱ་མ་སརྦ་བུདྡྷ་ས་མ་ཡོ་ག་ཌཱ་ཀི་ནཱི་ཛཱ་ལ་སཾ་བ་ར་ཨུཏྟ་ར་ཨུཏྟ་ར་ཏནྟྲ།

④ Sarvakalpasamuccayanāma-sarvabuddhasamayogaḍākinījālasaṃvara-uttarottaratantra

⑤ Tr. Smṛtijñānakīrti

⑥ Rev. gZhon nu grags pa

⑦ སངས་རྒྱས་ཐམས་ཅད་དང་མཉམ་པར་སྦྱོར་བའི་མཁའ་འགྲོ་སྒྱུ་མ་བདེ་བའི་མཆོག་ཅེས་བྱ་བ་ཁྲི་བརྒྱད་སྟོང་པ་ལས། རྟོག་པ་ཐམས་ཅད་ཀྱི་རྒྱལ་པོ་བརྒྱ་བཅུ་བདུན་པ་རྫོགས་སོ། རྒྱ་གར་གྱི་མཁན་པོ་སྨྲི་ཏི་ཛྙཱ་ན་ཀཱིརྟི་ཉིད་ཀྱིས་བསྒྱུར། ཡོན་བདག་བོད་ཀྱི་མཁན་པོ་གཞོན་ནུ་གྲགས་པས་ཞུས་ནས་བཤད་ནས་གཏན་ལ་ཕབ་པ།

No. 403 ཀ(Ka) 240b5-286b6 Toh 368

① རྒྱུད་ཀྱི་རྒྱལ་པོ་དཔལ་[2]བདེ་མཆོག་ཉུང་ངུ་ཞེས་བྱ་བ།

② rGyud kyi rgyal po dpal bde mchog nyung ngu zhes bya ba

---

[1] UTN ཅེས། SPD ཞེས།

[2] UTN omit དཔལ། SPD དཔལ།

③ ཏནྟྲ་ར་[རཱ་]ཛ་ཤྲཱི་ལ་གྷུ་སཾ་བ་ར་ནཱ་མ།

④ Tantrarājaśrīlaghusaṃvara-nāma

⑤ Tr. Padmākara, Rin chen bzang po

⑥ Rev. Prajñākīrti, Mar pa Chos kyi dbang phyug

⑦ དཔལ་ཧེ་རུ་ཀའི་ངེས་པར་བརྗོད་པ་ཞེས་བྱ་བ་རྣལ་འབྱོར་མ་ཆེན་མོའི་རྒྱུད་ཀྱི་རྒྱལ་པོ་ལས་ལེའུ་ལྔ་བཅུ་རྩ་གཅིག་པ་རྫོགས་སོ། རྒྱ་གར་པཎ་ཆེན་པདྨ་ཀ་ར་དང་།[1] གྲགས་པ་ཡིད་འོང་རྒྱལ་མཚན་མགོ་ལྡན་པའི། རིན་ཆེན་དང་མཚུངས་རིན་ཆེན་བཟང་པོ་ཡི།[2] མཁས་པ་པདྨ་ཀ་རའི་ཞལ་སྔར་ནི། རིག་པའི་འབྱུང་གནས་ཁ་ཆེའི་དཔེ་ལས་བསྒྱུར། ལྷག་པའི་ཚུལ་ཁྲིམས་དྲི་ཡིས་བསྒོས་གྱུར་ཅིང་། དྲི་མེད་དཀའ་དོན་འཕད་པ་དང་བཅས་པར། རྟོགས་[3] པ་དང་ལྡན་གྲགས་པའི་ཞལ་སྔར་ནི། སྒྲ་སྒྱུར་[4] དགེ་སློང་པྲཛྙཱ་ཀཱིརྟི་དང་། མར་པ་སྒྲ་སྒྱུར་[5] ཆོས་ཀྱི་དབང་ཕྱུག་གིས། མཁས་པའི་འབྱུང་གནས་ཡུལ་དབུས་ཀྱི་བླ་མ་ནཱ་རོ་པའི་ཕྱག་[6] དཔེ་དང་གཏུགས་པའོ།[7]

No. 404 ཀ།(Ka) 286b6-440a8 Toh 369

① མངོན་པར་བརྗོད་པའི་རྒྱུད་བླ་མ་ཞེས་བྱ་བ།

② mNgon par brjod pa'i rgyud bla ma zhes bya ba

③ ཨ་བྷི་དྷ་[དྷཱ་]ན་ཨུཏྟ་ར་ཏནྟྲ་ནཱ་མ།

④ Abhidhāna-uttaratantra-nāma

⑤ Tr. Padmakaraśrījñāna, Rin chen bzang po

⑥ Rev. (1) Jñānaśrī, Khyung po Chos kyi brtson 'grus, (2) Ānanda, Lo chung

⑦ མངོན་པར་བརྗོད་པའི་རྒྱུད་བླ་མའི་བླ་མ་ལས་གསང་བ་ལས་གསང་བའི་བདེ་མཆོག་གི་རྒྱུད་ཀྱི་རྒྱལ་པོ་ཆེན་པོ་ཞེས་བྱ་བ་རྫོགས་སོ། རྒྱ་གར་གྱི་མཁན་པོ་པཎྜི་ཏ་ཆེན་པོ་པདྨ་ཀ་ར་ཤྲི་ཛྙཱ་ན་[8] དང་། བོད་ཀྱི་ལོ་ཙྪ་བ་ཆེན་པོ་དགེ་སློང་རིན་ཆེན་བཟང་པོས་བསྒྱུར་ཞིང་[9] ཞུས་ཏེ་གཏན་ལ་ཕབ་པ། ཕྱིས་

---

1 PD omit རྒྱ་གར་པཎ་ཆེན་པདྨ་ཀ་ར་དང་།

2 UN ཡི། STPD ཡིས།

3 UTND རྟོགས། SP རྟོག

4 UTND སྒྱུར། SP བསྒྱུར།

5 UPN སྒྱུར། STD བསྒྱུར།

6 PD omit ཀྱི་བླ་མ་ནཱ་རོ་པའི་ཕྱག

7 PD omit པའོ།

8 U པདྨ་ཀ་ར་ཤྲི་ཛྙཱ་ན། SN པདྨ་ཀ་ར་ཤྲཱི་ཛྙཱ་ན། T པད་མ་ཀ་ར་ཤྲཱི་ཛྙཱ་ན། P དེ་པང་ཀ་ར་ཤྲཱི་ཛྙཱ་ན། D དྲི་པདྨ་ར་ཤྲཱི་ཛྙཱ་ན།

9 UTPN ཞིང་། SD ཅིང་།

པཎྜི་ཏ་ཆེན་པོ་ཛྙཱ་ན་ཤྲཱི་དང་། ལོ་ཙྪ་བ་ཁྱུང་པོ་ཆོས་ཀྱི་བརྩོན་འགྲུས་ཀྱིས་ཀྱང་ཞུས་པའོ། ཕྱིས་པཎྜི་ཏ་ཨཱ་ནནྡ་དང་། ལོ་ཆུང་གིས་ཆད་ལྷག་རྣམས་[1]བསབས་ནས་ཞུས་[2]དག་བྱས་ནས་ལེགས་པར་བཅོས་ཏེ་གཏན་ལ་ཕབ་པའོ།

## Volume 98 རྒྱུད། ཁ (1–416)

### No. 405 ཁ(Kha) 1b1-152a6 Toh 370

① རྒྱུད་ཀྱི་རྒྱལ་པོ་ཆེན་པོ་དཔལ་རྡོ་རྗེ་མཁའ་འགྲོ་ཞེས་བྱ་བ།

② rGyud kyi rgyal po chen po dpal rdo rje mkha' 'gro zhes bya ba

③ ཤྲཱི་བཛྲ་ཌཱ་ཀ་ནཱ་མ་མ་ཧཱ་ཏནྟྲ་རཱ་ཛ།

④ Śrī-Vajraḍāka-nāma-mahātantrarāja

⑤ Tr. Gayadhara, 'Gos lHas btsas

⑦ རྒྱུད་ཀྱི་རྒྱལ་པོ་ཆེན་པོ་དཔལ་རྡོ་རྗེ་མཁའ་འགྲོ་རྫོགས་སོ། རྒྱ་གར་གྱི་པཎྜི་ཏ་ཆེན་པོ་ག་ཡ་དྷ་ར་དང་། བོད་ཀྱི་ཞུ་ཆེན་གྱི་ལོ་ཙྪ་བ་འགོས་ལྷས་བཙས་ཀྱིས་བསྒྱུར་ཅིང་ཞུས་ཏེ། དཔེ་གཉིས་ལ་གཏུགས་ནས་གཏན་ལ་ཕབ་པའོ།

### No. 406 ཁ(Kha) 152a6-297b7 Toh 372

① དཔལ་མཁའ་འགྲོ་རྒྱ་མཚོ་རྣལ་འབྱོར་མའི་རྒྱུད་ཀྱི་རྒྱལ་པོ་ཆེན་པོ་ཞེས་བྱ་བ།

② dPal mkha' 'gro rgya mtsho rnal 'byor ma'i rgyud kyi rgyal po chen po zhes bya ba

③ ཤྲཱི་ཌཱ་ཀཱརྞ[ཌཱ་ཀཱརྞ]བ་མ་ཧཱ་ཡོ་གི་ནཱི་ཏནྟྲ་རཱ་ཛ་ནཱ་མ།

④ Śrī-Ḍākārṇavamahāyoginī-tantrarāja-nāma

⑤ Tr. rGyal ba'i sde, Dharma yon tan

⑦ དཔལ་བལ་ཡུལ་གྲུབ་པའི་གནས་[3]ཆེན་པོ་ཡུ་ཏྲུང་ལྷུན་གྱིས་གྲུབ་པའི་གཙུག་ལག་ཁང་ཆེན་པོར་[4]རྒྱ་གར་གྱི་པཎྜི་ཏ་ཆེན་པོ་རྡོ་རྗེ་སློབ་དཔོན་ཏོག་གེ་པ་[5]རྣམས་ཀྱི་གཙུག་གི་ནོར་བུ་དུས་དེང་[6]སང་འགྲན་ཟླ་མེད་པ། སྙིང་རྗེ་ཆེན་པོས་ཐུགས་བརླན་པའི་ངང་ཚུལ་ཅན། ཕྱོགས་སྣ་ཚོགས་ནས་འདུས་པའི་

---

1 UTND ཆད་ལྷག་རྣམས། S ལྷག་ཆད་རྣམས། P ཆད་ལྷག

2 UTPND ཞུས། S ཞུ།

3 D adds མཆོག

4 U པོ། STPND པོར།

5 UTPND པ། S བ།

6 UTPND དེང་། S དིང་།

སྐྱེ་འགྲོ་རྣམས་ལ་ཆོས་དང་ཟང་ཟིང་གི་[1] ཆར་གྱིས་ཚིམ་པར་མཛད་པ། དཔལ་རྡོ་རྗེ་ཕག་མོའི་ཞབས་ཀྱི་ཆུ་སྐྱེས་ཀྱི་རྡུལ་ལ་རེག་པ་ཤཱཀྱའི་སྲས་པོ་རྒྱལ་བའི་སྡེའི་ཞལ་སྔ་ནས་དང་། བོད་ཀྱི་ལོ་ཙཱ་བ་ཤཱཀྱའི་དགེ་སློང་ཧྣྨ་ཡོན་ཏན་གྱིས་མཉན་[2]ཅིང་བསྒྱུར་བའོ། ཕྱིས་གང་ཟག་ཆོས་ཀྱི་སྒྲོན་ཅན་དཔལ་མཆོག་དང་པོའི་རྡོ་རྗེའི་བཀའི་ཚུལ་དང་ཡང་བསྟུན་ཏེ། ཞུས་གཏུགས་ལེགས་པར་བྱས་སོ། མཁའ་མཉམ་བདེ་རྫོགས་སྣ་ཚོགས་སྤྲུལ་པ་སངས་རྒྱས་རྣམས་ཀྱི་སྐུ། ངེས་གསུངས་དྲི་མེད་སྣ་ཚོགས་[3] གདུལ་བྱའི་བསམ་དབང་གིས། གསུང་གཅིག་གིས་ཀྱང་སྣ་ཚོགས་དོན་མང་སྟོན་པས་དཔྱད་པ་དཀའ། དེ་ལྟར་ཡིན་ཡང་ཇི་ལྟར་མི་བདག་ཤིང་རྟ་ཆེར་ཞུགས་ནས། གཡུལ་ངོར་འཇུག་དུས་རྐང་གིས་བགྲོད་རྣམས་འཐབ་པར་མི་བཙོན་ནམ། དེ་བཞིན་སྔོན་གྱི་མཁས་པ་ཆེན་པོ་རྣམས་ཀྱི་རྗེས་འབྲངས་[4]ནས། ཁོ་བོས་གཞན་དོན་ནུས་མིན་ན་ཡང་ཕན་པའི་བསམ་པས་བསྒྱུར། འདི་ལ་གཞུང་དང་[5] བླ་མ་རང་གི་[6]བློ་གྲོས་སྐྱོན་གྱིས་ནི། སྒྲ་དོན་འགལ་བར་གྱུར་པ་བཅོམ་ལྡན་དཔའ་བོ་རྣལ་འབྱོར་མ་རྣམས་དང་། མཁའ་འགྲོའི་ཚོགས་དང་བསྟན་དགའི་ལྷ་རྣམས་མཁས་པ་རྣམས་ཀྱིས་བཟོད་པར་རིགས། འདི་ལས་[7]ཐོབ་པའི་དགེ་བ་དྲི་མེད་ཙུང་ཟད་དེས། འགྲོ་ཀུན་རྡོ་རྗེ་འཆང་གི་གོ་འཕང་ཐོབ་གྱུར་ཅིག བདག་གིས་སྒྲོལ་བཏོད་ཙམ་འདི་ལ། སྒྲ་དོན་འཇུག་པ་མཁྱེན་རྣམས་ཀྱིས། སྐད་གཉིས་སྨྲ་བས་གཟིགས་པ་ན། སྐྱོན་དུ་གྱུར་སྣང་བཅོས་པར་ཞུ། ཕྲག་དོག་སྒོ་ནས་མི་འཕྱུ་ཞིང་། རྗེས་སུ་ཡི་རང་བ་ཡང་མཛོད། རྫོགས་སོ།[8]

No. 407 ཁ(Kha) 297b7-349b8 Toh 373

① དཔལ་བདེ་མཆོག་སྡོམ་པ་[9] འབྱུང་བ་ཞེས་བྱ་བའི་རྒྱུད་ཀྱི་རྒྱལ་པོ་ཆེན་པོ།

② dPal bde mchog sdom pa 'byung ba zhes bya ba'i rgyud kyi rgyal po chen po

③ ཤྲཱི་མ་ཧཱ་སམ་བ་རོ་[སཾ་བ་རོ་ད་ཡ་]ཏནྟྲ་རཱ་ཛ་སྱ་[རཱ་ཛ་]ནཱ་མ།

④ Śrī-Mahāsaṃvarodaya-tantrarāja-nāma[10]

---

1 UN omit གི།

2 UN མཉམ། STPD མཉན།

3 U ཆོགས།

4 UN འབྲང་། STPD འབྲངས།

5 P omits དང་།

6 UN བླ་མ་རང་གིས། S བླ་མ་རང་གི། T བླ་མར་རང་གི། PD བླ་མའི་མ་ཡིན་རང་གི།

7 UN ལ། STPD ལས།

8 P adds AW after རྫོགས་སོ།, cf. Appendix.

9 PD omit སྡོམ་པ།

10 USTPN rājasyanāma, D rājānāma, D-CatP-CatN-Cat rāja-nāma, S-Cat rājasyanāma

⑤ Tr. gZhan phan mtha' yas, rGyus sMon lam grags

⑦ དཔལ་ཧེ་རུ་ཀ་མངོན་པར་བརྗོད་པའི་རྒྱུད་ཆེན་པོ་འབུམ་ཕྲག་གསུམ་པ་ལས་ལྷན་ཅིག་སྐྱེས་པ་འབྱུང་བའི་རྟོགས་པ་ལས་བཏུས་པ། རྣལ་འབྱོར་མ་ཐམས་ཅད་ཀྱི་གསང་བ་བསྒྲགས་པས་འགྲུབ་པ། དཔལ་སྡོམ་པ་འབྱུང་བའི་རྒྱུད་ཀྱི་རྒྱལ་པོ་ཆེན་པོ་རྫོགས་སོ། ཤེས་རབ་དམན་ཞིང་སྦྱངས་[1]པ་ཆུང་མོད་ཀྱི། རྒྱུད་ཀྱི་གཞུང་ལ་དད་པ་བརྟན་སྐྱེས་པས། རང་དོན་ཙམ་དུ་བསྒྱུར་བ་གང་ལགས་པ། འཕགས་དང་མཁས་པ་རྣམས་ཀྱིས་བཟོད་པ་མཛོད། རྒྱ་གར་གྱི་མཁན་པོ་གཞན་ལ་ཕན་པ་མཐའ་ཡས་དང་། བོད་ཀྱི་ལོ་ཙྪ་བ་རྒྱུས་བན་དེ་སྨོན་ལམ་གྲགས་ཀྱིས་བསྒྱུར་ཞིང་[2]ཞུས་ཏེ། གཏན་ལ་ཕབ་པའོ།[3]

## No. 408 ཁ(Kha) 350a1-385b5 Toh 374

① དཔལ་ཁྲག་འཐུང་མངོན་པར་འབྱུང་བ་ཞེས་བྱ་བ།

② dPal khrag 'thung mngon par 'byung ba zhes bya ba

③ ཤྲཱི་ཧེ་རུ་ཀ་ཨ་ཏ་བྷུ་ཏ་[ཨ་བྷྱུ་ཏ་]ནཱ་མ།

④ Śrī-Herukādbhuta[4]-nāma

⑤ Tr. Advayavajra, Chings Yon tan 'bar

⑦ དཔལ་ཁྲག་འཐུང་མངོན་པར་འབྱུང་བ་ལས་འབུམ་ཕྲག་གསུམ་ལས་བཏུས་པ་བསྟན་བཅོས་ཐམས་ཅད་ཀྱི་རྒྱལ་པོ་དཔལ་ཁྲག་འཐུང་ཆེན་པོ་བསྒྲགས་[5]པས་འགྲུབ་པ། ཐམས་ཅད་མཁྱེན་པའི་ཡེ་ཤེས་གཞན་ལས་རྒྱལ་བ་དང་པོའི་སྒྲུབ་[6]པའི་རྒྱུད་ཀྱི་[7]ཕྱི་མ། དཔལ་ཁྲག་འཐུང་མངོན་པར་འབྱུང་བ་རྣལ་འབྱོར་མའི་རྒྱུད་ཀྱི་རྒྱལ་པོ་རྫོགས་སོ། རྒྱ་གར་གྱི་མཁན་པོ་པཎྜི་ཏ་ཆེན་པོ་ཨ་དྭ་ཡ་བཛྲ་དང་། བོད་ཀྱི་ལོ་ཙྪ་བ་བཅིངས་[8]ཡོན་ཏན་འབར་གྱིས་བསྒྱུར་ཅིང་ཞུས་ཏེ་གཏན་ལ་ཕབ་པའོ།

## No. 409 ཁ(Kha) 385b6-397b8 Toh 375

① རྣལ་འབྱོར་མའི་ཀུན་ཏུ་སྤྱོད་པ།

② rNal 'byor ma'i kun tu spyod pa

---

1 U སྦྱངས།

2 UTN ཞིང་། SPD ཅིང་།

3 PD add colophon after ཕབ་པའོ།, cf. Appendix.

4 USN(T) atabhut(d)a, P(D) abhyadu(a)ya, D-CatP-CatN-Cat abhyudaya, S-Cat adbhuta

5 P གླགས།

6 P བསྒྲུབ།

7 P omits ཀྱི།

8 UN བཅིངས། S ལ་ཅིངས། TP ལ་བཅིངས། D ཆིངས།

④ (Yoginīsañcārya)[1]

⑤ Tr. 'Gos lHas btsas

⑦ རྣལ་འབྱོར་མའི་ཀུན་ཏུ་སྤྱོད་པ་རྫོགས་སོ།[2] ཞུ་ཆེན་གྱི་ལོ་ཙྪ་བ་འགོས་ལྷས་བཙས་ཀྱིས་[3] ཞུས་ཏེ་གཏན་ལ་ཕབ་པའོ།

## No. 410 ཁ(Kha) 397b8-407a3 Toh 376

① རྣལ་འབྱོར་མ་བཞིའི་ཁ་སྦྱོར་གྱི་རྒྱུད་ཅེས་བྱ་བ།

② rNal 'byor ma bzhi'i kha sbyor gyi rgyud ces bya ba

③ ཙ་ཏུར་ཡོ་གི་ནཱི་སཾ་པུ་ཊ་ཏནྟྲ་ནཱ་མ།

④ Caturyoginīsaṃpuṭa[4]-tantra-nāma

⑤ Tr. Chings Yon tan 'bar

⑦ རྣལ་འབྱོར་མ་བཞིའི་ཁ་སྦྱོར་ཞེས་བྱ་བ་རྒྱུད་ཀྱི་རྒྱལ་པོ་ཆེན་པོ་རྫོགས་སོ། དཔལ་ཨིན་དྲི་[5] པ་ན་ལས་[6] ངེས་པར་འབྱུང་བའི་རྣལ་འབྱོར་མའི་རྒྱུད་ཆེན་པོ་སྟོང་ཕྲག་བཅུ་གཉིས་པ་ལས་འདིག་རྟེན་པ་དང་འདིག་རྟེན་ལས་འདས་པའི་རྒྱལ་པོ་[7] དཔལ་ཨིནྡྲ་བྷུ་ཏིའི་ཞབས་ཀྱིས་བཀོད་ཅིང་གསལ་བར་མཛད་པའོ། བོད་ཀྱི་ལོ་ཙྪ་བ་ལ་ཆེངས་[8] ཡོན་ཏན་འབར་གྱིས་བསྒྱུར་ཏེ། སླད་ཀྱིས་དེ་ཉིད་ཆོ་པཎྜི་ཏ་གཉིས་ལ་ཡང་དག་པར་གཏུགས་ཏེ་གཏན་ལ་ཕབ་པའོ།

## No. 411 ཁ(Kha) 407a3-415b5[9] Toh 377

① རྡོ་རྗེ་ཕག་མོ་མངོན་པར་འབྱུང་བ།[10]

② rDo rje phag mo mngon par 'byung ba

---

1 Title from D-Cat 375.

2 P omits after རྫོགས་སོ།

3 U ཀྱིས་ཞུས། STND ཀྱིས་བསྒྱུར་ཅིང་ཞུས།

4 USTND སཾ་པུ་ཊ་, P སྃ་པུ་ཊ་

5 UN དྲི། STP དྲཱི།

6 D ཨོཌྜིཡཱ་ན་ནས།

7 UN རྒྱལ་པོ། TPD རྒྱལ་པོ་ཆེན་པོ། S རྒྱལ་པོ་ཆེན་པོ་རྡོ་རྗེ་སློབ་དཔོན།

8 USPND ལ་ཆེངས། T འཆེངས།

9 U 415b5 omits about two folios following དེ་བཞིན་རྣལ་འབྱོར་པ(UPD པ་, S པས་, TN མ་)།, but the missing portion is appended by inserting a new page with the symbol 卐. L 261, T 340, and N 381 omit the same portion. S 342, P 22, and D 377 include the missing portion.

10 D(P) title ཕག་མོ་མངོན་པར་བརྗོད་པ་བཤད་པའི་རྒྱུད་(ཀྱི་) ཕྱི་མ་ལས། ཕག་མོ་མངོན་པར་བྱང་ཆུབ་པ་ཞེས་བྱ་བ།

③ བཛྲ་བཱ་ར་ཧི་[བཱ་རཱ་ཧཱི་]ཨ་བྷི་ད་[དྷཱ་]ན།

④ Vajravārāhyabhidhāna[1]

⑤ Tr. Jñānakara, Khu ston dNgos sgrub

⑦ བཤད་པའི་རྒྱུད་ཕྱི་མ་ལས་ཕག་མོ་མངོན་པར་བྱང་ཆུབ་པ་ཞེས་བྱ་བ་[2] རྫོགས་སོ། རྒྱ་གར་གྱི་མཁན་པོ་ཛྙཱ་ན་ཀ་ར་ཡི་[3] ཞལ་སྔ་ནས་དང་། ཞུ་ཆེན་གྱི་ལོ་ཙཱ་བ་ཁུ་སྟོན་དངོས་གྲུབ་ཀྱིས་བསྒྱུར་ཏེ་གཏན་ལ་ཕབ་པའོ།

## No. 412 ཁ(Kha) 415b5-416a8 Cf. Toh 380

① རིག་པ་འཛིན་མའི་རྡོ་རྗེ་རྣལ་འབྱོར་མའི་སྒྲུབ་ཐབས།[4]

② Rig pa 'dzin ma'i rdo rje rnal 'byor ma'i sgrub thabs

⑤ Tr. Jayasena, Dharma yon tan

⑦ རིག་པ་འཛིན་མའི་རྡོ་རྗེ་རྣལ་འབྱོར་མའི་སྒྲུབ་ཐབས་རྫོགས་སྷོ། རྒྱ་གར་གྱི་མཁན་པོ་མཁས་པ་ཆེན་པོ་ཛ་ཡ་སེ་ནའི་ཞབས་དང་། ལོ་ཙཱ་བ་བཙུན་པ་དྷརྨ་ཡོན་ཏན་གྱིས་བསྒྱུར་བའོ།

# Volume 99 རྒྱུད། ག (1–383)

## No. 413 ག(Ga) 1b1-100b5 Toh 381

① ཡང་དག་པར་སྦྱོར་བ་ཞེས་བྱ་བའི་རྒྱུད་ཆེན་པོ།

② Yang dag par sbyor ba zhes bya ba'i rgyud chen po

③ སཾ་པུ་ཊི་[ཊ་]ནཱ་མ་མ་ཧཱ་ཏནྟྲ།

④ Saṃpuṭa[5]-nāma-mahātantra

---

1 USN(T) vajravāra(i)hi-abhidana, P kyāvajravārāhī-abhidhanātatantrottaravārāhi-abhibodhiyanāma, D ākhyātatantrottaravajravāhyabhidhanādvārāhyabhibodhanamnāma, S-CatN-Cat Vajravārāhyabhidhāna, P-Cat Kyāvajra-vārāhī-abhidhanāta-tantrottara-vārāhi-abhibodhiya-nāma, D-Cat Ākhyātatantrottaravajravarāhyabhidhānād varāhyabhibodhana-nāma

2 U omits ཞེས་བྱ་བ། S མངོན་པར་འབྱུང་བ་ཞེས་བྱ་བ། P(D) མངོན་པར་བྱང་ཆུབ་བ(པ)་ཞེས་བྱ་བ།

3 UPD ར་ཡི། S རའི།

4 Title from the colophon. Cf. D 380(P25) རིག་པ་འཛིན་པ་(བ་)རྡོ་རྗེ་རྣལ་འབྱོར་མའི་སྒྲུབ་ཐབས་ཞེས་བྱ་བ། U 412, L 261, T 340, and N 381 omit the title and beginning portion of the text, and begin with དམར་མོ་ཞལ་སྟེང་དུ་ཕྱོགས་ཤིང་གྱེན་དུ་གཟིགས་པ།, D 380 is equivalent to P 25, S 343, and N 777.

5 UTN སཾ་པུ་ཊི་, S སཾ་པུ་ཊ་, P སྃ་བུ་ཊི་, D སྃ་པུ་ཊ་

⑦ རྒྱུད་ཐམས་ཅད་ཀྱི་གླིང་[1] གཞི་དཔལ་ཡང་དག་པར་སྦྱོར་བ་ལས་བྱུང་བ་དེ་ཁོ་ན་ཉིད་ཐམས་ཅད་ཀྱི་གླིང་[2] གཞི་བརྟག་པའི་རྒྱལ་པོ་ཆེན་པོ་སྟེ་བཅུ་པ་རྫོགས་སོ།[3]

No. 414 ག(Ga) 100b5-130b6 Toh 382

① རྒྱུད་ཀྱི་རྒྱལ་པོ་ཆེན་པོ་དཔལ་ཡང་དག་པར་སྦྱོར་བའི་ཐིག་ལེ་ཞེས་བྱ་བ།[4]

② rGyud kyi rgyal po chen po dpal yang dag par sbyor ba'i thig le zhes bya ba

⑤ Tr. Kāyasthāpagayadhara, Shākya ye shes

⑥ Rev. Shākya ye shes

⑦ རྒྱུད་ཀྱི་རྒྱལ་པོ་ཆེན་པོ་དཔལ་ཡང་དག་པར་སྦྱོར་བའི་[5]ཐིག་ལེ་ཞེས་བྱ་བ་རྫོགས་སོ། རྒྱ་གར་གྱི་མཁན་པོ་ཀཱ་ཡ་སྠཱ་པ་ག་ཡ་དྷ་རའི་ཞལ་སྔ་ནས་དང་། བོད་ཀྱི་ལོ་ཙྪ་བ་དགེ་སློང་ཤཱཀྱ་ཡེ་ཤེས་ཀྱིས་བསྒྱུར་ཅིང་ཞུས་ཏེ་གཏན་ལ་ཕབ་པ།[6] སླད་ནས་ཡང་[7]བོད་ཀྱི་ལོ་ཙྪ་བ་གཞན་རྣམས་ཀྱིས་[8]བསྒྱུར་བ་ལ་ནུར་མི་འདྲ་བར་བཅོས་ནས་རང་གི་མིང་བཙུག་ཅིང་། གཞན་གྱི་མིང་འཕྱི་བ་དེ་དག་དང་། མི་ཤེས་པ་དེ་དག་སུན་དབྱུང་བའི་ཕྱིར་སླད་ནས་ཡང་[9]རྒྱ་གར་གྱི་རྒྱུད་བཞི་དང་། དགེ་སློང་ཤཱཀྱ་ཡེ་ཤེས་དེ་ཉིད་ཀྱིས་གཏུགས་ནས་བཅོས་ཏེ་གཏན་ལ་ཕབ་པའོ།[10]

No. 415 ག(Ga) 130b6-133b5 Toh 383

① དཔལ་གསང་བ་རྡོ་རྗེ་རྒྱུད་ཀྱི་རྒྱལ་པོ།

② dPal gsang ba rdo rje rgyud kyi rgyal po

③ ཤྲཱི་གུ་ཧྱ་བཛྲ་ཏནྟྲ་རཱ་ཛ།

④ Śrī-Guhyavajra-tantrarāja

⑤ Tr. Ratnavajra, Shākya ye shes

---

1 UP གླིང་། STND གླིང་།

2 USTND གླིང་། P གླིང་།

3 PD add colophon after རྫོགས་སོ།, cf. Appendix.

4 Title from the colophon. Géza Bethlenfalvy's Hand-list 413 [DZ.] འདིའི་རྒྱུད་ཕྱི་མ།

5 P སྦྱོད་པའི།

6 PD པའོ།

7 D ཀྱང་།

8 USTN གཞན་རྣམས་ཀྱིས། PD གཞན་རྣམས་གཞན་གྱིས།

9 D ཀྱང་།

10 P adds Dhā after ཕབ་པའོ།, cf. Appendix.

⑦ གསང་བ་རྡོ་རྗེའི་རྒྱུད་ཀྱི་རྒྱལ་པོ་ཞེས་བྱ་བ་རྫོགས་སོ། པཎྜི་ཏ་རཏྣ་བཛྲ་དང་། ལོ་ཙྪ་བ་དགེ་སློང་ཤཱཀྱ་ཡེ་ཤེས་ཀྱིས་བསྒྱུར་ཏེ་གཏན་ལ་ཕབ་པའོ།

No. 416 ག(Ga) 133b6-143b2 Toh 384

① དཔལ་གསང་བ་ཐམས་ཅད་གཅོད་པའི་རྒྱུད་ཀྱི་རྒྱལ་པོ།

② dPal gsang ba thams cad gcod pa'i rgyud kyi rgyal po

③ ཤྲཱི་གུ་ཧྱ་སརྦ་ཚྪིནྡ་ཏནྟྲ་རཱ་ཛ།

④ Śrī-Guhyasarvacchinda-tantrarāja

⑤ Tr. Gayadhara, Shākya ye shes

⑦ དཔལ་གསང་བ་ཐམས་ཅད་གཅོད་པའི་རྒྱུད་ཀྱི་རྒྱལ་པོ་རྫོགས་སོ། པཎྜི་ཏ་ག་ཡ་དྷ་ར་དང་། ལོ་ཙྪ་བ་དགེ་སློང་ཤཱཀྱ་ཡེ་ཤེས་ཀྱིས་[1]བསྒྱུར་བའོ།

No. 417 ག(Ga) 143b3-147b4 Toh 385

① དཔལ་འཁོར་ལོ་སྡོམ་པའི་གསང་བ་བསམ་གྱིས་མི་ཁྱབ་པའི་རྒྱུད་ཀྱི་རྒྱལ་པོ།

② dPal 'khor lo sdom pa'i gsang ba bsam gyis mi khyab pa'i rgyud kyi rgyal po

③ ཤྲཱི་ཙཀྲ་སཾ་བ་ར་གུ་ཧྱ་ཨ་ཙིནྟ་[ཙིནྟྱ་]ཏནྟྲ་རཱ་ཛ།

④ Śrī-Cakrasaṃvaraguhyācintya-tantrarāja

⑤ Tr. Gayadhara, Shākya ye shes

⑦ དཔལ་འཁོར་ལོ་སྡོམ་པའི་གསང་བ་བསམ་གྱིས་མི་ཁྱབ་པའི་རྒྱུད་ཀྱི་རྒྱལ་པོ་བཅོམ་ལྡན་འདས་ཀྱིས་[2]གསུངས་པ་རྫོགས་སོ། པཎྜི་ཏ་ག་ཡ་དྷ་ར་དང་། ལོ་ཙྪ་བ་ཤཱཀྱ་ཡེ་ཤེས་ཀྱིས་བསྒྱུར་བའོ།

No. 418 ག(Ga) 147b5-150b6 Toh 386

① དཔལ་ནམ་མཁའ་དང་མཉམ་པའི་རྒྱུད་ཀྱི་རྒྱལ་པོ་ཞེས་བྱ་བ།[3]

② dPal nam mkha' dang mnyam pa'i rgyud kyi rgyal po zhes bya ba

③ ཤྲཱི་ཁ་ས་མ་ཏནྟྲ་རཱ་ཛ་ནཱ་མ།

④ Śrī-Khasama-tantrarāja-nāma

---

1 U གྱིས།

2 U ཀྱི།

3 USTPDP-Cat ཞེས་བྱ་བ། D-CatS-Cat omit ཞེས་བྱ་བ།

⑤ Tr. Gayadhara, Shākya ye shes

⑦ སྐུ་གསུང་ཐུགས་ཀྱི་རང་བཞིན་དཔལ་ནམ་མཁའ་དང་མཉམ་པའི་རྒྱུད་ཀྱི་རྒྱལ་པོ་ཞེས་བྱ་བ་རྫོགས་སོ། པཎྜི་ཏ་ག་ཡ་དྷ་ར་དང་། དགེ་སློང་ཤཱཀྱ་ཡེ་ཤེས་ཀྱིས་ཞུས་ཤིང་བསྒྱུར་བའོ།

No. 419 ག(Ga) 150b6-152b2 Toh 387

① དཔལ་ནམ་མཁའ་དང་མཉམ་པ་[1]ཆེན་པོའི་རྒྱུད་ཀྱི་རྒྱལ་པོ།

② dPal nam mkha' dang mnyam pa chen po'i rgyud kyi rgyal po

③ ཤྲཱི་མ་ཧཱ་ཁ་ས་མ་ཏནྟྲ་རཱ་ཛ།

④ Śrī-Mahākhasama-tantrarāja

⑤ Tr. Gayadhara, Shākya ye shes

⑦ དཔལ་ནམ་མཁའ་ཆེན་པོའི་རྒྱུད་ཀྱི་རྒྱལ་པོ་རྫོགས་སོ། རྒྱ་གར་གྱི་མཁན་པོ་ག་ཡ་དྷ་ར་དང་། ལོ་ཙཱ་བ་དགེ་སློང་ཤཱཀྱ་ཡེ་ཤེས་ཀྱིས་བསྒྱུར་བའོ།

No. 420 ག(Ga) 152b2-158b1 Toh 388

① དཔལ་སྐུ་གསུང་ཐུགས་ཀྱི་རྒྱུད་ཀྱི་རྒྱལ་པོ།

② dPal sku gsung thugs kyi rgyud kyi rgyal po

③ ཤྲཱི་ཀཱ་ཡ་ཝཱཀྩིཏྟ་ཏནྟྲ་ར་[རཱ་]ཛ།

④ Śrī-Kāyavākcitta-tantrarāja

⑤ Tr. Gayadhara, Shākya ye shes

⑦ མཁའ་འགྲོ་མ་དྲ་བའི་སྡོམ་པ་སྐུ་གསུང་ཐུགས་ཀྱི་རྒྱུད་ཀྱི་རྒྱལ་པོ་རྫོགས་སོ། པཎྜི་ཏ་ག་ཡ་དྷ་ར་དང་། ལོ་ཙཱ་བ་དགེ་སློང་ཤཱཀྱ་ཡེ་ཤེས་ཀྱིས་བསྒྱུར་བའོ།

No. 421 ག(Ga) 158b2-164b4 Toh 389

① དཔལ་རིན་ཆེན་ཕྲེང་[2]བའི་རྒྱུད་ཀྱི་རྒྱལ་པོ།

② dPal rin chen phreng ba'i rgyud kyi rgyal po

③ ཤྲཱི་རཏྣ་མཱ་ལེ་[མཱ་ལཱ་]ཏནྟྲ་རཱ་ཛ།

④ Śrī-Ratnamālā-tantrarāja

---

1 UST དང་མཉམ་པ། PD omit དང་མཉམ་པ།

2 UTPD ཕྲེང་། S འཕྲེང་།

⑤ Tr. Rin chen rdo rje, Shākya ye shes

⑦ དཔལ་རིན་ཆེན་ཕྲེང་[1]བའི་རྒྱུད་ཀྱི་རྒྱལ་པོ་ཆེན་པོ་གསང་བ་[2]ཡང་གསང་བ་སྟེ་རང་བཞིན་གྱིས་གསང་བ་རྫོགས་སོ། རྒྱ་གར་གྱི་མཁན་པོ་རིན་ཆེན་རྡོ་རྗེ་དང་། ལོ་ཙྪ་བ་དགེ་སློང་ཤཱཀྱ་ཡེ་ཤེས་ཀྱིས་བསྒྱུར་ཅིང་ཞུས་ཏེ་གཏན་ལ་ཕབ་པའོ། སླད་ཀྱིས་ཀྱང་དཔེ་ཕྱི་མོ་[3]ལ་གཏུགས་ནས་བཅོས་པའོ།

## No. 422 ག(Ga) 164b4-167b1 Toh 390

① དཔལ་དམ་ཚིག་ཆེན་པོའི་རྒྱུད་ཀྱི་རྒྱལ་པོ་ཞེས་བྱ་བ།

② dPal dam tshig chen po'i rgyud kyi rgyal po zhes bya ba

③ ཤྲཱི་མ་ཧཱ་ས་མ་ཡ་ཏནྟྲ་རཱ་ཛ་ནཱ་མ།

④ Śrī-Mahāsamaya-tantrarāja-nāma

⑤ Tr. Gayadhara, Shākya ye shes

⑦ དཔལ་དམ་ཚིག་ཆེན་པོའི་རྒྱུད་ཀྱི་རྒྱལ་པོ་རྫོགས་སོ། རྒྱ་གར་གྱི་མཁན་པོ་ག་ཡ་དྷ་ར་དང་། ལོ་ཙྪ་བ་དགེ་སློང་ཤཱཀྱ་ཡེ་ཤེས་ཀྱིས་བསྒྱུར་བའོ།

## No. 423 ག(Ga) 167b1-170b7 Toh 391

① དཔལ་སྟོབས་པོ་ཆེའི་རྒྱུད་ཀྱི་རྒྱལ་པོ་ཞེས་བྱ་བ།

② dPal stobs po che'i rgyud kyi rgyal po zhes bya ba

③ ཤྲཱི་མ་ཧཱ་བ་ལ་ཏནྟྲ་རཱ་ཛ་ནཱ་མ།

④ Śrī-Mahābala-tantrarāja-nāma

⑤ Tr. Gayadhara, Shākya ye shes

⑦ དཔལ་སྟོབས་པོ་ཆེའི་རྒྱུད་ཀྱི་རྒྱལ་པོ་རྫོགས་སོ། པཎྜི་ཏ་ག་ཡ་དྷ་ར་དང་། ལོ་ཙྪ་བ་དགེ་སློང་ཤཱཀྱ་ཡེ་ཤེས་ཀྱིས་བསྒྱུར་བའོ།

## No. 424 ག(Ga) 170b7-172b1 Toh 392

① དཔལ་ཡེ་ཤེས་གསང་བའི་རྒྱུད་ཀྱི་རྒྱལ་པོ།

② dPal ye shes gsang ba'i rgyud kyi rgyal po

---

[1] UTPD ཕྲེང་། S འཕྲེང་།

[2] P བའི།

[3] P མ།

③ ཤྲཱི་ཛྙཱ་ན་གུ་ཧྱ་ཏནྟྲ་རཱ་ཛ།

④ Śrī-Jñānaguhya-tantrarāja

⑤ Tr. Candramāla, Shākya ye shes

⑦ དཔལ་རྡོ་རྗེ་སེམས་དཔའ་ཡེ་ཤེས་གསང་བའི་དེ་ཁོ་ན་ཉིད་ཀྱི་རྒྱལ་པོ་རྫོགས་སོ། རྣལ་འབྱོར་མ་ཙནྡྲ་མཱ་ལི་དང་། ལོ་ཙྪ་བ་དགེ་སློང་ཤཱཀྱ་ཡེ་ཤེས་ཀྱིས་བསྒྱུར་བའོ།

## No. 425 ག(Ga) 172b2-174a3 Toh 393

① དཔལ་ཡེ་ཤེས་ཕྲེང་[1]བའི་རྒྱུད་ཀྱི་རྒྱལ་པོ།

② dPal ye shes phreng ba'i rgyud kyi rgyal po

③ ཤྲཱི་ཛྙཱ་ན་མཱ་ལ་[མཱ་ལཱ་]ཏནྟྲ་རཱ་ཛ།

④ Śrī-Jñānamālā-tantrarāja

⑤ Tr. Candramāla, Shākya ye shes

⑦ དཔལ་ཡེ་ཤེས་ཕྲེང་[2]བའི་རྒྱུད་ཀྱི་རྒྱལ་པོ་ལྷ་སྤྱོད་ཟུང་དུ་འཇུག་པ་རྫོགས་སོ། རྣལ་འབྱོར་མ་ཙནྡྲ་མཱ་ལི་དང་། དགེ་སློང་ཤཱཀྱ་ཡེ་ཤེས་ཀྱིས་བསྒྱུར་བའོ།

## No. 426 ག(Ga) 174a4-175b7 Toh 394

① དཔལ་ཡེ་ཤེས་འབར་བའི་རྒྱུད་ཀྱི་རྒྱལ་པོ།

② dPal ye shes 'bar ba'i rgyud kyi rgyal po

③ ཤྲཱི་ཛྙཱ་ན་ཛྭ་ལ་ཏནྟྲ་རཱ་ཛ།

④ Śrī-Jñānajvala-tantrarāja

⑤ Tr. Candramāla, Shākya ye shes

⑦ དཔལ་ཡེ་ཤེས་འབར་བའི་རྒྱུད་ཀྱི་རྒྱལ་པོ་མཁའ་འགྲོ་མའི་གསང་བ་ལས་ཀྱང་ཆེར་[3]གསང་བ་སྨད་དུ་བྱུང་བ་རྫོགས་སོ། སིང་ག་གླིང་[4]གི་རྣལ་འབྱོར་མ་ཙནྡྲ་མཱ་ལི་དང་། དགེ་སློང་ཤཱཀྱ་ཡེ་ཤེས་ཀྱིས་བསྒྱུར་བའོ།

---

[1] UTPD ཕྲེང་། S འཕྲེང་།

[2] UTPD ཕྲེང་། S འཕྲེང་།

[3] P omits ཆེར།

[4] UST སིང་ག་གླིང་། P སིང་ག་ལའི་གླིང་། D སིང་གླ་ལའི་གླིང་།

No. 427 ག(Ga) 175b7-177a7 Toh 395

① དཔལ་ཟླ་བའི་ཕྲེང་[1]བའི་རྒྱུད་ཀྱི་རྒྱལ་པོ།

② dPal zla ba'i phreng ba'i rgyud kyi rgyal po

③ ཤྲཱི་ཙནྡྲ་མཱ་ལ་[མཱ་ལཱ་]ཏནྟྲ་རཱ་ཛ།

④ Śrī-Candramālā-tantrarāja

⑤ Tr. Gayadhara, Shākya ye shes

⑦ དཔལ་ཟླ་བའི་ཕྲེང་[2]བའི་རྒྱུད་ཀྱི་རྒྱལ་པོ་རྫོགས་སོ། རྒྱ་གར་གྱི་མཁན་པོ་ག་ཡ་དྷ་ར་དང་། ལོ་ཙཱ་བ་དགེ་སློང་ཤཱཀྱ་ཡེ་ཤེས་ཀྱིས་བསྒྱུར་བའོ།

No. 428 ག(Ga) 177a8-180b7 Toh 396

① དཔལ་རིན་ཆེན་འབར་བའི་རྒྱུད་ཀྱི་རྒྱལ་པོ་ཞེས་བྱ་བ།

② dPal rin chen 'bar ba'i rgyud kyi rgyal po zhes bya ba

③ ཤྲཱི་རཏྣ་ཛྭ་ལ་ཏནྟྲ་རཱ་ཛ་ན་[ནཱ་]མ།

④ Śrī-Ratnajvala-tantrarāja-nāma

⑤ Tr. Zla ba'i phreng ba, Shākya ye shes

⑦ དཔལ་རིན་ཆེན་འབར་བའི་རྒྱུད་ཀྱི་རྒྱལ་པོ་རྫོགས་སོ། རྣལ་འབྱོར་མ་ཟླ་བའི་ཕྲེང་[3]བ་དང་། ལོ་ཙཱ་བ་དགེ་སློང་ཤཱཀྱ་ཡེ་ཤེས་ཀྱིས་བསྒྱུར་ཅིང་ཞུས་ཏེ་གཏན་ལ་ཕབ་པའོ།

No. 429 ག(Ga) 180b7-182b3 Toh 397

① དཔལ་ཉི་མའི་འཁོར་ལོའི་རྒྱུད་ཀྱི་རྒྱལ་པོ་ཞེས་བྱ་བ།

② dPal nyi ma'i 'khor lo'i rgyud kyi rgyal po zhes bya ba

③ ཤྲཱི་སཱུརྱ་ཙཀྲ་ཏནྟྲ་རཱ་ཛ་ནཱ་མ།

④ Śrī-Sūryacakra-tantrarāja-nāma

⑤ Tr. Gayadhara, Shākya ye shes

⑦ དཔལ་ཉི་མའི་འཁོར་ལོའི་རྒྱུད་ཀྱི་རྒྱལ་པོ་རྫོགས་སོ། རྒྱ་གར་གྱི་མཁན་[4]པོ་ག་ཡ་དྷ་ར་དང་། ལོ་ཙཱ་བ་དགེ་སློང་ཤཱཀྱ་ཡེ་ཤེས་ཀྱིས་བསྒྱུར་ཅིང་ཞུས་ཏེ་གཏན་ལ་ཕབ་པའོ།

---

[1] UTPD ཕྲེང་། S འཕྲེང་།

[2] UTPD ཕྲེང་། S འཕྲེང་།

[3] UTPD ཕྲེང་། S འཕྲེང་།

[4] U རྒྱ་གར་གྱིས་ཁན།

No. 430 ག(Ga) 182b4-183b6 Toh 398

① དཔལ་ཡེ་ཤེས་རྒྱལ་པོའི་རྒྱུད་ཀྱི་རྒྱལ་པོ།

② dPal ye shes rgyal po'i rgyud kyi rgyal po

③ ཤྲཱི་ཛྙཱ་ན་རཱ་ཛ་ཏནྟྲ་རཱ་ཛ།

④ Śrī-Jñānarāja-tantrarāja

⑤ Tr. Gayadhara, Shākya ye shes

⑦ དཔལ་ཡེ་ཤེས་རྒྱལ་པོ་ཞེས་བྱ་བའི་རྒྱུད་ཀྱི་རྒྱལ་པོ་རྫོགས་སོ། རྒྱ་གར་གྱི་མཁན་པོ་ག་ཡ་དྷ་ར་དང་། ལོ་ཙྪ་བ་དགེ་སློང་ཤཱཀྱ་ཡེ་ཤེས་ཀྱིས་བསྒྱུར་བའོ།

No. 431=440 ག(Ga) 183b7-185b6 Toh 399

① དཔལ་རྡོ་རྗེ་མཁའ་འགྲོ་གསང་བའི་རྒྱུད་ཀྱི་རྒྱལ་པོ།

② dPal rdo rje mkha' 'gro gsang ba'i rgyud kyi rgyal po

③ ཤྲཱི་བཛྲ་ཌཱ་ཀི་[ཌཱ་ཀ་]གུ་ཧྱ་ཏནྟྲ་རཱ་ཛ།

④ Śrī-Vajraḍāka[1]guhya-tantrarāja

⑤ Tr. Gayadhara, Shākya ye shes

⑦ དཔལ་རྡོ་རྗེ་མཁའ་འགྲོ་གསང་བའི་རྒྱུད་ཀྱི་རྒྱལ་པོ་རྫོགས་སོ། རྒྱ་གར་གྱི་མཁན་པོ་ག་ཡ་དྷ་ར་དང་། ལོ་ཙྪ་བ་དགེ་སློང་ཤཱཀྱ་ཡེ་ཤེས་ཀྱིས་བསྒྱུར་བའོ།

No. 432 ག(Ga) 185b6-187b6 Toh 400

① དཔལ་གསང་བ་མེ་འབར་བའི་རྒྱུད་ཀྱི་རྒྱལ་པོ།

② dPal gsang ba me 'bar ba'i rgyud kyi rgyal po

③ ཤྲཱི་ཛྭ་ལ་[ཛྭཱ་ལ་]ཨགྣི་གུ་ཧྱ་ཏནྟྲ་རཱ་ཛ།

④ Śrī-Jvalāgniguhya-tantrarāja

⑤ Tr. Gayadhara, Shākya ye shes

⑦ དཔལ་གསང་བ་མེ་འབར་བའི་རྒྱུད་ཀྱི་རྒྱལ་པོ་རྫོགས་སོ། པཎྜི་ཏ་ག་ཡ་དྷ་ར་དང་། ལོ་ཙྪ་བ་དགེ་སློང་ཤཱཀྱ་ཡེ་ཤེས་ཀྱིས་བསྒྱུར་བའོ།[2]

---

[1] UTD ḍāki, S ḍākinī, P ḍāka, D-CatP-Cat ḍāka, S-Cat ḍākinī

[2] U པའོ།

No. 433 ག(Ga) 187b6-190a7 Toh 401

① དཔལ་གསང་བ་བདུད་རྩིའི་རྒྱུད་ཀྱི་རྒྱལ་པོ།

② dPal gsang ba bdud rtsi'i rgyud kyi rgyal po

③ ཤྲཱི་ཨ་མྲི་ཏ་གུ་ཧྱ་ཏནྟྲ་རཱ་ཛ།

④ Śrī-Amṛta-guhyatantrarāja

⑤ Tr. Gayadhara, Shākya ye shes

⑦ དཔལ་གསང་བ་བདུད་རྩིའི་རྒྱུད་ཀྱི་རྒྱལ་པོ་རྫོགས་སོ། རྒྱ་གར་གྱི་མཁན་པོ་[1] ག་ཡ་དྷ་ར་དང་། ལོ་ཙྪ་བ་དགེ་སློང་ཤཱཀྱ་ཡེ་ཤེས་ཀྱིས་བསྒྱུར་བའོ།

No. 434 ག(Ga) 190a7-192b7 Toh 402

① དཔལ་དུར་ཁྲོད་རྒྱན་གྱི་རྒྱུད་ཀྱི་རྒྱལ་པོ།

② dPal dur khrod rgyan gyi rgyud kyi rgyal po

③ ཤྲཱི་ཤྨ་སཱ་ན་[ཤྨ་ཤཱ་ན་]ཨ་ལཾ་ཀཱ་ར་[ལངྐཱ་ར་]ཏནྟྲ་རཱ་ཛ།

④ Śrī-Śmaśānālaṅkāra-tantrarāja

⑤ Tr. Gayadhara, Shākya ye shes

⑦ དཔལ་དུར་ཁྲོད་རྒྱན་གྱི་རྒྱུད་ཀྱི་རྒྱལ་པོ་རྫོགས་སོ། པཎྜི་ཏ་ག་ཡ་དྷ་ར་དང་། ལོ་ཙྪ་བ་དགེ་སློང་ཤཱཀྱ་ཡེ་ཤེས་ཀྱིས་བསྒྱུར་བའོ།

No. 435 ག(Ga) 192b8-195a2 Toh 403

① དཔལ་རྡོ་རྗེ་རྒྱལ་པོ་ཆེན་པོའི་རྒྱུད།

② dPal rdo rje rgyal po chen po'i rgyud

③ ཤྲཱི་བཛྲ་རཱ་ཛ་མ་ཧཱ་ཏནྟྲ།

④ Śrī-Vajrarājamahātantra

⑤ Tr. Candramāla, Shākya ye shes

⑦ དཔལ་འཁོར་ལོ་སྡོམ་པ་རྡོ་རྗེ་རྒྱལ་པོའི་རྒྱུད་རྫོགས་སོ། ཟླ་འགྱུར་མ་ཙནྡྲ་མཱ་ལེ་དང་། ལོ་ཙྪ་བ་དགེ་སློང་ཤཱཀྱ་ཡེ་ཤེས་ཀྱིས་བསྒྱུར་བའོ།

---

1 U མཚན་པོ། STPD མཁན་པོ།

## No. 436 ག(Ga) 195a2-196a6 Toh 404

① དཔལ་ཡེ་ཤེས་བསམ་པའི་རྒྱུད་ཀྱི་རྒྱལ་པོ།

② dPal ye shes bsam pa'i rgyud kyi rgyal po

③ ཤྲཱི་ཛྙཱ་ནཱ་[ན་]ཙིནྟྱ་ཏནྟྲ་རཱ་ཛ།

④ Śrī-Jñānacintya[1]-tantrarāja

⑤ Tr. Gayadhara, Shākya ye shes

⑦ དཔལ་འཁོར་ལོ་སྡོམ་པ་ཡེ་ཤེས་བསམ་པའི་རྒྱུད་ཀྱི་རྒྱལ་པོ་རྫོགས་སོ། པཎྜི་ཏ་ག་ཡ་དྷ་ར་དང་། ལོ་ཙཱ་བ་དགེ་སློང་ཤཱཀྱ་ཡེ་ཤེས་ཀྱིས་བསྒྱུར་བའོ།[2]

## No. 437 ག(Ga) 196a6-200a2 Toh 405

① དཔལ་ཆགས་པའི་རྒྱལ་པོའི་[3] རྒྱུད་ཀྱི་རྒྱལ་པོ།

② dPal chags pa'i rgyal po'i rgyud kyi rgyal po

③ ཤྲཱི་རཱ་ག་རཱ་ཛ་ཏནྟྲ་རཱ་ཛ།

④ Śrī-Rāgarāja-tantrarāja

⑤ Tr. Candramāla, Shākya ye shes

⑦ དཔལ་ཆགས་པའི་རྒྱལ་པོའི་རྒྱུད་ཀྱི་རྒྱལ་པོ་རྫོགས་སོ། རྣལ་འབྱོར་མ་ཙནྡྲ་མ་ལེ་དང་། ལོ་ཙཱ་བ་དགེ་སློང་ཤཱཀྱ་ཡེ་ཤེས་ཀྱིས་བསྒྱུར་བའོ།

## No. 438 ག(Ga) 200a3-202a2 Toh 406

① དཔལ་མཁའ་འགྲོ་མའི་སྡོམ་པའི་རྒྱུད་ཀྱི་རྒྱལ་པོ་ཞེས་བྱ་བ།

② dPal mkha' 'gro ma'i sdom pa'i rgyud kyi rgyal po zhes bya ba

③ ཤྲཱི་ཌཱ་ཀི་ནི་[ནཱི་]སཾ་བ་ར་ཏནྟྲ་རཱ་ཛ་ནཱ་མ།

④ Śrī-Ḍākinīsaṃvara-tantrarāja-nāma

⑤ Tr. Gayadhara, Shākya ye shes

⑦ མཁའ་འགྲོ་མའི་སྡོམ་པའི་རྒྱུད་ཀྱི་རྒྱལ་པོ་རྫོགས་སོ། རྒྱ་གར་གྱི་མཁན་པོ་ག་ཡ་དྷ་ར་དང་། ལོ་ཙཱ་བ་དགེ་སློང་ཤཱཀྱ་ཡེ་ཤེས་ཀྱིས་བསྒྱུར་བའོ།

---

[1] UST jñānācintya, PD jñāna-āśaya, S-Cat jñānāśaya

[2] U བའོ།

[3] U omits རྒྱལ་པོའི། ST རྒྱལ་པོ། PD རྒྱལ་པོའི།

No. 439 ག(Ga) 202a2-203b5 Toh 407

① དཔལ་མེའི་ཕྲེང་[1]བའི་རྒྱུད་ཀྱི་རྒྱལ་པོ།

② dPal me'i phreng ba'i rgyud kyi rgyal po

③ ཤྲཱི་ཨགྣི་མཱ་ལེ་[ཨགྣི་མཱ་ལཱ་]ཏནྟྲ་རཱ་ཛ།

④ Śrī-Agnimālā-tantrarāja

⑤ Tr. Gayadhara, Shākya ye shes

⑦ དཔལ་མེའི་ཕྲེང་[2]བའི་རྒྱུད་ཀྱི་རྒྱལ་པོ། དཔལ་[3]ཧེ་རུ་ཀའི་རིས་པ་འབྱུང་བ་རྫོགས་སོ། བླ་མ་[4]ག་ཡ་དྷ་ར་དང་། དགེ་སློང་[5]ཤཱཀྱ་ཡེ་ཤེས་ཀྱིས་བསྒྱུར་བའོ།[6]

No. 440=431 ག(Ga) 203b6-205b6 Toh 399

① དཔལ་རྡོ་རྗེ་མཁའ་འགྲོ་གསང་བའི་རྒྱུད་ཀྱི་རྒྱལ་པོ།

② dPal rdo rje mkha' 'gro gsang ba'i rgyud kyi rgyal po

③ ཤྲཱི་བཛྲ་ཌཱ་ཀི་[ཌཱ་ཀ་]གུ་ཧྱ་ཏནྟྲ་རཱ་ཛ།

④ Śrī-Vajraḍāka[7]guhya-tantrarāja

⑤ Tr. Gayadhara, Shākya ye shes

⑦ དཔལ་[8]མཁའ་འགྲོ་གསང་བ་རྒྱུད་ཀྱི་རྒྱལ་པོ་རྫོགས་སོ། རྒྱ་གར་གྱི་མཁན་པོ་ག་ཡ་དྷ་ར་དང་། ལོ་ཙཱ་བ་དགེ་སློང་ཤཱཀྱ་ཡེ་ཤེས་ཀྱིས་བསྒྱུར་བའོ།

No. 441 ག(Ga) 205b6-206b5 Toh 409

① དཔལ་རྡོ་རྗེ་འཇིགས་བྱེད་རྣམ་པར་འཇོམས་པའི་རྒྱུད་ཀྱི་རྒྱལ་པོ།

② dPal rdo rje 'jigs byed rnam par 'joms pa'i rgyud kyi rgyal po

③ ཤྲཱི་བ་ཛ་བཻ་[བྷཻ་]ར་བ་བི་དཱ་ར་ཎ་ཏནྟྲ་རཱ་ཛ།

④ Śrī-Vajrabhairavavidāraṇa-tantrarāja

---

1 UTPD ཕྲེང་། S འཕྲེང་།
2 UTPD ཕྲེང་། S འཕྲེང་།
3 UST དཔལ། PD ཤྲཱི།
4 UST བླ་མ། PD རྒྱ་གར་གྱི་མཁན་པོ།
5 UST དགེ་སློང་། PD ལོ་ཙཱ་བ་དགེ་སློང་།
6 U(ST) བསྒྱུར་པའོ(བའོ)། PD བསྒྱུར་ཅིང་ཞུས་པའོ།
7 USTD ḍāki, PD-CatP-Cat ḍāka, S-Cat ḍākinī
8 UT དཔལ། S དཔའ་བོ། PD དཔལ་རྡོ་རྗེ།, cf. No. 431

⑤ Tr. Gayadhara, Shākya ye shes

⑦ དཔལ་རྡོ་རྗེ་འཇིགས་བྱེད་རྣམ་པར་འཇོམས་པའི་རྒྱུད་ཀྱི་རྒྱལ་པོ་རྫོགས་སོ། བླ་མ་[1]ག་ཡ་དྷ་ར་དང་། ལོ་ཙཱ་བ་ཤཱཀྱ་ཡེ་ཤེས་ཀྱིས་བསྒྱུར་བའོ།

No. 442 ག(Ga) 206b6-209a2 Toh 410

① དཔལ་སྟོབས་ཆེན་ཡེ་ཤེས་རྒྱལ་པོའི་རྒྱུད་ཀྱི་རྒྱལ་པོ།

② dPal stobs chen ye shes rgyal po'i rgyud kyi rgyal po

③ ཤྲཱི་མ་ཧཱ་བ་ལ་ཛྙཱ་ན་རཱ་ཛ་ཏནྟྲ་རཱ་ཛ།

④ Śrī-Mahābalajñānarāja-tantrarāja

⑤ Tr. Gayadhara, Shākya ye shes

⑦ དཔལ་སྟོབས་ཆེན་ཡེ་ཤེས་རྒྱལ་པོའི་རྒྱུད་ཀྱི་རྒྱལ་པོ་སྨད་དུ་བྱུང་བ་རྫོགས་སོ། རྒྱ་གར་གྱི་མཁན་པོ་ག་ཡ་དྷ་ར་དང་། ལོ་ཙཱ་བ་དགེ་སློང་ཤཱཀྱ་ཡེ་ཤེས་ཀྱིས་བསྒྱུར་བའོ།

No. 443 ག(Ga) 209a2-211a6 Toh 411

① དཔལ་རྡོ་རྗེ་གྲུབ་པའི་[2]དྲ་བའི་སྡོམ་པའི་རྒྱུད་ཀྱི་རྒྱལ་པོ།

② dPal rdo rje grub pa'i dra ba'i sdom pa'i rgyud kyi rgyal po

③ ཤྲཱི་བཛྲ་སིདྡྷ་ཛཱ་ལ་སཾ་བ་ར་ཏནྟྲ་རཱ་ཛ།

④ Śrī-Vajrasiddha[3]jālasaṃvara-tantrarāja

⑤ Tr. Gayadhara, Shākya ye shes

⑦ དཔལ་རྡོ་རྗེ་གྲུབ་པ་དྲ་བ་སྡོམ་པའི་རྒྱུད་ཀྱི་རྒྱལ་པོ་རྫོགས་སོ། རྒྱ་གར་གྱི་མཁན་པོ་ག་[4]ཡ་དྷ་ར་དང་། ལོ་ཙཱ་བ་དགེ་སློང་[5]ཤཱཀྱ་ཡེ་ཤེས་ཀྱིས་བསྒྱུར་[6]ཅིང་ཞུས་པའོ།

No. 444 ག(Ga) 211a7-215a5 Toh 412

① དེ་བཞིན་གཤེགས་པ་ཐམས་ཅད་ཀྱི་ཐུགས་ཀྱི་[7]སྙིང་པོ་དོན་གྱི་རྒྱུད།

② De bzhin gshegs pa thams cad kyi thugs kyi snying po don gyi rgyud

---

1 UST བླ་མ། P པཎ་ཊི་ཏ། D པཎྜི་ཏ།

2 PD པ།

3 UTPD siddha, S siddhi

4 U གྷ།

5 U སློབ།

6 P སྒྱུར།

7 U omits ཐུགས་ཀྱི། STD ཐུགས་ཀྱི།

③ སརྦ་ཏ་ཐཱ་ག་ཏ་ཙིཏྟ་[ཙིཏྟ་]གརྦྷ་ཨརྠ་ཏནྟྲ།

④ Sarvatathāgatacittagarbhārtha-tantra

⑤ Tr. rJe btsun Guru, Seng kar Shākya 'od

⑦ དེ་བཞིན་གཤེགས་པ་ཐམས་ཅད་ཀྱི་ཐུགས་ཀྱི་སྙིང་པོའི་དོན་གྱི་རྒྱུད་རྫོགས་སོ། །རྗེ་བཙུན་གུ་རུའི་ཞལ་སྔ་ནས་དང་། ལོ་ཙཱ་བ་སེང་ཀར་ཤཱཀྱ་འོད་ཀྱིས་ཕམ་མཐིང་[1]དུ་བསྒྱུར་ཅིང་གཏན་ལ་ཕབ་པའོ།

## No. 445 ག(Ga) 215a5-221a7 Toh 413

① དཔལ་འཁོར་ལོ་སྡོམ་པའི་རྒྱུད་ཀྱི་རྒྱལ་པོ་དུར་ཁྲོད་ཀྱི་རྒྱན་རྨད་དུ་བྱུང་བ་ཞེས་བྱ་བ།

② dPal 'khor lo sdom pa'i rgyud kyi rgyal po dur khrod kyi rgyan rmad du byung ba zhes bya ba

③ ཤྲཱི་ཙཀྲ་སཾ་བ་ར་ཏནྟྲ་རཱ་ཛ་ཨདྦྷུཏྟ་[ཨདྦྷུ་ཏ་]ཤྨ་སཱ་ན་[ཤྨ་ཤཱ་ན་]ཨ་ལཾ་ཀཱ་ར་[ལངྐཱ་ར་]ནཱ་མ།

④ Śrī-Cakrasaṃvaratantrarājādbhutaśmaśānālaṅkāra-nāma

⑤ Tr. Gayadhara, Shākya ye shes

⑦ དཔལ་འཁོར་ལོ་སྡོམ་པའི་རྒྱུད་ཀྱི་རྒྱལ་པོ་དུར་ཁྲོད་ཀྱི་རྒྱན་རྨད་དུ་བྱུང་བ་རྫོགས་སོ། །པཎྜི་ཏ་ག་ཡ་དྷ་ར་དང་། ལོ་ཙཱ་བ་དགེ་སློང་ཤཱཀྱ་ཡེ་ཤེས་ཀྱིས་བསྒྱུར་བའོ།

## No. 446 ག(Ga) 221a8-224a2 Toh 414

① རྒྱུད་ཀྱི་རྒྱལ་པོ་རྙོག་པ་མེད་པ་ཞེས་བྱ་བ།

② rGyud kyi rgyal po rnyog pa med pa zhes bya ba

③ ཨ་ནཱ་བི་ལ་ཏནྟྲ་རཱ་ཛཱ་[ཛ་]ནཱ་མ།

④ Anāvila-tantrarāja-nāma

⑤ Tr. Gayadhara, Shākya ye shes

⑦ དཔལ་བདེ་བ་དམ་པ་རྫོགས་པར་བྱེད་པ་དང་ལྡན་པ་ཞེས་བྱ་བའི་རྒྱུད་བྱིན་གྱིས་བརླབ་པའི་རིམ་པ་ཆེན་པོ་མཁའ་འགྲོ་མ་དྲ་བ་སྡོམ་པའི་བརྟག་པ་རྙོག་པ་[2]མེད་པ་ཞེས་བྱ་བ་རྫོགས་སོ། །རྒྱ་གར་གྱི་མཁན་པོ་པཎྜི་ཏ་ག་ཡ་དྷ་ར་དང་། བོད་ཀྱི་ལོ་ཙཱ་བ་དགེ་སློང་ཤཱཀྱ་ཡེ་ཤེས་ཀྱིས་བསྒྱུར་བའོ།[3]

---

1 UST མཐིང་། D ཐིང་།

2 U བ།

3 U པའོ།

No. 447 ག(Ga) 224a2-226a7 Toh 415

① དཔལ་བདེ་མཆོག་ནམ་མཁའ་དང་མཉམ་པའི་རྒྱུད་ཀྱི་རྒྱལ་པོ་ཞེས་བྱ་བ།

② dPal bde mchog nam mkha' dang mnyam pa'i rgyud kyi rgyal po zhes bya ba

③ ཤྲཱི་སཾ་བ་ར་ཁ་ས་མ་ཏནྟྲ་རཱ་ཛ་ནཱ་མ།

④ Śrī-Saṃvarakhasama-tantrarāja-nāma

⑤ Tr. Jñānavajra

⑦ ཁ་ཆེའི་མཁན་པོ་ཛྙཱ་ན་བཛྲས་རང་འགྱུར་[1]དུ་མཛད་པ་རྫོགས་སོ།

No. 448 ག(Ga) 226a7-262b5 Toh 416

① དཔལ་རྡོ་རྗེ་ནག་པོ་ཆེན་པོ་ཁྲོས་པའི་མགོན་པོ་གསང་བ་དངོས་གྲུབ་འབྱུང་བ་ཞེས་བྱ་བའི་རྒྱུད།

② dPal rdo rje nag po chen po khros pa'i mgon po gsang ba dngos grub 'byung ba zhes bya ba'i rgyud

③ ཤྲཱི་བཛྲ་མ་ཧཱ་ཀཱ་ལ་ཀྲོ་དྷ་ནཱ་ཐ་ར་ཧཱ[ཧ]སྱ་སིདྡྷི་བྷ་བ་ཏནྟྲ་ནཱ་མ།

④ Śrī-Vajramahākālakrodhanātharahasya-siddhibhava-tantra-nāma

⑤ Tr. Abhayākaragupta, Khe rgyad 'Khor lo grags

⑦ དཔལ་མགོན་པོ་ཆེན་པོ་ཁྲོས་[2]པའི་མགོན་པོ་གསང་བ་མངོན་པར་འབྱུང་བའི་རྒྱུད་ཀུན་གྱི་རྩ་བར་གྱུར་པ་བསྟན་པ་འཛིན་པ། བསྟན་པ་སྐྱོང་བ། བསྟན་པ་སྲུང་[3]ངེས་པ། གསང་བ་བདུད་དཔུང་འདུལ་བར་བྱེད་པའོ། དཔལ་མགོན་པོ་ཆེན་པོ་དངོས་གྲུབ་འབྱུང་བའི་རྒྱུད་ཀུན་གྱི་སྙིང་པོར་གྱུར་པ་གདོད་ནས་གྲུབ་པའི་བླ་མ་ཡིན་ནོ་རྫོགས་སོ། རྒྱ་གར་གྱི་མཁན་པོ་མ་ཧཱ་པཎྜི་ཏ་ཨ་བྷ་ཡཱ་ཀ་ར་གུཔྟའི་ཞལ་སྔ་ནས་དང་། བོད་ཀྱི་ལོ་ཙཱ་བ་མཁས་པ་ཆེན་པོ་ཁེ་[4]རྒྱད་འཁོར་ལོ་གྲགས་ཀྱིས་བསྒྱུར་ཅིང་ཞུས་པའོ།[5]

No. 449 ག(Ga) 262b5-298a7 Toh 417-418

① ཀྱེའི་རྡོ་རྗེ་ཞེས་བྱ་བ་རྒྱུད་ཀྱི་རྒྱལ་པོ།

② Kye'i rdo rje zhes bya ba rgyud kyi rgyal po

---

1 U བསྒྱུར།

2 P འཁྲུས།

3 UN སྲུང་། STPD བསྲུང་།

4 USTN ཁེ། PD ཁེའུ

5 PND add (colophon, AW) after ཞུས་པའོ།, cf. Appendix.

③ ཧེ་བཛྲ་ཏནྟྲ་རཱ་ཛ་ནཱ་མ།

④ Hevajra-tantrarāja-nāma

⑤ Tr. Gayadhara, Shākya ye shes

⑦ རྒྱུད་ཀྱི་རྒྱལ་པོ་སྒྱུ་མའི་བརྟག་པ་ཞེས་བྱ་བ་བརྟག་པ་སུམ་ཅུ་རྩ་གཉིས་ལས་ཕྱུང་བ་བརྟག་པ་གཉིས་ཀྱི་བདག་ཉིད། ཀྱཻའི་རྡོ་རྗེ་མཁའ་འགྲོ་[1] མ་དྲ་བའི་སྡོམ་པའི་[2] རྒྱུད་[3] ཀྱི་རྒྱལ་པོ་ཆེན་པོ་རྫོགས་སོ། རྒྱ་གར་གྱི་མཁན་པོ་ག་ཡ་དྷ་རའི་ཞལ་སྔ་ནས་དང་།[4] བོད་ཀྱི་ལོ་ཙྪ་བ་དགེ་སློང་ཤཱཀྱ་ཡེ་ཤེས་ཀྱིས་[5] བསྒྱུར་ཅིང་ཞུས་ཏེ་གཏན་ལ་ཕབ་པ།[6]

## No. 450 ག(Ga) 298a7-343b8 Toh 419

① འཕགས་པ་མཁའ་འགྲོ་མ་རྡོ་རྗེ་གུར་ཞེས་བྱ་བའི་རྒྱུད་ཀྱི་རྒྱལ་པོ་ཆེན་པོའི་བརྟག་པ།

② 'Phags pa mkha' 'gro ma rdo rje gur zhes bya ba'i rgyud kyi rgyal po chen po'i brtag pa

③ ཨཱརྱ་ཌཱ་ཀི་ནི་[ནཱི་]བཛྲ་པཉྫ་ར་མ་ཧཱ་ཏནྟྲ་རཱ་ཛ་ཀལྤ་ནཱ་མ།

④ Ārya-Ḍākinīvajrapañjara-mahātantrarājakalpa-nāma

⑤ Tr. Gayadhara, Shākya ye shes

⑦ འཕགས་པ་མཁའ་འགྲོ་མའི་དྲ་བའི་རྡོ་རྗེ་གུར་རྒྱུད་ཀྱི་རྒྱལ་པོའི་བརྟག་པའོ། རྫོགས་སོ། རྒྱ་གར་གྱི་མཁན་པོ་ག་ཡ་དྷ་ར་དང་། ལོ་ཙྪ་བ་དགེ་སློང་ཤཱཀྱ་ཡེ་ཤེས་ཀྱིས་བསྒྱུར་བའོ།

## No. 451 ག(Ga) 343b8-376a4 Toh 420

① དཔལ་ཕྱག་རྒྱ་ཆེན་པོའི་ཐིག་ལེ་ཞེས་བྱ་བ་རྣལ་འབྱོར་མ་ཆེན་མོའི་རྒྱུད་ཀྱི་རྒྱལ་པོའི་མངའ་བདག

② dPal phyag rgya chen po'i thig le zhes bya ba rnal 'byor ma chen mo'i rgyud kyi rgyal po'i mnga' bdag

③ ཤྲཱི་མ་ཧཱ་མུ་དྲཱ་ཏི་ལ་ཀཾ་[ཀ་]ནཱ་མ་མ་ཧཱ་ཡོ་གི་ནི་[གི་ནཱི་]ཏནྟྲ་རཱ་ཛ་ཨ་དྷི་རཱ་ཛ།[ཨ་དྷི་པ་ཏི།]

④ Śrī-Mahāmudrātilakanāma-mahāyoginītantrarājādhipati

⑤ Tr. Shes rab gsang ba, Kam Chos kyi ye shes, Phyug mtshams dgra bcom

---

1 USTP(HY)ND འགྲོ། P(O) འགོ།

2 UPN པ། STD པའི།

3 USTP(HY)ND རྒྱུད། P(O) དད།

4 UPN omit དང་། ST དང་། D དག

5 N ཀྱི།

6 P(O)D add colophon after ཕབ་པ།, cf. Appendix.

⑦ དཔལ་ཕྱག་རྒྱ་ཆེན་པོའི་ཐིག་ལེ་རྣལ་འབྱོར་མ་ཆེན་པོའི་[1] རྒྱུད་ཀྱི་རྒྱལ་པོའི་མངའ་བདག་ཅེས་བྱ་བ་རྫོགས་སོ། རྒྱ་གར་གྱི་སློབ་དཔོན་རྣལ་འབྱོར་གྱི་དབང་ཕྱུག་ཆེན་པོ་དཔལ་ཤེས་རབ་གསང་བའི་ཞལ་སྔར་ཀཾ་ཆོས་ཀྱི་ཡེ་ཤེས་དང་། ཕྱུག་མཚམས་[2] དགྲ་བཅོམ་གྱིས་དད་ཅིང་གུས་པས་ཞུས་ཏེ་བསྒྱུར་ཅིང་གཏན་ལ་ཕབ་པའོ།[3]

No. 452 ག(Ga) 376a4-383a8 Toh 421

① དཔལ་ཡེ་ཤེས་སྙིང་པོ་ཞེས་བྱ་བ་རྣལ་འབྱོར་མ་ཆེན་མོའི་རྒྱུད་ཀྱི་རྒྱལ་པོའི་རྒྱལ་པོ།

② dPal ye shes snying po zhes bya ba rnal 'byor ma chen mo'i rgyud kyi rgyal po'i rgyal po

③ ཤྲཱི་ཛྙཱ་ན་གརྦྷ་ནཱ་མ་ཡོ་གི་ནཱི་མ་ཧཱ་ཏནྟྲ་རཱ་ཛ།[རཱ་ཛ་ཨ་ཏི་རཱ་ཛ།]

④ Śrī-Jñānagarbhanāma-yoginīmahātantrarājātirāja[4]

⑤ Tr. Shes rab gsang ba

⑦ དཔལ་ཡེ་ཤེས་སྙིང་པོ་ཞེས་བྱ་བ་རྣལ་འབྱོར་མ་ཆེན་མོའི་རྒྱུད་ཀྱི་རྒྱལ་པོའི་རྒྱལ་པོ་རྫོགས་སོ། རྒྱ་གར་གྱི་མཁན་པོ་དཔལ་ཤེས་རབ་གསང་བའི་ཞལ་སྔ་ནས་བསྒྱུར་བའོ། དཔལ་ཕྱག་རྒྱ་ཆེན་པོའི་ཐིག་[5] ལེ་རྣལ་འབྱོར་མའི་རྒྱུད་ཀྱི་རྒྱལ་པོའི་ཕྱི་མའི་ཕྱི་མའོ།

## Volume 100 རྒྱུད། ང (1–375)

No. 453 ང(Nga) 1b1-49b5 Toh 422

① དཔལ་ཡེ་ཤེས་ཐིག་ལེ་རྣལ་འབྱོར་མའི་རྒྱུད་ཀྱི་རྒྱལ་པོ་ཆེན་པོ་མཆོག་ཏུ་རྨད་དུ་བྱུང་བ་ཞེས་བྱ་བ།

② dPal ye shes thig le rnal 'byor ma'i rgyud kyi rgyal po chen po mchog tu rmad du byung ba zhes bya ba

③ ཤྲཱི་ཛྙཱ་ན་ཏི་ལ་ཀ་ཡོ་གི་ནི་[ནཱི་]ཏནྟྲ་རཱ་ཛ་པ་ར་མ་མ་ཧཱ་ཨད་བྷུ་ཏཾ་[ཨདྦྷུ་ཏ་]ནཱ་མ།

④ Śrī-Jñānatilakayoginītantrarājaparama-mahādbhuta-nāma

⑤ Tr. Śrīprajñāgupta

---

1 USTN པོའི། PD མོའི།

2 USTND མཚམས། P འཚམས།

3 P adds editor's note and Dhā after ཕབ་པའོ།, cf. Appendix.

4 U mahātantrarāja, S mahātantrarājāyaderāja, T mahātantrarājāyaderājā, PN mahātantrarājayaderāja, D mahātantrarajayatirāja, D-Cat mahātantrarājātirāja, P-Cat mahātantrarājā-(yade)rāja, S-CatN-Cat mahātantrarājādirāja

5 U ཐེག STPND ཐིག

⑦ དཔལ་ཡེ་ཤེས་ཐིག་ལེ་[1]རྣལ་འབྱོར་མའི་རྒྱུད་ཀྱི་རྒྱལ་པོ་ཆེན་པོ་རྫོགས་སོ། རྒྱ་གར་གྱི་མཁན་པོ་ཆེན་པོ་ཤྲཱི་པྲཛྙཱ་གུཔྟས་བསྒྱུར་ཅིང་ཞུས་ཏེ་གཏན་ལ་ཕབ་པ། སླད་ཀྱིས་དཔལ་ས་སྐྱའི་དབེན་གནས་སུ་ཞུ་ཐིག་གཡར་[2]ཁྲལ་བགྱིས་སོ།

No. 454 ང(Nga) 49b5-56b2 Toh 423

① དཔལ་དེ་ཁོ་ན་ཉིད་ཀྱི་སྒྲོན་མ་ཞེས་བྱ་བ་རྣལ་འབྱོར་ཆེན་མོའི་རྒྱུད་ཀྱི་རྒྱལ་པོ།

② dPal de kho na nyid kyi sgron ma zhes bya ba rnal 'byor chen mo'i rgyud kyi rgyal po

③ ཤྲཱི་ཏཏ་ཏྭ་[ཏཏྭ་]པྲ་དཱི་པཾ་[པ་]ནཱ་མ་མ་ཧཱ་ཡོ་ག་[གི་]ནཱི་ཏནྟྲ་རཱ་ཛ།

④ Śrī-Tattvapradīpanāma-mahāyoginītantrarāja

⑤ Tr. Prajñāśrīgupta

⑦ དཔལ་རྣལ་འབྱོར་མ་ཆེན་པོའི་རྒྱུད་ཀྱི་རྒྱལ་པོའི་རྒྱལ་པོ་མཆོག་[3]ཆེན་པོ་རྨད་དུ་བྱུང་ཞིང་། རྨད་དུ་བྱུང་བ་དེ་ཁོ་ན་ཉིད་ཀྱི་སྒྲོན་མ་ཞེས་བྱ་བ་རྫོགས་སོ། རྒྱ་གར་གྱི་མཁན་པོ་ཆེན་པོ་པྲཛྙཱ་ཤྲཱི་གུཔྟས་བསྒྱུར་ཅིང་ཞུས་ཏེ་གཏན་ལ་ཕབ་པ། དུས་ཕྱིས་དཔལ་ས་སྐྱའི་དབེན་གནས་སུ་བསྒྱུར་ཅིང་ཞུས་ཏེ་[4]དག་པར་བྱས་སོ།[5]

No. 455 ང(Nga) 56b2-83a8 Toh 424

① དཔལ་སངས་རྒྱས་ཐོད་པ་ཞེས་བྱ་བ་རྣལ་འབྱོར་མའི་རྒྱུད་ཀྱི་རྒྱལ་པོ།

② dPal sangs rgyas thod pa zhes bya ba rnal 'byor ma'i rgyud kyi rgyal po

③ ཤྲཱི་བུདྡྷ་ཀ་པཱ་ལ་ནཱ་མ་ཡོ་གི་ནཱི་ཏནྟྲ་རཱ་ཛ།

④ Śrī-Buddhakapālanāma-yoginītantrarāja

⑤ Tr. Gayadhara, Gyi jo Zla ba'i 'od zer

⑦ སངས་རྒྱས་ཐོད་པ་ཞེས་བྱ་བའི་རྒྱུད་རྣལ་འབྱོར་མ་ཆེན་མོས་གསུངས་པ་མཆོག་ཏུ་གསང་བ་རྫོགས་སོ། རྒྱ་གར་གྱི་མཁན་པོ་ཤྲཱི་ག་ཡ་དྷ་ར་དང་། བོད་ཀྱི་ལོ་ཙྪ་བ་གྱི་ཇོ་ཟླ་བའི་འོད་ཟེར་གྱིས་བསྒྱུར་ཅིང་ཞུས་ཏེ་གཏན་ལ་ཕབ་པ།

---

1 P adds ལས།

2 USPD གཡར། TN དབྱར།

3 USTPD རྒྱལ་པོའི་རྒྱལ་པོ་མཆོག N རྒྱལ་པོ།

4 N omits ཏེ།

5 N adds AW after བྱས་སོ།, cf. Appendix.

No. 456 ང(Nga) 83a8-87a8 Toh 425

① སྒྱུ་འཕྲུལ་ཆེན་མོའི་[1] རྒྱུད་ཅེས་བྱ་བ།[2]

② sGyu 'phrul chen mo'i rgyud ces bya ba

③ མ་ཧཱ་མཱ་ཡཱ་ཏནྟྲ་ནཱ་མ།

④ Mahāmāyā-tantra-nāma

⑤ Tr. Jinavara, 'Gos lHas btsas

⑦ སྒྱུ་འཕྲུལ་ཆེན་མོའི་རྒྱུད་ཅེས་བྱ་བ་རྫོགས་སོ། །རྒྱ་གར་གྱི་མཁན་པོ་ཛི་ན་བ་ར་དང་། བོད་ཀྱི་ལོ་ཙྪ་བ་ཆེན་པོ་མགོས་ལྷ་[3] བཙས་ཀྱིས་བསྒྱུར་ཅིང་ཞུས་ཏེ་གཏན་ལ་ཕབ་པའོ།

No. 457 ང(Nga) 87b1-92b6 Toh 427

① རི་གི་ཨཱ་ར་ལིའི་རྒྱུད་ཀྱི་རྒྱལ་པོ་ཞེས་བྱ་བ།

② Ri gi ā ra li'i rgyud kyi rgyal po zhes bya ba

③ རི་གི་ཨཱ་ར་ལི་ཏནྟྲ་རཱ་ཛ་ནཱ་མ།

④ Rigi-ārali-tantrarāja-nāma

⑤ Tr. Kāyasthāpagayadhara, Shākya ye shes

⑦ རི་གི་ཨཱ་ར་ལིའི་རྒྱུད་ཀྱི་རྒྱལ་པོ་རྫོགས་སོ། །རྒྱ་གར་གྱི་མཁན་པོ་ཀ་ཡ་སྠཱ་པ་ག་ཡ་དྷ་རའི་ཞལ་སྔ་ནས་དང་། བོད་ཀྱི་ལོ་ཙྪ་བ་དགེ་སློང་ཤཱཀྱ་ཡེ་ཤེས་ཀྱིས་བསྒྱུར་ཅིང་ཞུས་ཏེ་གཏན་ལ་ཕབ་པའོ།

No. 458 ང(Nga) 92b6-97b7 Toh 426

① རྡོ་རྗེ་ཨཱ་ར་ལི་ཞེས་བྱ་བའི་རྒྱུད་ཀྱི་རྒྱལ་པོ་ཆེན་པོ།

② rDo rje ā ra li zhes bya ba'i rgyud kyi rgyal po chen po

③ བཛྲ་ཨཱ་ར་ལི་མ་ཧཱ་ཏནྟྲ་རཱ་ཛ་ནཱ་མ།

④ Vajrārali-mahātantrarāja-nāma

⑤ Tr. Kāyasthāpagayadhara, Shākya ye shes

⑦ རྡོ་རྗེ་ཨཱ་ར་ལི་ལས་རྣལ་འབྱོར་མའི་གོང་ན་མེད་པ་ཞེས་བྱ་བའི་ལེའུ་སྟེ་བཅུ་པ་[4] རྫོགས་སོ།

---

1 USN མོའི། TP པོའི།

2 D དཔལ་སྒྱུ་འཕྲུལ་ཆེན་པོ་ཞེས་བྱ་བའི་རྒྱུད་ཀྱི་རྒྱལ་པོ།

3 USTN ལྷ། PD ལྷས།

4 UND པ། STP པའོ།

རྒྱ་གར་[1]གྱི་མཁན་པོ་ཀ་ཡ་སྦྲ་པ་ག་ཡ་དྷ་རའི་ཞལ་སྔ་ནས། བོད་ཀྱི་ལོ་ཙཱ་བ་[2]དགེ་སློང་ཤཱཀྱ་ཡེ་ཤེས་ཀྱིས་[3]བསྒྱུར་ཅིང་ཞུས་ཏེ་གཏན་ལ་ཕབ་པའོ།

No. 459 ང(Nga) 97b7-150b3 Toh 428

① རྣལ་འབྱོར་མའི་རྒྱུད་ཀྱི་རྒྱལ་པོ་ཆེན་པོ་དཔལ་གདན་བཞི་པ་ཞེས་བྱ་བ།

② rNal 'byor ma'i rgyud kyi rgyal po chen po dpal gdan bzhi pa zhes bya ba

③ ཤྲཱི་ཙ་ཏུར་[ཙ་ཏུཿ]པཱི་ཐ་[ཋ་]མ་ཧཱ་ཡོ་གི་ནཱི་ཏནྟྲ་རཱ་ཛ་ནཱ་མ།

④ Śrī-Catuḥpīṭhamahāyoginī-tantrarāja-nāma

⑤ Tr. Gayadhara, 'Gos lHas btsas

⑦ དཔལ་གདན་བཞི་པ་ཞེས་བྱ་བའི་རྣལ་འབྱོར་མའི་རྒྱུད་ཀྱི་རྒྱལ་པོ་ཆེན་པོ་བཅོམ་ལྡན་འདས་རྡོ་རྗེ་འཛིན་པས་འབུམ་ཕྲག་བཅོ་[4]བརྒྱད་པ་ལས་སྙིང་པོ་ལྟ་བུར་གསུངས་པ་རྫོགས་སོ། རྒྱ་གར་གྱི་མཁན་པོ་ཆེན་པོ་ག་ཡ་དྷ་ར་དང་། ཞུ་ཆེན་གྱི་ལོ་ཙཱ་བ་འགོས་ལྷས་བཙས་ཀྱིས་བསྒྱུར་ཅིང་ཞུས་ཏེ་གཏན་ལ་ཕབ་པའོ།

No. 460 ང(Nga) 150b3-179b7 Toh 429

① སྔགས་ཀྱི་ཆའི་རྒྱུད་ཀྱི་རྒྱལ་པོ་ཞེས་བྱ་བ།[5]

② sNgags kyi cha'i rgyud kyi rgyal po zhes bya ba

③ མནྟྲ་ཨཾ་ཤ་[ཤ་]ཏནྟྲ་རཱ་ཛ་ནཱ་མ།

④ Mantrāṃśa-tantrarāja-nāma

⑤ Tr. Gayadhara, 'Gos lHas btsas

⑦ གདན་བཞི་པ་ལས་ཡང་དག་པར་བཏུས་པ་སྔགས་ཀྱི་ཆའི་[6]རྒྱུད་བཤད་པ་སྐྱོར་[7]བའི་དཀྱིལ་འཁོར་ཞེས་བྱ་བ་རྫོགས་སོ།[8] རྒྱ་གར་གྱི་མཁན་པོ་ག་ཡ་དྷ་ར་དང་། ཞུ་ཆེན་གྱི་ལོ་ཙཱ་བ་འགོས་[9]ལྷས་བཙས་

---

1 U adds སྐད།

2 U omits བ།

3 U ཀྱི།

4 USTN བཅོ། PD བཅུ།

5 PD དཔལ་གདན་བཞི་པའི་བཤད་པའི་རྒྱུད་ཀྱི་རྒྱལ་པོ་སྔགས་ཀྱི་ཆ་ཞེས་བྱ་བ།

6 P ཕྱིའི།

7 U བཤད་སྐྱོར། STPD བཤད་པ་སྐྱོར། N omits བཤད།

8 PD add བཤད་པའི་རྒྱུད་མནྟྲ་ཨང་ཤ་ཞེས་བྱ་བ་ལེའུ་བདུན་པ།

9 PD add ཁྲུག་པ།

གྱིས་བསྒྱུར་[1]ཅིང་ཞུས་ཏེ་གཏན་ལ་ཕབ་པའོ།[2]

No. 461 ང(Nga) 179b7-225b8 Toh 430

① རྣལ་འབྱོར་མ་ཐམས་ཅད་གསང་བའི་རྒྱུད་ཀྱི་རྒྱལ་པོ་དཔལ་གདན་བཞི་པ་ཞེས་བྱ་བ།[3]

② rNal 'byor ma thams cad gsang ba'i rgyud kyi rgyal po dpal gdan bzhi pa zhes bya ba

③ ཤྲཱི་ཙ་ཏུ་ར་[ཙ་ཏུཿ]པཱི་ཐ་[ཋ་]མ་ཧཱ་ཡོ་གི་ནཱི་གུ་ཧྱ་སརྦ་ཏནྟྲ་[ཏནྟྲཱ་]ར་[རཱ་]ཛ།

④ Śrī-Catuḥpīṭhamahāyoginī-guhyasarvatantrarāja[4]

⑤ Tr. Smṛtijñānakīrti

⑦ གདན་བཞི་པ་ལས་སྦྱོར་བའི་རབ་ཏུ་བྱེད་པ་གདན་བཞིའི་ལེའུ་ཞེས་བྱ་བ་རྫོགས་སོ། །འདི་ནི་གསང་བ་ཐམས་ཅད་ཀྱི་རྒྱུད་ཅེས་བྱ་བ། སྨྲྀ་ཏི་ཛྙཱ་ན་ཀཱིརྟིས་གསར་དུ་བསྒྱུར་ཏེ། བཤད་ཅིང་གཏན་ལ་ཕབ་པའོ།[5]

No. 462 ང(Nga) 225b8-270b3 Toh 431

① དཔལ་གཏུམ་པོ་ཁྲོ་བོ་ཆེན་པོའི་[6]རྒྱུད་ཀྱི་རྒྱལ་པོ་[7]ཞེས་བྱ་བ།

② dPal gtum po khro bo chen po'i rgyud kyi rgyal po zhes bya ba

③ ཤྲཱི་ཙཎྜ་མ་ཧཱ་རོ་ཥ་ཎ་ཏནྟྲ་རཱ་ཛ་[ཛཱ་]ནཱ་མ།

④ Śrī-Caṇḍamahāroṣaṇa-tantrarāja-nāma

⑤ Tr. Ratnaśrī, Grags pa rgyal mtshan

⑦ དཔལ་གཏུམ་པོ་ཁྲོ་བོ་ཆེན་པོའི་རྒྱུད་ཀྱི་རྒྱལ་པོ་རྫོགས་སོ། །ཐེག་པ་ཆེན་པོ་ཡང་དག་པའི་དགེ་བའི་བཤེས་གཉེན་མཁྱེན་པ་དང་བརྩེ་བ་དང་། །ཕྲིན་ལས་དཔག་ཏུ་མེད་པ་མངའ་བ་བླ་མ་ཆེན་པོ་རིན་ཆེན་རྒྱལ་མཚན་གྱི་སྙན་དྲིན་ལ་བརྟེན་ནས། བླ་མ་དུས་འཁོར་བ་ཆེན་པོ་ཤེས་རབ་སེང་གེས་བསྐུལ་ཞིང་སྦྱིན་བདག་མཛད་པ་ལ་རྟེན་ནས་[8]དཔལ་ལྡན་ས་སྐྱའི་གཙུག་ལག་ཁང་ཆེན་པོར། པཎྜི་ཏ་རཏྣ

---

1 UTN སྒྱུར། SPD བསྒྱུར།

2 S adds Rañjanā script after ཕབ་པའོ།, cf. Appendix.

3 PD དཔལ་གདན་བཞི་པའི་རྣམ་པར་བཤད་པའི་རྒྱུད་ཀྱི་རྒྱལ་པོ་ཞེས་བྱ་བ།

4 U(STN) śrīcaturpīthamahāyoginī(S i)guhyasarvatantaraja(SN trarāja, T traraja), D-Cat(P-Cat) Śrīcatuḥ(r)pīṭhavikhyātatantrarājanāma

5 PD colophon after རྫོགས་སོ།, cf. Appendix.

6 T པོ།

7 DP-Cat add དཔའ་བོ་གཅིག་པ།

8 UT རྟེན་ནས། SPND བརྟེན་ནས།

ཤྲཱིའི་[1] ཞལ་སྔ་ནས་ལོ་ཙཱ་བ་གྲགས་པ་རྒྱལ་མཚན་གྱིས་[2] སྤྲུལ་གྱི་ལོ་[3] སྨིན་དྲུག་གི་ཟླ་བའི་དཀར་པོའི་ཚེས་བཅུ་ལ་རྫོགས་པར་བསྒྱུར་རོ།

No. 463 ང(Nga) 270b4-283a1 Toh 432

① འཕགས་པ་མི་གཡོ་བའི་རྟོག་པའི་རྒྱུད་ཀྱི་རྒྱལ་པོ།

② 'Phags pa mi g.yo ba'i rtog pa'i rgyud kyi rgyal po

③ ཨཱརྻ་ཨ་ཙ་ལ་ཀལྤ་ཏནྟྲ་རཱ་ཛཱ།[རཱ་ཛ།]

④ Ārya-Acalakalpa-tantrarāja

⑤ Tr. Atuladāsavajra, Mar pa Chos kyi dbang phyug grags pa

⑦ འཕགས་པ་མི་གཡོ་བའི་རྟོག་པའི་རྒྱུད་ཀྱི་རྒྱལ་པོ་འབུམ་པ་ལས་དངོས་གྲུབ་ཐམས་ཅད་ཡོངས་སུ་འབྱུང་བ་ཞེས་བྱ་བའི་རྟོག་པ་རྫོགས་སོ། པཎྜི་ཏ་ཨ་ཏུ་ལ་དཱ་ས་བཛྲ་དང་། བོད་ཀྱི་ལོ་ཙཱ་བ་མར་པ་བན་དྷེ་ཆོས་ཀྱི་དབང་ཕྱུག་གྲགས་པས་བསྒྱུར་བའོ།

No. 464 ང(Nga) 283a2-285b5 Toh 433

① ཁྲོ་བོའི་རྒྱལ་པོ་ཐམས་ཅད་གསང་བའི་[4] རྒྱུད་ཅེས་བྱ་བ།

② Khro bo'i rgyal po thams cad gsang ba'i rgyud ces bya ba

③ ཀྲོ་དྷ་རཱ་ཛ་སརྦ་མནྟྲ་གུ་ཧྱ་ཏནྟྲ་ནཱ་མ།

④ Krodharājasarvamantra-guhyatantra-nāma

No. 465 ང(Nga) 285b5-288a6 Toh 434

① འཕགས་པ་མི་གཡོ་བའི་གསང་རྒྱུད་ཆེན་པོ།

② 'Phags pa mi g.yo ba'i gsang rgyud chen po

③ ཨཱརྻ་ཨ་ཙ་ལ་མ་ཧཱ་གུ་ཧྱེ་[གུ་ཧྱ་]ཏནྟྲ།

④ Ārya-Acalamahāguhyatantra

⑦ འཕགས་པ་མི་གཡོ་བའི་རྒྱུད་གསང་བ་ཆེན་པོ།

---

1 UTPND ཤྲཱིའི། S ཤྲཱི།

2 UTN གྱི། SPD གྱིས།

3 N omits ལོ།

4 UTN གསང་བའི། SPD གསང་སྔགས་གསང་བའི།

No. 466 ང(Nga) 288a6-301b7 Toh 435

① རྡོ་རྗེ་བདུད་རྩིའི་རྒྱུད།

② rDo rje bdud rtsi'i rgyud

③ བཛྲ་ཨ་མྲི་ཏ་ཏནྟྲ།

④ Vajrāmṛta-tantra

⑤ Tr. Gyi jo Zla ba'i 'od zer

⑦ རྡོ་རྗེ་བདུད་རྩིའི་རྒྱུད་ལོ་ཙཱ་བ་གྱི་ཇོ་ཟླ་བའི་འོད་ཟེར་གྱིས་བསྒྱུར་ཅིང་ཞུས་ཏེ་གཏན་ལ་ཕབ་པའོ།[1]

No. 467 ང(Nga) 301b8-304b3 Toh 436

① རིགས་ཀྱི་འཇིག་རྟེན་མགོན་པོའི་[2] ལྔ་བཅུ་པ་ཞེས་བྱ་བ།

② Rigs kyi 'jig rten mgon po'i lnga bcu pa zhes bya ba

③ ཀུ་ལ་ལོ་ཀ་ནཱ་ཐཱ་[ཐ་]པཉྩ་ད་ཤ་ཀ་ནཱ་མ།

④ Kulalokanāthapañcadaśaka-nāma

⑤ Tr. Vimalaśrībhadra, Shud ke Grags pa rgyal mtshan

⑦ ཞེས་པ་ནི་དཔལ་པདྨ་འབར་བའི་རྒྱུད་ཆེན་པོ་ལས་བྱུང་བ་རིགས་ཀྱི་འཇིག་རྟེན་མགོན་པོའི་[3] ལྔ་བཅུ་པ་རྫོགས་སོ། པཎྜི་ཏ་ཆེན་པོ་བི་མ་ལ་ཤྲཱི་བྷ་དྲའི་ཞལ་སྔ་ནས། བྱང་ཆུབ་རིན་ཆེན་གྱིས་བསྐུལ་ནས། ཤུད་ཀེ་[4] གྲགས་པ་རྒྱལ་མཚན་གྱིས་དཔལ་ས་སྐྱའི་གཙུག་ལག་ཁང་ཆེན་པོར་བསྒྱུར་བའོ།

No. 468 ང(Nga) 304b3-321a4 Toh 437

① འཕགས་མ་སྒྲོལ་མ་ཀུ་རུ་ཀུལླེའི་རྟོག་པ།

② 'Phags ma sgrol ma ku ru kulle'i rtog pa

③ ཨཱརྱ་ཏཱ་རཱ་ཀུ་རུ་ཀུལླེ་ཀལྤ།

④ Ārya-Tārākurukullekalpa

⑤ Tr. Kṛṣṇa paṇḍita, Tshul khrims rgyal ba

⑦ འཕགས་མ་[5] སྒྲོལ་མ་ཀུ་རུ་ཀུ་ལླེའི་རྟོག་པ་རྫོགས་སོ། རྒྱ་གར་གྱི་མཁན་པོ་ཀྲྀཥྞ་པཎྜི་ཏ་དང་། ལོ་ཙཱ་བ་དགེ་སློང་ཚུལ་ཁྲིམས་རྒྱལ་བས་བསྒྱུར་ཅིང་ཞུས་ཏེ་གཏན་ལ་ཕབ་པ།

---

1 P omits རྡོ་རྗེ་ … ཕབ་པའོ།. P, cf. Appendix.

2 UST པོའི། PD པོ།

3 UTP པོའི། S པའི། D པོ།

4 USD ཤུད་ཀེ། T ཤུ་ཧྐེ། P ཤུད་ཀ།

5 P པ།

No. 469 ང(Nga) 321a4-322b4 Toh 438

① འཕགས་མ་ལྷ་མོ་སྒྲོལ་མ་ལ་ཕྱག་འཚལ་བ་ཉི་ཤུ་རྩ་གཅིག་གིས་བསྟོད་པ་སྒྲོལ་མ་ལས་སྣ་ཚོགས་བསྟན་པའི་རྒྱུད་ལས་ཕྱུང་བ།[1]

② 'Phags ma lha mo sgrol ma la phyag 'tshal ba nyi shu rtsa gcig gis bstod pa sgrol ma las sna tshogs bstan pa'i rgyud las phyung ba

⑦ སངས་རྒྱས་དང་བྱང་ཆུབ་སེམས་དཔའ་ཐམས་ཅད་ཀྱིས་གསུངས་པ་བཅོམ་ལྡན་འདས་མ་འཕགས་མ་ལྷ་མོ་སྒྲོལ་མ་ལ་ཕྱག་འཚལ་བ་ཉི་ཤུ་རྩ་གཅིག་གིས་བསྟོད་པ་སྒྲོལ་མ་ལས་སྣ་ཚོགས་བསྟན་པའི་རྒྱུད་ལས་ཕྱུང་བ་རྫོགས་སོ།[2]

No. 470 ང(Nga) 322b4-325a2 Toh 439

① རྡོ་རྗེ་ཕུར་པ་རྩ་བའི་རྒྱུད་ཀྱི་དུམ་བུ།

② rDo rje phur pa rtsa ba'i rgyud kyi dum bu

③ བཛྲ་ཀཱི་ལ་ཡ་མཱུ་ལ་ཏནྟྲ་ཁཎྜ།

④ Vajrakīlayamūlatantrakhaṇḍa

⑤ Tr. Sa skya Paṇḍita

⑦ རྡོ་རྗེ་ཕུར་པ་རྩ་བའི་རྒྱུད་ཀྱི་[3]དུམ་བུ་སློབ་དཔོན་པད་མ་འབྱུང་གནས་དངོས་ཀྱི་རྒྱ་དཔེ་དང་འཐུན་[4]པར་དཔལ་ལྡན་ས་སྐྱ་པཎྜི་ཏས། གཡས་རུའི་སའི་ཆ་ཤངས་ཀྱི་སྲིབ་ཞིང་དུ་བསྒྱུར་ཅིང་ཞུས་ཏེ་གཏན་ལ་ཕབ་པའོ།

No. 471 ང(Nga) 325a2-371a5 Toh 440

① ནག་པོ་ཆེན་པོ་ཞེས་བྱ་བའི་[5]རྒྱུད་ཀྱི་རྒྱལ་པོ།

② Nag po chen po zhes bya ba'i rgyud kyi rgyal po

③ མ་ཧཱ་ཀཱ་ལ་ཏནྟྲ་རཱ་ཛཱ་[ཛ་]ནཱ་མ།

④ Mahākāla-tantrarāja-nāma

---

1 Title from the colophon. D-Cat སྒྲོལ་མ་ལ་ཕྱག་འཚལ་བ་ཉི་ཤུ་རྩ་གཅིག་གིས་བསྟོད་པ་ཕན་ཡོན་དང་བཅས་པ། P-Cat Bcom-ldan-ḥdas-ma sgrol-ma-la yaṅ-dag-par-rdsogs-paḥi saṅs-rgyas bstod-pa gsuṅs-pa

2 PD colophon, cf. Appendix.

3 U ཀྱིས། STPND ཀྱི།

4 USTPN འཐུན། D མཐུན།

5 U omits བའི།

⑤ Tr. Samantaśrī, Rwa Chos rab

⑦ འདི་ནི་དཔལ་ནག་པོ་ཆེན་པོའི་རྒྱུད་ཀྱི་རྒྱལ་པོ་ལས་ཨ་ཐར་པ་ཤ་ཟ་རིའི་སྔགས་ཀྱི་ལེའུ་སྟེ་ལྔ་བཅུ་པ་རྫོགས་སོ། ལྷང་འཕྲུལ་གྱི་གཙུག་ལག་ཁང་ཆེན་པོ་ར་ས་ར་མོ་ཆེར་ཕ་རྒྱལ་ཁམས་པས་ཞུས་པའི་དོན་དུ། པཎྜི་ཏ་ཆེན་པོ་ས་མནྟ་ཤྲཱི་དང་། ཞུ་ཆེན་གྱི་ལོ་ཙྪ་བ་རྭ་དགེ་སློང་ཆོས་རབ་ཀྱིས་བསྒྱུར་ཅིང་ཞུས་ཏེ་གཏན་ལ་ཕབ་པའོ།

## No. 472 ང(Nga) 371a5-375a7 Toh 441

① ཇི་བཞིན་བརྙེས་པ་ནམ་མཁའ་དང་མཉམ་པ་ཞེས་བྱ་བའི་རྒྱུད།

② Ji bzhin brnyes pa nam mkha' dang mnyam pa zhes bya ba'i rgyud

③ ཡ་ཐཱ་ལབྡྷཱ་[ལབྡྷ་]ཁ་ས་མ་ཏནྟྲ་ནཱ་མ།

④ Yathālabdhakhasama-tantra-nāma

⑤ Tr. Kṣakagaṇa, Mang 'or Byang chub shes rab

⑦ ཇི་བཞིན་བརྙེས་པ་ནམ་མཁའ་དང་མཉམ་པའི་རྒྱུད་རྫོགས་སོ། རྒྱ་གར་གྱི་མཁན་པོ་ཆེན་པོ་ཀྵ་ཀ་ག་ཎ[1] དང་། ལོ་ཙྪ་བ་མང་འོར་དགེ་སློང་བྱང་ཆུབ་ཤེས་རབ་ཀྱིས་བསྒྱུར་ཅིང་ཞུས་ཏེ་གཏན་ལ་ཕབ་པའོ།[2]

## Volume 101 རྒྱུད། ཙ (1–413)

## No. 473 ཙ(Ca) 1b1-73b1 Toh 442

① དཔལ་གསང་བ་འདུས་པ་ཞེས་བྱ་བ་རྒྱུད་ཀྱི་རྒྱལ་པོ་ཆེན་པོ།[3]

② dPal gsang ba 'dus pa zhes bya ba rgyud kyi rgyal po chen po

③ ཤྲཱི་གུ་ཧྱ་ས་མ་[མཱ་]ཛ་མ་ཧཱ་ཏནྟྲ་རཱ་ཛ་ནཱ་མ།

④ Śrī-Guhyasamāja-mahātantrarāja-nāma[4]

⑤ Tr. Śraddhākaravarma, Rin chen bzang po

⑥ Rev. Śrījñānakara, 'Gos lHas btsas

---

1 UST ཀྵ་ཀ་ག་ཎ། P ཏཀྵ་ཀ་ག་ན། D ཏཀྵ་ཀ་ག་ཎ།

2 UT add (AW, editor’s note) after ཕབ་པའོ།, cf. Appendix.

3 PD དེ་བཞིན་གཤེགས་པ་ཐམས་ཅད་ཀྱི་སྐུ་གསུང་ཐུགས་ཀྱི་གསང་ཆེན་གསང་བ་འདུས་པ་ཞེས་བྱ་བ་བརྟག་པའི་རྒྱལ་པོ་ཆེན་པོ།

4 USTN śrīguhyasamajamahātantrarājanāma, D-Cat(P-Cat) Sarvatathāgatakāyavākcittarahasya(o)guhyasamāja-nāma-mahākalparāja

⑦ [1]དེ་བཞིན་གཤེགས་པ་ཐམས་ཅད་ཀྱི་སྐུ་དང་གསུང་དང་ཐུགས་གསང་ཞིང་རབ་ཏུ་གསང་བ་ཞེས་བྱ་བ་རྟོག་པ་ཆེན་པོའི་རྒྱལ་པོ་རྫོགས་སོ། །རྒྱ་གར་གྱི་མཁན་པོ་ཤྲདྡྷཱ[2]ཀ་ར་ཝརྨ[3]དང་། ཞུ་ཆེན་གྱི་ལོ་ཙྪ་བ་དགེ་སློང་རིན་ཆེན་བཟང་པོས་བསྒྱུར་ཅིང་ཞུས་ཏེ་གཏན་ལ་ཕབ་པ། །རྒྱ་གར་གྱི་མཁན་པོ་ཤྲཱི་ཛྙཱ་ན་ཀ་ར་བས་བཤད་ནས། ཞུ་ཆེན་གྱི་ལོ་ཙྪ་བ་འགོས་ལྷས་བཙས་ཀྱིས་ཞུས་གཏུགས་གཡར་ཁྲལ་དུ་འཚལ་བའོ། །འདུས་པའི་རྩ་རྒྱུད[4]ལ་ལོ་ཆེན་གྱིས་བསྒྱུར་བ་མང་དུ་སྣང་ན་འང་། འགོས་ཀྱིས་འགྱུར་བཅོས་མཛད་པ་ཞུང་བར་སྣང་ལ། འགྲེལ་བའི་བཤད་པ་འགོས་འགྱུར་གྱི་སྟེང་ནས་བྱེད་པ་ལ་རྒྱུད་ཀྱི་འགོས[5]འགྱུར་གལ་ཆེ་བར་མཐོང་ནས་བྲིས་པའོ།

No. 474 ཅ(Ca) 73b1-85a2 Toh 443

① (རྒྱུད་ཕྱི་མ།)[6]

② (rGyud phyi ma)

⑤ Tr. Śraddhākaravarma, Rin chen bzang po

⑦ དེ་བཞིན་གཤེགས་པ་ཐམས་ཅད་ཀྱི་སྐུ་དང་གསུང་དང་ཐུགས་ཀྱི་གསང་བ་ཆེན་པོ་གསང་བ་འདུས་པ་ལས། གསང་བ་ཐམས་ཅད་སྟོན་པ་རྡོ་རྗེའི་ཡེ་ཤེས་ཀྱིས་བྱིན་གྱིས་རློབ་པ་ཞེས་བྱ་བ[7]ལེའུ་སྟེ་བཅོ[8]བརྒྱད་པ་རྫོགས་སོ། །རྒྱ་གར་གྱི་མཁན་པོ་ཨཱ་ཙརྻ་ཤྲདྡྷཱ་ཀ་ར་བརྨ་དང་། ཞུ་ཆེན་གྱི་ལོ་ཙྪ་བ་དགེ་སློང་རིན་ཆེན་བཟང་པོས་བསྒྱུར་ཅིང་བཅོས[9]ཏེ་གཏན་ལ་ཕབ་པའོ།

No. 475 ཅ(Ca) 85a2-145b8 Toh 444

① དགོངས་པ་ལུང་བསྟན་པ་ཞེས་བྱ་བའི་རྒྱུད།

② dGongs pa lung bstan pa zhes bya ba'i rgyud

③ སན་དྷི་[སནྡྷི་]བྱཱ་ཀ་ར་ཎ་ནཱ་མ་ཏནྟྲ།

④ Sandhivyākaraṇa-nāma-tantra

---

1 PD colophon, cf. Appendix.

2 UN ཤྲདྡྷཱ། S ཤྲདྡྷ། T ཤུདྡྷ།

3 UN ཝརྨཱ། ST ཝརྨ།

4 UTN རྒྱུད། S བརྒྱུད།

5 UTN འགོས། S འགོག

6 Title from D-Cat 443.

7 PD བའི།

8 PD བཅུ།

9 P omits ཅིང་བཅོས།

⑤ Tr. Dharmaśrībhadra, Rin chen bzang po

⑦ དགོངས་པ་ལུང་བསྟན་པ་ཞེས་བྱ་བའི་རྒྱུད་རྫོགས་སོ། རྒྱ་གར་གྱི་མཁན་པོ་དྷརྨ་ཤྲཱི་བྷ་དྲ་དང་། ཞུ་ཆེན་གྱི་ལོ་ཙཱ་བ་དགེ་སློང་རིན་ཆེན་བཟང་པོས་བསྒྱུར་ཅིང་ཞུས་ཏེ་གཏན་ལ་ཕབ་པ།

No. 476 ཙ(Ca) 145b8-226b2 Toh 445

① རྣལ་འབྱོར་ཆེན་པོའི་རྒྱུད་དཔལ་རྡོ་རྗེ་ཕྲེང་[1]བ་མངོན་པར་བརྗོད་པ་རྒྱུད་ཐམས་ཅད་ཀྱི་སྙིང་པོ་གསང་བ་རྣམ་པར་ཕྱེ་བ་ཞེས་བྱ་བ།

② rNal 'byor chen po'i rgyud dpal rdo rje phreng ba mngon par brjod pa rgyud thams cad kyi snying po gsang ba rnam par phye ba zhes bya ba

③ ཤྲཱི་བཛྲ་མཱ་ལཱ་ཨ་བྷི་དྷཱ་ན་མ་ཧཱ་ཡོ་ག་ཏནྟྲ་སརྦ་ཏནྟྲ་ཧྲི་ད་ཡ་ར་ཧ་སྱ་བྷེ་ད་ཀམ་ཨི་ཏི།

④ Śrī-Vajramālābhidhānamahāyogatantra-sarvatantrahṛdayarahasyabhedakam iti[2]

⑤ Tr. Sujanaśrījñāna, lHa btsan po Zhi ba'i 'od

⑦ རྣལ་འབྱོར་ཆེན་པོའི་རྒྱུད་དཔལ་རྡོ་རྗེ་ཕྲེང་[3]བ་མངོན་པར་རྟོགས་པ་ལས་རྒྱུད་ཐམས་ཅད་ཀྱི་སྙིང་པོ་གསང་བ་རྣམ་པར་ཕྱེ་བ་ཞེས་བྱ་བ་རྫོགས་སོ། ཐུགས་དམ་སའི་སྙིང་པོ་ཐོ་ལིང་སྙིང་པོ་དཔལ་དཔེ་མེད་ལྷུན་གྱིས་གྲུབ་པའི་གཙུག་ལག་ཁང་དུ་རྒྱ་གར་གྱི་མཁན་པོ་སུ་ཛ་ན་ཤྲཱི་ཛྙཱ་ན་དང་། སྒྲ་བསྒྱུར་གྱི་ལོ་ཙཱ་བ་ཆེན་པོ་བོད་ཀྱི་ལྷ་བཙན་པོ་བླ་མ་དགེ་སློང་ཞི་བའི་འོད་ཀྱི་ཞལ་སྔ་ནས་བསྒྱུར་ཅིང་ཞུས་ཏེ་གཏན་ལ་ཕབ་པ།

No. 477 ཙ(Ca) 226b2-231a8 Toh 446

① ལྷ་མོ་བཞིས་ཡོངས་སུ་ཞུས་པ།

② lHa mo bzhis yongs su zhus pa

③ ཙ་ཏུར་དེ་བི་ཏི་[ཙ་ཏུརྡེ་བཱི་]པ་རི་པྲི་ཙྪཱ།[པ་རི་པྲི་ཙྪཱ།]

④ Caturdevīparipṛcchā

⑤ Tr. Smṛtijñānakīrti

⑦ ཐམས་ཅད་ཀྱི་[4]གསང་བའི་མཆོག་དམ་པ་གསང་ཆེན་ཞེས་བྱ་བའི་རྒྱུད་ལྷ་མོ་བཞིས་ཡོངས་སུ་ཞུས་

---

[1] UTPD ཕྲེང་། SN འཕྲེང་།

[2] USTN bhedakamiti, D vibhadakamiti, P vitakamiti, D-Cat vibhaṅga-nāma, P-Cat vibhaṅga-iti, S-Cat bhedakamiti, N-Cat bhedakam iti

[3] UTPND ཕྲེང་། S འཕྲེང་།

[4] UTN ཀྱིས། SPD ཀྱི།

པ་དཔལ་ཨུཙྪན་[1]ཀྱི་ཡུལ་ནས་བྱུང་བ་རྣལ་འབྱོར་མ་ཆེན་མོའི་དེ་ཁོ་ན་ཉིད་རྫོགས་སོ། རྒྱ་གར་གྱི་མཁན་པོ་སྨྲི་[2]ཏི་ཛྙཱ་ན་ཀཱིརྟི་ཉིད་ཀྱིས་བསྒྱུར་ཅིང་ཞུས་ཏེ་བཤད་ནས་གཏན་ལ་ཕབ་པའོ།

No. 478 ཅ(Ca) 231a8-236a6 Toh 447

① ཡེ་ཤེས་རྡོ་རྗེ་ཀུན་ལས་བཏུས་པ་ཞེས་བྱ་བའི་རྒྱུད།

② Ye shes rdo rje kun las btus pa zhes bya ba'i rgyud

③ བཛྲ་ཛྙཱ་ན་ས་མུ་ཙྪ་[ཙྩ]ཡ་ནཱ་མ་ཏནྟྲ།

④ Vajrajñānasamuccaya-nāma-tantra

⑤ Tr. Jñānakara, Khu ston dNgos grub

⑥ Rev. Jñānakara, Tshul khrims rgyal ba

⑦ ཡེ་ཤེས་རྡོ་རྗེ་ཀུན་ལས་བཏུས་པ་ཞེས་བྱ་བ་རྣལ་འབྱོར་ཆེན་པོའི་རྒྱུད་ལས་བདེ་བ་ཆེན་པོའི་ལེའུ་སྟེ་རིམ་པར་ཕྱེ་བ་གཉིས་པའོ་རྫོགས་སོ། རྒྱ་གར་གྱི་མཁན་པོ་ཛྙཱ་ན་ཀ་རའི་ཞལ་སྔ་ནས་དང་། ཞུ་ཆེན་གྱི་ལོ་ཙྪ་བ་ཁུ་སྟོན་དངོས་གྲུབ་ཀྱིས་བསྒྱུར། སླད་ནས་བླ་མ་དེ་ཉིད་དང་། དགེ་སློང་ཚུལ་ཁྲིམས་རྒྱལ་བས་ཞུས་ཤིང་གཏན་ལ་ཕབ་པའོ། ཡེ་ཤེས་རྡོ་རྗེ་ཀུན་ལས་བཏུས། རྣལ་འབྱོར་ཆེན་པོའི་གསལ་བྱེད་ཡིན། ཡེ་ཤེས་རང་བཞིན་འཁོར་བ་དང་། མྱ་ངན་འདས་པའི་ངོ་བོའོ། དེ་གཉིས་དབྱེར་མེད་རྡོ་རྗེ་སྟེ། ཀུན་འདིར་འདུས་པས་ཀུན་ལས་བཏུས། དེ་སྟོན་པ་ལ་དེར་བཏགས་ནས། གཞུང་ལ་འང་མིང་དོན་འཚམ་[3]པ་ཡིན།

No. 479 ཅ(Ca) 236a6-261a1 Toh 451

① དཔལ་རྡོ་རྗེ་སྙིང་པོ་རྒྱན་གྱི་རྒྱུད་ཅེས་བྱ་བ།

② dPal rdo rje snying po rgyan gyi rgyud ces bya ba

③ ཤྲཱི་བཛྲ་ཧྲི་[ཧྲྀ]ད་ཡ་ཨ་ལཾ་ཀཱ་ར་[ཨ་ལངྐཱ་ར་]ཏནྟྲ་ནཱ་མ།

④ Śrī-Vajrahṛdayālaṅkāra-tantra-nāma

⑤ Tr. Kamalagupta, mNga' bdag lha Ye shes rgyal mtshan

---

1 UTN ཨུཙྪན། S ཨོྃཙྪན། P ཨུ་རྒྱན། D ཨོཊྚན།

2 UN སྨྲིག STP སྨྲི། D སྨྲྀ།

3 UTND འཚམ། S འཚམས། P མཚམ།

⑦ དཔལ་རྡོ་རྗེ་སྙིང་པོ་རྒྱན་གྱི་རྒྱུད་རྣལ་འབྱོར་ཆེན་པོའི་དེ་ཁོ་ན་ཉིད་ངེས་པ་ཅེས[1]་བྱ་བ་དཔལ་ཨུཌྜན[2]་གྱི་གསང་བའི་དགོན་པ་ནས་བྱུང་བ་རྫོགས་སོ། །རྒྱ་གར་གྱི་མཁན་པོ་ཀ་མ་ལ་གུཔྟ་དང་། བོད་ཀྱི་ལོ་ཙཱ་བ་ཆེན་པོ་མངའ་བདག་ལྷ་ཡེ་ཤེས་རྒྱལ་མཚན་གྱིས་བསྒྱུར་ཅིང་ཞུས་ཏེ་གཏན[3]་ལ་ཕབ་པ།[4]

No. 480 ཅ(Ca) 261a2-308b3 Toh 452

① འཕགས་པ་གཉིས་སུ་མེད་པ་མཉམ་པ་ཉིད་རྣམ་པར་རྒྱལ་བ་ཞེས་བྱ་བའི་རྟོག་པའི་རྒྱལ་པོ་ཆེན་པོ།[5]

② 'Phags pa gnyis su med pa mnyam pa nyid rnam par rgyal ba zhes bya ba'i rtog pa'i rgyal po chen po

⑤ Tr. Bu ston

⑦ འཕགས་པ་གཉིས་སུ་མེད་པ་མཉམ་པ་ཉིད་རྣམ་པར་རྒྱལ་བ་ཞེས་བྱ་བའི་རྟོག་པའི་རྒྱལ་པོ་ཆེན་པོ་རྫོགས་སོ། །མཁན་ཆེན་ཐར་པ་ལོ་ཙཱ་བའི་ཕྱག་དཔེའི་གསེབ་ནས་ཤོག་ཡར་ལྔ་བྱུང་བ་སྔར་བསྒྱུར་བ་ལས། ཕྱིས་ཉང་སྟོད་སྟོན་འགྲོའི་གཙུག་ལག་ཁང་ནས་རྒྱ་དཔེ་ལྷག་མ་རྣམས་རྙེད་ནས་བསྒྱུར་བར་རྩོམ[6]་པ་ན། དཔལ་དུས་ཀྱི་འཁོར་ལོའི་ཕྱི་ནང་གཞན་གསུམ་གྱི[7]་ཚུལ་ལ་མི་འཇིགས་པའི་སྤོབས་པ་ཐོབ་པའི་བླ་མ་ཡང་དག་པའི[8]་དགེ་བའི་བཤེས་གཉེན་ཆེན་པོ་ལེགས་པར་སྦྱར་བའི་སྐད་ཀྱི་བརྡའ[9]་སྤྲོད་པའི་ཚུལ་ལ་བློ་གྲོས་ཤིན་ཏུ་བྱང་བའི་འཇིག་རྟེན་གྱི་མིག་ཆོས་གྲགས་དཔལ་བཟང་པོའི་བཀའ་བསྐུལ་ཞིང་སྦྱིན་བདག་མཛད་ནས། བུ་སྟོན་གྱིས་བསྒྱུར་བའི་ཡི་གེ་པ་ནི་དགེ་སློང་རིན་ཆེན་རྒྱལ་མཚན་ནོ།[10] རྒྱུད་མིན་རྒྱུད་ལྟར་བཅོས་པ་ཡི། ཆོས་མིན་སུན་དབྱུང་བྱ་ཕྱིར་དང་། དམ་ཆོས་སྣང་བ་སྤེལ་བའི་ཕྱིར། ཇི་ལྟར་ནུས་བཞིན་བསྒྱུར་བ་ལགས། འདི་དོན་འབྱེད་པའི་འགྲེལ་བ[11]་དང་། རྒྱ་དཔེའི་དཔེ་དཔང་མ་རྙེད་ཅིང་། དོན་ཟབ་སྒྲ་ནི་རྟོགས་དཀའ་ལ། སཾ་སྐྲི་ཏ་ལ་མ་བྱང་བས། སྒྲ་དོན་ཇི་བཞིན་

---

1 USTN ཅེས། PD ཞེས།

2 UTN ཨུཌྜན། S ཨོཾཌྜན། P ཨུ་ཊྚནི། D(Nyingma ed.) ཨོཾཌྜཱན། D(Delhi ed.) ཨོཾཌྜན།

3 P བཏན།

4 P adds Dhā after ཕབ་པ།, cf. Appendix.

5 Title from the colophon. Cf. Appendix.

6 U ཙོམ། STPND རྩོམ།

7 U omits གྱི། P གྱིས།

8 D པའི།

9 UTN བརྡའ། SPD བརྡ།

10 D མཚན་པའོ།

11 U བ། STPND པ།

མ་འབྱོར་བའི། ནོངས་དེ་མཁས་རྣམས་བཟོད་མཛད་ཅིང་། ཕྱིས་འབྱུང་སྐད་གཉིས་སླ་རྣམས་ཀྱིས།
མ་དག་ཤེས་ན་བཅོས་པར་ཞུ། རྒྱུད་ཆེན་འདི་ནི་བསྒྱུར་བ་ལས། དགེ་བ་བདག་གིས་གང་ཐོབ་པ། དེ་
ཡིས་མཐའ་ཡས་འགྲོ་བ་ཀུན། རྡོ་རྗེ་འཆང་ཆེན་ཉིད་གྱུར་ཅིག[1]

No. 481 ཅ(Ca) 308b3-310b2 Toh 454

① འཕགས་པ་ལག་ན་རྡོ་རྗེ་གོས་སྔོན་པོ་ཅན་དྲག་པོ་གསུམ་འདུལ་[2]ཞེས་བྱ་བའི་རྒྱུད།

② 'Phags pa lag na rdo rje gos sngon po can drag po gsum 'dul zhes bya ba'i rgyud

③ ཨཱརྱ་ནཱི་ལཾ་བ་ར་[ནཱི་ལཱཾ་བ་ར་]དྷ་ར་བཛྲ་པཱ་ཎི་རུ་དྲ་ཏྲི་བཱ་ནི་[བི་ན་ཡ་]ཏནྟྲ་ནཱ་མ།

④ Ārya-Nīlāmbaradharavajrapāṇirudratrivinaya[3]-tantra-nāma

⑤ Tr. Devapuṇyāmati, Chos kyi bzang po

⑦ འཕགས་པ་ལག་ན་རྡོ་རྗེ་གོས་སྔོན་པོ་ཅན་དྲག་པོ་གསུམ་འདུལ་བ་[4]ཞེས་བྱ་བའི་རྒྱུད་རྫོགས་སོ། བལ་པོའི་པཎྜི་ཏ་དེ་བ་པུ་ཎྱ་མ་ཏི་[5]དང་། ལོ་ཙཱ་བ་དགེ་སློང་ཆོས་ཀྱི་བཟང་པོས་བསྒྱུར་བའོ།

No. 482 ཅ(Ca) 310b2-315b3 Toh 455

① གསང་བའི་རྒྱུད་རྣམས་ཀྱི་རྣམ་པར་འབྱེད་པ་དྲག་པོ་གསུམ་འདུལ་ཞེས་བྱ་བ།

② gSang ba'i rgyud rnams kyi rnam par 'byed pa drag po gsum 'dul zhes bya ba

③ རུ་དྲ་ཏྲི་ཏནྟྲ་གུ་ཧྱ་བི་ཝ་ར་ཏི་[བི་ཝརྟི་]བྲི་ན་ཡ་[བི་ན་ཡ་]ནཱ་མ།

④ Rudratritantraguhyavivartivinaya-nāma[6]

⑤ Tr. Devapuṇyāmati, Chos kyi bzang po

⑦ གསང་བའི་རྒྱུད་རྣམ་པར་འབྱེད་པ་དྲག་པོ་གསུམ་འདུལ་ཞེས་བྱ་བ་ལས་ལས་བསྟན་པའི་ལེའུ་གསུམ་པ་རྫོགས་སོ། རྒྱ་གར་གྱི་མཁན་པོ་དེ་བ་པུ་ཎྱ་མ་ཏི་[7]དང་། ལོ་ཙཱ་བ་དགེ་སློང་ཆོས་ཀྱི་བཟང་པོས་བསྒྱུར་བའོ།

---

1 PND add (colophon note, editor's note, Dhā, AW) after ཅིག, cf. Appendix.

2 PD add བ།

3 UN(ST) rudratrivāni(vīna), PD rudravitrivina, D-CatP-CatS-CatN-Cat rudratrivinaya

4 T omits དྲག་པོ་གསུམ་འདུལ་བ།

5 UN devapuṇyāmati, STD devapuṇyamati, P devapurṇyamati, D-Cat Devapūrṇamati

6 UST rudratritantraguhyavivarativīnayanāma, P rudratritantraguhyavivaritivaniyanāma, N rudratitantraguhyavivarativāniyanāma, D vibhaṅgaguhyatantrāṇāṃtrirudradamanamnāma, D-Cat Vibhaṅgaguhyatantrāṇāṃ trirudradamana-nāma, P-CatS-CatN-Cat Rudra-tritantra-guhyavivarti-vinaya-nāma

7 UTN devapuṇyāmati, S devapuṇyamati, P devapurṇyamati, D-Cat(D) Devapūrṇ(ṇṇ)amati

No. 483 ཅ(Ca) 315b4-320a5 Toh 456

① ལག་ན་རྡོ་རྗེ་གོས་སྔོན་པོ་ཅན་གྱི་[1] རྒྱུད།

② Lag na rdo rje gos sngon po can gyi rgyud

③ བཛྲ་པཱ་ཎི་[ཧི་]ནཱི་ལཱཾ་བ་ར་ཏནྟྲ།

④ Vajrapāṇinīlāmbara[2]-tantra

⑦ འཕགས་པ་ལག་ན་རྡོ་རྗེ་གོས་སྔོན་པོ་ཅན་གྱི་ཆོ་ག་རྡོ་རྗེ་བེ་ཅོན་གྱི་རྒྱུད་རྫོགས་སོ།

No. 484 ཅ(Ca) 320a6-323b1 Toh 457

① བཅོམ་ལྡན་འདས་ཕྱག་ན་རྡོ་རྗེ་གོས་སྔོན་པོ་ཅན་གྱི་རྡོ་རྗེ་གདེངས་པའི་རྒྱུད་ལས་ཁམས་གསུམ་རྣམ་པར་རྒྱལ་བ་ཞེས་བྱ་བའི་ལེའུ[3]

② bCom ldan 'das phyag na rdo rje gos sngon po can gyi rdo rje gdengs pa'i rgyud las khams gsum rnam par rgyal ba zhes bya ba'i le'u

④ (Nīlāmbaradharavajrapāṇivajraphaṇakatantratrilokavijaya-nāma)[4]

⑤ Tr. Aḍayaśrīmati, Chos kyi dbang phyug grags

⑦ བཅོམ་ལྡན་འདས་ཕྱག་ན་རྡོ་རྗེ་གོས་སྔོན་པོ་ཅན་གྱི་རྡོ་རྗེ་གདེངས་པའི་རྒྱུད་ལས་ཁམས་གསུམ་རྣམ་པར་རྒྱལ་བ་ཞེས་བྱ་བའི་ལེའུ་རྫོགས་སོ། པཎྜི་ཏ་ཨ་ཊ་ཡ་ཤྲཱི་མ་ཏི་ཞེས་བྱ་བ་དང་། བོད་ཀྱི་ལོ་ཙྪ་བ་བན་སྡེ་ཆོས་ཀྱི་དབང་ཕྱུག་གྲགས་ཀྱིས་བསྒྱུར་ཅིང་ཞུས་ཏེ་གཏན་[5] ལ་ཕབ་པའོ།

No. 485 ཅ(Ca) 323b1-341a1 Toh 458

① དཔལ་རྡོ་རྗེ་གཏུམ་པོ་ཐུགས་གསང་བའི་རྒྱུད།

② dPal rdo rje gtum po thugs gsang ba'i rgyud

③ ཤྲཱི་བཛྲ་ཙཎྜ་ཙིཏྟ་གུ་ཧྱ་ཏནྟྲ།

④ Śrī-Vajracaṇḍacittaguhya-tantra

⑤ Tr. Avāyugata[6], Chos kyi brtson 'grus

---

1 PD add ཆོ་ག་རྡོ་རྗེ་བེ་ཅོན་གྱི།

2 PD add vidhivajradaṇḍa, D-Cat(P-Cat) vidhivajra(ā)daṇḍa

3 Title from the colophon. D ལག་ན་རྡོ་རྗེ་གོས་སྔོན་པོ་ཅན་རྡོ་རྗེ་གདེངས་པའི་རྒྱུད་ཁམས་གསུམ་ལས་རྣམ་པར་རྒྱལ་བ་ཞེས་བྱ་བ།

4 Title from D-Cat 457.

5 U གཞན།

6 UTN avāyugata, SD avayugata, P apayughata, D-Cat Avayukti, P-Cat Apayughata

⑦ དཔལ་རྡོ་རྗེ་གཏུམ་པོ་ཐུགས་གསང་བའི་རྒྱུད་ལས་ཡོངས་སུ་གཏད་པའི་ལེའུ་སྟེ་ཉི་ཤུ་རྩ་བཞི་པའོ། རྒྱ་གར་གྱི་མཁན་པོ་ཨ་བྷ་ཡུ་ག་ཏའི་ཞལ་སྔ་ནས་ཞུས་ནས། བོད་ཀྱི་ལོ་ཙྪ་བ་ཆོས་ཀྱི་བརྩོན་འགྲུས་ཀྱིས་བསྒྱུར་བ་རྫོགས་སྷོ།

## No. 486 ཙ(Ca) 341a2-348a3 Toh 459

① དཔལ་རྡོ་རྗེ་གཏུམ་པོ་ཐུགས་གསང་བའི་རྒྱུད་ཕྱི་མ།

② dPal rdo rje gtum po thugs gsang ba'i rgyud phyi ma

③ ཤྲཱི་བཛྲ་ཙཎྜ་ཙིཏྟ་གུ་ཧྱ་ཏནྟྲ་ཨུཏྟ་ར།

④ Śrī-Vajracaṇḍacittaguhya-tantrottara

⑤ Tr. Aviyugatila[1], Chos kyi brtson 'grus

⑦ དཔལ་རྡོ་རྗེ་གཏུམ་པོ་ཐུགས་གསང་བའི་རྒྱུད་ཕྱི་མ་ལས་དཔལ་རྡོ་རྗེ་གཏུམ་པོ་ཐུགས་གསང་བའི་རྒྱུད་ཕྱི་མ་རྫོགས་སོ། རྒྱ་གར་གྱི་[2]སློབ་དཔོན་ཨ་བི་ཤུག་ཏི་ལ་དང་། བོད་ཀྱི་ལོ་ཙྪ་བ་བླ་བན་ཆོས་ཀྱི་བརྩོན་འགྲུས་ཀྱིས་ཞུས་ཏེ་བསྒྱུར་ཅིང་གཏན་ལ་ཕབ་པའོ།

## No. 487 ཙ(Ca) 348a3-351b7 Toh 460[3]

① དཔལ་རྡོ་རྗེ་གཏུམ་པོ་ཐུགས་གསང་བའི་རྒྱུད་ཕྱི་མའི་ཕྱི་མ།

② dPal rdo rje gtum po thugs gsang ba'i rgyud phyi ma'i phyi ma

③ ཤྲཱི་བཛྲ་ཙཎྜ་ཙིཏྟ་གུ་ཧྱ་ཏན་ཏྲ་[ཏནྟྲ་]ཨུཏྟ་ར་ཨུཏྟ་ར།

④ Śrī-Vajracaṇḍacittaguhya-tantrottarottara

⑤ Tr. Aviyugatila[4], Chos kyi brtson 'grus

⑦ དཔལ་རྡོ་རྗེ་གཏུམ་པོ་ཐུགས་གསང་བའི་རྒྱུད་ཕྱི་མའི་ཕྱི་མ་རྫོགས་སྷོ། རྒྱ་གར་གྱི་སློབ་དཔོན་ཨ་བི་ཡུག་ཏི་ལ་དང་། བོད་ཀྱི་ལོ་ཙྪ་བ་བླ་བན་ཆོས་ཀྱི་བརྩོན་འགྲུས་ཀྱིས་[5]ཞུས་ཏེ་བསྒྱུར་ཅིང་གཏན་ལ་ཕབ་པའོ།

---

1 UN avishugatila, ST aviyugatila, P avayugatila, D avayugati, D-Cat Avayukti, P-Cat Apayugatila

2 U གིས།

3 Cf. D 460 (Ja 36b4-39b6), D 460A (Ja 39b6-39b7), Sakai p. 102. See also p. 414.

4 USTN aviyugatila, PD avayugatila, D-Cat Avayukti, P-Cat Apayughata

5 U ཀྱི།

No. 488 ཅ(Ca) 351b7-380b7 Toh 461

① ཕྱག་ན་རྡོ་རྗེ་གོས་སྔོན་པོ་ཅན་གནོད་སྦྱིན་དྲག་པོ་ཆེན་པོ་རྡོ་རྗེ་མེ་ལྕེའི་རྒྱུད་ཅེས་བྱ་བ།

② Phyag na rdo rje gos sngon po can gnod sbyin drag po chen po rdo rje me lce'i rgyud ces bya ba

③ ནི་ལཱམྦ་ར་[ནི་ལཱཾ་བ་ར་]དྷ་ར་བཛྲ་པཱ་ཎི་ཡཀྵ་མཧཱ་རུ་དྲ་བཛྲ་ཨ་ན་ལ་ཛི་ཧྭན་[ཛི་ཧཱ་]ཏནྟ་ཏྲ་ནཱ་མ།

④ Nīlāmbaradharavajrapāṇiyakṣamahārudravajrānalajihva[1]-tantra-nāma

⑤ Tr. Ratnakīrti, Khyung grags

⑦ ཕྱག་ན་རྡོ་རྗེ་གོས་སྔོན་པོ་ཅན་གནོད་སྦྱིན་དྲག་པོ་ཆེན་པོ་རྡོ་རྗེ་མེ་ལྕེའི་རྒྱུད་ཀྱི་རྒྱལ་པོ་རྫོགས་སོ། རྒྱ་གར་གྱི་མཁན་པོ་ཆེན་པོ་རཏྣ་ཀཱིརྟི་དང་། བོད་ཀྱི་ལོ་ཙཱ་བ་དགེ་ཚུལ་ཁྱུང་གྲགས་ཀྱིས་བཀའ་དྲིན་མནོས[2] ནས་རྒྱ་དཔེ་བོད་དུ་སྤྱན་དྲངས་ཏེ་བསྒྱུར་བ་ལགས་སོ།[3]

No. 489 ཅ(Ca) 380b7-383a4 Toh 462

① རྡོ་རྗེ་སྙིང་པོ་རྡོ་རྗེ་ལྕེ་[4] དབབ་པ་[5] ཞེས་བྱ་བའི་གཟུངས།

② rDo rje snying po rdo rje lce dbab pa zhes bya ba'i gzungs

③ བཛྲ་ཧྲི་[ཧྲི་]ད་ཡ་བཛྲ་ཛི་ཧྭ་ན་ཧ་[ཛི་ཧྭ་ན་ལ་]ནཱ་མ་དྷ་[དྷཱ་]ར་ཎི།

④ Vajrahṛdayavajrajihvānala[6]-nāma-dhāraṇī

⑤ Tr. sKa Cog (sKa ba dPal brtsegs and Cog ro Klu'i rgyal mtshan), gNyan Dharma grags

⑦ རྡོ་རྗེ་སྙིང་པོ་རྡོ་རྗེ་ལྕེ་དབབ་པ་ཞེས་བྱ་བའི་གཟུངས་རྫོགས་སོ། འདི་དང་པོ་སྐ་ཅོག་གིས་བསྒྱུར་ཞིང་། ཕྱིས་གཉན་ལོ་ཙཱ་བ་དྷརྨ་གྲགས་ཀྱིས་ཀྱང་བསྒྱུར་རོ།

No. 490 ཅ(Ca) 383a4-384b5 Toh 463

① དཔལ་ཕྱག་ན་རྡོ་རྗེ་གསང་བ་བསྟན་པའི་རྒྱུད།

② dPal phyag na rdo rje gsang ba bstan pa'i rgyud

③ གུ་ཧྭ་[གུ་ཧྱ་]བཛྲ་པཱ་ཎི་ཨ་བ་[ཨ་བྷི་དེ་ཤ་]ཏནྟྲ།

④ Guhyavajrapāṇyabhideśa[7]-tantra

---

1 UN jihvan, SP jihvabhanahrijhi, T jihan, D jihva, D-CatN-Cat jihva, P-CatS-Cat jihvā

2 P གནོས།

3 P adds colophon note after ལགས་སོ།, cf. Appendix.

4 T མེ་ལྕེ།

5 USTPND དབབ་པ། D-Cat འབར་བ།

6 UN jihvanaha, S jihvānāha, T jahvinaha, P(D) jihvām(n)ala

7 U(ST) guhv(y)avajrapāṇi-avatantra, D śrīguhyavajrapāṇi-abhideśatantranāma, P śrīvajrapāṇikuhyadeśatantrānama, D-Cat Śrī-Vajrapāṇiguhyābhideśa-tantra-nāma, P-Cat Śrī-vajrapāṇi-guhyadeśa-tantra-nāma, S-Cat Guhyavajrapāṇyabhideśa-tantra

⑤ Tr. Dar ma tshul khrims

⑦ བཅོམ་ལྡན་འདས་[1]དཔལ་ཕྱག་ན་རྡོ་རྗེ་[2]གསང་བ་བསྟན་པའི་རྒྱུད་རྫོགས་སྷོ། [3]ལོ་ཙྪ་བ་[4]དར་མ་ཚུལ་ཁྲིམས་ཀྱིས་བསྒྱུར་[5]བའོ།

## No. 491 ཅ(Ca) 384b5-409a1 Toh 464

① བཅོམ་ལྡན་འདས་ཕྱག་ན་རྡོ་རྗེ་གསང་བ་མངོན་པར་བསྟན་པའི་རྒྱུད་ཀྱི་རྒྱལ་པོ་ཞེས་བྱ་བ།

② bCom ldan 'das phyag na rdo rje gsang ba mngon par bstan pa'i rgyud kyi rgyal po zhes bya ba

③ བྷ་ག་བྷན་[བད་]བཛྲ་པཱ་ཎི་གུ་ཧྱ་ཨ་བྷི་དེ་ཤ་ཏནྟྲ་རཱ་ཛ་ནཱ་མ།

④ Bhagavadvajrapāṇiguhyābhideśa-tantrarāja-nāma

⑤ Tr. Balacandra, Glan chung Dar ma tshul khrims

⑦ བཅོམ་ལྡན་འདས་ཕྱག་ན་རྡོ་རྗེ་གསང་བ་མངོན་པར་བསྟན་པའི་རྒྱུད་ཀྱི་རྒྱལ་པོ་ལས་རྒྱུད་ཇི་ལྟར་བསྟན་ཅིང་སྦྲ་བ་དང་། རྗེས་སུ་ཡི་རང་བའི་ལེའུ་སྟེ་ཉི་ཤུ་རྩ་གཅིག་པའོ། བཅོམ་ལྡན་འདས་ཕྱག་ན་རྡོ་རྗེ་གསང་བ་མངོན་པར་བསྟན་པའི་རྒྱུད་ཀྱི་རྒྱལ་པོ་ཞེས་བྱ་བ་རྫོགས་སྷོ། རྒྱ་གར་གྱི་མཁན་པོ་ཕ་ལ་ཙནྡྲ་ཀུ་རུ་[6]ཆེན་པོ་དང་། བོད་ཀྱི་ལོ་ཙྪ་བ་གླན་ཆུང་དར་མ་ཚུལ་ཁྲིམས་ཀྱིས་བྱང་ཕྱོགས་ཤམ་བྷ་ལའི་དཔེ་དང་བསྟུན་ཏེ་བསྒྱུར་བའོ། སླད་ཀྱིས་ཡུལ་དབུས་ཀྱི་དཔེ་དང་། ཁ་ཕྱེ་[7]ནས་བྱུང་བ་དང་བསྟུན་ནས་ལེགས་པར་གཏན་ལ་ཕབ་པའོ།

## No. 492[8] ཅ(Ca) 409a1-413a6 Toh 465

① རྡོ་རྗེ་བདེ་ཁྲོས་རྒྱུད་ཀྱི་རྒྱལ་པོ།

② rDo rje bde khros rgyud kyi rgyal po

③ བཛྲ་སུ་ཁ་ཀྲོ་དྷ་ཏནྟྲ་རཱ་ཛོ།[རཱ་ཛ།]

④ Vajrasukhakrodha-tantrarāja

---

1 PD omit བཅོམ་ལྡན་འདས།

2 PD add གཏུམ་པོ།

3 P(D) add རྒྱ་གར་གྱི་པཎ་ཊི་ཏ་(པཎྜིཏ་)ཕ་ལ་ཙན་དྲ་(ཙནྡྲ་)དང་།

4 PD add གླ་ན་ཆུང་།

5 P(D) add ཅིང་ཞུས་ཏེ་གཏན་ལ་ཕབ་པའོ།།(པ།)

6 UT omit རུ

7 U ཕྱེ། STPD ཆེ།

8 The title from consecutive Nos. 489-492 are not mentioned in the *Thob yig* of Dzaya-paṇḍita.

⑤ Tr. Jñānakara

⑦ རྡོ་རྗེ་བདེ་ཁྲོས་ཀྱི་རྒྱུད་ལས་དུམ་བུ་གསུམ་པའོ། རྫོགས་སྷོ། མཆོག་ཏུ་གསང་བའོ། ཛྙཱ་ན་ཀ་རས་བསྒྱུར་རོ།[1]

## Volume 102 རྒྱུད། ཆ (1–435)

### No. 493 ཆ(Cha) 1b1-17a3 Toh 360

① འཇམ་དཔལ་ཡེ་ཤེས་སེམས་དཔའི་དོན་དམ་པའི་མཚན་ཡང་དག་པར་བརྗོད་པ།

② 'Jam dpal ye shes sems dpa'i don dam pa'i mtshan yang dag par brjod pa

③ མཉྫུ་ཤྲཱི་ཛྙཱ་ན་སདྭ་[སཏྭ་]སྱ་པ་ར་མཱརྠ་ན་སཾ་གཱི་ཏི།[ནཱ་མ་སངྒཱི་ཏི།]

④ Mañjuśrījñānasattvasya paramārthanāmasaṅgīti

⑤ Tr. Blo gros brtan pa

⑦ [2]རྣལ་འབྱོར་ཆེན་པོའི་རྒྱུད་སྒྱུ་འཕྲུལ་དྲ་བ་སྟོང་ཕྲག་བཅུ་དྲུག་པའི་ཏིང་ངེ་འཛིན་དྲ་བའི་ལེའུ་ལས་བྱུང་[3]བ། [4]འཇམ་དཔལ་ཡེ་ཤེས་སེམས་དཔའི་དོན་དམ་པའི་མཚན་ཡང་དག་པར་བརྗོད་པ་བཅོམ་ལྡན་འདས་དེ་བཞིན་གཤེགས་པ་ཤཱཀྱ་ཐུབ་པས་གསུངས་པ་རྫོགས་སོ། ཐུན་མོངས་[5]དང་ཐུན་མོངས་[6]མ་ཡིན་པའི་གསུང་རབ་ཐམས་ཅད་ལ་དབང་འབྱོར་བའི་བདག་ཉིད་ཆེན་པོ་བླ་མ་དམ་པ་ཆོས་ཀྱི་རྒྱལ་པོའི་བཀའ་དྲིན་གྱིས་ཉེ་བར་བསྐྱངས་པ་སྒྲ་བསྒྱུར་[7]གྱི་ལོ་ཙཱ་བ་[8]བློ་གྲོས་བརྟན་པས། བསམ་གཏན་གླིང་གི་དབེན་གནས་སུ་[9]བསྒྱུར་ཞིང་[10]དག་པར་བྱས་པའོ། སྔོན་གྱི་སྒྲ་བསྒྱུར་ཆེན་པོ་དེ་དག་གིས། རྒྱུད་འདི་བསྒྱུར་ཞིང་[11]ཀུན་ལ་གྲགས་ལགས་མོད། འོན་ཀྱང་སྒྲ་དོན་གཙུག་ལག་ཇི་བཞིན་དུ། རྒྱུད་འདི་བློ་བརྟན་གཉིས་པས་ལེགས་པར་བསྒྱུར།[12]

---

1 UT add AW after བསྒྱུར་རོ།, cf. Appendix.

2 P(O)D add འཕགས་པ། [USTP(HY)N omit འཕགས་པ།]

3 USTN བྱུང་། PD ཕྱུང་།

4 PD add བཅོམ་ལྡན་འདས།

5 UN མོངས། STPD མོང་།

6 UN མོངས། STPD མོང་།

7 USTND བསྒྱུར། P སྒྱུར།

8 PD add དགེ་སློང་།

9 PD add ལེགས་པར།

10 USTN ཞིང་། PD ཅིང་།

11 USTN ཞིང་། PD ཅིང་།

12 PD add editor’s note after བསྒྱུར།, cf. Appendix.

## No. 494 ཆ(Cha) 17a4-65a6 Toh 466

① རྒྱུད་ཀྱི་རྒྱལ་པོ་ཆེན་པོ་སྒྱུ་འཕྲུལ་དྲ་བ་ཞེས་བྱ་བ།

② rGyud kyi rgyal po chen po sgyu 'phrul dra ba zhes bya ba

③ མཱ་ཡཱ་ཛཱ་ལ་ཏཱ་[ཛཱ་ལ་མ་ཧཱ་]ཏནྟྲ་རཱ་ཛཱ་[ཛ་]ནཱ་མ།

④ Māyājāla-mahātantrarāja-nāma

⑤ Tr. Rin chen bzang po

⑦ རྒྱུད་ཀྱི་རྒྱལ་པོ་ཆེན་པོ་སྒྱུ་འཕྲུལ་དྲ་བ་ཐེག་པ་ཆེན་པོའི་ཡང་ཐེག་པ་ཆེན་པོའི་ཚུལ་ཟབ་མོ་གསང་བ[1] བས་ཀྱང་ཆེས་གསང་བ་ཆེན་པོ་རྫོགས་སྷོ། བོད་ཀྱི[2]་ལོ་ཙྪ་བ་ཆེན་པོ[3]་དགེ་སློང་རིན་ཆེན་བཟང་པོས་བསྒྱུར་ཅིང་ཞུས་ཏེ་གཏན་ལ་ཕབ་པའོ།

## No. 495 ཆ(Cha) 65a7-86a6 Toh 467

① དེ་བཞིན་གཤེགས་པ་ཐམས་ཅད་ཀྱི་སྐུ་གསུང་ཐུགས་གཤིན་རྗེ་གཤེད་ནག་པོ་ཞེས་བྱ་བའི་རྒྱུད།

② De bzhin gshegs pa thams cad kyi sku gsung thugs gshin rje gshed nag po zhes bya ba'i rgyud

③ སརྦ་ཏ་ཐཱ་ག་ཏ་ཀཱ་ཡ་ཝཱ་ཀ་ཙིཏྟ་[ཝཱ་ཀྩིཏྟ་]ཀྲིཥྞ་ཡ་མ་[མཱ་]རི་ནཱ་མ་ཏནྟྲ།

④ Sarvatathāgatakāyavākcittakṛṣṇayamāri-nāma-tantra

⑤ Tr. Dīpaṃkaraśrījñāna, Tshul khrims rgyal ba

⑥ Rev. Dar ma grags, rDo rje grags

⑦ དེ་བཞིན་གཤེགས་པ་ཐམས་ཅད་ཀྱི་སྐུ་གསུང་ཐུགས་གཤིན་རྗེ་གཤེད་ནག་པོའི་རྒྱུད་རྫོགས་སྷོ། རྒྱ་གར་གྱི་མཁན་པོ་ཆེན་པོ་མཁས་པ་དཱི་པཾ་ཀ་ར་ཤྲཱི་ཛྙཱ་ན་དང་། བོད་ཀྱི་ལོ་ཙྪ་བ་དགེ་སློང་ཚུལ་ཁྲིམས་རྒྱལ་བས་བསྒྱུར་ཅིང་ཞུས་ཏེ་གཏན་ལ་ཕབ་པའོ། སླད་ཀྱིས་ལོ་ཙྪ་བ་དགེ་སློང་དར་མ་གྲགས་ཀྱིས་བཅོས་ལ་དེ་ལས་ཀྱང་དགེ་སློང་རྡོ་རྗེ་གྲགས་ཀྱིས་བཅོས་སོ།

## No. 496 ཆ(Cha) 86a6-100b2 Toh 468

① དཔལ་རྡོ་རྗེ་འཇིགས་བྱེད་ཀྱི[4]་རྒྱུད་ཅེས་བྱ་བ།

② dPal rdo rje 'jigs byed kyi rgyud ces bya ba

---

1 P omits བ།

2 USTN བོད་ཀྱི། PD ཞུ་ཆེན་གྱི།

3 PD omit ཆེན་པོ།

4 USTN ཀྱི། P ཀྱི་ཆེན་པོ། D ཆེན་པོའི།

③ ཤྲཱི་བཛྲ་མ་ཧཱ་བྷཻ་ར་བ་ནཱ་མ་ཏནྟྲ།

④ Śrī-Vajramahābhairava-nāma-tantra

⑤ Tr. Bāro phyag rdum, rDo rje grags

⑦ དཔལ་རྡོ་རྗེ་འཇིགས་བྱེད་ཆེན་པོའི་འཁོར་ལོའི་རྒྱུད་འབུམ་པ་ནས་བཏུས་ནས་ཕྱུང་བ་རྟོག་པའི་ཕྱོགས་བསྒྲགས་པས་འགྲུབ་པ། དཔལ་རྡོ་རྗེ་འཇིགས་བྱེད་ཆེན་པོ་[1]མ་ཧེའི་གདོང་ཅན་གྱི་[2]དངོས་གྲུབ་འགྲུབ་པའི་རྟོག་པ་རྫོགས་སོ། དཔལ་ཨུ་ཙན་[3]གྱི་གནས་ཆེན་པོ་ནས་དཔལ་འཛམ་དཔལ་གྱི་རྒྱུད་ལས་ཕྱུང་[4]བ་རྒྱུད་ཀྱི་རྒྱལ་པོ་ཆེན་པོ་དཔལ་རྡོ་རྗེ་འཇིགས་བྱེད་ཆེན་པོ་ཞེས་བྱ་བ་བླ་མ་དམ་པའི་དཀྱིལ་འཁོར་ཆེན་པོའི་སློབ་དཔོན་དཔལ་ལཱ་[5]ལི་ཏ་བཛྲས་བཏོན་[6]ནས་མཛད་པ་རྫོགས་སོ། རྒྱ་གར་གྱི་པཎྜི་ཏ་མཆོག་གི་དངོས་གྲུབ་བརྙེས་[7]པ་བྷཱ་རོ་ཕྱག་རྡུམ་གྱི་ཞལ་སྔ་ནས་དང་། བོད་ཀྱི་ལོ་ཙཱ་བ་དགེ་སློང་རྡོ་རྗེ་གྲགས་ཀྱིས་བསྒྱུར་བའོ།

No. 497 ཆ(Cha) 100b2-104b5 Toh 469

① དཔལ་གཤིན་རྗེའི་གཤེད་ནག་པོའི་རྒྱུད་ཀྱི་རྒྱལ་པོ་རྟོག་པ་གསུམ་པ་ཞེས་བྱ་བ།[8]

② dPal gshin rje'i gshed nag po'i rgyud kyi rgyal po rtog pa gsum pa zhes bya ba

④ (Śrī-Kṛṣṇayamāritantrarājatrikalpa-nāma)[9]

※ ཉེའུ་ལོ་པའི་རྟོག་པ། This title is mentioned in *Thob yig* of Dzaya-paṇḍita[10] as well as in Géza Bethlenfalvy's Hand-list (No. 497). However, it is not included in the actual volume of the Ulan Bator manuscript or the Tokyo, sTog and London manuscripts.

No. 498 ཆ(Cha) 104b5-105a7 Toh 471

① གཏམ་བརྒྱུད་ཀྱི་རྟོག་པ།[11]

② gTam brgyud kyi rtog pa

---

1 P པོའི།

2 SP ཅན་གྱིས།

3 UTN ཨུ་ཙན། S ཨོ་ཙན། P ཨུ་རྒྱན། D ཨོ་ཊྱན།

4 USTND ཕྱུང་། P འབྱུང་།

5 P ལ།

6 USTND བཏོན། P བསྟོན།

7 USTND བརྙེས། P རྙེད།

8 Title, both Sanskrit and Tibetan are inserted in small letter at the upper left corner page 100b. U adds note saying that the text of 3rd *rtog* pa is misprinted as 2nd *rtog pa* and the 2nd as 3rd *rtog pa*. STN same as U. PD text not misplaced.

9 Title from D-Cat 469.

10 Śata-Piṭaka Series vol. 281, *Collected Works of Jaya-paṇḍita Blo-bzaṅ-ḥphrin-las* vol. 4, 213a4

11 Title from the colophon.

## No. 499 ཆ(Cha) 105a7-118a8 Toh 473

① གཤིན་རྗེ་[1] གཤེད་དགྲ་ནག་པོའི་འཁོར་ལོ་ལས་ཐམས་ཅད་གྲུབ་པར་བྱེད་པ་ཅེས་[2] བྱ་བའི་རྒྱུད་ཀྱི་རྒྱལ་པོ།

② gShin rje gshed dgra nag po'i 'khor lo thams cad grub par byed pa ces bya ba'i rgyud kyi rgyal po

③ ཡ་མཱ་རི་ཀྲྀཥྞ་ཀརྨ་སརྦ་ཙཀྲ་སིདྡྷ་[སིདྡྷི་]ཀ་ར་ནཱ་མ་ཏནྟྲ་རཱ་ཛཱ།[རཱ་ཛ།]

④ Yamārikṛṣṇakarmasarvacakrasiddhikara-nāma-tantrarāja

⑦ གཤིན་རྗེ་[3] གཤེད་ནག་པོའི་ལས་ཐམས་ཅད་གྲུབ་པར་བྱེད་པའི་འཁོར་ལོའི་རྒྱུད་ཀྱི་[4] རྒྱལ་པོ་ཆེན་པོ་[5] རྫོགས་སོ།[6]

## No. 500 ཆ(Cha) 118b1-126a1 Toh 470

① དཔལ་རྡོ་རྗེ་འཇིགས་བྱེད་ཀྱི་རྟོག་པའི་རྒྱུད་ཀྱི་རྒྱལ་པོ།

② dPal rdo rje 'jigs byed kyi rtog pa'i rgyud kyi rgyal po

③ ཤྲཱི་བཛྲ་བྷཻ་ར་བཱ་[བ་]ཀལྤཱ་[ཀལྤ་]ཏནྟྲ་རཱ་ཛཱ།[རཱ་ཛ།]

④ Śrī-Vajrabhairavakalpa-tantrarāja

⑤ Tr. Amogha, Mar pa Chos kyi dbang phyug grags pa

⑥ Rev. Karṇaśrī, Nyi ma rgyal mtshan

⑦ དཔལ་ལྡན་[7] རྡོ་རྗེ་འཇིགས་བྱེད་ཀྱི་རྟོག་པའི་རྒྱུད་ཀྱི་རྒྱལ་པོ་ལས་ཀྱི་དངོས་གྲུབ་བརྟག་[8] པ་ཞེས་བྱ་བ་རྫོགས་སོ། པཎྜི་ཏ་ཆེན་པོ་ཨ་མོ་གྷའི་ཞབས་ནུས་པ་ཅན་དང་། བོད་ཀྱི་ལོ་ཙྪ་བ་མར་པ་བན་དྷེ་ཆོས་ཀྱི་དབང་ཕྱུག་གྲགས་པས་བསྒྱུར་[9] ཅིང་ཞུས་པའོ།[10] སླད་ཀྱིས་གྲུབ་ཐོབ་ཆེན་པོ་ཀརྞ་ཤྲཱིའི་ཞལ་སྔ་ནས་མཉན་ཏེ། ཐར་པ་ལོ་ཙྪ་བ་ཉི་མ་རྒྱལ་མཚན་གྱིས་བསྒྱུར་ཅིང་ཞུས་ཏེ་གཏན་ལ་ཕབ་པའོ།

---

1 USTPN རྗེ། D རྗེའི།

2 UTN ཅེས། SPD ཞེས།

3 USTPN རྗེ། D རྗེའི།

4 STP add རྒྱུད། (UND ལོའི་རྒྱུད་ཀྱི་, STP ལོའི་རྒྱུད། རྒྱུད་ཀྱི་)

5 PD omit ཆེན་པོ།

6 PD add colophon after རྫོགས་སོ།, cf. Appendix.

7 PD omit ལྡན།

8 P ཏག

9 P སྒྱུར།

10 P omits after ཞུས་པའོ།

No. 501 ཆ(Cha) 126a1-160b3 Toh 474

① དཔལ་གཤིན་རྗེ་[1]གཤེད་དམར་པོ་ཞེས་བྱ་བའི་རྒྱུད་ཀྱི་རྒྱལ་པོ།

② dPal gshin rje gshed dmar po zhes bya ba'i rgyud kyi rgyal po

③ ཤྲཱི་རཀྟ་ཡ་མཱ་རི་ཏནྟྲ་རཱ་ཛ་ནཱ་མ།

④ Śrī-Raktayamāri-tantrarāja-nāma

⑤ Tr. Rāhulaśrībhadra, Blo brtan

⑦ [2]དཔལ་གཤིན་རྗེ་གཤེད་དམར་པོ་ཞེས་བྱ་བའི་རྒྱུད་ཀྱི་རྒྱལ་པོ་རྫོགས་སོ། ཡོན་ཏན་མཐའ་ཡས་པ་མངའ་བའི་བླ་མ་དམ་པ་ཆོས་ཀྱི་རྒྱལ་པོ་ཆེའི་བཀའ་ལུང་གིས། དཔོན་ཆེན་ཀུན་དགའ་བཟང་པོས་ཡོན་བདག་བྱས་པའི་དུས་ན། ཁ་ཆེའི་པཎྜི་ཏ་ར་ཧུ་ལ་ཤྲཱི་བྷ་དྲ་དང་། བོད་ཀྱི་ལོ་ཙྪ་བ་དགེ་སློང་བློ་བརྟན་གྱིས། དཔལ་ས་སྐྱའི་གཙུག་ལག་ཁང་ཆེན་པོར་བསྒྱུར་བའོ།

No. 502 ཆ(Cha) 160b3-197b3 Toh 475

① དཔལ་ལྡན་གཤིན་རྗེ་གཤེད་དམར་པོའི་རྒྱུད་ཀྱི་རྒྱལ་པོ་ཞེས་བྱ་བ།

② dPal ldan gshin rje gshed dmar po'i rgyud kyi rgyal po zhes bya ba

③ ཤྲཱི་མཾ་[ཤྲཱི་མད་]རཀྟ་ཡ་མཱ་རི་ཏནྟྲ་རཱ་ཛ་ནཱ་མ།

④ Śrīmadraktayamāri-tantrarāja-nāma

⑤ Tr. Bu ston Rin chen grub

⑦ དཔལ་ལྡན་གཤིན་རྗེ་[3]གཤེད་དམར་པོའི་རྒྱུད་ཀྱི་རྒྱལ་པོ་རྫོགས་སོ། སྐད་གཉིས་སྨྲ་བ་ཆེན་པོ་ཐར་པ་ལོ་ཙྪ་བའི་བཀའ་དྲིན་གྱིས་བསྐྱངས་པ། བོད་ཀྱི་ལོ་ཙྪ་བ་ཤཱཀྱའི་དགེ་སློང་རིན་ཆེན་གྲུབ་ཀྱིས་ཆོས་ཀྱི་རྗེ་ཁྲོ་ཕུ་ལོ་ཙྪ་བའི་གདན་ས་གནས་གསར་དགོན་པར་བསྒྱུར་ཅིང་ཞུས་ཏེ། གཏན་ལ་ཕབ་པའོ། རྒྱུད་འདི་འགྱུར་ལས་འབད་པའི་བསོད་ནམས་ཀྱིས། ནག་པོའི་རྒྱ་ལག་མ་ལུས་ཀུན་བཅོམ་ཏེ། བསྟན་པའི་བྱ་བ་ཡིད་བཞིན་འགྲུབ་པ་དང་། མཐར་ཐུག་འཛམ་པའི་རྡོ་རྗེ་ཉིད་གྲུབ་ཅིག

No. 503 ཆ(Cha) 197b4-200b6 Toh 476

① དཔལ་བཅོམ་ལྡན་འདས་རལ་པ་གཅིག་པའི་[4]རྒྱུད་ཀྱི་རྒྱལ་པོ་ཆེན་པོ་ཞེས་བྱ་བ།

② dPal bcom ldan 'das ral pa gcig pa'i rgyud kyi rgyal po chen po zhes bya ba

---

[1] USTPN རྗེ། D རྗེའི།

[2] PD colophon, cf. Appendix.

[3] D རྗེའི།

[4] D adds བརྟག་པའི།

③ ཤྲཱི་བྷ་ག་བྣ་[བད་]ཨེ་ཀ་ཛ་ཊ་མ་ཧཱ་ཏནྟྲ་ར་[རཱ]ཛ་ནཱ་མ།

④ Śrī-Bhagavadekajaṭa-mahā[1]tantrarāja-nāma

⑤ Tr. Vajraśrīkhalarudra, Byams pa'i dpal

⑦ དཔལ་[2]བཅོམ་ལྡན་འདས་རལ་པ་གཅིག་པ་བརྟག་པ་ཇོ་རྗེའི་རྒྱུད་ཆེན་པོ་བླ་ན་མེད་པ་རྫོགས་སོ། རྣལ་འབྱོར་གྱི་དབང་ཕྱུག་ཆེན་པོ་ཤྲཱི་ཛ་ག་ཏ་མི་ཏྲ་ཨཱ་ནནྡའི་བཀའ་དྲིན་ལ་བརྟེན་[3]ནས། རྒྱ་གར་གྱི་པཎྜི་ཏ་ཆེན་པོ་བཛྲ་ཤྲཱི་ཁ་ལ་རུ་དྲ་དང་། བོད་ཀྱི་ལོ་ཙཱ་བ་དགེ་སློང་བྱམས་པའི་དཔལ་གྱིས་བསྒྱུར་བའོ།[4]

## No. 504 ཆ(Cha) 200b6-267a2 Toh 477

① དཔལ་ཟླ་གསང་ཐིག་ལེ་ཞེས་བྱ་བ་རྒྱུད་ཀྱི་རྒྱལ་པོ་ཆེན་པོ།

② dPal zla gsang thig le zhes bya ba rgyud kyi rgyal po chen po

③ ཤྲཱི་ཙནྡྲ་གུ་ཧྱ་ཏི་ལ་ཀ་ནཱ་མ་མ་ཧཱ་ཏནྟྲ་རཱ་ཛ།

④ Śrī-Candraguhyatilaka-nāma-mahātantrarāja

⑤ Tr. Rin chen bzang po

⑦ ཟླ་གསང་ཐིག་ལེ་ཞེས་བྱ་བའི་རྒྱུད་ཀྱི་རྒྱལ་པོ་[5]མཆོག་ཏུ་གསང་བ་ཡོངས་སུ་རྫོགས་སོ། [6]ལོ་ཙྪ་བ་[7]རིན་ཆེན་བཟང་པོས་བསྒྱུར་བའོ།[8] གསུང་རབ་དོན་རྟོགས་སློབ་དཔོན་གྱིས། ལྷག་པར་བཀྲོལ་ཏེ་བསྟན་པ་ལ། ཅི་རིགས་བསྒྱུར་བའི་བསོད་ནམས་ཀྱིས། སེམས་ཅན་སེམས་བདེ་ཐོབ་པར་སྨོན།[9]

## No. 505 ཆ(Cha) 267a2-435a8 Toh 479

① དེ་བཞིན་གཤེགས་པ་ཐམས་ཅད་ཀྱི་དེ་ཁོ་ན་ཉིད་བསྡུས་པ་ཞེས་བྱ་བ་ཐེག་པ་ཆེན་པོའི་མདོ།

② De bzhin gshegs pa thams cad kyi de kho na nyid bsdus pa zhes bya ba theg pa chen po'i mdo

---

1 PD add kalpa (mahākalpa)

2 PD omit དཔལ།

3 P རྟེན།

4 P adds editor's note after བསྒྱུར་བའོ།, cf. Appendix.

5 STPD add ཆེན་པོ།

6 PD add ཞུ་ཆེན་གྱི།

7 PD add དགེ་སློང་།

8 USTN བསྒྱུར་བའོ། D(P) བསྒྱུར་(སྒྱུར་)ཅིང་ཞུས་ཏེ་གཏན་ལ་ཕབ་པ།(པའོ།) (P omits the colophon after ཕབ་པའོ། and adds Dhā and AW instead, cf. Appendix.)

9 D adds AW after ཐོབ་པར་སྨོན།, cf. Appendix.

③ སརྦ་ཏ་ཐཱ་ཏ་ག་ཏ་ཏྭ་[ཏ་ཐཱ་ག་ཏ་ཏ་ཏྭ་]སཾ་གྲ་ཧ་[གྲ་ཧ་]ནཱ་མ་མ་ཧཱ་ཡ་[ཡཱ་]ན་སཱུ་ཏྲ།

④ Sarvatathāgatatattvasaṃgraha-nāma-mahāyānasūtra

⑤ Tr. Rin chen bzang po

⑦ དེ་བཞིན་གཤེགས་པ་ཐམས་ཅད་ཀྱི་དེ་ཁོ་ན་ཉིད་བསྡུས་པ་ཅེས་[1] བྱ་བ་ཐེག་པ་ཆེན་པོའི་མདོ་[2] རྫོགས་སྷོ།[3] ཞུ་ཆེན་གྱི་[4] ལོ་ཙྪ་བ་དགེ་སློང་[5] རིན་ཆེན་བཟང་པོས་བསྒྱུར་ཅིང་ཞུས་ཏེ་གཏན་ལ་ཕབ་པའོ།[6]

## Volume 103 རྒྱུད། ཛ (1–344)

### No. 506 ཛ(Ja) 1b1-157a7 Toh 480

① གསང་བ་རྣལ་འབྱོར་ཆེན་པོའི་རྒྱུད་རྡོ་རྗེ་རྩེ་མོ།

② gSang ba rnal 'byor chen po'i rgyud rdo rje rtse mo

③ བཛྲ་ཤི་ཁ་ར་མ་ཧཱ་གུ་ཧྱ་ཡོ་ག་ཏནྟྲ།

④ Vajraśikhara[7]-mahāguhyayogatantra

⑤ Tr. Karmavajra, gZhon nu tshul khrims

⑦ གསང་བ་རྣལ་འབྱོར་ཆེན་པོའི་རྒྱུད་རྡོ་རྗེ་རྩེ་མོ་ཞེས་བྱ་བ་རྫོགས་སོ། རྒྱ་གར་གྱི་མཁན་པོ་རྡོ་རྗེ་སློབ་དཔོན་ཆེན་པོ་ཀརྨ་བཛྲའི་[8] ཞལ་སྔ་ནས་དང་། ལོ་ཙྪ་བ་དགེ་སློང་གཞོན་ནུ་ཚུལ་ཁྲིམས་ཀྱིས་བསྒྱུར་ཅིང་ཞུས་པའོ། བམ་པོ་བཅུ་གཉིས་པའོ།

### No. 507 ཛ(Ja) 157a7-167a6 Toh 481

① ཐམས་ཅད་གསང་བ་ཞེས་བྱ་བ་རྒྱུད་ཀྱི་རྒྱལ་པོ།

② Thams cad gsang ba zhes bya ba rgyud kyi rgyal po

③ སརྦ་ར་ཧ་སྱོ་[སྱ་]ནཱ་མ་ཏནྟྲ་རཱ་ཛྙ།[རཱ་ཛ།]

④ Sarvarahasya-nāma-tantrarāja

---

1 UTN ཅེས། SPD ཞེས།

2 PD add རྒྱུད་ཉེ་བར་བསྡུས་པ་དང་བཅས་པ།

3 D(P) add རྒྱུད་འདི་ལ་འགྱུར་བྱང་མི་སྣང་(ནང་)ནའང་། པཎྜི་ཏ་(པཎྜི་ཏ་)ཤྲདྡྷཱ་ཀ་ར་(ཀཱ་ར་)ཝརྨ་དང་།

4 USTN ཞུ་ཆེན་གྱི། P དརོད་ཀྱི། D བོད་ཀྱི།

5 PD omit དགེ་སློང་།

6 USTN བསྒྱུར་ཅིང་ཞུས་ཏེ་གཏན་ལ་ཕབ་པའོ། (N adds AW after ཕབ་པའོ།, cf. Appendix.)
PD བསྒྱུར་པར་གྲགས། (P adds editor's note after པར་གྲགས།, cf. Appendix.)

7 USTPND śikhara, D-CatN-Cat śekhara, P-CatS-Cat śikhara

8 UN བཛྲི། S བཛྲིའི། T བཛྲེ། PD བཛྲའི།

⑤ Tr. Padmākaravarma, Rin chen bzang po

⑦ ཐམས་ཅད་གསང་བ་ཞེས་བྱ་བའི་རྒྱུད་ཀྱི་རྒྱལ་པོ་རྫོགས་སོ། རྒྱ་གར་གྱི་མཁན་པོ་པདྨ་ཀཱ་ར་བརྨ་དང་། ཞུ་ཆེན་གྱི་ལོ་ཙྪ་བ་དགེ་སློང་རིན་ཆེན་བཟང་པོས་བསྒྱུར་ཅིང་ཞུས་ཏེ་གཏན་ལ་ཕབ་པའོ།

No. 508 ཇ(Ja) 167a6-227a8 Toh 482

① འཇིག་རྟེན་གསུམ་ལས་རྣམ་པར་རྒྱལ་བ་རྟོག་པའི་རྒྱལ་པོ་ཆེན་པོ།

② 'Jig rten gsum las rnam par rgyal ba rtog pa'i rgyal po chen po

③ ཏྲཻ་ལོ་ཀྱ་བི་ཛ་ཡ་མཧཱ་ཀཱལྤ་[ཀལྤ་]རཱ་ཛཱ།[རཱ་ཛ།]

④ Trailokyavijaya-mahākalparāja

⑦ འཇིག་རྟེན་གསུམ་ལས་རྣམ་པར་རྒྱལ་བའི་[1] རྟོག་པ་ཆེན་པོའི་རྒྱལ་པོ་ཀུན་རྫོགས་སོ།[2]

No. 509 ཇ(Ja) 227a8-275a4 Toh 483

① དེ་བཞིན་གཤེགས་པ་དགྲ་བཅོམ་པ་ཡང་དག་པར་རྫོགས་པའི་སངས་རྒྱས་ངན་སོང་ཐམས་ཅད་ཡོངས་སུ་སྦྱོང་བ་གཟི་བརྗིད་ཀྱི་རྒྱལ་པོའི་བརྟག་པ་ཞེས་བྱ་བ།

② De bzhin gshegs pa dgra bcom pa yang dag par rdzogs pa'i sangs rgyas ngan song thams cad yongs su sbyong ba gzi brjid kyi rgyal po'i brtag pa zhes bya ba

③ སརྦ་དུརྒ་ཏི་པ་རི་ཤོ་དྷ་ན་ཏེ་ཛོ་ར་ཛྙཱ་ཡ་[རཱ་ཛ་སྱ་]ཏ་ཐཱ་ག་ཏ་ཨརྷ་ཏེ་[ཏ་ཐཱ་ག་ཏ་སྱ་ཨརྷ་ཏོ་]
སམྱ་ཀ་སཾ་བུད་དྷ་[སམྱཀྶཾ་བུདྡྷ་སྱ་]ཀལྤ་ནཱ་མ།

④ Sarvadurgatipariśodhanatejorājasya[3] tathāgatasya[4] arhato[5] samyaksaṃbuddhasya[6] kalpa-nāma

⑤ Tr. Śāntigarbha, Jayarakṣita

⑥ Rev. Rin chen mchog

⑦ དེ་བཞིན་གཤེགས་པ་དགྲ་བཅོམ་པ་ཡང་དག་པར་རྫོགས་པའི་སངས་རྒྱས་ངན་སོང་ཐམས་ཅད་ཡོངས་སུ་སྦྱོང་བ། གཟི་བརྗིད་ཀྱི་རྒྱལ་པོའི་བརྟག་པ་ཕྱོགས་གཅིག་པ་རྫོགས་སོ། རྒྱ་གར་གྱི་མཁན་པོ་ཤཱན་ཏིང་གརྦྷ་དང་། བོད་ཀྱི་ལོ་ཙྪ་བ་བན་དེ་ཛ་ཡ་རཀྵི་ཏས་བསྒྱུར་ཅིང་ཞུས། ཨ་ཙཱརྱ་རིན་ཆེན་མཆོག་གིས་སྐད་གསར་བཅད་ཀྱིས་བཅོས་ནས་གཏན་ལ་ཕབ་པ།

---

1 S བ།

2 D adds colophon note, Dhā, and AW after རྫོགས་སོ།, cf. Appendix.

3 U rajāya, STND rāja, P rājāya, D-Cat rājasya, P-Cat rājāya, S-CatN-Cat rāja

4 USTND tathāgata, P tathāgataya, D-CatP-CatS-Cat tathāgatasya, N-Cat tathāgata

5 USTPND arhate, D-CatN-Cat arhato, P-Cat arhate, S-Cat arhataḥ

6 UNN-Cat buddha, STPDD-CatP-CatS-Cat buddhasya

No. 510 ཛ(Ja) 275a4-338b2 Toh 485

① དེ་བཞིན་གཤེགས་པ་དགྲ་བཅོམ་པ་ཡང་དག་པར་རྫོགས་པའི་སངས་རྒྱས་ངན་སོང་ཐམས་ཅད་
ཡོངས་སུ་སྦྱོང་བ་གཟི་བརྗིད་ཀྱི་རྒྱལ་པོའི་བརྟག་པ་ཕྱོགས་གཅིག་པ་ཞེས་བྱ་བ།

② De bzhin gshegs pa dgra bcom pa yang dag par rdzogs pa'i sangs rgyas ngan song thams cad yongs su sbyong ba gzi brjid kyi rgyal po'i brtag pa phyogs gcig pa zhes bya ba

③ སརྦ་དུརྒ་ཏི་པ་རི་ཤོ་དྷ་ན་ཏེ་ཛོ་རཱ་ཛ་སྱ་ཏ་ཐཱ་ག་ཏ་སྱ་ཨརྷ་ཏེ་[ཏ་ཐཱ་ག་ཏ་སྱ་ཨ་རྷ་ཏོ་]སམྱ་ཀྶཾ་བུདྡྷ་སྱ་ཀལྤ་
ཨེ་ཀ་ད་ཤ་[དེ་ཤ་]ནཱ་མ།

④ Sarvadurgatipariśodhanatejorājasya tathāgatasya arhato[1] samyaksaṃbuddhasya kalpaikadeśa[2]-nāma

⑤ Tr. Devendradeva, Māṇikaśrījñāna, Chag Chos rje dpal

⑦ དེ་བཞིན་གཤེགས་པ་དགྲ་བཅོམ་པ་ཡང་དག་པར་རྫོགས་པའི་སངས་རྒྱས་ངན་སོང་ཐམས་ཅད་
ཡོངས་སུ་སྦྱོང་བ་གཟི་བརྗིད་ཀྱི་[3]རྒྱལ་པོའི་བརྟག་[4]པ་ཕྱོགས་གཅིག་པ་རྫོགས་སོ། །རྒྱ་གར་གྱི་མཁན་
པོ་བླ་མ་རྗེ་བཙུན་ཆེན་པོ་རེ་[5]བེན་དྲ་དེ་བའི་ཞབས་དང་། བླ་མ་པཎ་ཆེན་སྐྱེས་བུ་ཆེན་པོ་མཱ་ཎི་ཀ་ཤྲཱི་
ཛྙཱ་ནའི་ཞལ་སྔ་ནས་གསུངས་པར་མཉན་[6]ཏེ། ཆག་ལོ་ཙཱ་བ་ཤཱཀྱའི་དགེ་སློང་ཆོས་རྗེ་དཔལ་གྱིས་བསྒྱུར་
ཅིང་ཞུས་ཏེ་གཏན་ལ་ཕབ་པ། སྤྲེའུ་[7]ལོ་དབྱུག་གུ་ཟླ་བའི་མར་ངོའི་ཚེས་བཅུ་གསུམ་ལ། གཙུག་ལག་
ཁང་ཆེན་པོ་དཔལ་ཐང་པོ་ཆེར་དབུ་གཙུགས་[8]ནས། སྨིན་དྲུག་ཟླ་བའི་ཡར་ངོའི་ཚེས་བཅུ་གཉིས་ཀྱི་
སྔ་དྲོའི་བར་ཞག་བཅོ་ལྔར་འགྲོ་བའི་ཚེ་དཔལ་འདྲེན་གྱི་ལྷའི་སྡིངས་སུ་ཚར་བར་བགྱིས་སོ། །དཔལ་
ལྡན་རྒྱུད་རྒྱལ་ངན་སོང་སྦྱོང་བ་ཡི། །བརྟག་པ་ཕྱོགས་གཅིག་སྤར་གྲགས་ཁ་ཆེ་[9]ནས། །ཆོས་རྒྱལ་སྐུ་
དྲིན་པཎ་ཆེན་སྦྲ་བསྒྱུར་[10]མཆོག །སྐྱེས་ཆེན་རྣམས་ཀྱིས་ལེགས་པར་དར་བ་མཛད། །འདི་ནི་དཔལ་
ལྡན་ཀུན་དགའི་སྙིང་པོ་དང་། །རྗེ་བཙུན་འཇིགས་མེད་འབྱུང་གནས་[11]སྦྲས་པ་ཡི། །མན་ངག་ལ་རྟེན་[12]

---

1 U artate, STNDP-Cat arhate, D-CatN-Cat arhato, S-Cat arhataḥ

2 USTPN daśa, DD-CatP-CatS-CatN-Cat deśa

3 UTN omit ཀྱི། SPD ཀྱི།

4 U བརྟགས། STPD བརྟག N རྟགས།

5 USTPN རེ། D དེ།

6 U གཉན། STPND མཉན།

7 P སྤྲེ།

8 UN གཙུགས། STPD བཙུགས།

9 P ཁྱེ།

10 P བསྒྱུར།

11 P ནས།

12 UN རྟེན། STPD བརྟེན།

རྒྱ་གར་བལ་པོ་ན། ཡོངས་གྲགས་བླ་མའི་དྲིན་ལས་ཁོ་བོས་བསྒྱུར། སྒྲ་གཞུང་བླ་མའི་གསུང་བཞིན་དུ། གུས་བསྒྱུར་ནོངས་པ་མཁས་ཆེན་རྣམས། བཟོད་མཛད་དེ་དགེས[1]འགྲོ་བ་ཀུན། འགྲོ་མགོན་ཐུབ་ཆེན་ཉིད་གྱུར་ཅིག

No. 511 ཛ(Ja) 338b2-343b3 Toh 486

① རབ་ཏུ་གནས་པ་མདོར་བསྡུས[2]པའི་ཆོ་གའི[3]རྒྱུད།

② Rab tu gnas pa mdor bsdus pa'i cho ga'i rgyud

③ སཾ་ཀྵེ་[ཀྴེ་]པ་པྲ་ཏིཥྛ་བི་ཏི་[བིདྷི་]ཏནྟྲ།

④ Saṃkṣepapratiṣṭhavidhitantra[4]

⑦ རབ་ཏུ་གནས་པ་མདོར་བསྡུས་པའི་རྒྱུད[5]རྫོགས་སོ།[6]

No. 512 ཛ(Ja) 343b3-344a5 Toh 484

① མངོན་སྤྱོད་ཀྱི་ལས།[7]

② mNgon spyod kyi las

⑤ Tr. Śāntigarbha, Jayarakṣita

⑦ མངོན་སྤྱོད་ཀྱི་ལས་རྫོགས་སོ། རྒྱ་གར་གྱི་མཁན་པོ་ཤཱནྟི་གརྦྷ་དང་། ལོ་ཙྪཿབ་བནྡེ་ཛ་ཡ་རཀྵི་ཏས་བསྒྱུར་བའོ།

## Volume 104 རྒྱུད། ཉ (1–358)

No. 513 ཉ(Nya) 1b1-32a4 Toh 487

① དཔལ་མཆོག་དང་པོ་ཞེས་བྱ་བ་ཐེག་པ་ཆེན་པོའི་རྟོག་པའི་རྒྱལ་པོ།

② dPal mchog dang po zhes bya ba theg pa chen po'i rtog pa'i rgyal po

---

1 U བགེས། STPND དགེས།

2 U སྡུས། STPND བསྡུས།

3 PD omit ཆོ་གའི།

4 U(N) saṃkśe(a)papratiṣṭhavititantra, ST saṃkṣepapratiṣṭhavidhitantra, P(D) supratiṣṭhatantrasaṅ(ṃ)graha

5 USTN བསྡུས་པའི་རྒྱུད། P བསྡུས་པའི་ཆོ་གའི་མདོ། D བསྡུས་པའི་ཆོ་གའི་རྒྱུད།

6 PD add colophon after རྫོགས་སོ།, cf. Appendix.

7 Title from the colophon.

③ ཤྲཱི་པ་ར་མཱ་དི་[པ་ར་མཱ་དྱ་]ནཱ་མ་མ་ཧཱ་ཡཱ་ན་ཀ་ལྤ་རཱ་ཛ།

④ Śrī-Paramādya[1]nāma-mahāyānakalparāja

⑤ Tr. Śraddhākaravarma, Rin chen bzang po

⑦ བདེ་བ་ཆེན་པོ་རྡོ་རྗེ་དོན་ཡོད་པའི་དམ་ཚིག་གི་རྟོག་པའི་རྒྱལ་པོ་ཆེན་པོ་ལས་ཤེས་རབ་ཀྱི་ཕ་རོལ་ཏུ་ཕྱིན་པའི་ཚུལ་རྫོགས་སོ། རྒྱ་གར་གྱི་མཁན་པོ་ཤྲད་དྷཱ་ཀ་ར་བརྨ་དང་། ཞུ་ཆེན་གྱི་ལོ་ཙཱ་བ་དགེ་སློང་རིན་ཆེན་བཟང་པོས་བསྒྱུར་ཅིང་ཞུས་ཏེ་གཏན་ལ་ཕབ་པ།

## No. 514 ཉ(Nya) 32a4-151a4 Toh 488

① (དཔལ་མཆོག་དང་པོའི་སྔགས་ཀྱི་རྟོག་པའི་དུམ་བུ་ཞེས་བྱ་བ།)[2]

② (dPal mchog dang po'i sngags kyi rtog pa'i dum bu zhes bya ba)

④ (Śrī-Paramādyamantrakalpakhaṇḍa-nāma)[3]

⑤ Tr. Mantrakalaśa, lHa btsan po Zhi ba'i 'od

⑦ དཔལ་མཆོག་དང་པོ་ལས་རྟོག་པའི་རྒྱལ་པོ་ཐམས་ཅད་ཀྱི་མཆོག་རྫོགས་སོ། ཐུགས་དམ་སའི་སྙིང་པོ་ཐོ་ལིང་དུ་རྒྱ་གར་གྱི་མཁན་པོ་པཎྜི་ཏ་མཁས་པ་ཆེན་པོ་མནྟྲ་ཀ་ལ་ཤ་དང་། སྒྲ་སྒྱུར་[4]གྱི་ལོ་ཙཱ་བ་ལྷ་བཙན་པོ་དགེ་སློང་ཞི་བའི་འོད་ཀྱི་ཞལ་སྔ་[5]ནས་བསྒྱུར་ཅིང་ཞུས་ཏེ་གཏན་ལ་ཕབ་པ། ལོ་ཙཱ་ཆེན་པོ་རིན་ཆེན་བཟང་པོ་ཡི། དཔལ་མཆོག་དང་པོའི་རྒྱུད་འདི་བསྒྱུར་བ་ལ། བར་བར་དཔེ་མ་རྙེད་པས་མ་འགྱུར་ནས། བདག་གིས་འབད་པས་དཔེ་བཙལ་རྙེད་པས་བསྒྱུར།

## No. 515 ཉ(Nya) 151a4-160a2 Toh 489

① འཕགས་པ་ཤེས་རབ་ཀྱི་ཕ་རོལ་ཏུ་ཕྱིན་པའི་ཚུལ་བརྒྱ་ལྔ་བཅུ་པ།

② 'Phags pa shes rab kyi pha rol tu phyin pa'i tshul brgya lnga bcu pa

③ ཨཱརྻ་པྲཛྙཱ་པཱ་ར་མི་ཏཱ་ན་ཡ་ཤ་ཏ་པཉྩད་ཤ་ཀ།

④ Ārya-Prajñāpāramitānayaśatapañcadaśaka[6]

⑦ འཕགས་པ་ཤེས་རབ་ཀྱི་ཕ་རོལ་ཏུ་ཕྱིན་པའི་[7]ཚུལ་བརྒྱ་[8]ལྔ་བཅུ་པ་རྫོགས་སོ།

---

[1] USTND paramādi, P paramadya, D-CatP-CatS-Cat paramādya, N-Cat paramādi

[2] Title from D-Cat 488.

[3] Title from D-Cat 488.

[4] UPN སྒྱུར། STD བསྒྱུར།

[5] UN མངའ། STPD སྔ།

[6] USTN pañcadaśaka, PD pañcāśatikā

[7] UTN པ། SPD པའི།

[8] UN omit བརྒྱ།

## No. 516 ཉ(Nya) 160a2-259a5

① དཔལ་རྡོ་རྗེ་སྙིང་པོ་རྒྱན་ཅེས་བྱ་བའི་རྒྱུད་ཀྱི་རྒྱལ་པོ་ཆེན་པོ།

② dPal rdo rje snying po rgyan ces bya ba'i rgyud kyi rgyal po chen po

③ ཤྲཱི་བཛྲ་མཎྜ་ལཾ་ཀཱ་ར་[ཨ་ལངྐཱ་ར་]ནཱ་མ་མ་ཧཱ་ཏནྟྲ་རཱ་ཛ།

④ Śrī-Vajramaṇḍālaṅkāra-nāma-mahātantrarāja

⑤ Tr. Blo gros brtan pa

⑦ དཔལ་རྡོ་རྗེ་སྙིང་པོ་རྒྱན་གྱི་རྒྱུད་དུ་ཇི་ལྟར་སྙེད་པ་ཡོངས་སུ་རྫོགས་སོ། རིགས་གཟུགས་སྐལ་[1]བཟང་མང་ཐོས་བློ་འབྱོར་སོགས། ཕུན་ཚོགས་ལྡན་པ་དཔལ་ལྡན་ཆོས་རྗེ་ཡིས། རྒྱུད་འདི་བསྒྱུར་ལས་ཅུང་ཟད་མ་རྫོགས་པར།[2] དཔལ་ལྡན་བློ་གྲོས་བརྟན་པས་རྫོགས་པར་བསྒྱུར།

## No. 517 ཉ(Nya) 259a5-358a7 Toh 490

① དཔལ་རྡོ་རྗེ་སྙིང་པོ་རྒྱན་ཅེས་བྱ་བའི་རྒྱུད་ཀྱི་རྒྱལ་པོ་ཆེན་པོ།[3]

② dPal rdo rje snying po rgyan ces bya ba'i rgyud kyi rgyal po chen po

③ ཤྲཱི་བཛྲ་མཎྜ་ལང་ཀཱ་ར་[ཨ་ལངྐཱ་ར་]ན་[ནཱ་]མ་མ་ཧཱ་ཏནྟྲ་རཱ་ཛ།

④ Śrī-Vajramaṇḍālaṅkāra-nāma-mahātantrarāja

⑤ Tr. Blo gros brtan pa

⑥ Rev. Bu ston

⑦ དཔལ་ལྡན་[4]རྡོ་རྗེ་སྙིང་པོ་རྒྱན་གྱི་རྒྱུད་དུ་ཇི་ལྟར་སྙེད་པ་ཡོངས་སུ་རྫོགས་སྟོ། རིགས་གཟུགས་སྐལ་བཟང་[5]མང་ཐོས་བློ་འབྱོར་སོགས། ཕུན་ཚོགས་ལྡན་པ་དཔལ་ལྡན་ཆོས་རྗེ་ཡིས། རྒྱུད་འདི་བསྒྱུར་ལས་ཅུང་ཟད་མ་རྫོགས་པ། དཔལ་ལྡན་བློ་གྲོས་བརྟན་པས་རྫོགས་པར་བསྒྱུར།[6] འདི་ལོ་ཙཱ་བ་བུ་སྟོན་ཁ་ཆེས་འགྱུར་བཅོས་པ་དེར་སྣང་བས་སྔར་གྱི་འགྱུར་དང་མི་འདྲ་བའི་ཁྱད་ཆེན་པོ་གདའོ།[7]

---

1 UST སྐལ། N བསྐལ།

2 UN པར། ST པ།

3 Two different translations of *rDo rje snying po rgyan gyi rgyud* are included in Them spangs ma (Nos. 516 & 517). No. 516 is Sakya Paṇḍita and dPang lo tsā ba Blo gros brtan pa's translation. Narthang preserves this translation. No. 517 is Bu ston's revised translation of the former, and the Derge and Peking editions include this translation.

4 UT ལྡན། SPD omit ལྡན།

5 UST བཟང་། PD བཟངས།

6 PD omit after བསྒྱུར།

7 S གདའ་འོ།

## Volume 105 རྒྱུད། ཏ (1–300)

### No. 518 ཏ(Ta) 1b1-4b1 Toh 491

① འཕགས་པ་ཤེས་རབ་ཀྱི་ཕ་རོལ་ཏུ་ཕྱིན་པ་[1] སྒོ་ཉི་ཤུ་རྩ་ལྔ་པ་ཞེས་བྱ་བ་ཐེག་པ་ཆེན་པོའི་མདོ།

② 'Phags pa shes rab kyi pha rol tu phyin pa sgo nyi shu rtsa lnga pa zhes bya ba theg pa chen po'i mdo

③ ཨཱརྱ་པཉྩ་བིང་ཤ་ཏ་[བིཾ་ཤ་ཏི་ཀཱ་]པྲཛྙཱ་པཱ་ར་མི་ཏཱ་མུ་ཁ་ནཱ་མ་མ་ཧཱ་ཡཱ་ན་སཱུ་ཏྲ།

④ Ārya-Pañcaviṃśatikāprajñāpāramitāmukha-nāma-mahāyānasūtra

⑦ འཕགས་པ་ཤེས་རབ་ཀྱི་ཕ་རོལ་ཏུ་ཕྱིན་པའི་སྒོ་ཉི་ཤུ་རྩ་ལྔ་པ་ཅེས་[2] བྱ་བ། ཐེག་པ་ཆེན་པོའི་མདོ་རྫོགས་སྷོ།[3]

### No. 519 ཏ(Ta) 4b2-47a3 Toh 492

① དེ་བཞིན་གཤེགས་པ་ཐམས་ཅད་ཀྱི་སྐུ་དང་གསུང་དང་ཐུགས་ཀྱིས་[4] གསང་བ་རྒྱན་གྱི་བཀོད་པ་ཅེས་[5] བྱ་བའི་རྒྱུད་ཀྱི་རྒྱལ་པོ།

② De bzhin gshegs pa thams cad kyi sku dang gsung dang thugs kyis gsang ba rgyan gyi bkod pa ces bya ba'i rgyud kyi rgyal po

③ སརྦ་ཏ་ཐཱ་ག་ཏ་ཀཱ་ཡ་བཱ་ཀྩིཏྟེ་[བཱ་ཀྩིཏྟ་]གུ་ཧྱ་ཨ་ལང་ཀཱ་ར་[ཨ་ལངྐཱ་ར་]བྱཱུ་ཧོ་[བྱཱུ་ཧ་]ཏནྟྲ་རཱ་ཛ་ནཱ་མ།

④ Sarvatathāgatakāyavākcittaguhyālaṅkāravyūha-tantrarāja-nāma

⑤ Tr. bDe bar gshegs pa'i dpal, Kun dga' rgyal mtshan

⑦ དེ་བཞིན་གཤེགས་པ་ཐམས་ཅད་ཀྱི་སྐུ་དང་གསུང་དང་ཐུགས་གསང་བ་རྒྱན་གྱི་བཀོད་པ་ཞེས་བྱ་བའི་རྒྱུད་ཀྱི་རྒྱལ་པོ་ཆེན་པོ་ཡོངས་སུ་རྫོགས་སོ། རྒྱ་གར་གྱི་མཁན་པོ་བཛྲ་སྤྱོད་པ་ཆེན་པོ་བདེ་བར་གཤེགས་པའི་དཔལ་ཞེས་བྱ་བ་དང་། བསྒྱུར་བྱེད་ཀྱི་མཁས་པ་སྒྲ་ཡི་[6] གཞུང་ལུགས་ལ་བློ་གྲོས་དཀར་བ་ཀུན་དགའ་རྒྱལ་མཚན་གྱིས་དཔལ་ས་སྐྱའི་དབེན་གནས་དམ་པར་བསྒྱུར། མདའ་ལྡའི་གཙུག་ལྷན་ཡིད་ཀྱི་སྲུབ་ཤིང་གི དྲིགས་པའི་དྲ་བ་རྣམ་པར་དྲལ་བའི་ཕྱིར། རྒྱུད་རྒྱལ་རྒྱ་མཚོའི་རྒྱལ་པོ་ལྟར་ཟབ་འདི། བསྒྱུར་ལ་འགལ་གང་འདི་ལ་འཕགས་རྣམས་དགོངས།

---

1 PD པའི།

2 UTN ཅེས། SPD ཞེས།

3 PD add colophon after རྫོགས་སྷོ།, cf. Appendix.

4 UN ཀྱིས། STPD ཀྱི།

5 UTN ཅེས། SPD ཞེས།

6 UTPN སྒྲ་ཡི། SD སྒྲའི།

No. 520 ཏ(Ta) 47a3-86b2 Toh 493

① འཕགས་པ་གསང་བ་ནོར་བུ་ཐིག་ལེ་ཞེས་བྱ་བའི་མདོ།

② 'Phags pa gsang ba nor bu thig le zhes bya ba'i mdo

③ ཨཱརྻ་གུ་ཧྱ་མ་ཎི་ཏི་ལ་ཀ་ན་[ནཱ་]མ་སཱུ་ཏྲ།

④ Ārya-Guhyamaṇitilaka-nāma-sūtra

⑤ Tr. bDe bar gshegs pa'i dpal, Kun dga' rgyal mtshan

⑦ མཆོག་ཏུ་གསང་བའི་མཛོད་ཅེས་བྱ་བ་ཐེག་པ་ཆེན་པོའི་མདོ་ལས་གསང་བའི་དེ་ཁོ་ན་ཉིད་སྟོན་པའི་མཆོག་གི་ཐིག་ལེ་ཞེས་བྱ་བའི་གསང་བའི་འབྱུང་གནས་རྫོགས་སྷོ། དམ་པའི་རྒྱུད་འདི་གངས་ཅན་འདི་ན་སྔོན། རྣམ་པ་ཀུན་ཏུ་བསྒྱུར་བ་མ་རྙེད་ནས། མཁས་པ་བདེ་བར་གཤེགས་པའི་དཔལ་དང་ནི། སྒྲ་རིག་ཀུན་དགའ་རྒྱལ་མཚན་བདག་གིས་བསྒྱུར།[1] དམ་པའི་བཀས་བསྐུལ་ནས་ནི་གུས་པ་ཡིས། དཔལ་ལྡན་ས་སྐྱའི་གཙུག་ལག་ཁང་དུ་བསྒྱུར། དགེ་བ་དེ་ཡིས་སེམས་ཅན་ཐམས་ཅད་ཀྱིས་། གསང་དོན་རྟོགས་ནས་སངས་རྒྱས་སར་འགྲོ་ཤོག

No. 521 ཏ(Ta) 86b2-220b7 Toh 494

① རྣམ་པར་སྣང་མཛད་ཆེན་པོ་མངོན་པར་རྫོགས་པར་བྱང་ཆུབ་པ་རྣམ་པར་སྤྲུལ་པ་བྱིན་གྱིས་རློབ་པ་ཤིན་ཏུ་རྒྱས་པ་མདོ་སྡེའི་དབང་པོའི་རྒྱལ་པོ་ཞེས་བྱ་བའི་ཆོས་ཀྱི་རྣམ་གྲངས།

② rNam par snang mdzad chen po mngon par rdzogs par byang chub pa rnam par sprul pa byin gyis rlob pa shin tu rgyas pa mdo sde'i dbang po'i rgyal po zhes bya ba'i chos kyi rnam grangs

③ མ་ཧཱ་བཻ་རོ་ཙ་ན་ཨ་བྷི་སཾ་བོ་དྷི་བི་ཀུརྦི་ཏ་ཨ་དྷིཥྛཱ་ན་བཻ་པུ་ལྱ་སཱུ་ཏྲེནྡྲ་རཱ་ཛ་ནཱ་མ་དྷརྨ་པརྻཱ་ཡ།

④ Mahāvairocanābhisaṃbodhivikurvitādhiṣṭhānavaipulyasūtrendrarāja-nāma-dharmaparyāya

⑤ Tr. Śīlendrabodhi, dPal brtsegs rakṣita

⑦ རྣམ་པར་སྣང་མཛད་ཆེན་པོ་མངོན་པར་རྫོགས་པར་བྱང་ཆུབ་པ་རྣམ་པར་སྤྲུལ་པ་བྱིན་གྱིས་རློབ་པ་ཤིང་ཏུ་རྒྱས་པ་ཆེན་པོ་མདོ་སྡེའི་དབང་པོའི་རྒྱལ་པོ་ལས་གསང་སྔགས་ཀྱི་སྒོ་ནས་བྱང་ཆུབ་སེམས་དཔའི་སྤྱད་པ་སྤྱོད་པའི་ཆོ་ག་ཇི་[2]སྙེད་པར་[3]རིམ་པར་ཕྱེ་བ་ཉི་ཤུ་རྩ་ལྔ་པ་[4]རྫོགས་སྷོ།[5] རྒྱ་གར་གྱི་

---

[1] UTN རྒྱུད། SPD བསྒྱུར།

[2] P ཅི།

[3] PD པ།

[4] P omits རིམ་པར་ཕྱེ་བ་ཉི་ཤུ་རྩ་ལྔ་པ།

[5] PD omit after རྫོགས་སྷོ།

མཁན་པོ་ཤྲཱི་ལེནྡྲ་བོ་དྷི་དང་། ཞུ་ཆེན་གྱི་ལོ་ཙྪ་བ་དགེ་སློང་དཔལ་བརྩེགས་རཀྵི་ཏས་བསྒྱུར་ཅིང་ཞུས་ཏེ་གཏན་ལ་ཕབ་པའོ། U 184a7

འཕགས་པ་རྣམ་པར་སྣང་མཛད་ཆེན་པོ་མངོན་པར་རྫོགས་པར་བྱང་ཆུབ་པར་སྤྲུལ་པ་བྱིན་གྱིས་རློབ་པ་ཐེག་པ་ཆེན་པོ་[1] མདོ་སྡེའི་རྒྱལ་པོ་གསང་བ་[2] མཆོག་གི་[3] རིམ་པར་ཕྱེ་བ་ལས་དེ་བཞིན་གཤེགས་པ་འབྱུང་བ་ཞེས་བྱ་བའི་དཀྱིལ་འཁོར་ཆེན་པོ་བྱིན་གྱིས་རློབ་པ་རྫོགས་སོ། རྒྱ་གར་གྱི་མཁན་པོ་ཤྲཱི་ལེནྡྲ་བོ་དྷི་དང་། ཞུ་ཆེན་གྱི་ལོ་ཙྪ་བ་བནྡེ་དཔལ་བརྩེགས་ཀྱིས་བསྒྱུར་ཅིང་ཞུས་ཏེ་གཏན་ལ་ཕབ་པའོ། U 220b7

No. 522 ཏ(Ta) 220b7-300a6 Toh 495

① དེ་བཞིན་གཤེགས་པ་ཐམས་ཅད་ཀྱི་ཁྲོ་བོའི་རྒྱལ་པོ་[4] མི་གཡོ་བ་དེའི་སྟོབས་དཔག་ཏུ་མེད་པ་རྟུལ་ཕོད་པ་འདུལ་བར་གསུངས་པ་ཞེས་བྱ་བའི་རྟོག་པ།

② De bzhin gshegs pa thams cad kyi khro bo'i rgyal po mi g.yo ba de'i stobs dpag tu med pa rtul phod pa 'dul bar gsungs pa zhes bya ba'i rtog pa

③ ཨཱརྱ་ཨ་ཙ་ལ་མ་ཧཱ་ཀྲོ་དྷ་རཱ་ཛ་སྱ་སརྦ་ཏ་ཐཱ་ག་ཏ་སྟ་ཏ་སྱཱ་[ཏ་ཐཱ་ག་ཏ་སྱཱ་]པ་རི་མི་ཏ་བ་ལ་པ་རཱ་ཀྲ་མ་སྱ་བཻ་ན་སྟ་[བི་ན་ཡ་]བྷཱ་ཥི་ཏོ་[ཏ་]ནཱ་མ་ཀལྤ།

④ Ārya-Acalamahākrodharājasya sarvatathāgatasyāparimitabalaparākramasya vinaya-bhāṣita[5]-nāma-kalpa

⑤ Tr. Uśmarakṣita, Glan Dharma blo gros

⑥ Rev. Chos skyong bzang po, Ānandamaṅgala

⑦ འཕགས་པ་ཁྲོ་བོའི་རྒྱལ་པོ་ཆེན་པོ་[6] མི་གཡོ་བ་དེ་བཞིན་གཤེགས་པ་ཐམས་ཅད་ཀྱི་སྟོབས་དཔག་ཏུ་མེད་པས་[7] ཕ་རོལ་གནོན་པས་འདུལ་བར་གསུངས་པ་[8] ཞེས་བྱ་བའི་རྟོག་པ་རྫོགས་སྷོ། མི་[9] ཉག་རྒྱལ་

---

[1] PD པོའི།

[2] P བའི། D བ་པའི།

[3] PD omit གི།

[4] UN པོའི། ST པོ། PD པོ་འཕགས་པ།

[5] UN tathāgatastatasyāparimitabalaparākramasyavainastabhāṣito, S tathāgatastatasyāsaparimitabalaparakramasya-vainastabhaṣito, T tathāgatastatasyāparimitabalapārakramasyavainastabhāṣito, P tathāgadadasyabala-aparimita-pīrapenaya-svākhyāto, D tathāgatatasyabala-aparimitavīravinayasvābyāto

[6] P omits ཆེན་པོ།

[7] D པ།

[8] P omits དེ་བཞིན་གཤེགས་པ་ཐམས་ཅད་ཀྱི་སྟོབས་དཔག་ཏུ་མེད་པས་ཕ་རོལ་གནོན་པས་འདུལ་བར་གསུངས་པ།

[9] USTN མི། PD མེ།

པོའི་བཀའ་ལུང་གིས་རྒྱ་གར་གྱི་མཁན་པོ་ཨུཔྟ་རཀྵི་ཏའི་ཞལ་སྔ་ནས། ལོ་ཙྪ་བ་[1]གླན་དགེ་སློང་རྣམ་བློ་གྲོས་ཀྱིས་[2]བསྒྱུར་ཅིང་ཞུས་ཏེ་དགེ་སློང་ཡོན་ཏན་རྡོ་རྗེས་གསོལ་བ་བཏབ་པའོ།[3] ཕྱིས་སླུའང་། ཆོས་ཀྱི་རྒྱལ་པོ་བཀྲ་ཤིས་རབ་བརྟན་དཔལ་བཟང་པོའི་བཀས་བསྐུལ་བ་བཞིན། ལོ་ཙྪ་བ་དགེ་སློང་ཆོས་སྐྱོང་བཟང་པོས་རྒྱའི་དཔེ་ལ་ལེགས་པར་གཏུགས་ཏེ་གཏན་ལ་ཕབ་པ་དང་། སླར་ཡང་མིའི་དབང་པོ་ཆེན་པོ་[4]བཀྲ་ཤིས་རབ་བརྟན་སོག་པོ་[5]འཕགས་ཀྱི་ཞལ་སྔ་ནས་ཀྱི་སྐུ་རིང་ལ། དགེ་སློང་ཨཱ་ནནྡ་མནྟྲའི་ཀྱིས། དཔལ་འཁོར་སྡེ་[6]ཆེན་གྱི་གཙུག་ལག་ཁང་དུ། པི་ཀྲ་མ་ལ་[7]ཤཱི་ལའི་གཙུག་ལག་གི་རྒྱ་དཔེ་ལ་གཏུགས་ནས་མི་འཆོས་སུ་མི་རུང་བ་རྣམས་ལེགས་[8]པར་བཅོས་ཏེ་དག་པར་བགྱིས་པའོ།[9]

## Volume 106 རྒྱུད། ཐ (1–392)

### No. 523 ཐ(Tha) 1b1-194b8 Toh 496

① འཕགས་པ་ལག་ན་རྡོ་རྗེ་དབང་བསྐུར་བའི་རྒྱུད་ཆེན་པོ།

② 'Phags pa lag na rdo rje dbang bskur ba'i rgyud chen po

③ ཨཱརྱ་བཛྲ་པཱ་ཎི་ཨ་བྷི་ཥེ་ཀ་མ་ཧཱ་ཏནྟྲ།

④ Ārya-Vajrapāṇi-abhiṣeka-mahātantra

⑤ Tr. Śīlendrabodhi, Ye shes sde

⑦ འཕགས་པ་ལག་ན་རྡོ་རྗེ་དབང་བསྐུར་བའི་རྒྱུད་ཆེན་པོའི་རྒྱལ་པོ་རྫོགས་སོ། རྒྱ་གར་གྱི་མཁན་པོ་ཤཱི་ལེནྡྲ་བོ་དྷི་དང་། ཞུ་ཆེན་གྱི་ལོ་ཙྪ་བ་བན་དེ་ཡེ་ཤེས་སྡེས་བསྒྱུར་ཅིང་ཞུས་ཏེ་གཏན་ལ་ཕབ་པ།

### No. 524 ཐ(Tha) 194b8-196b4 Toh 497

① འཕགས་པ་ལྷ་མོ་བརྒྱད་ཀྱི་གཟུངས།

② 'Phags pa lha mo brgyad kyi gzungs

---

1 UPD ལོ་ཙྪ་བ། STN omit ལོ་ཙྪ་བ།
2 P ཀྱི།
3 P omits after བཏབ་པའོ།
4 UTND ཆེན་པོ། S omits ཆེན་པོ།
5 USND རབ་བརྟན་སོག་པོ། T དཔག་ཏུ་སོགས་པོ།
6 UN སྡེ། STD བདེ།
7 UND པི་ཀྲ་མ་ལ། S པི་ཀ་མ་ལ། T བྲི་ཀ་མ་ལ།
8 U ལགས།
9 UT add (AW, editor's note) after བགྱིས་པའོ།, cf. Appendix.

③ ཨཱརྱ་ཨཥྚ་དེ་བཱི་དྷཱ་ར་ཎི།[ཎཱི།]

④ Ārya-Aṣṭadevī-dhāraṇī

⑤ Tr. Śīlendrabodhi, Ye shes sde

⑦ འཕགས་པ་[1]ལྷ་མོ་བརྒྱད་ཀྱི་གཟུངས་རྫོགས་སོ། རྒྱ་གར་གྱི་མཁན་པོ་ཤཱི་ལེནྡྲ་བོ་དྷི་དང་། ཞུ་ཆེན་གྱི་ལོ་ཙྪ་བ་བན་དྷེ་ཡེ་ཤེས་སྡེས་བསྒྱུར་ཅིང་ཞུས་ཏེ་གཏན་ལ་ཕབ་པ།

No. 525 ཐ(Tha) 196b4-207b6 Toh 498

① བཅོམ་ལྡན་འདས་ཕྱག་ན་རྡོ་རྗེ་གོས་སྔོན་པོ་ཅན་གྱི་རྒྱུད་ཅེས་བྱ་བ།

② bCom ldan 'das phyag na rdo rje gos sngon po can gyi rgyud ces bya ba

③ བྷ་ག་བཱན་[བན་]ནཱི་ལཱམྦ་ར་[ནཱི་ལཱཾ་བ་ར་]དྷ་ར་བཛྲ་པ་ཎི་[པཱ་ཎི་]ཏནྟྲ་ནཱ་མ།

④ Bhagavannīlāmbaradharavajrapāṇi-tantra-nāma

⑤ Tr. Celu, 'Phags pa shes rab

⑦ ཁ་ཆེའི་པཎྜིཏ་ཙེ་ལུ་དང་། བོད་ཀྱི་ལོ་ཙྪ་བ་འཕགས་པ་ཤེས་རབ་ཀྱིས་བསྒྱུར་བའོ། རྫོགས་སོ།

No. 526 ཐ(Tha) 207b6-214a8 Toh 499

① འཕགས་པ་ལག་ན་རྡོ་རྗེ་གོས་སྔོན་པོ་ཅན་རྡོ་རྗེ་ས་འོག་ཅེས་བྱ་བའི་རྒྱུད།

② 'Phags pa lag na rdo rje gos sngon po can rdo rje sa 'og ces bya ba'i rgyud

③ ཨཱརྱ་བཛྲ་པ་ཎི་[པཱ་ཎི་]ནཱི་ལཱམྦ་ར་[ནཱི་ལཱཾ་བ་ར་]དྷ་ར་བཛྲ་པཱ་ཏཱ་ལ་ནཱ་མ་ཏནྟྲ།

④ Ārya-Vajrapāṇinīlāmbaradharavajrapātāla-nāma-tantra

⑤ Tr. Dīpaṃkara, Bya'i gdong pa can

⑦ རྡོ་རྗེ་ས་འོག་གི་རྒྱུད་རྫོགས་སོ། རྒྱ་གར་གྱི་མཁན་པོ་དཱི་པཾ་ཀ་ར་དང་། སྒྲ་བསྒྱུར་[2]གྱི་ལོ་ཙྪ་བ། དགེ་སློང་བྱའི་གདོང་པ་ཅན་གྱིས་བསྒྱུར་བའོ།[3]

No. 527 ཐ(Tha) 214a8-220a2 Toh 500

① རྡོ་རྗེ་ས་གསུམ་དུ་རྒྱུ་བ་ཞེས་བྱ་བའི་རྟོག་པའི་རྒྱལ་པོ།

② rDo rje sa gsum du rgyu ba zhes bya ba'i rtog pa'i rgyal po

---

1 USTD པ། PN མ།

2 P སྒྱུར།

3 P adds Dhā after བསྒྱུར་བའོ།, cf. Appendix.

③ བཛྲ་བྷཱུ་མ་[བྷཱུ་མི་]ཏྲི་ཙ་རྞ་[ཙ་རྞ་]ཀ་ལྤ་ནཱ་མ།

④ Vajrabhūmitricaraṇa[1]rājakalpa-nāma

⑤ Tr. Kumāravajra, Ra byid lo tsā ba

⑦ རྡོ་རྗེ་ས་གསུམ་དུ་རྒྱུ་བ་ལས་རྟོག་པ་ལྔ་པ་[2]རྫོགས་སོ། དབང་ཕྱུག་དམ་པའི་མངའ་བདག་ཁྲི་སྲོང་ལྡེ་བཙན་གྱི་བཀའ་ཁྲིམས་སུ། དཔལ་དཔེ་མེད་ལྷུན་གྱིས་གྲུབ་པའི་གཙུག་ལག་ཁང་དུ་རྒྱ་གར་གྱི་མཁན་པོ་ཀུ་མཱ་ར་བཛྲ་དང་། ར་བྱིད་ལོ་ཙཱ་བས་བསྒྱུར་བའོ།

## No. 528=768 ཐ(Tha) 220a2-221a8 Toh 748

① འཕགས་པ་ལག་ན་རྡོ་རྗེ་གོས་སྔོན་པོ་ཅན་གྱི་ཆོ་ག་ཞེས་བྱ་བའི་གཟུངས།

② 'Phags pa lag na rdo rje gos sngon po can gyi cho ga zhes bya ba'i gzungs

③ ཨཱརྱ་ནཱི་ལཱམྦ་ར་[ནཱི་ལཱཾ་བ་ར་]དྷ་ར་བཛྲ་པཱ་ཎི་ཀ་ལྤ་ནཱ་མ་དྷཱ་ར་ཎི།[ཎཱི།]

④ Ārya-Nīlāmbaradharavajrapāṇikalpa-nāma-dhāraṇī

⑤ Tr. Dīpaṃkaraśrījñāna, brTson 'grus seng ge

⑦ འཕགས་པ་ལག་ན་རྡོ་རྗེ་གོས་སྔོན་པོ་ཅན་གྱི་ཆོ་ག་ཞེས་བྱ་བའི་གཟུངས་རྫོགས་སོ། རྒྱ་གར་གྱི་མཁན་པོ་དཱི་པཾ་ཀ་ར་ཤྲཱི་ཛྙཱ་ན་དང་། བོད་ཀྱི་ལོ་ཙཱ་བ་བརྩོན་འགྲུས་སེང་གེས་དཔལ་ན་ལེན་ཏྲའི་སྒོ་འགྲམ་དུ་བསྒྱུར།[3]

## No. 529 ཐ(Tha) 221a8-226b3 Toh 501

① འཕགས་པ་ལག་ན་རྡོ་རྗེ་གོས་སྔོན་པོ་ཅན་ཞེས་བྱ་བ་འཇིག་རྟེན་གསུམ་འདུལ་བའི་རྒྱུད།

② 'Phags pa lag na rdo rje gos sngon po can zhes bya ba 'jig rten gsum 'dul ba'i rgyud

③ ཨཱརྱ་བཛྲ་པཱ་ཎི་ནཱི་ལཾ་བ་ར་[ནཱི་ལཱཾ་བ་ར་]དྷ་ར་ཏྲི་ལོ་ཀ་བི་ན་ཡ་ནཱ་མ་ཏནྟྲ།

④ Ārya-Vajrapāṇinīlāmbaradharatrilokavinaya-nāma-tantra

⑤ Tr. Dīpaṃkara, Rin chen bzang po

⑦ འཇིག་རྟེན་གསུམ་འདུལ་བའི་རྒྱུད་རྫོགས་སོ། རྒྱ་གར་གྱི་མཁན་པོ་དཱི་པཾ་ཀ་ར་དང་། ཞུ་ཆེན་གྱི་ལོ་ཙཱ་བ་དགེ་སློང་རིན་ཆེན་བཟང་པོས་བསྒྱུར་བའོ།

---

[1] USTN omit caraṇa, PD caraṇi, D-CatS-Cat caraṇa, P-Cat caraṇi

[2] P omits པ།

[3] Cf. No. 768

U 528; S 461; T 455; P 132, 573; D 748, 948 Tr. Dīpaṃkaraśrījñāna, brTson 'grus seng ge

U 768; S 699; T 696; N 775 Tr. Jñānagarbha, Klu'i dbang po

No. 530=96 ཐ(Tha) 226b3-259a6 Toh 503

① འཕགས་པ་དེ་བཞིན་གཤེགས་པ་བདུན་གྱི་སྔོན་གྱི་སྨོན་ལམ་གྱི་ཁྱད་པར་རྒྱས་པ་ཞེས་བྱ་བ་ཐེག་པ་ཆེན་པོའི་མདོ།

② 'Phags pa de bzhin gshegs pa bdun gyi sngon gyi smon lam gyi khyad par rgyas pa zhes bya ba theg pa chen po'i mdo

③ ཨཱརྱ་སཔྟ་ཏ་ཐཱ་ག་ཏ་པཱུརྦ་པྲ་ཎི་དྷ་[དྷཱ་]ན་བི་ཤེ་ཥ་[བི་ཤེ་ཥ་]བསྟཱ་ར་[བིསྟཱ་ར་]ནཱ་མ་མ་ཧཱ་ཡཱ་ན་སཱུ་ཏྲ།

④ Ārya-Saptatathāgatapūrvapraṇidhānaviśeṣavistāra[1]-nāma-mahāyānasūtra

⑤ Tr. Jinamitra, Dānaśīla, Śīlendrabodhi, Ye shes sde

⑦ འཕགས་པ་དེ་བཞིན་གཤེགས་པ་བདུན་གྱི་སྔོན་གྱི་སྨོན་ལམ་གྱི་ཁྱད་པར་རྒྱས་པ་ཞེས་བྱ་བ་ཐེག་པ་ཆེན་པོའི་མདོ་བརྒྱད་བརྒྱ་པ་རྫོགས་སྷོ། རྒྱ་གར་གྱི་མཁན་པོ་ཛི་ན་མི་ཏྲ་དང་། དཱ་ན་ཤཱི་ལ་དང་། ཤཱི་ལེནྡྲ་བོ་དྷི་དང་། ཞུ་ཆེན་གྱི་ལོ་ཙྪ་བ་[2]བན་དེ་ཡེ་ཤེས་སྡེས་བསྒྱུར་ཅིང་ཞུས་ཏེ་སྐད་གསར་ཆད་[3]ཀྱིས་ཀྱང་བཅོས་ནས་གཏན་ལ་ཕབ་པའོ།

No. 531=239 ཐ(Tha) 259a7-271b6 Toh 504

① འཕགས་པ་བཅོམ་ལྡན་འདས་སྨན་གྱི་བླ་བཻ་ཌཱུརྱའི་[4]འོད་ཀྱི་སྔོན་གྱི་སྨོན་ལམ་གྱི་ཁྱད་པར་རྒྱས་པ་ཞེས་བྱ་བ་ཐེག་པ་ཆེན་པོའི་མདོ།

② 'Phags pa bcom ldan 'das sman gyi bla bai ḍūrya'i 'od kyi sngon gyi smon lam gyi khyad par rgyas pa zhes bya ba theg pa chen po'i mdo

③ ཨཱརྱ་བྷ་ག་བ་ཏེ་[ཏོ་]བྷཻ་ཥ་ཛྱེ་[ཛྱ་]གུ་རུ་བཻ་ཌཱུརྱ་པྲ་བྷ་[པྲ་བྷ་སྱ་]པཱུརྦ་པྲ་ཎི་དྷ་[དྷཱ་]ན་བི་ཤེ་ཥ་བིསྟཱ་ར་ནཱ་མ་མ་ཧཱ་ཡཱ་ན་སཱུ་ཏྲ།

④ Ārya-Bhagavato bhaiṣajyaguruvaiḍūryaprabhasya pūrvapraṇidhānaviśeṣavistāra[5]-nāma-mahāyānasūtra

⑤ Tr. Jinamitra, Dānaśīla, Ye shes sde

⑦ འཕགས་པ་བཅོམ་ལྡན་འདས་སྨན་གྱི་བླ་བཻ་ཌཱུརྻའི་[6]འོད་ཀྱི་སྔོན་གྱི་སྨོན་ལམ་གྱི་ཁྱད་པར་རྒྱས་པ་ཞེས་བྱ་བ་ཐེག་པ་ཆེན་པོའི་མདོ་རྫོགས་སྷོ། རྒྱ་གར་གྱི་མཁན་པོ་ཛི་ན་མི་ཏྲ་དང་། དཱ་ན་ཤཱི་ལ་དང་།

---

1 U vastāra, STPND vistāra, D-CatN-Cat vistāra, P-CatS-Cat vistara, cf. No. 96

2 UTN omit བ།

3 UTPND ཆད། S བཅད།

4 UND བཻ་ཌཱུརྱའི། S བཻ་ཌཱུརྻའི། T བཻ་ཌཱུརྱ་ལ། P བཻ་དཱུརྱའི།, cf. No. 239

5 USTND viśeṣavistāra, P viśeṣavistara, cf. No. 239

6 US བཻ་ཌཱུརྻའི། T བཻ་ཌཱུརླའི། P བཻདཱུརྱའི། ND བཻ་ཌཱུརྱའི།, cf. No. 239

ཞུ་ཆེན་གྱི་ལོ་ཙྪ་བ་བན་དེ་ཡེ་ཤེས་སྡེ་ལ་སོགས་པས་ཞུས་ཤིང་བསྒྱུར་ཏེ།[1] སྐད་གསར་བཅད་[2]ཀྱིས་ཀྱང་བཅོས་ཤིང་གཏན་ལ་ཕབ་པའོ།

No. 532 ཐ(Tha) 271b6-274b7 Toh 505

① འཕགས་པ་དེ་བཞིན་གཤེགས་པའི་ཏིང་ངེ་འཛིན་གྱི་སྟོབས་བསྐྱེད་པ་བཻ་ཌཱུརྱའི་[3]འོད་ཅེས་བྱ་བའི་གཟུངས།

② 'Phags pa de bzhin gshegs pa'i ting nge 'dzin gyi stobs bskyed pa bai ḍūrya'i 'od ces bya ba'i gzungs

③ ཨཱརྱ་ཏ་ཐཱ་ག་ཏ་བཻ་ཌཱུཪྻའི་[བཻ་ཌཱུརྱ་]པྲ་བྷཱ་ནཱ་མ་བ་ལ་དྷཱ་ན་[བ་ལཱ་དྷཱ་ན་]ས་མཱ་དྷི་དྷཱ་ར་ཎི།[ཎཱི།]

④ Ārya-Tathāgatavaiḍūryaprabhā[4]-nāma-balādhānā[5]samādhi-dhāraṇī

⑤ Tr. Jinamitra, Dānaśīla, Surendrabodhi, Ye shes sde

⑥ Rev. Dīpaṃkaraśrījñāna, Tshul khrims rgyal ba

⑦ འཕགས་པ་དེ་བཞིན་གཤེགས་པའི་[6]ཏིང་ངེ་འཛིན་གྱི་སྟོབས་བསྐྱེད་པ་[7]བཻ་ཌཱུཪྻའི་[8]འོད་ཅེས་བྱ་བའི་གཟུངས་རྫོགས་སོ།། རྒྱ་གར་གྱི་མཁན་པོ་ཛི་ན་མི་ཏྲ་དང་། དཱ་ན་ཤཱི་ལ་དང་། སུ་རེནྡྲ་བོ་དྷི་དང་། ཞུ་ཆེན་གྱི་ལོ་ཙྪ་བ་བན་དེ་ཡེ་ཤེས་སྡེས་བསྒྱུར་ཅིང་ཞུས་ཏེ་གཏན་ལ་ཕབ་པ། སླད་ཀྱིས་རྒྱ་གར་གྱི་མཁན་པོ་དཱི་པཾ་ཀ་ར་ཤྲཱི་ཛྙཱ་ན་དང་། དགེ་སློང་ཚུལ་ཁྲིམས་རྒྱལ་བས་ཐོ་ལིང་གསེར་ཁང་དུ་སྐད་གསར་ཆད་[9]ཀྱིས་བཅོས་ནས་གཏན་ལ་ཕབ་པའོ།

No. 533=796 ཐ(Tha) 274b7-275a1 Toh 505A[10]

① སྨན་གཏོང་བའི་[11]ཚེ་སྨན་ལ་སྔགས་ཀྱིས་གདབ་[12]པ།[13]

② sMan gtong ba'i tshe sman la sngags kyis gdab pa

---

1 USTN ཞུས་ཤིང་བསྒྱུར་ཏེ། PD བསྒྱུར་ཅིང་ཞུས་ཏེ།

2 U བཅས། SN བཅད། TPD ཆད།

3 UND བཻ་ཌཱུརྱའི། S བཻ་ཌཱུཪྻའི། T བཻ་ཌཱུརླའི། P བཻ་ཌཱུ་རྱའི།

4 USTN prabhā, PD prabha, D-CatP-CatN-Cat prabha, S-Cat prabhā

5 USTPND baladhana, D-CatS-CatN-Cat balādhāna, P-Cat baladhana

6 UT པ། SPND པའི།

7 UTN པའི། SPD པ།

8 US བཻ་ཌཱུཪྻའི། TND བཻ་ཌཱུརྱའི། P བཻ་དཱུརྱའི།

9 UTPND ཆད། S བཅད།

10 Cf. D 505A(286a6-286a7)=1059A(190a1-190a2), Sakai pp. 102–103. See also p. 414.

11 U པའི། STPND བའི།

12 U533N455(488a4) གཏབ། S466T460 བཏབ། U796S726T724P225,269,685N534D505A,1059A གདབ།

13 Title from the colophon. U533T460N455(488a5), cf. Appendix.

No. 534 ཐ(Tha) 275a1-363a5 Toh 502

① དམ་ཚིག་གསུམ་བཀོད་པའི་རྒྱལ་པོ་ཞེས་བྱ་བའི་རྒྱུད།

② Dam tshig gsum bkod pa'i rgyal po zhes bya ba'i rgyud

③ ཏྲི་ས་མ་ཡ་བྱཱུ་ཧ་རཱ་ཛ་ནཱ་མ་ཏནྟྲ།

④ Trisamayavyūharāja-nāma-tantra

⑤ Tr. Kṛṣṇa paṇḍita, Tshul khrims rgyal ba

⑦ དམ་ཚིག་གསུམ་བཀོད་པའི་རྒྱལ་པོའི་རྒྱུད་རྫོགས་པའི་རྒྱལ་པོ་ཆེན་པོ་ལས་ཐུན་མོང་[1]གི་ཆོ་ག་རྫོགས་སྷོ། རྒྱ་གར་གྱི་མཁན་པོ་ཀྲྀཥྞ་པཎྜི་ཏ་དང་། ལོ་ཙྪ་བ་དགེ་སློང་ཚུལ་ཁྲིམས་རྒྱལ་བས་བསྒྱུར་ཅིང་ཞུས་ཏེ་གཏན་ལ་ཕབ་པའོ།

No. 535 ཐ(Tha) 363a5-392a7 Toh 506

① འཕགས་པ་ནོར་བུ་ཆེན་པོ་རྒྱས་པའི་གཞལ་མེད་ཁང་ཤིན་ཏུ་རབ་ཏུ་གནས་པ་གསང་བ་དམ་པའི་གསང་བའི་ཆོ་ག་ཞིབ་མོའི་རྒྱལ་པོ་ཞེས་བྱ་བའི་གཟུངས།

② 'Phags pa nor bu chen po rgyas pa'i gzhal med khang shin tu rab tu gnas pa gsang ba dam pa'i gsang ba'i cho ga zhib mo'i rgyal po zhes bya ba'i gzungs

③ ཨཱརྱ་མཧཱ་མ་ཎི་[མ་ཧཱ་མ་ཎི་]བི་པུ་ལ་བི་མཱ་ན་བི་ཤྭ་སུ་པྲ་ཏིཥྛི་ཏ་[སུ་པྲ་ཏིཥྛི་ཏ་]གུ་ཧྱ་པ་ར་མ་ར་ཧ་སྱ་ཀལྤ་རཱ་ཛ་ནཱ་མ་དྷཱ་ར་ཎི།[ཎཱི།]

④ Ārya-Mahāmaṇivipulavimānaviśvasupratiṣṭhitaguhyaparamarahasyakalparāja-nāma-dhāraṇī

⑤ Tr. Vidyākaraprabha, dPal gyi lhun po

⑥ Rev. Vidyākaraprabha, dPal brtsegs

⑦ འཕགས་པ་ནོར་བུ་ཆེན་པོ་རྒྱས་པའི་གཞལ་མེད་ཁང་ཤིན་ཏུ་རབ་ཏུ་[2]གནས་པ་གསང་བ་དམ་པའི་གསང་བའི་[3]ཆོ་ག་ཞིབ་མོའི་རྒྱལ་པོ་[4]སྟེ་བདུན་པའོ། རྫོགས་སྷོ། རྒྱ་གར་གྱི་མཁན་པོ་བི་དྱ་ཀ་ར་པྲ་བྷ་དང་། ལོ་ཙྪ་བ་བན་དྷེ་དཔལ་གྱི་ལྷུན་པོས་བསྒྱུར་བ།[5] རྒྱ་གར་[6]གྱི་མཁན་པོ་བི་དྱ་ཀ་ར་པྲ་བྷ་དང་། ཞུ་ཆེན་གྱི་ལོ་ཙྪ་བ་བན་དྷེ་དཔལ་བརྩེགས་ཀྱིས་ཞུས་ཏེ་གཏན་ལ་ཕབ་པ།

---

1 UN མོངས། STPD མོང་།

2 TP(138) omit རབ་ཏུ།

3 U པའི། P(510) omits གསང་བའི།

4 P(138) པོ་ལེའུ D(506) པོའི་ལེའུ

5 P(510)D(885) omit བ།

6 P(138)D(506) བསྒྱུར་ཞིང་། སླད་ནས་རྒྱ་གར་

## Volume 107 རྒྱུད། ད (1–424)

### No. 536 ད(Da) 1b1-10b3 Toh 507

① འཕགས་པ་དེ་བཞིན་གཤེགས་པ་ཐམས་ཅད་ཀྱི་བྱིན་གྱིས་བརླབས་[1]ཀྱི་སྙིང་པོ་གསང་བ་རིང་བསྲེལ་གྱི་ཟ་མ་ཏོག་ཅེས་བྱ་བའི་གཟུངས་ཐེག་པ་ཆེན་པོའི་མདོ།

② 'Phags pa de bzhin gshegs pa thams cad kyi byin gyis brlabs kyi snying po gsang ba ring bsrel gyi za ma tog ces bya ba'i gzungs theg pa chen po'i mdo

③ ཨཱརྱ་སརྦ་ཏ་ཐཱ་ག་ཏ་ཨ་དྷིཥྛཱ་ན་ཧྲི་ད་ཡ་གུ་ཧྱ་དྷཱ་ཏུ་ཀ་ར་ཎྜ་མུ་དྲཱ་ནཱ་མ་དྷཱ་ར་ཎི་[ཎཱི་]མ་ཧཱ་ཡཱ་ན་སཱུ་ཏྲ།

④ Ārya-Sarvatathāgatādhiṣṭhānahṛdayaguhyadhātukaraṇḍamudrā[2]-nāma-dhāraṇī-mahāyānasūtra

⑤ Tr. Vidyākaraprabha, rTsangs Devendrarakṣita

⑦ འཕགས་པ་དེ་བཞིན་གཤེགས་པ་ཐམས་ཅད་ཀྱི་[3]སྙིང་པོ་གསང་བ་[4]རིང་བསྲེལ་གྱི་ཟ་མ་ཏོག་ཅེས་བྱ་བའི་གཟུངས་ཐེག་པ་ཆེན་པོའི་མདོ་རྫོགས་སོ། རྒྱ་གར་གྱི་མཁན་པོ་[5]བིདྱཱ་ཀ་ར་པྲ་བྷ་དང་། ཞུ་ཆེན་གྱི་[6]ལོ་ཙཱ་བ་བན་དེ་[7]རྩངས་དེ་བེན་དྲ་རཀྵི་ཏས་བསྒྱུར་ཅིང་ཞུས་[8]ཏེ་གཏན་ལ་ཕབ་པ།

### No. 537 ད(Da) 10b3-11b2 Toh 509

① བྱང་ཆུབ་ཀྱི་སྙིང་པོ་[9]རྒྱན་འབུམ་གྱི་གཟུངས།

② Byang chub kyi snying po rgyan 'bum gyi gzungs

③ བོ་དྷི་གརྦྷ་ལངྐཱ་ར་ལཀྵ་དྷཱ་ར་ཎི།[ཎཱི།]

④ Bodhigarbhālaṅkāralakṣa-dhāraṇī[10]

⑦ བྱང་ཆུབ་ཀྱི་སྙིང་པོའི་རྒྱན་འབུམ་ལས་བཏུས་པ། འབུམ་གྱི་གཟུངས་རྫོགས་སོ།

---

1 UTND བརླབས། SP རླབས།

2 USTNP-Cat(508) karaṇḍamudrā, P(508) ཀ་ར་ཎ་ཊ་མུན་དྲ་, P(141)D(507, 883) karaṇḍa (omit mudrā)

3 P(141)D(507) add བྱིན་གྱིས་བརླབས་ཀྱི། D(883) adds བྱིན་གྱི་རླབས་ཀྱི།

4 P(141)D(507) བའི།

5 USTP(508)ND(883) རྒྱ་གར་གྱི་མཁན་པོ། P(141)D(507) པཎ་ཌི་ཏ།

6 P(141)D(507) omit ཞུ་ཆེན་གྱི།

7 P(141)D(507) omit བན་དེ།

8 P(508) omits ཏེ་གཏན་ལ་ཕབ་པ། after ཞུས། and adds editor's note after it, cf. Appendix.

9 PD པོའི།

10 USTN(D) bodhigarbhālaṅkāralakṣadhāraṇi(ī), P(O)(139) bodhigarbhedriṣṇalakṣadhāraṇi, P(HY)(139) omits the Sanskrit title, P(545) omits the Sanskrit title. For P(O)(139), see O-Cat p. 54 footnote 1.

No. 538 ད(Da) 11b2-15b5 Toh 511

① འཕགས་པ་སངས་རྒྱས་བཅུ་གཉིས་པ་ཞེས་བྱ་བ་ཐེག་པ་ཆེན་པོའི་མདོ།

② 'Phags pa sangs rgyas bcu gnyis pa zhes bya ba theg pa chen po'i mdo

③ ཨཱརྻ་དྭཱ་ད་ཤ་བུདྡྷ་ཀན་[ཀ་]ནཱ་མ་མ་ཧཱ་ཡཱ་ན་སཱུ་ཏྲ།

④ Ārya-Dvādaśabuddhaka-nāma-mahāyānasūtra

⑤ Tr. Jinamitra, Dānaśīla, Ye shes sde

⑦ འཕགས་པ་སངས་རྒྱས་བཅུ་གཉིས་པ་ཞེས་བྱ་བ་ཐེག་པ་ཆེན་པོའི་མདོ་རྫོགས་སོ། །རྒྱ་གར་གྱི་མཁན་པོ་ཛི་ན་མི་ཏྲ་དང་། དཱ་ན་ཤཱི་ལ་དང་། ཞུ་ཆེན་གྱི་ལོ་ཙྪ་བ་བན་དེ་ཡེ་ཤེས་སྡེས་བསྒྱུར་ཅིང་ཞུས་ཏེ། སྐད་གསར་ཆད་[1]ཀྱིས་ཀྱང་བཅོས་ནས་[2]གཏན་ལ་ཕབ་པ།

No. 539 ད(Da) 15b5-20b3 Toh 512

① འཕགས་པ་སངས་རྒྱས་བདུན་པ་ཞེས་བྱ་བ་ཐེག་པ་ཆེན་པོའི་མདོ།

② 'Phags pa sangs rgyas bdun pa zhes bya ba theg pa chen po'i mdo

③ ཨཱརྻ་སཔྟ་བུདྡྷ་ཀན་[ཀ་]ནཱ་མ་མ་ཧཱ་ཡཱ་ན་སཱུ་ཏྲ།

④ Ārya-Saptabuddhaka-nāma-mahāyānasūtra

No. 540 ད(Da) 20b3-22b1 Toh 513

① འཕགས་པ་སངས་རྒྱས་ཐམས་ཅད་ཀྱི་ཡན་ལག་དང་ལྡན་པ་ཞེས་བྱ་བའི་གཟུངས།

② 'Phags pa sangs rgyas thams cad kyi yan lag dang ldan pa zhes bya ba'i gzungs

③ ཨཱརྻ་སརྦ་བུདྡྷ་ཨཾ་ག་བ་ཏི་[ཨངྒ་བ་ཏཱི་]ནཱ་མ་དྷ་ར་ཎི།[དྷཱ་ར་ཎཱི།]

④ Ārya-Sarvabuddhāṅgavatī-nāma-dhāraṇī

⑤ Tr. Jinamitra, Dānaśīla, Ye shes sde

⑦ འཕགས་པ་སངས་རྒྱས་ཐམས་ཅད་ཀྱི་ཡན་ལག་དང་ལྡན་པ་ཞེས་བྱ་བའི་གཟུངས་རྫོགས་སོ། །རྒྱ་གར་གྱི་མཁན་པོ་ཛི་ན་མི་ཏྲ་དང་། དཱ་ན་ཤཱི་ལ་དང་། ཞུ་ཆེན་གྱི་ལོ་ཙྪ་བ་བན་དེ་ཡེ་ཤེས་སྡེས་བསྒྱུར་ཅིང་ཞུས་ཏེ་སྐད་གསར་ཆད་[3]ཀྱིས་ཀྱང་བཅོས་ནས་གཏན་ལ་ཕབ་པའོ།

---

[1] UP(151, 478)N(467)D(511, 853) ཆད། S བཅད། T ཅད།

[2] P(939)N(258)D(273) omit སྐད་གསར་ཆད་ཀྱིས་ཀྱང་བཅོས་ནས།

[3] UTPD ཆད། SN བཅད།

No. 541 ད(Da) 22b1-25a4 Toh 514

① འཕགས་པ་སངས་རྒྱས་ཀྱི་སྙིང་པོ་ཞེས་བྱ་བའི་གཟུངས་ཀྱི་ཆོས་ཀྱི་རྣམ་གྲངས།

② 'Phags pa sangs rgyas kyi snying po zhes bya ba'i gzungs kyi chos kyi rnam grangs

③ ཨཱརྱ་བུདྡྷ་ཧྲི་ད་ཡཾ་[ཧྲྀ་ད་ཡ་]ནཱ་མ་དྷཱ་ར་ཎི་[ཎཱི་]དྷརྨ་པརྻཱ་ཡ།

④ Ārya-Buddhahṛdaya-nāma-dhāraṇī-dharmaparyāya

⑦ འཕགས་པ་སངས་རྒྱས་ཀྱི་སྙིང་པོ་ཞེས་བྱ་བའི་གཟུངས་ཀྱི་[1]ཆོས་ཀྱི་རྣམ་གྲངས་རྫོགས་སོ།[2]

No. 542 ད(Da) 25a4-27b6 Toh 516

① འཕགས་པ་མེ་ཏོག་བརྩེགས་པ་ཞེས་བྱ་བའི་གཟུངས།

② 'Phags pa me tog brtsegs pa zhes bya ba'i gzungs

③ ཨཱརྱ་པུཥྤ་ཀུ་ཊ་[ཀཱུ་ཊ་]ནཱ་མ་དྷཱ་ར་ཎི།[དྷཱ་ར་ཎཱི།]

④ Ārya-Puṣpakūṭa-nāma-dhāraṇī

No. 543 ད(Da) 27b6-32a6 Toh 517

① འཕགས་པ་དྲི་མ་མེད་པ་ཞེས་བྱ་བའི་གཟུངས།

② 'Phags pa dri ma med pa zhes bya ba'i gzungs

③ ཨཱརྱ་བི་མ་ལ་ནཱ་མ་དྷཱ་ར་ཎི།[དྷཱ་ར་ཎཱི།]

④ Ārya-Vimala-nāma-dhāraṇī

⑦ འཕགས་པ་དྲི་མ་མེད་པ་ཞེས་བྱ་བའི་གཟུངས་རྫོགས་སོ།[3]

No. 544 ད(Da) 32a6-34b1 Toh 518

① འཕགས་པ་ཙན་དན་[4]གྱི་ཡན་ལག་ཅེས་བྱ་བའི་གཟུངས།

② 'Phags pa tsan dan gyi yan lag ces bya ba'i gzungs

③ ཨཱརྱ་ཙན་དན་[ཙནྡན་]ཨཾ་ག་[ཨངྒ་]ནཱ་མ་དྷཱ་ར་ཎི།[ཎཱི།]

④ Ārya-Candanāṅga-nāma-dhāraṇī

⑦ འཕགས་པ་ཙན་དན་[5]གྱི་ཡན་ལག་ཅེས་བྱ་བའི་གཟུངས་རྫོགས་སོ།[6]

---

1 UTN omit ཀྱི། SPD ཀྱི།

2 PD add colophon after རྫོགས་སོ།, cf. Appendix.

3 TPD add (AW, colophon, editor’s note) after རྫོགས་སོ།, cf. Appendix.

4 USTP ཙན་དན། N ཙྡན། D ཙནྡན།

5 USTP ཙན་དན། N ཙྡན། D ཙནྡན།

6 PD add colophon after རྫོགས་སོ།, cf. Appendix.

## No. 545 ད(Da) 34b1-37a6 Toh 519

① འཕགས་པ་རྟེན་ཅིང་འབྲེལ་བར་[1]འབྱུང་བའི་སྙིང་པོའི་ཆོ་གའི་གཟུངས།

② 'Phags pa rten cing 'brel bar 'byung ba'i snying po'i cho ga'i gzungs

③ ཨཱརྱ་པྲ་ཏཱི་ཏྱ་ས་མུད་པཱ་ད་པ་རི་ཧྲི་ད་ཡ་[ས་མུ་ཏྤཱ་ད་ཧྲི་ད་ཡ་]དྷཱ་ར་ཎི།[ཎཱི།]

④ Ārya-Pratītyasamutpādahṛdayavidhi[2]-dhāraṇī

⑦ སྟོན་པ་ཤཱཀྱའི་ཐུགས་རྗེ་འདི། དགེ་སློང་ཤེར་བན་རཀྵི་ཏས། ཐོ་གར་ཡུལ་ནས་རྙེད་པ་སྟེ། འགྲོ་བ་ཀུན་གྱི་དཔལ་དུ་ཤར། འཕགས་པ་རྟེན་ཅིང་འབྲེལ་པའི་སྙིང་[3]པོའི་ཆོ་གའི་གཟུངས་རྫོགས་སོ།

## No. 546=135 ད(Da) 37a6-38a6 Toh 520

① འཕགས་པ་རྟེན་ཅིང་འབྲེལ་བར་[4]འབྱུང་བ་ཞེས་བྱ་བ་ཐེག་པ་ཆེན་པོའི་མདོ།

② 'Phags pa rten cing 'brel bar 'byung ba zhes bya ba theg pa chen po'i mdo

③ ཨཱརྱ་པྲ་ཏཱི་ཏྱ་ས་མུ་ཏྤཱ་ད་ནཱ་མ་མ་ཧཱ་ཡཱ་ན་སཱུ་ཏྲ།

④ Ārya-Pratītyasamutpāda-nāma-mahāyānasūtra

⑦ འཕགས་པ་རྟེན་ཅིང་འབྲེལ་བར་[5]འབྱུང་བ་ཞེས་བྱ་བ་ཐེག་པ་ཆེན་པོའི་མདོ་རྫོགས་སྷོ།[6]

## No. 547 ད(Da) 38a7-40a2 Toh 522

① འཕགས་པ་ཡེ་ཤེས་ཏ་ལ་ལ་ཞེས་བྱ་བའི་གཟུངས་འགྲོ་བ་ཐམས་ཅད་ཡོངས་སུ་སྦྱོང་བ།

② 'Phags pa ye shes ta la la zhes bya ba'i gzungs 'gro ba thams cad yongs su sbyong ba

③ ཨཱརྱ་ཛྙཱ་ནཱ་ལོ་ཀ་ནཱ་མ་དྷཱ་ར་ཎི་[དྷཱ་ར་ཎཱི་]སརྦ་ག་ཏི་པ་རི་ཤོ་དྷ་ནི།[ནཱི།]

④ Ārya-Jñānāloka[7]nāma-dhāraṇī-sarvagatipariśodhanī

## No. 548 ད(Da) 40a2-41b5 Toh 523

① འཕགས་པ་སའི་དབང་པོ་ཆེན་པོ་ཞེས་བྱ་བའི་གཟུངས།

② 'Phags pa sa'i dbang po chen po zhes bya ba'i gzungs

---

1 UPD བར། STN པར།

2 USN(T) parihṛ(ri)daya, D(P) hṛ(ri)dayavidhi (USTN omit vidhi, PD omit pari)

3 UTN འབྲེལ་པའི་སྙིང་། SP(220) འབྲེལ་པར་འབྱུང་བའི་སྙིང་། P(519)D འབྲེལ་བར་འབྱུང་བའི་སྙིང་།

4 USTND(212) པར། PD(520, 980) བར།

5 UP བར། STND པར།

6 Cf. No. 135

7 UTN(525) jñānāloka, S jñānolka, P(473) jñānolkā, P(217)N(684) ཛྙཱ་ནོ་ལྐཱ་, D jñānolko, D-CatN-Cat jñānolka, P-CatS-Cat jñānolkā

③ ཨཱརྱ་མ་ཧཱི་[མ་ཧཱི་]མ་ཧེནྡྲ་[མ་ཧེནྡྲ་]ནཱ་མ་དྷཱ་ར་ཎི།[དྷཱ་ར་ཎཱི།]

④ Ārya-Mahīmahendra[1]-nāma-dhāraṇī

⑦ འཕགས་པ་སའི་དབང་པོ་ཆེན་པོ་ཞེས་བྱ་བའི་གཟུངས་རྫོགས་སོ།[2]

## No. 549 ད(Da) 41b5-42a3 Toh 524

① འཕགས་པ་གདོན་མི་ཟ་བ་ཞེས་བྱ་བའི་གཟུངས།

② 'Phags pa gdon mi za ba zhes bya ba'i gzungs

④ (Ārya-Niścaya-nāmadhāraṇī)[3]

⑦ ... དེ་ཉིད་དུ་མི་སྣང་བར་གྱུར་ཏོ་[4] རྫོགས་སོ།

## No. 550 ད(Da) 42a3-42a6 Toh 709

① གཞན་གྱིས་མི་ཐུབ་པའི་རིག་པ་ཆེན་མོ།[5]

② gZhan gyis mi thub pa'i rig pa chen mo

④ (Mahāvidyā-aparājita)[6]

## No. 551 ད(Da) 42a7-53b6 Toh 525

① འཕགས་པ་སྒོ་མཐའ་ཡས་པ་[7] སྒྲུབ་[8] པ་ཞེས་བྱ་བའི་གཟུངས།

② 'Phags pa sgo mtha' yas pa sgrub pa zhes bya ba'i gzungs

③ ཨཱརྱ་ཨ་ནནྟ་མུ་ཁ་ནི་ཧཱ་ར་[ནིརྷཱ་ར་]ནཱ་མ་དྷཱ་ར་ཎི།[ཎཱི།]

④ Ārya-Anantamukhanirhāra[9]-nāma-dhāraṇī

⑦ འཕགས་པ་སྒོ་མཐའ་ཡས་པ་སྒྲུབ་པའི་གཟུངས་ཞེས་བྱ་བའི་མདོ་[10] རྫོགས་སོ།[11]

---

1 UN māhimahentra, S māhīmāhentra, T māhimahenta, P mahīmardendra, D mahāmahīndra, D-Cat Mahāmahīndra, P-CatS-CatN-Cat Mahīmahendra

2 PD add colophon after རྫོགས་སོ།, cf. Appendix.

3 Title from D-Cat 524.

4 P(602)D(977) add འཕགས་པ་གདོན་མི་ཟ་བ་ཞེས་བྱ་བའི་གཟུངས། after གྱུར་ཏོ།

5 Title from the colophon.

6 Title from D-Cat 709.

7 USTP(808)N པ། P(539)D པས།

8 USTP(808)ND(140, 914) སྒྲུབ། P(539)D(525) བསྒྲུབ།

9 UST nihāra, P(539) nihara, P(808)ND(140, 525) sādhaka, D(914) sādhāka, D-CatN-Cat sādhaka S-CatP-Cat nirhāra

10 UST[D(914)] པ་[པས་]སྒྲུབ་པའི་གཟུངས་ཞེས་བྱ་བའི་མདོ། P(539) པས་སྒྲུབ་པའི་གཟུངས་ཤེས་པའི་མདོ།
P(808)D(140, 525)[N] པས་[པ་]བསྒྲུབ་པ་ཞེས་བྱ་བའི་གཟུངས།

11 P(539)D(914) add colophon after རྫོགས་སོ།, cf. Appendix.

## No. 552 ད(Da) 53b6-54b3 Toh 526

① འཕགས་པ་སྒོ་དྲུག་པ་ཞེས་བྱ་བའི་གཟུངས།

② 'Phags pa sgo drug pa zhes bya ba'i gzungs

③ ཨཱརྱ་ཥཊ་མུ་ཁི་[ཥཎྨུ་ཁ་]ནཱ་མ་དྷཱ་ར་ཎི།[ཎཱི།]

④ Ārya-Ṣaṇmukha[1]-nāma-dhāraṇī

⑦ འཕགས་པ་སྒོ་དྲུག་པ་ཞེས་བྱ་བའི་གཟུངས་རྫོགས་སོ།[2]

## No. 553 ད(Da) 54b4-71b5 Toh 527

① འཕགས་པ་ཆོས་ཐམས་ཅད་ཀྱི་ཡོན་ཏན་བཀོད་པའི་རྒྱལ་པོ་ཞེས་བྱ་བ་ཐེག་པ་ཆེན་པོའི་མདོ།

② 'Phags pa chos thams cad kyi yon tan bkod pa'i rgyal po zhes bya ba theg pa chen po'i mdo

③ ཨཱརྱ་སརྦ་དྷརྨ་གུ་ཎ་བྱཱུ་ཧ་རཱ་ཛ་ནཱ་མ་མ་ཧཱ་ཡ་[ཡཱ་]ན་སཱུ་ཏྲ།

④ Ārya-Sarvadharmaguṇavyūharāja-nāma-mahāyānasūtra

⑤ Tr. Prajñāvarma, Surendrabodhi, Ye shes sde

⑦ འཕགས་པ་ཆོས་ཐམས་ཅད་ཀྱི་ཡོན་ཏན་བཀོད་པའི་རྒྱལ་པོ་ཞེས་བྱ་བ་ཐེག་པ་ཆེན་པོའི་མདོ་རྫོགས་སོ། རྒྱ་གར་གྱི་མཁན་པོ་པྲཛྙཱ་བརྨ་དང་། སུ་རེནྡྲ་བོ་དྷི་དང་། ཞུ་ཆེན་གྱི་ལོ་ཙྪ་བ་བན་དྷེ་ཡེ་ཤེས་སྡེ་ལ་སོགས་[3]པས་བསྒྱུར་ཅིང་ཞུས་ཏེ་གཏན་ལ་ཕབ་པ།

## No. 554 ད(Da) 71b5-78a7 Toh 528

① འཕགས་པ་རིག་[4]སྔགས་ཀྱི་རྒྱལ་པོ་སྒྲོན་མ་མཆོག་གི་གཟུངས།

② 'Phags pa rig sngags kyi rgyal po sgron ma mchog gi gzungs

③ ཨཱརྱ་ཨ་གྲ་པྲ་དཱི་པ་དྷཱ་ར་ཎི་[ཎཱི་]བི་དྱཱ་རཱ་ཛ།

④ Ārya-Agrapradīpadhāraṇī-vidyārāja

⑦ འཕགས་པ་[5]རིག་[6]སྔགས་ཀྱི་རྒྱལ་པོ་སྒྲོན་མ་མཆོག་གི་གཟུངས་རྫོགས་སོ།

---

1 UTN(572) ṣaṭmukhi, S ṣaṭamukhi, P ṣaṭamukha, N(128) ṣaṭmukha, D(141, 526) ṣaḍamukha, D(916) ṣaṇmukha, D-CatP-CatS-CatN-Cat ṣaṇmukha

2 P(809)N(128)D(141) add (Dhā, AW, editor's note) after རྫོགས་སོ།, cf. Appendix.

3 P ལསོགས།

4 UTPND རིག S རིགས།

5 P(195)N(507) མ།

6 USTND རིག P རིགས།

No. 555 ད(Da) 78a7-81a5 Toh 529

① འཕགས་པ་གཟུངས་ཆེན་མོ།[1]

② 'Phags pa gzungs chen mo

③ ཨཱརྱ་མ་ཧཱ་དྷཱ་ར་ཎཱི།

④ Ārya-Mahādhāraṇī

⑤ Tr. Jinamitra, Dānaśīla, Ye shes sde

⑦ འཕགས་པ་གཟུངས་ཆེན་པོ་རྫོགས་སོ། རྒྱ་གར་གྱི་མཁན་པོ་ཛི་ན་མི་ཏྲ་དང་། དཱ་ན་ཤཱི་ལ་དང་། ཞུ་ཆེན་གྱི་ལོ་ཙཱ་བ་བན་དེ་ཡེ་ཤེས་སྡེས་བསྒྱུར་ཅིང་ཞུས་ཏེ། སྐད་གསར་ཆད་[2]ཀྱིས་ཀྱང་བཅོས་ནས་གཏན་ལ་ཕབ་པའོ།

No. 556 ད(Da) 81a6-83a6 Toh 530

① འཕགས་པ་ཤེས་རབ་ཀྱི་ཕ་རོལ་ཏུ་ཕྱིན་པ་ཡི་གེ་ཉུང་ངུ་ཞེས་བྱ་བ་ཐེག་པ་ཆེན་པོའི་མདོ།

② 'Phags pa shes rab kyi pha rol tu phyin pa yi ge nyung ngu zhes bya ba theg pa chen po'i mdo

③ ཨཱརྱ་སྭལྤ་པ་[སྭལྤཱ་]ཨཀྵ་ར་པྲཛྙཱ་པ་[པཱ་]ར་མི་ཏཱ་ནཱ་མ་མ་ཧཱ་ཡཱ་ན་སཱུ་ཏྲ།

④ Ārya-Svalpākṣaraprajñāpāramitā-nāma-mahāyānasūtra

No. 557 ད(Da) 83a7-84b5 Toh 531

① བཅོམ་ལྡན་འདས་མ་ཤེས་རབ་ཀྱི་ཕ་རོལ་ཏུ་ཕྱིན་པའི་སྙིང་པོ།

② bCom ldan 'das ma shes rab kyi pha rol tu phyin pa'i snying po

③ བྷ་ག་བ་ཏི་[ཏཱི་]པྲཛྙཱ་པཱ་ར་མི་ཏཱ་ཧྲི་[ཧྲྀ་]ད་ཡ།

④ Bhagavatīprajñāpāramitāhṛdaya

⑦ བཅོམ་ལྡན་འདས་མ་ཤེས་རབ་ཀྱི་ཕ་རོལ་ཏུ་ཕྱིན་པའི་སྙིང་པོ་ཞེས་བྱ་བའི་[3]མདོ་རྫོགས་སོ།[4]

No. 558 ད(Da) 84b5-89b2 Toh 532

① སངས་རྒྱས་བཅོམ་ལྡན་འདས་ཀྱི་མཚན་བརྒྱ་རྩ་བརྒྱད་པ་གཟུངས་སྔགས་དང་བཅས་པ།[5]

② Sangs rgyas bcom ldan 'das kyi mtshan brgya rtsa brgyad pa gzungs sngags dang bcas pa

---

1 USTN མོ། PD པོ།

2 UTPND ཆད། S བཅད།

3 USTN ཞེས་བྱ་བའི། PD ཞེས་བྱ་བ་ཐེག་པ་ཆེན་པོའི།

4 PD add colophon after རྫོགས་སོ།, cf. Appendix.

5 Title from the colophon.

④ (Buddhabhagavadaṣṭaśatanāma-dhāraṇī)[1]

No. 559 ད(Da) 89b2-89b3 Toh 533

① འཕགས་པ་ཤཱཀྱ་ཐུབ་པའི་སྙིང་པོའི་གཟུངས།[2]

② 'Phags pa shākya thub pa'i snying po'i gzungs

No. 560 ད(Da) 89b4-89b8 Toh 534

① འཕགས་པ་རྣམ་པར་སྣང་མཛད་ཀྱི་སྙིང་པོ་ཞེས་བྱ་བའི་གཟུངས།[3]

② 'Phags pa rnam par snang mdzad kyi snying po zhes bya ba'i gzungs

No. 561=704 ད(Da) 89b8-90a3 Toh 678

① སྣང་བ་མཐའ་ཡས་རྗེས་སུ་དྲན་པ།[4]

② sNang ba mtha' yas rjes su dran pa

No. 562 ད(Da) 90a3-90a6 Toh 535

① ཟླ་བའི་འོད་ཀྱི་མཚན་རྗེས་སུ་དྲན་པ།[5]

② Zla ba'i 'od kyi mtshan rjes su dran pa

No. 563 ད(Da) 90a7-90a8 Toh 536

① དེ་བཞིན་གཤེགས་པ་སྤྱིའི་སྙིང་པོ་རྗེས་སུ་དྲན་པ།[6]

② De bzhin gshegs pa spyi'i snying po rjes su dran pa

No. 564 ད(Da) 90a8-90b2 Toh 537

① སངས་རྒྱས་རིན་ཆེན་གཙུག་ཏོར་ཅན་གྱི་མཚན་རྗེས་སུ་དྲན་པ།[7]

② Sangs rgyas rin chen gtsug tor can gyi mtshan rjes su dran pa

---

1 Title from D-Cat 532.
2 Title from the colophon.
3 Title from the colophon.
4 Title from the colophon.
5 Title from the colophon.
6 Title from the colophon.
7 Title from the colophon.

No. 565 ད(Da) 90b2-91a2 Toh 538

① མཆོད་པའི་སྤྲིན་ཅེས་[1] བྱ་བའི་གཟུངས།

② mChod pa'i sprin ces bya ba'i gzungs

③ པུ་ཛ་མེ་གྷ་ནཱ་མ་དྷཱ་ར་ཎི།[ཎཱི།]

④ Pūjamegha-nāma-dhāraṇī

No. 566 ད(Da) 91a2-91b1 Toh 539A[2]

① འཕགས་པ་པདྨའི་སྤྱན་ཞེས་བྱ་བའི་གཟུངས།[3]

② 'Phags pa padma'i spyan zhes bya ba'i gzungs

No. 567 ད(Da) 91b1-91b8 Toh 540

① སུ་རུ་[4] པ་ཞེས་བྱ་བའི་གཟུངས།

② Su ru pa zhes bya ba'i gzungs

③ སུ་རུ་པ་ནཱ་མ་དྷ་ར་ཎི།[དྷཱ་ར་ཎཱི།]

④ Surūpa-nāma-dhāraṇī

⑦ གཟུགས་ལེགས་ཞེས་[5] བྱ་བའི་གཟུངས་རྫོགས་སོ།

No. 568 ད(Da) 91b8-92b3 Toh 541

① འཕགས་པ་འཇིགས་པ་ཆེན་པོ་བརྒྱད་ལས་སྒྲོལ་བ་ཞེས་བྱ་བའི་གཟུངས།

② 'Phags pa 'jigs pa chen po brgyad las sgrol ba zhes bya ba'i gzungs

③ ཨཱརྱ་ཨཥྚ་མ་ཧཱ་བྷ་ཡ་ཏཱ་རཱ་ཎི་[ཏཱ་ར་ཎཱི་]ནཱ་མ་དྷཱ་ར་ཎི།[ཎཱི།]

④ Ārya-Aṣṭamahābhayatāraṇī-nāma-dhāraṇī

No. 569 ད(Da) 92b3-95b8 Toh 542

① འཕགས་པ་ཁྱད་པར་ཅན་ཞེས་བྱ་བའི་གཟུངས།

② 'Phags pa khyad par can zhes bya ba'i gzungs

---

1 USTN ཅེས། PD ཞེས།

2 Cf. Nm-Cat vol. 1 p. 18, N-Cat 684 p. 114, CK p. 11 [Sde-dge 539(100b7-101a5)]. See also p. 414.

3 Title from the colophon.

4 USTP(352)N རུ། P(699) རཱ། D རཱུ།

5 UPN ཤེས། SD ཞེས། T omits ཞེས།

③ ཨཱརྱ་བཻ་ཤ་[བི་ཤེ་ཥ་]བ་ཏི་[ཏཱི་]ནཱ་མ་དྷཱ་ར་ཎི།[ཎཱི།]

④ Ārya-Viśeṣavatī[1]-nāma-dhāraṇī

⑦ འཕགས་པ་ཁྱད་པར་ཅན་ཞེས་བྱ་བའི་གཟུངས་རྫོགས་སོ།[2]

No. 570 ད(Da) 96a1-406a2 Toh 543

① འཕགས་པ་འཇམ་དཔལ་གྱི་རྩ་བའི་རྒྱུད།

② 'Phags pa 'jam dpal gyi rtsa ba'i rgyud

③ ཨཱརྱ་མཉྫུ་ཤྲཱི་མཱུ་ལ་ཏནྟྲ།

④ Ārya-Mañjuśrīmūlatantra

⑤ Tr. Kumārakalaśa, Shākya blo gros

⑦ འཕགས་པ་འཇམ་དཔལ་གྱི་རྩ་བའི་རྒྱུད་རྫོགས་སོ། དཔལ་ལྷ་བཙན་པོ་ལྷ་བཙུན་པ་བྱང་ཆུབ་འོད་ཀྱི་[3]བཀས། རྒྱ་གར་གྱི་མཁན་པོ་དགེ་བསྙེན་[4]ཆེན་པོ་ཀུ་མཱ་ར་ཀ་ལ་ཤ་དང་། སྒྲ་བསྒྱུར་[5]གྱི་ལོ་ཙྪ་བ་དགེ་སློང་ཤཱཀྱ་བློ་གྲོས་ཀྱིས་བསྒྱུར་ཅིང་ཞུས་ཏེ་གཏན་ལ་ཕབ་པའོ།[6]

No. 571 ད(Da) 406a2-420a3 Toh 544

① དཔའ་བོ་གཅིག་ཏུ་[7]གྲུབ་པ་ཞེས་བྱ་བ་[8]རྒྱུད་ཀྱི་རྒྱལ་པོ་ཆེན་པོ།

② dPa' bo gcig tu grub pa zhes bya ba rgyud kyi rgyal po chen po

③ སིདྡྷི་ཨེ་ཀ་ཝཱ་རེ་[ཝཱི་ར་]མཧཱ་ཏནྟྲ་ར་[རཱ་]ཛ་ནཱ་མ།

④ Siddhi-ekavīra[9]-mahātantrarāja-nāma

⑤ Tr. Dīpaṃkaraśrījñāna, dGe ba'i blo gros

⑥ Rev. Tshul khrims rgyal ba

⑦ དཔའ་བོ་གཅིག་ཏུ་[10]གྲུབ་པའི་རྒྱུད་ཀྱི་རྒྱལ་པོ་ཆེན་པོ་[11]ལས་ལེའུ་བཞི་པ་རྫོགས་སོ། རྒྱ་གར་གྱི་

---

1 UN vaiśavati, S veśavati, T vaiśavani, P viśiṣavati, D viśeṣavati, D-CatS-CatN-Cat(P-Cat) viśeṣavatī(i)

2 PD add (colophon, editor's note) after རྫོགས་སོ།, cf. Appendix.

3 P ཀྱིས།

4 P སྙེན།

5 USN བསྒྱུར། TPD སྒྱུར།

6 P adds Dhā and AW after ཕབ་པའོ།, cf. Appendix.

7 USTN ཏུ། P ཐུ། D ཐུ།

8 USTN བ། PD བའི།

9 UN siddhi-ekavāre, ST siddhi-ekavīre, P siddhi-ekavīra, D siddha-ekavīra, D-CatS-CatN-Cat siddhaikavīra, P-Cat siddhi-ekavīra

10 USTN ཏུ། P ཐུ། D ཐུ།

11 PD omit ཆེན་པོ།

མཁན་པོ་[1]དཱི་པཾ་ཀ་ར་ཤྲཱི་ཛྙཱ་ན་དང་། ལོ་ཙཱ་བ་[2]དགེ་བའི་བློ་གྲོས་ཀྱིས་བསྒྱུར། དགེ་སློང་ཚུལ་ཁྲིམས་རྒྱལ་བས་བཅོས་ཤིང་བསྒྱུར་བའོ།[3]

※ Dzaya-paṇḍita's *Thob yig* remarks that *'Jam dpal rnon po'i bstod pa* and *'Jam dpal la bu mo brgyad kyis bstod pa* are found in some other editions of Kangyur; nevertheless, they are not found in this Kangyur.

ཛ་ཡ་པཎྜི་ཏི་ཐོབ་ཡིག་ཏུ་མཚམས་འདིར། འདིའི་ཞབས་ན་འཇམ་དཔལ་རྣོན་པོའི་བསྟོད་པ་དང་། འཇམ་དཔལ་ལ་བུ་མོ་བརྒྱད་ཀྱིས་བསྟོད་པ་གཉིས་བཀའ་འགྱུར་འགའ་ཞིག་ན་ཡོད་པ་འདུག་ཀྱང་། འདིར་དཔེ་མ་བྱུང་བས་ལུང་མ་ཐོབ།[4] ཞེས་གསལ།

མཚམས་འདིར་བཀའ་འགྱུར་པོ་ཏི་རང་དུ་ཤོག་མཚན་ཞིག་སྦྱར་བའི་སྟེང་དུའང་འཇམ་དཔལ་རྣོན་པོ་ལ་བསྟོད་པ་དང་། འཇམ་དཔལ་ལ་བུ་མོ་བརྒྱད་ཀྱི་བསྟོད་པ་རྒྱལ་རྩེ་དཀར་ཆག་ལ་མ་བཞུགས་ལགས་པར་འདིར་ཡང་མ་བྱུང་ལགས། ཞེས་གསལ་ལོ།

No. 572 ད(Da) 420a4-420b4 Toh 545

① འཕགས་པ་འཇམ་དཔལ་གྱི་ཞལ་ནས་གསུངས་པ་ཞེས་བྱ་བའི་གཟུངས།

② 'Phags pa 'jam dpal gyi zhal nas gsungs pa zhes bya ba'i gzungs

③ ཨཱརྱ་མཉྫུ་ཤྲཱི་སྭཱ་ཁྱཱ་ཏོ་[སྭཱ་ཁྱཱ་ཏ་]ནཱ་མ་དྷཱ་ར་ཎི།[ཎཱི།]

④ Ārya-Mañjuśrīsvākhyāta-nāma-dhāraṇī

⑤ Tr. Jñānagarbha, Klu'i dbang po

⑥ Rev. Viśuddhasiṅha, Devacandra

⑦ འཕགས་པ་འཇམ་དཔལ་གྱི་ཞལ་ནས་གསུངས་པ་ཞེས་བྱ་བའི་གཟུངས་རྫོགས་སོ།། རྒྱ་གར་གྱི་མཁན་པོ་ཛྙཱ་ན་གར་བྷ་དང་། ལོ་ཙཱ་བ་བན་དེ་ཀླུའི་དབང་པོས་བསྒྱུར། རྒྱ་གར་གྱི་མཁན་པོ་བི་ཤུདྡྷ་སིཾ་ཧ་དང་། ཞུ་ཆེན་གྱི་ལོ་ཙཱ་བ་བན་དེ་དེ་བ་ཙནྡྲས་གཏན་ལ་ཕབ་པ།

No. 573 ད(Da) 420b4-421a8 Toh 546

① འཕགས་པ་འཇམ་དཔལ་གྱིས་སྨོད་[5]བཙུགས་པ་ཞེས་བྱ་བའི་གཟུངས།[6]

② 'Phags pa 'jam dpal gyis smod btsugs pa zhes bya ba'i gzungs

---

1 PD add ཆེན་པོ།

2 PD add དགེ་སློང་།

3 USN(T) བཅོས་ཤིང་བསྒྱུར་བའོ(པའོ)། D(P) གཏན་ལ་ཕབ་པ(པའོ)།

4 Śata-Piṭaka Series vol. 281, *Collected Works of Jaya-paṇḍita Blo-bzaṅ-ḥphrin-las* vol. 4, 267a6-267b1

5 UNP(518) སྨོད། STP(167)D(546, 893) དམོད།

6 Title from the colophon.

## No. 574 ད(Da) 421a8-421b4 Toh 547

① འཇམ་དཔལ་གྱིས་དམ་བཅས་པའི་གཟུངས།[1]

② 'Jam dpal gyis dam bcas pa'i gzungs

## No. 575 ད(Da) 421b4-421b6 Toh 548

① འཕགས་པ་འཇམ་དཔལ་གྱི་མཚན།[2]

② 'Phags pa 'jam dpal gyi mtshan

## No. 576 ད(Da) 421b7-422a5 Toh 549

① རྗེ་བཙུན་འཕགས་པ་འཇམ་དཔལ་གྱི་ཤེས་རབ་དང་བློ་འཕེལ་བ་ཞེས་བྱ་བའི་གཟུངས།

② rJe btsun 'phags pa 'jam dpal gyi shes rab dang blo 'phel ba zhes bya ba'i gzungs

③ ཨཱརྱ་མཉྫུ་ཤྲཱི་བྷ་ཊཱ་[ཊྚཱ]ར་ཀ་སྱ་པྲཛྙཱ་བུད་དྷི་[བུདྡྷི]བར་དྷ་ན་ནཱ་མ་དྷཱ་ར་ཎི།

④ Ārya-Mañjuśrībhaṭṭārakasya[3] prajñābuddhivardhana-nāma-dhāraṇī

## No. 577 ད(Da) 422a5-422b3 Toh 550

① འཕགས་པ་འཇམ་དཔལ་གྱི་སྔགས་ཡི་གེ་འབྲུ་གཅིག་པའི་ཆོ་ག

② 'Phags pa 'jam dpal gyi sngags yi ge 'bru gcig pa'i cho ga

⑦ འཇམ་དཔལ་གྱི་ཡི་གེ་འབྲུ་གཅིག་པའི་གཟུངས་རྫོགས་སོ།

## No. 578 ད(Da) 422b3-424a8 Toh 642

① འཕགས་པ་འཇམ་དཔལ་གྱི་མཚན་བརྒྱ་རྩ་བརྒྱད་པ།[4]

② 'Phags pa 'jam dpal gyi mtshan brgya rtsa brgyad pa

③ ཨཱརྱ་མཉྫུ་ཤྲཱི་ནཱ་མ་ཨཥྚ་ཤ་ཏ་ཀན།[ཀ།]

④ Ārya-Mañjuśrīnāmāṣṭaśataka[5]

---

1 Title from the colophon.

2 Title from the colophon.

3 USTN bhaṭārakasya, P(170)D bhaṭṭārakasya, P(520) bhaḍhrārakasya, D-Cat bhaṭṭāraka, P-CatS-CatN-Cat bhaṭṭārakasya

4 PD add ཞེས་བྱ་བ།

5 USTND śatakan, P śataka

## Volume 108 རྒྱུད། ན (1–515)

### No. 579 ན(Na) 1b1-5a7 Toh 553

① འཕགས་པ་ཤེས་རབ་ཀྱི་ཕ་རོལ་ཏུ་ཕྱིན་པའི་མཚན་བརྒྱ་རྩ་བརྒྱད་པ།[1]

② 'Phags pa shes rab kyi pha rol tu phyin pa'i mtshan brgya rtsa brgyad pa

③ ཨཱརྻ་པྲཛྙཱ་པཱ་ར་མི་ཏཱ་ནཱ་མ་ཨཥྚ་ཤ་ཏ་ཀཾ།[ཀ།]

④ Ārya-Prajñāpāramitānāmāṣṭāśataka[2]

### No. 580 ན(Na) 5a8-7a8 Toh 554

① འཕགས་པ་ཤེས་རབ་ཀྱི་ཕ་རོལ་ཏུ་ཕྱིན་པ་ཀོའུ་[3]ཤི་ཀ་ཞེས་བྱ་བ།

② 'Phags pa shes rab kyi pha rol tu phyin pa ko'u shi ka zhes bya ba

③ ཨཱརྻ་ཀོའུ[ཀཽ་]ཤི་ཀ་པྲཛྙཱ་པཱ་ར་མི་ཏཱ།

④ Ārya-Kauśikaprajñāpāramitā-nāma[4]

### No. 581=290 ན(Na) 7a8-173b8 Toh 555

① འཕགས་པ་གསེར་འོད་དམ་པ་མཆོག་ཏུ་རྣམ་པར་རྒྱལ་བ་[5]མདོ་སྡེའི་རྒྱལ་པོ་ཞེས་བྱ་བ་[6]ཐེག་པ་ཆེན་པོའི་མདོ།

② 'Phags pa gser 'od dam pa mchog tu rnam par rgyal ba mdo sde'i rgyal po zhes bya ba theg pa chen po'i mdo

③ [7](དེའི་ཤིང་གིམ་ཀྱང་མེང་ཛྫའི་ཤིང་ཝང་ཀྱུང་།)

⑤ Tr. Chos grub (from Chinese)

⑦ འཕགས་པ་གསེར་འོད་དམ་པ་མཆོག་ཏུ་རྣམ་པར་རྒྱལ་བ་མདོ་སྡེའི་རྒྱལ་པོ་ཞེས་བྱ་བ་ཐེག་པ་ཆེན་པོའི་མདོ་རྫོགས་སོ། ཞུ་ཆེན་གྱི་མཁན་པོ་དང་ལོ་ཙྪ་བ་བཅོམ་ལྡན་འདས་ཀྱི་རིང་ལུགས་པ། བན་དྷེ་ཆོས་གྲུབ་ཀྱིས་རྒྱའི་དཔེ་ལ་བསྒྱུར་ཅིང་ཞུས་ཏེ་གཏན་ལ་ཕབ་པ།

---

1 PD add ཞེས་བྱ་བ།

2 UD śatakam, STN śatakan, P śataka

3 USTN ཀོའུ། PD ཀཽ།

4 USTN omit nāma, PD nāma

5 USTN བ། PD བའི།, cf. No. 290

6 USTN ཞེས་བྱ་བ། PD omit ཞེས་བྱ་བ།

7 UN རྒྱ་གར་སྐད་དུ། ST རྒྱའི་སྐད་དུ། PD རྒྱ་ཡི་སྐད་དུ།, cf. Appendix.

## No. 582=289 ན(Na) 173b8-321a7 Toh 556

① འཕགས་པ་གསེར་འོད་དམ་པ་མདོ་སྡེའི་དབང་པོའི་རྒྱལ་པོ་ཞེས་བྱ་བ་ཐེག་པ་ཆེན་པོའི་མདོ།

② 'Phags pa gser 'od dam pa mdo sde'i dbang po'i rgyal po zhes bya ba theg pa chen po'i mdo

③ ཨཱརྻ་སུ་བརྞ་པྲ་བྷཱ་ས་ཨུཏྟ་མ་སཱུ་ཏྲ་ཨིནྡྲ་རཱ་ཛ[ཛཱ]ནཱ་མ་མཧཱ་ཡཱ་ན་སུ[སཱུ]ཏྲ།

④ Ārya-Suvarṇaprabhāsottamasūtrendrarāja-nāma-mahāyānasūtra

⑤ Tr. Jinamitra, Śīlendrabodhi, Ye shes sde

⑦ འཕགས་པ་གསེར་འོད་དམ་པ་མདོ་སྡེའི་དབང་པོའི་རྒྱལ་པོ་ཞེས་བྱ་བ་ཐེག་པ་ཆེན་པོའི་མདོ་རྫོགས་སོ།། རྒྱ་གར་གྱི་མཁན་པོ་[1]ཛི་ན་མི་ཏྲ་དང་། ཤཱི་ལ་ཨེནྡྲ་བོ་དྷི་དང་། ཞུ་ཆེན་གྱི་ལོ་ཙྪ་བ་བན་དེ་ཡེ་ཤེས་སྡེས་[2]ཞུས་ཏེ། སྐད་གསར་ཆད་[3]ཀྱིས་བཅོས་ནས་གཏན་ལ་ཕབ་པའོ།།[4]

## No. 583=334 ན(Na) 321a7-399a6 Toh 557

① འཕགས་པ་གསེར་འོད་དམ་པ་མདོ་སྡེའི་དབང་པོའི་རྒྱལ་པོ་ཞེས་བྱ་བ་ཐེག་པ་ཆེན་པོའི་མདོ།

② 'Phags pa gser 'od dam pa mdo sde'i dbang po'i rgyal po zhes bya ba theg pa chen po'i mdo

③ ཨཱརྻ་སུ་བརྞ་པྲ་བྷཱ་སོཏྟ་མ་སཱུ་ཏྲེནྡྲ་ར[རཱ]ཛ་ནཱ་མ་མཧཱ་ཡཱ་ན་སཱུ་ཏྲ།

④ Ārya-Suvarṇaprabhāsottamasūtrendrarāja-nāma-mahāyānasūtra

⑦ འཕགས་པ་གསེར་འོད་དམ་པ་མདོ་སྡེའི་དབང་པོའི་རྒྱལ་པོ་ཞེས་བྱ་བ་ཐེག་པ་ཆེན་པོའི་མདོ་རྫོགས་སྷོ།[5]

## No. 584 ན(Na) 399a6-430a5 Toh 558

① སྟོང་ཆེན་མོ་རབ་ཏུ་འཇོམས་པ་ཞེས་བྱ་བའི་མདོ།

② sTong chen mo rab tu 'joms pa zhes bya ba'i mdo

③ མཧཱ་ས་ཧ་སྲ་པྲ་མརྡ་ན་སཱུ་ཏྲ།

④ Mahāsahasra[6]pramardana[7]-sūtra

⑦ འཕགས་པ་སྟོང་ཆེན་པོ་རབ་ཏུ་འཇོམས་པ་ཞེས་བྱ་བའི་[8]མདོ་རྫོགས་སྷོ།[9]

---

1 USTN རྒྱ་གར་གྱི་མཁན་པོ། P པན་ཌི་ཏ། D པཎྜི་ཏ།

2 PD add བསྒྱུར་ཅིང་།

3 UTPND ཆད། S བཅད།

4 Cf. Appendix No. 289.

5 Cf. Appendix No. 334.

6 USTND sahasra, P sāhasra

7 D adds nāma

8 UTPND ཞེས་བྱ་བའི། S ཞེས་བྱ་བ་ཐེག་པ་ཆེན་པོའི།

9 S adds སླར་ཡང་རྒྱ་དཔེ་ལ་གཏུགས་ནས་དག་པར་བྱས་སོ། after རྫོགས་སྷོ། PD add colophon after རྫོགས་སྷོ།, cf. Appendix.

No. 585 ན(Na) 430a6-468a3 Toh 559

① རིག་སྔགས་ཀྱི་རྒྱལ་མོ་རྨ་བྱ་ཆེན་མོ།

② Rig sngags kyi rgyal mo rma bya chen mo

③ མཧཱ་མ་ཡཱུ་རཱི་བི་དྱ་[བིདྱཱ་]རཱ་ཛྙཱི།

④ Mahāmayūrīvidyārājñī

⑤ Tr. Śīlendrabodhi, Jñānasiddhi, Śākyaprabha, Ye shes sde

⑦ [1]རིག་སྔགས་ཀྱི་རྒྱལ་མོ་རྨ་བྱ་ཆེན་མོའི་[2]གཟུངས་རྫོགས་སོ།། རྒྱ་གར་གྱི་མཁན་པོ་ཤཱི་ལེནྡྲ་[3]བོ་དྷི་དང་། ཛྙཱ་ན་སིདྡྷི་དང་། ཤཱཀྱ་པྲ་བྷ་དང་། ཞུ་ཆེན་གྱི་ལོ་ཙཱ་བ་བན་དྷེ་ཡེ་ཤེས་སྡེས་བསྒྱུར་ཅིང་ཞུས་ཏེ་སྐད་གསར་ཆད་[4]ཀྱིས་ཀྱང་བཅོས་ནས་གཏན་ལ་ཕབ་པ།[5]

No. 586 ན(Na) 468a4-468b3 Toh 560

① འཕགས་པ་རིག་སྔགས་ཀྱི་རྒྱལ་མོ་རྨ་བྱའི་ཡང་སྙིང་ཞེས་བྱ་བ།

② 'Phags pa rig sngags kyi rgyal mo rma bya'i yang snying zhes bya ba

③ ཨཱརྱ་མ་ཡཱུ་རི་[རཱི་]བདྱ་[བིདྱཱ་]གརྦྷེ་[གརྦྷ་]ནཱ་མ།

④ Ārya-Mayūrīvidyāgarbha-nāma

⑦ རྨ་བྱའི་སྙིང་པོ་རིག་པ་དང་བཅས་པ་རྫོགས་སོ།།

No. 587 ན(Na) 468b4-494a2 Toh 561

① འཕགས་པ་རིག་པའི་རྒྱལ་མོ་སོ་སོར་འབྲང་བ་ཆེན་མོ།

② 'Phags pa rig pa'i rgyal mo so sor 'brang ba chen mo

③ ཨཱརྱ་མ་ཧཱ་པྲ་ཏི་ས་ར་[རཱ་]བི་དྱཱ་རཱ་ཛྙཱི།

④ Ārya-Mahāpratisarāvidyārājñī

⑤ Tr. Jinamitra, Dānaśīla, Ye shes sde

⑦ འཕགས་པ་རིག་པའི་[6]རྒྱལ་མོ་སོ་སོར་འབྲང་བ་[7]ཆེན་མོ་[8]རྫོགས་སོ།། རྒྱ་གར་གྱི་མཁན་པོ་ཛི་ན་མི་

---

1 S adds བཅོམ་ལྡན་འདས་མ།

2 U མོ། STPND མོའི།

3 U ལནྡྲ།

4 UTPND ཆད། S བཅད།

5 S adds རྒྱ་དཔེ་ལ་གཏུགས་ནས་ཞུས་དག་བྱས་ཤིང་སྔགས་རྣམས་རྒྱ་དཔེ་དང་མཐུན་པར་བཅོས་པའོ། after ཕབ་པ།

6 S རིག་སྔགས་ཀྱི།

7 S omits བ།

8 S adds མོའི་བསྒྲུང་བའི་ཆོ་གའི་བརྟག་པ།

ཛ་དང་། དཱ་ན་ཤཱི་ལ་དང་། ཞུ་ཆེན་གྱི་ལོ་ཙྪ་བ་བནྡེ་ཡེ་ཤེས་སྡེས་ཞུས་ཏེ། སྐད་གསར་ཆད་[1]ཀྱིས་ཀྱང་བཅོས་ནས་གཏན་ལ་ཕབ་པའོ།[2]

No. 588 ན(Na) 494a2-508a2 Toh 562

① བསིལ་བའི་[3]ཚལ་ཆེན་པོའི་མདོ།

② bSil ba'i tshal chen po'i mdo

③ མ་ཧཱ་ཤཱི་ཏ་ནི་[ཤཱི་ཏ་བ་ན་]སཱུ་ཏྲ།

④ Mahāśītavana[4]-sūtra

⑦ བསིལ་བའི་ཚལ་གྱི་མདོ་ཆེན་པོ་རྫོགས་སྷོ།[5]

No. 589 ན(Na) 508a2-515a8 Toh 563

① གསང་སྔགས་ཆེན་པོ་རྗེས་སུ་འཛིན་པའི་མདོ།

② gSang sngags chen po rjes su 'dzin pa'i mdo

③ མ་ཧཱ་མནྟྲཱ་ཨ་ནུ་དྷཱ་རི་སཱུ་ཏྲ།

④ Mahāmantrānudhāri-sūtra

⑦ གསང་སྔགས་ཆེན་པོ་རྗེས་སུ་འཛིན་པའི་མདོ་རྫོགས་སྷོ།[6]

## Volume 109 རྒྱུད། པ (1–375)

No. 590=291 པ(Pa) 1b1-120a5 Toh 138

① འཕགས་པ་འདུས་པ་ཆེན་པོ་རིན་པོ་ཆེ་ཏོག་གི་གཟུངས་ཞེས་[7]བྱ་བ་ཐེག་པ་ཆེན་པོའི་མདོ།

② 'Phags pa 'dus pa chen po rin po che tog gi gzungs zhes bya ba theg pa chen po'i mdo

---

1 UTND ཆད། SP བཅད།

2 S adds སླར་ཡང་ཡུལ་དབུས་ཀྱི་རྒྱ་དཔེ་གཉིས་དང་བསྡུར་ནས་སྔགས་རྣམས་དག་པར་བུ་སྟོན་ལོ་ཙྪ་ཆེན་པོས་བཅོས་པ་ལ་ཕྱི་མོ། after ཕབ་པའོ། D adds colophon after ཕབ་པའོ།, cf. Appendix.

3 U སིལ་བའི། N སིལ་བ(?)འི། STPD བསིལ་བའི།

4 UN śītani, S śitavanika, TD śītavanī, P śātavanī, D-CatP-CatS-Cat śītavana

5 S adds སྔགས་རྣམས་ཡུལ་དབུས་ཀྱི་རྒྱ་དཔེ་གཉིས་དང་བསྡུར་ནས། བུ་སྟོན་ལོ་ཙྪ་བ་ཆེན་པོས་དག་པར་བཅོས་སོ། after རྫོགས་སྷོ། D adds colophon after རྫོགས་སྷོ།, cf. Appendix.

6 S adds རྒྱ་གར་གྱི་མཁན་པོ་ཤཱི་ལེནྡྲ་བོ་དྷི་དང་། ཛྙཱ་ན་སིདྡྷི་དང་། ཤཱཀྱ་པྲ་བྷ་དང་། ཞུ་ཆེན་གྱི་ལོ་ཙྪ་བ་བནྡེ་ཡེ་ཤེས་སྡེས་ཞུས་ཏེ་སྐད་གསར་བཅད་ཀྱིས་ཀྱང་བཅོས་ནས་གཏན་ལ་ཕབ་པའོ། སླར་ཡང་བུ་སྟོན་ཐམས་ཅད་མཁྱེན་པས་རྒྱ་དཔེ་ཞལ་མཐུན་དུ་བསགས་པ་ལ་གཏུགས་ནས་ཧོར་ཁོང་ཙུང་ཟད་ལས་པ་རྣམས་བསྒྱུར། སྔགས་རྣམས་དག་པར་གྱིས་པའོ། after རྫོགས་སྷོ། PD add colophon after རྫོགས་སྷོ།, cf. Appendix.

7 USTND ཞེས། P ཤེས།, cf. No. 291

③ ཨཱརྻ་མ་ཧཱ་སནྣི་པ་[པཱ་]ཏ་ར་ཏྣ་[རཏྣ་]ཀེ་ཏུ་དྷཱ་ར་ཎི་[ཎཱི་]ནཱ་མ་མ་ཧཱ་ཡཱ་ན་སཱུ་ཏྲ།

④ Ārya-Mahāsannipātaratnaketudhāraṇī-nāma-mahāyānasūtra

⑤ Tr. Śīlendrabodhi, Jñānamitra, Surendrabodhi, Ye shes sde

⑦ འཕགས་པ་འདུས་པ་ཆེན་པོ་[1]རིན་པོ་ཆེ་ཏོག་གི་[2]གཟུངས་[3]རྫོགས་སྷོ། རྒྱ་གར་གྱི་མཁན་པོ་ཤི་ལེནྡྲ་བོ་དྷི་དང་། ཛྙཱ་ན་[4]མི་ཏྲ་དང་། སུ་རེནྡྲ་བོ་དྷི་དང་།[5] ཞུ་ཆེན་གྱི་ལོ་ཙྪ་བ་བནྡེ་ཡེ་ཤེས་སྡེས་བསྒྱུར་ཅིང་[6]ཞུས་ཏེ། སྐད་གསར་ཆད་[7]ཀྱིས་ཀྱང་བཅོས་ནས་གཏན་ལ་ཕབ་པའོ།

## No. 591 པ(Pa) 120a5-121b2 Toh 564

① འཕགས་མ་འོད་ཟེར་ཅན་ཞེས་བྱ་བའི་གཟུངས།

② 'Phags ma 'od zer can zhes bya ba'i gzungs

③ ཨཱརྻ་མ་རི་ཙྱཱི་[མཱ་རཱི་ཙཱི་]ནཱ་མ་དྷཱ་ར་ཎི།[ཎཱི།]

④ Ārya-Mārīcī-nāma-dhāraṇī

⑤ Tr. Amoghavajra, Ba ri Rin chen grags

⑦ འཕགས་མ་འོད་ཟེར་ཅན་ཞེས་བྱ་བའི་གཟུངས་རྫོགས་སོ། པཎྜི་ཏ་ཨ་མོ་གྷ་བཛྲ་དང་། ལོ་ཙྪ་བ་དགེ་སློང་བ་རི་རིན་ཆེན་གྲགས་པས་བསྒྱུར་བའོ།

## No. 592 པ(Pa) 121b2-130b5 Toh 565

① འོད་ཟེར་ཅན་མའི་རྒྱུད་དམ་སྒྱུ་མ་འོད་ཟེར་ཞེས་བྱ་བ།[8]

② 'Od zer can ma'i rgyud dam sgyu ma 'od zer zhes bya ba

⑦ སྒྱུ་མའི་[9]འོད་ཟེར་ཅན་འབྱུང་བའི་རྒྱུད་ལས་ཕྱུང་བ་རྟོག་པའི་རྒྱལ་པོ་ཡང་དག་པ་རྣམ་པར་སྣང་མཛད་ཀྱིས་གསུངས་པ་ཇི་ལྟ་བ་བཞིན་དུ་ཇི་[10]སྙེད་པ་རྫོགས་སོ།

---

1 U omits ཆེན་པོ།

2 T ཏོག་གིས།

3 PND add ཞེས་བྱ་བ་ཐེག་པ་ཆེན་པོའི་མདོ།, cf. No. 291

4 U ཛྙ་ན། ST ཛཱི་ན།

5 PND omit ཛཱི་ན་མི་ཏྲ་དང་། སུ་རེན་དྲ་བོ་དྷི་དང་།, cf. No. 291

6 PND omit བསྒྱུར་ཅིང་།, cf. No. 291

7 UTPD ཆད། SN བཅད།

8 The titles of Nos. 592 & 593 are taken from *Thob yig* of Dzaya-paṇḍita (vol. 4, 270a5). Tadeusz Skorupski has listed these two titles under one title: bcom ldan 'das ma 'od zer can gyi rtog pa (S-Cat 525), D(P) སྒྱུ་མའི་འོད་ཟེར་ཅན་འབྱུང་བའི་རྒྱུད་ལས་ཕྱུང་བའི་རྟོག་པ(བ)འི་རྒྱལ་པོ་ཞེས་བྱ་བ།

9 UST མའི། PD མ།

10 P ཅི།

## No. 593 པ(Pa) 130b5-156b5 Toh 566

① འོད་ཟེར་ཅན་གྱི་དཀྱིལ་འཁོར་གྱི་ཆོ་ག[1]

② 'Od zer can gyi dkyil 'khor gyi cho ga

⑦ འོད་ཟེར་ཅན་འབྱུང་བའི་རྒྱུད་སྟོང་ཕྲག་བཅུ་གཉིས་པ་ལས། མཆོག་ཏུ་ཤིན་ཏུ་ཡང་སྙིང་པོར་གྱུར་པའི་འོད་ཟེར་ཅན་[2]གྱི་རྟོག་པ་བརྒྱ་ཕྲག་བདུན་པ་ཕྱུང་བ་རྫོགས་སོ།

## No. 594 པ(Pa) 156b5-164a3 Toh 567

① འཕགས་པ་རིག་སྔགས་ཀྱི་རྒྱལ་མོ་ཆེན་མོ་རྒྱལ་བ་ཅན་ཞེས་བྱ་བ།

② 'Phags pa rig sngags kyi rgyal mo chen mo rgyal ba can zhes bya ba

③ ཨཱརྱ་ཛ་ཡ་བ་ཏི་[ཏཱི་]ནཱ་མ་མ་ཧཱ་བིདྱ་[བིདྱཱ་]ར་ཛྙ།[རཱ་ཛ།]

④ Ārya-Jayavatī-nāma-mahāvidyārāja

⑤ Tr. Jinamitra, Dānaśīla, Ye shes sde

⑦ འཕགས་པ་རིག་སྔགས་ཀྱི་རྒྱལ་མོ་ཆེན་མོ་རྒྱལ་བ་ཅན་ཞེས་བྱ་བ་རྫོགས་སོ། རྒྱ་གར་གྱི་མཁན་པོ་ཛི་ན་མི་ཏྲ་དང་། དཱ་ན་ཤཱི་ལ་དང་། ཞུ་ཆེན་གྱི་ལོ་ཙྪ་བ་བན་དྷེ་ཡེ་ཤེས་སྡེས་བསྒྱུར་ཅིང་ཞུས་ཏེ་གཏན་ལ་ཕབ་པ།

## No. 595 པ(Pa) 164a3-169a1 Toh 568

① འཕགས་པ་རྒྱལ་བ་ཅན་ཞེས་བྱ་བའི་གཟུངས།

② 'Phags pa rgyal ba can zhes bya ba'i gzungs

③ ཨཱརྱ་ཛ་ཡ་བ་ཏཱི་ནཱི་[ཛ་ཡ་བ་ཏཱི་]ནཱ་མ་དྷ་ར་ཎི།[དྷཱ་ར་ཎཱི།]

④ Ārya-Jayavatī[3]-nāma-dhāraṇī

## No. 596 པ(Pa) 169a2-170b7 Toh 569

① འཕགས་པ་དབང་བསྐུར་བ་ཞེས་བྱ་བའི་གཟུངས།

② 'Phags pa dbang bskur ba zhes bya ba'i gzungs

---

[1] D(P) འཕགས་མ་འོད་ཟེར་ཅན་གྱི་དཀྱིལ་འཁོར་གི་ཆོ་ག་འོད་ཟེར་ཅན་འབྱུང་བའི་རྒྱུད་སྟོང་ཕྲག་བཅུ་གཉིས་པ་ལས་ཕྱུང་བའི་རྟོག་པ(བ)འི་སྙིང་པོ་བདུན་བརྒྱ་པ་ཞེས་བྱ་བ།

[2] UT omit ཅན། SPD ཅན།

[3] UST jayavatīnī, P javatīnī, N jayavati, DP-Cat jayavatī

③ ཨཱརྱ་ཨ་བྷི་ཥིཉྩ་ནི་ནཱ་མ་དྷཱ་ར་ཎཱི།

④ Ārya-Abhiṣiñcani-nāma-dhāraṇī

⑤ Tr. Jinamitra, Dānaśīla, Ye shes sde

⑦ འཕགས་པ་དབང་བསྐུར་བ་ཞེས་བྱ་བའི་གཟུངས་རྫོགས་སོ། རྒྱ་གར་གྱི་མཁན་པོ་ཛི་ན་མི་ཏྲ་དང་། དཱ་ནཱ་ཤཱི་ལ་དང་། ཞུ་ཆེན་གྱི་ལོ་ཙྪ་བ་བནྡེ་ཡེ་ཤེས་སྡེས་བསྒྱུར་ཅིང་ཞུས་ཏེ། སྐད་གསར་ཆད་[1]ཀྱིས་ཀྱང་བཅོས་ནས་གཏན་ལ་ཕབ་པ།

## No. 597 པ(Pa) 170b7-173a2 Toh 570

① འཕགས་པ་དབྱིག་དང་ལྡན་པ་ཞེས་བྱ་བའི་གཟུངས།

② 'Phags pa dbyig dang ldan pa zhes bya ba'i gzungs

③ ཨཱརྱ་ཧི་ར་ཎྱ་བ་ཏཱི་ནཱ་མ་དྷཱ་ར་ཎི།[ཎཱི།]

④ Ārya-Hiraṇyavatī-nāma-dhāraṇī

⑤ Tr. Jinamitra, Dānaśīla, Ye shes sde

⑦ འཕགས་པ་དབྱིག་དང་ལྡན་པ་ཞེས་བྱ་བའི་གཟུངས་རྫོགས་སོ། རྒྱ་གར་གྱི་མཁན་པོ་ཛི་ན་མི་ཏྲ་དང་ དཱ་ན་ཤཱི་ལ་དང་། ཞུ་ཆེན་གྱི་ལོ་ཙྪ་བ་བན་དེ་ཡེ་ཤེས་སྡེས་བསྒྱུར་ཅིང་ཞུས་ཏེ། སྐད་གསར་ཆད་[2] ཀྱིས་ཀྱང་བཅོས་ནས་གཏན་ལ་ཕབ་པའོ།

## No. 598 པ(Pa) 173a2-174a3 Toh 571

① འཕགས་པ་དུག་སེལ་བ་ཞེས་[3] བྱ་བའི་རིག་སྔགས།

② 'Phags pa dug sel ba zhes bya ba'i rig sngags

③ ཨཱརྱ་ཛཾ་གུ་[ཛཱངྒུ་]ལི་ནཱ་མ་བི་དྱ།[བི་དྱཱ།]

④ Ārya-Jāṅguli[4]-nāma-vidyā

⑦ འཕགས་པ་དུག་སེལ་ཅེས་[5] བྱ་བའི་རིག་སྔགས་རྫོགས་སྷོ།

---

[1] UTPD ཆད། S བཅད། N ཅད།

[2] UTPD ཆད། SN བཅད།

[3] USTN སེལ་བ་ཞེས། P(615)D སེལ་ཅེས། P(189)D-Cat སེལ་ཞེས།

[4] USTND jaṃguli, P jigulā, D-Cat Jāṅguli

[5] USTP(615)ND ཅེས། P(189) ཞེས།

## No. 599 པ(Pa) 174a3-175a5 Toh 572

① བཀླགས་པས་གྲུབ་[1] པ་བཅོམ་ལྡན་འདས་མ་འཕགས་མ་སོར་མོ་ཅན་ཞེས་བྱ་བ་རིག་པའི་རྒྱལ་མོ།

② bKlags pas grub pa bcom ldan 'das ma 'phags ma sor mo can zhes bya ba rig pa'i rgyal mo

③ སིདྡྷ་པ་ཐི་[ཋི་]ཏ་བྷ་ག་བཱན་[བ་ཏཱི་]ཨཱརྱ་ཨཾ་གུ་ལི་[ཨངྒུ་ལི་]ནཱ་མ་བིདྱ་[བིདྱཱ་]རཱ་ཛྙཻ།[རཱ་ཛྙཱི།]

④ Siddhapaṭhitā[2]bhagavatī-ārya[3]-aṅguli-nāma-vidyārājñī

## No. 600 པ(Pa) 175a5-175b4 Toh 573

① [4]ཆོས་ཐམས་ཅད་ཀྱི་ཡུམ་ཞེས་བྱ་བའི་གཟུངས།

② Chos thams cad kyi yum zhes bya ba'i gzungs

③ ཨཱརྱ་སརྦ་དྷརྨ་མཱ་ཏྲི་ཀ་ནཾ་[མཱ་ཏྲྀ་ཀཱ་ནཱ་མ་]དྷཱ་ར་ཎཱི།

④ Ārya-Sarvadharmamātṛkā-nāma-dhāraṇī

## No. 601 པ(Pa) 175b4-177b7 Toh 574

① འཕགས་པ་གཙུག་གི་ནོར་བུ་ཞེས་བྱ་བའི་གཟུངས།

② 'Phags pa gtsug gi nor bu zhes bya ba'i gzungs

③ ཨཱརྱ་ཙུ་[ཙཱུ་]ཌཱ་མ་ཎི་ནཱ་མ་དྷཱ་ར་ཎི།[དྷཱ་ར་ཎཱི།]

④ Ārya-Cūḍāmaṇi-nāma-dhāraṇī

⑤ Tr. Śīlendrabodhi, Ye shes sde

⑦ འཕགས་པ་གཙུག་གི་ནོར་བུ་ཞེས་བྱ་བའི་གཟུངས་རྫོགས་སོ།། རྒྱ་གར་གྱི་མཁན་པོ་ཤཱི་ལེན་དྲ་བོ་དྷི་
དང་། ཞུ་ཆེན་གྱི་ལོ་ཙྪ་བ་བན་དྗེ་ཡེ་ཤེས་སྡེས་བསྒྱུར་ཅིང་ཞུས་ཏེ། གཏན་ལ་ཕབ་པ།

## No. 602 པ(Pa) 177b7-178b6 Toh 575

① འཕགས་པ་ཡི་གེ་དྲུག་པ་ཞེས་བྱ་བའི་རིག་[5] སྔགས།

② 'Phags pa yi ge drug pa zhes bya ba'i rig sngags

---

1 USTPD in the title གྲུབ། USTPD in the colophon འགྲུབ།

2 U siddhapathita, ST siddhipathita, P(O) omits siddhapaṭhita, P(HY) omits the Sanskrit title, D(572) siddhapaṭhita, D(993) omits the Sanskrit title.

3 US bhagavān-ārya, T bhāgavān-ārya, P(O) bhagavati-arya, P(HY) omits the Sanskrit title, D(572) bhagavatī-ārya

4 TP(287)N add འཕགས་པ། P(621)D add འཕགས་མ།

5 USTN དྲུག་པ་ཞེས་བྱ་བའི་རིག PD དྲུག་པའི་རིག USTPND in the colophon དྲུག་པ་ཞེས་བྱ་བའི་རིག

③ ཨཱརྻ་ཥ་ཊཱ་[ཌ་]ཀྵ་ར་བི་དྱ།[བི་དྱཱ།]

④ Ārya-Ṣaḍakṣara-vidyā

No. 603 པ(Pa) 178b6-179a2 Toh 577

① འཕགས་པ་ཤེས་རབ་ཀྱི་ཕ་རོལ་ཏུ་ཕྱིན་པ་སྟོང་ཕྲག་ཉི་ཤུ་ལྔ་པའི་གཟུངས།

② 'Phags pa shes rab kyi pha rol tu phyin pa stong phrag nyi shu lnga pa'i gzungs

No. 604 པ(Pa) 179a2-179a7 Toh 576

① འཕགས་པ་ཤེས་རབ་ཀྱི་ཕ་རོལ་ཏུ་ཕྱིན་པ་སྟོང་ཕྲག་བརྒྱ་པའི་གཟུངས།

② 'Phags pa shes rab kyi pha rol tu phyin pa stong phrag brgya pa'i gzungs

③ ཨཱརྻ་པྲཛྙཱ་པཱ་ར་མི་ཏ་[ཏཱ་]ཤ་ཏ་ས་ཧ་སྲ་དྷཱ་ར་ཎཱི།

④ Ārya-Prajñāpāramitā-śata[1]sahasra-dhāraṇī[2]

No. 605 པ(Pa) 179a7-179b1 Toh 578

① འཕགས་པ་ཤེས་རབ་ཀྱི་ཕ་རོལ་ཏུ་ཕྱིན་པ་བརྒྱད་སྟོང་པའི་གཟུངས།

② 'Phags pa shes rab kyi pha rol tu phyin pa brgyad stong pa'i gzungs

No. 606 པ(Pa) 179b2-179b6 Toh 579

① ཕ་རོལ་ཏུ་ཕྱིན་པ་དྲུག་གི་སྙིང་པོའི་གཟུངས།

② Pha rol tu phyin pa drug gi snying po'i gzungs

No. 607 པ(Pa) 179b6-180a6 Toh 580

① ཕ་རོལ་ཏུ་ཕྱིན་པ་དྲུག་གཟུང་[3]བར་འགྱུར་བའི་གཟུངས།[4]

② Pha rol tu phyin pa drug gzung bar 'gyur ba'i gzungs

---

1 N omits śata

2 PD omit the Sanskrit title.

3 UTND གཟུང་། SP བཟུང་།

4 Title from the colophon.

No. 608 པ(Pa) 180a6-180a7 Toh 581

① ཕ་རོལ་ཏུ་ཕྱིན་པ་བཅུ་ཐོབ་པར་འགྱུར་བའི་གཟུངས།[1]

② Pha rol tu phyin pa bcu thob par 'gyur ba'i gzungs

No. 609 པ(Pa) 180a7-180b3 Toh 582

① ཚད་མེད་པ་བཞི་ཐོབ་པར་འགྱུར་བའི་གཟུངས།[2]

② Tshad med pa bzhi thob par 'gyur ba'i gzungs

No. 610 པ(Pa) 180b3-180b6 Toh 583

① ཤེས་རབ་ཀྱི་ཕ་རོལ་ཏུ་ཕྱིན་པ་སྟོང་ཕྲག་བརྒྱ་པ་བཟུང་[3]་བར་འགྱུར་བའི་གཟུངས[4]།[5]

② Shes rab kyi pha rol tu phyin pa stong phrag brgya pa bzung bar 'gyur ba'i gzungs

No. 611 པ(Pa) 180b6-180b7 Toh 584

① འཕགས་པ་ཕལ་པོ་ཆེ་གཟུང་[6]་བར་འགྱུར་བའི་གཟུངས།[7]

② 'Phags pa phal po che gzung bar 'gyur ba'i gzungs

No. 612 པ(Pa) 180b7-181a2 Toh 585

① འཕགས་པ་སྡོང་པོ་བཀོད་པའི་སྙིང་པོ།[8]

② 'Phags pa sdong po bkod pa'i snying po

No. 613 པ(Pa) 181a2-181a4 Toh 586

① འཕགས་པ་ཏིང་ངེ་འཛིན་གྱི་རྒྱལ་པོའི་མདོ་གཟུང་[9]་བར་འགྱུར་བའི་གཟུངས།[10]

② 'Phags pa ting nge 'dzin gyi rgyal po'i mdo gzung bar 'gyur ba'i gzungs

---

1 Title from the colophon.
2 Title from the colophon.
3 USPN བཟུང་། TD གཟུང་།
4 U གཟུགས།
5 Title from the colophon.
6 UTND གཟུང་། SP བཟུང་།
7 Title from the colophon.
8 Title from the colophon.
9 UTND གཟུང་། SP བཟུང་།
10 Title from the colophon.

※ རྨ་བྱ་ཆེན་མོ་གཟུང་བར་འགྱུར་བའི་གཟུངས། This work listed in the *Thob yig* of Dzaya-paṇḍita (Géza Bethlenfalvy's Hand-list No. 614) is not found in the volume, or in the Tokyo, sTog, or London manuscripts.

## No. 614 པ(Pa) 181a4-181a6 Toh 588

① འཕགས་མ་སོ་སོར་འབྲང་བ་ཆེན་མོ་གཟུང་[1] བར་འགྱུར་བའི་གཟུངས།[2]

② 'Phags ma so sor 'brang ba chen mo gzung bar 'gyur ba'i gzungs

## No. 615 པ(Pa) 181a6-181b6 Toh 589

① འཕགས་པ་ལང་ཀར་གཤེགས་པའི་མདོ་ཐམས་ཅད་བཀླགས་པར་འགྱུར་བའི་གཟུངས།[3]

② 'Phags pa lang kar gshegs pa'i mdo thams cad bklags par 'gyur ba'i gzungs

## No. 616 པ(Pa) 181b6-187b5 Toh 595

① དེ་བཞིན་གཤེགས་པ་ཐམས་ཅད་ཀྱི་གཙུག་ཏོར་རྣམ་པར་རྒྱལ་བ་ཞེས་བྱ་བའི་གཟུངས་རྟོག་པ་དང་བཅས་པ།

② De bzhin gshegs pa thams cad kyi gtsug tor rnam par rgyal ba zhes bya ba'i gzungs rtog pa dang bcas pa

③ སརྦ་ཏ་ཐཱ་ག་ཏོཥྞཱི་ཥ་[ཏོཥྞཱི་ཥ་]བི་ཛ་ཡ་ནཱ་མ་དྷཱ་ར་ཎི་[དྷཱ་ར་ཎཱི་]ཀལྤ་ས་ཧི་ཏ།

④ Sarvatathāgatoṣṇīṣavijayanāma-dhāraṇī-kalpasahita

## No. 617 པ(Pa) 187b5-193b2 Toh 597

① འཕགས་པ་ངན་འགྲོ་ཐམས་ཅད་ཡོངས་སུ་སྦྱོང་བ་གཙུག་ཏོར་རྣམ་པར་རྒྱལ་བ་ཞེས་བྱ་བའི་གཟུངས།

② 'Phags pa ngan 'gro thams cad yongs su sbyong ba gtsug tor rnam par rgyal ba zhes bya ba'i gzungs

③ ཨཱརྻ་སརྦ་[སརྦ་]དུརྒ་ཏི་པ་རི་ཤོ་དྷ་ནི་[ནཱི་]ཨུཥྞཱི་ཥ་བི་ཛེ་[ཛ་]ཡ་ནཱ་མ་དྷཱ་[དྷཱ་]ར་ཎཱི།

④ Ārya-Sarvadurgatipariśodhanī-uṣṇīṣavijaya-nāma-dhāraṇī

⑤ Tr. Jinamitra, Surendrabodhi, Ye shes sde

---

[1] UTND གཟུང་། SP བཟུང་།

[2] Title from the colophon.

[3] Title from the colophon. TPD add སྔགས། P adds Dhā and AW after གཟུངས་སྔགས་རྫོགས་སྷོ།, cf. Appendix.

⑦ འཕགས་པ་ངན་འགྲོ་ཐམས་ཅད་ཡོངས་སུ་སྦྱོང་བ་གཙུག་ཏོར་རྣམ་པར་རྒྱལ་བ་ཞེས་བྱ་བའི་གཟུངས་རྫོགས་སྷོ། རྒྱ་གར་གྱི་མཁན་པོ་ཛི་ན་མི་ཏྲ་དང་། སུ་རེནྡྲ་བོ་དྷི་དང་། ཞུ་ཆེན་གྱི་ལོ་ཙྪ་བ་བན་དེ་ཡེ་ཤེས་སྡེས་བསྒྱུར་ཅིང་ཞུས་ཏེ་གཏན་ལ་ཕབ་པ།

No. 618 པ(Pa) 193b2-203a6 Toh 594

① དེ་བཞིན་གཤེགས་པ་ཐམས་ཅད་ཀྱི་གཙུག་ཏོར་རྣམ་པར་རྒྱལ་བ་ཞེས་བྱ་བའི་གཟུངས་རྟོག་པ་དང་བཅས་པ།

② De bzhin gshegs pa thams cad kyi gtsug tor rnam par rgyal ba zhes bya ba'i gzungs rtog pa dang bcas pa

③ སརྦ་ཏ་ཐཱ་ག་ཏ་ཨུཥྞཱི་ཥ་བི་ཛ་ཡ་ནཱ་མ་དྷཱ་ར་ཎི་ཀལྤཾ་ཧི་ཏཱ།[ཀལྤ་ས་ཧི་ཏཱ།]

④ Sarvatathāgatoṣṇīṣavijaya-nāma-dhāraṇī-kalpasahita

⑤ Tr. Chos kyi sde, Ba ri

⑦ དེ་བཞིན་གཤེགས་པ་ཐམས་ཅད་ཀྱི་གཙུག་ཏོར་རྣམ་པར་རྒྱལ་བ་ཞེས་བྱ་བའི་གཟུངས་རྟོག་པ་དང་བཅས་པ་རྫོགས་སོ། པཎྜི་ཏ་ཆོས་ཀྱི་སྡེ་དང་། ཁམས་པ་ལོ་ཙྪ་བ་དགེ་སློང་བ་རིས་བསྒྱུར་ཅིང་ཞུས་ཏེ་གཏན་ལ་ཕབ་པ།

No. 619 པ(Pa) 203a6-206a1 Toh 598

① དེ་བཞིན་གཤེགས་པ་ཐམས་ཅད་ཀྱི་གཙུག་ཏོར་རྣམ་པར་རྒྱལ་མའི་གཟུངས་ཞེས་བྱ་བའི་རྟོག་པ།

② De bzhin gshegs pa thams cad kyi gtsug tor rnam par rgyal ma'i gzungs zhes bya ba'i rtog pa

③ སརྦ་ཏ་ཐཱ་ག་ཏོཥྞཱི་ཥ་བི་ཛ་ཡཱ་[ཡ་]ནཱ་མ་དྷཱ་ར་ཎི་ཀལྤ།

④ Sarvatathāgatoṣṇīṣavijaya-nāma-dhāraṇī-kalpa

⑤ Tr. Nyi ma rgyal mtshan bzang po

⑦ རྟོག་པ་འདི་ཡང་དག་པའི་དགེ་བའི་བཤེས་གཉེན་སྡོམ་བརྩོན་དམ་པ་འདུལ་བའི་གཙུག་ལག་ལ་བློ་མེད་པར་སློབ་བ་ནེའུ་མཁན་པོའི་གསུང་བཞིན་དུ། མང་དུ་ཐོས་པའི་ལོ་ཙྪ་བ་གནས་བརྟན་[1] དཔལ་ཉི་མ་རྒྱལ་མཚན་བཟང་པོས་དཔལ་ཐར་པ་གླིང་གི་གཙུག་ལག་ཁང་དུ་རང་གིས་བསྒྱུར་བའོ།

[1] U བསྟན།

## No. 620 པ(Pa) 206a2-207a8 Toh 596

① དེ་བཞིན་གཤེགས་པ་ཐམས་ཅད་ཀྱི་གཙུག་ཏོར་རྣམ་པར་རྒྱལ་བ་ཞེས་བྱ་བའི་གཟུངས་རྟོག་པ་དང་བཅས་པ།

② De bzhin gshegs pa thams cad kyi gtsug tor rnam par rgyal ba zhes bya ba'i gzungs rtog pa dang bcas pa

③ སརྦ་ཏ་ཐཱ་ག་ཏ་ཨུཥྞཱི་ཥ་བི་ཛ་ཡ་ནཱ་མ་དྷཱ་[དྷཱ་]ར་ཎི་ཀ་ལྤ་ས་ཧ་[ཧི་]ཏ།

④ Sarvatathāgatoṣṇīṣavijaya-nāma-dhāraṇī-kalpasahita

⑦ འཕགས་པ་གཙུག་ཏོར་རྣམ་པར་རྒྱལ་བའི་གཟུངས་རྟོག་པ་དང་བཅས་པ་རྫོགས་སོ།

## No. 621 པ(Pa) 207b1-217b2 Toh 590

① འཕགས་པ་དེ་བཞིན་གཤེགས་པ་ཐམས་ཅད་ཀྱི་གཙུག་ཏོར་ནས་བྱུང་བ་གདུགས་[1] དཀར་པོ་ཅན་ཞེས་བྱ་བ་གཞན་གྱིས་མི་ཐུབ་མ་[2] ཕྱིར་བཟློག་[3] པའི་རིག་སྔགས་ཀྱི་རྒྱལ་མོ་ཆེན་མོའོ།[4]

② 'Phags pa de bzhin gshegs pa thams cad kyi gtsug tor nas byung ba gdugs dkar po can zhes bya ba gzhan gyis mi thub ma phyir bzlog pa'i rig sngags kyi rgyal mo chen mo'o

③ ཨཱརྱ་སརྦ་ཏ་ཐཱ་ག་ཏོཥྞཱི་ཥ་སི་ཏཱ་ཏ་པ་ཏྲཾ་[ཏྲཱ་]ནཱ་མ་ཨ་པ་རཱ་ཛི་ཏ་པྲ་ཏྱཾ་གི་ར་[པྲ་ཏྱངྒི་རཱ་]མཧཱ་བི་དྱཱ་རཛྙཱི།[རཱཛྙཱི།]

④ Ārya-Sarvatathāgatoṣṇīṣasitātapatrā[5]-nāma-aparājitapratyaṅgirā[6]-mahāvidyārājñī[7]

## No. 622 པ(Pa) 217b2-225a5 Toh 591

① འཕགས་པ་དེ་བཞིན་གཤེགས་པའི་གཙུག་ཏོར་ནས་བྱུང་བའི་གདུགས་དཀར་པོ་ཅན་གཞན་གྱིས་མི་ཐུབ་པ་[8] ཕྱིར་བཟློག་[9] པ་ཆེན་མོ་མཆོག་ཏུ་གྲུབ་པ་ཞེས་བྱ་བའི་གཟུངས།

② 'Phags pa de bzhin gshegs pa'i gtsug tor nas byung ba'i gdugs dkar po can gzhan gyis mi thub pa phyir bzlog pa chen mo mchog tu grub pa zhes bya ba'i gzungs

---

1 U གཙུགས། STPND གདུགས།

2 P(610) omits མ།

3 USTN བཟློག PD ཟློག

4 S པོའོ།

5 UST པ་ཏྲཾ་, P པ་ཏྲཱཾ་, N པ་ཏྲཾ་(?), D པ་ཏྲ་

6 USTND པྲ་ཏྱཾ་གི་ར་, P པྲ་ཏྱཱཾ་གི་ར་, D-CatN-Cat pratyaṅgirā, P-CatS-Cat pratyaṃgira

7 UN རཛྙཱི། S རཱ་ཛྙཱི། TD རཱ་ཛྙཱི། P(202) རཱ་ཛྙཱིཾ། P(610) རཱ་ཛྙཱི།

8 P མ།

9 USTN བཟློག PD ཟློག

③ ཨཱརྻ་ཏ་ཐཱ་[ཏ་ཐཱ་ག་]ཏོཥྞཱི་ཥ་སི་ཏཱ་ཏ་པ་ཏྲེ་[པ་ཏྲེ་]ཨ་པ་ར་[ཛཱ]ཛི་ཏ་མ་ཧཱ་པྲ་ཏྱཾ་གི་ར་[པྲ་ཏྱངྒི་རཱ་]པ་ར་
མ་སིད་དྷི་[སིདྡྷ་]ནཱ་མ་དྷཱ་ར་ཎཱི།

④ Ārya-Tathāgatoṣṇīṣasitātapatre[1] aparājita-mahāpratyaṅgirā[2]paramasiddhā[3]-nāma-dhāraṇī

⑤ Tr. Parahitabhadra, gZu dGa' rdor

⑦ འཕགས་པ་དེ་བཞིན་གཤེགས་པའི་གཙུག་ཏོར་ནས་བྱུང་བའི་གདུགས་དཀར་པོ་[4]ཅན་གཞན་གྱིས་[5]མི་ཐུབ་པ་ཆེན་མོ་[6]ཕྱིར་བཟློག་[7]པ་[8]མཆོག་ཏུ་གྲུབ་པ་ཞེས་བྱ་བའི་གཟུངས་རྫོགས་སོ། པཎྜི་ཏ་པ་ར་ཧི་ཏ་བྷ་དྲ་དང་། ལོ་ཙྪ་བ་གཟུ་[9]དགའ་རྡོར་གྱིས་ཁ་ཆེའི་བདུད་རྩི་འབྱུང་གནས་ཀྱི་གཙུག་ལག་ཁང་གི་དཔེ་སྙིང་ལ་གཏུགས་ནས་གཏན་ལ་ཕབ་པའོ།

No. 623 པ(Pa) 225a6-231a1 Toh 592

① འཕགས་པ་དེ་བཞིན་གཤེགས་པའི་གཙུག་ཏོར་ནས་བྱུང་བའི་[10]གདུགས་དཀར་པོ་ཅན་གཞན་གྱིས་མི་ཐུབ་མ་[11]ཞེས་བྱ་བའི་གཟུངས།

② 'Phags pa de bzhin gshegs pa'i gtsug tor nas byung ba'i gdugs dkar po can gzhan gyis mi thub ma zhes bya ba'i gzungs

③ ཨཱརྻ་ཏ་ཐཱ་ག་ཏོཥྞཱི་ཥ་སི་ཏཱ་[སི་ཏཱ་ཏ་]པ་ཏྲེ་ཨ་པ་ར་[ཛཱ]ཛི་ཏ་ནཱ་མ་དྷཱ་ར་ཎི།[ཎཱི།]

④ Ārya-Tathāgatoṣṇīṣasitāta[12]patre[13] aparājita[14]-nāma-dhāraṇī

---

1 U pratre, STPN patre, D patrā

2 USTND པྲ་ཏྱཾ་གི་ར་, P པྲ་ཏྱེ་གི་ར་, D-CatN-Cat pratyaṅgirā, P-CatS-Cat pratyaṃgira

3 USTPN siddhi, D siddha

4 UTND པོ། SP མོ།

5 UPN གྱི། STD གྱིས།

6 UN པོ། STPD མོ།

7 USTN བཟློག PD ཟློག

8 P adds ཆེན་མོ།

9 U གཟུངས། P ཟུ། STND གཟུ།

10 U བ། STPD བའི།

11 USTP མ། D པ།

12 UT sitā (omit ta), SPD sitāta

13 USTPD(592) patre, D(986) patra

14 USTP aparajita, DD-CatS-Cat aparājita, P-Cat aparājitā

No. 624 པ(Pa) 231a2-237a8 Toh 593

① འཕགས་པ་དེ་བཞིན་གཤེགས་པའི་གཙུག་ཏོར་ནས་བྱུང་བའི་[1] གདུགས་དཀར་པོ་[2] ཅན་གཞན་གྱིས་མི་ཐུབ་པའི་[3] གཟུངས།

② 'Phags pa de bzhin gshegs pa'i gtsug tor nas byung ba'i gdugs dkar po can gzhan gyis mi thub pa'i gzungs

③ ཨཱརྱ་ཏ་ཐཱ་ག་ཏཨུཥྞཱི་ཥ་སི་ཏཱ་ཏ་པ་ཏྲེ་[པ་ཏྲཱ་]ནཱ་མ་ཨ་པ་ར་[རཱ་]ཛི་ཏ་དྷཱ་ར་ཎཱི།

④ Ārya-Tathāgatoṣṇīṣasitātapatrā[4]-nāma-aparājitā[5]-dhāraṇī

⑤ Tr. Mahājñāna

⑦ འཕགས་པ་དེ་བཞིན་གཤེགས་པའི་གཙུག་ཏོར་ནས་བྱུང་བའི་གདུགས་དཀར་པོ་[6] ཅན་གཞན་གྱིས་མི་ཐུབ་མ་[7] ཞེས་བྱ་བའི་གཟུངས་རྫོགས་སོ། གཙུག་ཏོར་ལྷ་ཡུལ་མ་ཆུང་བ་ཁ་ཆེའི་པཎྜི་ཏ་མ་ཧཱ་ཛྙཱ་ནས་རང་འགྱུར་དུ་མཛད་པའོ།

No. 625 པ(Pa) 237a8-249a1 Toh 599

① ཀུན་ནས་སྒོར་འཇུག་པའི་འོད་ཟེར་གཙུག་ཏོར་དྲི་མ་མེད་པར་སྣང་བ་དེ་བཞིན་གཤེགས་པ་ཐམས་ཅད་ཀྱི་སྙིང་པོ་དང་[8] དམ་ཚིག་ལ་རྣམ་པར་ལྟ་བ་ཞེས་བྱ་བའི་གཟུངས།

② Kun nas sgor 'jug pa'i 'od zer gtsug tor dri ma med par snang ba de bzhin gshegs pa thams cad kyi snying po dang dam tshig la rnam par lta ba zhes bya ba'i gzungs

③ ས་མནྟ་མུ་ཁ་པྲ་བེ་ཤ་ར་ཤྨི་བི་མ་ལོཥྞཱི་ཥ་པྲ་བྷཱ་[པྲ་བྷཱ་ས་]སརྦ་ཏ་ཐཱ་ག་ཏ་ཧྲི་ད་ཡ་[ཧྲྀ་ད་ཡ་]བི་ལོ་ཀི་ཏེ་[ཏ་]ནཱ་མ་དྷཱ་ར་ཎི།[ཎཱི།]

④ Samantamukhapraveśaraśmivimaloṣṇīṣa-prabhāsā[9]sarvatathāgatahṛdaya-samayā[10]vilokitā[11]-nāma-dhāraṇī

---

[1] UN(516) བ། STPDN(767) བའི།

[2] UTND པོ། SP མོ།

[3] UTN པའི། SP མ་ཞེས་བྱ་བའི། D པ་ཞེས་བྱ་བའི།

[4] USTPN patre, D patra

[5] USTPN aparajita, DD-CatS-Cat aparājita, P-Cat aparājitā

[6] UTND པོ། SP མོ།

[7] USTN མ། PD པ།

[8] USTN omit དང་། PD དང་།

[9] UN prabhā, S prabhasa, TPD prabhāsa

[10] UTN omit samaya, SPD samaya

[11] UN vilokite (བི་ལོ་ཀི་ཏེ་), STD(599) vilokite (བི་ལོ་ཀི་ཏེ་), P vilokate, D(983) vilokita

⑤ Tr. Jinamitra, Śīlendrabodhi, Ye shes sde

⑦ འཕགས་པ་ཀུན་ནས་སྒོར་འཇུག་པའི་འོད་ཟེར་གཙུག་ཏོར་དྲི་མ་མེད་པར་སྣང་བ་དེ་བཞིན་གཤེགས་པ་ཐམས་ཅད་ཀྱི་སྙིང་པོ་དང་དམ་ཚིག་ལ་རྣམ་པར་ལྟ་བ་ཞེས་བྱ་བའི་གཟུངས་རྫོགས་སོ། རྒྱ་གར་གྱི་མཁན་པོ་ཛི་ན་མི་ཏྲ་དང་། ཤཱི་[1]ལེནྡྲ་བོ་དྷི་དང་། ཞུ་ཆེན་གྱི་ལོ་ཙྪ་བ་བན་དྷེ་ཡེ་ཤེས་སྡེས་བསྒྱུར་ཅིང་ཞུས་ཏེ་གཏན་ལ་ཕབ་པ།

## No. 626 པ(Pa) 249a1-257a6 Toh 601

① ཤེས་པ་[2]ཐམས་ཅད་མཐར་ཕྱིན་པར་གྲུབ་པའི་མཆོད་རྟེན་ཞེས་བྱ་བའི་གཟུངས།

② Shes pa thams cad mthar phyin par grub pa'i mchod rten zhes bya ba'i gzungs

③ སརྦ་མ་ན་ཨནྟ་མི་ཏ་སིདྡྷི་སྟུ་པེ་[སྟུ་པ་]ནཱ་མ་དྷ་[དྷཱ་]ར་ཎཱི།

④ Sarvamanāntamitasiddhistūpa[3]-nāma-dhāraṇi[4]

## No. 627 པ(Pa) 257a6-257b7 Toh 602

① མཆོད་རྟེན་གཅིག་བཏབ་ན་བྱེ་བར་འགྱུར་བའི་གཟུངས་དང་ཆོ་ག[5]

② mChod rten gcig btab na bye bar 'gyur ba'i gzungs dang cho ga

## No. 628 པ(Pa) 257b7-271a2 Toh 510

① འཕགས་པ་འོད་ཟེར་དྲི་མ་མེད་པ་རྣམ་པར་དག་པའི་འོད་ཅེས་བྱ་བའི་གཟུངས།

② 'Phags pa 'od zer dri ma med pa rnam par dag pa'i 'od ces bya ba'i gzungs

③ ཨཪྻ་[ཨཱཪྻ་]རསྨི་[རཤྨི་]བི་མ་ལེ་[ལ་]བི་ཤུདྡྷེ་[ཤུདྡྷ་]པྲ་བྷ་ཧཱ་[པྲ་བྷཱ་]ནཱ་མ་དྷཱ་ར་ཎི།[ཎཱི།]

④ Ārya-Raśmivimalaviśuddhaprabhā-nāma-dhāraṇī

⑤ Tr. Vidyākarasiṅha, dPal gyi lhun po'i sde

⑥ Rev. Jo bo Atiśa, 'Brom ston pa

⑦ འཕགས་པ་འོད་ཟེར་དྲི་མ་མེད་པ་རྣམ་པར་དག་པའི་འོད་ཅེས་བྱ་བའི་གཟུངས་རྫོགས་སོ། རྒྱ་གར་

---

1 U ཤྲཱི།

2 USTND-Cat པ། PD པས།

3 USTN sarvamana-antamitasiddhistupe

4 D-Cat(601)[P-Cat(219)] sarvaprajñāntapāramitāsiddha[i-]caitya-nāma-dhāraṇī
D(884)P(509) omit the Sanskrit title.

5 Title from the *Thob yig* of Dzaya-paṇḍita (vol. 4, 272a1). PD: མཆོད་རྟེན་གཅིག་བཏབ་ན་བྱེ་བ་བཏབ་པར་འགྱུར་བའི་གཟུངས།, cf. Appendix.

གྱི་མཁན་པོ་[1]བིདྱ་ཀ་ར་སིཾ་ཧ་[2]དང་། ཞུ་ཆེན་གྱི་ལོ་ཙྪ་བ་བན་དྷེ་དཔལ་གྱི་ལྷུན་པོའི་སྡེས་བསྒྱུར་ཅིང་ཞུས་ཏེ་གཏན་ལ་ཕབ་པ། ཇོ་བོ་ཨ་ཏི་ཤ་དང་། དགེ་བཤེས་འབྲོམ་སྟོན་པས་ཐུགས་རྣམས་དག་པར་བཅོས་སོ།[3]

No. 629 པ(Pa) 271a2-273b2 Toh 603

① སྙིང་རྗེའི་མཆོག་ཅེས་བྱ་བའི་གཟུངས།

② sNying rje'i mchog ces bya ba'i gzungs

③ ཀཱ་[ཀ་]རུཎཱ་ཨ་གྲ་ནཱ་མ་དྷཱ་ར་ཎཱི།

④ Karuṇāgra[4]-nāma-dhāraṇī

No. 630 པ(Pa) 273b2-337b2 Toh 604

① ཁྲོ་བོ་རྣམ་པར་རྒྱལ་བའི་རྟོག་པ་གསང་བའི་རྒྱུད།

② Khro bo rnam par rgyal ba'i rtog pa gsang ba'i rgyud

③ ཀྲོ་དྷ་བི་ཛ་ཡ་ཀལྤ་གུ་ཧྱ་ཏནྟྲ།

④ Krodhavijayakalpaguhyatantra

⑦ ཁྲོ་བོ་ཁམས་གསུམ་རྣམ་པར་རྒྱལ་བའི་རྟོག་པའི་རྒྱལ་པོ་གསང་བའི་རྒྱུད་རྫོགས་སོ།

No. 631 པ(Pa) 337b2-338b7 Toh 605

① འཕགས་པ་རྡོ་རྗེ་འཇིགས་བྱེད་ཀྱི་གཟུངས་ཞེས་བྱ་བ།

② 'Phags pa rdo rje 'jigs byed kyi gzungs zhes bya ba

③ ཨཱརྱ་བཛྲ་བྷཻ་ར་བ་དྷཱ་ར་ཎཱི་ནཱ་མ།

④ Ārya-Vajrabhairava-dhāraṇī-nāma

⑤ Tr. Don yod rdo rje

⑦ འཕགས་པ་རྡོ་རྗེ་འཇིགས་བྱེད་ཀྱི་གཟུངས་ཞེས་བྱ་བ་མ་རུངས་པ་ཕྱིར་བཟློག་པ་རྫོགས་སོ། འཕགས་པས་གསུངས་པའི་གཟུངས་རྣམས་རྣམ་མང་ཡང་། རྡོ་རྗེ་འཇིགས་བྱེད་ཞལ་ནས་གསུངས་པའི་གཟུངས།

---

1 U པ།

2 U སིཾ་ཧེ།

3 USTN བཅོས་སོ། P(218)D(510) བསྒྱུར་རོ། D(982)[P(607)] བསྒྱུར་བའོ[པའོ]།

4 UST kāruṇāgra, PND karuṇāgra

བསྲུང་བྱའི་ལས་བདུན་ལྡན་པའི་གཟུངས་མཆོག་འདི། ཀུན་གྱིས་ཐུན་མོང་མ་ཡིན་རྣལ་འབྱོར་དམ་པའི་[1]གཟུངས། རྣལ་འབྱོར་གྱི་རྣལ་འབྱོར་ཆེན་པོ་དོན་ཡོད་རྡོ་རྗེའི་ཞལ་སྔ་ནས་བསྒྱུར་ནས། བོད་ཀྱི་བན་དྷེ་སྐྱོ་འོད་འབྱུང་ལ་གནང་ངོ་།

No. 632 པ(Pa) 338b8-341b4 Toh 606

① འཕགས་པ་བེ་ཅོན་ཆེན་པོ་ཞེས་བྱ་བའི་གཟུངས།

② 'Phags pa be con chen po zhes bya ba'i gzungs

③ ཨཱརྱ་མ་ཧཱ་དཎྜ་མ་[དཎྜ་ནཱ་མ་]དྷ་[དྷཱ་]ར་ཎི།

④ Ārya-Mahādaṇḍa-nāma-dhāraṇī

⑤ Tr. Jinamitra, Dānaśīla, Ye shes sde

⑦ འཕགས་པ་བེ་ཅོན་ཆེན་པོ་ཞེས་བྱ་བའི་གཟུངས་རྫོགས་སོ། རྒྱ་གར་གྱི་མཁན་པོ་ཛི་ན་མི་ཏྲ་དང་། དཱ་ན་ཤཱི་ལ་དང་། ཞུ་ཆེན་གྱི་ལོ་ཙྪ་བ་བན་དྷེ་ཡེ་ཤེས་སྡེས་བསྒྱུར་ཅིང་ཞུས་ཏེ་སྐད་གསར་ཆད་[2]ཀྱིས་ཀྱང་བཅོས་ནས་གཏན་ལ་ཕབ་པའོ།

No. 633 པ(Pa) 341b4-343b4 Toh 607

① འཕགས་པ་གཞན་གྱིས་མི་ཐུབ་པའི་[3]རིན་པོ་ཆེའི་ཕྲེང་[4]བ་ཞེས་བྱ་བ།

② 'Phags pa gzhan gyis mi thub pa'i rin po che'i phreng ba zhes bya ba

③ ཨཱརྱ་རཏྣ་མཱ་ལ་[ལཱ་]ནཱ་མ་ཨ་པ་རཱ་ཛི་ཏ།

④ Ārya-Ratnamālā-nāma-aparājita

⑤ Tr. Surendrabodhi, Ye shes sde

⑦ འཕགས་པ་གཞན་གྱིས་མི་ཐུབ་པ་རིན་པོ་ཆེའི་ཕྲེང་[5]བ་ཞེས་བྱ་བ་རྫོགས་སོ།[6] རྒྱ་གར་གྱི་མཁན་པོ་[7]སུ་རེནྡྲ་བོ་དྷི་དང་། ཞུ་ཆེན་གྱི་ལོ་ཙྪ་བ་བན་དྷེ་ཡེ་ཤེས་སྡེས་བསྒྱུར་ཅིང་ཞུས་ཏེ་གཏན་ལ་ཕབ་པ།

---

1 U དམ་པ་འདི།

2 UTPD ཆད། SN བཅད།

3 USTNP(554)D(929) པའི། P(296)D(607) པ།

4 UTPD ཕྲེང་། SN འཕྲེང་།

5 UTPND ཕྲེང་། S འཕྲེང་།

6 P(554) omits after རྫོགས་སོ།

7 USTND(929) རྒྱ་གར་གྱི་མཁན་པོ། P(296)[D(607)] པཎ་ཊི་ཏ།[པཎྜི་ཏ།]

No. 634 པ(Pa) 343b4-344b8 Toh 608

① འཕགས་པ་བར་དུ་གཅོད་པ་ཐམས་ཅད་རྣམ་པར་སྦྱོང་བ་ཞེས་བྱ་བའི་གཟུངས།

② 'Phags pa bar du gcod pa thams cad rnam par sbyong ba zhes bya ba'i gzungs

③ ཨཱརྻ་སརྦ་ཨནྟ་རཱ་ཡ་བི་ཤོ་དྷ་ནི་[ནཱི་]ནཱ་མ་དྷ་[དྷཱ་]ར་ཎི།

④ Ārya-Sarvāntarāyaviśodhanī-nāma-dhāraṇī

⑤ Tr. Jinamitra, Dānaśīla, Ye shes sde

⑦ འཕགས་པ་བར་དུ་གཅོད་པ་ཐམས་ཅད་རྣམ་པར་སྦྱོང་བ་ཞེས་བྱ་བའི་གཟུངས་རྫོགས་སོ།། རྒྱ་གར་གྱི་མཁན་པོ་ཛི་ན་མི་ཏྲ་དང་། དཱ་ན་ཤི་ལ་དང་། ཞུ་ཆེན་གྱི་ལོ་ཙྪ་བ་བནྡེ་ཡེ་ཤེས་སྡེས་བསྒྱུར་ཅིང་ཞུས་ཏེ། སྐད་གསར་ཆད་[1]ཀྱིས་ཀྱང་བཅོས་ནས་[2]གཏན་ལ་ཕབ་པ།

No. 635 པ(Pa) 344b8-346b4 Toh 609

① འཕགས་པ་ཐམས་ཅད་ལ་མི་འཇིགས་པ་[3]སྦྱིན་པ་[4]ཞེས་བྱ་བའི་གཟུངས།

② 'Phags pa thams cad la mi 'jigs pa sbyin pa zhes bya ba'i gzungs

③ ཨཱརྻ་སརྦ་ཨ་བྷ་ཡ་པྲ་དཱ་ན་ནཱ་མ་དྷ་ར་ཎི།[དྷཱ་ར་ཎི།]

④ Ārya-Sarvābhayapradāna-nāma-dhāraṇī

⑤ Tr. Jinamitra, Dānaśīla, Ye shes sde

⑦ འཕགས་པ་ཐམས་ཅད་ལ་[5]མི་འཇིགས་པ་སྦྱིན་པ་ཞེས་བྱ་བའི་གཟུངས་རྫོགས་སོ།། རྒྱ་གར་གྱི་མཁན་པོ་ཛི་ན་མི་ཏྲ་དང་། དཱ་ན་ཤཱི་ལ་དང་། ཞུ་ཆེན་གྱི་ལོ་ཙྪ་བ་བནྡེ་ཡེ་ཤེས་སྡེས་བསྒྱུར་ཅིང་ཞུས་ཏེ། སྐད་གསར་ཆད་[6]ཀྱིས་ཀྱང་བཅོས་ནས་གཏན་ལ་ཕབ་པ།

No. 636 པ(Pa) 346b4-349a8 Toh 610

① འཕགས་པ་འགྲོ་ལྡིང་བའི་རིག་སྔགས་ཀྱི་རྒྱལ་པོ།

② 'Phags pa 'gro lding ba'i rig sngags kyi rgyal po

---

1 UT ཆད། S བཅད།

2 PND omit སྐད་གསར་ཆད་ཀྱིས་ཀྱང་བཅོས་ནས།

3 PD add རབ་ཏུ།

4 UT བ།

5 PD add རབ་ཏུ།

6 UTPND ཆད། S བཅད།

③ ཨཱརྻ་དྲ་བི་[དྲ་མི་]ཌ་བིདྱ་[བིདྱཱ་]རཱ་ཛ།

④ Ārya-Dramiḍa-vidyārāja

⑤ Tr. Jinamitra, Dānaśīla, Ye shes sde

⑦ འཕགས་པ་འགྲོ་ལྡིང་བའི་རིག་སྔགས་ཀྱི་རྒྱལ་པོ་རྫོགས་སོ། །རྒྱ་གར་གྱི་མཁན་པོ་ཛི་ན་མི་ཏྲ་དང་། དཱ་ན་ཤཱི་ལ་དང་། ཞུ་ཆེན་གྱི་ལོ་ཙཱ་བ་བན་དེ་ཡེ་ཤེས་སྡེས་བསྒྱུར་ཅིང་ཞུས་ཏེ། སྐད་གསར་ཆད་[1]ཀྱིས་ཀྱང་བཅོས་ནས་གཏན་ལ་ཕབ་པ།

## No. 637 པ(Pa) 349a8-349b7 Toh 611

① ཚིགས་སུ་བཅད་པ་གཉིས་པའི་གཟུངས།

② Tshigs su bcad pa gnyis pa'i gzungs

③ གཱ་ཐཱ་དྭི་ཡ་[དྭ་ཡ་]དྷཱ་ར་ཎི།[ཎཱི།]

④ Gāthādvaya-dhāraṇī

## No. 638 པ(Pa) 349b7-351b3 Toh 612

① འཕགས་པ་རྒྱལ་མཚན་གྱི་རྩེ་མོའི་དཔུང་རྒྱན་ཞེས་[2]བྱ་བའི་གཟུངས།

② 'Phags pa rgyal mtshan gyi rtse mo'i dpung rgyan zhes bya ba'i gzungs

③ ཨཱརྻ་དྷྭ་ཛ་ཨ་གྲ་ཀེ་ཡུ་[ཡཱུ་]ར་ནཱ་མ་དྷཱ་ར་ཎཱི།

④ Ārya-Dhvajāgrakeyūra-nāma-dhāraṇī

⑤ Tr. Jinamitra, Dānaśīla, Ye shes sde

⑦ འཕགས་པ་རྒྱལ་མཚན་གྱི་[3]རྩེ་མོའི་དཔུང་རྒྱན་ཞེས་[4]བྱ་བའི་གཟུངས་རྫོགས་སོ། །རྒྱ་གར་གྱི་མཁན་པོ་ཛི་ན་མི་ཏྲ་དང་། དཱ་ན་ཤི་ལ་དང་། ཞུ་ཆེན་གྱི་ལོ་ཙཱ་བ་བན་དེ་ཡེ་ཤེས་སྡེས་བསྒྱུར་ཅིང་ཞུས་ཏེ། སྐད་གསར་ཆད་[5]ཀྱིས་ཀྱང་[6]བཅོས་ནས་གཏན་ལ་ཕབ་པ།[7]

---

1 UTPD ཆད། SN བཅད།

2 UTN ཞེས། SPD ཅེས།

3 UT omit གྱི།

4 UTN ཞེས། SPD ཅེས།

5 UTPD(923) ཆད། SND(612) བཅད།

6 UTN omit ཀྱང་།

7 UT ཕབ་པ་དགེའོ། SPD ཕབ་པ། N ཕབ་པའོ།

## No. 639 པ(Pa) 351b4-352b2 Toh 613

① འཕགས་པ་ལྷ་མོ་བསྐུལ་[1]བྱེད་མ་ཞེས་བྱ་བའི་གཟུངས།

② 'Phags pa lha mo bskul byed ma zhes bya ba'i gzungs

③ ཨཱརྻ་ཙུནྡེ་དེ་བི་[ཙུནྡཱི་དེ་ཝཱི་]ནཱ་མ་དྷ་[དྷཱ་]ར་ཎཱི།

④ Ārya-Cundīdevī[2]-nāma-dhāraṇī

## No. 640 པ(Pa) 352b2-359b6 Toh 614

① འཕགས་པ་སྒོ་བཟང་པོ་ཞེས་བྱ་བའི་གཟུངས།

② 'Phags pa sgo bzang po zhes bya ba'i gzungs

③ ཨཱརྻ་སུ་མུ་ཁན་[ཁ་]ནཱ་མ་དྷཱ་ར་ཎི།[ཎཱི།]

④ Ārya-Sumukha-nāma-dhāraṇī

⑦ འཕགས་པ་སྒོ་བཟང་པོ་ཞེས་བྱ་བའི་གཟུངས་རྫོགས་སོ།[3]

## No. 641 པ(Pa) 359b6-360b1 Toh 615

① འཕགས་པ་བུ་མང་པོ་རྟོན་པ་ཞེས་བྱ་བའི་གཟུངས།

② 'Phags pa bu mang po rton pa zhes bya ba'i gzungs

③ ཨཱརྻ་བ་ཧུ་པུ་ཏྲ་པ་ཏི་ས་ར་ནཱ་[པྲ་ཏི་ས་ར་ཎ་]ནཱ་མ་དྷ་[དྷཱ་]ར་ཎཱི།

④ Ārya-Bahuputrapratisaraṇa-nāma-dhāraṇī

⑦ འཕགས་པ་བུ་མང་པོ་རྟོན་པ་[4]ཞེས་བྱ་བའི་གཟུངས་རྫོགས་སོ།[5]

## No. 642 པ(Pa) 360b2-365b2 Toh 616

① འཕགས་པ་རོ་ལངས་བདུན་པ་ཞེས་བྱ་བའི་གཟུངས།

② 'Phags pa ro langs bdun pa zhes bya ba'i gzungs

③ ཨཱརྻ་སཔྟ་བེ་ཏཱ་ཌ་ཀ་ནཱ་མ་དྷཱ་ར་ཎཱི།

④ Ārya-Saptavetāḍaka-nāma-dhāraṇī

---

1 UTP(188)NP-Cat བསྐུལ། SP(614)D སྐུལ།

2 USPN cundedevi, T cundedevī, D cundadevī, D-Cat Cundīdevī, P-CatN-Cat Cundedevī, S-Cat Cundādevī

3 PD add colophon after རྫོགས་སོ།, cf. Appendix.

4 USTP(215)D[P(601)] བུ་མང་པོ་རྟོན་[སྟོན་]པ། N སོ་སོར་འབྲང་བ།

5 PND add colophon after རྫོགས་སོ།, cf. Appendix.

⑤ Tr. Viśuddhasiṅha, Ye shes snying po'i sde

⑥ Rev. Vidyākarasiṅha, Ye shes sde

⑦ འཕགས་པ་རོ་ལངས་བདུན་པ་ཞེས་བྱ་བའི་གཟུངས་རྫོགས་སོ། རྒྱ་གར་གྱི་མཁན་པོ་བི་ཤུདྡྷ་སིཾ་ཧ་དང་། བན་དྷེ་ཡེ་ཤེས་སྙིང་པོའི་སྡེས་བསྒྱུར། རྒྱ་གར་གྱི་མཁན་པོ་བིདྱཱ་ཀ་ར་སིཾ་ཧ་དང་། ཞུ་ཆེན་གྱི་ལོ་ཙྪ་བ་བན་དྷེ་ཡེ་ཤེས་སྡེས་ཞུས་ཏེ་གཏན་ལ་ཕབ་པ།

## No. 643 པ(Pa) 365b2-368b5 Toh 617

① འཕགས་པ་མཚན་མོ་བཟང་པོ་ཞེས་བྱ་བའི་མདོ།

② 'Phags pa mtshan mo bzang po zhes bya ba'i mdo

③ ཨཱརྱ་བྷ་དྲ་ཀ་རཱ་ཏྲི་ན་[ཏྲཱི་ནཱ་]མ་སུ་[སཱུ་]ཏྲ།

④ Ārya-Bhadrakarātrī-nāma-sūtra

⑤ Tr. Jinamitra, Dānaśīla, Ye shes sde

⑦ འཕགས་པ་མཚན་མོ་བཟང་པོ་ཞེས་བྱ་བའི་མདོ་རྫོགས་སོ།[1] རྒྱ་གར་གྱི་མཁན་པོ་ཛི་ན་མི་ཏྲ་དང་། དཱ་ན་ཤཱི་ལ་དང་། ཞུ་ཆེན་གྱི་ལོ་ཙྪ་བ་བན་དྷེ་ཡེ་ཤེས་སྡེས་བསྒྱུར་ཅིང་ཞུས་ཏེ། སྐད་གསར་ཆད་[2]ཀྱིས་ཀྱང་བཅོས་ནས་གཏན་ལ་ཕབ་པ།

## No. 644 པ(Pa) 368b5-369b3 Toh 618

① འཕགས་པ་མདངས་ཕྱིར་འཕྲོག་པ་ཞེས་བྱ་བའི་མདོ།

② 'Phags pa mdangs phyir 'phrog pa zhes bya ba'i mdo

③ ཨཱརྱ་ཨོ་ཛ་[ཛཿ]པྲ་ཏྱ་[ཏྱཱ་]ཧ་ར་ཎི་སཱུ་[སཱུ་]ཏྲ།

④ Ārya-Ojaḥpratyāharaṇi[3]-sūtra

## No. 645 པ(Pa) 369b3-371a8 Toh 619

① འཕགས་པ་མིག་རྣམ་པར་སྦྱོང་བ་ཞེས་བྱ་བའི་རིག་སྔགས།

② 'Phags pa mig rnam par sbyong ba zhes bya ba'i rig sngags

③ ཨཱརྱ་ཙཀྵུ་བི་ཤོ་དྷ་ནི་[ནཱི་]ནཱ་མ་བིདྱ།[བིདྱཱ།]

④ Ārya-Cakṣuviśodhanī-nāma-vidyā

---

1 P(979)ND(313) omit after རྫོགས་སོ།

2 UTP(599)D(617, 974) ཆད། S བཅད།

3 USTN ojapratyaharaṇi, P(295) ཨོ་ཛ་བྲ་ཏྱཾ་གི་ར་ཎི་, P(592) ཨོ་ཛ་པྲ་ཏྱཾ་གི་ར་ཎི་, D ཨོ་ཛཿཔྲ་ཏྱཾ་གི་ར་ཎི་, D-Cat Ojaḥpratyañjana, P-Cat oja-pratyaṅgiraṇi, S-CatN-Cat Ojaḥpratyāharaṇi

## No. 646 པ(Pa) 371a8-371b8 Toh 620

① འཕགས་པ་མིག་ནད་རབ་ཏུ་ཞི་བར་བྱེད་པའི་མདོ།

② 'Phags pa mig nad rab tu zhi bar byed pa'i mdo

③ ཨཱརྱ་ཨཀྵི་རོ་ག་པྲ་ཤ་མ་ནི་སཱུ་ཏྲ།

④ Ārya-Akṣirogapraśamani-sūtra

## No. 647=822 པ(Pa) 371b8-372a2 Toh 802

① ཀྵ་ཡའི་ནད་སེལ་བའི་གཟུངས།[1]

② Kṣa ya'i nad sel ba'i gzungs

## No. 648 པ(Pa) 372a2-373a7 Toh 621

① འཕགས་པ་གཞང་འབྲུམ་རབ་ཏུ་ཞི་བར་བྱེད་པའི་མདོ།

② 'Phags pa gzhang 'brum rab tu zhi bar byed pa'i mdo

③ ཨཱརྱ་ཨརྴ་པྲ་ཤ་མ་ནི་སཱུ་[སུ་]ཏྲ།

④ Ārya-Arśapraśamani-sūtra

⑤ Tr. Jinamitra, Dānaśīla, Ye shes sde

⑦ འཕགས་པ་གཞང་འབྲུམ་རབ་ཏུ་ཞི་བར་བྱེད་པའི་མདོ་རྫོགས་སོ། རྒྱ་གར་གྱི་མཁན་པོ་ཛི་ན་མི་ཏྲ་དང་། དཱ་ན་ཤཱི་ལ་དང་། ཞུ་ཆེན་གྱི་ལོ་ཙྪ་བ་བནྡེ་ཡེ་ཤེས་སྡེས་བསྒྱུར་ཅིང་ཞུས་ཏེ་[2] གཏན་ལ་ཕབ་པ།

## No. 649 པ(Pa) 373a7-374a2 Toh 622

① འཕགས་པ་ནད་ཐམས་ཅད་རབ་ཏུ་ཞི་བར་བྱེད་པ་ཅེས་[3] བྱ་བའི་གཟུངས།[4]

② 'Phags pa nad thams cad rab tu zhi bar byed pa ces bya ba'i gzungs

③ ཨཱརྱ་སརྦ་རོ་ག་པྲ་ཤ་མ་ནི་ནཱ་མ་དྷ་[དྷཱ་]ར་ཎཱི།

④ Ārya-Sarvarogapraśamani-nāma-dhāraṇī

⑦ འཕགས་པ་ནད་ཐམས་ཅད་རབ་ཏུ་ཞི་བར་བྱེད་པའི་གཟུངས་[5] རྫོགས་སྷོ།

---

1 Title from the colophon.

2 UTN omit ཞུས་ཏེ།

3 UTN ཅེས། SP(639)D ཞེས།

4 P(207) ཞི་བར་བྱེད་པའི་གཟུངས།

5 USTP(207)ND(622) ཞི་བར་བྱེད་པའི་གཟུངས། P(639)D(1014) ཞི་བར་བྱེད་པ་ཞེས་བྱ་བའི་གཟུངས།

No. 650 པ(Pa) 374a2-374a5 Toh 624

① རིམས་ནད་ཞི་བའི་གཟུངས།[1]

② Rims nad zhi ba'i gzungs

No. 651 པ(Pa) 374a5-375a1 Toh 625

① འཕགས་པ་རིམས་ནད་རབ་ཏུ་ཞི་བར་བྱེད་པ་ཅེས་[2]བྱ་བའི་གཟུངས།[3]

② 'Phags pa rims nad rab tu zhi bar byed pa ces bya ba'i gzungs

③ ཨཱརྻ་ཛྭ་ར་པྲ་ཤ་མ་ནི་ནཱ་མ་དྷ་[དྷཱ་]ར་ཎཱི།

④ Ārya-Jvarapraśamani-nāma-dhāraṇī

⑦ འཕགས་པ་རིམས་ནད་རབ་ཏུ་ཞི་བར་བྱེད་པའི་གཟུངས་[4]རྫོགས་སོ།[5]

No. 652 པ(Pa) 375a2-375a3 Toh 626

① འབྲུམ་བུའི་ནད་ཞི་བར་འགྱུར་བའི་[6]གཟུངས།[7]

② 'Brum bu'i nad zhi bar 'gyur ba'i gzungs

No. 653 པ(Pa) 375a4-375a7 Toh 627

① མདངས་ཕྱིར་མི་འཕྲོགས་[8]པ་ཅེས་[9]བྱ་བ།

② mDangs phyir mi 'phrogs pa ces bya ba

## Volume 110 རྒྱུད། ཕ (1–354)

No. 654 ཕ(Pha) 1b1-7b6 Toh 628

① འཕགས་པ་ཡངས་པའི་གྲོང་ཁྱེར་དུ་འཇུག་པའི་མདོ་ཆེན་པོ།

② 'Phags pa yangs pa'i grong khyer du 'jug pa'i mdo chen po

---

1 Title from the colophon.

2 UTN ཅེས། SD ཞེས།

3 P ཞི་བར་བྱེད་པའི་གཟུངས།

4 USTN ཞི་བར་བྱེད་པའི་གཟུངས། PD ཞི་བར་བྱེད་པ་ཞེས་བྱ་བའི་གཟུངས།

5 PD add colophon after རྫོགས་སོ།, cf. Appendix.

6 USTN འགྱུར་བའི། PD བྱེད་པའི།

7 Title from the colophon.

8 UTN འཕྲོགས། SPD འཕྲོག

9 UTN ཅེས། SPD ཞེས།

③ ཨཱརྱ་བི་པུ་ལེ་[བཻ་ཤཱ་ལཱི་]པྲ་བེ་ཤ་མ་ཧཱ་སཱུ་ཏྲ།

④ Ārya-Vaiśālī[1]praveśa-mahāsūtra

⑤ Tr. Surendrabodhi, Ye shes sde

⑦ འཕགས་པ་ཡངས་པའི་གྲོང་ཁྱེར་དུ་འཇུག་པའི་མདོ་རྫོགས་སོ།[2] རྒྱ་གར་གྱི་མཁན་པོ་[3] སུ་རེནྡྲ་བོ་དྷི་དང་། ཞུ་ཆེན་གྱི་ལོ་ཙཱ་བ་བནྡེ་ཡེ་ཤེས་སྡེས་བསྒྱུར་ཅིང་ཞུས་ཏེ་གཏན་ལ་ཕབ་པ།

## No. 655 ཕ(Pha) 7b7-8b2 Toh 629

① འཕགས་པ་མི་རྒོད་རྣམ་པར་འཇོམས་པ་ཞེས་བྱ་བའི་གཟུངས།

② 'Phags pa mi rgod rnam par 'joms pa zhes bya ba'i gzungs

③ ཨཱརྱ་ཙཽ་རི་[ཙཽ་ར་]བི་དྷྭན་སྣ་[བི་དྷྭཾ་ས་ན་]ནཱ་མ་དྷཱ་ར་ཎི།[དྷཱ་ར་ཎཱི།]

④ Ārya-Caura[4]vidhvaṃsana[5]-nāma-dhāraṇī

## No. 656 ཕ(Pha) 8b2-9a2 Toh 630

① འཕགས་པ་བར་དུ་གཅོད་པ་ཐམས་ཅད་སེལ་བའི་གཟུངས་སྔགས།

② 'Phags pa bar du gcod pa thams cad sel ba'i gzungs sngags

③ ཨཱརྱ་སརྦ་ཨནྟ་ར་སཾ་གྲཱ་ས་དྷཱ་ར་ཎི་[ཎཱི་]མནྟྲ།

④ Ārya-Sarvāntarasaṃgrāsa-dhāraṇī-mantra

## No. 657 ཕ(Pha) 9a2-25a5 Toh 631

① འཕགས་པ་མི་གཡོ་བ་ཞེས་བྱ་བའི་གཟུངས།

② 'Phags pa mi g.yo ba zhes bya ba'i gzungs

③ ཨཱརྱ་ཨ་ཙ་ལ་ནཱ་མ་དྷཱ་ར་ཎཱི།

④ Ārya-Acala-nāma-dhāraṇī

⑤ Tr. Dharmaśrīmitra, Chos kyi bzang po

⑦ འཕགས་པ་མི་གཡོ་བ་ཞེས་བྱ་བའི་གཟུངས་རྫོགས་སོ། རྒྱ་གར་གྱི་མཁན་པོ་དྷརྨ་ཤྲཱི་མི་ཏྲ་དང་། བོད་ཀྱི་ལོ་ཙཱ་བ་དགེ་སློང་ཆོས་ཀྱི་བཟང་པོས་བསྒྱུར་ཅིང་ཞུས་ཏེ་གཏན་ལ་ཕབ་པའོ།

---

1 UTN vipule, S vapule, PD vaiśālī

2 P(978)N(297)D(312) omit after རྫོགས་སོ།

3 USTP(714)N(458) རྒྱ་གར་གྱི་མཁན་པོ། P(142)[D(628, 1093)] པཎ་ཌི་ཏ།[པཎྜི་ཏ།]

4 USTN cauri, PD-Cat cora, DP-CatS-Cat caura

5 UST vidhvansna, PND vidhvansana, D-CatP-CatS-Cat vidhvaṃsana

No. 658 ཕ(Pha) 25a5-51b5 Toh 632

① འཕགས་པ་རྡོ་རྗེ་ཁྲོ་བོའི་རྒྱལ་པོའི་[1]རྟོག་པ་བསྡུས་པའི་རྒྱུད་ཅེས་བྱ་བ།

② 'Phags pa rdo rje khro bo'i rgyal po'i rtog pa bsdus pa'i rgyud ces bya ba

③ ཨཱརྻ་བཛྲ་ཀྲོ་དྷ་རཱ་ཛཱ[རཱ་ཛ་]ཀལྤ་ལ་གྷུ་ཏནྟྲ་ནཱ་མ།

④ Ārya-Vajrakrodharājakalpalaghutantra-nāma

⑦ འཕགས་པ་རྡོ་རྗེ་ཁྲོ་བོའི་རྒྱལ་པོའི་རྟོག་པ་བསྡུས་པ་རྫོགས་སོ།

No. 659 ཕ(Pha) 51b6-54a6 Toh 633

① འཕགས་པ་གསེར་ཅན་ཞེས་བྱ་བའི་གཟུངས།

② 'Phags pa gser can zhes bya ba'i gzungs

③ ཨཱརྻ་ཀཱཉྩ་བ་ཏི་[ཀཱཉྩ་ན་བ་ཏཱི་]ནཱ་མ་དྷཱ་ར་ཎཱི།

④ Ārya-Kāñcanavatī[2]-nāma-dhāraṇī

⑤ Tr. Jinamitra, Dānaśīla, Ye shes sde

⑦ འཕགས་པ་གསེར་ཅན་ཞེས་བྱ་བའི་གཟུངས་རྫོགས་སོ། རྒྱ་གར་གྱི་མཁན་པོ་ཛི་ན་མི་ཏྲ་དང་། དཱ་ན་ཤཱི་ལ་དང་། ཞུ་ཆེན་གྱི་ལོ་ཙྪ་བ་བནྡེ་ཡེ་ཤེས་སྡེས་བསྒྱུར་ཅིང་། ཞུས་ཏེ་སྐད་གསར་ཆད་[3]ཀྱིས་ཀྱང་བཅོས་ནས་གཏན་ལ་ཕབ་པ།

No. 660 ཕ(Pha) 54a6-56b8 Toh 634

① འཕགས་པ་སྤྱན་རས་གཟིགས་དབང་ཕྱུག་གི་མཚན་བརྒྱ་རྩ་བརྒྱད་པ་གཟུངས་སྔགས་དང་བཅས་པ།

② 'Phags pa spyan ras gzigs dbang phyug gi mtshan brgya rtsa brgyad pa gzungs sngags dang bcas pa

④ (Ārya-Avalokiteśvarāṣṭottaraśatakanāma-dhāraṇī-mantra-sahita)[4]

No. 661 ཕ(Pha) 56b8-59a1 Toh 635

① འཕགས་པ་བྱམས་པའི་མཚན་བརྒྱ་རྩ་བརྒྱད་པ་གཟུངས་སྔགས་དང་བཅས་པ།

② 'Phags pa byams pa'i mtshan brgya rtsa brgyad pa gzungs sngags dang bcas pa

---

1 UN omit རྒྱལ་པོའི། STPD རྒྱལ་པོའི།

2 USTND(633) kāñcavati, P(314) kānakavati, P(549)D(924)P-Cat kanakavati, D-Cat(924) kanakavatī, D-Cat(633)S-Cat kāñcanavatī

3 UTPND ཆད། S བཅད།

4 Title from D-Cat 634.

④ (Ārya-Maitreyanāmāṣṭottaraśataka-dhāraṇī-mantra-sahita)[1]

No. 662 ཕ(Pha) 59a1-62a5 Toh 636

① འཕགས་པ་ནམ་མཁའི་སྙིང་པོའི་མཚན་བརྒྱ་རྩ་བརྒྱད་པ་གཟུངས་སྔགས་དང་བཅས་པ།

② 'Phags pa nam mkha'i snying po'i mtshan brgya rtsa brgyad pa gzungs sngags dang bcas pa

④ (Ārya-Khagarbhāṣṭottaraśatakanāma-dhāraṇī-mantra)[2]

No. 663 ཕ(Pha) 62a5-66b2 Toh 637

① འཕགས་པ་ཀུན་ཏུ་བཟང་པོའི་མཚན་བརྒྱ་རྩ་བརྒྱད་པ་གཟུངས་སྔགས་དང་བཅས་པ།

② 'Phags pa kun tu bzang po'i mtshan brgya rtsa brgyad pa gzungs sngags dang bcas pa

④ (Ārya-Samantabhadrāṣṭottaraśatakanāma-dhāraṇī-mantra-sahita)[3]

No. 664 ཕ(Pha) 66b2-69b2 Toh 638

① འཕགས་པ་ལག་ན་རྡོ་རྗེའི་མཚན་བརྒྱ་རྩ་བརྒྱད་པ་གཟུངས་སྔགས་དང་བཅས་པ།

② 'Phags pa lag na rdo rje'i mtshan brgya rtsa brgyad pa gzungs sngags dang bcas pa

④ (Ārya-Vajrapāṇyaṣṭottaraśatakanāma-dhāraṇī-mantra-sahita)[4]

No. 665 ཕ(Pha) 69b2-73a4 Toh 639

① འཕགས་པ་འཇམ་དཔལ་གཞོན་ནུར་གྱུར་པའི་[5] མཚན་བརྒྱ་རྩ་བརྒྱད་པ་གཟུངས་སྔགས་དང་བཅས་པ།

② 'Phags pa 'jam dpal gzhon nur gyur pa'i mtshan brgya rtsa brgyad pa gzungs sngags dang bcas pa

④ (Ārya-Mañjuśrīkumārabhūtāṣṭottaraśatakanāma-dhāraṇī-mantra-sahita)[6]

No. 666 ཕ(Pha) 73a5-75b4 Toh 640

① འཕགས་པ་སྒྲིབ་པ་ཐམས་ཅད་རྣམ་པར་སེལ་བའི་མཚན་བརྒྱ་རྩ་བརྒྱད་པ་གཟུངས་སྔགས་དང་བཅས་པ།

② 'Phags pa sgrib pa thams cad rnam par sel ba'i mtshan brgya rtsa brgyad pa gzungs sngags dang bcas pa

---

1 Title from D-Cat 635.
2 Title from D-Cat 636.
3 Title from D-Cat 637.
4 Title from D-Cat 638.
5 USTP(504)ND(639, 879)D-Cat(879) གྱུར་པའི། P(325)P-Cat གྱུར་བའི། D-Cat(639) འགྱུར་པའི།
6 Title from D-Cat 639.

④ (Ārya-Sarvanivaraṇaviṣkambhinināmāṣṭottaraśataka-dhāraṇī-mantra-sahita)[1]

## No. 667 ཕ(Pha) 75b4-78a1 Toh 641

① འཕགས་པ་སའི་སྙིང་པོའི་མཚན་བརྒྱ་རྩ་བརྒྱད་པ་གཟུངས་སྔགས་དང་བཅས་པ།

② 'Phags pa sa'i snying po'i mtshan brgya rtsa brgyad pa gzungs sngags dang bcas pa

④ (Ārya-Kṣitigarbhāṣṭottaraśatakanāma-dhāraṇī-mantra-sahita)[2]

⑦ འཕགས་པ་སའི་སྙིང་པོའི་མཚན་བརྒྱ་རྩ་བརྒྱད་པ་གཟུངས་སྔགས་དང་བཅས་པ་རྫོགས་སོ།[3]

## No. 668 ཕ(Pha) 78a1-78b3 Toh 643

① འཕགས་པ་བྱམས་པས་དམ་བཅས་པ་ཞེས་བྱ་བའི་གཟུངས།

② 'Phags pa byams pas dam bcas pa zhes bya ba'i gzungs

③ ཨཱརྱ་མེ་ཏྲི་[མཻ་ཏྲེ་ཡ་]པྲ་ཏི་ཛྙཱ་ནཱ་མ་དྷཱ་ར་ཎི།

④ Ārya-Maitreya[4]pratijñā-nāma-dhāraṇī

⑦ འཕགས་པ་བྱམས་པས་དམ་བཅས་པ་ཞེས་བྱ་བའི་གཟུངས་རྫོགས་སོ།[5]

## No. 669 ཕ(Pha) 78b3-79b5 Toh 644

① འཕགས་པ་དཀྱིལ་འཁོར་བརྒྱད་པ་ཞེས་བྱ་བ་ཐེག་པ་ཆེན་པོའི་མདོ།

② 'Phags pa dkyil 'khor brgyad pa zhes bya ba theg pa chen po'i mdo

③ ཨཱརྱ་ཨཥྚ་མཎྜ་ལ་ཀ་ནཱ་མ་མ་ཧཱ་ཡཱ་ན་སཱུ་ཏྲ།

④ Ārya-Aṣṭamaṇḍalaka-nāma-mahāyānasūtra

⑤ Tr. Jinamitra, Dānaśīla, Ye shes sde

⑦ འཕགས་པ་དཀྱིལ་འཁོར་བརྒྱད་པ་ཞེས་བྱ་བ་ཐེག་པ་ཆེན་པོའི་མདོ་རྫོགས་སོ། རྒྱ་གར་གྱི་མཁན་པོ་ཛི་ན་མི་ཏྲ་དང་། དཱ་ན་ཤཱི་ལ་དང་། ཞུ་ཆེན་གྱི་ལོ་ཙྪ་བ་བན་དེ་ཡེ་ཤེས་སྡེས་བསྒྱུར་ཅིང་ཞུས་ཏེ། སྐད་གསར་ཆད་[6]ཀྱིས་ཀྱང་བཅོས་ནས་གཏན་ལ་ཕབ་པ།[7]

---

1 Title from D-Cat 640.

2 Title from D-Cat 641.

3 P adds editor's note after རྫོགས་སོ།, cf. Appendix.

4 UN metri, STD maitri, P maitrina, D-CatS-CatN-Cat maitreya, P-Cat maitrina

5 PD add colophon after རྫོགས་སོ།, cf. Appendix.

6 UTPD ཆད། S བཅད། N ཅད།

7 P(507) adds editor's note after ཕབ་པ།, cf. Appendix.

No. 670 ཕ(Pha) 79b5-80b5 Toh 645

① བདུད་རྩི་འབྱུང་བ་ཞེས་བྱ་བའི་གཟུངས།

② bDud rtsi 'byung ba zhes bya ba'i gzungs

③ ཨ་མྲི་ཏ་བྷ་བ་ནཱ་མ་དྷཱ་ར་ཎཱི།

④ Amṛtabhava-nāma-dhāraṇī

No. 671 ཕ(Pha) 80b5-83b6 Toh 646

① ཡི་དགས་[1]ཁ་ནས་མེ་འབར་བ་ལ་སྐྱབས་མཛད་པའི་[2]གཟུངས།

② Yi dags kha nas me 'bar ba la skyabs mdzad pa'i gzungs

④ (Pretamukha-agnijvālayaśarakāra-nāma-dhāraṇī)[3]

⑦ ཡི་དགས་ཁ་ནས་མེ་འབར་བ་ལ་སྐྱབས་མཛད་པའི་གཟུངས་རྫོགས་སོ།

No. 672 ཕ(Pha) 83b6-85b7 Toh 647

① ཡི་དགས་མོ་ཁ་འབར་མ་དབུགས་དབྱུང་བའི་གཏོར་མའི་ཆོ་ག

② Yi dags mo kha 'bar ma dbugs dbyung ba'i gtor ma'i cho ga

No. 673 ཕ(Pha) 85b7-86a4 Toh 649

① ཡེ་ཤེས་སྐར་མདའི་སྙིང་པོ།[4]

② Ye shes skar mda'i snying po

No. 674 ཕ(Pha) 86a4-86b3 Toh 718

① ཤེས་རབ་བསྐྱེད་[5]པ་ཞེས་བྱ་བའི་གཟུངས།

② Shes rab bskyed pa zhes bya ba'i gzungs

③ པྲཛྙཱ་བརྡྷ་ནི་[བརྡྷ་ནཱི་]ནཱ་མ་དྷཱ་ར་ཎི།[དྷཱ་ར་ཎཱི།]

④ Prajñāvardhanī-nāma-dhāraṇī

⑦ ཤེས་རབ་བསྐྱེད་[6]པའི་གཟུངས་[7]རྫོགས་སོ།[8]

---

1 USPND དགས། T དྭགས།

2 USTP(701)ND(1080) པའི། P(356)D(646) པ་ཞེས་བྱ་བའི།

3 Title from D-Cat 646.

4 Title from the colophon.

5 UTP(232)N བསྐྱེད། SP(662)D སྐྱེད།

6 UTP(232)N བསྐྱེད། SP(662)D སྐྱེད།

7 USTN པའི་གཟུངས། PD པ་ཞེས་བྱ་བའི་གཟུངས།

8 PD add colophon after རྫོགས་སོ།, cf. Appendix.

No. 675 ཕ(Pha) 86b3-86b6 Toh 720

① ཐོས་པ་འཛིན་པའི་གཟུངས།[1]

② Thos pa 'dzin pa'i gzungs

No. 676 ཕ(Pha) 86b6-87a2 Toh 652

① འཕགས་པ་རྒྱལ་བའི་བླ་མའི་གཟུངས།[2]

② 'Phags pa rgyal ba'i bla ma'i gzungs

No. 677 ཕ(Pha) 87a3-97a7 Toh 653

① མདོ་ཆེན་པོ་འདུས་པ་ཆེན་པོའི་མདོ་ཞེས་བྱ་བ།

② mDo chen po 'dus pa chen po'i mdo zhes bya ba

③ མཧཱས་མཱ་ཛ་སཱུ་ཏྲན་[སཱུ་ཏྲ་]ནཱ་མ་མཧཱ་སཱུ་ཏྲ།

④ Mahāsamājasūtra-nāma-mahāsūtra

⑤ Tr. Jinamitra, Prajñāvarma, Ye shes sde

⑦ མདོ་ཆེན་པོ་འདུས་པ་ཆེན་པོའི་མདོ་ཞེས་བྱ་བ་རྫོགས་སོ། རྒྱ་གར་གྱི་མཁན་པོ་ཛི་ན་མི་ཏྲ་དང༌། པྲཛྙཱ་[3] བརྨ་དང༌། ཞུ་ཆེན་གྱི་ལོ་ཙྪ་བ་བན་དྷེ་ཡེ་ཤེས་སྡེ་ལ་སོགས་[4]པས་བསྒྱུར་ཅིང་ཞུས་ཏེ་གཏན་ལ་ཕབ་པ།

No. 678 ཕ(Pha) 97a7-100b8 Toh 654

① འཕགས་པ་ཆོས་ཀྱི་རྒྱ་མཚོ་ཞེས་བྱ་བའི་གཟུངས།

② 'Phags pa chos kyi rgya mtsho zhes bya ba'i gzungs

③ ཨཱརྱ་དྷརྨ་[དྷརྨ་]སཱ་ག་ར་ནཱ་མ་དྷཱ་ར་ཎི།

④ Ārya-Dharmasāgara-nāma-dhāraṇī

⑤ Tr. Surendrabodhi, Prajñāvarma, Ye shes sde

⑦ འཕགས་པ་ཆོས་ཀྱི་རྒྱ་མཚོ་ཞེས་བྱ་བའི་གཟུངས་རྫོགས་སོ། རྒྱ་གར་གྱི་མཁན་པོ་སུ་རེནྡྲ་བོ་དྷི་དང༌། པྲཛྙཱ་བརྨ་དང༌། ཞུ་ཆེན་གྱི་ལོ་ཙྪ་བ་བནྡེ་ཡེ་ཤེས་སྡེ་ལ་སོགས་[5]པས་བསྒྱུར་ཅིང་ཞུས་ཏེ་གཏན་ལ་ཕབ་པ།

---

1 Title from the colophon.

2 Title from the colophon.

3 U པཛྙཱ།

4 P(688) ལསོགས།

5 P(310) ལསོགས།

## No. 679 ཕ(Pha) 100b8-101a8 Toh 655

① འཕགས་པ་བགེགས་སེལ་བའི་གཟུངས།

② 'Phags pa bgegs sel ba'i gzungs

③ ཨཱརྻ་བིགྷྣན་[བིགྷྣ་]བི་ན་ཡ་ཀ་ར་དྷཱ་རྞ་ར།[བི་ནཱ་ཡ་ཀ་དྷཱ་ར་ཎཱི།]

④ Ārya-Vighnavināyaka-dhāraṇī[1]

⑦ འཕགས་པ་བགེགས་སེལ་བ་ཞེས་བྱ་བའི་གཟུངས་རྫོགས་སོ།[2]

## No. 680 ཕ(Pha) 101a8-117a2 Toh 656

① མདོ་ཆེན་པོ་ཀུན་ཏུ་རྒྱུ་བ་དང་ཀུན་ཏུ་རྒྱུ་བ་མ་ཡིན་པ་དང་འཐུན་[3]པའི་མདོ་ཞེས་བྱ་བ།

② mDo chen po kun tu rgyu ba dang kun tu rgyu ba ma yin pa dang 'thun pa'i mdo zhes bya ba

③ ཨཱ་ཊཱ་ནཱ་ཊཱི་ཡ་མ་སཱུ་ཏྲན་[ཨཱ་ཊཱ་ནཱ་ཊཱི་ཡ་སཱུ་ཏྲ]ནཱ་མ་མཧཱ་སཱུ་ཏྲཾ།[ཏྲ།]

④ Āṭānāṭīya[4]sūtra-nāma-mahāsūtra

⑤ Tr. Jinamitra, Prajñāvarma, Ye shes sde

⑦ མདོ་ཆེན་པོ་ཀུན་ཏུ་རྒྱུ་བ་དང་། ཀུན་ཏུ་རྒྱུ་བ་མ་ཡིན་པ་དང་འཐུན་[5]པའི་མདོ་ཞེས་བྱ་བ་རྫོགས་སོ། རྒྱ་གར་གྱི་མཁན་པོ་ཛི་ན་མི་ཏྲ་དང་། པྲཛྙཱ་བརྨ་དང་། ཞུ་ཆེན་གྱི་ལོ་ཙཱ་བ་བན་དེ་ཡེ་ཤེས་སྡེ་ལ་སོགས་[6] པས་བསྒྱུར་ཅིང་ཞུས་ཏེ་གཏན་ལ་ཕབ་པ།

## No. 681 ཕ(Pha) 117a2-132b3 Toh 657

① འཕགས་པ་སྤྲིན་ཆེན་པོ།

② 'Phags pa sprin chen po

③ ཨཱརྻ་མཧཱ་མེ་གྷ།

④ Ārya-Mahāmegha

---

1 U བིགྷྣན་བི་ན་ཡ་ཀ་ར་དྷཱ་རྣ་ར། S བིགྷྣན་བི་ན་ཡ་ཀ་ར་དྷཱ་རྣ་ར། T བིགྷྣན་བི་ན་ཡ་ཀ་ར་དྷཱ་རྣ་ར། P(421) བི་གྷྣན་བི་ན་ཡ་ཀཱ་ར་ཏྲ་སྣུ་ཊྲ། P(584) བིགྷྣན་བི་ན་ཡ་ཀཱ་ར་དྷཱ་ར་ཎི། N བིགྷྣན་བི་ནཱ་ཡ་ཀཱ་ར་ཏྲ་དྷཱ་ར་ཎི། D(655) བིགྷྣ་བི་ནཱ་ཡ་ཀཱ་ར་དྷཱ་ར་ཎི། D(959) བིགྷྣ་བི་ནཱ་ཡ་ཀཱ་ར་དྷཱ་ར་ཎི།

2 P(584)ND add editor's note after རྫོགས་སོ།, cf. Appendix.

3 UTP(687)N འཐུན། SP(333)D མཐུན།

4 USTPND(656) āṭānāṭiyama, D(1061) āṭānāṭiya, D-CatS-CatN-Cat āṭānāṭiya, P-Cat āṭānāṭiyama

5 UTPN འཐུན། SD མཐུན།

6 P(687) ལསོགས།

⑤ Tr. Jinamitra, Śīlendrabodhi, Ye shes sde

⑦ འཕགས་པ་སྤྲིན་ཆེན་པོ་ཐེག་པ་ཆེན་པོའི་མདོ་ལས་ཆར་དབབ་པ། རླུང་[1]གི་དཀྱིལ་འཁོར་གྱི་ལེའུ་ཞེས་བྱ་བ་དྲུག་ཅུ་རྩ་བཞི་པ་ཆོག་དང་བཅས་པ་རྫོགས་སོ། རྒྱ་གར་གྱི་མཁན་པོ་ཛི་ན་མི་ཏྲ་དང་། ཤཱི་ལེནྡྲ་བོ་དྷི་དང་། ཞུ་ཆེན་གྱི་ལོ་ཙཱ་བ་བན་དེ་ཡེ་ཤེས་སྡེས་བསྒྱུར་ཅིང་ཞུས་ཏེ། སྐད་གསར་ཆད[2]་ཀྱིས་ཀྱང་བཅོས་ནས་གཏན་ལ་ཕབ་པ།

No. 682 ཕ(Pha) 132b3-137b7 Toh 658

① འཕགས་པ་སྤྲིན་ཆེན་པོ་རླུང་གི་དཀྱིལ་འཁོར་གྱི་ལེའུ་ཀླུ་ཐམས་ཅད་ཀྱི་སྙིང་པོ་ཞེས་བྱ་བ་ཐེག་པ་ཆེན་པོའི་མདོ།

② 'Phags pa sprin chen po rlung gi dkyil 'khor gyi le'u klu thams cad kyi snying po zhes bya ba theg pa chen po'i mdo

③ ཨཱརྱ་མཧཱ་མེ་གྷ་བཱ་ཏ་མཎྜ་ལི་[ལ་]སརྦ་ནཱ་ག་ཧྲི་ད་ཡན་[ཧྲི་ད་ཡ་]ནཱ་མ་མ་ཧཱ་ཡཱ་[ཡཱ་ན་]སཱུ་ཏྲ།

④ Ārya-Mahāmeghavāta[3]maṇḍala[4]sarvanāgahṛdaya-nāma-mahāyānasūtra

⑦ འཕགས་པ་སྤྲིན་ཆེན་པོ་རླུང་[5]གི་དཀྱིལ་འཁོར་གྱི་ལེའུ་ཀླུ་ཐམས་ཅད་ཀྱི་སྙིང་པོ་ཞེས་བྱ་བ་ཐེག་པ་ཆེན་པོའི་མདོ་རྫོགས་སོ།[6]

No. 683 ཕ(Pha) 137b8-138a8 Toh 659

① འཕགས་པ་ཀླུའི་རྒྱལ་པོ་གཟི་ཅན་གྱིས་ཞུས་པ་ཞེས་བྱ་བའི་གཟུངས།

② 'Phags pa klu'i rgyal po gzi can gyis zhus pa zhes bya ba'i gzungs

③ ཨཱརྱ་ནཱ་ག་རཱ་ཛ་བཱི་ར་པ་རི་པྲྀ་ཙྪ་[པ་རི་པྲྀ་ཙྪཱ་]ནཱ་མ་དྷཱ་ར་ཎི།

④ Ārya-Nāgarājavīraparipṛcchā[7]-nāma-dhāraṇī

---

1 U ཀླུང་།

2 UTPN(592)D ཆད། SN(220) བཅད།

3 UTN(593)D(658, 1064) vāta, SP(335) bhata, P(690) vata, P(900) pāyuta, N(219) vāyuta, D(234) vāyu

4 USTPN(593) maṇḍali, N(219)D maṇḍala, P(900)N(219)D(234) add parivarta

5 UTN(593) ཀླུང་།

6 PN(219)D add colophon after རྫོགས་སོ།, cf. Appendix.

7 USTN nāgarājavīrapṛccha, P(336)[(691)] namasvīnāga[ā]rājāparipṛcchā[a], D tapasvīnāgarājāparipṛcchā, D-Cat(P-Cat) tapasvī(i)nāgarājaparipṛcchā, S-Cat nāgarājavīraparipṛccha

No. 684 ཕ(Pha) 138b1-141a5 Toh 661

① གཟའ་རྣམས་ཀྱི་ཡུམ་ཞེས་བྱ་བའི་གཟུངས།

② gZa' rnams kyi yum zhes bya ba'i gzungs

③ གྲ་ཧ་མཱ་ཏྲི་ཀ་[ཏྲྀ་ཀཱ་]ནཱ་མ་དྷ་[དྷཱ་]ར་ཎཱི།

④ Grahamātṛkā-nāma-dhāraṇī

No. 685 ཕ(Pha) 141a5-143b7 Cf. Toh 660

① གཟའ་རྣམས་ཀྱི་ཡུམ་ཞེས་བྱ་བའི་གཟུངས།[1]

② gZa' rnams kyi yum zhes bya ba'i gzungs

③ གྲ་ཧ་མཱ་ཏྲི་ཀ་[ཏྲྀ་ཀཱ་]ནཱ་མ་དྷ་[དྷཱ་]ར་ཎཱི།

④ Grahamātṛkā-nāma-dhāraṇī

No. 686 ཕ(Pha) 143b7-148a1 Toh 662

① འཕགས་པ་ནོར་གྱི་རྒྱུན་ཞེས་[2] བྱ་བའི་གཟུངས།

② 'Phags pa nor gyi rgyun zhes bya ba'i gzungs

③ ཨཱརྱ་བ་སུ་དྷ་ར་[དྷཱ་རཱ་]ནཱ་མ་དྷ་ར་ཎི།[དྷཱ་ར་ཎཱི།]

④ Ārya-Vasudhārā[3]-nāma-dhāraṇī

No. 687 ཕ(Pha) 148a1-149a1 Toh 663

① བཅོམ་ལྡན་འདས་མ་ནོར་རྒྱུན་མའི་རྟོག་པ།[4]

② bCom ldan 'das ma nor rgyun ma'i rtog pa

No. 688 ཕ(Pha) 149a1-150b6 Toh 664

① བཅོམ་ལྡན་འདས་མ་ནོར་རྒྱུན་མའི་རྟོག་པ།[5]

② bCom ldan 'das ma nor rgyun ma'i rtog pa

⑦ བཅོམ་ལྡན་འདས་མ་ནོར་རྒྱུན་མའི་[6] རྟོག་པ་རྫོགས་སོ།

---

1 PD have longer text revised by Grags pa rgyal mtshan.

2 USTN ཞེས། PD ཅེས། D-Cat ཞེས།

3 USTPNS-Cat vasudhara, DD-CatP-Cat vasudhārā

4 Title from the colophon.

5 Title from the colophon. D-Cat བཅོམ་ལྡན་འདས་མ་ནོར་རྒྱུན་མའི་གཟུངས་ཀྱི་རྟོག་པ། P-Cat Bcom-ldan-ḥdas-ma nor-rgyun-maḥi gzuṅs-kyi rtog-pa.

6 PD add གཟུངས་ཀྱི།

No. 689 ཕ(Pha) 150b6-151b3 Toh 665

① འཕགས་པ་ཚོགས་ཀྱི་བདག་པོའི་སྙིང་པོ།

② 'Phags pa tshogs kyi bdag po'i snying po

③ ཨཱརྱ་ག་ཎ་པ་ཏི་ཧྲི་[ཧྲྀ་]ད་ཡ།

④ Ārya-Gaṇapatihṛdaya

No. 690 ཕ(Pha) 151b3-157b6 Toh 666

① ཚོགས་ཀྱི་བདག་པོ་ཆེན་པོའི་རྒྱུད་ཅེས་བྱ་བ།

② Tshogs kyi bdag po chen po'i rgyud ces bya ba

③ མཧཱ་ག་ཎ་པ་ཏི་ཏན་ཏྲ་[ཏནྟྲ་]ན་[ནཱ་]མ།

④ Mahāgaṇapati-tantra-nāma

⑤ Tr. Dīpaṃkaraśrījñāna, rGyal ba'i 'byung gnas

⑦ ཚོགས་ཀྱི་བདག་པོའི་རྒྱུད་དངོས་གྲུབ་འབྱུང་བ་ཞེས་བྱ་བ་རྫོགས་སོ། རྒྱ་གར་གྱི་མཁན་པོ་དཱི་པཾ་ཀ་ར་ཤྲཱི་ཛྙཱ་ནས། འཇིག་རྟེན་དངོས་གྲུབ་ཆེད་དུ་ནི། རྒྱ་གར་ཡུལ་ནས་བསྣམས་ནས་བྱོན། རྒྱལ་བའི་འབྱུང་གནས་ལ་གཏད་[1]པ་ཡིན། རྒྱུད་འདི་བསམ་[2]པས་གྲུབ་[3]པ་ཡིན།

No. 691 ཕ(Pha) 157b6-160a4 Toh 667

① དཔལ་ནག་པོ་ཆེན་པོའི་རྒྱུད།

② dPal nag po chen po'i rgyud

③ ཤྲཱི་མཧཱ་ཀཱ་ལ་ཏནྟྲ།

④ Śrī-Mahākāla-tantra

⑤ Tr. Amoghavajra, Phur bu 'od

⑦ དཔལ་ནག་པོ་ཆེན་པོའི་རྒྱུད་ལས་ལེའུ་བརྒྱད་པ་རྫོགས་སོ། རྒྱ་གར་གྱི་མཁན་པོ་ཨ་མོ་གྷ་བཛྲ་དང་། བོད་ཀྱི་ལོ་ཙཱ་བ་ཕུར་བུ་འོད་ཀྱིས་བསྒྱུར་བའོ།

---

[1] US བཏད། TND གཏད། P གཏང་། S-Cat བཏང་།

[2] T བསམས།

[3] USTN པས་གྲུབ། PD པ་འགྲུབ།

No. 692 ཕ(Pha) 160a4-160b5 Toh 668

① འཕགས་པ་[1]དཔལ་མགོན་པོ་ནག་པོ་ཞེས་བྱ་བའི་གཟུངས།

② 'Phags pa dpal mgon po nag po zhes bya ba'i gzungs

③ ཨཱརྻ་ཤྲཱི་མཧཱ་ཀཱ་ལ་ནཱ་མ་དྷཱ་ར་ཎི།[ཎཱི།]

④ Ārya[2]-Śrīmahākāla-nāma-dhāraṇī

No. 693 ཕ(Pha) 160b5-161a3 Toh 669

① འཕགས་པ་ནག་པོ་ཆེན་པོའི་གཟུངས་རིམས་ནད་ཐམས་ཅད་ལས་ཐར་པར་བྱེད་པ།

② 'Phags pa nag po chen po'i gzungs rims nad thams cad las thar par byed pa

⑤ Tr. Prajñāvarma, Ye shes sde

⑦ འཕགས་པ་ནག་པོ་ཆེན་པོའི་གཟུངས། རིམས་ནད་ཐམས་ཅད་ལས་རྣམ་པར་ཐར་པར་བྱེད་པ་རྫོགས་སོ། རྒྱ་གར་གྱི་མཁན་པོ་པྲཛྙཱ་བརྨ་དང་། ཞུ་ཆེན་གྱི་ལོ་ཙྪ་བ་བནྡེ་ཡེ་ཤེས་སྡེས་བསྒྱུར་ཅིང་ཞུས་ཏེ་གཏན་ལ་ཕབ་པའོ།

No. 694 ཕ(Pha) 161a3-161b1 Toh 670

① ལྷ་མོ་ནག་མོ་ཆེན་མོའི་གཟུངས།

② lHa mo nag mo chen mo'i gzungs

③ དེ་བི་[བཱི་]མཧཱ་ཀཱ་ལི་[ལཱི་]ནཱ་མ་དྷཱ་ར་ཎི།[དྷཱ་ར་ཎཱི།]

④ Devīmahākālī-nāma-dhāraṇī

No. 695 ཕ(Pha) 161b1-168b5 Toh 671

① དཔལ་ལྷ་མོ་ནག་མོའི་བསྟོད་པ་རྒྱལ་པོའི་རྒྱུད།

② dPal lha mo nag mo'i bstod pa rgyal po'i rgyud

③ ཤྲཱི་དེ་བི་[བཱི་]ཀཱ་ལ་[ལཱི་]པྲ་མ་[པྲ་ཤཾ་སཱ་]རཱ་ཛ་ཏནྟྲ་ཀཱི་ལི།[རཱ་ཛ་ཏནྟྲ།]

④ Śrī-Devīkālīpraśaṃsārājatantra[3]

---

[1] USTN འཕགས་པ། PD omit འཕགས་པ།

[2] USTN ārya, PD omit ārya

[3] UN śrīdevikālapramarājatantrakīli, S(T) śrīdevikālipramarājatantraka(ā)li, D śrīdevīkālipramarājatantrakāli, D-CatS-Cat Śrī-devīkālī-praśaṃsārājatantra, P-Cat Śrī-devīkālīpramarāja-tantra

No. 696 ཕ(Pha) 168b5-170a7 Toh 672

① དཔལ་ལྷ་མོ་ནག་མོའི་མཚན་བརྒྱ་རྩ་བརྒྱད་པ།

② dPal lha mo nag mo'i mtshan brgya rtsa brgyad pa

③ ཤྲཱི་དེ་ཝི་[ཝཱི་]ཀཱ་ལི་[ལཱི་]ཨཥྚ་ཤ་ཏ་ཀ།

④ Śrī-Devīkālīnāmā[1]ṣṭaśataka

⑦ དཔལ་ལྷ་མོ་ནག་མོ་ཆེན་མོའི་མཚན་བརྒྱ་རྩ་བརྒྱད་པ་ཡོན་ཏན་དང་བཅས་པ་རྫོགས་སོ།

No. 697 ཕ(Pha) 170a7-170b1 Toh 673

① ལྷའི་དབང་པོ་བརྒྱ་བྱིན་གྱིས་བསྟོད་པ།

② lHa'i dbang po brgya byin gyis bstod pa

No. 698 ཕ(Pha) 170b1-170b5

① (དཀོན་མཆོག་གསུམ་ལ་ ... )[2]

No. 699 ཕ(Pha) 170b5-170b6 Toh 673A[3]

① (འཕགས་པ་ཚེ་དཔག་མེད་ཀྱི་སྙིང་པོ།)[4]

② ('Phags pa tshe dpag med kyi snying po)

No. 700 ཕ(Pha) 170b6-176b2 Toh 674

① འཕགས་པ་ཚེ་དང་ཡེ་ཤེས་དཔག་ཏུ་མེད་པ་ཞེས་བྱ་བ་ཐེག་པ་ཆེན་པོའི་མདོ།

② 'Phags pa tshe dang ye shes dpag tu med pa zhes bya ba theg pa chen po'i mdo

③ ཨཱརྱ་ཨ་པ་ར་[རི་]མི་ཏ་ཨཱ་ཡུརྫྙཱ་ན་ནཱ་མ་མ་ཧཱ་ཡཱ་ན་སཱུ་ཏྲ།

④ Ārya-Aparimita[5]-āyurjñāna-nāma-mahāyānasūtra

⑦ འཕགས་པ་ཚེ་དང་ཡེ་ཤེས་[6]དཔག་ཏུ་མེད་པ་ཞེས་བྱ་བ་ཐེག་པ་ཆེན་པོའི་མདོ་རྫོགས་སོ།[7]

---

1 USTP(349)N omit nāma, P(709)D nāma, D-CatP-CatS-Cat Śrī-devīkālīnāmāṣṭaśataka, N-Cat Śrī-devīkālyaṣṭaśataka

2 USTP omit title. P-Cat 359〔佚題 (No title)〕〔Ḥchi-med rṅa-sgraḥi gzuṅs.〕, S-Cat 629 (dKon-mchog), cf. O-Cat p. 119, footnote

3 Cf. D 673A (211b1-211b2). See also p. 414.

4 USTPD no title, P-Cat 360〔佚題 (No title)〕〔Tshe-dpag-med-kyi yaṅ sñiṅ.〕, cf. O-Cat p. 119, footnote, S-Cat 630 (Tshe-dpag-med-kyi-sñiṅ-po), D 673A (211b1-211b2)

5 UTNP(474) aparamita, SD aparimita, P(361) apāramita

6 P(361, 474)D(849) omit དང་ཡེ་ཤེས།

7 P(474) adds editor's note after རྫོགས་སོ།, cf. Appendix.

No. 701 ཕ(Pha) 176b3-181b3 Toh 675

① འཕགས་པ་ཚེ་དང་ཡེ་ཤེས་དཔག་ཏུ་མེད་པ་ཞེས་བྱ་བ་ཐེག་པ་ཆེན་པོའི་མདོ།

② 'Phags pa tshe dang ye shes dpag tu med pa zhes bya ba theg pa chen po'i mdo

③ ཨཱརྱ་ཨ་པ་རི་མི་ཏ་ཨཱ་ཡུརྫྙཱ་ན་ནཱ་མ་མཧཱ་ཡ་[ཡཱ་]ན་སཱུ་ཏྲ།

④ Ārya-Aparimita[1]-āyurjñāna-nāma-mahāyānasūtra

⑦ འཕགས་པ་ཚེ་དང་ཡེ་ཤེས་དཔག་ཏུ་མེད་པའི་གཟུངས་རྫོགས་སོ།

No. 702 ཕ(Pha) 181b3-183b5 Toh 676

① འཕགས་པ་ཚེ་དང་ཡེ་ཤེས་དཔག་ཏུ་མེད་པའི་སྙིང་པོ་ཞེས་བྱ་བའི་གཟུངས།

② 'Phags pa tshe dang ye shes dpag tu med pa'i snying po zhes bya ba'i gzungs

③ ཨཱརྱ་ཨ་པ་རི་མི་ཏ་ཨཱ་ཡུར་ཛྙཱ་[ཡུརྫྙཱ་]ན་ཧྲི་[ཧྲྀ་]ད་ཡ་ནཱ་མ་དྷཱ་ར་ཎི།[ཎཱི།]

④ Ārya-Aparimita[2]-āyurjñānahṛdaya-nāma-dhāraṇī

⑤ Tr. Puṇyasambhava, Pa tshab Nyi ma grags

⑦ འཕགས་པ་ཚེ་དང་ཡེ་ཤེས་དཔག་ཏུ་མེད་པའི་སྙིང་པོ་ཞེས་བྱ་བའི་གཟུངས་རྫོགས་སོ། རྒྱ་གར་གྱི་
མཁན་པོ་པུ་[3]ཎྱ་སཾ་བྷ་ཝ་དང་། ཞུ་ཆེན་གྱི་[4]ལོ་ཙཱ་བ་པ་ཚབ་ཉི་མ་གྲགས་ཀྱིས་བསྒྱུར་བའོ།

No. 703 ཕ(Pha) 183b5-184a3 Toh 677

① བཅོམ་ལྡན་འདས་སྣང་བ་མཐའ་ཡས་ཀྱི་གཟུངས་སྔགས།

② bCom ldan 'das snang ba mtha' yas kyi gzungs sngags

③ བྷ་ག་བན་[བད་]ཨ་མི་ཏ་[ཏཱ་]བྷ་དྷཱ་ར་ཎི་[ཎཱི་]མནྟྲ།

④ Bhagavadamitābha-dhāraṇīmantra

No. 704=561 ཕ(Pha) 184a3-184a6 Toh 678

① སྣང་བ་མཐའ་ཡས་རྗེས་སུ་དྲན་པ།[5]

② sNang ba mtha' yas rjes su dran pa

---

1 USPND aparimita, T apamita

2 USTND aparimita, P aparamita

3 U སྤུ། SNP(475)D པུ། TP(363) བུ།

4 PD omit ཞུ་ཆེན་གྱི།

5 Title from the colophon.

## No. 705 ཕ(Pha) 184a6-247a3 Toh 681

① འཕགས་པ་སྤྱན་རས་གཟིགས་དབང་ཕྱུག་གི་རྩ་བའི་རྒྱུད་ཀྱི་རྒྱལ་པོ་པདྨ་[1] དྲ་བ་ཞེས་བྱ་བ།

② 'Phags pa spyan ras gzigs dbang phyug gi rtsa ba'i rgyud kyi rgyal po padma dra ba zhes bya ba

③ ཨཱརྻ་བ་[ཨ་བ་]ལོ་ཀི་ཏེ་ཤྭ་ར་པདྨ་ཛཱ་ལ་མུ་ལ་[ཛྭ་ལ་མཱུ་ལ་]ཏནྟྲ་[ཏནྟྲ་]རཱ་ཛ་ནཱ་མ།

④ Ārya-Avalokiteśvarapadmajāla-mūlatantrarāja-nāma

⑤ Tr. Somaśrībhava[2], Kyu ra Tshul khrims 'od zer

⑦ འཕགས་པ་སྤྱན་རས་གཟིགས་དབང་ཕྱུག་གི་རྩ་བའི་རྒྱུད་ཀྱི་རྒྱལ་པོ་པདྨའི་[3] དྲ་བ་ཞེས་བྱ་བ་རྫོགས་སོ། རིག་པའི་འབྱུང་གནས་རིག་པའི་འོད་ཟེར་གྱིས་ཤེས་རབ་པདྨ་[4] རྒྱས་པའི་ཁ་ཆེའི་ཡུལ་[5] བདུད་རྩི་[6] འབྱུང་བའི་གཙུག་ལག་[7] ཁང་ཆེན་པོར་པཎྜི་ཏ་ཆེན་པོ་སོ་མ་ཤྲི་བྷ་བ་ཞེས་བྱ་བ་དང་། བོད་ཀྱི་ལོ་ཙྪ་བ་[8] ཀྱུ་ར་དགེ་སློང་ཚུལ་ཁྲིམས་འོད་ཟེར་གྱིས་བསྒྱུར་བའོ།[9]

## No. 706 ཕ(Pha) 247a3-253b3 Toh 682

① འཕགས་པ་དོན་ཡོད་ཞགས་པའི་སྙིང་པོ་ཞེས་བྱ་བ་ཐེག་པ་ཆེན་པོའི་མདོ།

② 'Phags pa don yod zhags pa'i snying po zhes bya ba theg pa chen po'i mdo

③ ཨཱརྻ་[ཨཱརྻ་]ཨ་མོ་གྷ་པཱ་ཤ་ཧྲི་[ཧྲྀ་]ད་ཡཾ་[ཡ་]ནཱ་མ་མ་ཧཱ་ཡཱ་ན་སཱུ་ཏྲ།

④ Ārya-Amoghapāśahṛdaya[10]-nāma-mahāyānasūtra

⑤ Tr. Amoghavajra, Rin chen grags

⑦ འཕགས་པ་དོན་ཡོད་ཞགས་པའི་སྙིང་པོ་ཞེས་བྱ་བ་ཐེག་པ་ཆེན་པོའི་མདོ་རྫོགས་སོ། རྒྱ་གར་གྱི་མཁན་པོ་ཨ་མོ་གྷ་བཛྲ་དང་། བོད་ཀྱི་ལོ་ཙྪ་བ་དགེ་སློང་རིན་ཆེན་གྲགས་པས་བསྒྱུར་ཅིང་ཞུས་ཏེ་གཏན་ལ་ཕབ་པའོ།

---

1 USTND པདྨ། P པད་མ།

2 USN bhava, T bhama, PD bhavya

3 UTN པདྨའི། SD པདྨ། P པད་མ།

4 USTND པདྨ། P པད་མ།

5 UTN omit ཡུལ།

6 USD རྩི། TPN རྩིའི།

7 U omits ལག

8 N omits བ།

9 USTN བསྒྱུར་བའོ། P(D) བསྒྱུར་ཅིང་གཏན་ལ་ཕབ་པའོ།(པ།) P adds Dhā and AW after ཕབ་པའོ།, cf. Appendix.

10 UPN hridayam, STD hṛdayam

No. 707 ཕ(Pha) 253b3-256a1 Toh 683

① འཕགས་པ་དོན་ཡོད་ཞགས་པའི་སྙིང་པོ་ཞེས་བྱ་བའི་གཟུངས།

② 'Phags pa don yod zhags pa'i snying po zhes bya ba'i gzungs

③ ཨཱརྱ་ཨ་མོ་གྷ་པཱ་ཤ་ཧྲི་[ཧྲྀ་]ད་ཡཾ་[ཡ་]མ་ཧཱ་ཡ་[ཡཱ་]ན་ནཱ་མ་དྷ་[དྷཱ་]ར་ཎཱི།

④ Ārya-Amoghapāśahṛdaya[1]-nāma-dhāraṇī

No. 708 ཕ(Pha) 256a2-258a4 Toh 687

① འཕགས་པ་དོན་ཡོད་ཞགས་པའི་ཕ་རོལ་ཏུ་ཕྱིན་པ་དྲུག་ཡོངས་སུ་རྫོགས་པར་བྱེད་པ་ཞེས་བྱ་བའི་གཟུངས།

② 'Phags pa don yod zhags pa'i pha rol tu phyin pa drug yongs su rdzogs par byed pa zhes bya ba'i gzungs

③ ཨཱརྱ་ཨ་མོ་གྷ་པཱ་ཤ་པཱ་ར་མི་ཏ་[ཏཱ་]ཥཊྤ་[ཥཊ་]རི་པཱུ་ར་ཡ་[ཀ་]ནཱ་མ་དྷ་ར་ཎི།[དྷཱ་ར་ཎཱི།]

④ Ārya-Amoghapāśapāramitāṣaṭparipūraka[2]-nāma-dhāraṇī

⑤ Tr. Mañjuśrīvarma, Blo ldan shes rab, Chos kyi shes rab

⑦ འཕགས་པ་དོན་ཡོད་པའི་ཞགས་པའི་ཕ་རོལ་ཏུ་ཕྱིན་པ་དྲུག་ཡོངས་སུ་རྫོགས་པར་བྱེད་པའི་གཟུངས་ཆེན་པོ་རྫོགས་སོ། པཎྜི་ཏ་མཉྫུ་ཤྲཱི་ཝརྨ་དང་། ལོ་ཙཱ་བ་དགེ་སློང་བློ་ལྡན་ཤེས་རབ་ཀྱིས་བསྒྱུར་ཅིང་ཞུས་ཏེ་གཏན་ལ་ཕབ་པའོ། ལོ་ཙཱ་བ་ཆོས་ཀྱི་ཤེས་རབ་ཀྱིས་ཀྱང་བསྒྱུར་ཏེ་གཏན་ལ་ཕབ་པའོ།

No. 709 ཕ(Pha) 258a4-261a4 Toh 688

① ས་བཅུ་པའི་གཟུངས།

② Sa bcu pa'i gzungs

③ ད་ཤ་བྷཱུ་མི་དྷཱ་ར་ཎི།[དྷཱ་ར་ཎཱི།]

④ Daśabhūmi-dhāraṇī

⑦ ས་བཅུ་པའི་གཟུངས་ཕན་ཡོན་དང་རྟོག་པ་རྫོགས་སོ།

No. 710 ཕ(Pha) 261a4-265b3 Toh 689

① འཕགས་པ་དོན་ཡོད་ཞགས་པའི་རྟོག་པའི་རྒྱལ་པོའི་ཆོ་ག་ཞེས་བྱ་བ།

② 'Phags pa don yod zhags pa'i rtog pa'i rgyal po'i cho ga zhes bya ba

---

1 U(T) hri(ṛ)dayam-mahāyana, S hṛdayam-mahāna, D hṛdayam-mahāyāna, D-CatS-Cat omit (mahāyāna)

2 UTN ṣaṭpāripūraya, S ṣaṭapāripūraya, P367(528) ṣaṭaparipu(ū)raya, D687(903) ṣaṭparipūraka(ā), D-CatN-Cat ṣaṭparipūraka, P-Cat ṣaṭparīpūraya, S-Cat ṣaṭparipūraya

③ ཨཱརྱ་ཨ་མོ་གྷ་པཱ་ཤ་ཀལྤཱ་[ཀལྤ]རཱ་ཛ་བྷི་[བི]དྷི་ན་[ནཱ]མ།

④ Ārya-Amoghapāśa-kalparājavidhi-nāma

⑤ Tr. Mañjuśrīvarma, Blo ldan shes rab

⑦ འཕགས་པ་དོན་ཡོད་ཞགས་པའི་རྟོག་པའི་རྒྱལ་པོའི་ཆོ་ག་ལས་ཕྱུང་བ་རྫོགས་སོ། པཎྜི་ཏ་མཉྫུ་ཤྲཱི་ཝརྨ་དང་། ལོ་ཙཱ་བ་དགེ་སློང་བློ་ལྡན་ཤེས་རབ་ཀྱིས་བསྒྱུར་ཅིང་ཞུས་ཏེ་གཏན་ལ་ཕབ་པའོ།

## No. 711 ཕ(Pha) 265b3-267b8 Toh 693

① འཕགས་པ་སྤྱན་རས་གཟིགས་དབང་ཕྱུག་ཞལ་བཅུ་གཅིག་པ་ཅེས་[1]བྱ་བའི་གཟུངས།

② 'Phags pa spyan ras gzigs dbang phyug zhal bcu gcig pa ces bya ba'i gzungs

③ ཨཱརྱ་ཨ་བ་ལོ་ཀི་ཏེ་ཤྭ་ར་ཨེ་ཀ་[ཀཱ]ད་ཤ་མུ་ཁ་ནཱ་མ་དྷཱ་ར་ཎཱི།

④ Ārya-Avalokiteśvaraikādaśamukha-nāma-dhāraṇī

⑦ འཕགས་པ་སྤྱན་རས་གཟིགས་དབང་ཕྱུག་ཞལ་བཅུ་གཅིག་པ་ཞེས་བྱ་བའི་གཟུངས་རྫོགས་སོ།[2]

## No. 712 ཕ(Pha) 267b8-277a4 Toh 694

① འཕགས་པ་ཞལ་བཅུ་གཅིག་པའི་རིག་སྔགས་ཀྱི་སྙིང་པོ་ཞེས་བྱ་བའི་གཟུངས།

② 'Phags pa zhal bcu gcig pa'i rig sngags kyi snying po zhes bya ba'i gzungs

④ (Ārya-Mukhaikādaśavidyāmantrahṛdaya-nāma-dhāraṇī)[3]

⑤ Tr. Chos grub (from Chinese)

⑦ འཕགས་པ་སྤྱན་རས་གཟིགས་དབང་ཕྱུག་ཞལ་བཅུ་གཅིག་པ་ཞེས་[4]བྱ་བའི་གཟུངས་རྫོགས་སོ། ཞུ་ཆེན་གྱི་[5] ལོ་ཙཱ་བ་བཅོམ་ལྡན་འདས་ཀྱི་རིང་ལུགས་པ་བན་དྷེ་ཆོས་གྲུབ་ཀྱིས་རྒྱའི་དཔེ་ལས་བསྒྱུར་[6]ཅིང་ཞུས་ཏེ་གཏན་ལ་ཕབ་པ།[7]

---

1 UTN ཅེས། SPD ཞེས།

2 P(373)D add colophon after རྫོགས་སོ།, cf. Appendix.

3 Title from D-Cat 712.

4 T ཅེས།

5 PD add མཁན་པོ།

6 P སྒྱུར།

7 P(O) སྒྱུར་ཅིང་ཞུས་ཏེ་གཏན་ལ་ཕབ་པ། P(HY) སྒྱུར་ཅིང་གཏན་ལ་ཕབ་པ།

No. 713 ཕ(Pha) 277a4-310b4 Toh 690

① བྱང་ཆུབ་སེམས་དཔའ་འཕགས་པ་སྤྱན་རས་གཟིགས་དབང་ཕྱུག་ལག་པ་སྟོང་དང་། མིག་སྟོང་[1] དང་ལྡན་པའི་ཆོ་ག་ཞིབ་མོ།

② Byang chub sems dpa' 'phags pa spyan ras gzigs dbang phyug lag pa stong dang / mig stong dang ldan pa'i cho ga zhib mo

No. 714 ཕ(Pha) 310b4-354a6 Toh 691

① འཕགས་པ་བྱང་ཆུབ་སེམས་དཔའ་སྤྱན་རས་གཟིགས་དབང་ཕྱུག་ཕྱག་སྟོང་སྤྱན་སྟོང་དང་ལྡན་པ་ཐོགས་པ་མི་མངའ་བའི་ཐུགས་རྗེ་ཆེན་པོའི་སེམས་རྒྱ་ཆེར་ཡོངས་སུ་རྫོགས་པ་ཅེས་[2] བྱ་བའི་གཟུངས།

② 'Phags pa byang chub sems dpa' spyan ras gzigs dbang phyug phyag stong spyan stong dang ldan pa thogs pa mi mnga' ba'i thugs rje chen po'i sems rgya cher yongs su rdzogs pa ces bya ba'i gzungs

④ (Ārya-Avalokiteśvarasahasrabhujanetrāsaṅgamahākāruṇikacittaparipūrṇa-nāmadhāraṇī)[3]

⑤ Tr. Chos grub (from Chinese)

⑦ བྱང་ཆུབ་སེམས་དཔའ་སྤྱན་རས་གཟིགས་དབང་ཕྱུག་ཕྱག་སྟོང་སྤྱན་སྟོང་དང་ལྡན་པ་ཐོགས་པ་མི་མངའ་བའི་ཐུགས་རྗེ་ཆེན་པོའི་སེམས་རྒྱ་ཆེར་[4] ཡོངས་སུ་རྫོགས་པ་ཞེས་བྱ་བའི་གཟུངས་ཆོ་ག་དང་བཅས་པ་རྫོགས་སོ།། ཞུ་ཆེན་གྱི་ལོ་ཙྪ་བ་བན་དྷེ་ཆོས་གྲུབ་ཀྱིས་རྒྱའི་དཔེ་ལས་བསྒྱུར་[5] ཏེ་གཏན་ལ་ཕབ་པ།

## Volume 111 རྒྱུད། བ (1–485)

No. 715 བ(Ba) 1b1-485a7 Toh 686

① འཕགས་པ་དོན་ཡོད་པའི་ཞགས་པའི་ཆོ་ག་ཞིབ་མོའི་རྒྱལ་པོ།

② 'Phags pa don yod pa'i zhags pa'i cho ga zhib mo'i rgyal po

③ ཨཱརྱ་ཨ་མོ་གྷ་པཱ་ཤ་ཀལྤ་རཱ་ཛ།

④ Ārya-Amoghapāśa-kalparāja

⑤ Tr. Rin chen grub

---

1 UN add པ།

2 UTN ཅེས། SPD ཞེས།

3 Title from P-Cat 369.

4 P(522) ཆེན་པོ།

5 P(369) བསྒྱུར།

⑦ ཚིག་ཞིབ་མོའི་རྒྱལ་པོ་ཇི་ལྟར་[1]སྙེད་པ་དེ་བཞིན་བྲིས་པ་འདི་ཡོངས་སུ་རྫོགས་སྷོ། འདི་ནི་སྔོན་གྱི་ལོ་ཙྪ་བ་མཁས་པ་བཞི་ཙམ་གྱིས་བགོས་ནས་བསྒྱུར་བ་ལ། བར་སྐབས་བར་སྐབས་སུ་ཆད་ཅིང་མཇུག་མ་ཚང་བ་ལས། ཕྱི་མ་དུས་ཀྱི་འཁོར་ལོ་པ་ཆེན་པོ་ཆོས་གྲགས་དཔལ་བཟང་པོའི་ཕྱག་ནས་རྒྱ་དཔེ་བྱུང་ཞིང་། ཆད་པ་སོབ་[2]པ་དང་མཇུག་བསྒྱུར་[3]ཅིག་ཅེས་བཀས་བསྐུལ་བ་ལ་བརྟེན་ནས། བམ་པོ་བཅུ་པའི་ནང་དུ། ལས་ཀྱི་དོན་ཀུན་སྒྲུབ་པར་བྱེད་ཅེས་པ་ནས། གསང་སྔགས་བཟླས་པ་མཆོག་གྱིས་ཤིག་ཅེས་པའི་བར་དང་། བམ་པོ་བཅུ་གཉིས་པའི་ནང་དུ། བཅོམ་ལྡན་འདས་འོན་ཀྱང་དོན་ཁྱད་པར་ཅན་གྱི་ཆེད་དུ་ཞེས་པ་ནས། རིག་སྔགས་འཆང་གི་ལུས་འབར་བར་འགྱུར་ཏེ། ཞེས་པའི་བར་དང་། བམ་པོ་བཅུ་གསུམ་པའི་ནང་དུ། དཀྱིལ་འཁོར་གྱི་ཚིག་འདི་ཐོས་པ་ཙམ་དང་ཞེས་པ་ནས། མི་གང་ཚོད་དུ་བཀྲོ་[4]བར་བྱ་ཞེས་པའི་བར་དང་། བམ་པོ་བཅུ་བཞི་པའི་[5]ནང་དུ། པདྨ་དང་། ཆུ་དང་ཡུངས་དཀར་[6]ལ་ཡོངས་སུ་བཟླས་ཏེ་ཞེས་པ་ནས། རས་དཀར་པོས་བཀྲུ་བར་བྱ་ཞིང་། ལན་བདུན་དུ་ཞེས་པའི་བར་དང་། བམ་པོ་བཅུ་བཞི་པ་དང་[7]བཅོ་ལྔ་པའི་མཚམས་སུ། དཔྱལ་གྱི་པོག་ཕོར་[8]བརྒྱད་དང་། ཞེས་པ་ནས། གནས་རྣམ་པ་གཞན་ཐམས་ཅད་དུ་ཇི་ལྟར་ཡིད་ལ་བྱེད་པའི་བྱ་བ་ཐམས་ཅད་དུ་བྱེད་དོ། ཞེས་པའི་བར་དང་། བམ་པོ་བཅུ་དྲུག་པ་དང་། བཅུ་བདུན་པའི་མཚམས་སུ། དེ་ནས་སྦྱིན་སྲེག་གི་ཚིག་བཤད་པར་བྱ་སྟེ། ཞེས་པ་ནས། ཕྱག་རྒྱའི་ཚིག་དང་། སྒྲུབ་ཐབས་ཀྱི་ཚིག་གོ་ཞེས་པའི་བར་དང་། བམ་པོ་བཅུ་བདུན་པ་ཞེས་པ་དང་། དེ་མ་ཐག་པར་བམ་པོ་བཅོ་བརྒྱད་པའི་མཚམས་སུ། དེ་ནས་རྟག་ཏུ་བཟླས་པའི་དཀྱིལ་འཁོར་གྱི་ཚིག་བཤད་པར་བྱ་སྟེ་ཞེས་པ་ནས། འཇིག་རྟེན་མགོན་པོའི་འོད་ཟེར་གྱི་སྦྱིན་སྲེག་རབ་ཏུ་གྲོལ་ལོ་ཞེས་པའི་བར་རྣམས་ཀྱི་[9]རྟོར་ཀོང་[10]བསབས་ཤིང་། འཇུག་[11]ཡོངས་སུ་རྫོགས་པར་ཤཱཀྱའི་དགེ་སློང་རིན་ཆེན་གྲུབ་ཀྱིས་བསྒྱུར་

---

1 UTN ལྟ། SD ལྟར།

2 UTND སོབ། S གསོབ།

3 UTND བསྒྱུར། S སྒྱུར།

4 UTN བསྐྲོ། SD བཀྲོ།

5 N omits པའི།

6 U དཀར། SND ཀར།

7 D omits བཅུ་བཞི་པ་དང་།

8 UTND ཕོར། S པོར།

9 UN omit ཀྱི།

10 UTN ཀོང་། SD གོང་།

11 UTN འཇུག SD མཇུག

ཅིང་ཞུས་[1]པའི་ཡི་གེ་པ་ནི་ཡོ་ག་པ་གྲུབ་པ་དཔལ་བཟང་པོའོ། ཀུན་ཏུ་ལྷ་མོ་ཐམས་ཅད་ལའོ། ཞེས་པ་ནས། གཉེར་བསྐུལ་[2]ན་ཞེས་པའི་བར་རྒྱ་དཔེ་ལ་མི་[3]འདུག་གོ།[4]

## Volume 112 རྒྱུད། མ (1–497)

### No. 716 མ(Ma) 1b1-13a5 Toh 692

① འཕགས་པ་སྤྱན་རས་གཟིགས་དབང་ཕྱུག་གི་གསང་བའི་མཛོད་ཐོགས་པ་མེད་པའི་ཡིད་བཞིན་གྱི་འཁོར་ལོའི་སྙིང་པོ་ཞེས་བྱ་བའི་གཟུངས།

② 'Phags pa spyan ras gzigs dbang phyug gi gsang ba'i mdzod thogs pa med pa'i yid bzhin gyi 'khor lo'i snying po zhes bya ba'i gzungs

⑤ Tr. Chos grub (from Chinese)

⑦ འཕགས་པ་བྱང་ཆུབ་སེམས་དཔའ་སྤྱན་རས་གཟིགས་དབང་ཕྱུག་གི་གསང་བའི་མཛོད། ཐོགས་པ་མེད་པའི་ཡིད་བཞིན་གྱི་འཁོར་ལོའི་སྙིང་པོ་ཞེས་བྱ་བའི་གཟུངས་རྫོགས་སོ། ཞུ་ཆེན་གྱི་མཁན་པོ་དང་། ལོ་ཚ་བ་བཙོམ་ལྡན་འདས་ཀྱི་རིང་ལུགས་པ་བཙྟེ་ཆོས་གྲུབ་ཀྱིས་རྒྱའི་དཔེ་ལས་བསྒྱུར་ཅིང་ཞུས་ཏེ་གཏན་ལ་ཕབ་པའོ།

### No. 717 མ(Ma) 13a5-13b6 Toh 696

① འཕགས་པ་སྤྱན་རས་གཟིགས་དབང་ཕྱུག་གི་གཟུངས་ཞེས་བྱ་བ།

② 'Phags pa spyan ras gzigs dbang phyug gi gzungs zhes bya ba

③ ཨཱརྱ་ཨ་བ་ལོ་ཀི་ཏེ་ཤྭ་ར་ནཱ་མ་དྷ་ར་ཎི།[དྷཱ་ར་ཎཱི།]

④ Ārya-Avalokiteśvara-nāma-dhāraṇī

### No. 718 མ(Ma) 13b6-14a1 Toh 695

① འཕགས་པ་སྤྱན་རས་གཟིགས་ཀྱི་སྙིང་པོ།[5]

② 'Phags pa spyan ras gzigs kyi snying po

---

1 UN ཞེས། SD ཞུས།

2 USTD བསྐུལ། N བསྐུལ།

3 N ནི།

4 ND add (prayer, AW) after འདུག་གོ།, cf. Appendix.

5 Title from the colophon.

No. 719 མ(Ma) 14a1-22b8 Toh 701

① པདྨ་[1]ཅོད་པན་ཞེས་བྱ་བའི་རྒྱུད།

② Padma cod pan zhes bya ba'i rgyud

③ པདྨ་མ་[མུ་]ཀུ་ཊ་ཏནྟ་[ཏནྟྲ་]ནཱ་མ།

④ Padmamukuṭa[2]-tantra-nāma

⑤ Tr. Dharmaśrīmitra, Chos kyi bzang po

⑦ པདྨ་[3]ཅོད་པན་ཞེས་བྱ་བའི་རྒྱུད་ལེའུ་བཅུ་གཅིག་པ་རྫོགས་སོ། [4]པཎྜིཏ་དྷརྨ་ཤྲཱི་མི་ཏྲ་དང་། [5]ལོ་ཙཱ་བ་[6]ཆོས་ཀྱི་བཟང་པོས་བསྒྱུར་ཅིང་ཞུས་ཏེ་གཏན་ལ་ཕབ་པའོ།

No. 720 མ(Ma) 22b8-29a8 Toh 700

① འཇིག་རྟེན་དབང་ཕྱུག་གི་[7]རྟོག་པ།

② 'Jig rten dbang phyug gi rtog pa

③ ལོ་ཀེ་ཤྭ་ར་ཀལྤ།

④ Lokeśvara[8]kalpa

⑤ Tr. Jambhala, Ba ri

⑦ འཇིག་རྟེན་དབང་ཕྱུག་གི་རྟོག་པ་རྫོགས་སོ། རྒྱ་གར་གྱི་མཁན་པོ་ཛམྦྷ་ལ་དང་། བོད་ཀྱི་ལོ་ཙཱ་བ་དགེ་སློང་བ་རིས་བསྒྱུར་ཅིང་གཏན་ལ་ཕབ་པ།

No. 721 མ(Ma) 29a8-32a6 Toh 699

① འཕགས་པ་ཀུན་ཏུ་བཟང་པོ་ཞེས་བྱ་བའི་གཟུངས།

② 'Phags pa kun tu bzang po zhes bya ba'i gzungs

③ ཨཱརྻ་ས་མནྟ་བྷ་དྲ་ནཱ་མ་དྷཱ་ར་ཎཱི།

④ Ārya-Samantabhadra-nāma-dhāraṇī

---

1 USND པདྨ། TP པད་མ།

2 UTN makuṭa, SPD mukuṭa

3 USND པདྨ། P པད་མ།

4 PD add རྒྱ་གར་གྱི་མཁན་པོ།

5 PD add བོད་ཀྱི།

6 PD add དགེ་སློང་།

7 UN གིས། STPD གི།

8 UTPND lokeśvara, S lokiśva

⑤ Tr. Jinamitra, Dānaśīla, Ye shes sde

⑦ འཕགས་པ་ཀུན་ཏུ་བཟང་པོ་ཞེས་བྱ་བའི་གཟུངས་རྫོགས་སོ། རྒྱ་གར་གྱི་མཁན་པོ་ཛི་ན་མི་ཏྲ་དང་། དཱ་ན་ཤཱི་ལ་དང་། ཞུ་ཆེན་གྱི་ལོ་ཙྪ་བ་བན་དྷེ་ཡེ་ཤེས་སྡེས་བསྒྱུར་ཅིང་ཞུས་ཏེ་སྐད་གསར་ཆད་[1]ཀྱིས་ཀྱང་བཅོས་ནས་གཏན་ལ་ཕབ་པ།

No. 722 མ(Ma) 32a6-34a2 Toh 697

① འཕགས་པ་ནཱི་ལ་ཀཎྛ་[2]ཞེས་བྱ་བའི་གཟུངས།

② 'Phags pa nī la kaṇṭha zhes bya ba'i gzungs

③ ཨཱརྻ་ནཱི་ལ་ཀཎྛ་ནཱ་མ་དྷ་ར་ཎི།[དྷཱ་ར་ཎཱི།]

④ Ārya-Nīlakaṇṭha-nāma-dhāraṇī

⑦ འཕགས་པ་ནཱི་ལ་ཀཎྛའི་[3]གཟུངས།

No. 723 མ(Ma) 34a2-35a1 Toh 698

① [4]སྙིང་རྗེས་མི་བཤོལ་བ་ཞེས་བྱ་བའི་གཟུངས།

② sNying rjes mi bshol ba zhes bya ba'i gzungs

④ (Karuṇānāvṛtta-nāma-dhāraṇī)[5]

No. 724 མ(Ma) 35a1-36a8 Toh 702

① སེང་གེ་སྒྲའི་རྒྱུད་ཅེས་བྱ་བ།

② Seng ge sgra'i rgyud ces bya ba

③ སིཾ་ཧ་[སིཾཧ]ནཱ་ད་ཏན་ཏྲ་ནཱ་མ།

④ Siṅhanāda-tantra-nāma

⑤ Tr. Prajñākara, 'Gos Khug pa lhas btsas

⑦ སེང་གེ་སྒྲའི་རྒྱུད་ཅེས་བྱ་བ་རྫོགས་སོ། རྒྱ་གར་གྱི་མཁན་པོ་པྲཛྙཱ་[6]ཀཱ་ར་དང་། བོད་ཀྱི་ལོ་ཙྪ་བ་འགོས་ཁུག་པ་ལྷས་བཙས་ཀྱིས་ཞུས་ཤིང་བསྒྱུར་ཏེ་གཏན་ལ་ཕབ་པའོ།

---

1 UTPND ཆད། S བཅད།

2 USD ནཱི་ལ་ཀཎྛ། T ཎཱི་ལ་ཀཎྛ། P ནཱི་ལ་ཀཎ་ཋ།

3 UTD ནཱི་ལ་ཀཎྛའི། S ནཱི་ཀཎྛའི། P(378) ནཱི་ལ་ཀན་ཋའི། P(530) ནཱི་ལ་ཀཎ་ཋའི།

4 P(388)D(698) add འཕགས་པ།

5 Cf. D-Cat(698) Ārya-Karuṇānāvṛtta-nāma-dhāraṇī

6 U པཛྙཱ།

No. 725 མ(Ma) 36a8-43a8 Toh 703

① འཕགས་པ་སྤྱན་རས་གཟིགས་དབང་ཕྱུག་སེང་གེ་སྒྲའི་གཟུངས་ཞེས་བྱ་བ།

② 'Phags pa spyan ras gzigs dbang phyug seng ge sgra'i gzungs zhes bya ba

③ ཨཱརྱ་བ་ལོ་ཀི་ཏེ་ཤྭ་རཱ་ཡ་[ཨཱརྱ་ཨ་བ་ལོ་ཀི་ཏེ་ཤྭ་ར་]སིཾ་ཧ་[སིཾ་ཧཱ་]ནཱ་ད་ནཱ་མ་དྷཱ་[དྷཱ་]ར་ཎཱི།

④ Ārya-Avalokiteśvarā[1]siṅhanāda-nāma-dhāraṇī

⑤ Tr. rDo rje sems ma, 'Gar Shes rab 'byung gnas

⑦ འཕགས་པ་སྤྱན་རས་གཟིགས་དབང་ཕྱུག་སེང་གེ་སྒྲ་ཞེས་བྱ་བའི་གཟུངས་རྫོགས་སོ། །ཁ་ཆེའི་ཡུལ་དུར་ཁྲོད་འབྲི་ས་[2]ཀ་རང་བྱུང་གི་མཆོད་རྟེན་རྩར།[3] དངོས་གྲུབ་བརྙེས་[4]པའི་རྗེ་བཙུན་མ་རྡོ་རྗེ་སེམས་མ་དང་། སྒྲ་བསྒྱུར་གྱི་ལོ་ཙྪ་བ་འགར་[5]ཤེས་རབ་འབྱུང་གནས་ཞེས་བྱ་བས་བསྒྱུར་ཅིང་ཞུས་ཏེ་གཏན་ལ་ཕབ་པའོ།

No. 726 མ(Ma) 43a8-43b4 Toh 704

① སེང་གེ་སྒྲའི་གཟུངས།[6]

② Seng ge sgra'i gzungs

⑤ Tr. Ngag gi dbang phyug, Glog skya Shes rab brtsegs

⑦ སེང་གེ་སྒྲའི་གཟུངས་རྫོགས་སོ། རྒྱ་གར་གྱི་མཁན་པོ་ངག་གི་དབང་ཕྱུག་དང་། གློག་སྐྱ་ཤེས་རབ་བརྩེགས་ཀྱིས་བསྒྱུར་བའོ།

No. 727 མ(Ma) 43b4-45b8 Toh 705

① འཕགས་པ་སྤྱན་རས་གཟིགས་དབང་ཕྱུག་གི་མཚན་བརྒྱ་རྩ་བརྒྱད་པ།

② 'Phags pa spyan ras gzigs dbang phyug gi mtshan brgya rtsa brgyad pa

③ ཨཱརྱ་བ་ལོ་ཀི་ཏེ་ཤྭ་རཱ་ཡ་[ཨཱརྱ་ཨ་བ་ལོ་ཀི་ཏེ་ཤྭ་ར་]ནཱ་མ་ཨཥྚ་ཤ་ཏ་ཀན།[ཀ།]

④ Ārya-Avalokiteśvarā[7]nāmāṣṭaśataka[8]

---

1 USTP(O)ND avalokiteśvarāya, P(HY) avalokiteśvaraya, D-CatP-CatS-Cat Avalokiteśvara, N-Cat Avalokiteśvarāya

2 D འབྲིས།

3 P ཙར།

4 S བརྙེད། UTPND བརྙེས།

5 N མགར།

6 Title from the colophon.

7 UTNP(525) avalokiteśvarāya, S avalokiteśvarayā, P(381) avalokiteśvara, D avalokiteśvarasya

8 USN aṣṭaśatakan, T aṣṭaśatakana, P(381) śataaṣṭa, P(525) aṣṭatakan, D aṣṭaśatakaṃ

No. 728 མ(Ma) 45b8-48a3 Toh 706

① འཕགས་པ་སྤྱན་རས་གཟིགས་དབང་ཕྱུག་གི་མཚན་བརྒྱ་རྩ་བརྒྱད་པ།[1]

② 'Phags pa spyan ras gzigs dbang phyug gi mtshan brgya rtsa brgyad pa

③ ཨཱརྱ་བ་ལོ་ཀི་ཏེ་ཤྭ་ར་སྱ་ནཱ་མ་ཨཥྚ་ཤ་ཏ་ཀ།

④ Ārya-Avalokiteśvarasya nāmāṣṭaśataka

No. 729 མ(Ma) 48a3-50a3 Toh 707

① འཕགས་པ་ལུས་ཀྱི་དབྱིབས་མཛེས་པ་[2]ཅེས་[3]བྱ་བའི་གཟུངས།

② 'Phags pa lus kyi dbyibs mdzes pa ces bya ba'i gzungs

③ ཨཱརྱ་རུ་ཙི་ར་ཨང་ག་ཡཥྛི་[རུ་ཙི་ར་ཨངྒ་ཡཥྛི་]ནཱ་མ་དྷཱ་ར་ཎཱི།[དྷཱ་ར་ཎཱི།]

④ Ārya-Rucirāṅgayaṣṭhi-nāma-dhāraṇī

⑤ Tr. Prajñāvarma, Ye shes sde

⑦ འཕགས་པ་ལུས་ཀྱི་དབྱིབས་མཛེས་[4]ཞེས་བྱ་བའི་གཟུངས་རྫོགས་སོ། རྒྱ་གར་གྱི་མཁན་པོ་པྲཛྙཱ་[5]
བརྨ་དང་། ཞུ་ཆེན་གྱི་ལོ་ཙྪ་བ་བནྡེ་ཡེ་ཤེས་སྡེས་བསྒྱུར་ཅིང་ཞུས་ཏེ་གཏན་ལ་ཕབ་པའོ།

No. 730 མ(Ma) 50a3-51b7 Toh 708

① འཕགས་པ་གཞན་གྱིས་མི་ཐུབ་པ་མི་འཇིགས་པ་སྦྱིན་པ་ཞེས་བྱ་བ།

② 'Phags pa gzhan gyis mi thub pa mi 'jigs pa sbyin pa zhes bya ba

③ ཨཱརྱ་ཨ་བྷ་ཡ་པྲ་དཱ་ནཱ་མ་ཨ་པ་རཱ་ཛི་ཏ།

④ Ārya-Abhayapradā[6]-nāma-aparājita

⑤ Tr. Prajñāvarma, Ye shes sde

⑦ འཕགས་པ་གཞན་གྱིས་མི་ཐུབ་པ་མི་འཇིགས་པ་སྦྱིན་པ་ཅེས་[7]བྱ་བ་རྫོགས་སོ། རྒྱ་གར་གྱི་མཁན་
པོ་པྲཛྙཱ་བརྨ་དང་། ཞུ་ཆེན་གྱི་ལོ་ཙྪ་བ་བནྡེ་ཡེ་ཤེས་སྡེ་ལ་སོགས་[8]པས་བསྒྱུར་ཅིང་ཞུས་ཏེ་གཏན་
ལ་ཕབ་པ།

---

1 PD add ཞེས་བྱ་བ།

2 UTND(707) པ། SPD(919) omit པ།

3 UTN ཅེས། SPD ཞེས།

4 PD(707) add པ།

5 U པཛྙཱ།

6 USND(T) abhayapradā(a), P(297) abhayātadā, P(553) abhayātadāna

7 UTN ཅེས། SPD ཞེས།

8 P ལསོགས།

No. 731 མ(Ma) 51b8-52a8 Toh 710

① སྟོང་འགྱུར་ཅེས་[1]བྱ་བའི་གཟུངས།[2]

② sTong 'gyur ces bya ba'i gzungs

No. 732 མ(Ma) 52b1-52b4 Toh 711

① ཤོ་ལོ་ཀ་[3]བརྒྱ་ལོབས་པ།[4]

② Sho lo ka brgya lobs pa

No. 733 མ(Ma) 52b4-52b6 Toh 712

① ཤོ་ལོ་ཀ་[5]བརྒྱ་ལོབས་པ།[6]

② Sho lo ka brgya lobs pa

No. 734 མ(Ma) 52b7-53a2 Toh 713

① ཤོ་ལོ་ཀ་[7]སྟོང་[8]ལོབས་པའི་གཟུངས།[9]

② Sho lo ka stong lobs pa'i gzungs

No. 735 མ(Ma) 53a2-53a6 Toh 714

① ཤོ་ལོ་ཀ་[10]སྟོང་ལོབས་པའི་གཟུངས།[11]

② Sho lo ka stong lobs pa'i gzungs

No. 736 མ(Ma) 53a6-53b2 Toh 715

① ཤོ་ལོ་ཀ་[12]སྟོང་ལོབས་པའི་གཟུངས།[13]

② Sho lo ka stong lobs pa'i gzungs

---

1 UTN ཅེས། SPD ཞེས།

2 Title from the colophon.

3 USTND(1042) ཤོ་ལོ་ཀ། D(711) ཤ་ལོ་ཀ། P(235) ཤུ་ལོ་ཀ། P(667) ཤོ་ལོ་ག

4 Title from the colophon.

5 USTND(1043) ཤོ་ལོ་ཀ། D(712) ཤ་ལོ་ཀ། P(236) ཤུ་ལོ་ཀ། P(668) ཤོ་ལོ་ག

6 Title from the colophon. T ལོབས་པར།

7 USTP(669)ND(1044) ཤོ་ལོ་ཀ། D(713) ཤ་ལོ་ཀ། P(237) ཤུ་ལོ་ཀ།

8 T omits སྟོང་།

9 Title from the colophon.

10 USTP(670)ND(1045) ཤོ་ལོ་ཀ། D(714) ཤ་ལོ་ཀ། P(238) ཤུ་ལོ་ཀ།

11 Title from the colophon.

12 USTP(671)ND(1046) ཤོ་ལོ་ཀ། D(715) ཤ་ལོ་ཀ། P(239) ཤུ་ལོ་ཀ།

13 Title from the colophon.

No. 737 མ(Ma) 53b2-53b4 Toh 717

① མི་བརྗེད་པའི་གཟུངས།[1]

② Mi brjed pa'i gzungs

No. 738 མ(Ma) 53b4-53b7 Toh 719

① ཤེས་རབ་སྐྱེད་[2]པ་ཅེས་[3]བྱ་བའི་གཟུངས།

② Shes rab skyed pa ces bya ba'i gzungs

③ པྲཛྙཱ་བར་དྷ་ནི་[བརྡྷ་ནཱི་]ནཱ་མ་དྷཱ་ར་ཎི།[ཎཱི།]

④ Prajñāvardhanī[4]-nāma-dhāraṇī

⑤ Tr. Jñānagarbha, Klu'i dbang po

⑥ Rev. Vidyākarasiṅha, Devacandra

⑦ ཤེས་རབ་སྐྱེད་[5]པའི་[6]གཟུངས་རྫོགས་སོ། རྒྱ་གར་གྱི་མཁན་པོ་ཛྙཱ་ན་གརྦྷ་དང་། ལོ་ཙྪ་བ་བནྡེ་ཀླུའི་དབང་པོས་བསྒྱུར། རྒྱ་གར་གྱི་མཁན་པོ་བིདྱཱ་ཀ་ར་སིཾ་ཧ་དང་། ཞུ་ཆེན་གྱི་ལོ་ཙྪ་བ་བནྡེ་དེ་བ་ཙནྡྲས་ཞུས་ཏེ་གཏན་ལ་ཕབ་པ།

No. 739 མ(Ma) 53b7-54a2 Toh 650

① ཤེས་རབ་བསྐྱེད་[7]པ་ཞེས་བྱ་བའི་གཟུངས།

② Shes rab bskyed pa zhes bya ba'i gzungs

③ པྲཛྙཱ་བར་དྷ་ནི་[བརྡྷ་ནཱི་]ནཱ་མ་དྷཱ་ར་ཎཱི།

④ Prajñāvardhanī[8]-nāma-dhāraṇī

⑦ ཤེས་རབ་བསྐྱེད་[9]པ་ཞེས་བྱ་བའི་གཟུངས་རྫོགས་སོ།[10]

---

1 Title from the colophon.

2 UTP(663)D སྐྱེད། SP(233) བསྐྱེད།

3 UT ཅེས། SPD ཞེས།

4 US vardhani, T varhani, P(233) paradhani, P(663) vardhāni, D vardhanī

5 UP(663)D སྐྱེད། STP(233) བསྐྱེད།

6 UST པའི། PD པ་ཞེས་བྱ་བའི།

7 USTP(234)N བསྐྱེད། P(664)D སྐྱེད།

8 USTN vardhāni, P(234) pardhani, P(664) vardhani, D vardhanī

9 USTP(234)N བསྐྱེད། P(664)D སྐྱེད།

10 PD add colophon after རྫོགས་སོ།, cf. Appendix.

No. 740 མ(Ma) 54a2-54a4 Toh 651

① ཐོས་པ་འཛིན་པའི་གཟུངས།[1]

② Thos pa 'dzin pa'i gzungs

No. 741=205 མ(Ma) 54a5-78b5 Toh 721

① འཕགས་པ་དེ་བཞིན་གཤེགས་པ་ཐམས་ཅད་ཀྱི་བྱིན་གྱིས་[2]བརླབས་[3]སེམས་ཅན་ལ་གཟིགས་ཤིང་སངས་རྒྱས་ཀྱི་ཞིང་གི་བཀོད་པ་ཀུན་ཏུ་སྟོན་པ་ཞེས་བྱ་བ་ཐེག་པ་ཆེན་པོའི་མདོ།

② 'Phags pa de bzhin gshegs pa thams cad kyi byin gyis brlabs sems can la gzigs shing sangs rgyas kyi zhing gi bkod pa kun tu ston pa zhes bya ba theg pa chen po'i mdo

③ ཨཱརྻ་སརྦ་ཏ་ཐཱ་ག་ཏ་ཨ་དྷིཥྛ་[དྷིཥྛཱ་]ན་སཏྭ་[སཏྭཱ་]ཨ་[ཨཱ་]ལོ་ཀ་ན་བུད་དྷ་[བུདྡྷ་]ཀྵེ་ཏྲ་སན་[སཾ་]དརྴ་ན་བྱུ་[བྱཱུ་]ཧ་ནཱ་མ་མ་ཧཱ་ཡཱ་ན་སཱུ་ཏྲ།

④ Ārya-Sarvatathāgatādhiṣṭhānasattvālokanā[4]-buddhakṣetrasaṃdarśanā[5]vyūha-nāma-mahāyānasūtra

⑤ Tr. Jinamitra, Surendrabodhi, Ye shes sde, Klu'i rgyal mtshan

⑦ འཕགས་པ་དེ་བཞིན་གཤེགས་པ་ཐམས་ཅད་ཀྱི་བྱིན་གྱིས་[6]བརླབས་[7]སེམས་ཅན་ལ་གཟིགས་ཤིང་། སངས་རྒྱས་ཀྱི་ཞིང་བཀོད་པ་ཀུན་ཏུ་སྟོན་པ་ཞེས་བྱ་བ་ཐེག་པ་ཆེན་པོའི་མདོ་རྫོགས་སོ།། རྒྱ་གར་གྱི་མཁན་པོ་ཛི་ན་མི་ཏྲ་དང་སུ་རེནྡྲ་བོ་དྷི་དང་། ཞུ་ཆེན་གྱི་ལོ་ཙཱ་བ་བནྡེ་ཡེ་ཤེས་སྡེས་བསྒྱུར་ཅིང་[8]ཞུས་ཏེ། གཏན་ལ་ཕབ་པ། བནྡེ་ཀླུའི་རྒྱལ་མཚན་གྱིས་བསྒྱུར།[9]

No. 742 མ(Ma) 78b6-84a1 Cf. Toh 722

① འཕགས་པ་སྤྱན་རས་གཟིགས་དབང་ཕྱུག་ཡིད་བཞིན་གྱི་ནོར་བུའི་རྟོག་པ་ལས་སྨོན་ལམ་འབྱུང་བ།

② 'Phags pa spyan ras gzigs dbang phyug yid bzhin gyi nor bu'i rtog pa las smon lam 'byung ba

---

1 Title from the colophon.

2 UTPN གྱིས། SD གྱི།, cf. No. 741

3 UTN བརླབས། SPD རླབས།

4 U satva-alokana, ST satva-ālokana, P satvā-alokena, ND satvāvalokena

5 UST sandarśana, PND nirdeśana, cf. No. 741

6 UTN གྱིས། SPD གྱི།

7 UTN བརླབས། SPD རླབས།

8 PND omit བསྒྱུར་ཅིང་།

9 PND add ཅིང་ཞུས་ཏེ་གཏན་ལ་ཕབ་པ། PN add colophon note after ཕབ་པ།, cf. Appendix No. 205.

③ ཨཱརྱ་ཨ་བ་ལོ་ཀི་ཏེ་ཤྭ་ར་མ་ཎི་ཙིནྟ་[ཙིནྟཱ་མ་ཎི་]ཀལྤ་པྲ་ཎི་དྷི་བྷ་བ།[དྷི་བྷ་བ།]

④ Ārya-Avalokiteśvaracintāmaṇikalpapraṇidhībhava[1]

⑦ ཡིད་བཞིན་གྱི་ནོར་བུའི་རྟོག[2] པ་རྫོགས་སོ།[3]

No. 743 མ(Ma) 84a1-88a2 Toh 723

① འཕགས་པ་སྤྱན་རས་གཟིགས་དབང་ཕྱུག་ཐུགས་རྗེ་ཆེན་པོའི་གཟུངས་ཕན་ཡོན་མདོར་བསྡུས་པ་ཞེས་བྱ་བ།

② 'Phags pa spyan ras gzigs dbang phyug thugs rje chen po'i gzungs phan yon mdor bsdus pa zhes bya ba

③ མ་ཧཱ་ཀཱ་རུ་ཎི་ཀ་ནཱ་མ་ཨཱརྱ་ཨ་བ་ལོ་ཀི་ཏེ་ཤྭ་ར་དྷཱ་ར་ཎི་[ཎཱི་]ཨ་ནུ་ཤཾ་ས་ས་ཧ་ཏེ་[ས་ཧི་ཏ་]སཱུ་ཏྲཾ་ཏ་[སཱུ་ཏྲཱ་ཏ་]སཾ་གྲི་ཧ་ཏེ།[སཾ་གྲི་ཧཱི་ཏ།]

④ Mahākāruṇika[4]-nāma-āryāvalokiteśvara-dhāraṇī-anuśaṃsa-sahitasūtrāt[5] saṃgṛhīta[6]

⑤ Tr. Shākya ye shes

⑦ འཕགས་པ་སྤྱན་རས་གཟིགས་དབང་ཕྱུག་ཐུགས་རྗེ་ཆེན་པོའི་གཟུངས་ཕན་ཡོན་དང་བཅས་པ་ཞེས་བྱ་བ་མདོ་ལས་བསྡུས་པ་རྫོགས་སོ། དགེ་སློང་ཤཱཀྱ་ཡེ་ཤེས་ཀྱིས་བསྒྱུར་བའོ།

No. 744 མ(Ma) 88a2-89b7 Toh 725

① འཕགས་པ་སྤྱན་རས་གཟིགས་དབང་ཕྱུག་གི་ཡུམ་ཞེས་བྱ་བའི་གཟུངས།

② 'Phags pa spyan ras gzigs dbang phyug gi yum zhes bya ba'i gzungs

③ ཨཱརྱ་བ་ལོ་ཀི་ཤྭ་ར་[ཀི་ཏེ་ཤྭ་ར་]མཱ་ཏེ་[ཏཱ་]ནཱ་མ་དྷཱ་ར་ཎི།[དྷཱ་ར་ཎཱི།]

④ Ārya-Avalokiteśvara[7]mātā[8]-nāma-dhāraṇī

⑤ Tr. Jinamitra, Dānaśīla, Ye shes sde

⑦ འཕགས་པ་སྤྱན་རས་གཟིགས་དབང་ཕྱུག་གི་ཡུམ་ཞེས་བྱ་བའི་གཟུངས་རྫོགས་སོ། རྒྱ་གར་གྱི་མཁན་པོ་ཛི་ན་མི་ཏྲ་དང་། དཱ་ན་ཤཱི་ལ་དང་། ཞུ་ཆེན་གྱི་ལོ་ཙྪ་བ་བནྡེ་ཡེ་ཤེས་སྡེས་བསྒྱུར་ཅིང་ཞུས་

---

1 S(UT) maṇicintakalpapraṇidhirb(bh)ava, S-Cat ārya-Avalokiteśvaracintāmaṇikalpapraṇidhībhava

2 S རྟོགས།

3 UST colophon ཡིད་བཞིན་ … རྫོགས་སོ།, UST and PND, see p. 412 U 742 footnote.

4 USTD kāruṇika, P(O) karunika, P(HY) karuṇika

5 US anuśaṃsa-sahatisūtraṃta, T anuśaṃsa-sahitasūtraṃta, D anuśaṃsa-sahitasūtrāta

6 U saṃgrihati, S saṃgrihita, T saṃgṛhita, P(O) saghrahita, P(HY) saṃghrihita, D saṃgrahita

7 U avalokiśvara, S avalokiteśvarā, T avalokiśāra, P(389)D avalokiteśvara, P(534) avalokīteśvara, N valokiśvara

8 UST māte, P(389)D mātā, P(534) matā, N māta

ཏེ། སྐད་གསར་ཆད་[1]ཀྱིས་[2]ཆོས་བསྟན་[3]ལ་ཕབ་པའོ།[4]

No. 745 མ(Ma) 89b7-108a8 Toh 726

① དེ་བཞིན་གཤེགས་པ་ཐམས་ཅད་ཀྱི་ཡུམ་སྒྲོལ་མ་ལས་སྣ་ཚོགས་འབྱུང་བ་ཞེས་བྱ་བའི་རྒྱུད།

② De bzhin gshegs pa thams cad kyi yum sgrol ma las sna tshogs 'byung ba zhes bya ba'i rgyud

③ སརྦ་ཏ་ཐཱ་ག་ཏ་མཱ་ཏ་ནི་ཏཱ་ར་[མཱ་ཏྲྀ་ཏཱ་རཱ]བི་ཤྭ་ཀརྨ་བྷ་བ་ཏནྟྲ་ནཱ་མ།

④ Sarvatathāgatamātṛtārā[5]viśvakarmabhava-tantra-nāma

⑤ Tr. Dharmaśrīmitra, Chos kyi bzang po

⑦ བཅོམ་ལྡན་འདས་མ་སྒྲོལ་མའི་རྒྱུད་ལས་སྣ་ཚོགས་བསྟན་པ་ཞེས་བྱ་བ་རྫོགས་སོ། རྒྱ་གར་གྱི་མཁན་པོ་དྷརྨ་ཤྲཱི་མི་ཏྲ་དང་། [6]ལོ་ཙྪ་བ་དགེ་སློང་ཆོས་ཀྱི་བཟང་པོས་བསྒྱུར་བའོ།

No. 746 མ(Ma) 108b1-111a1 Toh 727

① རྗེ་བཙུན་མ་[7]འཕགས་མ་སྒྲོལ་མའི་མཚན་བརྒྱ་རྩ་བརྒྱད་པ།[8]

② rJe btsun ma 'phags ma sgrol ma'i mtshan brgya rtsa brgyad pa

③ ཨཱརྱ་ཏཱ་ར་[རཱ]བྷ་དྲ་ནཱ་མ་ཨཥྚ་ཤ་ཏ་ཀ།

④ Ārya-Tārābhadranāmāṣṭaśataka[9]

⑦ རྗེ་བཙུན་མ་འཕགས་མ་སྒྲོལ་མའི་མཚན་བརྒྱ་རྩ་བརྒྱད་པ་རྫོགས་སོ།[10]

---

1 UTP(534)ND(909) ཆད། SD(725) བཅད

2 USP(534)D ཀྱིས། TN ཀྱི།

3 U ཆོས་བསྟན། S བཅོས་ནས་གཏན། T ཆོས་གཏན། P(534)D(909) ཀྱང་བཅོས་ནས་གཏན། N བཅོས་ཏེ་སྟན། D(725) ཀྱང་བཅོས་ཏེ་གཏན།

4 P(389) … བསྒྱུར་ཅིང་ཞུས་ཏེ། གཏན་ལ་ཕབ་པ།

5 UTND(S) mātanī(i)tāra(ā) , P(O) mātanitāre, P(HY) mitanitāre, D-CatS-CatN-Cat mātṛtārā, P-Cat mātanitāre

6 PD add བོད་ཀྱི།

7 P(625)D(1000) omit མ།

8 P(391)D add ཞེས་བྱ་བ།

9 USTN tārabhadranāma-aṣṭaśataka, P(391) tārebāṭarikanāma-aṣṭaśatakaṃ(ཀཾ།), P(625) tārabhaḍhārakanāma-aṣṭaśavaka, D(727) tārābhaṭṭārikanāma-aṣṭaśatakam(ཀཾ།), D(745) tārābhaṭṭārikānāmāṣṭaśatakam(ཀཾ།), D(1000) tārā-bhaṭṭārakanāma-aṣṭaśatakam(ཀཾ།), D-Cat Ārya-Tārābhaṭṭārikānāmāṣṭaśataka, P-Cat Ārya-tārābhaṭṭārikā-nāma-aṣṭaśataka, S-Cat tārābhadranāmāṣṭaśataka

10 See Appendix No. 746.

## No. 747 མ(Ma) 111a1-114a8 Toh 728

① ལྷ་མོ་སྒྲོལ་མའི་མཚན་བརྒྱ་རྩ་བརྒྱད་པ།[1]

② lHa mo sgrol ma'i mtshan brgya rtsa brgyad pa

③ ཏཱ་ར་[རཱ]དེ་བཱི་ནཱ་མ་ཨཥྚ་ཤ་ཏ་ཀན།[ཀ།]

④ Tārādevīnāmāṣṭaśataka[2]

## No. 748 མ(Ma) 114a8-115a5

① རྗེ་བཙུན་སྒྲོལ་མའི་མཚན་བརྒྱ་རྩ་བརྒྱད་པ་ཅེས་[3]བྱ་བ།

② rJe btsun sgrol ma'i mtshan brgya rtsa brgyad pa ces bya ba

③ བྷ་ཊ་[ཊྚ་]ཏཱ་རཱ་ཨཥྚ་ཤ་ད་[ཏ་]ཀ་ནཱ་མ།

④ Bhaṭṭatārāṣṭaśataka-nāma

⑤ Tr. Buddhākara, Ga rub Chos kyi shes rab

⑦ འཕགས་མ་སྒྲོལ་མའི་མཚན་བརྒྱ་རྩ་བརྒྱད་པ་རྫོགས་སོ། ཁ་ཆེའི་པཎྜི་ཏ་བུད་དྷ་ཨཱ་ཀ་ར་དང་། བོད་ཀྱི་ལོ་ཙྪ་བ་ག་རུབ་ཆོས་ཀྱི་ཤེས་རབ་ཀྱིས། ཁ་ཆེའི་དཔེ་ལ་བསྒྱུར་ཅིང་ཞུས་ཏེ་གཏན་ལ་ཕབ་པའོ།

## No. 749 མ(Ma) 115a6-115a7 Toh 729

① འཕགས་མ་སྒྲོལ་མའི་གཟུངས།[4]

② 'Phags ma sgrol ma'i gzungs

## No. 750 མ(Ma) 115a8-115b6 Toh 730

① འཕགས་མ་སྒྲོལ་མ་རང་གིས་དམ་བཅས་པ་ཅེས་[5]བྱ་བའི་གཟུངས།

② 'Phags ma sgrol ma rang gis dam bcas pa ces bya ba'i gzungs

③ ཨཱརྱ་ཏཱ་རཱ་སྭ་པྲ་ཏི་[ཏཱི་]ཛྙཱ་ནཱ་མ་དྷ་ར་ཎི།[དྷཱ་ར་ཎཱི།]

④ Ārya-Tārāsvapratijñā[6]-nāma-dhāraṇī

⑦ དོ་རྗེ་མཆོག་གི་རྒྱུད་ལས་བཏུས། འཕགས་མ་སྒྲོལ་མ་རང་གིས་དམ་བཅས་པའི་གཟུངས་རྫོགས་སོ།

---

1 P(O)D add ཞེས་བྱ་བ། [USTP(HY)N omit ཞེས་བྱ་བ།]

2 UTND tāradevīnāmāṣṭaśatakan, SP tāradevīnāmāṣṭaśatakana

3 UT ཅེས། S ཞེས།

4 Title from the colophon.

5 UTND(730) ཅེས། SPD(1002) ཞེས།

6 UTN pratījñā, SPD pratijñā

No. 751 མ(Ma) 115b7-116b3 Toh 732

① འཕགས་པ་གྲགས་ལྡན་མའི་གཟུངས།

② 'Phags pa grags ldan ma'i gzungs

③ ཨཱརྱ་ཡ་ཤོ་བ་ཏི་[ཏཱི་]དྷཱ་རཱ་[ར་]ཎཱི།

④ Ārya-Yaśovati[1]-dhāraṇī

No. 752 མ(Ma) 116b4-497a8 Toh 724

① རལ་པ་གྱེན་རྫེས་[2]ཀྱི་རྟོག་པ་ཆེན་པོ། བྱང་ཆུབ་སེམས་དཔའ་ཆེན་པོའི་རྣམ་པར་འཕྲུལ་པ་ལེའུ་རབ་འབྱམས་[3]ལས་བཅོམ་ལྡན་འདས་མ་འཕགས་མ་སྒྲོལ་མའི་རྩ་བའི་རྟོག་པ་ཞེས་བྱ་བ།[4]

② Ral pa gyen rdzes kyi rtog pa chen po / byang chub sems dpa' chen po'i rnam par 'phrul pa le'u rab 'byams las bcom ldan 'das ma 'phags ma sgrol ma'i rtsa ba'i rtog pa zhes bya ba

③ ཨཱུརྡྷྭ་ཛ་ཊཱ་མ་ཧཱ་ཀལྤ་མ་ཧཱ་བོ་དྷི་སཏྭ[སཏྭ་]བི་ཀུརྦཱ་ཎ་[བི་ཀུརྦཱ་ཎ་]པ་ཊ་ལ་བི་ས་རཱ[བི་སྟ་རཱད་]
བྷ་ག་བ་ཏཱི་ཨཱརྱ་ཏཱ་རཱ་མཱུ[མཱུ་]ལ་ཀལྤ་ནཱ་མ།

④ Ūrdhva[5]jaṭāmahākalpa-mahābodhisattva-vikurvāṇa[6]paṭalavistarād[7] bhagavatī-āryatārā-mūlakalpa-nāma

⑤ Tr. Rin chen grub

⑦ རལ་པ་གྱེན་བརྫེས་ཀྱི་རྒྱུད་ཕྱི་མ་རྫོགས་སྷོ། འདི་ནི་ཇོ་བོ་ཆེན་པོ་ཨ་ཏི་ཤའི་ཕྱག་དཔེ། རྭ་སྒྲེང་ནས་དཀའ་ཐུབ་ཆེན་པོས་གདན་དྲངས་ནས། ཤཱཀྱའི་དགེ་སློང་རིན་ཆེན་གྲུབ་ཀྱིས་འཕར་བའི་ལོ་ཆོ་འཕྲུལ་ཆེན་པོ་རྟའི་ཟླ་བའི་ཚེས་བཅོ་[8]ལྔ་ལ་རྫོགས་པར་བསྒྱུར་བའི་ཡི་གེ་པ་ནི། ལོ་ཙྪ་བ་ཆེན་པོ་འདི་ཉིད་ཀྱི་ཞབས་དྲུང་དུ་ཉེ་བར་གནས་པ། ཤཱཀྱའི་དགེ་སློང་བསོད་ནམས་[9]གྲུབ་ཀྱིས་བགྱིས་སོ།[10]

---

1 USTP(617) yaśovati, P(191)ND yaśovatī

2 UTN རྫེས། SPD བརྫེས།

3 USPN འབྱམས། TD འབྱམ།

4 D-Cat Tibetan title: རལ་པ་གྱེན་བརྫེས་ཀྱི་རྟོག་པ་ཆེན་པོ།

5 UPN ūrdhva, S ūrdha, T ūrdhā, D ūrdhra

6 UTPND བི་ཀུརྦཱ་ཎ་ S བི་ཀུ་ནརྦཱ་ཎ་

7 USTPN visarā, D visarād

8 D བཅྭ།

9 S adds ལྷུན།

10 STPND add པཎྜི་ཏ་ལ་མ་གཏུགས་ཤིང་། དཔེ་དཔང་འགྲེལ་པ་མ་རྙེད་པས། སྒྲ་དོན་ལོག་པར་གྱུར་སྲིད་ན། མཁས་པ་རྣམས་ཀྱིས་བཅོས་པར་གསོལ། after བགྱིས་སོ། PN add (Dhā, AW) after གསོལ།, cf. Appendix.

## Volume 113 རྒྱུད། ཙ (1–372)

### No. 753=324 ཙ(Tsa) 1b1-66a8 Toh 168

① དྲི་མ་མེད་པའི་འོད་ཀྱིས་ཞུས་པ།

② Dri ma med pa'i 'od kyis zhus pa

③ བི་མ་ལ་པྲ་བྷ་པ་རི་པྲི་ཙྪཱ[པ་རི་པྲི་ཙྪཱ།]

④ Vimalaprabhaparipṛcchā

⑦ ཐེག་པ་ཆེན་པོའི་མདོ། དྲི་མ་མེད་པའི་འོད་ཀྱིས་ཞུས་པ་ཞེས་བྱ་བ་རྫོགས་སོ།[1] ལྷ་མོ་དྲི་མ་མེད་པའི་འོད་ཀྱིས་ཞུས་པའི་མདོ་འདི་ཤིན་ཏུ་དག་པར་ཡོད་པས་ཡིད་ཆེས་ཀྱི་གནས་སོ། གཞན་འབྲུགས་ཆད་ཡོད་པ་མང་བར་སྣང་སྟེ་གླེགས་བམ་མང་དུ་བལྟས་སོ།

### No. 754 ཙ(Tsa) 66b1-67a8 Toh 733

① འཕགས་པ་སྤྱན་རས་གཟིགས་དབང་ཕྱུག་ཧ་ཡ་གྲི་[2] བའི་གཟུངས།

② 'Phags pa spyan ras gzigs dbang phyug ha ya gri ba'i gzungs

③ ཨཱརྱ་ཨ་བ་ལོ་ཀི་ཏེ་ཤྭ་ར་[ར་]ཧ་ཡ་གྲཱི་བ་དྷཱ་ར་ཎི།[ཎཱི།]

④ Ārya-Avalokiteśvarahayagrīva-dhāraṇī

⑦ འཕགས་པ་སྤྱན་རས་གཟིགས་དབང་ཕྱུག་ཧ་ཡ་གྲཱི་[3] བ་ཞེས་བྱ་བའི་གཟུངས་རྫོགས་སོ།

### No. 755 ཙ(Tsa) 67a8-69a7 Toh 734

① ཕྱིར་བཟློག་[4] པ་འཕགས་པ་རྣམ་པར་རྒྱལ་བ་[5] ཞེས་བྱ་བ།[6]

② Phyir bzlog pa 'phags pa rnam par rgyal ba zhes bya ba

③ ཨཱརྱ་བི་ཛ་ཡ་བ་ཏེ་[ཏི་]ནཱ་མ་པྲ་ཏྱཾ་གི་[པྲ་ཏྱཾ་གི་]རཱ།

④ Ārya-Vijayavati[7]-nāma-pratyaṅgirā

---

[1] PND omit after རྫོགས་སོ།, cf. No. 324

[2] UTP(379)N གྲི། SP(531)D གྲཱི།

[3] USTP(531)P(O)(379)ND གྲཱི། P(HY)(379) གྲི།

[4] USTN བཟློག PD ཟློག

[5] PND add ཅན།

[6] USTD(968) ཞེས་བྱའོ། P(294)ND(734) ཞེས་བྱ་བ། P(593) ཞེས་བྱ་བའོ། N འཕགས་པ་ཕྱིར་བཟློག་པ་རྣམ་པར་རྒྱལ་བ་ཅན་ཞེས་བྱ་བ།

[7] USTPD vijayavati, N vijayava-apati

⑦ ཕྱིར་བཟློག་[1]པ་འཕགས་པ་[2]རྣམ་པར་རྒྱལ་བ་ཅན་ཞེས་བྱ་བ་རྫོགས་སོ།

No. 756 ཙ(Tsa) 69a7-70b3 Toh 735

① འཕགས་པ་པརྞ་[3]ཤ་བ་རིའི་མདོ།

② 'Phags pa parṇa sha ba ri'i mdo

⑦ འཕགས་པ་པརྞྞ་[4]ཤ་བ་རིའི་མདོ་རྫོགས་སྷོ།

No. 757 ཙ(Tsa) 70b3-71b1 Toh 736

① འཕགས་པ་[5]རི་ཁྲོད་ལོ་མ་གྱོན་མ་[6]ཞེས་བྱ་བའི་གཟུངས།[7]

② 'Phags pa ri khrod lo ma gyon ma zhes bya ba'i gzungs

③ ཨཱརྱ་པརྞྞ་[པརྞ་]ཤ་བ་རི་ནཱཾ་[ནཱི་ནཱ་མ་]དྷཱ་ར་ཎཱི།

④ Ārya-Parṇaśabarī[8]-nāma[9]-dhāraṇī

⑦ འཕགས་མ་[10]རི་ཁྲོད་མ་[11]ལོ་མ་གྱོན་མའི་[12]གཟུངས་རྫོགས་སོ།

No. 758 ཙ(Tsa) 71b1-72a3 Toh 737

① [13]ཕྱིར་བཟློག་[14]པ་སྟོབས་ཅན་ཞེས་བྱ་བའོ།[15]

② Phyir bzlog pa stobs can zhes bya ba'o

---

1 USTN བཟློག PD ཟློག

2 N འཕགས་པ་ཕྱིར་བཟློག་པ་

3 U པརྞ། SN པརྚ། T པརྣ། P(185) པརྚ། P(619) པརྞྞ། D པརྞྞ།

4 UT པརྞྞ། SND པརྞྞ། P(185) པརྞྞ། P(619) པརྞྞ།

5 UTP(186)N པ། SD(736) མ།

6 P(186) པ།

7 P(620)[D(995)] འཕགས་པ་[མ་]རི་ཁྲོད་ལོ་མ་གྱོན་པའི་གཟུངས།

8 USTP(186)ND parṇṇaśavari, P(620) varṇaśavari, D-Cat parṇṇaśavarī, P-Cat parṇaśavari, S-Cat parṇaśavarī, N-Cat parṇaśabarī

9 P(620)D(995) omit nāma

10 P(620) པ།

11 P(186, 620)D(995) omit མ།

12 P(620)D(995) པའི།

13 PND add འཕགས་པ།

14 UTN བཟློག SPD ཟློག

15 UTP(288)D ཞེས་བྱ་བའོ། SP(585) ཞེས་བྱའོ། N ཞེས་བྱ་བ།

③ ཨཱརྱ་བ་ལ་བ་ཏི་[ཏཱི་]ནཱ་མ་པྲ་ཏྱཾ་གི་ར།[པྲ་ཏྱཾ་གི་རཱ།]

④ Ārya-Balavatī[1]-nāma-pratyaṅgirā[2]

⑦ འཕགས་པ་ཕྱིར་བཟློག་[3] པ་སྟོབས་ཅན་ཞེས་བྱ་བ་[4] རྫོགས་སོ།

## No. 759 ཙ(Tsa) 72a3-72b1 Toh 742

① མཆོག་ཐོབ་པའི་རིགས་[5] སྔགས།

② mChog thob pa'i rigs sngags

③ ཨ་གྲ་བིདྱ་[བིདྱཱ་]མནྟྲ།[མནྟྲཱ།]

④ Agravidyāmantra

⑦ འཕགས་པ་མཆོག་ཐོབ་པ་ཞེས་བྱ་བ་[6] རྫོགས་སོ།

## No. 760 ཙ(Tsa) 72b2-73b1 Toh 738

① དཔལ་ལྷ་མོ་སྒྲ་དབྱངས་ལ་བསྟོད་པ།

② dPal lha mo sgra dbyangs la bstod pa

## No. 761 ཙ(Tsa) 73b1-78b3 Toh 739

① འཕགས་པ་ལྷ་མོ་ཆེན་མོ་དཔལ་ལུང་བསྟན་པ།

② 'Phags pa lha mo chen mo dpal lung bstan pa

③ ཨཱརྱ་ཤྲཱི་མ་ཧཱ་དེ་བི་[བཱི་]བྱཱ་ཀ་ར་ཎ།

④ Ārya-Śrīmahādevī-vyākaraṇa

## No. 762 ཙ(Tsa) 78b4-79b1 Toh 740

① འཕགས་པ་དཔལ་[7] ཆེན་མོའི་མདོ།

② 'Phags pa dpal chen mo'i mdo

③ ཨཱ་རྱ་མ་ཧཱ་ཤྲ་ཡཱ་[ཤྲཱི་]སཱུ་ཏྲ།

---

[1] USN balavati, T balaviti, PD balavatī

[2] USN pratyaṅgira, T bratyaṅgira, P bratyaṅgirā, D pratyaṅgirā

[3] USTN བཟློག PD ཟློག

[4] PD བའི་གཟུངས།

[5] UP(270) རིགས། STP(661)DP-Cat(270) རིག

[6] P omits ཞེས་བྱ་བ།

[7] U དུཔལ།

④ Ārya-Mahāśri[1]-sūtra

⑤ Tr. Jinamitra, Ye shes sde

⑦ འཕགས་པ་དཔལ་ཆེན་མོའི་མདོ་རྫོགས་སོ། རྒྱ་གར་གྱི་མཁན་པོ་ཛི་ན་མི་ཏྲ་དང་། ཞུ་ཆེན་གྱི་ལོ་ཙཱ་བ་བནྡེ་ཡེ་ཤེས་སྡེས་བསྒྱུར་ཅིང་ཞུས་ཏེ་གཏན་ལ་ཕབ་པ།

No. 763 ཙ(Tsa) 79b1-80a5 Toh 741

① དཔལ་གྱི་ལྷ་མོ་[2]མཚན་བཅུ་གཉིས་པ།

② dPal gyi lha mo mtshan bcu gnyis pa

⑤ Tr. Jinamitra, Ye shes sde

⑦ དཔལ་གྱི་ལྷ་མོའི་[3]མཚན་བཅུ་གཉིས་པ་[4]རྫོགས་སོ། རྒྱ་གར་གྱི་མཁན་པོ་ཛི་ན་མི་ཏྲ་དང་། ཞུ་ཆེན་གྱི་ལོ་ཙཱ་བ་བནྡེ་ཡེ་ཤེས་སྡེས་བསྒྱུར་ཅིང་ཞུས་ཏེ་གཏན་ལ་ཕབ་པ།

No. 764 ཙ(Tsa) 80a5-81a8 Toh 743

① འཕགས་པ་ལས་ཀྱི་སྒྲིབ་པ་ཐམས་ཅད་རྣམ་པར་སྦྱོང་བ་ཞེས་བྱ་བའི་གཟུངས།

② 'Phags pa las kyi sgrib pa thams cad rnam par sbyong ba zhes bya ba'i gzungs

③ ཨཱརྻ་སརྦ་ཀརྨྨ་[ཀརྨ་]ཨཱ་བ་ར་ཎ་བི་ཤོ་དྷ་ནི་[ནཱི་]ནཱ་མ་དྷཱ་ར་ཎཱི།

④ Ārya-Sarvakarma[5]-āvaraṇaviśodhanī-nāma-dhāraṇī

No. 765 ཙ(Tsa) 81a8-372a8 Toh 746

① འཕགས་པ་རིག་པ་མཆོག་གི་རྒྱུད་ཆེན་པོ།

② 'Phags pa rig pa mchog gi rgyud chen po

③ ཨཱརྻ་བིདྱ་ཨུཏྟ་མ་མ་ཧཱ་ཏནྟྲ།

④ Ārya-Vidyottama-mahātantra

⑤ Tr. Vidyākaraprabha, dPal brtsegs

⑦ འཕགས་པ་རིག་པ་མཆོག་གི་རྒྱུད་ཆེན་པོ་རྫོགས་སོ།[6] རྒྱ་གར་གྱི་[7]མཁན་པོ་བིདྱཱ་ཀ་ར་པྲ་བྷ་དང་། ལོ་

---

[1] U śrayā, S(T) śriya(ā)ḥ, P śrīya, N śrayāḥ, D lakṣmiṇī, D-Cat lakṣmī, P-CatN-Cat śrīya, S-Cat śrī

[2] UTN མོ། SPD མོའི།

[3] USTN ལྷ་མོའི། PD ལྷ་མོ་ཆེན་མོའི།

[4] UN omit པ། STPD པ།

[5] USTN karmma (ཀརྨྨ་), PD karma (ཀརྨ་)

[6] T adds མ་ཕྱིར་ལྷར་གཅིག་ཞུས། after རྫོགས་སོ།

[7] UN omit རྒྱ་གར་གྱི། STPD རྒྱ་གར་གྱི།

ཞྶུ་བ་བཀྲྴེ་དཔལ་བརྩེགས་ཀྱིས་བསྒྱུར་[1]བའོ།[2]

## Volume 114 རྒྱུད། ཚ (1–442)

### No. 766 ཚ(Tsha) 1b1-38b8 Toh 744

① འཕགས་པ་རྡོ་རྗེ་ས་འོག་གི་རྒྱུད་ཀྱི་རྒྱལ་པོ་ཞེས་བྱ་བ།

② 'Phags pa rdo rje sa 'og gi rgyud kyi rgyal po zhes bya ba

③ ཨཱརྱ་བཛྲ་པཱ་ཏཱ་ལ་ནཱ་མ་ཏནྟྲ་རཱ་ཛ།

④ Ārya-Vajrapātāla-nāma-tantrarāja

⑤ Tr. bDe bar gshegs pa'i dpal, Kun dga' rgyal mtshan

⑦ འཕགས་པ་ཕྱག་ན་རྡོ་རྗེའི་རྒྱུད་ཀྱི་རྒྱལ་པོ་ཆེན་པོ་རྡོ་རྗེ་ས་འོག་ཅེས་བྱ་བ་ཇི་སྙེད་པ་ཡོངས་སུ་རྫོགས་སོ། རྒྱ་གར་གྱི་པཎྜི་ཏ་བཛྲ་སྒྲོན་པ་ཆེན་པོ་བདེ་བར་གཤེགས་པའི་དཔལ་ཞེས་བྱ་བ་དང་། སྒྲ་བསྒྱུར་[3]གྱི་མཁས་པ་སྒྲའི་གཙུག་ལག་ལ་མ་རྨོངས་པ། གསང་སྔགས་འཛིན་པ། ཀུན་དགའ་རྒྱལ་མཚན་དཔལ་བཟང་པོས་དཔལ་ས་སྐྱའི་དབེན་གནས་དམ་པར་བསྒྱུར། ལྷ་མིན་དབང་པོའི་སྒོ་གླེགས་འཇོམས་བྱེད་པ། གསུང་རབ་དམ་པ་དཔལ་ལྡན་ཀུན་དགའ་ཡི། རྒྱལ་མཚན་གྱིས་བསྒྱུར་འདི་ལ་སྒྲ་ཉམས་པ། གང་ལགས་དེ་ལ་མཁས་རྣམས་བཟོད་པར་[4]མཛོད། ས་འོག་འཁྲུལ་འཁོར་བདེ་ལེགས་རིན་ཆེན་གཏེར། གསང་བདག་རྡོ་རྗེ་འཛིན་པ་དམ་པའི་བཀའ། གངས་ཅན་འགྲོ་ལ་ཕན་པའི་བློ་གྲོས་ཀྱིས། བསྒྱུར་བའི་བསོད་ནམས་འཛིན་བཅས་རྣམས་ལ་བྱིན་དགེ།[5]

### No. 767 ཚ(Tsha) 38b8-70b1 Toh 747

① འབྱུང་པོ་འདུལ་བ་ཞེས་བྱ་བའི་རྒྱུད་ཀྱི་རྒྱལ་པོ་ཆེན་པོ།

② 'Byung po 'dul ba zhes bya ba'i rgyud kyi rgyal po chen po

③ བྷུ་[བྷཱུ་]ཏ་ཌཱ་མ་ར་མ་ཧཱ་ཏནྟྲ་རཱ་ཛ་ནཱ་མ།

④ Bhūtaḍāmara-mahātantrarāja-nāma

⑤ Tr. Buddhākaravarma, Chos kyi shes rab

---

1 P སྒྱུར།

2 TP add (AW, Dhā) after བསྒྱུར་བའོ།, cf. Appendix.

3 PD སྒྱུར།

4 PD པ།

5 STPND omit དགེ།

⑦ འབྱུང་པོ་འདུལ་བ་ཞེས་བྱ་བའི་རྒྱུད་སྟོང་ཕྲག་བཅུ་དྲུག་པ་ལས་ཇི་སྙེད་པ་རྣམས་རྫོགས་སོ། རྒྱ་གར་གྱི་མཁན་པོ་བུད་དྷ་ཨཱ་ཀ་ར་བརྨ་དང་། ལོ་ཙྪ་བ་དགེ་སློང་ཆོས་ཀྱི་ཤེས་རབ་ཀྱིས་བསྒྱུར་ཅིང་ཞུས་ཏེ་གཏན་ལ་ཕབ་པའོ།

No. 768=528 ཚ(Tsha) 70b2-71b8 Toh 748

① འཕགས་པ་ལག་ན་རྡོ་རྗེ་གོས་སྔོན་པོ་ཅན་གྱི་ཆོ་ག་ཞེས་བྱ་བའི་གཟུངས།

② 'Phags pa lag na rdo rje gos sngon po can gyi cho ga zhes bya ba'i gzungs

③ ཨཱརྱ་ནཱི་ལཱ་མ་བ་ར་[ནཱི་ལཱཾ་བ་ར་]དྷ་ར་བཛྲ་པཱ་ཎི་ཀལྤ་ནཱ་མ་དྷཱ་ར་ཎི།[ཎཱི།]

④ Ārya-Nīlāmbaradharavajrapāṇikalpa-nāma-dhāraṇī

⑤ Tr. Jñānagarbha, Klu'i dbang po

⑦ འཕགས་པ་ལག་ན་རྡོ་རྗེ་གོས་སྔོན་པོ་ཅན་ཞེས་བྱ་བའི་གཟུངས་རྫོགས་སོ། རྒྱ་གར་གྱི་མཁན་པོ་ཛྙཱ་ན་གརྦྷ་དང་ལོ་ཙྪ་བ་བནྡེ་ཀླུའི་དབང་པོས་བསྒྱུར།[1]

No. 769 ཚ(Tsha) 71b8-72a2 Toh 460A[2]

① རྨི་ལམ་མཐོང་བ་ཞེས་བྱ་བའི་གཟུངས།[3]

② rMi lam mthong ba zhes bya ba'i gzungs

No. 770 ཚ(Tsha) 72a2-73b2 Toh 749

① འཕགས་པ་ལག་ན་རྡོ་རྗེའི་མཚན་བརྒྱད་པ་གསང་སྔགས་དང་བཅས་པ།

② 'Phags pa lag na rdo rje'i mtshan brgyad pa gsang sngags dang bcas pa

No. 771 ཚ(Tsha) 73b2-75a7 Toh 750

① རྡོ་རྗེ་རྣམ་པར་འཇོམས་པ་ཞེས་བྱ་བའི་གཟུངས།[4]

② rDo rje rnam par 'joms pa zhes bya ba'i gzungs

③ བཛྲ་བི་དཱ་ར་ཎ་ནཱ་མ་དྷཱ་ར་ཎི།

④ Vajravidāraṇa[5]-nāma-dhāraṇī

---

1 Cf. No. 528
U 768; S 699; T 696; N 775 Tr. Jñānagarbha, Klu'i dbang po
U 528; S 461; T 455; P 132, 573; D 748, 948 Tr. Dīpaṃkaraśrījñāna, brTson 'grus seng ge

2 Cf. D 460A (Ja 39b6-39b7)=D 952, Sakai p. 102. See also p. 414.

3 Title from the colophon.

4 UN གཟུང་། STPD གཟུངས།

5 USTN vidāraṇa, PD vidāraṇā, D-CatP-CatN-Cat vidāraṇā, S-Cat vidāraṇa

⑤ Tr. Jinamitra, Dānaśīla, Ye shes sde

⑦ རྡོ་རྗེས་རྣམ་པར་འཇོམས་པ་ཅེས་[1] བྱ་བའི་གཟུངས་རྫོགས་སོ། རྒྱ་གར་གྱི་མཁན་པོ་ཛི་ན་མི་ཏྲ་དང་། དཱ་ན་ཤཱི་ལ་དང་། བོད་ཀྱི་ལོ་ཙྪ་བ་བན་དྷེ་ཡེ་ཤེས་སྡེས་བསྒྱུར་ཅིང་ཞུས་ཏེ་གཏན་ལ་ཕབ་པ།

No. 772 ཚ(Tsha) 75a7-112a8 Toh 751

① འཕགས་པ་རྡོ་རྗེའི་རི་རབ་ཆེན་པོའི་རྩེ་མོའི་ཁང་པ་བརྩེགས་པའི་གཟུངས།

② 'Phags pa rdo rje'i ri rab chen po'i rtse mo'i khang pa brtsegs pa'i gzungs

③ ཨཱརྻ་མ་ཧཱ་བཛྲ་མེ་རུ་ཤི་ཁ་ར་ཀཱུ་ཊ་གཱུ་[ཊཱ་གཱ་]ར་དྷཱ་ར་ཎཱི།

④ Ārya-Mahāvajrameruśikharakūṭāgārā[2]-dhāraṇī

⑤ Tr. Śīlendrabodhi, Jñānasiddhi, Ye shes sde

⑦ འཕགས་པ་རྡོ་རྗེའི་རི་རབ་ཆེན་པོའི་རྩེ་མོའི་ཁང་པ་བརྩེགས་པའི་གཟུངས་རྫོགས་སོ། རྒྱ་གར་གྱི་མཁན་པོ་ཤཱི་ལེནྡྲ་བོ་དྷི་[3] དང་། ཛྙཱ་ན་སིདྡྷི་དང་། ཞུ་ཆེན་གྱི་ལོ་ཙྪ་བ་བནྡྷེ་ཡེ་ཤེས་སྡེས་བསྒྱུར་ཞིང་[4] ཞུས་ཏེ། སྐད་གསར་བཅད་[5] ཀྱིས་ཀྱང་བཅོས་ནས་གཏན་ལ་ཕབ་པ།

No. 773 ཚ(Tsha) 112a8-116a6 Toh 752

① འཕགས་པ་རྡོ་རྗེ་མི་འཕམ་[6] པ་མེ་ལྟར་རབ་ཏུ་རྨོངས་བྱེད་ཅེས་བྱ་བའི་གཟུངས།

② 'Phags pa rdo rje mi 'pham pa me ltar rab tu rmongs byed ces bya ba'i gzungs

③ ཨཱརྻ་བཛྲ་ཨ་ཛི་ཏ་ཨ་ན་ལ་པྲ་མོ་ཧ་ནི་[ནཱི་]ནཱ་མ་དྷ་[དྷཱ་]ར་ཎཱི།

④ Ārya-Vajrājitānalapramohanī-nāma-dhāraṇī

⑤ Tr. Jinamitra, Dānaśīla, Ye shes sde

⑦ འཕགས་པ་རྡོ་རྗེ་མི་འཕམ་[7] པ་མེ་ལྟར་རབ་ཏུ་རྨོངས་བྱེད་ཅེས་བྱ་བའི་གཟུངས་རྫོགས་སོ། རྒྱ་གར་གྱི་མཁན་པོ་ཛི་ན་མི་ཏྲ་དང་། དཱ་ན་ཤཱི་ལ་དང་། ཞུ་ཆེན་གྱི་ལོ་ཙྪ་བ་བནྡྷེ་ཡེ་ཤེས་སྡེས་བསྒྱུར་ཅིང་ཞུས་ཏེ་སྐད་གསར་ཆད་[8] ཀྱིས་ཀྱང་བཅོས་ནས་གཏན་ལ་ཕབ་པ།

---

1 UTN ཅེས། SPD ཞེས།

2 USTN kūṭagūra, D kūṭagāra, P(407) kuṭāgūra, P(571)D-CatP-CatS-CatN-Cat kūṭāgāra

3 U བོདྷི།

4 UTN ཞིང་། SPD ཅིང་།

5 USTND(751) བཅད། P(571)D(946) ཆད། P(407) གཅད།

6 UTP(579)D(752) འཕམ། SP(408)ND(954) ཕམ།

7 UTP(579)ND(752) འཕམ། SP(408)D(954) ཕམ།

8 UP(579)ND(954) ཆད། STP(408)D(752) བཅད།

No. 774 ཚ(Tsha) 116a7-117a5 Toh 753

① རྡོ་རྗེ་ཕྲ་མོ་ཐོགས་པ་མེད་པ་ཅེས་[1] བྱ་བའི་གཟུངས།

② rDo rje phra mo thogs pa med pa ces bya ba'i gzungs

③ བཛྲ་སཱུཀྵྨཱ་[སུཀྵྨཱ་]ཨ་པ་[པྲ་]ཏི་ཧ་ཏ་ནཱ་མ་དྷཱ་ར་ཎཱི།

④ Vajrasūkṣmāpratihatā[2]-nāma-dhāraṇī

No. 775 ཚ(Tsha) 117a6-118a8 Toh 754

① འཕགས་པ་ལག་ན་རྡོ་རྗེ་བཅུའི་སྙིང་པོ།

② 'Phags pa lag na rdo rje bcu'i snying po

③ ཨཱརྱ་ད་ཤ་བཛྲ་པཱ་ཎི་ན་ཧྲི་[པཱ་ཎི་ཧྲི་]ད་ཡ།

④ Ārya-Daśavajrapāṇi[3]-hṛdaya

⑤ Tr. Jinamitra, Dānaśīla, Ye shes sde

⑦ འཕགས་པ་ལག་ན་རྡོ་རྗེ་བཅུའི་སྙིང་པོ་རྫོགས་སོ། རྒྱ་གར་གྱི་མཁན་པོ་ཛི་ན་མི་ཏྲ་དང་། དཱ་ན་ཤཱི་ལ་དང་། ཞུ་ཆེན་གྱི་ལོ་ཙཱ་བ་བནྡེ་ཡེ་ཤེས་སྡེས་བསྒྱུར་ཅིང་ཞུས་ཏེ་གཏན་ལ་ཕབ་པ།

No. 776 ཚ(Tsha) 118a8-120a7 Toh 755

① འཕགས་པ་བདུད་རྩི་ཐབ་[4] སྦྱོར་གྱི་སྙིང་པོ་བཞི་པ་ཅེས་[5] བྱ་བའི་གཟུངས།

② 'Phags pa bdud rtsi thab sbyor gyi snying po bzhi pa ces bya ba'i gzungs

③ ཨཱརྱ་ཀུཎྜ་ལྱ་མྲི་[མྲྀ་]ཏ་ཧྲི་[ཧྲྀ་]ད་ཡ་ཙ་ཏུར་ནཱ་མ་དྷཱ་རཱ་[ར་]ཎཱི།

④ Ārya-Kuṇḍalyamṛtahṛdayacatur[6]-nāma-dhāraṇī

No. 777 ཚ(Tsha) 120a7-121a7 Toh 756

① ཁྲོ་བོའི་རྒྱལ་པོ་རྨེ་[7] བརྩེགས་ལ་བསྟོད་པའི་སྔགས།

② Khro bo'i rgyal po rme brtsegs la bstod pa'i sngags

---

1 UT ཅེས། SPD ཞེས།

2 U sukṣma-apatihata, ST sukṣma-apratihata, PD sūkṣma-apratihata

3 USTP(576)N pāṇina, P(410) pāṇīna, D pāṇi, P-Cat pāṇinā

4 USTP(582)ND ཐབ། P(419) ཐབས།

5 UTN ཅེས། SPD ཞེས།

6 USTN catur, D caturtha, P omits the Sanskrit title.

7 UT རྨེ། SPD སྨེ།

③ ཀྲོ་དྷ་བྷུར་ཀུམ་ཀུ་ཊ་རཱ་ཛ་སྟོ་ཏྲ་མནྟྲ།

④ Krodhabhurkumkūṭa[1]rāja-stotramantra

⑦ ཁྲོ་བོའི་རྒྱལ་པོ་སྨེ་[2] བརྩེགས་ལ་བསྟོད་པའི་སྔགས་[3] སོ།

No. 778 ཚ(Tsha) 121a7-135b6 Toh 757

① འཕགས་པ་སྟོབས་པོ་ཆེ་ཞེས་བྱ་བ་ཐེག་པ་ཆེན་པོའི་མདོ།

② 'Phags pa stobs po che zhes bya ba theg pa chen po'i mdo

③ ཨཱརྱ་མ་ཧཱ་བ་ལ་ནཱ་མ་མ་ཧཱ་ཡཱ་ན་སུ་[སཱུ་]ཏྲ།

④ Ārya-Mahābala-nāma-mahāyānasūtra

⑦ འཕགས་པ་སྟོབས་པོ་ཆེ་ཞེས་བྱ་བ་[4] ཐེག་པ་ཆེན་པོའི་མདོ་རྫོགས་སོ།[5]

No. 779 ཚ(Tsha) 135b7-147a8 Toh 758

① འཕགས་མ་རྡོ་རྗེ་ལུ་གུ་རྒྱུད་མའི་རྒྱུད་ཀྱི་རྟོག་པ།

② 'Phags ma rdo rje lu gu rgyud ma'i rgyud kyi rtog pa

③ ཨཱརྱ་བཛྲ་ཤྲི་ཁ་ལཱ་[ཤྲྀངྑ་ལ་]སྱ་ཏནྟྲ་ཀལྤ།

④ Ārya-Vajraśṛṅkhalasya[6] tantrakalpa

⑤ Tr. Atuladāsavajra, Mar pa Chos kyi dbang phyug grags pa

⑦ འཕགས་མ་རྡོ་རྗེ་ལུ་གུ་རྒྱུད་ཀྱི་[7] རྟོག་པ་ཨུཙྪན་[8] ནས་བྱུང་བ་རྫོགས་སོ། པཎྜི་ཏ་ཨ་ཏུ་ལ་དཱ་ཤ་བཛྲ་[9] ཞུས་ནས། བོད་ཀྱི་ལོ་ཙྪ་བ་མར་པ་ཆོས་ཀྱི་དབང་ཕྱུག་གྲགས་པས་བསྒྱུར་བའོ།

---

1 U ཀུམ་ཀུ་ཊ་, STD ཀུཾ་ཀུ་ཊ་, P ཀུཾ་ཏ་, D-Cat kumkūṭa, P-Cat kuṃta, S-Cat kuṅkūṭa

2 USPD སྨེ། T སྨྲེ།

3 PD add དང་བཅས་པ་རྫོགས།

4 P(416)D(757) བའི།

5 D adds colophon after རྫོགས་སོ།, cf. Appendix.

6 USTN śriṅkhalāsya [USN(T) ཤྲཱི་(ཤྲཱིཾ་)ཁ་ལཱ་སྱ་], P śrīṅkhālasya (ཤྲཱིང་ཁཱ་ལ་སྱ་), D śṛṅkhalasya (ཤྲཱྀཾ་ཁ་ལ་སྱ་), D-CatS-CatN-Cat śṛṅkhalā, P-Cat śṛṅkhalasya

7 UN omit ཀྱི།

8 UTN ཨུཙྪན། S ཨོཾ་ཙྪན། P ཨུ་རྒྱན། D ཨོ་ཌྱན།

9 UN བཛྲ། ST བཛྲས། PD བཛྲ་ལ།

No. 780 ཚ(Tsha) 147a8-177a8 Toh 759

① རྡོ་རྗེ་མཆུ་ཞེས་བྱ་བ་ཀླུའི་དམ་ཚིག[1]

② rDo rje mchu zhes bya ba klu'i dam tshig

③ བཛྲ་དུནྡ་[ཏུཎྜ་]ནཱ་མ་ནཱ་ག་ས་མ་ཡ།

④ Vajratuṇḍa[2]-nāma-nāgasamaya

No. 781 ཚ(Tsha) 177a8-180a1 Toh 760

① རྡོ་རྗེ་གནམ་[3] ལྕགས་མཆུ་ཞེས་བྱ་བའི་གཟུངས།

② rDo rje gnam lcags mchu zhes bya ba'i gzungs

④ (Vajralohatuṇḍa-nāma-dhāraṇī)[4]

⑦ རྡོ་རྗེ་གནམ་[5] ལྕགས་མཆུ་ཞེས་བྱ་བའི་གཟུངས་རྫོགས་སོ།

No. 782 ཚ(Tsha) 180a2-181b7 Toh 761

① འཕགས་པ་ལྕགས་མཆུ་ཞེས་བྱ་བའི་གཟུངས།

② 'Phags pa lcags mchu zhes bya ba'i gzungs

③ ཨཱརྱ་ལོ་ཏ་དུཎྜ་[ལོ་ཧ་ཏུཎྜ་]ན་[ནཱ་]མ་དྷཱ་ར་ཎཱི།

④ Ārya-Lohatuṇḍa[6]-nāma-dhāraṇī

No. 783 ཚ(Tsha) 181b7-182b8 Toh 762

① འཕགས་པ་ལྕགས་ཀྱི་མཆུ་ཞེས་བྱ་བའི་གཟུངས།

② 'Phags pa lcags kyi mchu zhes bya ba'i gzungs

③ ཨཱརྱ་ལོ་ཏ་དུཎྜེ་[ལོ་ཧ་ཏུཎྜ་]ནཱ་མ་དྷཱ་ར་ཎཱི།

④ Ārya-Lohatuṇḍa[7]-nāma-dhāraṇī

---

1 PD add སོ།

2 USTN dunda, P(411) duṇṭa, P(589) dunada (དུ་ན་ད་), D tuṇḍa

3 UTPD གནམ། S མནམ། N རྣམ།

4 Title from D-Cat 760.

5 USTPND གནམ།

6 UTN lotaduṇḍa, S lotaduṇṭ(ḍ?)a, P lohadunḍa, D lohatuṇḍa, D-CatP-CatS-CatN-Cat lohatuṇḍa

7 USTN lotaduṇḍe, P lohaduṇḍa, D lohatuṇḍa, D-CatP-CatS-CatN-Cat lohatuṇḍa

No. 784 ཚ(Tsha) 182b8-185b1 Toh 763

① འཕགས་པ་ལྕགས་མཆུ་ནག་པོ།

② 'Phags pa lcags mchu nag po

③ ཨཱརྱས་དྷྲྀ་ཤ་ཨ་ཡ་ཨོཥྛ། (*sic*)

④ Ārya-Kṛṣṇāya[1]-oṣṭha

No. 785 ཚ(Tsha) 185b1-186a8 Toh 764

① འཕགས་པ་ནོར་བུ་བཟང་པོའི་གཟུངས་ཞེས་[2] བྱ་བ།

② 'Phags pa nor bu bzang po'i gzungs zhes bya ba

③ ཨཱརྱ་མ་ཎི་བྷ་དྲ་ནཱ་མ་དྷ་ར་ཎི།[དྷཱ་ར་ཎཱི།]

④ Ārya-Maṇibhadra-nāma-dhāraṇī

⑤ Tr. Vidyākarasiṅha, Klu'i dbang po

⑦ འཕགས་པ་ནོར་བུ་བཟང་པོའི་གཟུངས་ཞེས་[3] བྱ་བ་[4] རྫོགས་སོ།[5] རྒྱ་གར་གྱི་མཁན་པོ་བིདྱཱ་ཀ་ར་སིཾ་ཧ་དང་། ལོ་ཙཱ་བ་བནྡེ་ཀླུའི་དབང་པོས་བསྒྱུར་བ།[6]

No. 786 ཚ(Tsha) 186a8-204a8 Toh 765

① གནོད་སྦྱིན་གྱི་སྡེ་དཔོན་[7] ནོར་བུ་བཟང་པོའི་རྟོག་པ།

② gNod sbyin gyi sde dpon nor bu bzang po'i rtog pa

③ མ་ཎི་བྷ་དྲཱ་ཡ་[བྷ་དྲ་]ཡཀྵ་སེ་ན་ཀལྤ།

④ Maṇibhadrāya[8]kṣasena-kalpa

⑤ Tr. Mañjuśrī, Ba ri

⑦ ནོར་བུ་བཟང་པོའི་རྟོག་པ་ཡང་དག་པར་རྫོགས་པའི་སངས་རྒྱས་ཀྱིས་གསུངས་པ་ཇི་སྙེད་ཚད་ཀྱི་

---

1 UP(591)N སདྷྲྀ་ཤ་ཨ་ཡ་ཨོཥྛ། P(415) སདྷྲྀ་ཤ་ཨ་ཡ་ཨོཥྛ། ST སདྷྲྀ་ཤ་ཨ་ཡ་ཨོཥྛ། D གྲིཥྞ་ཡ་ཨོཥྛ། D-Cat Ārya-Kṛṣṇāya-oṣṭha, P-Cat Ārya-sadhṛśa-aya-oṣṭha(*sic*), S-Cat ārya-Kṛṣṇāyaoṣṭha, N-Cat Ārya-Kṛṣṇāyauṣṭha

2 P(595) ཤེས།

3 P(595) ཤེས།

4 N omits ཞེས་བྱ་བ།

5 N omits after རྫོགས་སོ།

6 P(595)D(970) omit བ།

7 PD omit གྱི་སྡེ་དཔོན།

8 USTPND bhadrāya,D-CatS-Cat bhadra, P-Cat bhadrāya

སྔགས་ཀྱི་ཆོ་ག་ཞིབ་མོའི་རྟོག་པ་རྫོགས་སོ། རྒྱ་གར་གྱི་མཁན་པོ་པཎྜི་ཏ་མཉྫུ་ཤྲཱི་དང་། བོད་ཀྱི་ལོ་ཙྪ་བ་དགེ་སློང་བ་རིས་བསྒྱུར་ཅིང་ཞུས་ཏེ་གཏན་ལ་ཕབ་པ།

## No. 787 ཚ(Tsha) 204a8-221b3 Toh 766

① གནོད་སྦྱིན་གྱི་སྡེ་དཔོན་ཆེན་པོ་གར་མཁན་མཆོག་གི་བརྟག་པ།

② gNod sbyin gyi sde dpon chen po gar mkhan mchog gi brtag pa

③ མ་ཧཱ་ཡཀྵ་སེ་ན་[ནཱ]པ་ཏ་ཡེ་ན་ར་ཀུ་[སེ་ནཱ་པ་ཏི་ནརྟ་ཀ་]པ་ར་ཀལྤ།

④ Mahāyakṣasenāpatinartaka[1]para-kalpa

⑤ Tr. Dhānagupta, Rab zhi lo tsā ba

⑦ གནོད་སྦྱིན་གྱི་སྡེ་དཔོན་ཆེན་པོ་གར་མཁན་མཆོག་རིག་པའི་རྒྱལ་པོ་སྤྱོད་དང་དངོས་གྲུབ་སྒྲུབ་པ་གླགས[2]པས་ཐམས་ཅད་འགྲུབ་པ་བརྟག་པའི་རྒྱལ་པོ་དང་པོ་རྫོགས་སོ། རྒྱ་གར་གྱི་མཁན་པོ་དྷ་ན་གུཔྟ་ཞེས་བྱ་བ་སྤྱོད་མཛད་ཆོས་ཀྱི་རྡོ་རྗེའི་སློབ་མ་དངོས་ལས། རབ་ཞི་ལོ་ཙྪ་བས་ཐོ་ལིང་དུ་བསྒྱུར་བའོ།

## No. 788 ཚ(Tsha) 221b4-231a4 Toh 767

① གནོད་སྦྱིན་གར་མཁན་མཆོག་གི་རྒྱུད།[3]

② gNod sbyin gar mkhan mchog gi rgyud

⑤ Tr. Dhanagupta, Rab zhi lo tsā ba

⑦ གནོད་སྦྱིན་གར་མཁན་མཆོག་གི་རྒྱུད་རྫོགས་སོ། །ཁ་ཆེའི་མཁས་པ་དྷ་ན་གུཔྟ་ལས། རབ་ཞི་ལོ་ཙྪ་བས། ལྷུན་གྱིས་གྲུབ་པའི་གཙུག་ལག་ཐོ་ལིང་རྒྱན་དུ་བསྒྱུར་བའོ།

## No. 789 ཚ(Tsha) 231a4-232a8 Toh 768

① འཕགས་པ་གནོད་འཛིན་དཔལ་ཞེས་བྱ་བའི་གཟུངས།

② 'Phags pa gnod 'dzin dpal zhes bya ba'i gzungs

③ ཨཱརྱ་ཛཾ་བྷ་ལ་ཤྲཱི་ནཱ་མ་དྷཱ་ར་ཎཱི།

④ Ārya-Jambhalaśrī-nāma-dhāraṇī

---

[1] USN senapatayenaraku, T senapatayanaraku, D senapatinaraku, D-CatS-CatN-Cat senāpatinartaka

[2] SD བགླགས།

[3] Title from the colophon.

No. 790 ཚ(Tsha) 232a8-233a2 Toh 769

① འཕགས་པ་གནོད་འཛིན་ཆུ་དབང་སྙིང་རྗེ་ཅན་གྱི་གཟུངས་བདེ་བྱེད་ཅེས་བྱ་བ།

② 'Phags pa gnod 'dzin chu dbang snying rje can gyi gzungs bde byed ces bya ba

③ ཀ་རུ་ཎི་[ཀཱ་རུ་ཎི་]ཀ་སྱ་ཨཱརྱ་ཛཾ་བྷ་ལ་ཛ་ལེནྡྲ་སུ་ཤཾ་ཀ་ར་[ཤངྐ་ར་]ནཱ་མ་དྷཱ་ར་ཎི།[ཎཱི།]

④ Kāruṇikasyā[1]ryajambhalajalendrasuśaṅkarā[2]-nāma-dhāraṇī

No. 791 ཚ(Tsha) 233a2-250b5 Toh 770

① འཕགས་པ་གནོད་གནས་དབང་པོ་ཇི་[3]ལྟར་འབྱུང་བའི་རྟོག་པ་ཞེས་བྱ་བ།

② 'Phags pa gnod gnas dbang po ji ltar 'byung ba'i rtog pa zhes bya ba

③ ཨཱརྱ་ཛཾ་བྷ་ལ་ཛ་ལེནྡྲ་ཡ་ཐཱ་ལ་ས་ཏཱ་[ལབྡྷ་]ཀལྤ་ནཱ་མ།

④ Ārya-Jambhalajalendrayathālabdhā[4]-kalpa-nāma

⑤ Tr. sGeg pa'i rdo rje, rDo rje grags

⑦ འཕགས་པ་གནོད་གནས་ཀྱི་དབང་པོ་ཇི་[5]ལྟར་འབྱུང་བའི་རྟོག་པ་ཞེས་བྱ་བ་རྫོགས་སོ། རྒྱ་གར་གྱི་མཁན་པོ་སྒེག་པའི་རྡོ་རྗེ་དང་། བོད་ཀྱི་ལོ་ཙྪ་བ་དགེ་སློང་རྡོ་རྗེ་འཛིན་པ་རྡོ་རྗེ་གྲགས་ཀྱིས་བསྒྱུར་བའོ།

No. 792 ཚ(Tsha) 250b5-253a3 Toh 771

① འཕགས་པ་གནོད་འཛིན་གྱི་མཚན་བརྒྱ་རྩ་བརྒྱད་པ།[6]

② 'Phags pa gnod 'dzin gyi mtshan brgya rtsa brgyad pa

③ ཨཱརྱ་ཛཾ་བྷ་ལ་ནཱ་མ་ཨཥྚ་ཤ་ཏ་ཀ།

④ Ārya-Jambhalanāmāṣṭaśataka

No. 793 ཚ(Tsha) 253a3-260a2 Toh 772

① འཕགས་པ་མེ་ཁ་ལ་ཞེས་བྱ་བའི་གཟུངས།

② 'Phags pa me kha la zhes bya ba'i gzungs

---

1 STD(UN) kāruṇ(n)ikasya, P(O)(382) kāruṇikasya, P(HY)(382) kuruṇikasya, P(596) karuṇigasya, D-CatS-Cat kāruṇika, P-CatN-Cat kāruṇikasya

2 USTND ཤཾ་ཀ་ར་, P(O)(382) ཤཾ་ཀ་ར་, P(HY)(382) ཤང་ཀ་ར་, P(596) ཤང་ཀ་ར་, D-CatN-Cat śaṅkara, P-CatS-Cat śaṃkara

3 USTN ཛི། PD ཅི།

4 UTN yathālasatā, S yathalasāta, D yathālabdha, P yathalabata, D-CatP-CatS-Cat yathālabdha

5 USTPND ཛི།

6 P(597)D add ཞེས་བྱ་བ།

③ ཨཱརྱ་མེ་ཁ་ལ་[ལཱ་]ནཱ་མ་དྷཱ་ར་ཎཱི།

④ Ārya-Mekhalā[1]-nāma-dhāraṇī

⑤ Tr. Prajñāvarma, Ye shes sde

⑦ འཕགས་པ་མེ་ཁ་ལ་ཞེས་བྱ་བའི་གཟུངས་རྫོགས་སོ། སྲུང་བ་[2]དང་བཅས།[3] ཆོ་ག་དང་བཅས་པས་མི་མཇེད་ཀྱི་སེམས་ཅན་ཐམས་ཅད་[4]བསྲུངས་པར་[5]གྱུར་ཅིག་སྭཱ་ཧཱ།[6] རྒྱ་གར་གྱི་མཁན་པོ་པྲཛྙཱ་བརྨ་དང་། ཞུ་ཆེན་གྱི་ལོ་ཙཱ་བ་བན་དེ་ཡེ་ཤེས་སྡེས་བསྒྱུར་[7]ཅིང་ཞུས་ཏེ་གཏན་ལ་ཕབ་པ།

No. 794 ཚ(Tsha) 260a3-261a1 Toh 773

① འཕགས་པ་རིག་སྔགས་ཀྱི་རྒྱལ་པོ་དབུགས་ཆེན་པོ་ཞེས་བྱ་བ།

② 'Phags pa rig sngags kyi rgyal po dbugs chen po zhes bya ba

③ ཨཱརྱ་བི་དྱཱ་རཱ་ཛཱ་[ཛ་]ཤྭཱ་ས་མ་ཧཱ་ནཱ་མ།

④ Ārya-Vidyārājā[8]śvāsamahā-nāma

⑤ Tr. Prajñāvarma, Ye shes sde

⑦ འཕགས་པ་རིག་སྔགས་ཀྱི་རྒྱལ་པོ་དབུགས་ཆེན་པོ་ཞེས་བྱ་བ་རྫོགས་སོ། རྒྱ་གར་གྱི་མཁན་པོ་པྲཛྙཱ་[9]བརྨ་དང་། ཞུ་ཆེན་གྱི་ལོ་ཙཱ་བ་བན་དེ་ཡེ་ཤེས་སྡེས་བསྒྱུར་ཅིང་ཞུས་ཏེ་གཏན་ལ་ཕབ་པའོ།

No. 795 ཚ(Tsha) 261a2-261a3 Toh 774

① རིན་པོ་ཆེ་བརྡར་[10]བའི་གཟུངས།[11]

② Rin po che brdar ba'i gzungs

---

1 USTPND(907) mekhala, D(772) maikhalā, D-CatP-Cat mekhalā

2 P(532)D(907) བསྲུང་བ།

3 P(532)D(907) add པ་དང་།

4 P(532)D(907) add ལ།

5 S སྲུང་བར།

6 P(427)D(772) omit སྲུང་བ་དང་བཅས། ཆོ་ག་ … ཅིག་སྭཱ་ཧཱ།

7 USTP(532)ND(907) སྡེས་བསྒྱུར། P(427) སྡེ་ལ་སོགས་པས་སྒྱུར། D(772) སྡེ་ལ་སོགས་པས་བསྒྱུར།

8 USTN(551) vidyārājā, P(594)N(675) vidyarājā, P(290)D(773, 969) omit the Sanskrit title.

9 U པརྙྪ།

10 USTP(223)ND(774)P-Cat བརྡར། P(695)D(1074)D-CatS-Cat བདར།

11 Title from the colophon.

## No. 796=533 ཚ(Tsha) 261a3-261a5 Toh 505A[1]

① སྨན་གཏོང་བའི་ཚེ་སྨན་ལ་སྔགས་ཀྱིས་གདབ་པ།[2]

② sMan gtong ba'i tshe sman la sngags kyis gdab pa

## No. 797 ཚ(Tsha) 261a5-261a7 Toh 775

① བསྐོར་བའི་གཟུངས།[3]

② bsKor ba'i gzungs

## No. 798 ཚ(Tsha) 261a8-261b4 Toh 776

① འཕགས་པ་དཀོན་མཆོག་[4]གི་རྟེན་ལ་བསྐོར་བ་[5]བྱ་བའི་གཟུངས་ཞེས་བྱ་བ།

② 'Phags pa dkon mchog gi rten la bskor ba bya ba'i gzungs zhes bya ba

③ ཨཱཪྻ་པྲ་དཀྵཱ་[པྲ་དཀྵི་ཎ་]རཏྣ་ཏྲ་ཡ་ནཱ་མ་དྷཱ་ར་ཎཱི།

④ Ārya-Pradakṣiṇaratnatrayā[6]-nāma-dhāraṇī

⑦ བསྐོར་བའི་གཟུངས་རྫོགས་སོ།

## No. 799 ཚ(Tsha) 261b4-262a2 Toh 777

① ཡོན་ཡོངས་སུ་སྦྱོང་བ་ཞེས་བྱ་བ།

② Yon yongs su sbyong ba zhes bya ba

③ དཀྵི་ཎཱི་[དཀྵི་ཎཱ་]པ་རི་ཤོ་དྷཱ་ནི་[དྷཱ་ནཱི་]ནཱ་མ།

④ Dakṣiṇā[7]pariśodhanī[8]-nāma

⑦ འདུལ་བ་ལུང་ལས་རྣམ་པར་ངེས་པའི་མདོ་ལས་བྱུང་བ་ཡོན་ཡོངས་སུ་སྦྱོང་བའི་[9]གཟུངས་རྫོགས་སོ།

---

1 Cf. D 505A(286a6-286a7)=1059A(190a1-190a2), Sakai pp. 102–103. See also p. 414.

2 Title from the colophon. Cf. No. 533

3 Title from the colophon.

4 UN མཆོག་མཆོག

5 T omits བ།

6 UTN(S) pradakṣā(a)ratnatraya, P pradakṣāradnatrayā, D(1076)[(776)] pradakṣāratnatrayā[yāya]

7 U dakṣiṇī, STN(536)D dakṣiṇī, P(636)N(679) dakṣiṇā, P(228) dakṣiṇāma

8 UTN(679) śodhāni, SP śodhani, N(536) śodā(?)ni, D śodhanī

9 P(636) བ།

No. 800 ཚ(Tsha) 262a2-262a5 Toh 778

① ཡོན་ཡོངས་སུ་སྦྱོང་བའི་གཟུངས།[1]

② Yon yongs su sbyong ba'i gzungs

④ (Dakṣiṇāpariśodhanī-nāma)[2]

No. 801 ཚ(Tsha) 262a5-262a8 Toh 779

① ཕྱག་བྱ་བའི་གཟུངས།[3]

② Phyag bya ba'i gzungs

No. 802 ཚ(Tsha) 262a8-262b3 Toh 780

① གོས་བརྒྱ་ཐོབ་པའི་གཟུངས།[4]

② Gos brgya thob pa'i gzungs

No. 803 ཚ(Tsha) 262b3-262b5 Toh 783

① སྐྲན་ཞི་བའི་གཟུངས།[5]

② sKran zhi ba'i gzungs

No. 804 ཚ(Tsha) 262b6-262b8 Toh 784

① མ་ཞུ་བའི་ནད་འབྱང་བའི་གཟུངས།[6]

② Ma zhu ba'i nad 'byang ba'i gzungs

No. 805 ཚ(Tsha) 262b8-263a2 Toh 785

① འཕགས་པ་སྡང་བ་ཐམས་ཅད་རབ་ཏུ་ཞི་བ་ཞེས་བྱ་བའི་[7]གཟུངས།[8]

② 'Phags pa sdang ba thams cad rab tu zhi ba zhes bya ba'i gzungs

---

1 Title from the colophon.

2 Title from D-Cat 778.

3 Title from the colophon.

4 Title from the colophon.

5 Title from the colophon.

6 Title from the colophon.

7 USTN ཞི་བ་ཞེས་བྱ་བའི། P(249) ཞི་བར་བྱེད་པའི། D(785) ཞི་བར་བྱེད་པའི། P(647)D(1022) ཞི་བར་བྱེད་པ་ཞེས་བྱ་བའི།

8 Title from the colophon.

No. 806 ཚ(Tsha) 263a2-263a5 Toh 786

① སྡིག་པ་[1]ཐམས་ཅད་རབ་ཏུ་ཞི་བར་བྱེད་པ་ཅེས་[2]བྱ་བའི་གཟུངས།[3]

② sDig pa thams cad rab tu zhi bar byed pa ces bya ba'i gzungs

No. 807 ཚ(Tsha) 263a5-263a7 Toh 787

① ཁྲོ་བ་ཞི་བར་བྱེད་པའི་གཟུངས།[4]

② Khro ba zhi bar byed pa'i gzungs

No. 808 ཚ(Tsha) 263a7-263a8 Toh 788

① འཕགས་པ་ཁྲོས་པ་ཞི་བར་བྱེད་པ་ཅེས་བྱ་བའི་[5]གཟུངས།

② 'Phags pa khros pa zhi bar byed pa ces bya ba'i gzungs

No. 809 ཚ(Tsha) 263a8-263b4 Toh 789

① ཚིག་བཙན་པའི་གཟུངས།[6]

② Tshig btsan pa'i gzungs

No. 810 ཚ(Tsha) 263b4-263b6 Toh 790

① བདག་སྲུང་[7]བའི་གཟུངས།[8]

② bDag srung ba'i gzungs

No. 811 ཚ(Tsha) 263b6-263b8 Toh 791

① འཕགས་པ་ཡིད་དུ་འོང་[9]བ་ཞེས་བྱ་བ།

② 'Phags pa yid du 'ong ba zhes bya ba

⑦ ཡིད་དུ་འོང་བའི་གཟུངས་རྫོགས་སོ།

---

1 U པ་པ།

2 UTN ཅེས། SPD ཞེས།

3 Title from the colophon.

4 Title from the colophon.

5 UTN བྱེད་པ་ཅེས་བྱ་བའི། S བྱེད་པ་ཞེས་བྱ་བའི། PD བྱེད་པའི།

6 Title from the colophon.

7 UTPND(1028) སྲུང་། SD(790)P-Cat བསྲུང་།

8 Title from the colophon.

9 S འོངས།

No. 812 ཚ(Tsha) 264a1-264a3 Toh 792

① མགྲིན་པ་སྙན་པའི་གཟུངས།[1]

② mGrin pa snyan pa'i gzungs

No. 813 ཚ(Tsha) 264a3-264a6 Toh 793

① དོན་ཐམས་ཅད་འགྲུབ་[2]པའི་གཟུངས།[3]

② Don thams cad 'grub pa'i gzungs

No. 814 ཚ(Tsha) 264a6-264b3 Toh 794

① ལས་གྲུབ་པའི་གཟུངས།[4]

② Las grub pa'i gzungs

No. 815 ཚ(Tsha) 264b3-264b6 Toh 795

① དུག་ཞི་བར་བྱེད་པ་ཞེས་བྱ་བ།

② Dug zhi bar byed pa zhes bya ba

⑦ དུག་ཐམས་ཅད་ཞི་བར་བྱེད་པའི་གཟུངས་རྫོགས་སོ།

No. 816 ཚ(Tsha) 264b6-264b8 Toh 796

① བཅིངས་པ་ལས་གྲོལ་བའི་གཟུངས།[5]

② bCings pa las grol ba'i gzungs

No. 817 ཚ(Tsha) 264b8-265a2 Toh 797

① འཕགས་པ་བདུད་ཐམས་ཅད་སྐྲག་པར་བྱེད་པ་ཞེས་བྱ་བ།

② 'Phags pa bdud thams cad skrag par byed pa zhes bya ba

⑦ བདུད་སྐྲག་པར་བྱེད་པའི་གཟུངས་རྫོགས་སོ།

---

[1] Title from the colophon.

[2] UD འགྲུབ། STP(257)N གྲུབ། P(654) omits colophon.

[3] Title from the colophon.

[4] Title from the colophon.

[5] Title from the colophon.

No. 818 ཚ(Tsha) 265a2-265a4 Toh 798

① རྨ་འབྱོར་བར་བྱེད་པ་ཞེས་བྱ་བའི་གཟུངས་སྔགས།

② rMa 'byor bar byed pa zhes bya ba'i gzungs sngags

⑦ རྨ་འབྱོར་བར་བྱེད་པའི་གཟུངས་[1] རྫོགས་སོ།

No. 819 ཚ(Tsha) 265a5-265a6 Toh 799

① མེའི་ཟུག་རྔུ་རབ་ཏུ་ཞི་བར་བྱེད་པའི་གཟུངས།

② Me'i zug rngu rab tu zhi bar byed pa'i gzungs

No. 820 ཚ(Tsha) 265a6-265a8 Toh 800

① མཁྲིས་[2] པའི་ནད་སེལ་བའི་སྔགས།

② mKhris pa'i nad sel ba'i sngags

⑦ མཁྲིས་པའི་ནད་སེལ་བར་བྱེད་པའི་[3] གཟུངས་[4] རྫོགས་སོ།

No. 821 ཚ(Tsha) 265a8-265b2 Toh 801

① བད་ཀན་གྱི་ནད་སེལ་བའི་གཟུངས་སྔགས།

② Bad kan gyi nad sel ba'i gzungs sngags

⑦ བད་ཀན་གྱི་ནད་སེལ་བའི་གཟུངས་[5] རྫོགས་སོ།

No. 822=647 ཚ(Tsha) 265b2-265b3 Toh 802

① ཀྵ་ཡའི་ནད་སེལ་བའི་གཟུངས།[6]

② Kṣa ya'i nad sel ba'i gzungs

No. 823 ཚ(Tsha) 265b4-265b6 Toh 803

① འཕགས་པ་རིམས་དང་སྲོག་ཆགས་ཀྱིས་མི་ཚུགས་པ་ཞེས་བྱ་བ།[7]

② 'Phags pa rims dang srog chags kyis mi tshugs pa zhes bya ba

---

1 D adds སྔགས། P(679) omits colophon.

2 P(681) ཁྲིས།

3 S བར།

4 P(264) སེལ་བའི་གཟུངས་སྔགས། P(681) omits colophon.

5 ST གཟུངས་སྔགས། UP(265)ND omit སྔགས། P(682) omits colophon.

6 Title from the colophon.

7 USTP(675)N ཞེས་བྱ་བ། P(267)D ཞེས་བྱ་བའི་གཟུངས།

⑦ རིམས་དང་[1]སྲོག་ཆགས་ཀྱིས་མི་ཚུགས་པའི་གཟུངས་རྫོགས་སོ།

No. 824 ཚ(Tsha) 265b7-266a2 Toh 804

① ལུས་ཀྱི་ཟག་པ་སྦྱིན་པར་བཏང་[2]བའི་གཟུངས།

② Lus kyi zag pa sbyin par btang ba'i gzungs

⑤ Tr. Ba ri

⑦ འདི་དག་ནི་བླ་མ་རྡོ་རྗེ་གདན་པས་མདོ་རྒྱུད་ནས་ཕྱུང་སྟེ། བ་རི་ལོ་ཙཱ་བས་བསྒྱུར་བའོ།

No. 825 ཚ(Tsha) 266a2-300b6 Toh 806

① དཀྱིལ་འཁོར་ཐམས་ཅད་ཀྱི་སྤྱིའི་ཆོ་ག་གསང་བའི་རྒྱུད།

② dKyil 'khor thams cad kyi spyi'i cho ga gsang ba'i rgyud

③ སརྦ་མཎྜལ་[མཎྜ་ལ་]སཱ་མཱ་ནྱ་བི་དྷིན་[བི་དྷི་]གུ་ཧྱ་ཏནྟྲ།

④ Sarvamaṇḍalasāmānyavidhi[3]-guhyatantra

⑦ དཀྱིལ་འཁོར་ཆེན་པོ་བཀོད་པ་རིམ་པར་ཕྱེ་བ། ཕྱག་ན་རྡོ་རྗེ་དབང་ཕྱུག་ཆེན་པོ་བདག་ཉིད་ཀྱིས་བསྟན་པ། ལས་ཀྱི་[4]དཀྱིལ་འཁོར་ཐམས་ཅད་ཀྱི་སྤྱིའི་ཆོ་ག་གསང་བ་སྤྱིའི་རྒྱུད་[5]རྫོགས་སོ།

No. 826 ཚ(Tsha) 300b7-304b3 Toh 808

① བསམ་གཏན་གྱི་ཕྱི་མ་རིམ་པར་ཕྱེ་བ།[6]

② bSam gtan gyi phyi ma rim par phye ba

③ དྷྱཱ་ནོཏྟ་ར་བ་ཊ་[པ་ཊ་]ལ་ཀྲམ།[ཀྲ་མ།]

④ Dhyānottarapaṭalakrama

⑦ བསམ་གཏན་གྱི་ཕྱི་[7]མ་རིམ་པར་ཕྱེ་བ་རྫོགས་སོ། སྤྱི་[8]ཤློ་ཀ་[9]ལྔ་བཅུ་རྩ་གསུམ་མོ་སྙེད།

---

1 P(267) ནང་།

2 UTPD(1082) བཏང་། SD(804) གཏང་།

3 UT vidhin (བི་དྷིན་), SND vidhina (བི་དྷི་ན་), P vibhina (བི་བྷི་ན་), D-Cat vidhīnām, P-CatS-Cat vidhi, N-Cat vidhāna

4 PD omit ཀྱི།

5 P omits གསང་བ་སྤྱིའི་རྒྱུད།

6 UN omit བ།

7 T omits ཕྱི།

8 UN སྤྱི། STPD སྤྱིར།

9 U ཤློ་ཀ། S ཤློཿ་ཀ། TN ཤློ་ཀ། P ཤུ་ལོ་ཀ། D ཤུ་ལོ་ཀ།

## No. 827 ཚ(Tsha) 304b3-374a2 Toh 807

① ལེགས་པར་གྲུབ་པར་བྱེད་པའི་རྒྱུད་ཆེན་པོ་ལས་གྲུབ་པའི་ཐབས་རིམ་པར་ཕྱེ་བ།

② Legs par grub par byed pa'i rgyud chen po las grub pa'i thabs rim par phye ba

③ སུ་སིདྡྷི་ཀ་ར་མ་ཧཱ་ཏནྟྲ་ས[སཱ་]དྷ་ནོ་བ་མ་[ནོ་པཱ་]ཡི་ཀ་པ་ཊ་ལ།

④ Susiddhikaramahātantrasādhanopāyika[1]paṭala[2]

## No. 828 ཚ(Tsha) 374a2-405b2 Toh 805

① འཕགས་པ་དཔུང་བཟངས་ཀྱིས་[3] ཞུས་པ་ཞེས་བྱ་བའི་རྒྱུད།

② 'Phags pa dpung bzangs kyis zhus pa zhes bya ba'i rgyud

③ ཨཱརྻ་སུ་བཱ་ཧུ་པ་རི་པི་ཙྪཱ་[པ་རི་པྲི་ཙྪཱ་]ནཱ་མ་ཏནྟྲ།

④ Ārya-Subāhuparipṛcchā-nāma-tantra

⑦ འཕགས་པ་དཔུང་བཟང་གིས་[4] ཞུས་པའི་རྒྱུད་རྫོགས་སོ།

## No. 829 ཚ(Tsha) 405b2-432b4 Toh 810

① འཕགས་པ་ཡོངས་སུ་བསྔོ་[5] བའི་རྒྱལ་པོ་ཆེན་པོ་སྔགས་དང་བཅས་པ།

② 'Phags pa yongs su bsngo ba'i rgyal po chen po sngags dang bcas pa

③ ཨཱརྻ་མ་ཧཱ་པ་རི་ཎ་ཏ་[པ་རི་ཎཱ་མ་]རཱ་ཛ་ས་མནྟྲ་ཀ།

④ Ārya-Mahāpariṇāma[6]rāja samantraka

⑤ Tr. Vidyākaraprabha, Ye shes snying po, dPal brtsegs

⑦ འཕགས་པ་ཡོངས་སུ་བསྔོ་[7] བའི་རྒྱལ་པོ་སྔགས་དང་བཅས་པ་ཇི་སྙེད་པ་རྫོགས་སོ། རྒྱ་གར་གྱི་མཁན་པོ་[8] བི་དྱཱ་ཀ་ར་པྲ་བྷ་དང་།[9] ལོ་ཙྪ་བ་བནྡེ་ཡེ་ཤེས་སྙིང་པོས་བསྒྱུར། ཞུ་ཆེན་གྱི་ལོ་ཙྪ་བ་བནྡེ་དཔལ་བརྩེགས་ཀྱིས་ཞུས་ཏེ་གཏན་ལ་ཕབ་པ།

---

1 UTN(S) ས་དྷ་ནོ་བ་(པ་)མ་ཡི་ཀ་, P སཱ་དྷ་ནོ་བ་ཡི་ཀ་, D སཱ་དྷ་ནཽ་པཱ་ཡི་ཀ་

2 P omits paṭala

3 UTN བཟངས་ཀྱིས། SPD བཟང་གིས།

4 USTPND བཟང་གིས།

5 S སྔོ།

6 USTN pariṇata, P parināmana, DD-CatP-CatS-Cat pariṇāma

7 S སྔོ།

8 USN རྒྱ་གར་གྱི་མཁན་པོ། T རྒྱ་གར་གྱི་པཎྜི་ཏ། P(D) པཎ་ཊི་ཏ།(པཎྜི་ཏ།)

9 PD ཞུ་ཆེན་གྱི་ལོ་ཙྪ་བ་ཡེ་ཤེས་སྙིང་པོ་དང་། དཔལ་བརྩེགས་ཀྱིས་བསྒྱུར་ཅིང་ཞུས་ཏེ་གཏན་ལ་ཕབ་པ། after དང་།

No. 830 ཚ(Tsha) 432b4-436b5 Toh 809

① འཕགས་པ་དགོངས་པའི་རྒྱུད་ཀྱི་ཕྲེང་[1]བ་ཆེན་པོ་བྱང་ཆུབ་སེམས་དཔའི་རྣམ་པར་ངེས་པ་ཆེན་པོ་བསྟན་པ་ལས་ནོར་བུ་ཆེན་པོ་རིན་པོ་ཆེ་ལ་མཁས་པ་བསྟན་པ་ཡོངས་སུ་བསྔོ་[2]བ་ཆེན་པོའི་རྒྱལ་པོ་ཞེས་བྱ་བ།

② 'Phags pa dgongs pa'i rgyud kyi phreng ba chen po byang chub sems dpa'i rnam par nges pa chen po bstan pa las nor bu chen po rin po che la mkhas pa bstan pa yongs su bsngo ba chen po'i rgyal po zhes bya ba

③ ཨཱརྻ་སན་དྷི་[སནྡྷི་]མཱ་ལ་[ལཱ་]མ་ཧཱ་ཏནྟྲ་བོ་དྷི་[བོ་དྷི་]སཏྭ་[སཏྭ་]མ་ཧཱ་བི་ནི་ཤྩ་ཡ་[བི་ནི་ཤྩ་ཡ་]ནིར་དེ་ཤཱ་ད་[ནིརྡེ་ཤཱད་]མ་ཧཱ་མ་ཎི་རཏྣ་ཀཽ་ཤལ་ལྱ་[ཀཽ་ཤལྱ་]ནིར་དེ་[ནིརྡེ་]ཤ་མ་ཧཱ་པ་རི་ཎ་[ཎཱ་]མ་ནཱ་མ་རཱ་ཛ།

④ Ārya-Sandhimālā[3]mahātantrabodhisattva-mahāviniścayanirdeśād mahāmaṇiratna-kauśalya[4]nirdeśamahāpariṇāma[5]-nāma-rāja

⑤ Tr. Dharmākara, dPal 'byor

⑥ Rev. Vidyākaraprabha, dPal brtsegs

⑦ འཕགས་པ་དགོངས་པའི་རྒྱུད་ཀྱི་ཕྲེང་[6]བ་ཆེན་པོ་བྱང་ཆུབ་སེམས་དཔའི་རྣམ་པར་ངེས་པ་ཆེན་པོ་བསྟན་པ་ལས་ནོར་བུ་ཆེན་པོ་རིན་པོ་ཆེ་ལ་མཁས་པ་བསྟན་པ་ཡོངས་སུ་བསྔོ་[7]བ་ཆེན་པོའི་རྒྱལ་པོ་རྫོགས་སོ། ཁ་ཆེའི་མཁན་པོ་དྷརྨ་ཀ་ར་དང་། ལོ་ཙྪ་བ་བནྡེ་དཔལ་འབྱོར་གྱིས་བསྒྱུར་བ་ལས་[8]རྒྱ་གར་གྱི་མཁན་པོ་བི་དྱ་ཀ་ར་པྲ་བྷ་དང་། ཞུ་ཆེན་གྱི་ལོ་ཙྪ་བ་བནྡེ་དཔལ་བརྩེགས་ཀྱིས་[9]ཞུས་ཏེ་གཏན་ལ་ཕབ་པ།

No. 831 ཚ(Tsha) 436b5-441a6 Toh 242

① འཕགས་པ་ཡོངས་སུ་བསྔོ་[10]བའི་འཁོར་ལོ་ཞེས་བྱ་བ་ཐེག་པ་ཆེན་པོའི་མདོ།

② 'Phags pa yongs su bsngo ba'i 'khor lo zhes bya ba theg pa chen po'i mdo

---

1 UTPD ཕྲེང་། S འཕྲེང་།

2 S སྔོ།

3 USTPD māla

4 UST ཀཽ་ཤལ་ལྱ་, P ཀཽ་ཤལ་ལྱ་, D ཀཽ་ཤལྱ་

5 UT pariṇama, S pariṇamana, P pariṇāmana, D pariṇāmam

6 UTPD ཕྲེང་། S འཕྲེང་།

7 S སྔོ།

8 P omits བ་ལས།

9 PD add བསྒྱུར་ཅིང་།

10 S སྔོ།

③ ཨཱརྱ་པ་རི་ཎ་ཏ་ཙཀྲ་ན་མ་ཧཱ་ཡ་ན་[ཙཀྲ་ནཱ་མ་མ་ཧཱ་ཡཱ་ན་]སཱུ་ཏྲ།

④ Ārya-Pariṇatacakra-nāma[1]-mahāyānasūtra

⑤ Tr. Śīladharma, rNam par mi rtog

⑦ ཡོངས་སུ་བསྔོ་[2]བའི་འཁོར་ལོ་ཞེས་བྱ་བ་ཐེག་པ་ཆེན་པོའི་མདོ་རྫོགས་སོ། ཞིའི་དགེ་སློང་སྡེ་སྣོད་གསུམ་དང་ལྡན་པ་ཤཱི་ལ་དྷརྨས། རྒྱ་གར་གྱི་དྷརྨ་རྒྱའི་ཡི་གེ་ལས། བཙུན་རྣམ་པར་མི་རྟོག་གིས་བསྒྱུར་བའོ།

## No. 832=376 ཚ(Tsha) 441a6-441b6 Toh 822

① དེ་བཞིན་གཤེགས་པ་ལྔའི་བཀྲ་ཤིས་ཚིགས་སུ་བཅད་པ།[3]

② De bzhin gshegs pa lnga'i bkra shis tshigs su bcad pa

③ པཉྩ་ཏ་ཐཱ་ག་ཏ་མཾ་ག་ལ་[མངྒ་ལ་]གཱ་ཐཱ།

④ Pañcatathāgatamaṅgala-gāthā

## No. 833 ཚ(Tsha) 441b6-442a7 Toh 827

① དཀོན་མཆོག་གསུམ་གྱི་བཀྲ་ཤིས་ཀྱི་ཚིགས་སུ་བཅད་པ།

② dKon mchog gsum gyi bkra shis kyi tshigs su bcad pa

③ རཏྣ་ཏྲི་[རཏྣ་ཏྲ་ཡ་]སྭ་སྟི་གཱ་ཐཱ།

④ Ratnatraya[4]svasti-gāthā

⑤ Tr. Jinamitra, Ye shes sde

⑦ དཀོན་མཆོག་གསུམ་གྱི་བཀྲ་ཤིས་ཀྱི་ཚིགས་སུ་བཅད་པ། བཅོམ་ལྡན་འདས་ཀྱིས་ཁྱིམ་བདག་དེས་པ་ལ་གསུངས་པ་རྫོགས་སོ། རྒྱ་གར་གྱི་མཁན་པོ་ཛི་ན་མི་ཏྲ་དང་། ཞུ་ཆེན་གྱི་ལོ་ཙྪ་བ་བནྡེ་ཡེ་ཤེས་སྡེས་བསྒྱུར་ཅིང་ཞུས་ཏེ་གཏན་ལ་ཕབ་པའོ།[5]

---

[1] UN pariṇatacakrana, SD(T) pariṇataca(ā)kranāma, P parināmanacakranāma

[2] S སྔོ།

[3] Cf. No. 376

[4] USTD ratnatri, PN radnatri, D-Cat(827)S-CatN-Cat ratnatraya, D-Cat(1108) triratna, P-Cat ratnatri(*sic*)

[5] TP(450, 729)N add (Dhā, AW, prayer) after ཕབ་པའོ།, cf. Appendix.

# Appendix

## Notes

1. Tibetan transliteration system of romanization: See p. 333.
2. The table of the contracted writings (བསྡུས་ཡིག།): See pp. 334–335.
3. No. 541 D 514=854 P 149=479 add colophon <D 514> རྒྱ་གར་གྱི་མཁན་པོ་ … ཕབ་པ། after རྫོགས་སོ། means having described the sentence of <D 514> as it was without comparing D 514, D 854, P 149, and P 479.
4. N 1: N-Cat No. 1

# Appendix

**Tibetan transliteration system of romanization**

| ཀ | ཁ | ག | ང | ཅ | ཆ | ཇ | ཉ | ཏ | ཐ | ད | ན | པ | ཕ | བ | མ |
|---|---|---|---|---|---|---|---|---|---|---|---|---|---|---|---|
| ka | kha | ga | nga | ca | cha | Ja | nya | ta | tha | da | na | pa | pha | ba | ma |
| ཙ | ཚ | ཛ | ཝ | ཞ | ཟ | འ | ཡ | ར | ལ | ཤ | ས | ཧ | ཨ | ཨི | ཨུ |
| tsa | tsha | dza | wa | zha | za | 'a | ya | ra | la | sha | sa | ha | a | i | u |
| ཨེ | ཨོ | ཊ | ཋ | ཌ | ཎ | ཥ | ཀྵ | ཨཱ | ཨཱི | ཨཱུ | ཨཻ | ཨཽ | | | |
| e | o | ṭa | ṭha | ḍa | ṇa | ṣa | kṣa | ā | ī | ū | ai | au | | | |

Example:

གཡོ་ g.yo 242, 463, 465, 522, 657

འགྱོད་ 'gyod 203, 272

གྱོན་ gyon 757

-----------------------------------------------

གཎ་ཌིའི་ Gaṇ ḍi'i 196, 329

སཱ་ལུ་ sā lu 240

ཨཱ་རྱ་བྱཱ་ཀ་ར་ཎའི་ Ā rya byā ka ra ṇa'i 320

ཤཱཀྱ་ཐུབ་པ་ shākya thub pa 323; ཤཱཀྱ་ཐུབ་པའི་ shākya thub pa'i 559

ཨཱ་ར་ལིའི་ ā ra li'i 457; ཨཱ་ར་ལི་ ā ra li 458

བཻ་ཌཱུརྻའི་ bai ḍūrya'i 239=531, 531=239, 532

ཀྵ་ཡའི་ Kṣa ya'i 647=822, 822=647

ནཱི་ལ་ཀཎྛ་ nī la kaṇṭha 722

-----------------------------------------------

གངྒའི་ gangga'i 63(31)

ཀོའུ་ཤི་ཀ་ ko'u shi ka 580

ཤོ་ལོ་ཀ་ Sho lo ka 732, 733, 734, 735, 736

-----------------------------------------------

ཤཱཀྱ་ཡེ་ཤེས་ Shākya ye shes (Tibetan name) 414–443, 445, 446, 449, 450, 457, 458, 743

ཤཱཀྱ་བློ་གྲོས་ Shākya blo gros (Tibetan name) 159, 347, 570

ཤཱཀྱ་པྲ་བྷ་ Śākyaprabha (Sanskrit name) 120, 132, 200, 214, 232, 585

ཤཱཀྱ་སིང་ཧ་ Śākyasiṅha (Sanskrit name) 112

### The table of the contracted writings (བསྡུས་ཡིག)

| | Contracted writings | Normal expanded form | Notes:<br>210c: No. 210 colophon<br>161t: No. 161 title |
|---|---|---|---|
| 1 | སྐྱབསྶུ། | སྐྱབས་སུ། | 245t, 245c |
| 2 | མཁའགྲོ། | མཁའ་འགྲོ། | 405c, 406t, 406c |
| 3 | བགྱྶི། | བགྱིས། | 288c, 392c |
| 4 | རྗེསྶུ། | རྗེས་སུ། | 130t, 237t, 237c, 282t, 369t |
| 5 | ཉམསོ། | ཉམས་སོ། | 385c |
| 6 | ཏིངེ་། | ཏིང་ངེ་། | 115c, 116t, 116c, 121t, 122c, 123c, 157t |
| 7 | གཏོགསོ། | གཏོགས་སོ། | 102c |
| 8 | ཐདཾ། | ཐམས་ཅད། | 283c |
| 9 | རྡོ། | རྡོ་རྗེ། | 488t |
| 10 | ནམཁའ། | ནམ་མཁའ། | 210c, 380c |
| 11 | ནམཁའི། | ནམ་མཁའི། | 161t, 161c, 380c |
| 12 | གནསྶུ། | གནས་སུ། | 244t |
| 13 | པཱི། | པའི། | 411c |
| 14 | ཕུངྤོ། | ཕུང་པོ་ | 164t |
| 15 | འཕགྶ། | འཕགས། | 76c, 115t, 122c, 147t, 174c, 256t, 270c |
| 16 | བྱམྶ། | བྱམས། | 368t |

| | | | |
|---|---|---|---|
| 17 | བྱཾས། | བྱམས། | 73t |
| 18 | བྱསོ། | བྱས་སོ། | 406c |
| 19 | བརྩེགྶ། | བརྩེགས། | 82c |
| 20 | ཚངྶ། | ཚངས། | 212c |
| 21 | ཚོགསུ། | ཚོགས་སུ། | 246t, 247t, 307t, 374t, 374c, 375t, 376t |
| 22 | རྫོགསོ། | རྫོགས་སོ། | 93 places (རྫོགས་སོ།: 186 places) |
| 23 | རྫོགསྟོ། | རྫོགས་སྟོ། | 46 places (རྫོགས་སྟོ།: 150 places) |
| 24 | རྫོགསྦོ། | རྫོགས་སྦོ། | 6 places (རྫོགས་སྦོ།: 31 places) |
| 25 | ཞབསུ། | ཞབས་སུ། | 381c |
| 26 | ཞེྶ། | ཞེས། | 61c, 118t |
| 27 | ཡིས། | ཡེ་ཤེས། | 143c, 251c, 254c |
| 28 | ཡོངསུ། | ཡོངས་སུ། | 119c, 143c, 206c, 314t, 314c, 371t(2), 372c(2), 373t, 379t, 395c |
| 29 | ཡོནྟན། | ཡོན་ཏན། | 406c |
| 30 | ལགྶ། | ལགས། | 393c |
| 31 | ལགསོ། | ལགས་སོ། | 207c |
| 32 | ལུགྶ། | ལུགས། | 146c |
| 33 | སངྒྱས། | སངས་རྒྱས། | 335c |
| 34 | གསུམོ། | གསུམ་མོ། | 54c |

No. 5 P 1030 adds དགེའོ།། །།བཀྲ་ཤིས་སོ།། after ཕལ་པའོ།

N 1 adds བཀྲིས། after ཤོག

D 1 adds ༎ཡེ་དྷརྨཱ་ཧེ་ཏུ་པྲ་བྷ་ཝཱ་ཧེ་ཏུནྟེ་ཥཱནྟ་ཐཱ་ག་ཏོ་ཧྱ་བ་དཏ། ཏེ་ཥཱཉྩ་ཡོ་ནི་རོ་དྷ་ཨེ་ཝཾ་ཝཱ་དཱི་མ་ཧཱ་ཤྲ་མ་ཎཿ། after ཡིན་ནོ།།

No. 6 PD colophon:

D 6 (འདུལ་བ། ད། 332a5-333a7), P 1035 (འདུལ་བ། ནེ། 315a3-316a8):

འདུལ་བ་ཕྲན་ཚེགས་ཀྱི་གཞི་རྫོགས་སོ།། །།རྒྱ་གར་གྱི་མཁན་པོ་བི་དྱཱ་ཀ་ར་པྲ་བྷ་དང་། དྷརྨ་ཤྲཱི་པྲ་བྷ་དང་། ལོ་ཙྪ་བ་བན་དེ་དཔལ་འབྱོར་གྱིས་བསྒྱུར།། །།འདུལ་བ་ལུང་ཕྲན་ཚེགས་ཀྱི་གཞི་སྒྱུར་བའི་དུས་སུ་ལོ་ཙྪ་བ་མང་པོས་དུས་ཕྱ་མང་པོར་བགོས་ཏེ་སོ་སོར་ཐ་དད་དུ་བསྒྱུར་བས་གླེགས་བམ་དུ་སྡོམ་པའི་དུས་སུ་གནས་ཐ་དད་དུ་འཐོར་ནས་མ་ཚང་བཞིན་དུ་བསྡེབས་པས། ལུང་ཕྲན་ཚེགས་ཕལ་ཆེ་བ་མ་ཚང་བར་བཞུགས་པ་ལ། སླད་ཀྱིས་ལ་སྟོད་འོལ་ཀོད་ཀྱི་གཙུག་ལག་ཁང་དུ་གནས་བརྟན་དར་མ་སེང་གེས་ལུང་སྡེ་བཞི་བཞེངས་པའི་ཚེ་དགེ་བའི་བཤེས་གཉེན་འདུལ་བ་འཛིན་པ་ཞིང་མོ་ཆེ་བ་བྱང་ཆུབ་སེང་གེས་ཕྱག་ལེན་མཛད་ནས་སྤྱིར་དབུས་གཙང་གི་གཙུག་ལག་ཁང་རྣམས་ན་བཞུགས་པ་དང་། །ཁྱད་པར་དུ་བསམ་ཡས་མཆིམས་ཕུ་ནས་དགས་ཆུང་པ་དང་། དགེ་སློང་ཚུལ་ཁྲིམས་ཡོན་ཏན་གྱིས་རྙེད་པའི་ལུང་རྣམས་དཔེ་ཡོན་དང་འབད་རྩོལ་ཆེན་པོས་བཙལ་ཏེ། དེ་དག་ལ་གཏུགས་པས། ལུང་ཕྲན་ཚེགས་ཁ་ཅིག་ལ་མི་བཞུགས་པ། ཁ་ཅིག་ལ་བཞུགས་པ་རྣམས་ཀྱིས་བསྣངས་ནས་བསབས་པ་ནི་བམ་པོ་སུམ་བཅུ་རྩ་གསུམ་པའི་དབུ་སྣ་ན་ཆེན་པོའི་གཏམ་རྒྱུད་ཀྱི་སྐབས་ནས། སྣ་ཆེན་པོས་སྨྲས་པ། གལ་ཏེ་དེ་ལྟ་ན་སྐྱུགས་ཤིག་དང་། བདེན་ནམ་བརྫུན་བལྟའོ་ཞེས་སྨྲས་པ་དང་ཞེས་བྱ་བ་ནས་བམ་པོ་སུམ་ཅུ་རྩ་བཞི་པའི་དབུ། ཇི་ཙམ་ན་དེ་གྲོང་ཁྱེར་ནས་བྱུང་བ་དང་། བྲམ་ཟེ་མོང་རྒྱལ་ཞེས་བྱ་བས་གོས་ཀྱི་མཐའ་མ་ནས་འཛུས་ནས་ཞེས་བྱ་བའི་བར་དུ་བམ་པོ་གཅིག་ཆད་པ་བསྣངས།། །།སྡོམ་ནི། དཔང་སྣ་ན་གྱིས་དེ་བཞིན་ནོ་ཞེས་བྱ་བའི་འོག་ཏུ་ཡིག་ཚར་གཅིག་ཆད་པ་བསྐྱངས། དེ་ནས་བམ་པོ་སུམ་བཅུ་རྩ་བཞི་བའི་སྣད་ནི་ཅོ་སྦྱོད་གསལ་གྱི་སྐབས་རྫོགས་པའི། ཨེ་མའོ་འདི་ལྟར་ཁྱོད་མཁས་པ་ཤ་སྟག་དང་ཕྲང་པ་ནི་བསོད་ནམས་དང་ལྡན་ནོ་ཞེས་སྨྲས་སོ། །ཞེས་བྱ་བ་ནས་བམ་པོ་བཞི་བཅུ་རྩ་གསུམ་པའི་སྟོད།། །།སྤྱིའི་སྡོམ་ནི། དགེ་སློང་མའི་བཀུར་སྟི་བྲི་ཞེས་བྱ་བའི་བར་དུ་བམ་པོ་སུམ་བཅུ་རྩ་བཞི་པའི་སྨད་ནས་བཞི་བཅུ་རྩ་གསུམ་པའི་སྟོད་ཀྱི་བར་བམ་པོ་དགུ་ཆད་བསྣངས། སྡོམ་ཚིག་དེའི་འོག་ཏུ་སྡོམ་ཚིག་ཡིག་ཚར་གཅིག་ཆད་པ་བསྣངས། དེ་ནས་བམ་པོ་བཞི་བཅུ་རྩ་དྲུག་པའི་མཇུག །བྲམ་ཟེའི་ཁྱེའུ་མ་སྟག་གི་གླེང་གཞིའི་སྐབས་ཀྱི། དགེ་སྦྱོང་རྣམས་ཀྱི་ཡོན་པོའི་སྦྱང་གྱི་ལོག་པའི་འཚོ་བ་དེ་ལྟ་བུ་ལས་སླར་ལོག་པ་ཡིན་ནོ་ཞེས་བྱ་བ་ནས། བམ་པོ་བཞི་བཅུ་རྩ་བརྒྱད་པའི་དབུ། དེ་ནས་དེའི་ཚེ། བྲམ་ཟེ་པད་མའི་སྙིང་པོ་ཁྲིམ་མཆོག་གིས་མཐོན་པོ་ཞིག་ན་ཤས་ཆེ་བའི་བྲམ་ཟེ་ཀུན་རབས་རྣམས་དང་ལྷན་ཅིག་འདུས་ཤིང་འཁོད་པར་གྱུར་ཏོ་ཞེས་བྱ་བའི་བར་དུ་བམ་པོ་བཞི་བཅུ་རྩ་བདུན་པ་ཆད་པ་བསྣངས་སོ། །དེ་ནས་བམ་པོ་ལྔ་བཅུ་པའི་མཇུག །ཀུན་དགའ་བོ་ལ་གདམས་པའི་སྐབས་ཀྱི། ཀུན་དགའ་བོ་དགེ་སློང་འདི་ལྟ་བུ་ནི་བདག་ཉིད་གླིང་དང་། བདག་ཉིད་སྐྱབས་དང་། ཆོས་ཀྱི་གླིང་དང་། ཆོས་ཀྱི་སྐྱབས་ཀྱིས་གནས་པར་བྱའི། གླིང་གཞན་དང་། སྐྱབས་གཞན་གྱིས་ནི་མ་ཡིན་ནོ་ཞེས་བྱ་བ་ནས་བམ་པོ་ལྔ་བཅུ་གཉིས་པའི་སྟོད།། །།བར་སྡོམ་ནི། ཙ་པ་ལ་དང་ཆོའི་འདུ་བྱེད་མཛད་ཅེས་བྱ་བའི་བར་དུ་བམ་པོ་གཅིག་ཆད་པ་བསྣངས་ཏེ། སྤྱིར་བསྡོམས་ན་བམ་པོ་བཅུ་གཉིས་དང་། སྡོམ་ཚིག་ཡིག་ཚར་གཉིས་ཆད་པ་བསྣངས་པ་གང་ཡིན་པ་དེ་ཉིད་གངས་ཅན་གྱི་རྒྱུད་ཀྱི་གནས་བརྟན་ཆེན་པོ་སྡོམ་བརྩོན་མཁས་པ་རྣམས་ཀྱི་གཙུག་གི་ནོར་བུར་གྱུར་ཅིང་། འདུལ་བ་དང་། མདོ་སྡེ་དང་། སྡེ་སྣོད་ཀྱི་མ་མོ་འཛིན་པ་ཤཱཀྱའི་དགེ་སློང་ཤེས་བྱའི་ནམ་མཁའ་ལ་མཁྱེན་པའི་

དཀྱིལ་འཁོར་རྒྱས་ཤིང་། སྙན་གྲགས་ཀྱི་འོད་ཟེར་གྱིས། ཕྱོགས་ཀུན་ཁྱབ་པར་གྱུར་པ་མཆིམས་ཐམས་ཅད་མཁྱེན་པས། ལ་སྟོད་འོལ་ཀོད་ཀྱི་གཙུག་ལག་ཁང་ནས་དཔེ་ཕྱི་གདན་དྲངས་ནས་བསྟན་པའི་འབྱུང་གནས་དཔལ་སྣར་ཐང་གི་གཙུག་ལག་ཁང་དུ་ལུང་སྡེ་བཞི་ཚང་ལ་དག་པར་བཞེངས་ཤིང་། དེ་ཉིད་ལ་དཔེ་ཕྱི་བྱས་ཤིང་། ཁྱད་པར་དུ་འང་མ་ཚང་བ་ཁ་བསྐངས་པའི་ཕྲན་ཚེགས་དེ་ཉིད་ལ་དཔེ་ཕྱི་བྱས་ནས། ཤཱཀྱའི་དགེ་སློང་འཇམ་པའི་དབྱངས་ཀྱིས་བཞེངས་པའི་བཀའ་འགྱུར་དཔེ་ཕྱི་ལ་གདན་དྲངས་ནས། དཔལ་ལྡན་རྒྱལ་བའི་ཡིས། རྒྱལ་བའི་བསྟན་པ་ཕྱོགས་དུས་ཀུན་དུ་དར་ཞིང་རྒྱས་པར་བྱ་བའི་ཕྱིར། ཐུབ་པ་ཆེན་པོའི་བཀའ། ལུང་གཞི་དང་། དགེ་སློང་ཕ་མའི་རྣམ་འབྱེད་རྣམ་པ་གཉིས་དང་། གཞུང་བླ་མ་རྣམས་ཀྱི་མ་ཚང་བ་ཁ་བསྐོང་བར་བྱེད་པའི་ལུང་ཕྲན་ཚེགས་འདི་དག་ཅིང་ཚང་བར་དཔལ་གུང་ཐང་གི་གཙུག་ལག་ཁང་དུ་བཞེངས་སོ། །སླད་ནས་ལུང་བཞེངས་པ་རྣམས་ཀྱིས་ཀྱང་བམ་པོའི་གྲངས་དབུ་ནས་རིམ་པ་བཞིན་དུ་གྲངས་འདི་བཞིན་དུ་བྲི་བར་བྱའོ།།

No. 7 D(P) colophon ལུང་ཞུ་བ་ཆུང་དུ་ཞེས་བྱ་བ། བམ་པོ་བཅུ་གཉིས་པ་རྫོགས་སོ(སྷོ)།། … དཔལ་གུང་ཐང་གི་གཙུག་ལག་ཁང་དུ་ལེགས་པར་བཞེངས་སོ།།:

D 7 (འདུལ་བ། ན། 91a2-92a7), P 1036 (འདུལ་བ། པེ། 85b5-87a2)

ལུང་ཞུ་བ་ཆུང་དུ་ཞེས་བྱ་བ། བམ་པོ་བཅུ་གཉིས་པ་རྫོགས་སོ(སྷོ)།། །།འདུལ་བ་གཞུང་དམ་པའམ་བླ་མའི་སྟོད་ལྟུང་བྱེད་འབའ་ཞིག་པའི་བཅུ་ཚན་གཉིས་པ་རིམ་པ་གཉིས་སུ་རྫིག་པ་ཡན་ཆད་ཀྱི་ཞུས་ལན་ཡོད་པའི་ཞུ་བ་མ་རྫོགས་པ་བམ་པོ་བཅུ་གཉིས་པ་འདི་དང་། གཞུང་དམ་པ་སྟོད་ན་ཞུ་བ་རྫོགས་པ་ཞེས་གྲགས་པ་རྣམ་འབྱེད་ཀྱི་ལྟུང་བ་སྡེ་ཚན་དང་པོ་བཞི་དང་། གཞི་བཅུ་བདུན་གྱི་ཞུ་བ་རྫོགས་པ་དང་། འདུལ་བྱེད་ལ་སོགས་པ་སྡེ་ཚན་བཅུ་གཅིག་གིས་བསྡུས་པ་བམ་པོ་ལྔ་བཅུ་རྩ་གསུམ་པ་གཉིས་ཀ་ལོ་ཙྪ་བ་བན་དེ་ཀླུའི་རྒྱལ་མཚན་ལ་སོགས་པའི་དུས་སུ་འགྱུར་མོད་ཀྱི། ཞུ་བ་མ་རྫོགས་པའི་དཔེ་དེ་བོད་དུ་མ་དར་ཞིང་སྔོན་གྱི་དུས་སུ་ཞུ་བ་རྫོགས་པའི་ཡི་གེ་མ་དག་པ་ལ་བརྟེན་ནས། ལག་ལེན་ལ་འཁྲུལ་པ་མང་པོ་བྱུང་བ་ལས། ཕྱིས་ལ་སྟོད་ཀྱི་འོལ་ཀོད་ཀྱི་གཙུག་ལག་ཁང་དུ་གནས་བརྟན་དར་མ་སེང་གེས་ལུང་སྡེ་བཞི་དགེ་སློང་མའི་རྣམ་འབྱེད་དང་བཅས་པ་བཞེངས་པའི་དུས་སུ་དགེ་བའི་བཤེས་གཉེན་ཞིང་མོ་ཆེ་བ་བྱང་ཆུབ་སེང་གེས་དབུས་གཙང་གི་གཙུག་ལག་ཁང་རྣམས་སུ་ཞུ་བ་མ་རྫོགས་པ་ཚོལ་དུ་བཏང་བ་ལས་སླད་ཀྱིས་བསམ་ཡས་མཆིམས་ཕུ་ནས་དགས་ཆུང་བ་དང་། དགེ་སློང་ཚུལ་ཁྲིམས་ཡོན་ཏན་གྱིས་རྙེད་པ། ཤཱཀྱའི་དགེ་སློང་འདུལ་བ་འཛིན་པ་ཆེན་པོ་དབང་ཕྱུག་ཚུལ་ཁྲིམས་ཀྱི་སྙན་དུ་བརྫས་ནས་བཞེངས་སུ་བཏང་བས་དཔེ་ཕྱི་ལ་ཤིན་ཏུ་དོག་པར་བྱུང་བ་ལ་དཔེ་ཡོན་མང་པོ་ཕུལ་ནས་བཞེངས་ཏེ། ལག་ལེན་མི་མཐུན་པ་ཐམས་ཅད་ཀྱི་སྒྲོ་འདོགས་དེ་ར་ཆོད་དོ། །དེ་ལྟར་དཀའ་བ་མང་པོས་བསྒྲུབས་པས་སྟོན་དཔེ་ལ་ཤིན་ཏུ་དོག་མོད་ཀྱི། སླད་ཀྱིས་དར་ཞིང་རྒྱས་པར་མཛད་དེ་འགྲོ་བ་ཡོངས་ལ་ཕན་བཏགས་སོ། །འདི་ར་ཁ་ཅིག་མ་རྫོགས་པ་ནི་གཞུང་བླ་མ་ཡིན་ལ། རྫོགས་པ་ནི་གཞུང་དམ་པ་ཡིན་ནོ་ཞེས་ཟེར་བ་ནི་མི་རིགས་ཏེ། ཨུཏྟ་ར་ཞེས་པ་བླ་མ་དང་། དམ་པ་གཉིས་ཀར་འགྱུར་བའི་ཕྱིར་རོ། །དེ་ལྟར་ཞུ་བ་མ་རྫོགས་པ་དང་། རྫོགས་པ་གཉིས་བཞུགས་ཀྱང་མ་རྫོགས་པ་འདི་རྒྱུད་པའི་གཞུང་ཡང་ཤིན་ཏུ་དག་ཅིང་། སློབ་དཔོན་དགེ་ལེགས་བཤེས་གཉེན་གྱི་འགྲེལ་བའང་ད་ལྟ་མ་རྫོགས་པའི་འགྲེལ་བར་བྱུང་བས་དེ་གཉིས་མི་མཐུན་པ་བྱུང་ན་ཞུ་བ་མ་རྫོགས་པ་ལ་བརྟེན་པར་བྱའོ། །དེ་ལྟར་ཞུ་བ་གཉིས་ལ་དག་མ་དག་འབྱུང་བའི་རྒྱུ་མཚན་ནི་ལུང་ཞུ་བའི་འགྲེལ་པ་ལས། སྟོན་པ་འདས་པའི་གསུང་རབ་ལ་བྲམ་ཟེ་རྒྱལ་པོ་རྒྱལ་བཤེས་ཞེས་བྱ་བ་བསྟན་པ་ལ་སྡང་བ་ཞིག་བྱུང་བར་གྱུར་ནས། དེས་བསྟན་པ་ལ་གནོད་པ་མང་པོ་བྱས་པར་གྱུར་ཏེ། མཆོད་རྟེན་དག་ཀྱང་བཤིག །དགེ་འདུན་གྱི་ཀུན་དགའ་ར་བ་དག་ཀྱང་བསྲེགས། དགེ་སློང་རྣམས་ཀྱང་བསད། སངས་རྒྱས་ཀྱི་བཀའི་གླེགས་བམ་རྣམས་ཀྱང་ཕུང་པོར་བཅེར་ནས་བསྲེགས་སོ། །དེ་ནས་རིམ་གྱིས་དགེ་སློང་

རྣམས་ཀྱིས་ཡུལ་དང་གནས་སྣ་ཚོགས་དག་ནས་སྡེ་སྣོད་གསུམ་གྱི་གླེགས་བམ་ཐམས་ཅད་བསྡུས་ནས་བཅོམ་བརླག་ཏུ་ཡང་དག་པར་བསྡུ་བ་བྱས་ཏེ། གཞུང་བླ་མའི་གླེགས་བམ་ནི་མ་རྙེད་དོ། །དེ་དག་གིས་འདི་ལྟར་ཁ་ཆེ་བའི་ཡུལ་ན་དགེ་སློང་ཞིག་གཞུང་བླ་མ་འཛིན་ཏོ་ཞེས་ཐོས་ནས། དེ་དག་དེའི་ཕྱིར་ཁ་ཆེའི་ཡུལ་དུ་དོང་སྟེ། དེའི་དྲུང་དུ་ཕྱིན་ནས་སྨྲས་པ། ཁོ་བོ་ཅག་གིས་ཁྱོད་གཞུང་བླ་མ་འཛིན་ཏོ་ཞེས་ཐོས་པ་གང་ཡིན་པ་དེ་ཇེ་ཁ་ཏོན་གྱིས་ཤིག །དེས་སྨྲས་པ། ཅུང་ཟད་ཅིག་ནི་དྲན། ཅུང་ཟད་ཅིག་ནི་མི་དྲན་ནོ། །དེ་ནས་དེ་དག་གིས་ཇི་ལྟ་བུ་ཞིག་དྲན་པ་དེ་ཁོ་ན་བཞིན་དུ་སློས་ཤིག་ཅེས་སྨྲས་པ་དང་། དེས་དེ་ཁོ་ན་བཞིན་དུ་ཁ་ཏོན་བྱས་སོ། །དགེ་སློང་རྣམས་ཀྱིས་ཀྱང་རེ་ཞིག་གཞུང་བསྡུ་བར་བྱ་སྟེ། ཕྱིས་ཚིག་དང་ཚིག་གི་དོན་རྣམ་པར་དབྱེད་པའི་སྒོ་ནས་སྦྱར་བར་བྱའོ་སྙམ་དུ་བསམས་ནས་བྲིས་པ་ལས་ཕྱིས་འཕྲུལ་གྱི་བྱ་བས་རྣམ་པར་གཡེངས་ནས་དུས་རིང་མོ་ཞིག་གི་བར་དུ་ཇི་ལྟ་བ་བཞིན་དུ་མ་སྦྱར་རོ། །དགེ་སློང་གཞན་དག་ཀྱང་ཡུལ་གཞན་དག་ན་གཞན་དུ་འདོན་པར་གྱུར་ཏོ་དེ་ཉིད་ཀྱི་ཕྱིར་ཡང་དག་པར་བསྡུས་པའི་གཞི་པོ་ཉམས་པས་གཞུང་བླ་མ་འདི་ལ་འདོན་པ་ཡང་རྣམ་པ་དུ་མ་སྟེ། དེའི་ཕྱིར་བཙུན་པ་ཡོན་ཏན་འོད་ཀྱིས་འདུལ་བའི་བཤད་པ་ལས་ཡང་དང་ཡང་དུ་ཞུས་པ་ལ་ལ་ལས་འདི་སྐད་དུ་འབྱུང་ངོ་ཞེས་བཤད་དོ། །དེ་བས་ན་འཕགས་པ་ཉེ་བ་འཁོར་གྱིས་ཞུས་པ་ཁ་ཆེ་བ་ཞེས་བྱ་སྟེ་ཞེས་འབྱུང་བས་ཞུ་བ་རྫོགས་པ་དང་བཅས་པའི་གཞུང་བླ་མ་ནི་ཡང་དག་པར་བསྡུས་པའི་གཞི་པོ་ཉམས་པས་མ་དག་ཅིང་ཞུ་བ་མ་རྫོགས་པ་ནི་ཡུལ་དབུས་ཀྱི་དགེ་སློང་འགའ་ཞིག་གི་བློ་ལ་སྣང་བའམ། མེས་མ་ཚིག་པར་ཕྱིས་ཐལ་བའི་གསེབ་ནས་རྙེད་པར་གྲགས་པས་དང་པོའི་གཞུང་མ་ཉམས་པ་ཉིད་ཡིན་པས་ཤིན་ཏུ་དག་གོ། །དེའི་ཕྱིར་དེ་ལྟ་བུའི་དག་ཅིང་དཀའ་བ་མང་པོས་བསྒྲུབས་པ་འཕགས་པ་གནས་བརྟན་ཆེན་པོ་རྣམས་དང་། གཞན་ཡང་མཁས་པ་རྣམས་ཀྱིས་ཡུལ་དབུས་ཀྱི་གྲོང་ཁྱེར་ཆེན་པོ་བཅོམ་བརླག་ཏུ་བསྡུས་པའི་ལུང་ཞུ་བ་མ་རྫོགས་པ་འདི་གངས་ཅན་གྱི་རྒྱུད་ཀྱི་གནས་བརྟན་ཆེན་པོ་སློམ་བརྩོན་མཁས་པ་རྣམས་ཀྱི་གཙུག་གི་ནོར་བུར་གྱུར་ཅིང་། །འདུལ་བ་དང་། མདོ་སྡེ་དང་། སྡེ་སྣོད་ཀྱི་མ་མོ་འཛིན་པ་ཤེས་བྱའི་ནམ་མཁའ་ལ་མཁྱེན་པའི་དཀྱིལ་འཁོར་རྒྱས་ཤིང་སྙན་གྲགས་ཀྱི་འོད་ཟེར་གྱིས་ཕྱོགས་མ་ལུས་པ་ཁྱབ་པ་མཆིམས་ཐམས་ཅད་མཁྱེན་པས་ལ་སྐྱོད་འོལ་ཀོད་ཀྱི་གཙུག་ལག་ཁང་ནས་དཔེ་ཕྱི་གདན་དྲངས་ནས། བསྟན་པའི་འབྱུང་གནས་དཔལ་སྣར་ཐང་གི་གཙུག་ལག་ཁང་དུ་བཞེངས་སོ། །དེ་ཉིད་ལ་དཔེ་ཕྱི་བྱས་ནས་ཤཱཀྱའི་དགེ་སློང་འཛམ་པའི་དབྱངས་ཀྱིས་དཔལ་སྣར་ཐང་གི་གཙུག་ལག་ཁང་དུ་བཞེངས་ཤིང་། དེ་ཡང་འདིར་གཞུང་བླ་མའི་སྟོད་ཞུ་བ་མ་རྫོགས་པ་འདི་ཁ་ཆེ་བའི་དགེ་སློང་ལས་རྙེད་པའི་གཞུང་དམ་པའི་ཞུ་བ་རྫོགས་པའི་དབུ་ཉིད་དུ་བཞེངས་སོ། །དེ་ཉིད་ཕྱི་མོར་སྤྱན་དྲངས་ནས་རྒྱལ་བའི་བསྟན་པ་དར་ཞིང་སེམས་ཅན་ལ་ཕན་བདེ་འབྱུང་བར་བྱ་བའི་ཕྱིར། དཔལ་ལྡན་རྒྱལ་བའི་སྡེས་བསྟན་པའི་གཙོ་བོ་བཞུགས་པའི་ཤར་ཕྱོགས་མཁས་གྲུབ་དམ་པ་རྣམས་ཀྱི་བསྟི་གནས། དཔལ་གྱུང་ཐང་གི་གཙུག་ལག་ཁང་དུ་ལེགས་པར་བཞེངས་སོ།།

No. 8 P undetermined colophon །།ཐམས་ཅད་མཁྱེན་པ་ལ་ … གསལ་བྱེད་པ། །ལགས་གསུངས་དམ་འདུལ་བའི་བཀྲ་ཤིས་ཤོག།། after རྫོགས་སོ།:

D undetermined colophon །།ཐམས་ཅད་མཁྱེན་པ་ལ་ … དེ་དག་ཏུ་བལྟ་བར་བྱའོ།། after རྫོགས་སོ།:

D 7A (འདུལ་བ། པ། 310b1-313a5), P 1037 (འདུལ་བ། ཕེ། 293b2-296a8)

།འདུལ་བ་གཞུང་དམ་པ་རྫོགས་ཏེ། །ཨུ་པཱ་ལིས་ཀུན་དྲིས་པ་རྫོགས་སོ(སྟོ)།། །།ཐམས་ཅད་མཁྱེན་པ་ལ་ཕྱག་འཚལ་ལོ། །འདུལ་བ་གཞུང་ནི་དམ་པ་འདི། །འཕགས་པ་ཉེ་བ་འཁོར་གྱིས་ནི། །མ་འོངས་པ་ཡི་གང་ཟག་གི །མ་རྟོགས་པ་སོགས་བསལ་བའི་ཕྱིར། །གཞི་དང་རྣམ་འབྱེད་ལ་སོགས་ཀྱི། །འགྲེལ་བཤད་ངེས་པ་དོན་གྱི་ལུང་། །ཞུས་ནས་རྒྱལ་བས་བཀའ་སྩལ་ཏོ། །དེ་དག་རྣམས་ཀྱང་གང་ཞེ་ན། སྤྱིའི་སྡོམ་ལ། ཞུ་བ་འདུལ་བྱེད་གཅིག་ལས་འཕྲོས། །ལྔ་ཚན་བཅུ་དྲུག

ཚན་དང་ནི། །གླིང་གཞི་རྒྱང་པ་གཏམ་གྱི་གཞི། །མ་ན་པི་ཀ་མ་མོ་དང་། །ལུས་སོགས་སྟོན་པ་ཐ་མ་སྟེ། །ལེའུ་དག་ཏུ་ཡང་དག་འདོད། །ཐོག་མར་ཞུས་པ་དེ་ཡང་ནི། །རྣམ་འབྱེད་ལྟུང་བ་སྡེ་བཞི་དང་། རང་བྱུང་ལ་སོགས་གཞི་རྣམས་ཀྱི། །གཏན་ལ་འབེབས་པ་དག་ཏུ་འདོད། །དེ་ཉིད་དྲིས་ལན་ཞེས་ཀྱང་བསྒྲགས། །དེ་ནས་འདུལ་བྱེད་དག་ཡིན་ཏེ། ཕམ་པ་བཞི་དང་ལྷག་མ་ཡི། །སྨྲན་གྱི་ལྟུང་བ་ཡན་ཆད་དག །གཏན་ལ་འབེབས་པར་བྱེད་པ་ཡིན། །དེ་ནས་གཅིག་ལས་འཕྲོས་པ་སྟེ། །གཅིག་ནས་བཅུ་ཡི་བར་དུ་ཡིན། །གཅིག་ལས་འཛེགས་པ་ཞེས་ཀྱང་བསྒྲགས། །དེ་ནས་འདུལ་བ་ལྔ་ཚན་ཏེ། ལྔ་ལྔ་སྟོན་ཕྱིར་ལྔ་ཚན་ནོ། །བཅུ་དྲུག་སྡེ་ཚན་སྟོན་པའི་ཕྱིར། །དེ་ནས་འདུལ་བ་བཅུ་དྲུག་ཚན། །གླིང་གཞི་ལ་ནི་སྒོ་ལྔ་ལས། དང་པོ་བཞི་ལ་སྡོམ་གྱི་ནི། །ཚིག་བཅད་བཅུ་བཅུའི་ལྔ་པ་ལ། སྡོམ་གྱི་ཚིག་བཅད་དྲུག་ཡོད་དེ། །གླིང་གཞི་དག་ལ་བརྟེན་པའི་ཕྱིར། །གླིང་གཞི་ཞེས་ནི་གཏགས་པ་ཡིན། །བྱང་བསྒོ་བཞི་རེ་རེ་ཡང་། །ཚིགས་བཅད་བཅུ་བཅུའོ་དེ་ཉིད་ལ། །སིལ་བུ་ཞེས་བྱ་བསྟན་པའི་གཞི། །རིགས་མི་མཐུན་པ་ཕྲ་མོ་རྣམས། །སྟོན་ཕྱིར་དོན་དང་ལྡན་པ་ཡིན། །འདུལ་བ་གཏམ་གྱི་དངོས་པོ་ནི། །ལེབས་ཀྱི་ཚུལ་དུ་བྱུང་བ་སྟེ། །སྡོམ་གྱི་ཚིག་གིས་བསྡུས་པ་མེད། །མུ་ལ་ཞེས་པའི་སྒྲ་ཡི་དོན། །གཞི་དང་རྩ་བ་དངོས་པོ་ལའང་། །འཇུག་ཕྱིར་གཏམ་གྱི་གཞིར་ཡང་འགྱུར། །མ་ན་པི་ཀའི་སྒོ་དང་པོ། ། ཚིགས་བཅད་བཅུ་ཡིན་གཉིས་པ་ལ། །ཚིགས་བཅད་བཅུ་དང་ལྷག་ཙམ་ཡོད། །ཤིན་ཏུ་ཕྲ་ཞིང་ཆེབས་ན། །ཁྲམ་ཟེའི་བུ་མོ་ལྷ་བུ་ཞེས། །དོན་དང་མཐུན་པའི་མཚན་ཡིན་ནོ། །འདུལ་བ་མ་མོ་ལྟ་བུ་ལ། །བསྙེན་པར་རྫོགས་པའི་ཕུང་པོ་དང་། །རབ་ཏུ་ལྡན་དང་བྱ་བ་ཡི། །ཕུང་པོ་གསུམ་དུ་ཤེས་པར་བྱ། །མ་དང་འདྲ་ཕྱིར་མ་མོའོ། །ལུས་དང་དམིགས་པ་བྱིན་བརླབ་དང་། །མཚན་ཉིད་གླིང་གཞི་ངོ་བོ་དང་། །འབྲས་བུའི་དོན་རྣམས་ཐ་མ་སྟེ། །ཨུ་པཱ་ལི་ཡིས་ཞུས་པ་ནི། །དེ་དག་རྣམས་ཀྱིས་རྫོགས་པར་ཡིན། །

མཚན་གྱི་གྲངས་ཀྱི་རིམ་པ་དང་། །མཚན་གྱི་བཤད་པ་དེ་ཡིན་པས། །དེ་ལྟར་བསྒོགས་ནས་བལྟ་བར་བྱ། །དེ་ལྟར་ན་གཞུང་དམ་པའི་བརྗོད་བྱ་དོན་གྱི་ལུས་ནི་དེ་དག་ཉིད་ཡིན་ལ། རྗོད་བྱེད་གཞུང་གི་ལུས་ནི་ཞུ་བ་མ་རྫོགས་པར་ལ་འགྲེལ་པར། འཕགས་པ་ཉེ་བར་འཁོར་གྱིས་ཞུས་པའི་གཞུང་རྒྱ་གར་ཡུལ་པ་ཡང་ཤ་ལོ་ཀ་ཉིས་སྟོང་ཙམ་གྱི་ཚད་ཅིག་ལ་ལན་སྤྱོད་པ་ཁོ་ནའོ་ཞེས་ཡུལ་ཁ་ཅིག་ན་ཞུ་བ་མ་རྫོགས་པ་ལ་ཤ་ལོ་ཀ་ཉིས་སྟོང་ལས་མེད་པའང་བཤད་མོད་ཀྱི། བོད་དུ་འགྱུར་བའི་ཞུ་བ་མ་རྫོགས་པ་ལ་ཤ་ལོ་ཀ་སུམ་སྟོང་དྲུག་བརྒྱ་སྟེ་བམ་པོ་བཅུ་གཉིས་དང་། ཞུ་བ་རྫོགས་པ་ལ་ཤ་ལོ་ཀ་ཁྲི་ལྔ་སྟོང་དགུ་བརྒྱ་སྟེ། བམ་པོ་ལྔ་བཅུ་རྩ་གསུམ་ཡོད་པས་སྤྱིར་བསྡོམས་ན་ཤ་ལོ་ཀ་ཁྲི་དགུ་སྟོང་ལྔ་བརྒྱ་སྟེ། བམ་པོ་དྲུག་བཅུ་རྩ་ལྔ་ཡོད་དོ།། ||བསོད་ནམས་ཆེན་པོའི་དཔལ་གྱིས་ཕྱོགས་ལས་རྣམ་པར་རྒྱལ་བ་སྟོབས་ཀྱི་འཁོར་ལོས་སྒྱུར་བའི་རྒྱལ་པོ་དང་མཚུངས་པ་རྒྱལ་པོ་ཆེན་པོའི་བླའི་མཆོད་གནས་བདེ་བར་གཤེགས་པའི་གཞུང་ལུགས་མང་དུ་ཐོས་པ། རིག་པ་དང་གྲོལ་བའི་སྤོབས་པ་དགེ་བ་ཅན། ལུང་དང་རིགས་པའི་དབང་ཕྱུག །གངས་ཅན་གྱི་རྒྱུད་ཀྱི་མཁས་པ་ཆེན་པོ། །སྡོམ་བརྩོན་དམ་པ་ཤཱཀྱའི་དགེ་སློང་འཇམ་པའི་དབྱངས་ཀྱིས། བཀའ་འགྱུར་ལེགས་པར་བཞེངས་པ་རྣམས་ལས་འདི་དག་ནི་མཁན་པོ་ཆེན་པོ་མཆིམས་ཀྱིས་དགེ་བའི་བཤེས་གཉེན་རྒྱ་འདུལ་བ་འཛིན་པ་ཞལ་བཞུགས་པའི་དུས་ན། དགེ་བའི་བཤེས་གཉེན་འདུལ་བ་འཛིན་པ་ཞིང་མོ་ཆེ་བ་བྱང་ཆུབ་སེང་གེས་གཉེར་མཛད་ནས། ལུང་ཕྲན་ཚེགས་ཀྱི་བམ་པོ་བཅུ་གཉིས་མ་ཚང་བ་དང་། གཞུང་བླ་མའི་ཞུ་བ་མ་རྫོགས་པ་བམ་པོ་བཅུ་གཉིས་དང་། སྡོམ་ཚིག་ཡིག་ཆར་གཉིས་མ་ཚང་བ་རྣམས་བསམ་ཡས་མཆིམས་ཕུ་ལ་སོགས་པ་དབུས་གཙང་གི་གཙུག་ལག་ཁང་རྣམས་ནས་བཙལ་ཏེ། ལ་སྟོད་འོལ་གྲོད་ཀྱི་གཙུག་ལག་ཁང་དུ་གནས་བརྟན་ཧཱུྃ་སེང་གེས་ལུང་སྡེ་བཞི་ཚང་བར་བཞེངས་པ་སྣར་ཐང་གི་གཙུག་ལག་ཁང་དུ་གདན་དྲངས་ཏེ། དེ་ལ་དཔེ་ཕྱི་མཛད་ནས་བཞེངས་པ་དང་། གཞན་ཡང་རྒྱ་མིག་རིང་མོའི་གཙུག་ལག་ཁང་དང་། ཀླུང་གྱུང་ཤོད

གྲོག་གི་གཙུག་ལག་ཁང་གི་འདུལ་བ་ལུང་ལ་སོགས་པ་རྣམས་ལ་གཏུགས་ཏེ་སྔ་ཞུས་ལེགས་པར་བགྱིས་ནས་བཞེངས་པ་སངས་རྒྱས་ཀྱི་བསྟན་པའི་རྩ་བ་ལེགས་པར་གསུངས་པ་དམ་པའི་ཆོས་འདུལ་བ་ལུང་སྡེ་བཞིའོ། །དེའི་བཀའ་འགྱུར་གྱི་དཔེ་ཕྱི་རྣམ་པར་དག་པ་རྣམས།མཁས་པའི་འབྱུང་གནས་དཔལ་སྣར་ཐང་གི་གཙུག་ལག་ཁང་ནས་གདན་དྲངས་ཏེ། འཕགས་པ་འཇིག་རྟེན་དབང་ཕྱུག་གི་སྤྲུལ་པའི་སྐུ་ཆོས་རྒྱལ་སྲོང་བཙན་སྒམ་པོའི་ནང་བློན་ཆེན་པོ་མགར་སྟོང་བཙན་ཡུལ་ཟུངས་ཀྱི་རྒྱུད་པ། གཙུག་ལག་གཉིས་ཀྱི་མཛད་པས་བསྟན་པ་རིན་པོ་ཆེའི་ཞབས་ཏོག་ལ་གཡེལ་བ་མི་མངའ་ཞིང་། འགྲོ་བ་མང་པོའི་མགོན་སྐྱབས་དམ་པར་གྱུར་པ་དཔལ་ལྡན་རྒྱལ་བའི་སྡེ་ཡིས། འགྲོ་བ་མ་ལུས་པའི་གནས་སྐབས་དང་། མཐར་ཐུག་གི་ཕན་བདེ་མ་ལུས་པའི་འབྱུང་གནས་རྒྱལ་བའི་བསྟན་པ་རིན་པོ་ཆེ་ཡུན་རིང་དུ་གནས་ཤིང་། ཕྱོགས་ཀུན་ཏུ་དར་ཞིང་རྒྱས་པར་བྱ་བའི་ཕྱིར། །བོད་ཁམས་སུ་སྔོན་ལམ་གྱི་སྟོབས་ཅན་མངའ་བདག་ལྷ་བཙན་པོ་བྱང་ཆུབ་སེམས་དཔའ་རྣམས་དང་། ལོ་པཎ་སྐྱེས་མཆོག་ཁྱད་པར་ཅན་རྣམས་ཀྱི་བདག་རྐྱེན་ལ་བརྟེན་ནས། བདེ་བར་གཤེགས་པའི་གསུང་རབ་ཐོག་མཐའ་བར་དུ་དགེ་ཞིང་སྒྲ་སྐད་ཀྱི་མཐའ་དང་བྲལ་ལ་གཞུང་ལུགས་ངན་པའི་དྲི་མས་དབེན་པ་མདོ་སྡེ་དང་། རྒྱུད་སྡེའི་ཕྱོགས་སྔ་ཕྱིར་བོད་དུ་འགྱུར་རོ་ཅོག་རྣམས་མིའི་དབང་པོ་ཐོག་ན་ཕེ་སྨུར་གྱི་རིང་ལ། ཏེ་ཤྲི་ཀུན་དགའ་རྒྱལ་མཚན་དཔལ་བཟང་པོ་བསྟན་པ་སྐྱོང་བའི་དུས། རྒྱལ་བའི་བསྟན་པ་ལྔ་བརྒྱ་བདུན་པའི་མཐར་ཉེ་བ། འགྲོ་བའི་བླ་མ་སྟོན་པ་གདུལ་བྱའི་དོར་ཞི་བར་གཤེགས་པའི་ཚུལ་བསྟན་ནས། ལོ་སུམ་སྟོང་བཞི་བརྒྱ་བརྒྱད་བཅུ་འདས་པ་མེ་མོ་ཕག་གི་ལོ་གསར་གྱི་ཟླ་བ་ཆོས་གྲངས་གཟའ་སྐར་བཟང་པོ་ལ་དབུ་བཙུགས་ཏེ། རྒྱལ་བའི་སྲས་པོ་རིག་པ་འཛིན་པ་བྱང་ཆུབ་དཔལ་ལྡན་གྱིས། བསྟན་པ་ལ་ཤེས་ནས་མི་ཕྱེད་པའི་དད་པ་བརྟན་པོས་ཀུན་ནས་བསླང་ནས་ཞལ་ཏའི་རིམ་པ་རྣམས་དང་། རྒྱུའི་དངོས་པོ་བཟང་ཞིང་མང་ལ་ཁ་ན་མ་ཐོ་བ་མེད་པས་མཐུན་པའི་རྐྱེན་བསྒྲུབས་ནས། བསྟན་པའི་འབྱུང་གནས་དཔལ་ན་ལེནྡྲ་དང་མཚུངས་པ་སྤྲུལ་པའི་རྒྱལ་པོ་སེ་ཆེན་གན་གྱི་དགོས་ཀྱི་ལྷ་ཁང་དཔལ་གུང་ཐང་གི་གཙུག་ལག་ཁག་ཆེན་པོར་ལེགས་པར་བཞེངས་ཏེ། སྡེ་སྣོད་ཀྱི་ཚུལ་ལ་ཙུང་ཟད་བློ་ཁ་ཕྱོགས་པ་ཐང་པོ་ཆེ་བའི་བཙུན་པ་ཀུན་དགའ་འབུམ་གྱིས་ཁ་ཏ་དང་། ཞུས་དག་གི་དང་པོ་པ་བགྱིས་ཤིང་། གཞན་ཡང་དད་པ་དང་བརྩོན་འགྲུས་ཆེ་ཞིང་བློ་གྲོས་གསལ་བའི་སློམ་བརྩོན་དམ་པ་མང་དུ་ཐོས་ཤིང་སྡེ་སྣོད་འཛིན་པ་མཁས་པ་རྣམས་ཀྱིས། རྒྱ་གར་སྐད་ལ་སོགས་པ་ལེགས་པར་སྦྱར་བའི་སྐད་སོར་བཞག་རྣམས་ནི་སྔོན་གྱི་ལོ་ཙཱ་བ་ཆེན་པོ་རྣམས་ཀྱིས་མཛད་པའི་བྱེ་བྲག་ཏུ་རྟོགས་བྱེད་ཆེན་པོ་དང་། སྒྲ་སྦྱོར་བམ་པོ་གཉིས་པ་ལ་སོགས་པ་ལ་བརྟེན་ནས་དག་པར་བྱས་ཤིང་། བོད་སྐད་རྣམས་ནི་ཡུལ་སྐད་དང་། འཕྲུལ་སྐད་རན་པ་རྣམས་དང་མ་འདྲེས་པར་བོད་ཡུལ་གྱི་སྔོན་གྱི་བརྡ་མེས་མཁན་པོ་རྣམས་དང་། སླར་བྱེད་དམ་པ་སྐྱ་ཕྱིར་བྱོན་པ་རྣམས་ཀྱི་བརྡ་གསར་རྙིང་དང་། སྐད་གསར་བཅད་ལ་སོགས་པའི་རྗེས་སུ་འབྲངས་ནས་དཔྱད་དང་། མ་མཐུ་དང་། ས་སྒྲོགས་ལ་སོགས་པ་ཡོད་མེད་རྣམས་མཁས་པ་རྣམས་ཀྱིས་ཇི་ལྟར་མཛད་པ་ལྟར་བརྡ་དོན་མ་ནོར་བར་དག་པར་བགྱིས་ནས། གཞི་དྲུང་གིས་གཞི་ལྟར་དཀར་འཛམ་མཐྲིགས་པ་ལྷོ་རྒྱལ་པོ་ལྷ་ཁང་གི་ཤོ་གུ་ལ། དམ་ཆེ་ཞིང་མདངས་གསལ་བ་ཨུཏྤལ་སྔོན་པོ་ལྟ་བུ་རྒྱ་ནག་ཆེན་པོ་ལས་འོངས་པའི་སྣག་ཚས། འབྱུང་དཀྱུས་ཚུགས་གསུམ་ལ་མཁས་པའི་མཐར་ཕྱིན་པས་ཡི་གེའི་རིག་བྱེད་ལ་སློབ་དཔོན་གྱི་གོ་འཕང་ཐོབ་པས་དག་སློམས་མཛེས་པར་བཞེངས་པ་དཔོན་དཔལ་བཟང་རིན་ཆེན་དང་། སངས་རྒྱས་གྲགས་ལ་སོགས་པ་དབུས་གཙང་གི་ཡི་གེ་བ་ཡིད་གཞུངས་ཤིང་མཁས་པ་རྣམས་ཀྱིས་ལེགས་པར་བྲིས་པ་ལ་ཞུས་དག་ལན་གསུམ་དུ་བགྱིས་ཏེ་བཞེངས་པ་རྣམས། ས་མོ་གླང་གི་ལོ་བཀྲ་ཤིས་ལོ་གསར་གྱི་ཟླ་བ་ལེགས་པར

གྲུབ་ཅིང་། འབྲས་བུ་དང་བསྒྲུབ་པའི་དུས་ཀྱི་ལྟ་བརྒྱ་ཕྲག་དྲུག་དང་། ལུང་མངོན་པའི་དུས་ཀྱི་བཞི་བརྒྱ་བརྒྱད་བཅུ་རྩ་གཉིས་འདས་ལ། ལྷག་མ་མངོན་པའི་ལོ་བཅོ་བརྒྱད་དང་། མདོ་སྡེ། འདུལ་བ། རྟགས་ཙམ་འཛིན་པའི་ལྔ་བརྒྱ་ཕྲག་གསུམ་ཏེ། སྟོང་ལྔ་བརྒྱ་བཅོ་བརྒྱད་བསྟན་པའི་ལྷག་མར་ཡོད་པའི་དུས་སུ་བཀའ་འགྱུར་ལེགས་པར་གྲུབ་པ་རྣམས་ལས་འདི་དག་ནི་ལུང་སྡེ་བཞིའོ། །འདུལ་བ་ལུང་ཕལ་ཆེབ་ལ་དགེ་སློང་ཕ་མའི་སོ་སོར་ཐར་པ་དང་། ཞུ་བ་མ་རྫོགས་པ་བཞེངས་པ་མེད་མོད་ཀྱི་ངོན་ཀྱང་སོ་སོར་ཐར་པ་གཉིས་རྣམ་འབྱེད་གཉིས་ཀྱི་རྩ་བ་ཡིན་ཞིང་། རྣམ་འབྱེད་གཉིས་ནི་སོ་སོར་ཐར་པ་རྣམ་པ་གཉིས་ཀྱི་འགྲེལ་བ་ཡིན་ལ། །ཞུ་བ་མ་རྫོགས་པ་ནི་ཞུ་བ་དག་ཤོས་ཡིན་པའི་ཕྱིར་ལུང་རྣམ་འབྱེད་སོ་སོའི་དབུ་དང་། གཞུང་བླ་མ་མ་རྫོགས་པ་དབུ་ཉིད་དུ་བཞེངས་སོ། །ལུང་སྡེ་བཞིའི་གོ་རིམས་ནི་གཞི་དང་། རྣམ་པར་འབྱེད་པ་དང་། དེ་དག་གི་དཀའ་བའི་གནས་ཞུས་ལན་གྱིས་གཏན་ལ་འབེབས་པ་གཞུང་བླ་མ་དང་། དེ་དག་ཏུ་མ་ཚང་པ་ཁ་སྐོང་བ་ཕྲན་ཚེགས་སོ། །དོན་གྱི་གོ་རིམས་དེ་ལྟར་ཡིན་ཡང་ཁམས་པ་རྣམས་ཀྱིས་གཞི་དང་། རྣམ་པར་འབྱེད་པའི་རྗེས་ལ་ཕྲན་ཚེགས་དང་། དེའི་རྗེས་ལ་གཞུང་དམ་པ་ཉིད་བྲིས་ཤིང་། གཙུག་ལ་སོགས་པས་མཛད་པའི་མཚན་བྱང་དཀར་ཆག་ལས་ཀྱང་རིམ་པ་དེ་ཁོ་ན་ལྟར་འབྱུང་བས་འདིར་ཡང་གཞུང་དམ་པ་མཇུག་ཉིད་དུ་བྲིས་སོ། །འདི་རྣམས་ཀྱི་བམ་པོའི་གྲངས་ནི་ཤྭ་ལོ་ཀ་སུམ་བརྒྱ་ལ་བམ་པོ་རེར་བྱས་ནས་ལུང་གཞི་ལ་བམ་པོ་བརྒྱ་དང་དགུ། དགེ་སློང་ཕའི་རྣམ་འབྱེད་ལ་བམ་པོ་བརྒྱད་བཅུ་རྩ་གསུམ་དང་བམ་པོ་སུམ་ཀ། དགེ་སློང་མའི་རྣམ་འབྱེད་ལ་བམ་པོ་ཉི་ཤུ་རྩ་བརྒྱད། ཕྲན་ཚེགས་ལ་བམ་པོ་ལྔ་བཅུ་རྩ་དགུ། གཞུང་བླ་མའི་ཞུ་བ་མ་རྫོགས་པ་ལ་བམ་པོ་བཅུ་གཉིས། ཞུ་བ་རྫོགས་པའི་གཞུང་དམ་པ་ལ་བམ་པོ་ལྔ་བཅུ་རྩ་གསུམ་སྟེ། བསྡོམས་ན་གཞུང་དམ་པ་ལ་བམ་པོ་དྲུག་བཅུ་རྩ་ལྔ་ཡོད་པས་སྤྱིར་ལུང་སྡེ་བཞི་ཆད་པ་ལ་བམ་པོ་སུམ་བརྒྱ་བཞི་བཅུ་རྩ་བཞི་དང་བམ་པོ་སུམ་ཆ་ཡོད་དོ། །སྔར་མ་ཚང་བ་རྣམས་དག་པར་བཞེངས་པའི་ཚུལ་ནི་ཕྲན་ཚེགས་དང་། ཞུ་བ་མ་རྫོགས་པའི་མཇུག་དག་ཏུ་བྲིས་ཟིན་པའི་ཕྱིར་དེ་དག་ཏུ་བལྟ་བར་བྱའོ།།* །།ཡེ་དྷརྨཱ་ཧེ་ཏུ་པྲ་བྷ་ཝཱ་ཧེ་ཏུན་ཏེ་ཥཱན་ཏ་ཐཱ་ག་ཏོ་ཧྱ་ཝ་དཏ། ཏེ་ཥཱཉྩ་ཡོ་ནི་རོ་དྷ་ཨེ་ཝཾ་ཝཱ་དཱི་མ་ཧཱ་ཤྲ་མ་ཎ།།

* P adds after བལྟ་བར་བྱའོ།། (འདུལ་བ། ཕེ། 295b8-296a8):

དེ་ལྟར་བསོད་ནམས་དཔལ་གྱིས་རབ་མཐོ་བ། །འཛམ་གླིང་མི་དབང་ཆེན་པོའི་མཛད་པ་ལྟར། །མཆོག་གི་བློ་གྲོས་མཚངས་པ་མེད་པ་དེས། །སྟོམ་བརྩོན་དམ་པ་དགེ་སློང་ཆེན་པོ་དེའི། །ཐུགས་དགོངས་བླ་མེད་རྫོགས་པར་བྱ་ཕྱིར་དང་། །བསྟན་པ་སྤེལ་ཕྱིར་བདེ་བར་གཤེགས་པའི་གསུང་། གངས་རིའི་ཁྲོད་འདིར་ཇི་སྲིད་འགྱུར་རོ་ཅིག །ལེགས་པར་བཞེངས་པར་གྱུར་པ་དེ་དག་ལས། །འདི་ནི་སྟོན་པའི་གསུང་རབ་བསྟན་པ་ཡི། །རྒྱ་བ་ལེགས་གསུངས་དམ་ཆོས་འདུལ་བ་ལུང་། །དེ་ལྟར་དཔལ་ལྡན་ལྷག་བསམ་དག་པའི་མཐུས། །གསུང་རབ་རིན་ཆེན་ཚུལ་བཞིན་བཞེངས་པ་ལས། །བྱུང་བའི་དགེ་བ་སྟོན་ཀའི་ཟླ་འོད་དང་། །མཁའ་ལྟར་དག་ཅིང་ཡངས་པ་གང་ཞིག་དེས། །འགྲོ་ཀུན་ཕན་འདེའི་འབྱུང་གནས་རྒྱལ་བ་ཡི། བསྟན་པ་རིན་ཆེན་ཕྱོགས་དུས་ཀུན་ཁྱབ་ཅིང་། །སྡེ་འཛིན་སློབ་དང་བཤད་པའི་དམ་པ་རྣམས། །སྐྱེ་དགུའི་དཔལ་དུ་ཡུན་རིང་བཞུགས་གྱུར་ཅིག །གང་གིས་གསུང་རབ་དྲི་མེད་འདི་བཞེངས་པའི། །རྒྱལ་བའི་སྲས་པོ་བྱང་ཆུབ་དཔལ་ལྡན་ཡང་། །བསྟན་དང་འགྲོ་བའི་རྩ་ལག་དམ་པར་ནི། །ས་ཆེན་སྟེང་འདིར་ཡུན་རིང་བཞུགས་གྱུར་ཅིག །ཁྱད་པར་དུ་ཡང་རིགས་པས་ས་སྐྱོང་བའི། །མི་དབང་ཡོན་མཆོད་འཁོར་དང་བཅས་པ་རྣམས། །སྐྱོན་མེད་སྐུ་ཚེ་རིང་ཞིང་ཆབ་སྲིད་བརྟན། །བྱམས་བརྩེའི་ཐུགས་ཀྱིས་འགྲོ་བ་སྐྱོང་གྱུར་ཅིག །སྲིད་འབངས་རྣམས་ཀྱང་ཕན་ཚུན་བྱམས་ལྡན་ཞིང་། །ནད་དང་མུ་གེ་འཐབ་རྩོད་ལས་སོགས་པ། །ཕྱི་ནང་ཉེར་འཚེའི་གནོད་པ་ཀུན་ཞི་ནས། །ཚེ་རིང་འབྱོར་ལྡན་བསྟན་ལ་དད་གྱུར་ཅིག །གང་དག་འདི་ལ་སྒོ་གསུམ་གུས་པ་ཡིས། །བྱ་བྱེད་དང་རྗེས་སུ་ཡི་རང་དང་། །རྒྱུ་རྐྱེན་འབྲེལ་དང་

ཆོས་སྤྱོད་རྣམ་བཅུ་ཡིས། །ཚུལ་བཞིན་སྒྲུབ་པར་བྱེད་པ་དེ་དག་ཀུན། །ཚེ་འདིར་ཚེ་རིང་ནད་མེད་འབྱོར་ལྡན་ཞིང་། །སྐྱེ་ཞིང་སྐྱེ་བའི་སྐྱེ་བ་ཐབས་ཅད་དུའང་། །འཁོར་ལོ་བཞི་དང་ཡོན་ཏན་རྣམ་བདུན་དང་། །རྣམ་སྨིན་བརྒྱད་ལྡན་དལ་འབྱོར་ལུས་ཐོབ་ནས། །མཐོང་དང་བསྒོམ་པས་སྤང་བྱའི་ཉོན་མོངས་དང་། །ཤེས་བྱའི་སྒྲིབ་པ་བག་ཆགས་བཅས་པ་ཀུན། །སྟོང་ཉིད་གཉེན་པོ་ལམ་ལྔ་ས་བཅུ་རྣམས། །རིམ་གྱིས་བགྲོད་ནས་ཀུན་མཁྱེན་ཐོབ་པར་ཤོག །གང་གིས་དགག་སྒྲུབ་གནང་བའི་གནས་སྐོན་ཅིང་། །མཐའ་གཉིས་སྤྱོད་པ་སྤངས་ནས་འཁོར་བ་ལས། ངེས་པར་འབྱུང་བའི་ཚུལ་ཁྲིམས་གསལ་བྱེད་པ། །ལགས་གསུངས་དམ་ཆོས་འདུལ་བའི་བཀྲ་ཤིས་ཤོག།

No. 10 TPND add (Dhā, AW, editor's note, colophon note) after རྫོགས་སྷོ།:

T 10 ||ཡེ་དྷརྨཱ་ཧེ་ཏུ་པྲ་བྷ་བཱ་ཧེ་ཏུནྟེ་ཥཱནྟ་ཐཱ་ག་ཏོ་ཧྱ་ཝ་དཏ། ཏེ་ཥཱཉྩ་ཡོ་ནི་རོ་དྷ་ཨེ་ཝཾ་བཱ་དཱི་མ་ཧཱ་ཤྲ་མ་ཎཿ སྭཱ་ཧཱ།། བགྲིས། གཅིག་ཞུས། དགེའོ།།

P 731 ||ཡེ་དྷརྨཱ་ཧེ་ཏུ་པྲ་བྷ་བཱ་ཧེ་ཏུཾ་ཏེ་ཥཱཾ་ཏ་ཐཱ་ག་ཏོ་ཧྱ་བ་དཏ། ཏེ་ཥཱཉྩ་ཡོ་ནི་རོ་དྷ་ཨེ་བཾ་བཱ་དཱི་མཧཱ་ཤྲ་མ་ཎཿ།། །།སརྦ་པཱ་པསྱ་ཀ་ར་ཎཾ། ཀུ་ཤ་ལསྱོ་པསམྤ་དཾ། སྭ་ཙིཏྟཾ་པ་རི་ད་མེ་ནཾ། མ་ཏདྦུདྡྷཱ་ནུ་ཤཱ་ས་ནཾ།། །།

N 10 ||ཡེ་དྷརྨཱ་ཧེ་ཏུ་པྲ་བྷ་བཱ་ཧེ་ཏུནྟེ་ཥཱནྟ་ཐཱ་ག་ཏོ་ཧྱ་བ་དཏ། ཏེ་ཥཱཉྩ་ཡོ་ནི་རོ་དྷ་ཨེ་བཾ་བཱ་དཱི་མཧཱ་ཤྲ་མ་ཎཿ།། །།ཞུས་དག། །།མངྒ་ལཾ།།

D 9 (ཤེར་ཕྱིན། ཉི་ཁྲི། ག 380a5-381a5)

ཤེས་རབ་ཀྱི་ཕ་རོལ་ཏུ་ཕྱིན་པ་སྟོང་ཕྲག་ཉི་ཤུ་ལྔ་པ་ལས། ཡོངས་སུ་གཏད་པའི་ལེའུ་སྟེ། བདུན་ཅུ་རྩ་དྲུག་པའོ། ཤེས་རབ་ཀྱི་ཕ་རོལ་ཏུ་ཕྱིན་པ་སྟོང་ཕྲག་ཉི་ཤུ་ལྔ་པ། ཕྱོགས་བཅུ་མཐའ་ཡས་མུ་མེད་པའི་འཇིག་རྟེན་གྱི་ཁམས་ཀྱི་འདས་པ་དང་། མ་བྱོན་པ་དང་། ད་ལྟར་གྱི་སངས་རྒྱས་དང་། བྱང་ཆུབ་སེམས་དཔའ་དང་། ཉན་ཐོས་དང་། རང་སངས་རྒྱས་རྣམས་ཀྱི་ཡུམ་རྫོགས་སྷོ། ཉི་ཁྲི་འདི་དགེ་བའི་བཤེས་གཉེན་མུང་སྒོམ་ཆོས་འབར་གྱི་ཐུགས་དམ་གསེར་ཁྲི་ལ་ཕྱི་མོ་བྱས་ནས་ཞུས་དག་ལན་གཉིས་དང་། ཉི་ཁྲི་ཡེར་པ་མའི་སྟེང་ནས་ཞུས་དག་ལེགས་པར་བགྱིས་བདོག་པས། སྔོན་ཆད་ཁྲི་བ་རྣམས་ཀྱང་འདི་ཁོ་ན་བཞིན་ཁྲི་བར་བྱའོ། ཞེས་མ་ཕྱི་འཛང་པར་ལས་བྱུང་ཞིང་། སློབ་དཔོན་སེང་གེ་བཟང་པོས་ཞུས་དག་མཛད་པའི་ཉི་ཁྲི་དང་དཔེ་ལ་ལར་ཆོས་ཉིད་མི་འགྱུར་བའི་ལེའུ་སྟེ་བདུན་ཅུ་རྩ་གཅིག་པའོ་ཞེས་པ་ཡན་ལས་མི་འདུག །འདིའི་ཕྱི་མོ་སོགས་དཔེ་ལ་ལར་དེའི་སྟེང་དུ། བྱང་ཆུབ་སེམས་དཔའི་བསླབ་པ་ལ་རབ་ཏུ་ཕྱེ་བའི་ལེའུ། བྱང་ཆུབ་སེམས་དཔའ་རྟག་པར་རབ་ཏུ་ངུ་བས་ཏིང་ངེ་འཛིན་གྱི་སྒོ་མང་པོ་ཐོབ་པའི་ལེའུ། རྟག་པར་རབ་ཏུ་ངུ་བའི་ལེའུ། ཆོས་འཕགས་ཀྱི་ལེའུ། ཡོངས་སུ་གཏད་པའི་ལེའུ་སྟེ་བདུན་ཅུ་རྩ་དྲུག་འདུག་པ་སྔོན་གྱི་ལོ་རྒྱུས་དང་གསན་ཡིག་ཁུངས་མ་རྣམས་དང་མཐུན་འོན་ཀྱང་ལེའུ་ཕྱི་མ་ལྔ་པོ་འདི་འགྱུར་ཁྱད་ལྟ་བུའི་དོན་ལ་ཁྱད་མེད་ཀྱང་ཚིག་ཟུར་ཟད་མི་འདྲ་བའི་དཔེ་གསུམ་ཙམ་མཐོང་། ལར་དཔེ་འདི་ཉིད་ཀྱི་དབུ་ཞབས་ཐམས་ཅད་དུ་གཞན་དང་ཚིག་ཟུར་མི་འདྲ་བ་དང་ཚིག་སྣ་རིང་ཐུང་ཅི་རིགས་པ་འདུག །ཁྱད་པར་གླེང་གཞིའི་སྐབས་ཚིག་སྣ་འགའ་ཞིག་འབུམ་དང་མཐུན་པར་སྣང་ངོ་།།

།ཨོཾ་སྭ་སྟི། ལྷ་དབང་དབང་པོ་སོགས་ཀྱིས་གུས་བསྟེན་པའི། །མི་མཆོག་མཆོག་གི་རྣམ་འདྲེན་སྐུ་གསུམ་བདག །རྣམ་གྲོལ་གྲོལ་བའི་ལམ་དང་ཚོགས་ཀྱི་མཆོག །མ་ལུས་ལུས་ཅན་མགོན་རྣམས་ཕྱག་གི་ཡུལ། །སྟོང་དང་སྙིང་རྗེ་དབྱེར་མེད་ལྷ་ལམ་ངོས། །ཕྲིན་ལས་ཆུ་འཛིན་འབྲུག་པོ་འཁྲིགས་པ་ལས། །ཕན་དང་བདེ་བའི་བདུད་རྩིའི་ཆར་འབེབས་པའི། །སྲས་བཅས་རྒྱལ་བས་སྐྱར་ཡང་དགེ་ལེགས་སྩོལ། །སྲིད་ཞིའི་རྨད་བྱུང་ཡོན་ཏན་འབྱུང་གནས་མཆོག །མཆོག་གྱུར་ལེགས་གསུངས་དགོས་འདོད་དབང་གི་རྒྱལ། །རྒྱལ་མཚན་ཏོག་ལྟར་མངོན་པར་མཐོ་བའི་རྟེན། །རྟེན་མཆོག

སངས་རྒྱས་བསྟན་པའི་དཔལ་དུ་སྤེལ། །གང་གང་དམན་མཆོག་གདུལ་བྱའི་བློ་ཕྲག་གིས། །མང་མང་ཐེག་པའི་རིམ་པ་མཐའ་ཡས་ཀྱང་། །ངེས་ངེས་སྡེ་སྣོད་གསུམ་དུ་འདུ་བ་ལས། །ཟབ་ཟབ་བར་པ་མཚན་ཉིད་མེད་པའི་བཀའ། །ཁྲི་ཟའི་ཡུལ་བཞུགས་བྱེ་བ་ཕྲག་བརྒྱ་པ། །མཆོད་སྦྱིན་བརྒྱ་པའི་གནས་བཞུགས་འབུམ་ཕྲག་བརྒྱ། །གདེངས་ཅན་གྲོང་བཞུགས་སྟོང་ཕྲག་བརྒྱ་པ་ལ། །རྒྱས་པའི་རྒྱས་འབྲིང་བསྡུས་པའི་རྣམ་གཞག་མཛད། །ཉི་ཁྲི་ཁྲི་བརྒྱད་སྟོང་པ་ཤེས་རབ་ཁྲི། །འབྲིང་གི་རྒྱས་འབྲིང་བསྡུས་པ་ཞེས་སུ་གྲགས། །བརྒྱད་སྟོང་པ་དང་སྡུད་པ་ཚོགས་བཅད་ལ། །བསྡུས་དང་ཤིན་ཏུ་བསྡུས་ཞེས་མཁས་མང་བཞེད། །ཡང་ན་འབུམ་དང་ཉི་ཁྲི་བརྒྱད་སྟོང་པ། །རྒྱས་འབྲིང་བསྡུས་པར་ཡོངས་སུ་གྲགས་པ་ལས། རྒྱས་པ་རིས་མེད་འགྲོ་བའི་མཆོད་སྡོང་དུ། །འཛད་མེད་དབང་གི་རྒྱལ་པོའི་ཆར་ཕབས་ནས། །སླར་ཡང་བསྟན་འགྲོའི་དགེ་ལེགས་སྤེལ་བའི་ཆེད། །སྟོང་ཕྲག་ཉི་ཤུ་ལྔ་པའི་རིན་ཆེན་དཔྱིག །ཟད་མི་ཤེས་པ་ནམ་མཁའ་མཛོད་ཀྱི་སྒོ། །གྲངས་མེད་གཅིག་ཆར་འབྱེད་པའི་ངོ་མཚར་དཔྱིད། །ཡངས་པའི་སྡེ་ཆེན་དགེ་བཅུའི་འཚོ་བ་ལ། །ཡོངས་སུ་སྤྱོད་པའི་སྐལ་བཟང་སྨོན་པའི་རྗེ། །རིས་མེད་བསྟན་པ་ཡོངས་ཀྱི་སྲི་ཞུ་མཁན། ཚེ་རིང་དབང་པོའི་ཁེངས་པ་འཕྲོག་བྱེད་དེས། །དཔལ་ལྡན་ས་སྐྱའི་རིང་ལུགས་གདུགས་དཀར་གྱིས། །ཡོངས་སུ་ཁྱབ་པའི་ལུགས་གཉིས་མདུན་ས་ཆེ། །ཕྱོགས་ལས་རྣམ་པར་རྒྱལ་བའི་ཆོས་ཀྱི་གྲྭ། །ལྷུན་གྲུབ་སྟེང་གི་ཕོ་བྲང་ཆེན་པོ་རུ། དགེ་བྱེད་ཆུ་སྟག་ཤེལ་དཀར་དངས་པའི་ངོས། །སྟོན་ཟླའི་གཞོན་ནུའི་བཞིན་རས་འཆར་བའི་ཚེ། །རྐོ་བྱེད་རྩེ་ར་སོན་བཅུ་ཕྲག་ཉེར་ལྔ་ཡིས། །ལེགས་ཚོགས་རྟེན་འབྲེལ་ཕུན་སུམ་ཚོགས་པས་བསྒྲུབས། དགེ་དེས་མི་དབང་སྐུ་ཚེ་ཆབ་སྲིད་བརྟན། །ཡངས་པའི་རྒྱལ་ཁམས་རྫོགས་ལྡན་བདེ་བས་འཚོ། །འབྲེལ་ཐོབ་གྱིས་མཆོན་མར་གྱུར་འགྲོ་བ་རྣམས། །རྣམ་གྲོལ་སྐུ་བཞིའི་གོ་འཕང་ཐོབ་ཕྱིར་བསྔོ། །ཞེས་སྡེ་དགེ་ས་སྐྱོང་མིའི་དབང་པོ་བསྟན་པ་ཚེ་རིང་གི་ཞལ་སྔ་ནས་སངས་རྒྱས་ཕལ་པོ་ཆེ་དང་འདི་ཉིད་སྟབས་གཅིག་ཏུ་པར་དུ་བསྒྲུབས་པ་གནང་སྐབས། གོ་ར་ལེན་དགེ་སློང་བཀྲ་ཤིས་དབང་ཕྱུག་གིས་པར་གྱི་ལས་གྲྭ་ཚུགས་པའི་གནས་ཤར་ཁ་རྫོང་གསར་ཕོ་བྲང་དུ་བྲིས་པ་ཛ་ཡནྟུ།། །།ཡེ་དྷརྨཱ་ཧེ་ཏུ་པྲ་བྷ་ཝཱ་ཧེ་ཏུནྟེ་ཥཱནྟ་ཐཱ་ག་ཏོ་ཧྱ་ཝ་དཏ྄། ཏེ་ཥཱཉྩ་ཡོ་ནི་རོ་དྷ་ཨེ་ཝཾ་ཝཱ་དཱི་མ་ཧཱ་ཤྲ་མ་ཎཿ།། །།

No. 11 T 11 adds །།ཨེ་ཀ་ཁྲི་ཥྚ་ཤུ་ཀླ་གྲིཏྟི།། after ཕབ་པའོ།

P 732 adds །།ཡེ་དྷརྨཱ་ཧེ་ཏུ་པྲ་བྷ་བཱ་ཧེ་ཏུནྟེ་ཥཱནྟ་ཐཱ་ག་ཏོ་ཧྱ་བ་དཏ྄། ཏེ་ཥཱཉྩ་ཡོ་ནི་རོ་དྷ་ཨེ་བཾ་བཱ་དཱི་མ་ཧཱ་ཤྲ་མ་ཎཿ after བདུན་པའོ།

N 11 adds །།ཡེ་དྷརྨཱ་ཧེ་ཏུ་པྲ་བྷ་ཝཱ་ཧེ་ཏུནྟེ་ཥཱནྟ་ཐཱ་ག་ཏོ་ཧྱ་བ་དཏ྄། ཏེ་ཥཱཉྩ་ཡོ་ནི་རོ་དྷ་ཨེ་ཝཾ་ཝཱ་དཱི་མ་ཧཱ་ཤྲ་མ་ཎཿ བགྱིས། after བདུན་པའོ།

No. 12 U 12 adds །།བཀྲ་ཤིས། དགེའོ།། སརྦ་མངྒ་ལཾ།། ལན་གཅིག་ཞུས།། after ཕབ་པ།

T 30 adds གཅིག་ཞུས། after ཕབ་པ།

N 12 adds ཡེ་དྷརྨཱ་ཧེ་ཏུ་པྲ་བྷ་བཱ་ཧེ་ཏུནྟེ་ཥཱནྟ་ཐཱ་ག་ཏོ་ཧྱ་བ་དཏ྄། ཏེ་ཥཱཉྩ་ཡོ་ནི་རོ་དྷ་ཨེ་བཾ་བཱ་དཱི་མ་ཧཱ་ཤྲ་མ་ཎཿ། ཞུས་དག after ཕབ་པ།

D 11 adds ཡེ་དྷརྨཱ་ཧེ་ཏུ་པྲ་བྷ་ཝཱ་ཧེ་ཏུནྟེ་ཥཱནྟ་ཐཱ་ག་ཏོ་ཧྱ་ཝ་དཏ྄། ཏེ་ཥཱཉྩ་ཡོ་ནི་རོ་དྷ་ཨེ་ཝཾ་ཝཱ་དཱི་མ་ཧཱ་ཤྲ་མ་ཎཿ after ཕབ་པ།

P adds །རྒྱལ་བའི་བཀའ་འགྱུར་པར་དུ་ … སངས་རྒྱས་མྱུར་ཐོབ་ཤོག after ཕབ་པ།:

P 733 (ཤེར་ཕྱིན། ཕི། 317a6-317a8)

།རྒྱལ་བའི་བཀའ་འགྱུར་པར་དུ་ལེགས་བསྒྲུབས་ཏེ། །དཔག་མེད་ཆོས་ཀྱི་སྦྱིན་པ་བཏང་བ་ཡིས། དགེ་བ་འདི་ད་ཚོགས་

གཉིས་རྒྱ་མཚོའི་མཐུས། །གོང་མ་ཧྭའི་ཆེད་རྒྱལ་པོ་གཙོ་བྱས་པའི་སྲས་བཅས་འགྲོ་ཀུན་སྡིག་སྒྲིབ་ཀུན་བྱང་ཞང་། ། ཚེ་དཔལ་ལོངས་སྤྱོད་འཕེལ་ཞིང་དགྲ་སྡེ་འཇོམས། །ཐུབ་བསྟན་དར་ཞིང་སངས་རྒྱས་མྱུར་ཐོབ་ཤོག །ཡེ་དྷརྨཱ་ཧེ་ཏུ་པྲ་བྷ་ཝཱ་ཧེ་ཏུན་ཏེ་ཥཱན་ཏ་ཐཱ་ག་ཏོ་ཧྱ་ཝ་དཏ། ཏེ་ཥཱཉྩ་ཡོ་ནི་རོ་དྷ་ཨེ་བམ་ཝཱ་དཱི་མ་ཧཱ་ཤྲ་མ་ཎཿ།།

No. 32 PD add གང་གིས་བཟང་པོ་སྤྱོད་པ་ … འོད་དཔག་མེད་པའི་གནས་རབ་འགྲོ་བར་ཤོག:

D44 (P761) གང་གིས་བཟང་པོ་སྤྱོད་པ་སྨོན་པ་ཡིས། །དགེ་བ་ཅུང་(ཆུང་)ཟད་བདག་གིས་ཅི་བསགས་(བསྒྲུ)པ། ། དེས་ནི་འགྲོ་བའི་ལམ་དགེ་བ་རྣམས། །སྐད་ཅིག་གཅིག་གིས་ཐམས་ཅད་འགྱུར་བར་ཤོག །གང་ཡང་བཟང་པོ་སྤྱོད་པ་སྨོས་པ་ཡིས། །བསོད་ནམས་མཐའ་ཡས་དམ་པ་ཐོབ་པ་དེས། །འགྲོ་བ་(བའི་)སྡུག་བསྔལ་ཆུ་བོར་བྱིང་བ་རྣམས། ། འོད་དཔག་མེད་པའི་གནས་རབ་འགྲོ་བར་ཤོག

D adds དེ་ལྟར་བདེ་བར་གཤེགས་པའི་བཀའ་འཁོར་ལོ་ … དཱི་མ་ཧཱ་ཤྲ་མ་ཎཿ། after གཏན་ལ་ཕབ་པའོ།:

D 44 (ཕལ་ཆེན། ཨ། 362a6-363a6)

།།དེ་ལྟར་བདེ་བར་གཤེགས་པའི་བཀའ་འཁོར་ལོ་རིམ་པ་གསུམ་ལས། འདིར་ཐ་མ་དོན་དམ་རྣམ་པར་ངེས་པའི་འཁོར་ལོའི་སྙིང་པོ་ཞལ་དུ་བྱུང་བ་སངས་རྒྱས་ཕལ་པོ་ཆེ་མཚན་གྱི་རྣམ་གྲངས་ཤིན་ཏུ་རྒྱས་པ་ཆེན་པོའི་སྡེ་སྣོད། སྔོན་གྱི་གོང་རྒྱན། པདྨའི་རྒྱན་སོགས་དུ་མ་དང་ལྡན་པ་ལ། དེ་བཞིན་གཤེགས་པ་ཕལ་པོ་ཆེའི་ལེའུ། རྡོ་རྗེ་རྒྱལ་མཚན་གྱི་བསྔོ་བ། ས་བཅུ་བསྟན་པ། ཀུན་ཏུ་བཟང་པོའི་སྤྱོད་པ་བསྟན་པ། དེ་བཞིན་གཤེགས་པའི་སྐྱེ་བ་དང་འབྱུང་བ་བསྟན་པ། འཇིག་རྟེན་ལས་འདས་པའི་ལེའུ། སྡོང་པོས་བརྒྱན་པའི་ལེའུ་སྟེ་བདུན་ལ་སོ་སོའི་ནང་གསེལ་གྱི་དབྱེ་བས་ལེའུ་བཞི་བཅུ་རྩ་ལྔ། ཤློ་ཀ་སུམ་ཁྲི། དགུ་སྟོང་སུམ་ཅུ། བམ་པོ་བརྒྱ་སུམ་ཅུ་དང་ཤློ་ཀ་སུམ་ཅུ་ཡོད་པར་བུ་སྟོན་རིན་པོ་ཆེ་སོགས་བཞེད་ཅིང་། ཚལ་པ་བཀའ་འགྱུར་གྱི་དཀར་ཆག་ཏུ་བམ་པོ་བརྒྱ་དང་བཅོ་ལྔ། ལྡན་དཀར་མར་བམ་པོ་བརྒྱ་དང་ཉི་ཤུ་རྩ་བདུན་དུ་མཛད། དེང་སང་གི་དཔེ་རྣམས་ལའང་བམ་གྲངས་མང་ཉུང་ཅི་རིགས་ཡོད་པར་སྣང་། འདི་ཐོག་མར་འཕགས་པ་ཀླུ་སྒྲུབ་ལ། པཎྜི་ཏ་བྱང་ཆུབ་བཟང་པོ་དང་པཎྜི་ཏ་དགའ་བ་གཉིས་ཀྱིས་ཞུས། དེ་གཉིས་ཀས་རྒྱ་ནག་ཏུ་འགྱུར་མཛད། རྒྱ་ནག་གི་འགྱུར་ལ། སུ་རེནྡྲ་བོ་དྷི་དང་། བཻ་རོ་ཙ་ན་རཀྵི་ཏས་ཞུས་ཆེན་མཛད་པར་བཤད་ཅིང་། ལུང་གི་བརྒྱུད་རིམ་ལའང་རྒྱ་ནག་ནས་འགྱུར་བའི་བརྒྱུད་པ་ནི། རྫོགས་པའི་སངས་རྒྱས། འཕགས་པ་འཇམ་དཔལ། མགོན་པོ་ཀླུ་སྒྲུབ། གོང་གི་པཎྜི་ཏ་གཉིས། དེ་ནས་ཧྭ་ཤང་ཐུ་ཐུ་ཞུན་སོགས་རིམ་པར་བརྒྱུད་དེ། ཧྭ་ཤང་གྱིས་ཧུ་ལ་དབུས་པ་སངས་རྒྱས་འབུམ་གྱིས་གསན། དེ་ནས་ལོ་ཙཱ་བ་མཆོག་ལྡན་ནས་དེང་སང་གི་བར་དུ་བརྒྱུད་པ་དང་། རྒྱ་གར་ནས་འགྱུར་བའི་བརྒྱུད་པ་ནི། ཀླུ་སྒྲུབ་ནས། ཨཱ་རྱ་དེ་ཝ། འཇམ་དཔལ་གྲགས་པ་སོགས་ནས་རིམ་བཞིན། རྡོ་རྗེ་གདན་པ་ལ་བ་རི་ལོ་ཙཱ་བས་གསན། དེས་ནས་མཆིམས་བརྩོན་སེང་། རྗེ་བཙུན་ས་སྐྱ་པ་ཆེན་པོ་སོགས་བརྒྱུད་པར་བཤད་དོ། འོན་ཀྱང་གོང་གི་འགྱུར་བྱང་འདི་ལས་ལོ་པཎ་གཞན་གྱིས་བསྒྱུར་ཚུལ་ལོ་རྒྱུས་དང་། དཔེ་རྣམས་ལ་མ་མཐོང་ངོ་། །འདི་ཉིད་ཚལ་པ་བཀའ་འགྱུར་གྱི་མ་ཕྱི་བྱས་ནས་འཇང་ས་ཐམ་རྒྱལ་པོས་བཀའ་འགྱུར་རོ་ཅོག་པར་དུ་བསྒྲུབས་པ་དེང་སང་ལི་ཐང་མཚལ་པར་དུ་གྲགས་པ་ཁྲུངས་ཐུབ་ཀྱི་ཚད་མར་བཟང་ནས་མ་ཕྱི་བྱས་པ་ཡིན་ཀྱང་། སྐབས་འདིར་ཆད་ལྷག་དང་བརྡ་མ་དག་པ་མང་བ་འདུག་པས། སླར་ཡིག་རྙིང་དག་པ་མང་དུ་བཙལ་ནས་ཞུ་དག་བགྱིས་པ་ཡིན་ལ། དེའང་རྒྱ་དཔེ་མི་གཅིག་པ་དང་། འགྱུར་མི་མཐུན་པ་ནི་དོན་གྱི་ཁོག་གཅིག་ཀྱང་ཚིག་ལ་ཞུ་དག་མི་བཏུབ་ནའང་། འདིའི་དཔེ་ཕལ་ཆེར་ཞུ་དག་ཕེར་བ་ཁོན་འདུག་ལ་འོན་ཀྱང་རྒྱན་ལ་བཀོད་པ་དང་། འབུམ་ཀླས་ལ་རབ་འབྱམས་དང་། སོ་སོ་ཡང་དག

པར་རིག་པ་ལ། ཐ་དད་པ་ཡང་དག་པར་ཤེས་པ་དང་། ཐུགས་ལ་དགོངས་པ་དང་། ཉིན་མཚན་དང་ཟླ་བ་ཡར་ཁམ་མར་ཁམ་དང་ཞེས་པ་ལ། ཉིན་མཚན་དང་ཡུད་དུ་ཡན་མན་དང་ཞེས་དང་། ཐ་སྙད་ལ་རྣམ་པར་དབྱོད་པ་ཞེས་པ་རྣམས་འགྱུར་ཁྱད་ལྷ་བུར་འདུག་པ་དོན་ལ་མི་འགལ་བས་རང་སོར་བཞག །རྒྱ་སྐད་ལ་རང་བཞིན་རྒྱེན། རྣམ་འགྱུར་གྱི་ཚུལ་དུ་མ་ཡོད་པ། བོད་ལ་ལོ་པཎ་ཆོས་ཀྱི་སྤྱན་ལྡན་རྣམས་ཀྱིས་དོན་འགྱུར་མཛད་པ་འགའ་ཞིག །དུས་དང་རྣམ་དབྱེ་སོགས་ཤིན་ཏུ་རྟོགས་དཀའ་བས་དཔེ་མཐུན་ཤས་ཆེ་བ་གཙོ་བོར་བཟང་། གཞན་དོགས་གནས་ཚུང་ཟད་ཡོད་པ་རྣམས། བོད་ཀྱི་བརྡའི་བསྟན་བཅོས་རྣམས་དང་གོ་བསྡུན། དཔེ་ཕལ་ཆེར་ལ་བརྡ་རྙིང་ཤས་ཆེ་བ་དང་། འགྱུར་བཅོས་མཛད་པའི་གསལ་ཁ་མི་སྣང་བས། བོད་ཀྱི་བརྡ་རྙིང་པ་ཤ་སྟག་ཞིག་བྱུང་ན་འཕེལ་ཆགས་པ་འདྲ་ཡང་ཕྱིས་སུ་བརྡ་གསར་རྙིང་འདྲེས་ཉམས་ཆེ་བ་དང་། ཤད་བར་གཅོད་མཚམས་འཁྲུགས་པ་མང་དུ་སྣང་ཡང་ཚུང་ཟད་སྒྲིག་ཆུང་བའི་དབང་དུ་བྱས་ནས་བཏང་སྙོམས་སུ་བཞག །དེ་མིན་མོན་པའི་རྗེ་གཙོད་ཞུ་དག་གི་དཔེ་བླར་མ་སོང་བར་ནན་ཏན་ཆེན་པོས་ཤིན་ཏུ་དག་ཁྱུལ་དུ་བགྱིས་པ་འདི། སངས་རྒྱས་ཀྱི་བསྟན་པ་རིན་པོ་ཆེ་ཆེ་དང་རིས་མེད་པའི་འགྲོ་བ་ཡོངས་ཀྱི་བསོད་ནམས་ཀྱི་དཔལ་དུ་བསྐལ་པ་ཇི་སྲིད་གནས་ཀྱི་བར་དུ་ཁོར་ཡུག་རི་བོའི་ཁོངས་འདིར། ཉི་ཟླ་ལྟར་གསལ་བར་གྱུར་ཅིག །ཅེས་བོད་ཆེན་པོའི་ཡུལ་ལྗོངས་སྡེ་བཞིའི་འབྱུང་གནས་དགེ་བཅུའི་ཁྲིམས་ལུགས་ཀྱིས་མངོན་པར་མཐོ་བའི་ནོར་འཛིན་ཡངས་པ་ཆོས་བཞིན་དུ་སྐྱོང་བའི་ལྷ་ཆོས་རྒྱལ་བྱང་ཆུབ་སེམས་དཔའ་མིའི་དབང་པོ་བསྟན་པ་ཚེ་རིངས་ཀྱི་ཞལ་ལྔ་ནས། དགེ་བྱེད་ཅེས་པ་ཆུ་སྟག་ལོར་གསུང་རབ་འདི་ཉིད་པར་དུ་བསྒྲུབ་པར་མཛད་པའི་སྐབས་ཞུ་དག་ལས་འཕྲོས་ཏེ་འདི་ཉིད་ཀྱི་དོ་དམ་པར་བཀས་གནང་བའི་ཞབས་འབྲིང་བ་དགེ་སློང་བཀྲ་ཤིས་དབང་ཕྱུག་གིས་གླེང་བ་ཛ་ཡནྟུ།། ।།ཡེ་དྷརྨཱ་ཧེ་ཏུ་པྲ་བྷ་ཝཱ་ཧེ་ཏུནྟེ་ཥཱན྄་ཏ་ཐཱ་ག་ཏོ་ཧྱ་ཝ་དཏ྄། ཏེ་ཥཱཉྩ་ཡོ་ནི་རོ་དྷ་ཨེ་ཝཾ་བཱ་དཱི་མ་ཧཱ་ཤྲ་མ་ཎཿ ༎

T 32 adds །ཡེ་དྷརྨཱ་ཧེ་ཏུ་པྲ་བྷ་ཝཱ་ཧེ་ཏུནྟེ་ཥཱན྄་ཏ་ཐཱ་ག་ཏོ་ཧྱ་ཝ་དཏ྄། ཏེ་ཥཱཉྩ་ཡོ་ནི་རོ་དྷ་ཨེ་ཝཾ་བཱ་དཱི་མ་ཧཱ་ཤྲ་མ་ཎཿ།། ༎ ཨེ་ཀ་བྲི་ཚྪ་ཤུདྡྷ་ཀྲི་ཏྭཱ།། after ཕབ་པའོ།

N adds བགྱིས། after ཕབ་པའོ།

No. 33(1) saṃvara

| U No. Tibetan | U Catalogue | S S-Cat | T | P P-Cat | N N-Cat | D D-Cat |
|---|---|---|---|---|---|---|
| No. 33(1) སྡོམ་པ་ | སམྦྷ་ར་ saṃvara | སམ་བར་ saṃvara | སམ་བ་ར་ | སམ་བ་ར་ sambara | སམ་བར་ saṃvara | སམྦྷ་ར་ saṃvara |
| No. 401 བདེ་བའི་མཆོག | སཾ་བ་ར་ saṃvara | སཾ་བ་ར་ saṃvara | སཾ་བྷ་ར་ | སམ་བར་ sambara | སཾ་བ་ར་ saṃvara | སམྦར་ sambara |
| No. 402 བདེ་བའི་མཆོག | སཾ་བ་ར་ saṃvara | སཾ་བ་ར་ saṃvara | སཾ་བ་ར་ | སམ་བ་ར་ sambara | སཾ་བ་ར་ saṃvara | སམྦྷ་ར་ sambara |
| No. 403 བདེ་མཆོག | སཾ་བ་ར་ saṃvara | སཾ་བ་ར་ saṃvara | སཾ་བ་ར་ | སཾ་བ་ར་ sambara | སཾ་བ་ར་ saṃvara | སམྦྷ་ར་ sambara |
| No. 417 སྡོམ་པའི་ | སཾ་བ་ར་ saṃvara | སཾ་བ་ར་ saṃvara | སཾ་བ་ར་ | སཾ་བ་ར་ sambara | - | སཾ་བ་ར་ saṃvara |

| | | | | | | |
|---|---|---|---|---|---|---|
| No. 438<br>སྨོམ་པའི་ | སཾ་བ་ར་<br>saṃvara | སཾ་བ་ར་<br>saṃvara | སཾ་བ་ར་ | སཾ་བ་ར་<br>saṃbara | - | སཾ་བ་ར་<br>saṃvara |
| No. 443<br>སྨོམ་པའི་ | སཾ་བ་ར་<br>saṃvara | སཾ་བ་ར་<br>saṃvara | སཾ་བ་ར་ | སྃ་བ་ར་<br>saṃbara | - | སྃ་བ་ར་<br>saṃvara |
| No. 445<br>སྨོམ་པའི་ | སཾ་བ་ར་<br>saṃvara | སཾ་བ་ར་<br>saṃvara | སཾ་བ་ར་ | སྃ་བ་ར་<br>saṃbara | - | སྃ་བ་ར་<br>saṃvara |
| No. 447<br>བདེ་མཆོག | སཾ་བ་ར་<br>saṃvara | སཾ་བ་ར་<br>saṃvara | སཾ་བ་ར་ | སྃ་བ་ར་<br>saṃbara | - | སྃ་བ་ར་<br>sambara |

Cf. Edgerton, *Buddhist Hybrid Sanskrit Dictionary*, pp. 521, 523, 539, 540, 579

No. 34(2) D 46 adds འཕགས་པ་དཀོན་མཆོག་བརྩེགས་པ་ཆེན་པོའི་ཆོས་ཀྱི་རྣམ་གྲངས་ལེའུ་སྟོང་ཕྲག་བརྒྱ་པ་ལས་ལེའུ་གཉིས་པ་སྟེ་སྒོ་མཐའ་ཡས་པར་སྦྱོང་བ་བསྟན་པ། བམ་པོ་དང་པོ། before རྒྱ་གར་སྐད་དུ།

D 46 (དཀོན་བརྩེགས། ཀ། 99b6-99b7), P 760.2 (དཀོན་བརྩེགས། ཚི། 113b2-113b3)

།།འཕགས་ པ་ དཀོན་ མཆོག་ བརྩེགས་ པ་ ཆེན་ པོའི་ ཆོས་ ཀྱི་ རྣམ་ གྲངས་ ལེའུ་ སྟོང་ ཕྲག་ བརྒྱ་ པ་ ལས་འཕགས་ པ་ སྒོ་ མཐའ་ ཡས་ པ་ རྣམ་ པར་ སྦྱོང་ བ་ བསྟན་ པ་ ཞེས་ བྱ་ བ་ ལེའུ་གཉིས་ པ་ རྫོགས་ སོ།། །།རྒྱ་ གར་ གྱི་ མཁན་ པོ་ སུ་ རེན་ དྲ་ བོ་དྷི་དང་། ཞུ་ཆེན་ གྱི་ ལོ་ཙཱ་བ་བན་དེ་དཔལ་བརྩེགས་རཀྵི་ཏས་བསྒྱུར་ཅིང་ཞུས་ཏེ་གཏན་ལ་ཕབ་པ།།

No. 35(3) D 47 adds འཕགས་པ་དཀོན་མཆོག་བརྩེགས་པ་ཆེན་པོའི་ཆོས་ཀྱི་རྣམ་གྲངས་སྟོང་ཕྲག་བརྒྱ་པ་ལས། ལེའུ་གསུམ་པ་སྟེ། ལག་ན་རྡོ་རྗེས་ཞུས་པ་ཞེས་བྱ་བ་དེ་བཞིན་གཤེགས་པའི་གསང་བ་བསམ་གྱིས་མི་ཁྱབ་པ་བསྟན་པ། བམ་པོ་དང་པོ། before རྒྱ་གར་སྐད་དུ།

No. 36(4) D 48 (P 760.4) adds འཕགས་པ་དཀོན་མཆོག་བརྩེགས་པ་ཆེན་པོའི་ཆོས་ཀྱི་རྣམ་གྲངས་ལེའུ་སྟོང་ཕྲག་བརྒྱ་པ་ལས་ལེའུ་བཞི་པ་སྟེ། རྨི་ལམ་བསྟན་པ། བམ་པོ་དང་པོ། (ནས་བམ་པོ་དང་པོའོ།) before རྒྱ་གར་སྐད་དུ།

No. 37(5) D 49 adds འཕགས་པ་དཀོན་མཆོག་བརྩེགས་པ་ཆེན་པོའི་ཆོས་ཀྱི་རྣམ་གྲངས་ལེའུ་སྟོང་ཕྲག་བརྒྱ་པ་ལས། ལེའུ་ལྔ་པ་སྟེ། འོད་དཔག་མེད་ཀྱི་བཀོད་པ། བམ་པོ་དང་པོ། before རྒྱ་གར་སྐད་དུ།

No. 38(6) D 50 adds འཕགས་པ་དཀོན་མཆོག་བརྩེགས་པ་ཆེན་པོའི་ཆོས་ཀྱི་རྣམ་གྲངས་ལེའུ་སྟོང་ཕྲག་བརྒྱ་པ་ལས་ལེའུ་དྲུག་པ་སྟེ། དེ་བཞིན་གཤེགས་པ་མི་འཁྲུགས་པའི་བཀོད་པ། བམ་པོ་དང་པོ། before རྒྱ་གར་སྐད་དུ།

No. 39(7) D 51 adds འཕགས་པ་དཀོན་མཆོག་བརྩེགས་པ་ཆེན་པོའི་ཆོས་ཀྱི་རྣམ་གྲངས་ལེའུ་སྟོང་ཕྲག་བརྒྱ་པ་ལས་ལེའུ་བདུན་པ་སྟེ་གོ་ཆའི་བཀོད་པ་བསྟན་པ། བམ་པོ་དང་པོ། before རྒྱ་གར་སྐད་དུ།

Cf. The Tibetan title of USTN adds འཕགས་པ་དཀོན་མཆོག་བརྩེགས་པ་ཆེན་པོའི་ཆོས་ཀྱི་རྣམ་གྲངས་ལེའུ་སྟོང་ཕྲག་བརྒྱ་པ་ལས།

No. 40(8) D 52 adds འཕགས་པ་དཀོན་མཆོག་བརྩེགས་པ་ཆེན་པོའི་ཆོས་ཀྱི་རྣམ་གྲངས་ལེའུ་སྟོང་ཕྲག་བརྒྱ་པ་ལས་ལེའུ་བརྒྱད་པ་སྟེ། ཆོས་ཀྱི་དབྱིངས་ཀྱི་རང་བཞིན་དབྱེར་མེད་པ། བམ་པོ་དང་པོ། before རྒྱ་གར་སྐད་དུ།

No. 41(9) D 53 adds འཕགས་པ་དཀོན་མཆོག་བརྩེགས་པ་ཆེན་པོའི་ཆོས་ཀྱི་རྣམ་གྲངས་ལེའུ་སྟོང་ཕྲག་བརྒྱ་པ་ལས་ལེའུ་དགུ་པ་སྟེ་འཕགས་པ་ཆོས་བཅུ་པ་ཞེས་བྱ་བ། བམ་པོ་དང་པོ། before རྒྱ་གར་སྐད་དུ།

No. 42(10) D 54 adds འཕགས་པ་དཀོན་མཆོག་བརྩེགས་པ་ཆེན་པོའི་ཆོས་ཀྱི་རྣམ་གྲངས་ལེའུ་སྟོང་ཕྲག་བརྒྱ་པ་ལས་ལེའུ་བཅུ་པ་སྟེ་ཀུན་ནས་སྒོའི་ལེའུ་བསྟན་པ། བམ་པོ་གཅིག་པ། before རྒྱ་གར་སྐད་དུ།

No. 43(11) D 55 adds འཕགས་པ་དཀོན་མཆོག་བརྩེགས་པ་ཆེན་པོའི་ཆོས་ཀྱི་རྣམ་གྲངས་ལེའུ་སྟོང་ཕྲག་བརྒྱ་པ་ལས་ལེའུ་བཅུ་གཅིག་པ་སྟེ། འོད་ཟེར་ཀུན་དུ་བཀྱེ་བ་བསྟན་པ། བམ་པོ་དང་པོ། before རྒྱ་གར་སྐད་དུ།
U adds །།ཡེ་དྷརྨཱ་ཧེ་ཏུ་པྲ་བྷ་ཝཱ་ཧེ་ཏུནྟེ་ཥཱན་ཏ་ཐཱ་ག་ཏོ་ཧྱ་ཝ་དཏ། ཏེ་ཥཱཉྩ་ཡོ་ནི་རོ་དྷ་ཨེ་ཝཾ་ཝཱ་དཱི་མ་ཧཱ་ཤྲ་མ་ཎཿ།། after ལྔ་པའོ།
T adds ཨོཾ་ཡེ་དྷརྨཱ་ཧེ་ཏུ་པྲ་བྷ་ཝཱ་ཧེ་ཏུན་ཏེ་ཥཱན་ཏ་ཐཱ་ག་ཏོ་ཧྱ་ཝ་དཏ། ཏེ་ཥཱཉྩ་ཡོ་ནི་རོ་དྷ་ཨེ་བཾ་བཱ་དཱི་མ་ཧཱ་ཤྲ་མ་ཎཿསྭཱ་ཧཱ།། །། ཤུ་བྷཾ་མཾ་ག་ལམ་ཀུ་སྭཱ། after ལྔ་པའོ།
N adds །ཡེ་དྷརྨཱ་ཧེ་ཏུ་པྲ་བྷ་ཝཱ་ཧེ་ཏུནྟེ་ཥཱནྟ་ཐཱ་ག་ཏོ་ཧྱ་ཝ་དཏ། ཏེ་ཥཱཉྩ་ཡོ་ནི་རོ་དྷ་ཨེ་ཝཾ་ཝཱ་དཱི་མ་ཧཱ་ཤྲ་མ་ཎཿ། སརྦ་མངྒ་ལཾ། after ལྔ་པའོ།

No. 44(12) D 56 adds འཕགས་པ་དཀོན་མཆོག་བརྩེགས་པ་ཆེན་པོའི་ཆོས་ཀྱི་རྣམ་གྲངས་ལེའུ་སྟོང་ཕྲག་བརྒྱ་པ་ལས་ལེའུ་བཅུ་གཉིས་པ་སྟེ་བྱང་ཆུབ་སེམས་དཔའི་སྡེ་སྣོད། བམ་པོ་དང་པོ། before རྒྱ་གར་སྐད་དུ།

No. 45(13) D 58 adds འཕགས་པ་དཀོན་མཆོག་བརྩེགས་པ་ཆེན་པོའི་ཆོས་ཀྱི་རྣམ་གྲངས་སྟོང་ཕྲག་བརྒྱ་པ་ལས། ལེའུ་བཅུ་བཞི་པ་སྟེ། ཚེ་དང་ལྡན་པ་དགའ་བོ་ལ་མངལ་དུ་འཇུག་པ་བསྟན་པ། བམ་པོ་གཅིག་པ། before རྒྱ་གར་སྐད་དུ།
Cf. The Tibetan title of S adds འཕགས་པ་དཀོན་མཆོག་བརྩེགས་པ་ཆེན་པོའི་ཆོས་ཀྱི་རྣམ་གྲངས་སྟོང་ཕྲག་བརྒྱ་པ་ལས།

No. 46(14) D 57 adds འཕགས་པ་དཀོན་མཆོག་བརྩེགས་པ་ཆེན་པོའི་ཆོས་ཀྱི་རྣམ་གྲངས་ལེའུ་སྟོང་ཕྲག་བརྒྱ་པ་ལས་ལེའུ་བཅུ་གསུམ་པ་སྟེ། ཚེ་དང་ལྡན་པ་དགའ་བོ་ལ་མངལ་ན་གནས་པ་བསྟན་པ། བམ་པོ་དང་པོ། before རྒྱ་གར་སྐད་དུ།
Cf. The Tibetan title of USTN adds འཕགས་པ་དཀོན་མཆོག་བརྩེགས་པ་ཆེན་པོའི་མདོ་སྟོང་ཕྲག་བརྒྱ་པ་ལས།

No. 47(15) D 59 adds འཕགས་པ་དཀོན་མཆོག་བརྩེགས་པ་ཆེན་པོའི་ཆོས་ཀྱི་རྣམ་གྲངས་ལེའུ་སྟོང་ཕྲག་བརྒྱ་པ་ལས་ལེའུ་བཅོ་ལྔ་པ་སྟེ། འཇམ་དཔལ་གྱི་སངས་རྒྱས་ཀྱི་ཞིང་གི་ཡོན་ཏན་བཀོད་པ་བསྟན་པ། བམ་པོ་དང་པོ། before རྒྱ་གར་སྐད་དུ།

No. 48(16) D 60 adds འཕགས་པ་དཀོན་མཆོག་བརྩེགས་པ་ཆེན་པོའི་ཆོས་ཀྱི་རྣམ་གྲངས་ལེའུ་སྟོང་ཕྲག་བརྒྱ་པ་ལས་ལེའུ་བཅུ་དྲུག་པ་སྟེ། འཕགས་པ་ཡབ་དང་སྲས་མཇལ་བ་ཞེས་བྱ་བ་དེ་ཁོ་ན་ངེས་པར་བསྟན་པ། བམ་པོ་དང་པོ། before

རྒྱ་གར་སྐད་དུ།
P 760.16 adds འཕགས་པ་དཀོན་མཆོག་བརྩེགས་པ་ཆེན་པོའི་ཆོས་ཀྱི་རྣམ་གྲངས་ལེའུ་སྟོང་ཕྲག་བརྒྱ་པ་ལས། བམ་པོ་དང་པོའོ། before རྒྱ་གར་སྐད་དུ།
P 760.16 colophon (དཀོན་བརྩེགས། ཞི། 192a1-192a2)
འཕགས་པ་ཡབ་དང་སྲས་མཇལ་བ་ཞེས་བྱ་བ་ཐེག་པ་ཆེན་པོའི་མདོ་རྫོགས་སྷོ། རྒྱ་གར་གྱི་མཁན་པོ་འཛིན་མི་ཏྲ་དང་། དན་ཤཱི་ལ་དང་། ཞུ་ཆེན་གྱི་ལོ་ཙྪ་བ་བན་དེ་ཡེ་ཤེས་སྡེ་ལ་སོགས་པས་ཞུས་ཏེ་གཏན་ལ་ཕབ་ནས། ཆོས་ཀྱི་ཕྱག་རྒྱས་བཏབ་པ།

No. 49(17) D 61 adds འཕགས་པ་དཀོན་མཆོག་བརྩེགས་པ་ཆེན་པོའི་ཆོས་ཀྱི་རྣམ་གྲངས་ལེའུ་སྟོང་ཕྲག་བརྒྱ་པ་ལས་ལེའུ་བཅུ་བདུན་པ་སྟེ་གང་པོས་ཞུས་པ། བམ་པོ་དང་པོ། before རྒྱ་གར་སྐད་དུ།

No. 50(18) D 62 adds འཕགས་པ་དཀོན་མཆོག་བརྩེགས་པ་ཆེན་པོའི་ཆོས་ཀྱི་རྣམ་གྲངས་ལེའུ་སྟོང་ཕྲག་བརྒྱ་པ་ལས་ལེའུ་བཅྭ་བརྒྱད་པ་སྟེ། ཡུལ་འཁོར་སྐྱོང་གིས་ཞུས་པ། བམ་པོ་དང་པོ། before རྒྱ་གར་སྐད་དུ།

No. 51(19) D 63 adds འཕགས་པ་དཀོན་མཆོག་བརྩེགས་པ་ཆེན་པོའི་ཆོས་ཀྱི་རྣམ་གྲངས་ལེའུ་སྟོང་ཕྲག་བརྒྱ་པ་ལས་ལེའུ་བཅུ་དགུ་པ་སྟེ་ཁྱིམ་བདག་དྲག་ཤུལ་ཅན་གྱིས་ཞུས་པ། བམ་པོ་དང་པོ། before རྒྱ་གར་སྐད་དུ།

No. 52(20) D 64 adds འཕགས་པ་དཀོན་མཆོག་བརྩེགས་པ་ཆེན་པོའི་ཆོས་ཀྱི་རྣམ་གྲངས་ལེའུ་སྟོང་ཕྲག་བརྒྱ་པ་ལས་ལེའུ་ཉི་ཤུ་པ་སྟེ་གློག་ཐོབ་ཀྱིས་ཞུས་པ། བམ་པོ་དང་པོ། before རྒྱ་གར་སྐད་དུ།

No. 53(21) D 65 adds འཕགས་པ་དཀོན་མཆོག་བརྩེགས་པ་ཆེན་པོའི་ཆོས་ཀྱི་རྣམ་གྲངས་ལེའུ་སྟོང་ཕྲག་བརྒྱ་པ་ལས་ལེའུ་ཉི་ཤུ་རྩ་གཅིག་པ་སྟེ་སྒྱུ་མ་མཁན་བཟང་པོ་ལུང་བསྟན་པ། བམ་པོ་གཅིག་པ། before རྒྱ་གར་སྐད་དུ།

No. 54(22) D 66 adds འཕགས་པ་དཀོན་མཆོག་བརྩེགས་པ་ཆེན་པོའི་ཆོས་ཀྱི་རྣམ་གྲངས་ལེའུ་སྟོང་ཕྲག་བརྒྱ་པ་ལས་ལེའུ་ཉི་ཤུ་རྩ་གཉིས་པ་སྟེ་ཆོ་འཕྲུལ་ཆེན་པོ་བསྟན་པ། བམ་པོ་དང་པོ། before རྒྱ་གར་སྐད་དུ།

No. 55(23) D 67 adds འཕགས་པ་དཀོན་མཆོག་བརྩེགས་པ་ཆེན་པོའི་ཆོས་ཀྱི་རྣམ་གྲངས་ལེའུ་སྟོང་ཕྲག་བརྒྱ་པ་ལས་ལེའུ་ཉི་ཤུ་རྩ་གསུམ་པ་སྟེ་བྱམས་པའི་སེང་གེའི་སྒྲ་ཆེན་པོ་བསྟན་པ། བམ་པོ་དང་པོ། before རྒྱ་གར་སྐད་དུ།
UN add སེང་གེའི་སྒྲ་ཆེན་པོ་བསྟན་པ། before རྒྱ་གར་སྐད་དུ།

No. 56(24) D 68 adds འཕགས་པ་དཀོན་མཆོག་བརྩེགས་པ་ཆེན་པོའི་ཆོས་ཀྱི་རྣམ་གྲངས་ལེའུ་སྟོང་ཕྲག་བརྒྱ་པ་ལས་ལེའུ་ཉི་ཤུ་རྩ་བཞི་པ་སྟེ་འདུལ་བ་རྣམ་པར་གཏན་ལ་དབབ་པ་ཉེ་བར་འཁོར་གྱིས་ཞུས་པ། བམ་པོ་དང་པོ། before རྒྱ་གར་སྐད་དུ།
D 68 (དཀོན་བརྩེགས། ཅ། 131a7), P 760.24 (དཀོན་བརྩེགས། ཟི། 129a8) colophon after རྫོགས་སྷོ།:

རྒྱ་གར་གྱི་མཁན་པོ་ཛི་ན་མི་ཏྲ་དང་། པྲཛྙ་བརྨ་དང་། སུ་རེན་དྲ་བོ་དྷི་དང་། ཞུ་ཆེན་གྱི་ལོ་ཙྪ་བ་བན་དེ་ཡེ་ཤེས་སྡེ་ལ་སོགས་པས་བསྒྱུར་ཅིང་ཞུས་ཏེ་གཏན་ལ་ཕབ་པ།

No. 57(25) D 69 adds འཕགས་པ་དཀོན་མཆོག་བརྩེགས་པ་ཆེན་པོའི་ཆོས་ཀྱི་རྣམ་གྲངས་ལེའུ་སྟོང་ཕྲག་བརྒྱ་པ་ལས་ལེའུ་ཉི་ཤུ་རྩ་ལྔ་པ་སྟེ་ལྷག་པའི་བསམ་པ་བསྐུལ་བ། བམ་པོ་དང་པོ། before རྒྱ་གར་སྐད་དུ།

No. 58(26) D 70 adds འཕགས་པ་དཀོན་མཆོག་བརྩེགས་པ་ཆེན་པོའི་ཆོས་ཀྱི་རྣམ་གྲངས་ལེའུ་སྟོང་ཕྲག་བརྒྱ་པ་ལས་ལེའུ་ཉི་ཤུ་རྩ་དྲུག་པ་སྟེ་ལག་བཟངས་ཀྱིས་ཞུས་པ། བམ་པོ་དང་པོ། before རྒྱ་གར་སྐད་དུ།

P 760.26 colophon (དཀོན་བརྩེགས། ཟི། 184b2-184b3)

འཕགས་པ་ལག་བཟངས་ཀྱིས་ཞུས་པ་ཞེས་བྱ་བ་ཐེག་པ་ཆེན་པོའི་མདོ་རྫོགས་སྷོ།། །།བམ་པོ་གཅིག་པ།། རྒྱ་གར་གྱི་མཁན་པོ་ཛྙ་ན་ཤི་ལ་དང་། འཛི་ན་མི་ཏྲ་དང་། ཞུ་ཆེན་གྱི་ལོ་ཙ་བ་བན་དེ་ཡེ་ཤེས་སྡེས་ལ་སྩོགས་པས་བསྒྱུར་ཅིང་ཞུས་ཏེ། སྐད་གསར་ཆད་གྱིས་(*sic*)ཀྱང་བཅོས་ནས་སྟན་ལ་ཕབ་པ་ལེགས་སྷོ། །ལན་གཉིས་ཞུས།།

No. 59(27) D 71 adds འཕགས་པ་དཀོན་མཆོག་བརྩེགས་པ་ཆེན་པོའི་ཆོས་ཀྱི་རྣམ་གྲངས་ལེའུ་སྟོང་ཕྲག་བརྒྱ་པ་ལས་ལེའུ་ཉི་ཤུ་རྩ་བདུན་པ་སྟེ་དེས་པས་ཞུས་པ། བམ་པོ་གཅིག་པ། before རྒྱ་གར་སྐད་དུ།

No. 60(28) D 72 adds འཕགས་པ་དཀོན་མཆོག་བརྩེགས་པ་ཆེན་པོའི་ཆོས་ཀྱི་རྣམ་གྲངས་ལེའུ་སྟོང་ཕྲག་བརྒྱ་པ་ལས་ལེའུ་ཉི་ཤུ་རྩ་བརྒྱད་པ་སྟེ་ཁྱིམ་བདག་དཔས་བྱིན་གྱིས་ཞུས་པ། བམ་པོ་གཅིག་པ། before རྒྱ་གར་སྐད་དུ།

No. 61(29) D 73 adds འཕགས་པ་དཀོན་མཆོག་བརྩེགས་པ་ཆེན་པོའི་ཆོས་ཀྱི་རྣམ་གྲངས་ལེའུ་སྟོང་ཕྲག་བརྒྱ་པ་ལས་ལེའུ་ཉི་ཤུ་དགུ་པ་སྟེ་བད་སའི་རྒྱལ་པོ་འཆར་བྱེད་ཀྱིས་ཞུས་པ། བམ་པོ་གཅིག་པ། before རྒྱ་གར་སྐད་དུ།

No. 62(30) D 74 adds འཕགས་པ་དཀོན་མཆོག་བརྩེགས་པ་ཆེན་པོའི་ཆོས་ཀྱི་རྣམ་གྲངས་ལེའུ་སྟོང་ཕྲག་བརྒྱ་པ་ལས་ལེའུ་སུམ་ཅུ་པ་སྟེ་བུ་མོ་བློ་གྲོས་བཟང་མོས་ཞུས་པ་ལུང་བསྟན་པ། བམ་པོ་ཕྱེད་པ། before རྒྱ་གར་སྐད་དུ།

UN(ST) adds འཕགས་པ་དཀོན་མཆོག་བརྩེགས་པ་ཆེན་པོའི་ཆོས་ཀྱི་རྣམ་གྲངས་ལེའུ་སྟོང་ཕྲག་བརྒྱ་པ་ལས། ལེའུ་སུམ་ཅུ་པ་སྟེ། བུ་མོ་བློ་གྲོས་བཟང་མོས་ཞུས་པ། བམ་པོ་ཕྱེད། (བམ་པོ་ཕྱེད་དོ།) before རྒྱ་གར་སྐད་དུ།

No. 63(31) D 75 adds འཕགས་པ་དཀོན་མཆོག་བརྩེགས་པ་ཆེན་པོའི་ཆོས་ཀྱི་རྣམ་གྲངས་ལེའུ་སྟོང་ཕྲག་བརྒྱ་པ་ལས་ལེའུ་སུམ་ཅུ་རྩ་གཅིག་པ་སྟེ། གང་གཱའི་མཆོག་གིས་ཞུས་པ་ལུང་བསྟན་པ། བམ་པོ་ཕྱེད་པ། before རྒྱ་གར་སྐད་དུ།

No. 64(32) D 76 adds འཕགས་པ་དཀོན་མཆོག་བརྩེགས་པ་ཆེན་པོའི་ཆོས་ཀྱི་རྣམ་གྲངས་ལེའུ་སྟོང་ཕྲག་བརྒྱ་པ་ལས་ལེའུ་སུམ་ཅུ་རྩ་གཉིས་པ་སྟེ་འཕགས་པ་མྱ་ངན་མེད་ཀྱིས་བྱིན་པ་ལུང་བསྟན་པ། བམ་པོ་གཅིག་པ། before རྒྱ་གར་སྐད་དུ།

No. 65(33) D 77 adds འཕགས་པ་དཀོན་མཆོག་བརྩེགས་པ་ཆེན་པོའི་ཆོས་ཀྱི་རྣམ་གྲངས་ལེའུ་སྟོང་ཕྲག་བརྒྱ་པ་ལས་ལེའུ་སུམ་ཅུ་རྩ་གསུམ་པ་སྟེ་འཕགས་པ་དྲི་མ་མེད་ཀྱིས་བྱིན་པས་ཞུས་པ་ལུང་བསྟན་པ། བམ་པོ་དང་པོ། before རྒྱ་གར་སྐད་དུ།

No. 66(34) D 78 adds འཕགས་པ་དཀོན་མཆོག་བརྩེགས་པ་ཆེན་པོའི་ཆོས་ཀྱི་རྣམ་གྲངས་ལེའུ་སྟོང་ཕྲག་བརྒྱ་པ་ལས་ལེའུ་སུམ་ཅུ་རྩ་བཞི་པ་སྟེ་ཡོན་ཏན་རིན་ཆེན་མེ་ཏོག་ཀུན་ཏུ་རྒྱས་པས་ཞུས་པ་ལུང་བསྟན་པ། བམ་པོ་ཕྱེད། before རྒྱ་གར་སྐད་དུ།

No. 67(35) D 79 adds འཕགས་པ་དཀོན་མཆོག་བརྩེགས་པ་ཆེན་པོའི་ཆོས་ཀྱི་རྣམ་གྲངས་ལེའུ་སྟོང་ཕྲག་བརྒྱ་པ་ལས་ལེའུ་སུམ་ཅུ་རྩ་ལྔ་པ་སྟེ། སངས་རྒྱས་ཀྱི་ཡུལ་བསམ་གྱིས་མི་ཁྱབ་པ་ལུང་བསྟན་པ། བམ་པོ་དང་པོ། before རྒྱ་གར་སྐད་དུ།

No. 68(36) D 80 adds འཕགས་པ་དཀོན་མཆོག་བརྩེགས་པ་ཆེན་པོའི་ཆོས་ཀྱི་རྣམ་གྲངས་ལེའུ་སྟོང་ཕྲག་བརྒྱ་པ་ལས་ལེའུ་སུམ་ཅུ་རྩ་དྲུག་པ་སྟེ། འཕགས་པ་ལྷའི་བུ་བློ་གྲོས་རབ་གནས་ཀྱིས་ཞུས་པ་ལུང་བསྟན་པ། བམ་པོ་དང་པོ། before རྒྱ་གར་སྐད་དུ།

No. 69(37) D 81 adds འཕགས་པ་དཀོན་མཆོག་བརྩེགས་པ་ཆེན་པོའི་ཆོས་ཀྱི་རྣམ་གྲངས་ལེའུ་སྟོང་ཕྲག་བརྒྱ་པ་ལས་ལེའུ་སུམ་ཅུ་རྩ་བདུན་པ་སྟེ་འཕགས་པ་སེང་གེས་ཞུས་པ། ཤོ་ལོ་ཀ་དྲུག་ཅུ། before རྒྱ་གར་སྐད་དུ།

No. 70(38) D 82 adds འཕགས་པ་དཀོན་མཆོག་བརྩེགས་པ་ཆེན་པོའི་ཆོས་ཀྱི་རྣམ་གྲངས་ལེའུ་སྟོང་ཕྲག་བརྒྱ་པ་ལས་ལེའུ་སུམ་ཅུ་རྩ་བརྒྱད་པ་སྟེ་སངས་རྒྱས་ཐམས་ཅད་ཀྱི་གསང་ཆེན་ཐབས་ལ་མཁས་པ་བྱང་ཆུབ་སེམས་དཔའ་ཡེ་ཤེས་དམ་པས་ཞུས་པ། བམ་པོ་དང་པོ། before རྒྱ་གར་སྐད་དུ།

No. 71(39) D 83 adds འཕགས་པ་དཀོན་མཆོག་བརྩེགས་པ་ཆེན་པོའི་ཆོས་ཀྱི་རྣམ་གྲངས་ལེའུ་སྟོང་ཕྲག་བརྒྱ་པ་ལས་ལེའུ་སུམ་ཅུ་རྩ་དགུ་པ་སྟེ་ཚོང་དཔོན་བཟང་སྐྱོང་གིས་ཞུས་པ། བམ་པོ་དང་པོ། before རྒྱ་གར་སྐད་དུ།
P 760.39 adds འཕགས་པ་ཚོང་དཔོན་བཟང་སྐྱོང་གིས་ཞུས་པ་ཞེས་བྱ་བ་ཐེག་པ་ཆེན་པོའི་མདོ། before རྒྱ་གར་སྐད་དུ།

No. 72(40) D 84 adds འཕགས་པ་དཀོན་མཆོག་བརྩེགས་པ་ཆེན་པོའི་ཆོས་ཀྱི་རྣམ་གྲངས་ལེའུ་སྟོང་ཕྲག་བརྒྱ་པ་ལས་ལེའུ་བཞི་བཅུ་པ་སྟེ། བུ་མོ་རྣམ་དག་དད་པས་ཞུས་པ། བམ་པོ་གཅིག་པ། before རྒྱ་གར་སྐད་དུ།

No. 73(41) D 85 adds འཕགས་པ་དཀོན་མཆོག་བརྩེགས་པ་ཆེན་པོའི་ཆོས་ཀྱི་རྣམ་གྲངས་ལེའུ་སྟོང་ཕྲག་བརྒྱ་པ་ལས་ལེའུ་བཞི་བཅུ་རྩ་གཅིག་པ་སྟེ། འཕགས་པ་བྱམས་པས་ཞུས་པ་ལུང་བསྟན་པ། བམ་པོ་གཅིག་པ། before རྒྱ་གར་སྐད་དུ།

No. 74(42) D 86 adds འཕགས་པ་དཀོན་མཆོག་བརྩེགས་པ་ཆེན་པོའི་ཆོས་ཀྱི་རྣམ་གྲངས་ལེའུ་སྟོང་ཕྲག་བརྒྱ་པ་ལས་ལེའུ་བཞི་བཅུ་རྩ་གཉིས་པ་སྟེ་འཕགས་པ་བྱམས་པས་ཆོས་བཀྲུད་ཞུས་པ་ལུང་བསྟན་པ། བམ་པོ་ཕྱེད་པ། before རྒྱ་གར་སྐད་དུ།

No. 75(43) D 87 adds འཕགས་པ་དཀོན་མཆོག་བརྩེགས་པ་ཆེན་པོའི་ཆོས་ཀྱི་རྣམ་གྲངས་ལེའུ་སྟོང་ཕྲག་བརྒྱ་པ་ལས་ལེའུ་བཞི་བཅུ་རྩ་གསུམ་པ་སྟེ། འཕགས་པ་འོད་སྲུང་གིས་ཞུས་པ་ལུང་བསྟན་པ། བམ་པོ་དང་པོ། before རྒྱ་གར་སྐད་དུ།

No. 76(44) D 88 adds འཕགས་པ་དཀོན་མཆོག་བརྩེགས་པ་ཆེན་པོའི་ཆོས་ཀྱི་རྣམ་གྲངས་ལེའུ་སྟོང་ཕྲག་བརྒྱ་པ་ལས་ལེའུ་བཞི་བཅུ་རྩ་བཞི་པ་སྟེ། འཕགས་པ་རིན་པོ་ཆེའི་ཕུང་པོ་ལུང་བསྟན་པ། བམ་པོ་དང་པོ། before རྒྱ་གར་སྐད་དུ།

No. 77(45) D 89 adds འཕགས་པ་དཀོན་མཆོག་བརྩེགས་པ་ཆེན་པོའི་ཆོས་ཀྱི་རྣམ་གྲངས་ལེའུ་སྟོང་ཕྲག་བརྒྱ་པ་ལས་ལེའུ་བཞི་བཅུ་རྩ་ལྔ་པ་སྟེ། འཕགས་པ་བློ་གྲོས་མི་ཟད་པས་ཞུས་པ་ལུང་བསྟན་པ། བམ་པོ་གཅིག་པ། before རྒྱ་གར་སྐད་དུ།

No. 78(46) D 90 adds འཕགས་པ་དཀོན་མཆོག་བརྩེགས་པ་ཆེན་པོའི་ཆོས་ཀྱི་རྣམ་གྲངས་ལེའུ་སྟོང་ཕྲག་བརྒྱ་པ་ལས་ལེའུ་བཞི་བཅུ་རྩ་དྲུག་པ་སྟེ། འཕགས་པ་ཤེས་རབ་ཀྱི་ཕ་རོལ་ཏུ་ཕྱིན་པ་བདུན་བརྒྱ་པ་ལུང་བསྟན་པ། བམ་པོ་དང་པོ། before རྒྱ་གར་སྐད་དུ།

No. 79(47) D 91 adds འཕགས་པ་དཀོན་མཆོག་བརྩེགས་པ་ཆེན་པོའི་ཆོས་ཀྱི་རྣམ་གྲངས་ལེའུ་སྟོང་ཕྲག་བརྒྱ་པ་ལས་ལེའུ་བཞི་བཅུ་རྩ་བདུན་པ་སྟེ་འཕགས་པ་གཙུག་ན་རིན་པོ་ཆེས་ཞུས་པ། བམ་པོ་དང་པོ། before རྒྱ་གར་སྐད་དུ།

No. 80(48) D 92 adds འཕགས་པ་དཀོན་མཆོག་བརྩེགས་པ་ཆེན་པོའི་ཆོས་ཀྱི་རྣམ་གྲངས་ལེའུ་སྟོང་ཕྲག་བརྒྱ་པ་ལས་ལེའུ་བཞི་བཅུ་རྩ་བརྒྱད་པ་སྟེ་འཕགས་པ་ལྷ་མོ་དཔལ་ཕྲེང་གི་སེང་གེའི་སྒྲ་བསྟན་པ། བམ་པོ་དང་པོ། before རྒྱ་གར་སྐད་དུ།

No. 81(49) D 93 adds འཕགས་པ་དཀོན་མཆོག་བརྩེགས་པ་ཆེན་པོའི་ཆོས་ཀྱི་རྣམ་གྲངས་ལེའུ་སྟོང་ཕྲག་བརྒྱ་པ་ལས་ལེའུ་བཞི་བཅུ་རྩ་དགུ་པ་སྟེ་འཕགས་པ་དྲང་སྲོང་རྒྱས་པས་ཞུས་པ། བམ་པོ་དང་པོ། before རྒྱ་གར་སྐད་དུ།

No. 82 T 34 adds མཾ་ག་ལཾ། after ཕབ་པ།

P 762 adds ཤོག་ལོ་ཀ་བདུན་སྟོན་བརྒྱ་སྟེ། བམ་པོ་ཉི་ཤུ་རྩ་དྲུག་བཞུགས། །ཡེ་དྷརྨཱ་ཧེ་ཏུ་པྲ་བྷ་ཝཱ། ཧེ་ཏུནྟེ་ཥཱཾ་ཏ་ཐཱ་ག་ཏོ་ཧྱ་བ་དཏ་ཏེ་ཥཱཾ་ཙ་ཡོ་ནི་རོ་དྷ་ཨེ་བཾ་བཱ་དཱི་མ་ཧཱ་ཤྲ་མ་ཎཿ།། སརྦ་བྷ་བ་སྭ་ཀ་རི་ཏཾ།། after ཕབ་པ།
N 82 adds ཤློ་ཀ་བདུན་སྟོན་བརྒྱད་བརྒྱ་སྟེ། བམ་པོ་ཉི་ཤུ་རྩ་དྲུག་བཞུགས་སོ། ཡེ་དྷརྨཱ་ཧེ་ཏུ་པྲ་བྷ་བཱ་ཧེ་ཏུནྟེ་ཥཱཾ་ཏ་ཐཱ་ག་ཏོ་ཧྱ་བ་དཏ།ཏེ་ཥཱཾ་ཙ་ཡོ་ནི་རོ་དྷ་ཨེ་བཾ་བཱ་དཱི་མ་ཧཱ་ཤྲ་མ་ཎཿ ཞེས་དག །མངྒ་ལཾ། after ཕབ་པ།

D 94 adds ||ཤུ་བྷ་མསྟུ་སརྦ་ཛ་ག་ཏཾ|| ||ཡེ་དྷརྨཱ་ཧེ་ཏུ་པྲ་བྷ་ཝཱ་ཧེ་ཏུནྟེ་ཥཱན་ཏ་ཐཱ་ག་ཏོ་ཧྱ་ཝ་དཏ། ཏེ་ཥཱཉྩ་ཡོ་ནི་རོ་དྷ་ཨེ་ཝཾ་ཝཱ་དཱི་མ་ཧཱ་ཤྲ་མ་ཎཿ། མཾ་ག་ལཾ་བྷ་བནྟུ|| after ཕབ་པ།

No. 93 P 780 adds ||ཨོཾ་ཡེ་དྷརྨཱ་ཧེ་ཏུ་པྲབྷ་ཝཱ་ཧེ་ཏུན་ཏེ་ཥཱན་ཏ་ཐཱ་ག་ཏོ་ཧྱ་ཝ་དཏ། ཏེ་ཥཱཉྩ་ཡོ་ནི་རོ་དྷ་ཨེ་ཝམ་ཝཱ་དཱི་མ་ཧཱ་ཤྲ་མ་ཎ་ཡེ་སྭཱ་ཧཱ|| after ཕབ་པ།

N 100 adds ཞུས་དག after ཕབ་པ།

No. 94 P 779 N 99 D 111 colophon སྙིང་རྗེ་ཆེན་པོའི་ཆོས་ཀྱི་རྣམ་གྲངས་ལས་བསྟན་པའི་ལེའུ་སྟེ་བཅུ་གསུམ་པ་རྫོགས་སོ། སྙིང་རྗེ་ཆེན་པོའི་པད་མ་དཀར་པོ་ཞེས་བྱ་བ་ཐེག་པ་ཆེན་པོའི་མདོ་རྫོགས་སོ། རྒྱ་གར་གྱི་མཁན་པོ་ཛི་ན་མི་ཏྲ་དང་། སུ་ལེན་དྲ་བོ་དྷི་དང་། ཞུ་ཆེན་གྱི་ལོ་ཙྪ་བ་བན་དེ་ཡེ་ཤེས་སྡེས་བསྒྱུར་ཅིང་ཞུས་ཏེ་གཏན་ལ་ཕབ་པ།

No. 105 P 994 N 313 (D 328) colophon དཀའ་བོ་རབ་ཏུ་བྱུང་བའི་མདོ་རྫོགས་སོ། རྩངས་དེ་བེན་དྲ་རཀྵི་ཏས་ཞུ་(ཞུས་) ཆེན་བགྱིས་པ།

No. 109 P 818 adds (མདོ། ནུ། 307a5-307a8) ཡང་ཞུས་བྱང་། འཇམ་པའི་དབྱངས་ཀྱི་སྤྲུལ་པ་ལོ་ཙྪ་བ་ཆེན་པོ་འགོས་མི་སམ་བྱོ་སྐྲའི་བཞེད་པ་དང་། དེའི་དགོངས་པ་ལོ་ཙྪ་བ་ཆེན་པོ་མཁས་པའི་དབང་པོ་ནམ་མཁའ་བཟང་པོ་ཞེས་བྱ་བའི་འགྲེལ་པ་དང་། གཞན་ཡང་ལེགས་བཤད་དུ་མ་དང་། བསྟུན་ནས་གླེགས་བམ་འདིའི་མགོ་མཇུག་གི་སྡེབ་སྦྱོར་རྣམས་ལེགས་པར་གཏན་ལ་ཕབ་ནས་བཞག་ཅིང་། སྔར་གྱི་རྣམས་ཀྱི་མ་དག་པ་མང་པོ་ཤེས་ལོ་བྱས་ནས་བཅོས་འདུག་པས་ཤིན་ཏུ་མ་དག་པར་བཏང་ཞིང་དཔྱིན་ཅད་མི་བཅོས་པར་བཞག་གོ། །གལ་ཏེ་བཅོས་ན་ལེགས་བཤད་དུ་མ་ལས་ཉམས་ཤིང་ཆོས་སྐྱོང་རྣམས་ཀྱིས་བཀས་ཆར་བཅད་གསོལ་ལོ། །ཡེ་དྷརྨཱཿཧེ་ཏུ་པྲབྷ་ཝཱ་ཧེ་ཏུནྟེ་ཥཱནྟེ་ཐཱ་ག་ཏོ་ཧྱ་ཝ་དཏ། དེ་ཏེ་ཥཱཉྩ་ཡོ་ནི་རོ་དྷ་ཨེ་བཾ་ཝཱ་དཱི་མ་ཧཱ་ཤྲ་མ་ཎཿ། མཾ་ག་ལཾ་བྷ་ཝཾ་ཏུ|| after ཕབ་པ།

No. 115 P 800 adds |ཨོཾ་ཡེ་དྷརྨཱ་ཧེ་ཏུ་པྲ་བྷ་ཝཱ། ཧེ་ཏུན་ཏེ་ཥཱན་ཏ་ཐཱ་ག་ཏོ་ཧྱ་ཝ་དཏ། ཏེ་ཥཱཉྩ་ཡོ་ནི་རོ་དྷ། ཨེ་བམ་བྷ་དཱི་མ་ཧཱ་ཤྲ་མ་ཎཿ| after ལགསོ།

N 119 adds |ཡེ་དྷརྨཱ་ཧེ་ཏུ་པྲ་བྷ་ཝཱ། ཧེ་ཏུནྟེ་ཥཱན་ཏ་ཐཱ་ག་ཏོ་ཧྱ་ཝ་དཏ། ཏེ་ཥཱཉྩ་ཡོ་ནི་རོ་དྷ། ཨེ་ཝམ་ཝཱ་དཱི་མ་ཧཱ་ཤྲ་མ་ཎཿསཪྦ་པཱ་པ་སྱ་ཀ་ར་ཎཾ། ཀུ་ཤ་ལ་སྱོ་པ་ས་པྲ་དཾ། སྭ་ཙིཏྟཱ་པ་རི་ད་མ་ནཾ། མེ་ཏ་བུད་དྷ་ནུ་ཤཱ་ས་ནཾ། ཆོས་རྣམས་ཐམས་ཅད་རྒྱུ་ལས་བྱུང་། །དེ་རྒྱུ་དེ་བཞིན་གཤེགས་པས་གསུང་། །རྒྱུ་ལ་འགོག་པ་གང་ཡིན་པ། །འདི་སྐད་གསུང་བ་དགེ་སྦྱོང་ཆེ། །སྡིག་པ་ཅི་ཡང་མི་བྱ་སྟེ། །དགེ་བ་ཕུན་སུམ་ཚོགས་པར་སྤྱད། །རང་གི་སེམས་ནི་ཡོངས་སུ་གདུལ། །སངས་རྒྱས་བསྟན་པ་འདི་ཡིན་ནོ། །ཞུས་དག| after ལེགས་སོ།

No. 118 D 317 colophon དོན་རྣམ་པར་ངེས་པ་ཞེས་བྱ་བའི་ཆོས་ཀྱི་རྣམ་གྲངས་རྫོགས་སོ། རྒྱ་གར་གྱི་མཁན་པོ་ཛི་ན་མི་ཏྲ་དང་། པྲཛྙཱ་བརྨ་དང་། ཞུ་ཆེན་གྱི་ལོ་ཙྪ་བ་བནྡེ་ཡེ་ཤེས་སྡེས་བསྒྱུར་ཅིང་ཞུས་ཏེ་གཏན་ལ་ཕབ་པ།

S 70 adds ཨོཾ་ཡེ་དྷརྨཱཿཧེ་ཏུ་པྲབྷཱ་ཝ་ཧེ་ཏུནྟེ་ཥཱནྟ་ཐཱ་ག་ཏོ་ཧྱ་ཝ་དཏ། ཏེ་ཥཱཉྩ་ཡོ་ནི་རོ་དྷ་ཨེ་ཝཾ་ཝཱ་དཱི་མ་ཧཱ་ཤྲ་མ་ཎཿསྭཱ་ཧཱ། དགེའོ། བཀྲ་ཤིས་པར་ཤོག after ཕབ་པ།

T 70 adds ཨོཾ་ཡེ་དྷརྨཱཿཧེ་ཏུ་པྲབྷ་ཝཱ་ཧེ་ཏུན་ཏེ་ཥཱན་ཏ་ཐཱ་ག་ཏོ་ཧྱ་བ་དཏ། ཏེ་ཥཱཉྩ་ཡོ་ནི་རོ་དྷ་ཨེ་བཾ་ཝཱ་དཱི་མཧཱ་ཤྲ་མ་ཎ་ཡེ་སྭཱཧཱ། ཕྲིཾ་ཛཿབི་ཤུདྡྷཱ། དགེའོ། བཀྲ་ཤིས། མངྒ་ལཾ། after ཕབ་པ།

No. 119 P 905 N 224 D 239 colophon འདུས་པ་ཆེན་པོ་ལས་བྱང་ཆུབ་སེམས་དཔའ་སའི་སྙིང་པོའི་འཁོར་ལོ་བཅུ་པ་ལས་བདེ་བའི་དོན་ཐོབ་པ་ཡོངས་སུ་གདམས་པ་ཞེས་བྱ་བའི་ལེའུ་སྟེ་བརྒྱད་དོ། འདུས་པ་ཆེན་པོ་བྱང་ཆུབ་སེམས་དཔའ་སའི་སྙིང་པོའི་འཁོར་ལོ་བཅུ་པ་ཞེས་བྱ་བ་ཐེག་པ་ཆེན་པོའི་མདོ་རྫོགས་སོ། རྒྱའི་མཁན་པོ་ཧྭ་ཤང་ཟབ་མོ་ལ་སོགས་པ་དང་། ཞུ་ཆེན་གྱི་ལོ་ཙྪ་བ་བན་དེ་རྣམ་པར་མི་རྟོག་གིས་བསྒྱུར་ཅིང་ཞུས་ཏེ་གཏན་ལ་ཕབ་པ།

No. 122 P 805 adds ཞུས་ཏེ་དག་པར་ཡོངས། མཾ་ག་ལཾ་བྷ་བ་ཏུ། ཤུབྷ་མསྟུ་སརྦ། ཛ་ག་ཏཾ། ཤུ་བྷཾ། །ཡེ་དྷརྨཱ་ཧེ་ཏུ་པྲ་བྷཱ་ཝཱ་ཧེ་ཏུན་ཏེ་ཥཱན་ཏ་ཐཱ་ག་ཏོ་ཧྱ་བ་དཏ། ཏེ་ཥཱཉ་ཙ་ཡོ་ནི་རོ་དྷ་ཨེ་བཾ་ཝཱ་དཱི་མ་ཧཱ་ཤྲ་མ་ཎཿ།། after རྫོགས་སོ།

No. 127 P 885 adds །།ཡེ་དྷརྨཱ་ཧེ་ཏུ་པྲ་བྷཱ་ཝཱ་ཧེ་ཏུན་ཏེ་ཥཱན་ཏ་ཐཱ་ག་ཏོ་ཧྱ་བ་དཏ། ཏེ་ཥཱཉྩ་ཡོ་ནི་རོ་དྷ་ཨེ་བཾ་ཝཱ་དཱི་མ་ཧཱ་ཤྲ་མ་ཎཿ།། །།སརྦ་པཱ་པ་སྟཱ་ཀཱ་ར་ཎཿཀུ་ཤ་ལ་སྱོ་པ་སཾ་པ་དཾ་སྭ་ཙིཏྟཾ་པ་རི་ད་མ་ན་ཏ་བུདྡྷ་ནུ་ཤཱ་ས་ནཾ།། བཀྲ་ཤིས།། དགེའོ།།
after ཕབ་པའོ།

N 204 adds དགེའོ།། after ཕབ་པའོ།

No. 129=284 D 190 adds རྒྱ་གར་གྱི་མཁན་པོ་པྲཛྙཱ་བརྨ་དང་། ཤཱི་ལེནྡྲ་བོ་དྷི་དང་། ཞུ་ཆེན་གྱི་ལོ་ཙྪ་བ་བན་དེ་ཡེ་ཤེས་སྡེ་ལ་སོགས་པས་བསྒྱུར་ཅིང་ཞུས་ཏེ་གཏན་ལ་ཕབ་པ། ཤློ་ཀ་དྲུག་བརྒྱ། བམ་པོ་གཉིས་པའོ། after རྫོགས་སོ།

No. 130=282 T 81 adds །།དེ་བཞིན་གཤེགས་པའི་ཡེ་ཤེས་བདེན་མཚན་གླེགས་བམ་དུ་མ་ལ་གཏུགས་ནས་ཞུས་དག་ཅི་ནུས་བགྱིས། བསྟན་བརྒྱས་པར་ཤོག། །གཅིག་ཞུས། ཀྲ་བཤེགས། after རྫོགས་སོ།

No. 135=546 D(212) adds རྒྱ་གར་གྱི་མཁན་པོ་སུ་རེནྡྲ་བོདྷི་དང་། ཞུ་ཆེན་གྱི་ལོ་ཙྪ་བ་བནྡེ་ཡེ་ཤེས་སྡེས་བསྒྱུར་ཅིང་ཞུས་ཏེ་གཏན་ལ་ཕབ་པ། after རྫོགས་སོ།

P(878) adds །ཡེ་དྷརྨཱ་ཧེ་ཏུ་པྲབྷ་ཝཱ་ཧེ་ཏུན་ཏེ་ཥཱན་ཏ་ཐཱ་ག་ཏོ་ཧྱ་བ་དཏ། ཏེ་ཥཱཉྩ་ཡོ་ནི་རོ་དྷ་ཨེ་བཾ་ཝཱ་དཱི་མ་ཧཱ་ཤྲ་མ་ཎཿ། after རྫོགས་སོ།

N(197) adds །ཡེ་དྷརྨཱ་ཧེ་ཏུ་པྲབྷ་ཝཱ་ཧེ་ཏུནྟེ་ཥཱན་ཏ་ཐཱ་ག་ཏོ་ཧྱ་བ་དཏ། ཏེ་ཥཱཉྩ་ཡོ་ནི་རོ་དྷ་ཨེ་བཾ་ཝཱ་དཱི་མ་ཧཱ་ཤྲ་མ་ཎ། སརྦ་པཱ་བསྟ་ཀཱ་ར་ཎི་ཀུ་ཤ་ལ་སྱོ་བ་སམ་པ་དམ། སྭ་ཙིཏྟ་པ་རི་ད་མ་ན་ཏ་ཏུདྡྷ་ནུ་ཤཱ་སནཾ་ཤུ་བྷ་མསྟུ་སརྦ་ཛ་ག་ཏཾ། after རྫོགས་སོ།

No. 139 D 259 adds རྒྱ་གར་གྱི་མཁན་པོ་ཛི་ན་མི་ཏྲ་དང་། དཱ་ན་ཤཱི་ལ་དང་། མུ་ནི་བརྨ་དང་། ཞུ་ཆེན་གྱི་ལོ་ཙྪ་བ་བན་དེ་ཡེ་ཤེས་སྡེས་ཞུས་ནས་གཏན་ལ་ཕབ་པ། after རྫོགས་སོ།

No. 142 D 177 adds རྒྱ་གར་གྱི་མཁན་པོ་སུ་རེན་དྲ་བོ་དྷི་དང་། ཞུ་ཆེན་གྱི་ལོ་ཙྪ་བ་བན་དེ་ཡེ་ཤེས་སྡེས་བསྒྱུར་ཅིང་ཞུས་ཏེ་གཏན་ལ་ཕབ་པ། after རྫོགས་སྷོ།

No. 151 P 773 adds །བཀྲ་ཤིས་པར་གྱུར་ཅིག །ཡེ་དྷརྨཱ་ཧེ་ཏུ་པྲ་བྷ་ཝཱ། ཧེ་ཏུན་ཏེ་ཥཱན་ཏ་ཐཱ་ག་ཏོ་ཧྱ་བ་དཏ། ཏེ་ཥཱཉྩ་ཡོ་ནི་རོ་དྷ་ཨེ་བམ་བཱ་དཱི་མ་ཧཱ་ཤྲ་མ་ཎཿ། after ཕབ་པའོ།

N 93 adds །ཡེ་དྷརྨཱ་ཧེ་ཏུ་པྲ་བྷ་ཝཱ་ཧེ་ཏུནྟེ་ཥཱན་ཏ་ཐཱ་ག་ཏོ་ཧྱ་ཝ་དཏ། ཏེ་ཥཱཉྩ་ཡོ་ནི་རོ་དྷ་ཨེ་ཝཾ་བཱ་དཱི་མཧཱ་ཤྲ་མ་ཎཿ།། ཞུས་དག། after ཕབ་པའོ།

No. 166 P 913 N 232 D 247 add རྒྱ་གར་གྱི་མཁན་པོ་ཛི་ན་མི་ཏྲ་དང་། དཱ་ན་ཤཱི་ལ་དང་། ཞུ་ཆེན་གྱི་ལོ་ཙཱ་བ་བན་དེ་ཡེ་ཤེས་སྡེས་བསྒྱུར་ཅིང་ཞུས་ཏེ་གཏན་ལ་ཕབ་པ། after རྫོགས་སྷོ།

No. 169 T 120 adds དགེའོ། མངྒ་ལཾ། བཀྲི་ཤིས། after ཕབ་པའོ།

No. 170 D 260 adds རྒྱ་གར་གྱི་མཁན་པོ་ཤཱཀྱ་པྲབྷ་དང་། བན་དེ་རཏྣ་རཀྵི་ཏས་ཞུས་ཤིང་བསྒྱུར་ཏེ་གཏན་ལ་ཕབ་པ། after རྫོགས་སྷོ།

No. 171 P 807 N 126 D 139 adds རྒྱ་གར་གྱི་མཁན་པོ་ཤཱི་ལེནྡྲ་བོ་དྷི་དང་། ཞུ་ཆེན་གྱི་ལོ་ཙྪ་བ་བནྡེ་ཡེ་ཤེས་སྡེ་ལ་སོགས་པས་བསྒྱུར་ཅིང་ཞུས་ཏེ་གཏན་ལ་ཕབ་པ། after རྫོགས་སྷོ།

No. 174 D 221 adds རྒྱ་གར་གྱི་མཁན་པོ་ཛི་ན་མི་ཏྲ་དང་། ཤཱི་ལེནྡྲ་བོ་དྷི་དང་། ཞུ་ཆེན་གྱི་ལོ་ཙྪ་བ་བན་དེ་ཡེ་ཤེས་སྡེས་བསྒྱུར་ཅིང་ཞུས་ཏེ། སྐད་གསར་ཆད་ཀྱིས་ཀྱང་བཅོས་ནས་གཏན་ལ་ཕབ་པ། after རྫོགས་སོ།

No. 177 P 472 འཕགས་པ་དཀོན་མཆོག་ཏ་ལ་ལའི་གཟུངས་ཤེས་བྱ་བ་ཐེག་པ་ཆེན་པོའི་མདོ་རྫོགས་སྷོ།

D 145=847 འཕགས་པ་དཀོན་མཆོག་ཏ་ལ་ལའི་གཟུངས་ཞེས་བྱ་བའི་ཆོས་ཀྱི་རྣམ་གྲངས་རྫོགས་སོ།

No. 180 S 130 adds དེའི་ཚེ་ཀླུའི་རྒྱལ། །མདོ་འདི་སྟོན་རྒྱ་ལས་འགྱུར་བའི་འདུག་མ་རྫོགས་པ་བསྒྱུར་འཕྲོ་ལུས་པར་སྣང་སྟེ་མཁས་པས་ལེགས་པར་གཟིགས་འཚལ། after བཅུག་གོ།

T 131 adds དེའི་ཚེ་ཀླུའི་རྒྱལ་པོའི་མདོ་འདི་སྟོན་རྒྱ་ལས་བསྒྱུར་བའི་འདུག་མ་རྫོགས་པར་སྣང་ངོ་། after བཅུག་གོ།

No. 190 T 141 adds དགེའོ། གཅིག་ཞུས། after ཤོག

No. 191 P 781 N 101 D 113 colophon འཕགས་པ་[1]དམ་པའི་ཆོས་པད་མ་[2]དཀར་པོ་ལས་ཡོངས་སུ་གཏད་པའི་ལེའུ་ཞེས་བྱ་བ་[3]སྟེ་ཉི་ཤུ་བདུན་པའོ། གང་ན་མདོ་སྡེ་འདི་ཡོད་པར། མི་མར་མུར་གྱི་དོང་འབོགས་ཤིང་། སྲུ་གྱི་གདམས་ལས་འཛོགས་ནས་ཀྱང་། རིགས་ཀྱི་བུ་དག་འགྲོ་བར་བྱ། འཕགས་པ་དམ་པའི་ཆོས་པད་མ་དཀར་པོའི་ཆོས་ཀྱི་རྣམ་

གྲངས་ཡོངས་སུ་རྒྱས་པ་ཆེན་པོའི་མདོ་སྡེ། བྱང་ཆུབ་སེམས་དཔའ་རྣམས་ལ་གདམས་པ། སངས་རྒྱས་ཐམས་ཅད་ཀྱིས་ཡོངས་སུ་བཟུང་བ། སངས་རྒྱས་ཐམས་ཅད་ཀྱི་གསང་ཆེན། སངས་རྒྱས་ཐམས་ཅད་ཀྱི་སྦ་བ་སངས་རྒྱས་ཐམས་ཅད་ཀྱི་རིགས། སངས་རྒྱས་ཐམས་ཅད་ཀྱི་གསང་བའི་གནས། སངས་རྒྱས་ཐམས་ཅད་ཀྱི་བྱང་ཆུབ་ཀྱི་སྙིང་པོ། སངས་རྒྱས་ཐམས་ཅད་ཀྱི་ཆོས་ཀྱི་འཁོར་ལོ་སྐོར་[4]བ། སངས་རྒྱས་ཐམས་ཅད་ཀྱི་སྐུ་གཅིག་ཏུ་འདུས་པ། ཐབས་མཁས་པ་ཆེན་པོ་ཐེག་པ་གཅིག་ཏུ་བསྟན་པ། དོན་དམ་པ་བསྒྲུབ་པ་བསྟན་པའི་རྫོགས་སྟོ། རྒྱ་གར་གྱི་མཁན་པོ་སུ་རེན་དྲ་བོ་དྷི་དང་། ཞུ་ཆེན་གྱི་ལོ་ཙྪ་བ་བན་དེ་སྣ་ནམ་[5]ཡེ་ཤེས་སྡེས་བསྒྱུར་ཞིང་ཞུས་ཏེ་གཏན་ལ་ཕབ་པ།

[1]D omits འཕགས་པ། [2]N པདྨ། [3]PN omit བ། [4]PN བསྐོར། [5]P རྣམ།

No. 194 N 312 colophon འཕགས་པ་སྐྱེས་བུ་དམ་པའི་མདོ་རྫོགས་སྟོ། དྲྨ་(*sic*)ཤུད་དྷི་པ་རི་པྲི་ཚྪོ། རྒྱ་གར་གྱིས་མཁན་པོ་དྷྲྨ་ཀ་ར་དང་། ལོ་ཙྪ་བ་བཙྫི་བཟང་སྐྱོང་གིས་བསྒྱུར། བཙྫི་དཔལ་བརྩེགས་ཀྱིས་ཞུ་ཆེན་བགྱིས། ཤེ། དྷྲྨ་ཤུད་དྷི་པ་རི་པྲ་ཚྪོ།

No. 195 P 850 N 169 D 183 add རྒྱ་གར་གྱི་མཁན་པོ་སུ་རེན་དྲ་བོ་དྷི་དང་། ཞུ་ཆེན་གྱི་ལོ་ཙྪ་བ་བན་དེ་ཡེ་ཤེས་སྡེས་བསྒྱུར་ཅིང་ཞུས་ཏེ་གཏན་ལ་ཕབ་པ། after རྫོགས་སྟོ།

No. 197 D 334 adds རྒྱ་གར་གྱི་མཁན་པོ་ཤཱཀྱ་སེང་ཧ་དང་། ལོ་ཙྪ་བ་བན་དེ་བྱིན་གྱི་སྙིང་པོས་བསྒྱུར་ཏེ། ཞུ་ཆེན་གྱི་ལོ་ཙྪ་བ་བན་དེ་དེ་བ་ཙནྡྲས་ཞུས་ཏེ་གཏན་ལ་ཕབ་པ། after རྫོགས་སྟོ།

No. 198 U=S=T, P=N=D: UST and PND have slightly varied translation. For example, UST end with བཅོམ་ལྡན་འདས་ཀྱིས་གསུངས་པ་ལ་མངོན་པར་བསྟོད་(T སྟོད་)དོ། །ཞབས་ལ་མགོ་བོས་ཕྱག་བྱས་ཏེ་བསྟོད་དོ།། PND end with བཅོམ་ལྡན་འདས་ཀྱི་ཞབས་ལ་མགོ་བོས་ཕྱག་འཚལ་ནས་རྗེས་སུ་ཡི་རངས་ཏེ་(PN སྟེ་)དེ་ཉིད་དུ་མི་སྣང་བར་གྱུར་ཏོ། །ལྷའི་མདོ་རྫོགས་སོ(P སྟོ)།།

No. 203 P 930 N 249 D 264 colophon འཕགས་པ་ཐར་པ་ཆེན་པོ་ཕྱོགས་སུ་རྒྱས་པ་འགྱོད་ཚངས་ཀྱི་སྡིག་སྦྱང་བ་སྟེ། སངས་རྒྱས་ཡོངས་སུ་གྲུབ་པ་བཀོད་པ་ཞེས་བྱ་བ་ཐེག་པ་ཆེན་པོའི་མདོ་རྫོགས་སོ། རྒྱ་ནག་གི་འགྱུར་ཤློ་ཀ་[1]བདུན་བརྒྱ་ཉ་བཅུ་གཉིས་ཏེ་[2]བམ་པོ་གཉིས་དང་ཤློ་ཀ་[3]བརྒྱ་བཅུ་གཉིས། [1]P ཤུ་ལོ་ཀ། [2]D ཏ། PN ཏེ། [3]PN ཤུ་ལོག

No. 204 P 896 adds །ཡེ་དྷརྨཱ་ཧེ་ཏུ་པྲ་བྷ་ཝཱ་ཧེ་ཏུནྟེ་ཥཱན྄་ཏ་ཐཱ་ག་ཏོ་ཧྱ་བ་ད་ཏ། ཏེ་ཥཱཉྩ་ཡོ་ནི་རོ་དྷ་ཨེ་བམྦཱ་དཱི་མ་ཧཱ་ཤྲ་མ་ཎཿ། after ཕབ་པ།

N 215 adds །ཡེ་དྷརྨཱ་ཧེ་ཏུ་པྲ་བྷ་ཝཱ་ཧེ་ཏུནྟེ་ཥཱན྄་ཏ་ཐཱ་ག་ཏོ་ཧྱ་བ་ད་ཏ། ཏེ་ཥཱཉྩ་ཡོ་ནི་རོ་དྷ་ཨེ་བཾ་བཱ་དཱི་མ་ཧཱ་ཤྲ་མ་ཎཿ། སརྦ་མངྒ་ལཾ། after ཕབ་པ།

D 230 adds །ཡེ་དྷརྨཱ་ཧེ་ཏུ་པྲ་བྷ་ཝཱ་ཧེ་ཏུནྟེ་ཥཱན྄་ཏ་ཐཱ་ག་ཏོ་ཧྱ་བ་དྟ། ཏེ་ཥཱཉྩ་ཡོ་ནི་རོ་དྷ་ཨེ་བཾ་བཱ་དཱི་མ་ཧཱ་ཤྲ་མ་ཎཿ། མངྒ་ལཾ། after ཕབ་པ།

No. 205=741 P 766 adds །ཡེ་དྷརྨཱ་ཧེ་ཏུ་བྲ་(*sic*)བྷ་བཱ། ཧེ་ཏུན་ཏེ་ཥཱན་ཏ་ཐཱ་ག་ཏོ་ཧྱ་བཱ་དང་། ཏེ་ཥཱཉྩ་ཡོ་ནི་རོ་དྷ། ཨེ་བམ་བཱ་དཱི་མཧཱ་ཤྲ་མ་ཎཿ། after ཕབ་པ།
N 86 adds ཞུས་དག མངྒ་ལཾ། after ཕབ་པ།

No. 207 P 897 N 216 D 231 colophon ལོ་ཙྪ་བ་བན་དེ་རིན་ཆེན་འཚོ་དང་། ཆོས་ཉིད་ཚུལ་ཁྲིམས་ཀྱིས་བསྒྱུར་(P སྒྱུར་) ཅིང་ཞུས་ཏེ་གཏན་ལ་ཕབ་པ། after རྫོགས་སྷོ།

No. 209 P 1018 adds སྐར་མས་ཞུས་སོ། after ཕབ་པ།
T 160 adds དགེའོ། མངྒ་ལཾ། བཀྲ་ཤིས། after ཕབ་པ།

No. 210 P 815 adds ཡང་ཞུས་བྱུང་།ཀླུ།བཀྲེ། སྐར་མས་ཞུས་དག་བགྱིས། བསྒྱུར་དགོས་པ་བསྒྱུར་ཞིང་དུ་མི་བཅོའོ། after ཕབ་པ།

No. 213 P 786 adds ཡེ་དྷརྨཱཿཧེ་ཏུ་པྲ་བྷ་ཝཱ། ཧེ་ཏུནྟེ་ཥཱན་ཏ་ཐཱ་ག་ཏོ་ཧྱ་བ་དཏ། ཏེ་ཥཱཉྩ་ཡོ་ནི་རོ་དྷ། ཨེ་བཾ་བཱ་དཱི་མ་ཧཱ་ཤྲ་མ་ཎཿ། སརྦ་བཱ་བསྭཱ་ཀཱ་ར་ཧཾ། after ཕབ་པའོ།
N 106 adds ཞུས་དག after ཕབ་པའོ།

No. 215 P 824 adds ཡེ་དྷརྨཱ་ཧེ་ཏུ་པྲ་བྷ་བཱ་ཧེ་ཏུནྟེ་ཥཱན་ཏ་ཐཱ་ག་ཏོ་ཧྱ་བ་དཏ། ཏེ་ཥཱཉྩ་ཡོ་ནི་རོ་དྷ་ཨེ་བཾ་བཱ་དཱི་མ་ཧཱ་ཤྲ་མ་ཎཿ། མཾ་ཀླ་ལཾ། བྷ་ཝ་ཏུ། after ཕབ་པའོ།
N 143 མངྒ་ལཾ། ཞུས་དག

No. 216 T 167 adds དགེའོ། after ཕབ་པ།

No. 220 P 810 N 129 D 142 add colophon རྒྱ་གར་གྱི་མཁན་པོ་ཛི་ན་མི་ཏྲ་དང་། དཱ་ན་ཤཱི་ལ་དང་། ཞུས་ཆེན་གྱི་ལོ་ཙྪ་བ་ཀ་བ་དཔལ་བརྩེགས་ཀྱིས་བསྒྱུར་ཏེ་གཏན་ལ་ཕབ་པ། after རྫོགས་སྷོ།

No. 224 P 966 adds ཡེ་དྷརྨཱ་ཧེ་ཏུ་པྲ་བྷ་བཱ་ཧེ་ཏུནྟེ་ཥཱན་ཏ་ཐཱ་ག་ཏོ་ཧྱ་བ་དཏ། ཏེ་ཥཱཉྩ་ཡོ་ནི་རོ་དྷ་ཨེ་བམ་བཱ་དཱི་མཧཱ་ཤྲ་མ་ཎཿ། དགེའོ། after རྫོགས་སྷོ།

No. 225 D 104 adds colophon རྒྱ་གར་གྱི་མཁན་པོ་ཛི་ན་མི་ཏྲ་དང་། དཱ་ན་ཤཱི་ལ་དང་། ཞུས་ཆེན་གྱི་ལོ་ཙྪ་བ་བནྡེ་ཡེ་ཤེས་སྡེས་བསྒྱུར་ཅིང་ཞུས་ཏེ་གཏན་ལ་ཕབ་པའོ། after རྫོགས་སོ།

No. 229 U 229 དེའི་ཕང་བུ་ན་ཕྲུར་པོའུ་ཤིན་ཀྱིང་སུ་ཕིམ་དེའི་ཤྱིར། S 180 དེའི་ཕུང་བུ་བ་ཕྲུང་པོའུ་ཤིན་ཀྱིང་སུ་ཕིམ་དེའི་ཤིར། T 180 དེའི་ཕུང་བུ་ན་ཕྲུར་པོའུ་ཤིན་ཀྱིང་སུ་ཕིམ་དེའི་ཤྱིར། P 1022 ཏའི་ཕང་པེན་ཧྥུ་པའོ་ཏིན་གིང་ཛུའ་ཕིན་ཏེ་ཡི།

N 340 དེའི་ཕྱང་བུ་ན་ཕྱུར་པོའུ་ཤིན་ཀྱིང་སུ་ཡིམ་དེའི་ཕྱིར། D 353 དེའི་ཕྱང་བུ་ན་ཕྱུར་པོའུ་ཤིན་ཀྱིང་སུ་ཡིམ་དེའི་ཕྱིར།
U 229 adds ཡེ་དྷརྨཱ་ཧེ་ཏུ་པྲ་བྷ་ཝཱ་ཧེ་ཏུན་ཏེ་ཥཱན་ཏ་ཐཱ་ག་ཏོ་ཧྱ་བ་དཏ། ཏེ་ཥཱཉྩ་ཡོ་ནི་རོ་དྷ་ཨེ་ཝཾ་བཱ་དི་མཧཱ་ཤྲཱ་ཤྲ་མ་ཎཿ། མངྒལཾ། after བྱས་པའོ།
T 180 adds མངྒ་ལཾ་ཞུས་དག after བྱས་པའོ།

No. 233 P 890 adds ཡེ་དྷརྨཱ་ཧེ་ཏུ་པྲ་བྷ་ཝཱ་ཧེ་ཏུནྟེ་ཥཱནྟ་ཐཱ་ག་ཏོ་ཧྱ་བ་དཏ། ཏེ་ཥཱཉྩ་ཡོ་ནི་རོ་དྷ་ཨེ་བཾ་བཱ་དཱི་མ་ཧཱ་ཤྲ་མ་ཎཿ། after ཕབ་པ།

No. 237 P 866 adds ཨོཾ་ཡེ་དྷརྨཱ་ཧེ་ཏུ་པྲ་བྷ་ཝཱ། ཧེ་ཏུན་ཏེ་ཥཱན་ཏ་ཐཱ་ག་ཏོ། ཧྱ་བ་དཏ་ཏེ། ཥཱཉྩ་ཡོ་ནི་རོ་དྷ་ཨེ་བམྦཱ་དཱི་མ་ཧཱ་ཤྲ་མ་ཎཿ། after ཕབ་པ།
N 185 adds མངྒ་ལཾ། after ཕབ་པ།

No. 243 P 840 N 159 D 173 add colophon རྒྱ་གར་གྱི་མཁན་པོ་ཀ་མ་ལ་གུ་པ་ཏ་དང་། ཞུ་ཆེན་གྱི་ལོ་ཙྪ་བ་དགེ་སློང་རིན་ཆེན་བཟང་པོས་བསྒྱུར་ཅིང་ཞུས་ཏེ་གཏན་ལ་ཕབ་པ། after རྫོགས་སྷོ།

No. 244 U 244 T 195 (S195) ཀུན་བྲི་ལོག་པོས་ཞོང་ཤེ་ཏེ་འུ(ཏེའུ)ཤུད་ཐེན་ཀྱིང་།
D 199 ཀུན་ཧྲི་ལིའུ་ཕྱུས་ཞང་ཤུན་ཏེའུ་ཤིས་ཐུན་ཀྱིན།

No. 248 P 838 N 157 D 171 add colophon རྒྱ་གར་གྱི་མཁན་པོ་ཛི་ན་མི་ཏྲ་དང་། དཱ་ན་ཤཱི་ལ་དང་། ཞུས་ཆེན་གྱི་ལོ་ཙྪ་བ་བན་དེ་ཡེ་ཤེས་སྡེས་བསྒྱུར་ཅིང་ཞུས་ཏེ་གཏན་ལ་ཕབ་པ། after རྫོགས་སྷོ།
P adds ཡེ་དྷརྨཱ་ཧེ་ཏུ་པྲ་བྷ་ཝཱ་ཧེ་ཏུནྟེ་ཥཱནྟ་ཐཱ་ག་ཏོ་ཧྱ་བ་དཏ། ཏེ་ཥཱཉྩ་ཡོ་ནི་རོ་དྷ་ཨེ་བམྦཱ་དཱི་མ་ཧཱ་ཤྲ་མ་ཎཿ། སརྦ་པཱ་པཾ་སྱ་ཀ་ར་ཎཾ་ཀུ་ཤ་ལ་སྱོ་པ་སམྤ་དཾ། སྭ་ཙིཏྟཾ་པ་རི་ད་མ་ནུ་མེ་ཏདྦུདྡྷཱ་ནུ་ཤཱ་སནཾ། མཾ་ཀླཱ་ལཾ་བྷཱ་ཝཾ་ཏུ། ཤུ་བྷཾ་མ་སྟུ་སརྦ་ཛ་ག་ཏཾ། after ཕབ་པ།
N adds མངྒ་ལཾ། ཞུ་དག after ཕབ་པ།

No. 256 S 207 adds ཨོཾ་བཛྲ་ཨཱ་ཡུ་ཥེ་སྭཱ་ཧཱ། ཨོཾ་ཡེ་དྷརྨཱ་ཧེ་ཏུ་པྲ་བྷཱ་ཝ་ཧེ་ཏུནྟེ་ཥཱནྟ་ཐཱ་ག་ཏོ་ཧྱ་ཝ་དཏ། ཏེ་ཥཱཉྩ་ཡོ་ནི་རོ་དྷ་ཨེ་ཝཾ་ཝཱ་དཱི་མཧཱ་ཤྲ་མ་ཎཿ་སྭཱ་ཧཱ། ཨོཾ་སརྦ་ཝིད་སྭཱ་ཧཱ། ཨོཾ་སུ་པྲ་ཏིཥྛ་བཛྲེ་སྭཱ་ཧཱ། after ཕབ་པ།
T 207 adds དགེའོ། ཨོཾ་ཡེ་དྷརྨཱ་ཧེ་ཏུ་པྲ་བྷ་ཝཱ་ཧེ་ཏུན་ཏེ་ཥཱན་ཏ་ཐཱ་ག་ཏོ་ཧྱ་བ་དཏ། ཏེ་ཥཱཉྩ་ཡོ་ནི་རོ་དྷ་ཨེ་ཝཾ་བྷཱ་ཏེ་མཧཱ་ཤྲ་མ་ཎ་སྭཱ་ཧཱ། ཨོཾ་སརྦ་ཝིད་སྭཱ་ཧཱ། ཨོཾ་སུ་པྲ་ཏིཥྛ་བཛྲེ་སྭཱ་ཧཱ། དགེའོ། གཅིག་ཞུས་དག་པར་གནང་། after བསྒྱུར་པ།
N 251 adds ཞུས་དག་གོ། ཡང་ཞུས་དག་གོ། after ཕབ་པ།

No. 259 S 210 adds ཨོཾ་ཡེ་དྷརྨཱ་ཧེ་ཏུ་པྲ་བྷ་ཝཱ་ཧེ་ཏུན་ཏེ་ཥཱན་ཏ་ཐཱ་ག་ཏོ་ཧྱ་ཝ་དཏ། ཏེ་ཥཱཉྩ་ཡོ་ནི་རོ་དྷ་ཨེ་ཝཾ་བཱ་དཱི་མཧཱ་ཤྲ་མ་ཎ་སྭཱ་ཧཱ། after རྫོགས་སྷོ།
T 210 adds ཨོཾ་ཡེ་དྷརྨཱ་ཧེ་ཏུ་པྲ་བྷ་ཝཱ་ཧེ་ཏུན་ཏེ་ཥཱན་ཏ་ཐཱ་ག་ཏོ་ཧྱ་ཝ་དཏ། ཏེ་ཥཱཉྩ་ཡོ་ནི་རོ་དྷ་ཨེ་བཾ་བཱ་དཱི། མ་ཧཱ་ཤྲ་མ་ཎཿཡེ་སྭཱ་ཧཱ། after རྫོགས་སྷོ།

No. 273 D 277 adds colophon རྒྱ་གར་གྱི་མཁན་པོ་སུ་རེནྡྲ་བོ་དྷི་དང་། ཞུ་ཆེན་གྱི་ལོ་ཙཱ་བ་བན་དེ་ཡེ་ཤེས་སྡེས་བསྒྱུར་ཅིང་ཞུས་ཏེ་གཏན་ལ་ཕབ་པ། after རྫོགས་སྷོ།

No. 277 P 812 adds ཞུས་ཏེ་དག་གོ། ཡང་ཞུས་སྟེ། སྐར་མས་ཞུས། ཕྱིས་བཅོས་སོ། after ཕབ་གོ།

No. 278 P 777 adds ཡེ་དྷརྨཱ་ཧེ་ཏུ་པྲ་བྷ་ཝཱ། ཧེ་ཏུནྟེཥཱན་ཏ་ཐཱ་ག་ཏོ་ཧྱ་བ་དཏ། ཏེ་ཥཱཉྩ་ཡོ་ནི་རོ་དྷ། ཨེ་བཾ་ཝཱ་དཱི་མ་ཧཱ་ཤྲ་མ་ཎཿ།། after ཕབ་པ།

N 97 adds ཞུས་དག after ཕབ་པ།

No. 283 P 847 adds ཡེ་དྷརྨཱ་ཧེ་ཏུ་པྲ་བྷ་ཝཱ་ཧེ་ཏུནྟེཥཱན་ཏ་ཐཱ་ག་ཏོ་ཧྱ་བ་དཏ། ཏེ་ཥཱཉྩ་ཡོ་ནི་རོ་དྷ་ཨེ་བཾ་ཝཱ་དཱི་མ་ཧཱ་ཤྲ་མ་ཎ།། སྭཱ་ཧཱ་ཡཾ་བྷ་ཝཾ་ཏུ། after ཕབ་པ།

N 166 adds ཡེ་དྷརྨཱ་ཧེ་ཏུ་པྲ་བྷ་ཝཱ་ཧེ་ཏུནྟེཥཱན་ཏ་ཐཱ་ག་ཏོ་ཧྱ་བདད། ཏེ་ཥཱཉྩ་ཡོ་ནི་རོ་དྷ་ཨེ་ཝཾ་ཝཱ་དཱི་མ་ཧཱ་ཤྲ་མ་ཎཿ སྭཱ་ཧཱ་ཡཾ། after ཕབ་པ།

No. 284=129 D 190 adds colophon རྒྱ་གར་གྱི་མཁན་པོ་པྲཛྙཱ་བརྨ་དང་། ཤཱི་ལེནྡྲ་བོ་དྷི་དང་། ཞུ་ཆེན་གྱི་ལོ་ཙྪ་བ་བན་དེ་ཡེ་ཤེས་སྡེ་ལ་སོགས་པས་བསྒྱུར་ཅིང་ཞུས་ཏེ་གཏན་ལ་ཕབ་པ། ཤློ་ཀ་དྲུག་བརྒྱ། བམ་པོ་གཉིས་པའོ། after རྫོགས་སྷོ།

No. 289=582 P 175 adds ཡེ་དྷརྨཱ་ཧེ་ཏུ་པྲ་བྷ་ཝཱ་ཧེ་ཏུན་ཏེ་ཥཱན་ཏ་ཐཱ་ག་ཏོ་ཧྱ་བ་དཏ། ཏེ་ཥཱཉྩ་ཡོ་ནི་རོ་དྷ་ཨེ་བཾ་ཝཱ་དཱི་མ་ཧཱ་ཤྲ་མ་ཎཿཡེ་སྭཱ་ཧཱ། after ཕབ་པའོ།

N 490 adds སརྦ་མང་ག་ལཾ། after ཕབ་པའོ།

No. 290=581 U 290 T 241 དེའི་ཤིང་གིམ་ཀྭང་མེང་ཧྲའི་ཤིང་ཕར་ཀྱང་། S 241 དེའི་ཤིང་གིམ་ཀྭང་མེང་ཧྲའི་ཤྲིང་ཕར་ཀྱང་། P 174 ཏའི་ཆེང་གིན་གྭོང་མིང་ཧྲུའི་ཤིང་ཕར་གྱིང་། N 490 དེའི་ཤིང་གིམ་ཀྭང་མེང་ཧྲའི་ཤིང་ཕར་ཀྱང་། D 555 ཏཱ་ཤིན་གྱིན་ཀྭང་མྱུའུ་ཙའི་ཤིན་ཕར་གྱིན།

No. 293=146 T 245 adds སརྦ་མངྒ་ལཾ། བཀྲིས། after རྫོགས་སྷོ།

N 95 D 107 add བཅོམ་ལྡན་འདས་ཀྱི་རིང་ལུགས་པ་འགོས་ཆོས་གྲུབ་ཀྱིས་རྒྱའི་དཔེ་ལས་བསྒྱུར་ཏེ་གཏན་ལ་ཕབ་པའོ། after རྫོགས་སྷོ།

No. 294 P 813 adds ལན་གཉིས་ཞུས། ཕྱིས་ཤིན་ཏུ་དག་པར་སྐར་མས་ཞུས་ཤིང་བར་དུ་མ་དག་པ་མང་པོ་བཅོས་འདུག་པ་ད་(*sic*)བཅོས་པར་བཞག་གོ། after ཕབ་པ།(P ཕབ་བོ།)

No. 300 U 300 adds །།སརྦ་མངྒ་ལཾ། after ཕབ་པ།

T 252 adds །།དགེའོ། །བཀྲ་ཤིས། །ལེགས་སོ།། after ཕབ་པ།

No. 304 P 1015 adds ཨོཾ་ཡེ་དྷརྨཱ་ཧེ་ཏུ་པྲ་(*sic*)བྷ་ཝཱ་ཧེ་ཏུན་དེ་ཥཱན་ཏ་ཐཱ་གཏོ་ཧྱ་བ་དཏ། ཏེ་ཥཱཉྩ་ཡོ་ནི་རོ་དྷ་ཨེ་ཝཾ་བཱ་དཱི་མ་ཧཱ་ཤྲ་མ་ཎཿཡེ་སྭཱ་ཧཱ། after ཕབ་པ།
N 333 adds ཡང་ཞུས་དག སརྦ་མངྒ་ལཾ། after ཕབ་པ།

No. 305 D 123 (P 791 N 110) སངས་རྒྱས་ཀྱིས་བཤད་པ་སངས་རྒྱས་ཀྱི་མཛོད་རྫོགས་སྷོ།(N སོ།) ཤ་ལོ་ཀ་ (P ཤུ་ལོག N ཤློ་ཀ) སྟོང་ཉིས་བརྒྱ་སྟེ་བམ་པོ་བཞིར་བྱས་སོ།

No. 306 D 332 P 998 (N 317) add colophon ཞུ་ཆེན་གྱི་ལོ་ཙྪ་བ་རད་ན་(N རཏྣ་)རཀྵི་ཏས་བསྒྱུར་ཅིང་ཞུས་ཏེ་གཏན་ལ་ཕབ་པ། after རྫོགས་སྷོ།

No. 310 P 903 adds ཨོཾ་ཡེ་དྷ་མཱ་ཧེ་དུ་པྲ་(*sic*)བྷ་ཝཱ་ཧེ་ཏུན་ཏེ་ཥཱན་ཏ་ཐཱ་གཏོ་ཧྱ་བ་དཏ། ཏེ་ཥཱཉྩ་ཡོ་ནི་རོ་དྷ་ཨེ་ཝ་མྦཱ་དཱི་མཧཱ་ཤྲ་མན་ཡེ་སྭཱ་ཧཱ། after རྫོགས་སྷོ།
N 222 adds ཡེ་དྷརྨཱ་ཧེ་ཏུ་པྲ་བྷ་བ་ཧེ་ཏུནྟེ་ཥཱནྟ་ཐཱ་ག་ཏོ་ཧྱ་བད་ཏེ་ཥཱཉྩ་ཡོ་ནི་རོ་དྷ་ཨེ་བཾ་བཱ་དཱི་མ་ཧཱ་ཤྲ་མ་ཎཿ མངྒ་ལཾ། after རྫོགས་སྷོ།

No. 311 D 117 (P 785 N 105) colophon ཞུ་ཆེན་གྱི་ལོ་ཙྪ་བ་བན་དེ་རཏྣ་རཀྵི་ཏས་ཞུས་ཏེ་སྐད་གསར་ཆད་(N བཅད་ P omits ཆད་) ཀྱིས་(P གྱིས་)ཀྱང་བཅོས་ནས་གཏན་ལ་ཕབ་པ། after རྫོགས་སྷོ།

No. 318 P 1029 adds ཨོཾ་ཡེ་དྷརྨཱ་ཧེ་དུ་པྲ་(*sic*)བྷ་ཝཱ་ཧེ་དུན་ཏེ་ཥཱ་ནཏ་ཐཱ་ག་ཏོ་ཧྱ་ཝཱ་དད། ཏེ་ཥཱཉྩ་ཡོ་ནི་རོ་དྷཿ ཨེ་བམྦཱ་དཱི་མཧཱ་ཤྲ་མ་ན་ཡེ་སྭཱ་ཧཱ། after རྫོགས་སྷོ།

No. 323 P 1025 D 356 སངས་རྒྱས་བཅོམ་ལྡན་འདས་ཤཱཀྱ་ཐུབ་པ་ལ་འཕགས་པ་ཟླ་བའི་སྙིང་པོས་ཞུས་པའི་མདོ་ལས། སངས་རྒྱས་མྱ་ངན་ལས་འདས་ནས་བསྟན་པ་གནས་པ་དང་འཇིག་པའི་ཚུལ་ལུང་བསྟན་པའི་སྐབས་རྫོགས་སོ།

No. 326 U 326 adds །ཡེ་དྷརྨཱ་ཧེ་ཏུ་པྲ་བྷ་ཝཱ་ཧེ་ཏུནྟེ་ཥཱནྟ་ཐཱ་ག་ཏོ་ཧྱ་བ་དཏྟེ་ཥཱཉྩ་ཡོ་ནི་རོ་དྷ་ཨེ་ཝཾ་བ་དཱི་མཧཱ་ཤྲཱ་མ་ཎཿ མངྒ་ལཾ། after བསྒྱུར།

No. 332 D 4088 (P 5589) adds རྒྱ་གར་གྱི་མཁན་པོ་ཛི་ན་མི་ཏྲ་དང་། དཱ་ན་ཤཱི་ལ་དང་། པྲཛྙཱ་ཝརྨ་དང་། ཞུ་ཆེན་གྱི་ལོ་ཙཱ་(P ཙ་)བ་བནྡེ་ཡེ་ཤེས་སྡེ་ལ་སོགས་པས་བསྒྱུར་ཅིང་ཞུས་སྟེ་གཏན་ལ་ཕབ་པའོ།(P ཕབ་པ།) (P adds མངྒ་ལཾ། དགེའོ། བཀྲ་ཤིས། after ཕབ་པ།)

No. 333 Shorter version: U 333=S 287=T 284=N (784)=L 202=Lhasa (343)=Urga (339(b)) mdo sa 310b1-336a7=Phug-brag 186, 404
Longer version: P 1005=N (323)=D 338=Lhasa (344)=Urga (338)

Cf. Sylvain Lévi. *Mahā-Karmavibhaṅga (La grande classification des actes) et Karmavibhaṅgopadeśa (Discussion sur le Mahā-Karmavibhaṅga)*. Paris, 1932

Walter Simon. "A Note on the Tibetan version of the Karmavibhaṅga preserved in the MS Kanjur of the British Museum". *Bulletin of the School of Oriental and African Studies*, *University of London*, vol. 33 Part 1, 1970, pp. 161–166

Jampa Samten. *A Catalogue of the Phug-brag Manuscript Kanjur*. Dharamsala, Library of the Tibetan Works & Archives, 1992, pp. xix-xx

No. 334=583 D 557 adds ཡེ་དྷརྨཱ་ཧེ་ཏུ་པྲབྷ་ཝཱ་ཧེ་ཏུནྟེ་ཥཱན྄་ཏ་ཐཱ་ག་ཏོ་ཧྱ་བ་དཏ྄་ཏེ་ཥཱཉྩ་ཡོ་ནི་རོ་དྷ་ཨེ་ཝཾ་ཝཱ་དཱི་མ་ཧཱ་ཤྲ་མ་ཎཿ། after རྫོགས་སྷོ།

No. 353 D 43 (P 759) བཀྲ་ཤིས་(P ཤིན་)ཆེན་པོའི་མདོ་རྫོགས་སྷོ། འདི་ཡི་བསོད་ནམས་ལས་ཀྱིས་ནི། སངས་རྒྱས་མ་ཐོབ་བར་(P པར་)དུ་བདག །སྨན་ཆེན་པོ་ཡི་ཤེས་རབ་དང་། འོད་གཙོ་ཕྱུག་པོའི་(P པའི་)ལོངས་སྤྱོད་དང་། ཐམས་ཅད་སྒྲོལ་གྱི་སྦྱིན་པ་དང་། སྐྱེ་བ་སྐྱེ་བར་བདག་ལ་གྱུར། འཕགས་པ་ཆོས་ཀྱི་འཁོར་ལོ་བསྐོར་(P བཀོར་) བའི་མདོ། སྐྱེས་པ་རབས་(P རབ་)ཀྱི་གླེང་གཞིའི་(P བཞིའི་) བཤད་པ། ལྕང་ལོ་ཅན་གྱི་ཕོ་(P ཕྲོ་) བྲང་གི་མདོ། འདུས་པ་ཆེན་པོའི་མདོ། བྱམས་པའི་མདོ། བྱམས་པ་བསྒོམ་པའི་མདོ། ཚུལ་ཁྲིམས་ལྡའི་ཕན་ཡོན་བསྟན་པའི་མདོ། ཚེ་དང་ལྡན་པ་རིའི་ཀུན་དགའ་བོའི་མདོ། ཀླུའི་རྒྱལ་པོ་དགའ་བོ་དང་ཉེར་དགའ་འདུལ་བའི་མདོ། གནས་བརྟན་འོད་སྲུང་ཆེན་པོའི་མདོ། ཉི་མའི་མདོ། ཟླ་བའི་མདོ། བཀྲ་ཤིས་ཆེན་པོའི་མདོ་ཞེས་བྱ་བ་སྟེ། དེ་ལྟར་མདོ་བཅུ་གསུམ་པོ་འདི་རྣམས་ནི་འཛམ་བུའི་གླིང་གི་དབུས། འཕགས་པའི་ཡུལ། བྱང་ཆུབ་ཀྱི་སྙིང་པོ་རྡོ་རྗེའི་གདན་ལས་དཔག་ཚད་བརྒྱ་ཙམ་བྱང་ཤར་དུ་(P omits དུ་) བགྲོད་པའི་བོད་ཡུལ། གངས་རིའི་ཁྲོད། རྩད་ཞང་རོ་ཚོང་འདུས་འགྱུར་མོའི་ས་ཆ། འཕགས་པ་རང་བྱུང་འཇིག་རྟེན་དབང་ཕྱུག་གི་གཙུག་ལག་ཁང་གི་བདག་པོ། སངས་རྒྱས་བཅོམ་ལྡན་འདས་ཀྱི་བསྟན་པ་ལ་ལྷག་པར་མོས་ཤིང་། དཔལ་འབྱོར་དང་ཆབ་སྲིད་དུ་མ་ལ་དབང་ཕྱུག་དམ་པའི་གོ་འཕང་ཐོབ་པའི་ཞ་ལུ་པ་(P ཞལ་བུ་) སྐུ་ཞང་གྲགས་པ་རྒྱལ་མཚན་དུ་དབེན་ཤའི་བཀའ་ལུང་གིས། བྱང་ཆུབ་ཀྱི་སྙིང་པོ་རྡོ་རྗེའི་གདན་ལས་ལྷོ་ཕྱོགས་སུ་དཔག་ཚད་དྲུག་བརྒྱ་ཙམ་བགྲོད་པའི་གནས། སེང་ཀ་(P ག་) གླིང་པ་བྲམ་ཟེའི་རིགས་ལས་ལེགས་པར་རབ་ཏུ་བྱུང་ཞིང་བསྙེན་པར་རྫོགས་པ་སྡེ་སྣོད་གསུམ་ལ་ཐུགས་ལེགས་པར་བྱང་བའི་པཎྜི་ཏ་ཨཱ་ནནྡ་(P ནནྡ་) ཤྲཱིའི་ཞལ་སྔ་ནས། མང་དུ་ཐོས་པའི་ལོ་ཙཱ་(P ཙྪ་) བ་ཤཱཀྱའི་དགེ་སློང་ཉི་མ་རྒྱལ་མཚན་དཔལ་བཟང་པོས། སྐད་གཉིས་སྨྲ་བ་རྣམས་ཀྱི་གདན་ས། གཙུག་ལག་ཁང་ཆེན་པོ་དཔལ་ཐར་པ་གླིང་དུ་བསྒྱུར་ཅིང་ཞུས་ཏེ། གཏན་ལ་ཕབ་པའོ། (P adds ཡེ་དྷརྨཱ་ཧེ་ཏུ་པྲ་བྷཱ་ཝཱ་ཧེ་ཏུནྟེ་ཥཱན྄་ཏ་ཐཱ་ག་ཏོ་ཧྱ་བ་དཏ། ཏེ་ཥཱཉྩ་ཡོ་ནི་རོ་དྷ་ཨེ་ཝཾ་ཝཱ་དཱི་མ་ཧཱ་ཤྲ་མ་ཎཿ། after ཕབ་པའོ།)

No. 357 D 4145 (འདུལ་བ། སུ། 238b6-240a4) P 5646 (འདུལ་བ། ཤུ། 297b6-299b6) N(NT 3637 Nm-Cat 4435) (མདོ། ཤུ། 269a2-270b3) add translator's colophon:

དེ་ནས་དགེ་སློང་ཅིའི་ཕྱིར་ཀུན་ལས་(PN ལ་)ལས་གང་ཞིག་བྱས་ན་འདིའི་མིག་ཕྱུང་བ་དང་། སླར་སྐྱེས་པ་ཡིན་ཞེས་ཐེ་ཚོམ་སྐྱེས་ལ། དེ་ལྟར་ཐེ་ཚོམ་སྐྱེས་པ་གནས་བརྟན་གྲགས་པ་ལ་དྲིས་པ་དང་། གནས་བརྟན་གྲགས་པས་སྨྲས་པ། དེ་བས་ན་ཚེ་དང་ལྡན་པ་དག་ཉོན་ཅིག །དགེ་སློང་དག་སྔོན་བྱུང་བ་འདས་པའི་དུས་ན་གྲོང་ཁྱེར་བཱ་རཱ་ཎ་སཱི་(PN བ་ར་ན་སེར་) ན་རྫོན་པ་(N པོ་)ཞིག་གནས་ཏེ། དེ་ཁ་བ་ཅན་དུ་སོང་ནས་རི་དགས་(P དྭགས་)རྣམས་གསོད་དོ། །དེ་དུས་གཞན་ཞིག

ན་ཁ་བ་ཅན་དུ་སོང་བ་དང་། དེར་སེར་བ་བབ་པར་གྱུར་ལ། རི་དགས་ལྔ་བརྒྱ་ཕྱུག་གཅིག་ཏུ་ཞུགས་པ་ཞིག་རྙེད་པ་དང་། དེས་རྒྱུས་ཐམས་ཅད་བཟུང་ནས་དེ་ལ་བློ་སྐྱེས་པ། གལ་ཏེ་ཐམས་ཅད་དུས་གཅིག་ཏུ་བསད་ན་ནི་ཤ་རུལ་བར་འགྱུར་བས་ཐབས་གཞན་ཞིག་བརྩམ་(PN བསམ་)པར་བྱའོ་སྙམ་ནས་དེས་རི་དགས་ལྔ་བརྒྱའི་མིག་ཕྱུང་ངོ་། །མིག་ཕྱུང་བ་དེ་རྣམས་གང་དུ་ཡང་འབྲོས་པར་མ་ནུས་སོ། །དེ་བཞིན་དུ་རྒྱ་ཆེར་རི་དགས་བརྒྱ་ཕྲག་མང་པོའི་མིག་ཕྱུང་ངོ་། །ཚེ་དང་ལྡན་པ་དག་རི་དགས་ཀྱི་རྔོན་པ་གང་ཡིན་པ་དེ་ནི་གཞན་མ་ཡིན་གྱི་ཀུན་ལ་འདི་ཉིད་ཡིན་ནོ། །གང་དེར་རི་དགས་མང་པོའི་མིག་ཕྱུང་བ་དེའི་ལས་ཀྱི་(PN ཀྱིས་)རྣམ་པར་སྨིན་པས་ལོ་བརྒྱ་སྟོང་མང་པོར་དམྱལ་བར་སྡུག་བསྔལ་རྗེས་སུ་མྱོང་ལ།དེ་ནས་ལས་ཀྱི་ལྷག་མ་(PN མས་)སྐྱེ་བ་ལྔ་བརྒྱར་མི་རྣམས་ཀྱི་ནང་དུ་སྐྱེས་པ་ན་མིག་ཕྱུང་བར་གྱུར་ཏོ། །ལས་ཅི་ཞིག་བྱས་ན་ལས་གང་གི་རྣམ་པར་སྨིན་པས་རིགས་མཐོན་པོར་སྐྱེས་ཤིང་རབ་ཏུ་མཛེས་པར་གྱུར་ལ། བདེན་པ་མཐོང་བར་བྱས་པ་དེ་ཡང་ཚེ་དང་ལྡན་པ་དག་ཉོན་ཅིག །སྔོན་བྱུང་བའི་དུས་སྐྱེ་དགུ་རྣམས་ཀྱི་ཚེ་ལོ་བཞི་ཁྲི་ཐུབ་པ་ན། ཡང་དག་པར་རྫོགས་པའི་སངས་རྒྱས་འཁོར་བ་འཇིག་ཅེས་བྱ་བ་འཇིག་རྟེན་དུ་བྱུང་སྟེ། གང་གི་ཚེ་ཡང་དག་པར་རྫོགས་པའི་སངས་རྒྱས་འཁོར་བ་འཇིག་གིས་སངས་རྒྱས་ཀྱི་མཛད་པ་མ་ལུས་པ་མཛད་ནས་ཕུང་པོ་ལྷག་མ་མེད་པའི་མྱ་ངན་ལས་འདས་པའི་དབྱིངས་སུ་ཡོངས་སུ་མྱ་ངན་ལས་འདས་པ་དང་། དེ་ལ་རྒྱལ་པོ་མཛེས་པ་ཞེས་བྱ་བས་རིན་པོ་ཆེ་སྣ་བཞི་ལས་བྱས་པའི་མཆོད་རྟེན་ཆུ་ཞེང་དཔག་ཚད་ཙམ་བྱས་སོ། །གང་གི་ཚེ་རྒྱལ་པོ་མཛེས་པ་དུས་བྱས་ནས་དད་པ་མེད་ཅེས་བྱ་བ་རྒྱལ་སྲིད་ལ་བཞག་པ་ན། རིན་པོ་ཆེ་དེ་རྣམས་མ་བྱིན་པར་ལེན་པ་རྣམས་ཀྱིས་བརྐུས་ཏེ། ཕྱུག་དར་དང་ཤིང་ཙམ་ཞིག་ལུས་པ་དང་། དེར་སྐྱེ་བོའི་ཚོགས་སོང་བ་ན། མཆོད་རྟེན་རྣམ་པར་དེངས་པ་མཐོང་ནས་ཀྱི་ཧུད་ཀྱི་ཧུད་སྡུག་བསྔལ་ལོ་ཞེས་ཡང་དག་པའི་ང་རོས་དུའོ། །ཚོང་དཔོན་གྱི་བུ་ཞིག་ཀྱང་འོངས་ནས། དེས་སྨྲས་པ། ཅིའི་ཕྱིར་དུ། དེ་རྣམས་ཀྱིས་སྨྲས་པ་ཡང་དག་པར་རྫོགས་པའི་སངས་རྒྱས་འཁོར་བ་འཇིག་གི་མཆོད་རྟེན་རིན་པོ་ཆེ་སྣ་བཞིའི་རང་བཞིན་ཅན་ཞིག་ཡོད་དེ་ཞེས་བྱ་བ་ནས་དེ་རྣམས་ཀྱིས་རྒྱ་ཆེར་མཆོད་རྟེན་དེ་སྔོན་བཞིན་དུ་བཞག་པར་གྱུར་ཏོ་ཞེས་བྱ་བའི་བར་དུའོ། །དེ་ནས་(PN ན་)ཡང་དག་པར་རྫོགས་པའི་སངས་རྒྱས་འཁོར་བ་འཇིག་གི་སྐུའི་ཚད་ཀྱི་སྐུ་གཟུགས་ཡོད་པ་ལས་དེ་ཞིག་(PN ཞིགས་)པ་དང་། ལེགས་པར་གསོས་ཏེ། སྟོན་པ་འཁོར་བ་འཇིག་ཅི་འདྲ་བ་དེ་འདྲའི་(PN འདྲ་བའི་)སྟོན་པ་མཉེས་པར་བྱེད་ཀྱི་མི་མཉེས་པ་བྱེད་པར་མ་གྱུར་ཅིག་ཅེས་སྨོན་པ་བྱས་སོ། །ཚེ་དང་ལྡན་པ་དག་འདི་ཇི་སྙམ་དུ་སེམས། ཚོང་དཔོན་གྱི་བུ་གང་ཡིན་པ་དེ་ནི་ཀུན་ལ་འདི་ཉིད་ཡིན་ཏེ། གང་དེར་བཅོམ་ལྡན་འདས་འཁོར་བ་འཇིག་གི་མཆོད་རྟེན་ལེགས་པར་གསོས་པའི་དེའི་ལས་ཀྱི་འབྲས་བུས་རིགས་མཐོ་བར་སྐྱེས་པ་ཡིན་ལ། གང་སྐུ་གཟུགས་གསོས་པ་དེའི་ལས་ཀྱིས་གཟུགས་བཟང་(P བཟུང་)བར་སྐྱེས་པ་ཡིན་ལ། གང་ཡང་དག་པར་སྨོན་པར་བྱས་པ་(PN omit པ་)དེའི་ལས་ཀྱི་འབྲས་བུ་དེ་དང་འདྲ་བའི་སྟོན་པ་ཡང་དག་པར་རྫོགས་པའི་སངས་རྒྱས་ཤཱཀྱ་ཐུབ་པ་མཉེས་པར་བྱས་ཀྱི་མི་མཉེས་པར་མ་བྱས་པ་ཡིན་ནོ། །བདེན་པ་མཐོང་བར་བྱས་པ་གང་ཡིན་པ་དེ་ཉོན་ཅིག །དགེ་སློང་དག་སྔོན་བྱུང་བ་འདས་པའི་དུས་ན། ཡང་དག་པར་རྫོགས་པའི་སངས་རྒྱས་འཁོར་བ་འཇིག་དེ་ཉིད་ཀྱི་མཆོད་རྟེན་རིན་པོ་ཆེ་སྣ་བཞི་ལས་བྱས་པ་རྒྱལ་པོ་མཛེས་པས་བྱས་པ་དང་། མཆོད་རྟེན་དེར་ས་ལས་བྱས་པའི་སྐུ་གཟུགས་ཅིག་(PN གཅིག་) ཀྱང་བྱས་སོ། །ཇི་ཙམ་ན་ཚོང་དཔོན་ཞིག་གི་(PN གིས་)བྱིས་པ་མ་མ་དང་ལྷན་ཅིག་མཆོད་རྟེན་དེར་སོང་བ་དང་། དེ་བྱིས་པར་གྱུར་པས་མདེའུ་བླངས་ཏེ་སངས་རྒྱས་ཀྱི་སྐུ་གཟུགས་ཀྱི་སྤྱན་ཕྱུང་ངོ་། །ཇི་སྲིད་དུ་གཞན་ཞིག་ན་ཆེན་པོར་འགྱུར་(PN གྱུར་)ནས། ཡང་མཆོད་རྟེན་དེ་ཉིད་དུ་སོང་ངོ་། །དེས་མཐོང་མ་ཐག་ཏུ་སྐུ་གཟུགས་འདི་བྱིས་པར་གྱུར་པས་བདག་གིས་བྱས་སོ་དྲན་པ་དང་། དེ་ཁྱིམ་ནས་རྫས་བླངས་(PN གླངས་)ཏེ། དེ་དང་རིན་པོ་ཆེ་སྣ་བཞི་ལས་བྱས་པའི་སྐུ་གཟུགས་བྱས་ནས། མིག་གཉིས་སུ་རིན་ཐང་ཆེ་བའི་ནོར་བུ་ཨིནྡྲ་ནཱི་ལ་བཙུག་སྟེ། མཆོད་རྟེན་དེ་ལ་ཡང་མཆོད་པ་ཆེན་པོ་དང་བསྐོར་བ་བྱས་ནས།(PN ན།) གང་བདག་བྱིས་པར་གྱུར་པས། བཅོམ་ལྡན་འདས་ཀྱི་སྤྱན་ཕྱུང་ནས་སྡིག་པའི་ལས་བགྱིས་ཏེ། སྡིག་པའི་

ལས་འདིའི་སྐལ་བ་ཅན་དུ་མ་གྱུར་ཅིག །དགེ་བའི་རྩ་བ་འདིས་ཀྱང་སྟོན་པ་འདི་ལྟ་བུ་མཉེས་པར་བྱེད་ཀྱི། མི་མཉེས་པ་བྱེད་པར་མ་གྱུར་ཅིག་ཅེས་སྨོན་པ་བྱས་སོ། །དགེ་སློང་དག་ཚོང་དཔོན་གྱི་བུ་གང་ཡིན་པ་དེ་ཅི་གཞན་དག་ཡིན་པར་སེམས་སམ། དེའི་ཚེ་དེའི་དུས་སུ་ཀུན་ལ་འདི་ཉིད་ཚོང་དཔོན་གྱི་བུར་གྱུར་ཏོ། །གང་འདིས་སྡིག་པ་ཅན་གྱི་ལས་བྱས་པ་དེས་སྐྱེ་བ་ལྔ་བརྒྱར་ཚེ་རབས་(PN omit ཚེ་རབས་)ཚེ་རབས་སུ་མིག་དང་བྲལ་བར་གྱུར་ཏོ། །གང་དེས་ཉེས་པ་བཤགས་ནས་སྨོན་ལམ་བྱས་པ་དེས་རིགས་མཐོ་བ་དང་། གཟུགས་མཛེས་པར་གྱུར་ཏོ། །གང་ཨིན་དྲ་ནི་ལའི་སྤྱན་བཙུག་པ་དེས་ན་འདི་ཚེ་རབས་ཚེ་རབས་སུ་མིག་མཛེས་པར་གྱུར་པ་ཡིན་ནོ། །གང་དེས་སྟོན་པ་འདི་ལྟ་བུ་མཉེས་པར་བྱེད་པར་གྱུར་ཅིག་ཅེས་པ་དེས་ན་རྒྱུན་དུ་ཞུགས་པའི་འབྲས་བུ་ཐོབ་པ་ཡིན་ནོ། །གང་དེས་སྤྱན་ཕྱུང་ནས་སླར་ཡང་ཨིན་དྲ་ནི་ལའི་སྤྱན་བཙུག་པ་དེའི་ལས་ཀྱི་འབྲས་བུ་མིག་ཕྱུང་ནས་ཡང་ཐོབ་པ་ཡིན་ནོ། །གནས་བརྟན་གྲགས་པས་དེ་སྐད་ཅེས་སྨྲས་པ་དང་། དགེ་སློང་(PN add དེ་)དག་མངོན་པར་དགའོ། །ཀུན་ལའི་རྟོགས་པ་བརྗོད་པ་རྫོགས་སོ།། །།རྒྱ་གར་གྱི་མཁན་པོ་པདྨ་ཀ་ར་བརྨ་དང་། ཞུ་ཆེན་གྱི་ལོ་ཙྪ་(PN ལོཙྪ་)བ་དགེ་སློང་རིན་ཆེན་བཟང་པོས་བསྒྱུར་ཅིང་ཞུས་ཏེ་གཏན་ལ་ཕབ་པ།། །།
after རབ་ཏུ་བཅོམ་མོ། (P adds སརྦ་མངྒ་ལཾ།། after ཕབ་པ།)

No. 359 P 5587 N(NT 3578 Nm-Cat 4376) add འདི་ལ་འགྱུར་བྱང་ལས་བམ་པོ་བདུན་འབྱུང་ཡང་དངོས་སུ་དགུ་སྣང་ངོ་། after རྫོགས་སོ།

No. 363 P 5698 N(NT 3689 Nm-Cat 4487) add ཤྲཱི་སཱུཀྵྨ་ཛས་ཀྱི་ཊཱི་ཀཱའོ། after རྫོགས་སྷོ།

No. 364 UST omit the top part (PND have ལིའི་ཡུལ་ལུང་བསྟན་པ། དཀོན་མཆོག་གསུམ་ལ་ཕྱག་འཚལ་ལོ།)

US end with དགུང་ལོ་སྟོང་ཉིས་བརྒྱ་ལྔ་བཅུ་རྩ་དྲུག་ཙམ་པ་ལགས།

T 314b6-340b8=U 313b4-340a6, T is missing the equivalent to U 340a6-343b4.

PND [D 4202 སྤྲིང་ཡིག ངེ། 188a6-188a7 (P 5699 སྤྲིང་ཡིག ངེ། 468a5-468a8, N(NT 3690 Nm-Cat 4488) མདོ། ངེ། 444a2-444a4)] add འཕགས་པ་ཟླ་བའི་སྙིང་པོས་ཞུས་པ་དང་། ལྷ་མོ་དྲི་མ་མེད་པའི་འོད་ཀྱིས་ཞུས་པ་དང་། འཕགས་པ་དགྲ་བཅོམ་པ་དགེ་འདུན་འཕེལ་གྱིས་(PN ཀྱི་)ལུང་བསྟན་པ་རྣམས་དང་མཐུན་པར་ལིའི་(N ལི་)ཡུལ་དང་། དེར་ལི་རྗེའི་རྒྱལ་པོ་རྣམས་ཀྱིས་འཕགས་པ་རྣམས་སྤྱན་དྲངས་ནས། སངས་རྒྱས་ཀྱི་བསྟན་པ་དང་། དེའི་གཞི་གཙུག་ལག་ཁང་དང་། ལྷ་ཁང་དང་། མཆོད་རྟེན་རྣམས་ཇི་ལྟར་བཞེངས་པ་དང་། དགེ་འདུན་སྡེ་གཉིས་ཇི་ལྟར་སྤྱེལ་བའི་ཚུལ་(N adds དུ་)རྒྱས་པར་བསྟན་པ་ལི་ཡུལ་ལུང་བསྟན་པ་ཞེས་བྱ་བ་རྫོགས་སོ། after ཙམ་པ་ལགས།(U 343b4)
(PN add མངྒ་ལཾ། after རྫོགས་སོ།)

No. 367 D(4377) adds འདི་བྱང་ཆུབ་སེམས་དཔའི་སྡེ་སྣོད་ཀྱི་ནང་ཚན་ཕལ་པོ་ཆེའི་སྡོང་པོ་བཀོད་པ་ཞེས་བྱ་བའི་ཆོས་ཀྱི་རྣམ་གྲངས་ནོར་བཟང་གིས་དགེ་བའི་བཤེས་གཉེན་བསྙེན་བཀུར་བའི་སྤྱོད་པ་ཕྱོགས་གཅིག་པའི་ལེའུ་ལས་ཕྱུང་བའོ། after རྫོགས་སྷོ།

No. 368 D(4378) འཕགས་པ་བྱམས་པའི་སྨོན་ལམ་གྱི་རྒྱལ་པོ་རྫོགས་སོ། །དཀོན་བརྩེགས་ཀྱི་བྱམས་པས་ཞུས་པ་ལུང་བསྟན་པ་ཞེས་བྱ་བའི་ཐེག་པ་ཆེན་པོའི་མདོ་ལས་སོ།

No. 372 P 952 adds སཾ་ག་ཡཾ་ཧྲ་བ་ཏུ། ཤུ་ཧྲམ་སྟུ་སཏ་ཛྙག་ཏཾ། ཤུ་ཧྲཾ། after པབ་པ།

No. 378 T adds ཨོཾ་ཡེ་དྷརྨཱ་ཧེ་ཏུ་པྲ་བྷ་ཝཱ་ཧེ་ཏུནྟེ་ཥཱནྟ་ཐཱ་ག་ཏོ་ཧྱ་ཝ་དཏ། ཏེ་ཥཱཉྩ་ཡོ་ནི་རོ་དྷ་ཨེ་ཝཾ་བཱ་དི་མཧཱ་ཤྲམ་ཎ་ཡེ་སྭཱ་ཧཱ། ཨོཾ་ཀ་པྲི་ཛྙཱ་ཤུདྡྷ་ཀྲི་ཧྲཱ། after རྫོགས་སོ།

No. 379 P 787 adds ཡེ་དྷརྨཱ་ཧེ་ཏུ་པྲ་བྷ་བཱ་ཧེ་ཏུན་ཏེ་ཥཱན་ཏ་ཐཱ་ག་ཏོ་ཧྱ་བ་དཏ། ཏེ་ཥཱཉྩ་ཡོ་ནི་རོ་དྷ་ཨེ་བམྦཱ་དི་མ་ཧཱ་ཤྲ་མ་ཎཿ། after པབ་པའོ།

N 361 adds ཡེ་དྷརྨཱ་ཧེ་ཏུ་པྲ་བྷ་བཱ། ཧེ་ཏུནྟེ་ཥཱནྟ་ཐཱ་ག་ཏོ་ཧྱ་བ་དཏ། ཏེ་ཥཱཉྩ་ཡོ་ནི་རོདྷ། ཨེ་བམྦཱ་དི་མཧཱ་ཤྲ་མ་ཎཿ། after པབ་པའོ།

No. 380 P-Cat Sarvadharma-mahāśanti-bodhicittakulayarāja(*sic*)

D-Cat Sarvadharmamahāśāntibodhicittakulaya-(?)rāja

N-Cat Sarvadharmamahāśāntibodhicittakulayarāja

No. 382 P 453 སརྦ་ཏ་ཐཱ་ག་ཏ་གུ་ཧྱ་མ་ཧཱ་གུ་ཧྱ་ཀོ། ཥཱཀྵ་ཡ་ནི་དྷི་དཱི་པ་མ་ཧཱ་བྲ་ཏ་སཱ་དྷ་ན་ཏནྟྲ་ཛྙཱ་ནཱ་ཤྩརྻ་དྱུ་ཏི་ཙཀྲ་ནཱ་མ་མ་ཧཱ་ཡཱ་ན་སཱུ་ཏྲ། P-Cat Sarvatathāgata-guhya-mahāguhyakoṣa-akṣayaya-nidhi-dīpa-mahāvratasādhana-tantra-jñānāścarya-vidyut-cakra-nāma-mahāyāna-sūtra

D 830 སརྦ་ཏ་ཐཱ་ག་ཏ་གུ་ཧྱ་མ་ཧཱ་གུ་ཧྱ་ཀོ་ཥཱཀྵ་ཡ་ནི་དྷི་དཱི་པ་མ་ཧཱ་པྲ་ཏ་པ་སཱ་དྷ་ན་ཏནྟྲ་ཛྙཱ་ནཱ་ཤྩརྻ་དྱུ་ཏི་ཙཀྲ་ནཱ་མ་མ་ཧཱ་ཡཱ་ན་སཱུ་ཏྲ། D-Cat Sarvatathāgataguhyamahāguhyakośākṣayanidhadīpamahāpratapasādhanatantra-jñānāścaryadyuticakra-nāma-mahāyāna-sūtra

N 746 omits Sanskrit title

P 453 adds ཡེ་དྷརྨཱ་ཧེ་ཏུ་པྲ་བྷ་བཱ་ཧེ་ཏུན་ཏེ་ཥཱན་ཏ་ཐཱ་ག་ཏོ་ཧྱ་བ་དཏ། ཏེ་ཥཱཉྩ་ཡོ་ནི་རོ་དྷ་ཨེ་བམ་བཱ་དི་མ་ཧཱ་ཤྲ་མ་ཎཿ། དགེའོ། ཞལ་དྲོའོ། ལེགས་སོ། after རྫོགས་སོ།

N 746 adds མངྒ་ལཾ། after རྫོགས་སོ།

D 830 adds སརྦ་མངྒ་ལཾ། after རྫོགས་སོ།

No. 387 P 458 adds ཡེ་དྷརྨཱ་ཧེ་ཏུ་པྲ་བྷ་ཝ་ཧེ་ཏུན་ཏེ་ཥཱན་ཏ་ཐཱ་ག་ཏོ་ཧྱ་བ་དཏ་ཏེ། ཥཱཉྩ་ཡོ་ནི་རོ་དྷ་ཨེ་བམྦཱ་དི་མ་ཧཱ་ཤྲ་མ་ཎཿ། after རྫོགས་སོ།

N 751 adds སརྦ་མངྒ་ལཾ། after རྫོགས་སོ།

No. 391 P 462 སརྦ་ཏ་ཐཱ་ག་ཏ་བུད་དྷོ་བུན་གུ་ཧྱ་བ་ནོ་ཤི་ཨ་ཤད་ད་མ་བི་ན་ས་མ་ཏ་ཏན་ཏྲ་ནཱ་མ།

P-Cat Sarvatathāgata-buttrobuna-guhya-vanośi-aśaddama-vinasamata-tantra-nāma.(*sic*)

N 755 སརྦ་ཏ་ཐཱ་ག་ཏ་བུད་དྷོ་ཕུན་གུ་ཧྱ་བ་ནོ་ཤི་ཨ་ཤད་ད་མ་བི་ན་ས་མ་ཏ་ཏན་ཏྲ་ནཱ་མ།

N-Cat Sarvatathāgatabuddhānuttaraguhyāśvottamavīṇāsamatatantranāma

D 839 སརྦ་ཏ་ཐཱ་ག་ཏ་བུད་ཧོ་ཕུ་ན་གུ་ཧྱ་བ་ནོ་ཤི་ཨ་ཤྭད་ད། མ་བི་ན་ས་མ་ཏ་ཏནྟྲ་ནཱ་མ།

D-Cat Sarvatathāgatabuddhānuttaraguhyāśvottamavīṇāsamata-mahātantra-nāma

No. 393 (1) P 464 སརྦ་པཉྩ་ཨ་མྲི་ཏ། ས་ར་སི་དྡྷི་མ་ཧཱ་དུ་ཀ། ཧྲི་ཏ་ཡྭ་ན་པ་ར་བིད་ཏྭན་ཨཥྟ།

P-Cat Sarvapañcāmṛtasārasiddhi-mahādukahṛdayānaparavittvanāṣṭa.(*sic*)

N 757(1) སརྦ་པཉྩ་ཨ་མྲི་ཏ། ས་ར་སི་དྡྷི་མཧཱ་དུ་ཀ། ཧྲི་ཏ་ཡྭ་ན་པ་ར་བིད་ཏྭན་ཨཥྟ།

N-Cat Sarvapañcāmṛtasārasiddhimahadgatahṛdayaparivartāṣṭaka

D 841(1) སརྦ་པཉྩ་ཨ་མྲི་ཏ། ས་ར་སི་དྡྷི་མ་ཧཱ་དུ་ཀ། ཧྲི་ད་ཡྭ་ན་པ་ར་བིད་ཏྭན་ཨཥྟ།

D-Cat Sarvapañcāmṛtasāra-siddhimahadgata-hṛdayaparivartāṣṭaka

No. 393 (2) P 464 ཨ་མྲི་ཏ་ར་ས་ཡ་ན། ཏ་ན་ཛྷ་ཡ། པྲ་ཤ་སྟ་པྲ་མཎ་ཤྲི་ཀ་ན་པྲ་ཤ་སྟ་ཡ་ན་མོ།

P-Cat Amṛta-rasayanatanajhayapraśastapramāṇa-śrīkana-praśastāya-nāmo.(*sic*)

D 841(2) ཨ་མྲི་ཏ་ར་ས་ཡ་ན། ཏ་ན་ཛྷ་ཡ། པྲ་ཤསྟ་པྲ་མ་ན་ཤྲི་ཀྲ་ན་པྲ་ཤ་སྟ་ཡ་ན་མོ།

D-Cat Amṛtarasāyana(1) (footnote (1) -tanajhayapraśastapramaṇaśrikranapraśastaya namo(?))

N 757(2) ཨ་མྲི་ཏ་ར་ས་ཡ་ན། ཏ་ན་ཛྷ་ཡ། པྲ་ཤསྟ་པྲ་མ་ན་ཤྲི་ཀྲ་ན་པྲ་ཤ་སྟ་ཡ་ན་མོ།

N-Cat Amṛtarasāyana / tanajhaya / praśastapramāṇaśrīkraṇapraśastāya namaḥ(?)

No. 393 (3) P(464) D 841(3) N 757(3) པྲཛྙཱ་བྷ་ག་བན་མ་ཧཱ་རཱ་ཛཱ། P-Cat Prajñā-bhagavan-mahārājā

D-Cat Prajñābhagavanmahārāja(?) N-Cat Vajrabhagavanmahārājanāma

No. 393 (4) P 464 D 841(4) N 757(4) སྟ་ན་མ་ཧཱ་ད་ར་པཉྩ། P-Cat Stanamahādarapañca

D-Cat Uttāraṇamahādarapañca N-Cat Stanamahādarapañca

No. 393 (5) P 464 ཏ་ཐཱ་ག་ཏ་པཉྩ་བུདྡྷ་ནཱ་མ། P-Cat Tathāgata-pañca-buddha-nāma

D 841(5) ཀུ་ལ་པཉྩ་བུདྡྷཱ་ན་མཿ། D-Cat Kulapañcabuddhāya namaḥ

N 757(5) ཏ་ཐཱ་ག་ཏ་པཉྩ་བུདྡྷ་ན་མ། N-Cat Tathāgatapañcabuddhāya namaḥ

No. 393 (6) P 464 ཨཱ་མྲི་ཏ་ཀུ་ཎྜ་ལ་ལི་ནཱ་མ། P-Cat Amṛta-kuṇḍalyai namaḥ

D 841(6) ཨ་མྲི་ཏ་ཀུཎྜ་ལི་ན་མཿ D-Cat Amṛtakuṇḍalyai namaḥ

N 757(6) ཨཱ་མྲི་ཏ་ཀུན་ཎྜ་ལ་ལི་ན་མ། N-Cat Amṛtakuṇḍalyai namaḥ

No. 393 (7) P 464 ཨཱ་མྲི་ཏ་ཀ་ལ་ཤ་སིད་དྷི། P-Cat Amṛta-kalaśa-siddhi

D 841(7) ཨ་མྲི་ཏ་ཀ་ལ་ཤེ་སིདྡྷི། D-Cat Amṛtakalaśasiddhi

N 757(7) ཨཱ་མྲི་ཏ་ཀ་ལ་ཤ་སིདྡྷི། N-Cat Amṛtakalaśasiddhi

No. 393 (8) P 464 བྷ་ག་བྷན་མཉྫུ་ཤྲཱི་ཏིག་ཥྞ་ན་མ་སི་དམ། P-Cat Bhagavān/(*sic*)-mañjuśrī-tīkṣṇa-namas-idam.(*sic*)

D 841(8) བྷ་ག་བྷན་མཉྫུ་ཤྲཱི་ཏཱི་ཀྵྞཱ་ན་མཿསིདྡྷཾ། D-Cat Bhagavanmañjuśrītīkṣṇāya namaḥ

N 757(8) བྷ་ག་བན་མཉྫུ་ཤྲཱི་ཏིག་ཥྞ་ནཱ་མ་སི་དམ། N-Cat Bhagavanmañjuśrīṭīkṣṇa-nāmasiddham

No. 395 P 466 ཌཱ་ཀི་ནི་ཨ་ཀི་ཛི་བ་ཛྭ་ལ་ཏན་ཏྲ། P-Cat Ḍākinī-agnijihvajvalā-tantra

D 842 ཌཱ་ཀི་ནྱ་ཨགྣི་ཛི་ཧྭ་ཛྭ་ལཱ་ཏནྟྲ། D-Cat Ḍākinyagnijihvā-jvalā-tantra

N 759 ཌི་ནི་ཨ(གྷི་?)ཛི་བ་ཛྭ་ལ་ཏན་ཏྲ། N-Cat Ḍākinyagnijihvajvalātantra

No. 396 P 467 བཛྲ་མན་ཏྲ་བྷི་རུ་སན་དྷི་མ་ར་ཏན་ཏྲ་ནམ།༔ P-Cat Vajra-mantra-bhīru-sandhi-mūlatantra-nāma

D 843 བཛྲ་མནྟྲ་བྷི་རུ་སནྡྷི་མ་ར་ཏནྟྲ་ནཱ་མ། D-Cat Vajramantrabhīrusandhimūlatantra-nāma

N 760 བཛྲ་མན་ཏྲ་བྷི་རུ་སན་དྷི་མ་ར་ཏན་ཏྲ་ནམཿ། N-Cat Vajramantrabhīrusandhimūlatantra-nāma

No. 397 P 468 ལོ་ཀ་ཏོ་ཏྲ་པཱུ་ཙ་ཏན་ཏྲ་མ་ནོ་བྷི་ཀ་སན་ཏ་ཀ༔ P-Cat Loka-stotra-pūja-tantra-manobhikasantakam.(*sic*)

D 844 ལོ་ཀ་སྟོ་ཏྲ་པཱུ་ཛ་ཏནྟྲ་ནཱ་མ་ནོ་པི་ཀ་སནྟ་ཀཾ།། D-Cat Lokastotrapūjatantra-nāma(1) [footnote (1) -nopikasantakaṃ(?)]

N 761 ལོ་ག་ཏོ་ཏྲ་པཱུ་ཙ་ཏན་ཏྲ་ན་མ་ནོ་བྷི་ཀ་སན་ཏ་ཀ༔ N-Cat Lokastotrapūjatantranāma

U 397 adds ཡེ་དྷརྨཱ་ཧེ་ཏུ་པྲ་བྷ་བཱ་ཧེ་ཏུན་ཏེ་ཥཱན་ཏ་ཐཱ་ག་ཏོ་ཧྱ་བ་དཏ། ཏེ་ཥཱཉྩ་ཡོ་ནི་རོ་དྷ་ཨེ་བཾ་བཱ་དཱི་མ་ཧཱ་ཤྲ་མ་ཎཿ after རྫོགས་སོ།

P 468 adds །།ཡེ་དྷརྨཱ་ཧེ་ཏུ་པྲ་བྷཱ་བ་ཧེ་ཏུན་ཏེ་ཥཱན་ཏ་ཐཱ་ག་ཏོ་ཧྱ་བ་དཏ། ཏེ་ཥཱཉྩ་ཡོ་ནི་རོ་དྷ་ཨེ་བཾ་བཱ་དཱི་མཧཱ་ཤྲ་མ་ཎཿ after རྫོགས་སོ།

N 761 adds སརྦ་མངྒ་ལཾ།། after རྫོགས་སོ།

D 844 adds །།མངྒ་ལཾ།། after རྫོགས་སོ།

No. 399 P 4 adds སླར་ཡང་དཔལ་ལྡན་བླ་མ་དམ་པ་ཆོས་ཀྱི་རྗེ་ཐམས་ཅད་མཁྱེན་པ་དང་། དཔལ་དུས་ཀྱི་འཁོར་ལོ་པ་ཆེན་པོ་དྷརྨ་ཀཱིརྟི་ཤྲཱི་བྷ་དྲས། འདིའི་དོན་རྣམས་ལེགས་པར་དགོངས་ཤིང་བཀའ་ཡིས་བསྐུལ་ནས་དེ་དག་གི་གསུང་བཞིན་དུ། པན་ཏི་ཏ་ཆེན་པོ་སྦྱི་ར་མ་ཏིའི་བཀའ་དྲིན་ལས། ལེགས་པར་སྦྱར་བའི་ཚུལ་རིག་པ་ལོ་ཙ་བ་ཤཱཀྱའི་དགེ་སློང་བློ་གྲོས་རྒྱལ་མཚན་དང་། བློ་གྲོས་དཔལ་བཟང་པོས། རྒྱུད་དང་འགྲེལ་བའི་རྒྱ་དཔེ་མང་པོ་ལ་གཏུགས་ནས་དག་པ་རྣམས་དང་མཐུན་པར་བསྒྱུར་ཅིང་ཞུས་ཏེ་གཏན་ལ་ཕབ་པའོ། །དེ་ལྟར་གསུང་རབ་རྒྱ་མཚོའི་ངེས་དོན་སྟོང་ཉིད་སྙིང་རྗེའི་སྙིང་པོ་ནི། །རྣམ་ཀུན་མཆོག་ལྡན་སྟོང་པ་ཉིད་དང་འགྱུར་མེད་མཆོག་གི་བདེ་ཆེན་དུ། །ལེགས་སྟོན་དུས་ཀྱི་འཁོར་ལོར་འཆད་པའི་དགེ་བ་གང་དེས་འགྲོ་བ་ཀུན། །གཞུང་འདི་རྟོགས་ཤིང་ལམ་དེར་ཞུགས་ནས་འབྲས་བུ་དེ་ཉིད་མྱུར་ཐོབ་ཤོག །ཡེ་དྷརྨཱ་ཧེ་ཏུ་པྲ་བྷ་བཱ་ཧེ་ཏུན་ཏེ་ཥཱན་ཏ་ཐཱ་ག་ཏོ་ཧྱ་བ་དཏ། ཏེ་ཥཱཉྩ་ཡོ་ནི་རོ་དྷ་ཨེ་བཾ་བཱ་དཱི་མ་ཧཱ་ཤྲ་མ་ཎཿ། after གནས་ཤོག

No. 400 P(HY)(5) adds ཡེ་དྷརྨཱ་ཧེ་ཏུ་པྲ་བྷ་བཱ་ཧེ་ཏུན་ཏེ་ཥཱན་ཏ་ཐཱ་ག་ཏོ་ཧྱ་བ་དཏ། ཏེ་ཥཱཉྩ་ཡོ་ནི་རོ་དྷ་ཨེ་བཾ་བཱ་དཱི་མ་ཧཱ་ཤྲ་མ་ཎཿ། after བསྒྱུར་བའོ།

P(O)(5) adds ཡེ་དྷརྨཱ་ཧེ་ཏུ་པྲབྷཱ་ཝཱ་ཧེ་ཏུནྟེ་ཥཱནྟ་ཐཱ་ག་ཏོ་ཧྱ་ཝ་དཏ྄། ཏེ་ཥཱཉྩ་ཡོ་ནི་རོ་དྷ་ཨེ་ཝཾ་ཝཱ་དཱི་མ་ཧཱ་ཤྲ་མ་ཎཿསརྦ་པཱ་པ་སྱ་ཀ་ར་ཎཾ། ཀུ་ཤ་ལ་སྱོ་པ་ས་མྤ་དཾ། སྭ་ཙི་ཏྟཾ་པ་རི་ད་མ་ནཾ། ཨེ་ཏདྦུ་དྡྷཱ་ནུ་ཤཱ་ས་ནཾ། after བསྒྱུར་བའོ།

No. 406 P 19 adds སིད་དྷི། སིད་དྷི། སིད་དྷི། after རྫོགས་སོ།

No. 407 D 373 (P 336) add སླར་ཡང་ཡོངས་སུ་རྫོགས་པའི་པཎྜི་ཏ་ཆེན་པོ་ཤྲཱི་བ་ན་རཏྣའི་རྒྱུ་དཔེ་ལ་གཏུགས་ནས་ལོ་ཙྪ་བ་གཞོན་ནུ་དཔལ་གྱིས་ཀྱང་(P omits ཀྱང་) ཞུས་སོ། after ཕབ་པའོ།

No. 413 P 26 D 381 add རྒྱུད་ཀྱི་རྒྱལ་པོ་འདི་ནི་པཎྜི་ཏ་གཱ་ཡ་དྷ་ར་དང་། བདག་ཉིད་ཆེན་པོ་འབྲོག་མི་ཤཱཀྱ་ཡེ་ཤེས་ཀྱིས་བསྒྱུར་བ་ལས། སླད་ཀྱིས་ཐམས་ཅད་མཁྱེན་པ་བུ་སྟོན་ཞབས་ཀྱིས་རྒྱ་དཔེ་རྩ་འགྲེལ་དང་བསྟུན་ནས་ཧོར་གོང་བསལབས་ཤིང་འགྱུར་བཅོས་ལེགས་པར་མཛད་པ་ལས་བྲིས་སོ། after རྫོགས་སོ།

No. 414 P 27 adds ཡེ་དྷརྨཱ་ཧེ་ཏུ་པྲ་བྷ་ཝཱ་ཧེ་ཏུནྟེ་ཥཱནྟ་ཐཱ་ག་ཏོ་ཧྱ་ཝ་དཏ྄། ཏེ་ཥཱཉྩ་ཡོ་ནི་རོ་དྷ་ཨེ་ཝཾ་ཝཱ་དཱི་མ་ཧཱ་ཤྲ་མ་ཎཿ། after ཕབ་པའོ།

No. 448 D 416 (P 62) add ཡང་སླད་ནས་མཁས་པ་ཆེན་པོ་སངས་རྒྱས་གྲགས་པའི་སྤྱན་སྔར་གྱི་(P ཀི་)པོ་ཤེས་རབ་དཔལ་གྱིས་ཀྱང་ཞུ་ཏིག་བགྱིས་པའོ། after ཞུས་པའོ།
N 386 adds སརྦ་མངྒ་ལཾ། after ཞུས་པའོ།

No. 449 D 417–418 [P(O)(10)] add སླར་ཡང་ལོ་ཙྪ་བ་གཞོན་ནུ་དཔལ་གྱིས་(P གྱི་)འགྱུར་ཆད་བསབས་ཤིང་དག་པར་བགྱིས་པའོ། after ཕབ་པ།

No. 451 P(O)(12) adds བཀྲ་ཤིས་དཔལ་འབར་འཛམ་གླིང་རྒྱན་དུ་འགྱུར། །མ་ཕྱི་གཉིས་ལ་བཏུགས་ནས་ཞུས། །ཡེ་དྷརྨཱ་ཧེ་ཏུ་པྲབྷཱ་ཝཱ་ཧེ་ཏུནྟེ་ཥཱནྟ་ཐཱ་ག་ཏོ་ཧྱ་ཝ་དཏ྄། ཏེ་ཥཱཉྩ་ཡོ་ནི་རོ་དྷ་ཨེ་ཝཾ་ཝཱ་དཱི་མ་ཧཱ་ཤྲ་མ་ཎཿསརྦ་པཱ་པ་སྱ་ཀ་ར་ཎཾ་ཀུ་ཤ་ལ་སྱོ་པ་སམྤ་དཾ། སྭ་ཙིཏྟ་པ་རི་ད་མ་ནེ་ཏད་བུདྡྷ་ནུ་ཤཱ་ས་ནཾ། after ཕབ་པའོ།
P(HY)(12) adds །ཡེ་དྷརྨཱ་ཧེ་ཏུ་པྲབྷཱ་ཝཱ་ཧེ་ཏུནྟེ་ཥཱནྟ་ཐཱ་ག་ཏོ་ཧྱ་ཝ་དཏ྄། ཏེ་ཥཱཉྩ་ཡོ་ནི་རོ་དྷ་ཨེ་ཝཾ་ཝཱ་དཱི་མ་ཧཱ་ཤྲ་མ་ཎཿསརྦ་པཱ་པ་སྱ་ཀ་ར་ཎཾ་ཀུ་ཤ་ལ་སྱོ་པ་སམྤ་དཾ། སྭ་ཙིཏྟ་པ་རི་ད་མ་ནེ་ཏད་བུདྡྷ་ནུ་ཤཱ་ས་ནཾ། after ཕབ་པའོ།

No. 454 N 374 adds བཀྲ་ཤིས་དཔལ་འབར་འཛམ་གླིང་བརྒྱན་དུ་འགྱུར། དགེའོ། སརྦ་མངྒ་ལཾ། after བྲིས་སོ།

No. 460 S 390 adds Rañjanā script (Tibetan transcription) ཨོཾ་མུ་ནི་མུ་ནི་མ་ཧཱ་མུ་ན་ཡེ་སྭཱ་ཧཱཿ། ཨོཾ་ཧྲི་ཧ་ཧ་ཧུཾ་ཧུཾ་ཕཊཿ after ཕབ་པའོ།

No. 461 D 430 (P 69) (P adds ཡང་ཞུས་ཀུན།) དཔལ་གསང་བ་ཐམས་ཅད་ཀྱི་རྒྱུད་ཅེས་བྱ་བ་འདི་ནི། པཎྜི་ཏ་(P པཎྜི་ད་) སྨྲི་ཏི་(P སྨྲི་དི་) ཛྙཱ་ན་ཀཱིརྟིས་(P ཀིརྟིས་) གསར་དུ་བསྒྱུར་ནས་བཤད་ཅིང་གཏན་ལ་ཕབ་པ།(P པའོ།) དེ་ལྟར་ན་རྒྱུད་འདིའི་ལེའུ་སིལ་བུ་རྣམས་ཕྱོགས་གཅིག་ཏུ་བསྡོམས་(P ཅིག་ཏུ་སྡོམས་)ན་ལེའུ་བརྒྱ་དང་བཞི་བཞུགས་སོ། །སླད་ནས་བུ་སྟོན་ཐམས་ཅད་མཁྱེན་པའི་ཐུགས་དམ་རྒྱུད་འབུམ་དང་དཔེ་དཔང་རྙིང་པ་(P omits པ་) དག་དང་ཡང་གཏུགས་ཏེ། སྙེབས་ཞུས་དང་བཅས་པ་ཆེས་ཤིན་ཏུ་དག་པར་བགྱིས་སོ།

No. 466 P 74 adds ཨོཾ་ག་ལོཾ་ཧྲ་བ་ཏུ། ཤུ་ཧྲམ་སྟུ་སཏྭ་ཧྲཱ་ཀ་ཧཱུཾ། ཤུ་ཧྲཱུཾ། after རྫོགས་སྠོ།

No. 469 D 438 (P 77) colophon བཅོམ་ལྡན་འདས་མ་སྒྲོལ་མ་ལ་ཡང་དག་པར་རྫོགས་པའི་སངས་རྒྱས་ཀྱིས་(P omits ཀྱིས་) བསྟོད་པ་གསུངས་པ་རྫོགས་སོ།(P རྫོགས་སྠོ།)

No. 472 U 472 adds མནྡ་ལཾ། ལན་གཉིས་ཞུས། after ཕབ་པའོ།

T 401 adds གཅིག་ཞུས། after ཕབ་པའོ།

No. 473 D 442 (P 81(A)) colophon དེ་བཞིན་གཤེགས་པ་ཐམས་ཅད་ཀྱི་སྐུ་དང་གསུང་དང་ཐུགས་ཀྱི་གསང་ཆེན་གསང་བ་འདུས་པ་ཞེས་བྱ་བ་(P བའི་)བརྟག་(P རྟག་)པའི་རྒྱལ་པོ་ཆེན་པོ་རྫོགས་སོ(P སྠོ)། རྒྱ་གར་གྱི་མཁན་པོ་ཤྲད་(P ཤྲིད་) དྷཱ་ཀ་ར་ཝརྨ་དང་། ཞུ་ཆེན་གྱི་ལོ་ཙྪ་(P ཙ་)བ་དགེ་སློང་རིན་ཆེན་བཟང་པོས་བསྒྱུར་ཅིང་ཞུས་ཏེ་གཏན་ལ་ཕབ་པ། སླད་ཀྱིས་པཎྜི་(P པཎ་ཌི་)ཏ་ཀླ་མ་དོ་རྗེ་འཛིན་པ་ཆེན་པོ་རྗེ་བཙུན་ཉི་མའི་དབང་པོའི་ཞལ་སྔ་ནས་ཆག་ལོ་ཙྪ་(P ཙ་)བ་དགེ་སློང་ཆོས་རྗེ་དཔལ་གྱིས་གསུམ་པས་ཞུས་ཤིང་དག་པར་བཅོས་ཏེ་གཏན་ལ་ཕབ་པ།

No. 479 P 86 adds །ཡེ་དྷརྨཱ་ཧེ་ཏུ་པྲ་བྷ་ཝཱ་ཧེ་ཏུན་ཏེ་ཥཱན་ཏ་ཐཱ་ག་ཏོ་ཧྱ་བ་དཏ། ཏེ་ཥཱཉྩ་ཡོ་ནི་རོ་དྷ་ཨེ་ཝཾ་ཝཱ་དཱི་མ་ཧཱ་ཤྲ་མ་ཎཿ། after ཕབ་པ།

No. 480 title: USTPD(Delhi ed.) omit the Sanskrit, Tibetan titles, and beginning portion of the text, and begin with སྟོང་ཐུག་གི་ …

D(Nyingma ed.) adds the Sanskrit, Tibetan titles, and དཔལ་རྡོ་རྗེ་སེམས་དཔའ་ལ་ཕྱག་འཚལ་ལོ། །འདི་སྐད་བདག་གིས་ཐོས་པ་དུས་གཅིག་ན། བཅོམ་ལྡན་འདས་ … དཀྱིལ་འཁོར་ཆེན་པོར་སྣང་བ་དེ་དཔག་ཚད་ before སྟོང་ཐུག་གི་ …

N 412 omits the Sanskrit title and adds the Tibetan title, and དཔལ་རྡོ་རྗེ་སེམས་དཔའ་ལ་ཕྱག་འཚལ་ལོ། །འདི་སྐད་བདག་གིས་ཐོས་པ་དུས་གཅིག་ན། བཅོམ་ལྡན་འདས་ … དཀྱིལ་འཁོར་ཆེན་པོར་སྣང་བ་དེ་དཔག་ཚད་ before སྟོང་ཐུག་གི་ …

Tibetan title of ND(Nyingma ed.) འཕགས་པ་གཉིས་སུ་མེད་པ་མཉམ་པ་ཉིད་རྣམ་པར་རྒྱལ་བ་ཞེས་བྱ་བའི་རྟོག་པའི་རྒྱལ་པོ་ཆེན་པོ།

colophon: P 87 adds བཀྲ་ཤིས་པར་གྱུར་ཅིག འདི་ལ་དབུ་ནས་ཤོག་ལྷེ་གཅིག་མཆད་པས་རྙེད་ན་བསྒྱུར་བར་བྱའོ།

འདི་དང་ཐུན་མོང་མ་ཡིན་པའི་གསང་བ་གཅིག་ཏུ་འདོད་པ་ཡང་འཕྲུལ་བར་སྣང་ངོ་། །འདིས་འཁོར་བ་སྡུག་བསྔལ་གྱི་རྒྱ་མཚོ་ཆེན་པོ་མྱུར་དུ་སྐེམས་པར་གྱུར་ཅིག after ཅིག

N 411 adds དེ་ལྟར་བུ་སྟོན་རིན་པོ་ཆེས་བསབ་དགོས་པར་བཀའ་ཆེམས་སུ་བཞག་པ་ནས་བཟུང་སྣང་ལོ་ལྔ་བརྒྱར་ཉེ་བ་ཆེན་པོ་ཆིང་གུར་གྱི་གནམ་སའི་དབང་ཕྱུག་རབས་དྲུག་པ། བདག་ཉིད་ཆེན་པོ་གོང་མ་ལྷ་སྐྱོང་རྒྱལ་པོའི་གནམ་ལོད་དཔེར། ཛིང་གིར་རིགས་ལས་བཀའ་འགྱུར་ཁང་གི་དོ་དམ་པ་བོད་ཀྱི་སློབ་གྲྭའི་མི་བཟང་མགོན་པོ་སྐྱབས་ཀྱིས། རྒྱའི་བཀའ་འགྱུར་ནང་གི་རྒྱ་གར་པཎ་ཆེན་དྷ་ན་རཀྵི་ཏས་བསྒྱུར་བའི་རྒྱུད་དཔེ་ཚང་མ་ལས་བླངས་ཏེ་ཇི་ནུས་བཞིན་བོད་སྐད་དུ་བསྒྱུར་ནས། ཐམས་ཅད་མཁྱེན་པ་བཛྲ་རཏྣ་ཏ་ལའི་བླ་མ་ལ་སོགས་པའི་བླ་ཆེན་མང་པོར་གཟིགས་སུ་ཕུལ་བར། ཚང་མས་དགྱེས་པ་ཆེན་པོས་ལེགས་སོ་གནང་བ་ལ་བརྟེན་ནས། སླར་གནམ་ལོ་གཉིས་པའི་ཟླ་བ་བཅུ་གཉིས་པའི་ཚེས་བཅོ་ལྔ་བཟང་པོའི་ཉིན། དང་སྟོབས་ཀྱིས་མངོན་པར་འཕགས་པ་ཧོ་ཤོས་ཐོབ་ཆེན་དབང་དང་། ཧོ་ཤོས་ཏྲ་ལྱ་ཁ་ཆེན་དབང་གཉིས་བསྒྲུད་དེ་གོང་དུ་ཞུས་པས། གོང་ནས་ཀྱང་ལེགས་སོ་སྩལ་བ་གྲུས་པས་དང་དུ་བླངས་ཏེ་བོད་ཀྱི་བཀའ་འགྱུར་ནང་ཁ་སྐོངས་སུ་ཚུད་པར་བྱས་སོ། །ཡེ་དྷརྨཱ་ཧེ་ཏུ་པྲ་བྷཱ་ཝཱ་ཧེ་ཏུནྟེཥཱན་ཏ་ཐཱ་ག་ཏོ་ཧྱ་ཝ་དཏ། ཏེཥཱཉྩ་ཡོ་ནི་རོ་དྷ་ཨེ་ཝཾ་བཱ་དཱི་མ་ཧཱ་ཤྲ་མ་ཎཿ། after ཅིག

D 452(Delhi ed.) adds དེ་ནས་འདི་ལ་དབུ་ནས་ཤོག་ལྟོ་གཅིག་མཆང་བས་རྟེད་ན་བསྒྱུར་བར་བྱའོ། འདི་དང་ཐུན་མོང་མ་ཡིན་པའི་གསང་བ་གཅིག་ཏུ་འདོད་པ་ཡང་དག་པར་འཕྲུལ་བར་སྣང་ངོ་། །འདིས་འཁོར་བ་སྡུག་བསྔལ་གྱི་རྒྱ་མཚོ་ཆེན་པོ་མྱུར་དུ་སྐེམས་པར་གྱུར་ཅིག །རྒྱུད་འདི་ལ་ཀུན་མཁྱེན་གཉིས་པ། བུ་སྟོན་ཞབས་ཀྱི་འགྱུར་མི་འདྲ་བ་གཉིས་འདུག་པ་ལས། འདི་ནི་ཕྱིས་འགྱུར་བདེ་བ་དེ་ཉིད་ལས་ཕྲིས་པ་ཡིན་ལ། རྒྱ་དཔེ་ཟུགས་པའི་བར་སྐབས་ནས། ཚིགས་བཅད་རྐང་པ་རེ་རེ་གཉིས་གཉིས་ཙམ་གྱི་བར་ལ། ཧོར་གོང་མཆང་བ་རྣམས་སུ་རྒྱ་ཡིག་གི་མཚན་མ་བཏབ་ཡོད་པར་ཤེས་པར་བྱའོ།། after ཅིག

D 452 (Nyingma ed.) adds འདི་དང་ཐུན་མོང་མ་ཡིན་པའི་གསང་བ་གཅིག་ཏུ་འདོད་པ་ཡང་དག་པར་འཕྲུལ་བར་སྣང་ངོ་། རྒྱ་དཔེ་ཟུབས་པའི་བར་སྐབས་ནས་མ་ཚང་བ་རྣམས་སུ་ས་སྟོང་ཡོད་པས་ཤེས་པར་བྱའོ།། །།ཡང་གླེང་བ། འདི་ལ་བུ་སྟོན་གྱིས། དབུ་ནས་མ་ཚང་བ་རྙེད་ན་བསྒྱུར་བར་བྱའོ་ཞེས་གསུངས་པ་ལ། དུས་ཕྱིས་ཛིང་གིར་རིགས་ཀྱི་སྐད་རིགས་སྨྲ་བའི་ལོ་ཙཱ་བ་མགོན་པོ་སྐྱབས་ཀྱིས། རྒྱ་ནག་གོང་མའི་བཀའ་བསྟན་རིན་པོ་ཆེ་ཞུས་དག་བྱས་པའི་ཚེ་ཚང་བར་རྙེད་པ་ལས། དེ་བཞིན་གཤེགས་པ་ཐམས་ཅད་ཀྱི་ཐུགས་ཉི་མའི་དཀྱིལ་འཁོར་ཆེན་པོར་སྣང་བ་དེ་དཔག་ཚད་སྟོང་ཕྲག་ཅེས་པ་ཡན་ཆད། བོད་སྐད་དུ་བསྒྱུར་ནས་སྤྱིར་བོད་ཀྱི་བཀའ་འགྱུར་རོ་འཚལ་ཐམས་ཅད་དང་བྱེ་བྲག་ཏུ་སྡེ་དགེའི་པར་ལ་འདྲུག་རྒྱུར་སྤེལ་བའི་ཚེ། འགྱུར་བྱང་ལ་འདི་ལྟར་སྣང་སྟེ། དེ་ལྟར་བུ་སྟོན་རིན་པོ་ཆེས་བསབ་དགོས་པར་བཀའ་ཆེམས་སུ་བཞག་པ་ནས་བཟུང་སྟེ་ལོ་ལྔ་བརྒྱར་ཉེ་བ། ཆེན་པོ་ཆིང་གུར་གྱི་གནམ་སའི་དབང་ཕྱུག་རབས་དྲུག་པ་བདག་ཉིད་ཆེན་པོ་གོང་མ་ལྷ་སྐྱོང་རྒྱལ་པོའི་གནམ་ལོ་དང་པོར། ཛིང་གིར་རིགས་ལས་བཀའ་འགྱུར་ཁང་གི་དོ་དམ་པ་བོད་ཀྱི་སློབ་གྲྭའི་མི་བཟང་མགོན་པོ་སྐྱབས་ཀྱིས། རྒྱའི་བཀའ་འགྱུར་ནང་གི་རྒྱ་གར་པཎ་ཆེན་དྷ་ན་རཀྵི་ཏས་བསྒྱུར་བའི་རྒྱུད་དཔེ་ཚང་མ་ལས་བླངས་ཏེ་ཇི་ནུས་བཞིན་བོད་སྐད་དུ་བསྒྱུར་ནས། ཐམས་ཅད་མཁྱེན་པ་བཛྲ་རཏྣ་ཏ་ལའི་བླ་མའི་སྐུ་ཞབས་དང་། ཀུན་ཏིང་ཀུ་ཤྲིའི་ལྕང་སྐྱའི་ཞལ་སྔ་ལ་སོགས་པའི་བླ་ཆེན་མང་པོར་གཟིགས་སུ་ཕུལ་བར། ཚང་མས་དགྱེས་པ་ཆེན་པོས་ལེགས་སོ་གནང་བ་ལ་བརྟེན་ནས། སླར་གནམ་ལོ་གཉིས་པའི་ཟླ་ཚེས་བཟང་པོའི་ཉིན། དད་སྟོབས་ཀྱིས་མངོན་པར་འཕགས་པ་ཧོ་ཤོས་ཐོབ་ཆེན་དབང་དང་ཧོ་ཤོས་ཏྲ་ལྱ་ཁ་ཆེན་དབང་གཉིས་བསྒྲུད་དེ་གོང་དུ་ཞུས་པས། གོང་ནས་ཀྱང་ལེགས་སོ་སྩལ་བ་གྲུས་པས་དང་དུ་བླངས་ཏེ་བོད་ཀྱི་བཀའ་འགྱུར་ནང་ཁ་སྐོངས་སུ་ཚུད་པར་བྱས་སོ། after ཅིག

Cf. “Deruge-ban Kangyuru no Kaitei Zōho ni tsuite” (「デルゲ版カンギュルの改訂増補について」/ “Revision and supplement of the Kanjur of the Derge Edition”). Junji Ochi 越智淳仁, *Report of the Japanese Association for Tibetan Studies*『日本西藏學會々報』, No. 28, pp. 1–4, 1982.
“Deruge-ban Kangyuru no Kaitei Zōho ni tsuite” (「デルゲ版カンギュルの改訂増補について」/ “Revision and supplement of the Kanjur of the Derge Edition”). Junji Ochi 越智淳仁, *The Annual Bulletin of the Esoteric Buddhist Society*『密教學會報』, vol. 22, pp. (1)–(10), Kōyasan University, 1983.

No. 488 P 97 adds རྒྱུད་འབུམ་སྡེ་མ་ཁ་ཅིག་ན་བཞུགས་པའི་ཕྱག་ན་རྡོ་རྗེ་མེ་ལྕེའི་རྒྱུད་ལས་བཅུ་གཉིས་པ་ནི། རྒྱུད་འདི་ཉིད་ཀྱི་ལེའུ་བདུན་པ་བརྒྱད་པ་དགུ་པ་དོར་ན། ལེའུ་བཅུ་གཉིས་པར་མིང་བཏགས་པར་ཡིན་གྱི། འདི་དང་མི་འདྲ་བའི་བརྒྱུད་ལོགས་པ་ཡིན་ནོ། after ལགས་སོ།

No. 492 U 492 adds མངྒ་ལཾ། after བསྒྱུར་རོ།
T 418 adds དགེའོ། མངྒ་ལཾ། after བསྒྱུར་རོ།

No. 493 P 2 D 360 add ཟབ་ཅིང་རྒྱ་ཆེ་རྡོ་རྗེ་ཐེག་པ་ཡི། །ངེས་དོན་ཡེ་ཤེས་དོན་གཉེར་སྐྱེས་བུ་དག །ཆོས་དང་དོན་ལ་ལེགས་པར་མི་རྟོན་པར།* །གང་ཟག་ཚིག་འབྲུའི་རྗེས་སུ་མ་འབྲང་ཞིག། after བསྒྱུར། (P adds དགེའོ་ལེགས་སོ། after ཞིག། ) * [P(O) མི་རྟོན་པར། P(HY) མ་བརྟེན་པར།]

No. 499 D 473 (P 104) add colophon པཎྜི་ཏ་བླ་རོ་ཕྱག་རྡུམ་གྱི་ཞལ་སྔ་ནས། ར(ར་)རྡོ་རྗེ་གྲགས་ཀྱིས་བསྒྱུར་ཅིང་ཞུས་ཏེ་གཏན་ལ་ཕབ་པ། after རྫོགས་སོ།

No. 501 D 474 (P 109) colophon དཔལ་ལྡན་གཤིན་རྗེ་གཤེད་དམར་པོའི་རྒྱུད་ཀྱི་རྒྱལ་པོ་རྫོགས་སྷོ།(སོ།) བླ་མ་ཆོས་ཀྱི་རྒྱལ་པོའི་གསུང་གི་འོད་ཟེར་དང་། ཛྙཱ་ཏ་པཎྜི(པཎ་ཌི་)ཏའི་གསུང་དང་། མིའི་དབང་པོ་ཀུན་དགའ་བཟང་པོའི་གསུང་དང་། དཔོན་ཀུན་གཞོན་གྱིས་གསེར་གནང་བ་ལ་བརྟེན(བརྟན་)ནས། ཤཱཀྱའི་དགེ་སློང་ཙནྡྲ(ཙན་དྲ་)ཤྲཱིའི་ཞལ་སྔ་ནས་ཞུས་ཤིང་། པཎྜི(པཎ་ཌི་)ཏ་ཆེན་པོ་ཙནྡྲ(ཙན་དྲ་)ཀཱིརྟི(ཀཱིར་ཏི་)དང་། ཡར་ལུངས་པ་གྲགས་པ་རྒྱལ་མཚན་གྱིས། བལ་ཡུལ་ཡུམ་བུའི་གྲོང་ཁྱེར་དུ་བསྒྱུར་རོ། (P adds ཐང་རྒྱལ་གཉིས་ཀྱིས་ཡང་ཞུས་མཚར། after བསྒྱུར་རོ།)

No. 503 P 110 adds མཚན་ཕྱུལ་ཊྚའི་དངོས་བྲུས་ནས་ལེགས་རྫོགས་སོ། after བསྒྱུར་བའོ།

No. 504 P 111 adds །ཡེ་དྷརྨཱ་ཧེ་ཏུ་པྲ་བྷ་ཝཱ་ཧེ་ཏུནྟེ་ཥཱནྟ་ཐཱ་ག་ཏོ་ཧྱ་ཝ་དཏ། ཏེ་ཥཱཉྩ་ཡོ་ནི་རོ་དྷ་ཨེ་ཝཾ་ཝཱ་དཱི་མ་ཧཱ་ཤྲ་མ་ཎཿ།། བཀྲ་ཤིས་འབར་གྱུར་ཅིག སེམས་ཅན་སེམས་བདེ་ཐོབ་པ་སྨོན། after ཕབ་པའོ།
D 477 adds མངྒ་ལཾ། after ཐོབ་པར་སྨོན།

No. 505 P 112 adds ཤིང་རྒྱུད་དཔེ་རྙིང་འགྱུར་མི་འདྲ་བ་གསུམ་བསྟུན་ཏེ་ཞུས་དག་བསྒྲུབས་སོ། after བསྒྱུར་པར་གྲགས།
N 433 adds སརྦ་མངྒ་ལཾ། after ཕབ་པའོ།

No. 508 D 482 adds འདིའི་འགྱུར་ལ་ལོ་ཆེན་རིན་ཆེན་བཟང་པོས་བསྒྱུར་ཡང་ཟེར། རྣལ་འབྱོར་རྒྱུད་ལ་མཁས་པ་ཞ་ལུ་པ་ཡེ་ཤེས་རྒྱ་མཚོས་ཚིག་དོན་ལ་ལེགས་པར་དཔྱད་ནས་ཞུས་དག །ཡང་འགའ་ཞིག་རྨ་དགེ་བློས་བསྒྱུར་རོ་ཞེས་ཀྱང་འདོད་པ་ཡོད།། །།ཨོཾ་ཡེ་དྷརྨཱ་ཧེ་ཏུ་པྲ་བྷ་ཝཱ་ཧེ་ཏུནྟེ་ཥཱན྄་ཏ་ཐཱ་ག་ཏོ་ཧྱ་ཝ་དཏ྄། ཏེ་ཥཱཉྩ་ཡོ་ནི་རོ་དྷ་ཨེ་ཝཾ་ཝཱ་དཱི་མ་ཧཱ་ཤྲ་མ་ཎཿསྭཱ་ཧཱ། མནྡྷ་ལཾ།། after རྫོགས་སོ།

No. 511 D 486 (P 118) add colophon ཁ་ཆེའི་པཎྜི་ཏ་ཆེན་པོ་ཛྙཱ་ན་བཛྲ་དང་། ལོ་ཙཱ(ཙྪ)བ་འབྲོ་དགེ་སློང་ཤེས་རབ་གྲགས་པས་བསྒྱུར་བའོ། after རྫོགས་སོ།

No. 518 P 124 D 491=20 add སྐད་གསར་ཆད་ཀྱིས་བཅོས་ནས་གཏན་ལ་ཕབ་པ། after རྫོགས་སྷོ།

No. 522 U 522 adds བཀྲ་ཤིས། དགེའོ། after བགྱིས་པའོ།

T 449 adds ཕྱི་མོ་ལྷར་གཅིག་ཞུས། after བགྱིས་པའོ།

No. 526 P 129 adds །།ཨོཾ་ཡེ་དྷརྨཱ་ཧེ་ཏུ་པྲ་བྷ་ཝ་ཧེ་ཏུན་ཏེ་ཥཱན་ཏ་ཐཱ་ག་ཏོ་ཧྱ་ཝ་དཏ། ཏེ་ཥཱཉྩ་ཡོ་ནི་རོ་དྷ་ཨེ་བམ་ཝཱ་དཱི་མཧཱ་ཤྲ་མ་ཎཿསྭཱ་ཧཱ། ཨོཾ་སུ་པྲ་ཏིཥྛ་བཛྲ་ཡེ་སྭཱ་ཧཱ།། after བསྒྱུར་བའོ།

No. 533 U 533 T 460 add བཀྲ་ཤིས་དཔལ་འབར་ཆབ་སྲིད་རྒྱས་པར་ཤོག after རྫོགས་སྷོ།

N 455A (རྒྱུད། ཕ། 488a3-488a5) adds སརྦ་མངྒ་ལཾ། after རྫོགས་སྷོ།

No. 536 P(508) adds སྐར་ཞུས། after ཞུས།

No. 541 D 514=854 P 149=479 add colophon <D 514> རྒྱ་གར་གྱི་མཁན་པོ་ཛི་ན་མི་ཏྲ་དང་། དཱ་ན་ཤཱི་ལ་དང་། ཞུ་ཆེན་གྱི་ལོ་ཙྪ་བ་བནྡེ་ཡེ་ཤེས་སྡེས་བསྒྱུར་ཅིང་ཞུས་ཏེ། སྐད་གསར་ཆད་ཀྱིས་ཀྱང་བཅོས་ནས་གཏན་ལ་ཕབ་པ། after རྫོགས་སོ།

No. 543 T 470 adds དགེའོ། after རྫོགས་སོ།

P 156=496 D 517=871 add colophon <D 517> རྒྱ་གར་གྱི་མཁན་པོ་ཛི་ན་མི་ཏྲ་དང་། དཱ་ན་ཤཱི་ལ་དང་། ཞུ་ཆེན་གྱི་ལོ་ཙྪ་བ་བནྡེ་ཡེ་ཤེས་སྡེས་བསྒྱུར་ཅིང་ཞུས་ཏེ། སྐད་གསར་ཆད་ཀྱིས་ཀྱང་བཅོས་ནས་གཏན་ལ་ཕབ་པ། after རྫོགས་སོ།

P(496) adds སྐར་ཞུས། after ཕབ་པ།

No. 544 P 293=482 D 518=857 add colophon <D 518> རྒྱ་གར་གྱི་མཁན་པོ་ཛི་ན་མི་ཏྲ་དང་། དཱ་ན་ཤཱི་ལ་དང་། ཞུ་ཆེན་གྱི་ལོ་ཙྪ་བ་བནྡེ་ཡེ་ཤེས་སྡེས་བསྒྱུར་ཅིང་ཞུས་ཏེ། སྐད་གསར་ཆད་ཀྱིས་ཀྱང་བཅོས་ནས་གཏན་ལ་ཕབ་པ། after རྫོགས་སོ།

No. 548 P 307=512 D 523=887 add colophon <D 523=887> རྒྱ་གར་གྱི་མཁན་པོ་ཛི་ན་མི་ཏྲ་དང་། དཱ་ན་ཤཱི་ལ་དང་། ཞུ་ཆེན་གྱི་ལོ་ཙྪ་བ་བནྡེ་ཡེ་ཤེས་སྡེས་བསྒྱུར་ཅིང་ཞུས་ཏེ། སྐད་གསར་ཆད་ཀྱིས་ཀྱང་བཅོས་ནས་གཏན་ལ་ཕབ་པ། after རྫོགས་སོ།

No. 551 P(539) D(914) add colophon <D 914> རྒྱ་གར་གྱི་མཁན་པོ་པྲཛྙཱ་བརྨ་དང་། ཞུ་ཆེན་གྱི་ལོ་ཙྪ་བ་བནྡེ་ཡེ་ཤེས་སྡེས་ཊཱི་ཀ་དང་སྦྱར་ཏེ་སྐད་ཀྱིས་ཞུས་ནས་གཏན་ལ་ཕབ་པ། after རྫོགས་སོ།

No. 552 P(809) adds ཡེ་དྷརྨཱ་ཧེ་ཏུ་པྲ་བྷ་བཱ་ཧེ་ཏུན་ཏེ་ཥཱན་ཏ་ཐཱ་ག་ཏོ་ཧྱ་བ་དཏ། ཏེ་ཥཱཉྩ་ཡོ་ནི་རོ་དྷ་ཨེ་བམ་བཱ་དཱི་མ་ཧཱ་ཤྲ་མ་ཎཿ།། after རྫོགས་སོ།

N(128) adds ཞུས་དག after རྫོགས་སོ།

D(141) adds ཤུ་བྷམ་སྟུ་སརྦ་ཛ་ག་ཏཾ།། ཡེ་དྷརྨཱ་ཧེ་ཏུ་པྲ་བྷ་ཝཱ་ཧེ་ཏུནྟེ་ཥཱན་ཏ་ཐཱ་ག་ཏོ་ཧྱ་བ་དཏ། ཏེ་ཥཱཉྩ་ཡོ་ནི་རོ་དྷ་ཨེ་ཝཾ་བཱ་དཱི་མ་ཧཱ་ཤྲ་མ་ཎཿ། །མཾ་ག་ལཾ་བྷ་བནྟུ།། after རྫོགས་སོ།

No. 557 D 531=21 adds colophon །རྒྱ་གར་གྱི་མཁན་པོ་བི་མ་ལ་མི་ཏྲ་དང་། ལོ་ཙྪ་བ་དགེ་སློང་རིན་ཆེན་སྡེས་བསྒྱུར་ཅིང་། ཞུས་ཆེན་གྱི་ལོ་ཙྪ་བ་དགེ་བློ་དང་ནམ་མཁའ་ལ་སོགས་པས་ཞུས་ཏེ་གཏན་ལ་ཕབ་པ།། །དཔལ་བསམ་ཡས་ལྷུན་གྱིས་གྲུབ་པའི་གཙུག་ལག་གི་དགེ་རྒྱས་བྱེ་མ་གླིང་གི་རྩིག་ངོས་ལ་བྲིས་པ་དང་ཞུ་དག་ལེགས་པར་བགྱིས་སོ། after རྫོགས་སོ།

P 160 adds colophon །རྒྱ་གར་གྱི་མཁན་པོ་བི་མ་ལ་མི་ཏྲ་དང་། ལོ་ཙྪ་བ་དགེ་སློང་རིན་ཆེན་སྡེས་བསྒྱུར་ཅིང་ཞུས་ཆེན་གྱི་ལོ་ཙྪ་བ་དགེ་སློང་ནམ་མཁའ་འསོགས་པས་ཞུས་ཏེ་གཏན་ལ་ཕབ་པའོ། །དཔལ་བསམ་ཡས་ལྷུན་གྱིས་གྲུབ་པའི་གཙུག་ལག་ཁང་གི་དགེ་རྒྱས་བྱེ་མ་གླིང་གི་རྩིག་ངོས་ལ་བྲིས་པ་དང་ཞུ་དག་ལེགས་པར་བགྱིས་སོ། after རྫོགས་སོ།

No. 569 D 542=872 P 157=497 add colophon <D 542=872> །རྒྱ་གར་གྱི་མཁན་པོ་ཛི་ན་མི་ཏྲ་དང་། དཱ་ན་ཤཱི་ལ་དང་། ཞུ་ཆེན་གྱི་ལོ་ཙྪ་བ་བནྡེ་ཡེ་ཤེས་སྡེས་བསྒྱུར་ཅིང་ཞུས་ཏེ་སྐད་གསར་ཆད་ཀྱིས་ཀྱང་བཅོས་ནས་གཏན་ལ་ཕབ་པ། after རྫོགས་སོ།

P(497) add སྐར་ཞུགས། after ཕབ་པ།

No. 570 P 162 adds །ཡེ་དྷརྨཱ་ཧེ་ཏུ་པྲ་བྷ་བཱ་ཧེ་ཏུནྟེ་ཥཱན་ཏ་ཐཱ་ག་ཏོ་ཧྱ་བ་དཏ། ཏེ་ཥཱཉྩ་ཡོ་ནི་རོ་དྷ་ཨེ་བཾ་བཱ་དཱི་མཧཱ་ཤྲ་མ་ཎཿ།། །།མཾ་གླ་ལཾ་བྷ་ཝ་ཏུ།། after ཕབ་པའོ།

No. 581=290 U 581 S 514 T 508 N 490 དེའི་ཤིང་ཀིམ་ཀྱང་མེད་ཛྭའི་ཤིང་ཞང་ཀྱང་། P 174 ཏའི་ཆིང་གིན་གྱོང་མིང་ཛྭའི་ཤིང་ཞང་གྱིང་། D 555 ཏྲ་ཤིན་ཀྱིན་ཀྱང་མྱའུ་ཙའི་ཤིན་ཞང་ཀྱིན།

No. 584 P 177 D 558 add colophon <D 558> རྒྱ་གར་གྱི་མཁན་པོ་ཤཱི་ལེནྡྲ་བོ་དྷི་དང་། ཛྙཱ་ན་སིདྡྷི་དང་། ཤཱཀྱ་པྲ་བྷ་དང་། ཞུ་ཆེན་གྱི་ལོ་ཙྪ་བ་བནྡེ་ཡེ་ཤེས་སྡེས་བསྒྱུར་ཅིང་ཞུས་ཏེ་སྐད་གསར་ཆད་ཀྱིས་ཀྱང་བཅོས་ནས་གཏན་ལ་ཕབ་པ། །སླར་ཡང་ལོ་ཙྪ་བ་གཞོན་ནུ་དཔལ་གྱིས་ཆོས་རྗེ་ཆག་ལོའི་རྒྱ་དཔེ་དང་བསྡུར་ནས་ཞུ་དག་པར་བགྱིས་སོ།། after རྫོགས་སྷོ།

No. 587 D 561 adds colophon སླར་ཡང་ལོ་ཙཱ་བ་གཞོན་ནུ་དཔལ་གྱིས་ཆོས་རྗེ་ཆག་ལོའི་རྒྱ་དཔེ་དང་བསྟུན་ནས་ཞུས་དག་པར་བགྱིས་སོ། after ཕབ་པའོ།

No. 588 D 562 adds colophon པཎྜིཏ་ཤཱི་ལེནྡྲ་བོ་དྷི་དང་། ཛྙཱ་ན་སིདྡྷི་དང་། ཤཱཀྱ་པྲ་བྷ་དང་། ལོ་ཙཱ་བ་བནྡེ་ཡེ་ཤེས་སྡེས་བསྒྱུར་ཅིང་ཞུས་ཏེ་སྐད་གསར་ཆད་ཀྱིས་ཀྱང་བཅོས་ཏེ་གཏན་ལ་ཕབ་པ། །ཕྱིས་འགོས་གཞོན་ནུ་དཔལ་གྱིས་ཆག་ལོ་ཙཱ་བའི་ཕྱག་དཔེ་ལས་ཞུས་སོ། after རྫོགས་སྷོ།

No. 589 P 181 D 563 add colophon <D 563> པཎྜིཏ་ཤཱི་ལེནྡྲ་བོ་དྷི་དང་། ཛྙཱ་ན་སིདྡྷི་དང་། ཤཱཀྱ་པྲ་བྷ་དང་། ཞུ་ཆེན་གྱི་ལོ་ཙཱ་བ་བནྡེ་ཡེ་ཤེས་སྡེས་བསྒྱུར་ཅིང་ཞུས་ཏེ། སྐད་གསར་ཆད་ཀྱིས་ཀྱང་བཅོས་ཏེ་གཏན་ལ་ཕབ་པ། after རྫོགས་སྷོ།

No. 615 P 284 adds ||ཡེ་དྷརྨཱ་ཧེ་ཏུ་པྲ་བྷ་ཝཱ་ཧེ་ཏུནྟེ་ཥཱན་ཏ་ཐཱ་ག་ཏོ་ཧྱ་ཝ་དཏ། ཏེ་ཥཱཉྩ་ཡོ་ནི་རོ་དྷ་ཨེ་ཝཾ་ཝཱ་དཱི་མཧཱ་ཤྲ་མ་ཎཿ|| ||མཾ་ག་ལཾ་བྷ་ཝ་ཏུ|| ||ཤུ་བྷཾ|| after གཟུངས་སྔགས་རྫོགས་སྷོ།
P 570 adds ||ཡེ་དྷརྨཱ་ཧེ་ཏུ་པྲ་བྷ་ཝཱ་ཧེ་ཏུན་ཏེ་ཥཱན་ཏ་ཐཱ་ག་ཏོ་ཧྱ་ཝ་དཏ། ཏེ་ཥཱཉྩ་ཡོ་ནི་རོ་དྷ་ཨེ་ཝཾ་ཝཱ་དཱི་མ་ཧཱ་ཤྲ་མ་ཎཿ|| དགེའོ|| ལེགས་སྷོ|| after གཟུངས་སྔགས་རྫོགས་སྷོ།

No. 627 P-Cat(140) D-Cat(602=921) མཆོད་རྟེན་གཅིག་བཏབ་ན་བྱེ་བ་བཏབ་པར་འགྱུར་བའི་གཟུངས།
P(140) D(921) colophon མཆོད་རྟེན་གཅིག་བཏབ་ན་བྱེ་བ་བཏབ་པར་འགྱུར་བའི་གཟུངས་རྫོགས་སྷོ།
P(546) colophon མཆོད་རྟེན་གཅིག་བཏབ་པར་འགྱུར་བའི་གཟུངས་རྫོགས་སྷོ།

No. 640 P 309=540 D 614=915 add colophon <D 614> རྒྱ་གར་གྱི་མཁན་པོ་ཛི་ན་མི་ཏྲ་དང་། དཱ་ན་ཤཱི་ལ་དང་། ཞུ་ཆེན་གྱི་ལོ་ཙཱ་བ་བནྡེ་ཡེ་ཤེས་སྡེས་བསྒྱུར་ཅིང་ཞུས་ཏེ་སྐད་གསར་ཆད་ཀྱིས་ཀྱང་[P(540) D(614) omit ཀྱང་]བཅོས་ནས་གཏན་ལ་ཕབ་པ། after རྫོགས་སོ།

No. 641 P 215=601 N 524 D 615=976 add colophon <D 615> །རྒྱ་གར་གྱི་མཁན་པོ་ཛི་ན་མི་ཏྲ་དང་། དཱ་ན་ཤཱི་ལ་དང་། ཞུ་ཆེན་གྱི་ལོ་ཙཱ་བ་བནྡེ་ཡེ་ཤེས་སྡེས་བསྒྱུར་ཅིང་ཞུས་ཏེ་གཏན་ལ་ཕབ་པ། after རྫོགས་སོ།

No. 651 P 209=641 D 625=1016 add colophon <D 625> རྒྱ་གར་གྱི་མཁན་པོ་ཛི་ན་མི་ཏྲ་དང་། དཱ་ན་ཤཱི་ལ་དང་། ཞུ་ཆེན་གྱི་ལོ་ཙཱ་བ་བནྡེ་ཡེ་ཤེས་སྡེས་བསྒྱུར་ཅིང་ཞུས་ཏེ་གཏན་ལ་ཕབ་པ། after རྫོགས་སོ།

No. 667 P(327) [P(506)] add །སངས་རྒྱས་འཁོར་བརྒྱད་དང་བཅས་པའི་མཚན་བརྒྱ་རྩ་བརྒྱད་པ་གཟུངས་སྔགས་དང་བཅས་པ། །རྫོགས་སྷོ། after རྫོགས་སོ། [P(506) adds །སྐར་ཞུས།། after རྫོགས་སྷོ།]

No. 668 P 330=515 D 643=890 add colophon <D 643> རྒྱ་གར་གྱི་མཁན་པོ་བཛྲ་པཱ་ཎི་དང་། བོད་ཀྱི་ལོ་ཙཱ་བ་དགེ་སློང་ཆོས་ཀྱི་ཤེས་རབ་ཀྱིས་བསྒྱུར་ཅིང་ཞུས་ཏེ་གཏན་ལ་ཕབ་པ། after རྫོགས་སོ།

No. 669 P(507) adds སྐར། after ཕབ་པ།

No. 674 P 232=662 D 718=1037 add colophon <D 718> རྒྱ་གར་གྱི་མཁན་པོ་ཛྙཱ་ན་གརྦྷ་དང་། ལོ་ཙྪ་བ་བནྡེ་ཀླུའི་དབང་པོས་བསྒྱུར། རྒྱ་གར་གྱི་མཁན་པོ་བིདྱཱ་ཀ་ར་སིཾ་ཧ་དང་། ཞུ་ཆེན་གྱི་ལོ་ཙྪ་བ་བནྡེ་དེ་བ་ཙནྡྲས་ཞུས་ཏེ་གཏན་ལ་ཕབ་པ། after རྫོགས་སོ།

No. 679 P(584) N 666 D 655=959 add <D 655> གུ་གུལ་སེར་པོ་དང་། ཕ་བང་གི་ཧུག་པ་ཀུན་ལ་རྐུ་བའི་ཧག་པ་སྦྱར་བའི་དུ་བས་བདུགས་ན། འགོ་བའི་ནད་པའི་གནད་དུ་ཕྱིན་ཡང་མི་ཚུགས། གོས་པ་ལ་ཐུག་ན་མྱུར་དུ་སེལ། ཁྱིམ་དུ་འབྱུང་པོ་གནོད་པ་དག་ལ་རབ་ཏུ་བསྔགས་སོ། after རྫོགས་སོ།

No. 682 P 335=690=900 N(219) D 234=658=1064 add colophon <D 1064> རྒྱ་གར་གྱི་མཁན་པོ་ཛི་ན་མི་ཏྲ་དང་། སུ་རེནྡྲ་བོ་དྷི་དང་། ཞུ་ཆེན་གྱི་ལོ་ཙྪ་བ་བནྡེ་ཡེ་ཤེས་སྡེས་བསྒྱུར་ཅིང་ཞུས་ཏེ་གཏན་ལ་ཕབ་པ། after རྫོགས་སོ།

No. 700 P(474) adds ཨོཾ་གཅིག་པ་དང་གཉིས་པ་དང་གསུམ་པ་དང་གསུམ་ཡོད་པ་ལས། །ཨོཾ་གསུམ་པ་འདི་དག་པ་ཡིན་ཏེ། འདི་ལ་ཚེ་དཔག་མེད་ཀྱི་མཚན་བརྒྱ་རྩ་བརྒྱད་པ་ཞེས་ཟེར་རོ། །འདི་ལ་ཡི་གེ་བརྒྱ་རྩ་བཅུ་ཡོད་པ་ནི་གློག་པའི་ཆེད་དུ་ཨ་གཉིས་དགྲུས་སུ་བཅུག་པ་ཡིན་ནོ། །འདི་རྒྱ་དཔེ་དངོས་ལ་བྲིས་སོ། after རྫོགས་སོ།

No. 705 P 364 adds །ཡེ་དྷརྨཱ་ཧེ་ཏུ་པྲ་བྷ་ཝཱ་ཧེ་ཏུནྟེ་ཥཱན྄་ཏ་ཐཱ་ག་ཏོ་ཧྱ་བ་དཏ྄། ཏེ་ཥཱཉྩ་ཡོ་ནི་རོ་དྷ་ཨེ་ཝཾ་ཝཱ་དཱི་མ་ཧཱ་ཤྲ་མ་ཎཿ། །སརྦ་པཱ་པསྱ་ཀ་ར་ཎཾ་ཀུ་ཤ་ལ་སྱོ་པ་སམྤ་དཾ། །སྭ་ཙིཏྟ་པ་རི་ད་མ་ན་མེ་ཏདྦུདྡྷཱ་ནུ་ཤཱ་ས་ནཾ། །ཨོཾ་ག་ཡཾ་ཧྲ་ཝནྟཱ།།ཤུ་དྷ་མསྟུ་སརྦ་ཛ་ག་ཏཱཾ།། after ཕབ་པའོ།

No. 711 P(373) D 693=899 add colophon <D 693> རྒྱ་གར་གྱི་མཁན་པོ་ཤཱི་ལེནྡྲ་བོ་དྷི་དང་། ཞུ་ཆེན་གྱི་ལོ་ཙྪ་བ་བནྡེ་ཡེ་ཤེས་སྡེས་བསྒྱུར་ཅིང་ཞུས་ཏེ་གཏན་ལ་ཕབ་པ། [P(373) ཕབ་པ་རྫོགས་སྷོ།] after རྫོགས་སོ།

No. 715 N 651 D 686 add །འགྲོ་བ་སེམས་ཅན་ཐམས་ཅད་ལ་ཕན་པར་གྱུར་ཅིག། after འདུག་གོ།
N adds བཀྲ་ཤིས། after ཅིག

No. 739 P 234=664 D 650=1039 add colophon <D 650> རྒྱ་གར་གྱི་མཁན་པོ་ཛྙཱ་ན་གརྦྷ་དང་། ལོ་ཙྪ་བ་བནྡེ་ཀླུའི་དབང་པོས་བསྒྱུར། རྒྱ་གར་གྱི་མཁན་པོ་བིདྱཱ་ཀ་ར་སེང་ཧ་དང་། ཞུ་ཆེན་གྱི་ལོ་ཙྪ་བ་བནྡེ་དེ་བ་ཙནྡྲས་ཞུས་ཏེ་གཏན་ལ་ཕབ་པ། after རྫོགས་སོ།

No. 746 U 746 S 677 T 674 N 639 P(625) D(1000) … མི་སྦྱོང་། དཔལ་ལྡན་འཕགས་པ་སྤྱན་རས་གཟིགས་དབང་ཕྱུག་གིས་གསུངས་པ། ཇེ་བཙུན་མ་(PD omit མ་)འཕགས་མ་སྒྲོལ་མའི་མཚན་བརྒྱ་རྩ་བརྒྱད་པ་རྫོགས་སོ།
P(391) D(727) … མི་སྦྱོང་། ཇེ་བཙུན་མ་འཕགས་མ་སྒྲོལ་མའི་མཚན་བརྒྱ་རྩ་བརྒྱད་པ། འཕགས་པ་སྤྱན་རས་གཟིགས་དབང་ཕྱུག་གིས་གསུངས་པ་རྫོགས་སོ།

D(745) [Nyingma ed. (Delhi ed. no text)] … མི་འབྲལ་ལོ། |རྗེ་བཙུན་མ་འཕགས་མ་སྒྲོལ་མའི་མཚན་བརྒྱ་རྩ་བརྒྱད་པ་སངས་རྒྱས་ཀྱིས་གསུངས་པ་རྫོགས་སོ།།

D(745) adds ||ཞེས་པ་འདི་ནི་རྗེ་བཙུན་བླ་མ་རིག་པ་འཛིན་པ་ཆེན་པོས་ནི་པུ་ལའི་ཡུལ་ནས་བྱུང་བའི་རྒྱ་དཔེ་སྐུལ་ནས་གསེར་གྱི་ཀུནྡྷ་པ་ཊའི་གཞན་སྐྱེས་དང་བཅས་ཏེ་སྐུར་ཅིག་ཅེས་མངའ་རིས་སྐྱོད་ནས་བྱ་མ་ཏའི་ལམ་བརྒྱུད་དེ་བཀའ་ཕེབ་པ་བཞིན་སི་ཏུ་པ་བསྟན་པའི་ཉིན་བྱེད་ཀྱིས་དཔལ་གདོང་གི་ལོ་ཐ་སྐར་ཅན་གྱི་ཡར་ཚེས་བརྒྱད་ཀྱི་ཉིན་མདོ་སྨད་སྡེ་དགེའི་མངའ་རིས་ཐུབ་བསྟན་ཆོས་འཁོར་གླིང་གི་གཙུག་ལག་ཁང་དུ་བསྒྱུར་བ་སྟེ། སྔར་བསྒྱུར་བ་རྣམས་དང་མི་མཚུངས་པ་དང་ལྷག་པ་འགའ་ཞིག་འདུག་ཀྱང་ཚིག་དོན་གྱི་ཆར་འདི་ཉིད་ལེགས་ཚང་ཞུལ་དུ་བྱུང་བར་རྟོགས་སོ།། after རྫོགས་སོ།

See p. 369, Junji Ochi. “Revision and supplement of the Kanjur of the Derge Edition”.

No. 752 P 469 adds |ཡེ་དྷརྨཱ་ཧེ་ཏུ་པྲ་བྷ་ཝཱ་ཧེ་ཏུནྟེཥཱནྟ་ཐཱ་ག་ཏོ་ཧྱ་ཤ་དཏ྄། ཏེཥཱཉྩ་ཡོ་ནི་རོ་དྷ་ཨེ་ཝཾ་ཝཱ་དཱི་མ་ཧཱ་ཤྲ་མ་ཎཿ། མངྒ་ལཾ། after གསོལ།

N 671 adds སརྦ་མངྒ་ལཾ། after གསོལ།

No. 765 T 693 adds ||མངྒ་ལཾ། དགེའོ། ཤྲཱ་ཡཾ་སྟུ|| after བསྒྱུར་བའོ།

P 402 adds ||ཞུས་གསུམ་ཞུས་དག། ||ཡེ་དྷརྨཱ་ཧེ་ཏུ་པྲ་བྷ་ཝཱ་ཧེ་ཏུན་ཏེ་ཥཱན་ཏ་ཐཱ་ག་ཏོ་ཧྱ་བ་དཏ། ཏེཥཱཉྩ་ཡོ་ནི་རོ་དྷ་ཨེ་ཝཾ་ཝཱ་དཱི་མ་ཧཱ་ཤྲ་མ་ཎཿ after བསྒྱུར་བའོ།

No. 778 D 757=947 adds colophon རྒྱ་གར་གྱི་མཁན་པོ་ཤཱི་ལེནྡྲ་བོ་དྷི་དང་། ཛི་ན་མི་ཏྲ་དང་། (D 947 omits ཛི་ན་མི་ཏྲ་དང་།) ཞུ་ཆེན་གྱི་ལོ་ཙྪ་བ་བནྡེ་ཡེ་ཤེས་སྡེ་ལ་སོགས་པས་བསྒྱུར་ཅིང་ཞུས་ཏེ་གཏན་ལ་ཕབ་པ། after རྫོགས་སོ།

No. 833 T 761 adds ན་མོ་རཏྣ་ཏྲ་ཡཱ་ཡ། ||ཨོཾ་ཡེ་དྷརྨཱ་ཧེ་ཏུ་པྲ་བྷ་ཝཱ་ཧེ་ཏུནྟེཥཱནྟ་ཐཱ་ག་ཏོ་ཧྱ་བ་དཏ། ཏེཥཱཉྩ་ཡོ་ནི་རོ་དྷ་ཨེ་ཝཾ་ཝཱ་དཱི་མ་ཧཱ་ཤྲ་མ་ཎཿ། |དགེའོ། བཀྲ་ཤིས་པར་གྱུར|| after ཕབ་པའོ།

P(450) adds |ཡེ་དྷརྨཱ་ཧེ་ཏུ་པྲ་བྷ་བ་ཧེ་ཏུནྟེཥཱནྟ་ཐཱ་ག་ཏོ་ཧྱ་བ་དཏ། ཏེཥཱཉྩ་ཡོ་ནི་རོ་དྷ་ཨེ་བཾ་ཝཱ་དཱི་མ་ཧཱ་ཤྲ་མ་ཎ། after ཕབ་པའོ།

P(729) adds |དགེའོ། |རྡོ་རྗེ་ཐེག་པའི་གྲུ་གཟིངས་ལ་བརྟེན་ནས། |དཔག་ཡས་སྲིད་པའི་མཚོ་ལས་ལེགས་སྒྲོལ་ཏེ། |ཟུང་དྲུག་ཡིད་བཞིན་ནོར་བུའི་དགའ་སྟོན་གྱིས། |འགྲོ་ཀུན་ཡིད་ཀྱི་རེ་བ་སྐོང་བར་ཤོག། after ཕབ་པའོ།

N 743 adds |ཡེ་དྷརྨཱ་ཧེ་ཏུ་པྲ་བྷ་བ་ཧེ་ཏུནྟེཥཱནྟ་ཐཱ་ག་ཏོ་ཧྱ་བ་དཏ། ཏེཥཱཉྩ་ཡོ་ནི་རོ་དྷ་ཨེ་བཾ་ཝཱ་དཱི་མ་ཧཱ་ཤྲ་མ་ཎ།། after ཕབ་པའོ།

# Concordance Table

# Concordance Table

**Abbreviations:**

U: *Catalogue of the Ulan Bator rGyal rtse Them spangs ma Manuscript Kangyur*. 2015.
HL: *A Hand-list of the Ulan Bator Manuscript of the Kanjur Rgyal-rtse Them spaṅs-ma*. Géza Bethlenfalvy, 1982.
S: *A Catalogue of the sTog Palace Kanjur*. Tadeusz Skorupski, 1985.
T: "A Study of the Hand-written Copy of the Tibetan Kanjur from rGyal-rtse". Kojun Saito, 1977.
P: *Catalogue & Index, The Tibetan Tripitaka, Peking edition*. 1961.
N: N-Cat: *The Brief Catalogues to the Narthang and the Lhasa Kanjurs*. 1998.
Ns-List: "A Comparative List of the Bkaḥ-ḥgyur Division of the Snar-thaṅ, Peking and Sde-dge Editions". Shodo Nagashima, 1975.
Nm-Cat: *Catalogue of the Nyingma Edition*. 1982–1983.
D: *A Complete Catalogue of the Tibetan Buddhist Canons*. 1934.
NT: *A Comparative List of the Tibetan Tripitaka of Narthang Edition (Bstan-ḥgyur Division) with the Sde-dge Edition*. Taishun Mibu, 1967.
CK: "A Comparative List of the Bkaḥ-ḥgyur Division in the Co-ne, Peking, Sde-dge and Snar-thaṅ Editions". Taishun Mibu, 1959.
[ ]: Indicates missing text of the Ulan Bator rGyal rtse Them spangs ma.

**Explanatory Notes:**

1. The entry (NT 50, etc.) of Ns-List indicate it was filled in with reference to NT.
2. For example, U 50(18)=227, S 11.18=178, T 33-17=178: section དཀོན་བརྩེགས།, P 760.17, N 49, D 62 same section དཀོན་བརྩེགས།
U 227=50(18): section མདོ་སྡེ།, S 178=11.18, T 178=33-17 same section མདོ་སྡེ།, P 760.17, N 49, D 62 different section དཀོན་བརྩེགས།
Even if sections differed, in the case of the same text, it was shown as follows in the Concordance Table.

| U Section | U | S | T | P | N | D |
|---|---|---|---|---|---|---|
| དཀོན་བརྩེགས། | 50(18)=227 | 11.18=178 | 33-17=178 | 760.17 | 49 | 62 |
| མདོ་སྡེ། | 227=50(18) | 178=11.18 | 178=33-17 | 760.17 | 49 | 62 |

See p. 413 Comparative chart of each section of U, S, T, P, N, and D.

3. The symbol * in the Concordance Table means that there is a corresponding note below the Table.
For example: *p. 383* **T, *81:** Cf. T-Study, p. 382, 3-b-(v)-①; T 81 (379a8-379b8)=U 129 (380b8-381a8), T 81 (379b8-380a7)=U 130 (412b8-413a7); T is missing the portion corresponding to U 129 (381a8-412b1)–U 130 (412b2-412b7).

# Concordance Table

| U Section | U | HL | S | T | P | N | | | D |
|---|---|---|---|---|---|---|---|---|---|
| | | | | | | Ns-List | Nm-Cat | N-Cat | |
| འདུལ་བ། | 1 | 1 | 3 | 1 | 1032 | 3 | 3 | 3 | 3 |
| | 2 | 2 | 4 | 2 | 1033 | 4 | 4 | 4 | 4 |
| | 3 | 3 | 5 | 3 | 1034 | 5 | 5 | 5 | 5 |
| | 4 | 4 | 2 | 4 | 1031 | 2 | 2 | 2 | 2 |
| | 5 | 5 | 1 | 5 | 1030 | 1 | 1 | 1 | 1 |
| | 6 | 6 | 6 | 6 | 1035 | 6 | 6 | 6 | 6 |
| | 7 | 7 | 7 | 7 | 1036 | 7 | 7 | 7 | 7 |
| | 8 | | 8 | 8 | 1037 | 8 | 8 | 8 | 7A |
| ཤེར་ཕྱིན། འབུམ། | 9 | 8 | 9 | 9 | 730 | 9 | 9 | 9 | 8 |
| ཉི་ཁྲི། | 10 | 9 | 12 | 10 | 731 | 10 | 10 | 10 | 9 |
| ཁྲི་བརྒྱད། | 11 | 10 | 13 | 11 | 732 | 11 | 11 | 11 | 10 |
| ཤེས་ཁྲི། | 12 | 11 | 14 | 30 | 733 | 12 | 12 | 12 | 11 |
| བརྒྱད་སྟོང་། | [13] | 12 | 15 | 31 | 734 | 13 | 13 | 13 | 12 |
| ཤེར་ཕྱིན་སྣ་ཚོགས། | [14] | 13 | 16 | 12 | 736 | 14 | 14 | 14 | 14 |
| | [15]=78(46) | 14 | 17=11.46 | 13=33-45 | 737=760.46 | 15=78 | 15=78 | 15=77 | 24=90 |
| | [16] | 15 | 18 | 14 | 738 | 16 | 16 | 16 | 15 |
| | [17] | 16 | 19 | 15 | 735 | 17 | 17 | 17 | 13 |
| | [18] | 17 | 20 | 16 | 739 | 18 | 18 | 18 | 16 |
| | [19]=515 | 18 | 21=448 | 17=442 | 121 | 19 | 19 | 19=440 | 17=489 |
| | [20]=579 | 19 | 22=512 | 18=506 | 172 | 20 | 20 | 20=488 | 25=553 |
| | [21] | 20 | 23 | 19 | 740 | 21 | 21 | 21 | 18 |
| | [22] | 21 | 24 | 20 | 741 | 22 | 22 | 22 | 23 |

| U Section | U | HL | S | T | P | N | | | D |
|---|---|---|---|---|---|---|---|---|---|
| | | | | | | Ns-List | Nm-Cat | N-Cat | |
| ཤེར་ཕྱིན་སྣ་ཚོགས། | [23]=580 | 22 | 25=513 | 21=507 | 173 | 23 | 23 | 23=489 | 19=554 |
| | [24]=556 | 23 | 26=489 | 22=483 | 159 | 24 | 24 | 24=475 | 22=530 |
| | [25]=518 | 24 | 27=451 | 23=445 | 124 | 25 | 25 | 25=445 | 20=491 |
| | [26]=557 | 25 | 28=490 | 24=484 | 160 | 26 | 26 | 26=476 | 21=531 |
| | [27]=261 | 26 | 29=212 | 25=212 | 742 | 27 | 27 | 27 | 26 |
| | [28] | 27 | 30 | 26 | 743 | 28 | 28 | 28 | 27 |
| | [29] | 28 | 31 | 27 | 744 | 29 | 29 | 29 | 28 |
| | [30] | 29 | 32 | 28 | 745 | 30 | 30 | 30 | 29 |
| | [31] | 30 | 33 | 29 | 746 | 31 | 31 | 31 | 30 |
| ཕལ་ཆེན། | 32 | 31 | 10 | 32 | 761 | 32 | 32 | 81 | 44 |
| དཀོན་བརྩེགས། | 33(1) | 32 | 11.1 | 33-1 | 760.1 | 33 | 33 | 32 | 45 |
| | 34(2) | 33 | 11.2 | 33-2 | 760.2 | 34 | 34 | 33 | 46 |
| | 35(3) | 34 | 11.3 | 33-3 | 760.3 | 35 | 35 | 34 | 47 |
| | 36(4) | 35 | 11.4 | 33-4 | 760.4 | 36 | 36 | 35 | 48 |
| | 37(5) | 36 | 11.5 | *- | 760.5 | 37 | 37 | 36 | 49 |
| | 38(6) | 37 | 11.6 | 33-5 | 760.6 | 38 | 38 | 37 | 50 |
| | 39(7) | 38 | 11.7 | 33-6 | 760.7 | 39 | 39 | 38 | 51 |
| | 40(8) | 39 | 11.8 | 33-7 | 760.8 | 40 | 40 | 39 | 52 |
| | 41(9) | 40 | 11.9 | 33-8 | 760.9 | 41 | 41 | 40 | 53 |
| | 42(10) | 41 | 11.10 | 33-9 | 760.10 | 42 | 42 | 41 | 54 |
| | 43(11) | 42 | 11.11 | 33-10 | 760.11 | 43 | 43 | 42 | 55 |
| | 44(12) | 43 | 11.12 | 33-11 | 760.12 | 44 | 44 | 43 | 56 |
| | 45(13) | 44 | 11.13 | 33-12 | 760.13 | 45 | 45 | 44 | 58 |
| | 46(14) | 45 | 11.14 | 33-13 | 760.14 | 46 | 46 | 45 | 57 |
| | 47(15) | 46 | 11.15 | 33-14 | 760.15 | 47 | 47 | 46 | 59 |

| U Section | U | HL | S | T | P | N | | | D |
|---|---|---|---|---|---|---|---|---|---|
| | | | | | | Ns-List | Nm-Cat | N-Cat | |
| དཀོན་བརྩེགས། | 48(16) | 47 | 11.16 | 33-15 | 760.16 | 48 | 48 | 47 | 60 |
| | 49(17) | 48 | 11.17 | 33-16 | 760.18 | 49 | 49 | 48 | 61 |
| | 50(18)=227 | 49 | 11.18=178 | 33-17=178 | 760.17 | 50 | 50 | 49 | 62 |
| | 51(19) | 50 | 11.19 | 33-18 | 760.19 | 51 | 51 | 50 | 63 |
| | 52(20) | 51 | 11.20 | 33-19 | 760.20 | 52 | 52 | 51 | 64 |
| | 53(21) | 52 | 11.21 | 33-20 | 760.21 | 53 | 53 | 52 | 65 |
| | 54(22) | 53 | 11.22 | 33-21 | 760.22 | 54 | 54 | 53 | 66 |
| | 55(23) | 54 | 11.23 | 33-22 | 760.23 | 55 | 55 | 54 | 67 |
| | 56(24) | 55 | 11.24 | 33-23 | 760.24 | 56 | 56 | 55 | 68 |
| | 57(25) | 56 | 11.25 | 33-24 | 760.25 | 57 | 57 | 56 | 69 |
| | 58(26) | 57 | 11.26 | 33-25 | 760.26 | 58 | 58 | 57 | 70 |
| | 59(27) | 58 | 11.27 | 33-26 | 760.27 | 59 | 59 | 58 | 71 |
| | 60(28) | 59 | 11.28 | 33-27 | 760.28 | 60 | 60 | 59 | 72 |
| | 61(29) | 60 | 11.29 | 33-28 | 760.29 | 61 | 61 | 60 | 73 |
| | 62(30) | 61 | 11.30 | 33-29 | 760.30 | 62 | 62 | 61 | 74 |
| | 63(31) | 62 | 11.31 | 33-30 | 760.31 | 63 | 63 | 62 | 75 |
| | 64(32) | 63 | 11.32 | 33-31 | 760.32 | 64 | 64 | 63 | 76 |
| | 65(33) | 64 | 11.33 | 33-32 | 760.33 | 65 | 65 | 64 | 77 |
| | 66(34)=172 | 65 | 11.34=122 | 33-33=123 | 760.34 | 66 | 66 | 65 | 78 |
| | 67(35) | 66 | 11.35 | 33-34 | 760.35 | 67 | 67 | 66 | 79 |
| | 68(36) | 67 | 11.36 | 33-35 | 760.36 | 68 | 68 | 67 | 80 |
| | 69(37) | 68 | 11.37 | 33-36 | 760.37 | 69 | 69 | 68 | 81 |
| | 70(38) | 69 | 11.38 | 33-37 | 760.38 | 70 | 70 | 69 | 82 |
| | 71(39) | 70 | 11.39 | 33-38 | 760.39 | 71 | 71 | 70 | 83 |
| | 72(40) | 71 | 11.40 | 33-39 | 760.40 | 72 | 72 | 71 | 84 |
| | 73(41) | 72 | 11.41 | 33-40 | 760.41 | 73 | 73 | 72 | 85 |

| U Section | U | HL | S | T | P | N | | | D |
|---|---|---|---|---|---|---|---|---|---|
| | | | | | | Ns-List | Nm-Cat | N-Cat | |
| དཀོན་བརྩེགས། | 74(42) | 73 | 11.42 | 33-41 | 760.42 | 74 | 74 | 73 | 86 |
| | 75(43) | 74 | 11.43 | 33-42 | 760.43 | 75 | 75 | 74 | 87 |
| | 76(44) | 75 | 11.44 | 33-43 | 760.45 | 76 | 76 | 75 | 88 |
| | 77(45) | 76 | 11.45 | 33-44 | 760.44 | 77 | 77 | 76 | 89 |
| | 78(46)=[15] | 77 | 11.46=17 | 33-45=13 | 760.46=737 | 78=15 | 78=15 | 77=15 | 90=24 |
| | 79(47) | 78 | 11.47 | 33-46 | 760.47 | 79 | 79 | 78 | 91 |
| | 80(48) | 79 | 11.48 | 33-47 | 760.48 | 80 | 80 | 79 | 92 |
| | 81(49) | 80 | 11.49 | 33-48 | 760.49 | 81 | 81 | 80 | 93 |
| མདོ་སྡེ། | 82 | 81 | 34 | 34 | 762 | 82 | 82 | 82 | 94 |
| | 83 | 82 | 35 | 35 | 763 | 83 | 83 | 83 | 95 |
| | 84 | 83 | 36 | 36 | 886 | 205 | 205 | 205 | 220 |
| | [85] | 84 | 37 | 37 | 865 | 184 | 184 | 184 | 198 |
| | [86] | 85 | 38 | 38 | - | - | - | - | - |
| | [87] | 86 | 39 | 39 | 941 | 260 | 260 | 260 | 275 |
| | [88] | 87 | 40 | 40 | 967 | 286 | 286 | 286 | 301 |
| | [89] | 88 | 41 | 41 | 853 | 172 | 172 | 172 | 186 |
| | [90] | 89 | 42 | 42 | 991 | 310 | 310 | 310 | 325 |
| | [91] | 90 | 43 | 43 | 968 | 287 | 287 | 287 | 302 |
| | [92] | 91 | 44 | 44 | 2050 | *NT 50 | 839 | | 1161 |
| | 93 | 92 | 45 | 45 | 780 | 100 | 100 | 100 | 112 |
| | 94 | 93 | 46 | 46 | 779 | 99 | 99 | 99 | 111 |
| | 95 | 94 | 47 | 47 | 977 | 296 | 296 | 296 | 311 |
| | 96=530 | 95 | 48=463 | 48=457 | 135 | 452 | 453 | 453 | 503 |
| | 97 | 96 | 49 | 49 | 767 | 87 | 87 | 87 | 99 |
| | 98 | 97 | 50 | 50 | 836 | 155 | 155 | 155 | 169 |
| | 99 | 98 | 51 | 51 | 894 | 213 | 213 | 213 | 228 |

| U Section | U | HL | S | T | P | N | | | D |
|---|---|---|---|---|---|---|---|---|---|
| | | | | | | Ns-List | Nm-Cat | N-Cat | |
| མདོ་སྡེ། | 100 | 99 | 52 | 52 | 856 | 175 | 175 | 175 | 189 |
| | 101 | 100 | 53 | 53 | 837 | 156 | 156 | 156 | 170 |
| | 102 | 101 | 54 | 54 | 1009 | 327 | 327 | 327 | 342 |
| | 103 | 102 | 55 | 55 | 794 | 113 | 113 | 113 | 126 |
| | 104 | 104 | 56 | 56 | 839 | 158 | 158 | 158 | 172 |
| | 105 | 105 | 57 | 57 | 994 | 313 | 313 | 313 | 328 |
| | 106 | 106 | 58 | 58 | 934 | 253 | 253 | 253 | 268 |
| | 107 | 107 | 59 | 59 | 927 | 246 | 246 | 246 | 261 |
| | 108 | 108 | 60 | 60 | 950 | 269 | 269 | 269 | 284 |
| | 109 | 109 | 61 | 61 | 818 | 137 | 137 | 137 | 151 |
| | 110 | 110 | 62 | 62 | 1021 | 339 | 339 | 339 | 352 |
| | 111 | 111 | 63 | 63 | 997 | 316 | 316 | 316 | 331 |
| | 112 | 112 | 64 | 64 | 940 | 259 | 259 | 259 | 274 |
| | 113 | 113 | 65 | 65 | 768 | 88 | 88 | 88 | 100 |
| | 114 | 114 | 66 | 66 | 867 | 186 | 186 | 186 | 201 |
| | 115 | 115 | 67 | 67 | 800 | 119 | 119 | 119 | 132 |
| | 116 | 116 | 68 | 68 | 797 | 116 | 116 | 116 | 129 |
| | 117 | 117 | 69 | 69 | 795 | 114 | 114 | 114 | 127 |
| | 118 | 118 | 70 | 70 | 983 | 302 | 302 | 302 | 317 |
| | 119 | 119 | 71 | 71 | 905 | 224 | 224 | 224 | 239 |
| | 120 | 120 | 72 | 72 | 924 | 243 | 243 | 243 | 258 |
| | 121 | 121 | 73 | 73 | 804 | 122 | 122 | 122 | 136 |
| | 122 | 122 | 74 | 74 | 805 | 124 | 124 | 124 | 137 |
| | 123 | 123 | 75 | 75 | 798 | 117 | 117 | 117 | 130 |
| | 124 | 124 | 76 | 76 | 770 | 90 | 90 | 90 | 102 |
| | 125 | 125 | 77 | 77 | 985 | 304 | 304 | 304 | 319 |

| U Section | U | HL | S | T | P | N | | | D |
|---|---|---|---|---|---|---|---|---|---|
| | | | | | | Ns-List | Nm-Cat | N-Cat | |
| མདོ་སྡེ། | 126 | 126 | 78 | 78 | 870 | 189 | 189 | 189 | 204 |
| | 127 | 127 | 79 | 79 | 885 | 204 | 204 | 204 | 219 |
| | 128 | 128 | 80 | 80 | 920 | 239 | 239 | 239 | 254 |
| | 129=284 | 129 | 235 | *81 235 | 857 | 176 | 176 | 176 | 190 |
| | 130=282 | 130 | 233 | 233 | 945=5433 | 264 | 264 | 264 | 279=4520 |
| | 131 | 131 | 81 | 82 | 898 | 217 | 217 | 217 | 232 |
| | 132 | 132 | 82 | 83 | 879 | 198 | 198 | 198 | 213 |
| | 133 | 133 | 83 | 84 | 889 | 208 | 208 | 208 | 223 |
| | 134 | 134 | 84 | 85 | 874 | 193 | 193 | 193 | 208 |
| | 135=546 | 135 | 85=479 | 86=473 | 221=605=878 | 197=529 | 197=530 | 197=530 | 212=520=980 |
| | 136 | 136 | 86 | 87 | 851 | 170 | 170 | 170 | 184 |
| | 137 | 137 | 87 | 88 | 771 | 91 | 91 | 91 | 103 |
| | 138 | 138 | 88 | 89 | 845 | 164 | 164 | 164 | 178 |
| | 139 | 139 | 89 | 90 | 925 | 244 | 244 | 244 | 259 |
| | 140 | 140 | 90 | 91 | 765 | 85 | 85 | 85 | 97 |
| | 141 | 141 | 91 | 92 | 863 | 182 | 182 | 182 | 196 |
| | 142 | 142 | 92 | 93 | 844 | 163 | 163 | 163 | 177 |
| | 143 | 143 | 93 | 94 | 769 | 89 | 89 | 89 | 101 |
| | 144 | 144 | 94 | 95 | 888 | 207 | 207 | 207 | 222 |
| | 145 | 145 | 95 | 96 | 928 | 247 | 247 | 247 | 262 |
| | 146=293 | 146 | 96=245 | 97=245 | 775 | 95 | 95 | 95 | 107 |
| | 147 | 147 | 97 | 98 | 942 | 261 | 261 | 261 | 276 |
| | 148 | 148 | 98 | 99 | 938 | 257 | 257 | 257 | 272 |
| | 149 | 149 | 99 | 100 | 937 | 256 | 256 | 256 | 271 |
| | 150 | 150 | 100 | 101 | 944 | 263 | 263 | 263 | 278 |
| | 151 | 151 | 101 | 102 | 773 | 93 | 93 | 93 | 105 |

| U Section | U | HL | S | T | P | N | | | D |
|---|---|---|---|---|---|---|---|---|---|
| | | | | | | Ns-List | Nm-Cat | N-Cat | |
| མདོ་སྡེ། | 152 | 152 | 102 | 103 | 864 | 183 | 183 | 183 | 197 |
| | 153 | 153 | 103 | 104 | 922 | 241 | 241 | 241 | 256 |
| | 154 | 154 | 104 | 105 | 987 | 306 | 306 | 306 | 321 |
| | 155 | 155 | 105 | 106 | 873 | 192 | 192 | 192 | 207 |
| | 156 | 156 | 106 | 107 | 774 | 94 | 94 | 94 | 106 |
| | 157 | 157 | 107 | 108 | 802 | 121 | 121 | 121 | 134 |
| | 158 | 158 | 108 | 109 | 923 | 242 | 242 | 242 | 257 |
| | 159 | 159 | 109 | 110 | 914 | 233 | 233 | 233 | 248 |
| | 160 | 160 | 110 | 111 | 1026 | 344 | 344 | 344 | 357 |
| | 161 | 161 | 111 | 112 | 929 | 248 | 248 | 248 | 263 |
| | 162 | 162 | 112 | 113 | 910 | 229 | 229 | 229 | 244 |
| | 163 | 163 | 113 | 114 | 904 | 223 | 223 | 223 | 238 |
| | 164 | 164 | 114 | 115 | 911 | 230 | 230 | 230 | 245 |
| | 165 | 165 | 115 | 116 | 921 | 240 | 240 | 240 | 255 |
| | 166 | 166 | 116 | 117 | 913 | 232 | 232 | 232 | 247 |
| | 167 | 167 | 117 | 118 | 916 | 235 | 235 | 235 | 250 |
| | 168 | 168 | 118 | 119 | 960 | 279 | 279 | 279 | 294 |
| | 169 | 169 | 119 | 120 | 954 | 273 | 273 | 273 | 288 |
| | 170 | 170 | 120 | 121 | 926 | 245 | 245 | 245 | 260 |
| | 171 | 171 | 121 | 122 | 807 | 126 | 126 | 126 | 139 |
| | 172=66(34) | 172 | 122=11.34 | 123=33-33 | 760.34 | 66 | 66 | 65 | 78 |
| | 173 | 173 | 123 | 124 | 830 | 149 | 149 | 149 | 163 |
| | 174 | 174 | 124 | 125 | 887 | 206 | 206 | 206 | 221 |
| | 175 | 175 | 125 | 126 | 899 | 218 | 218 | 218 | 233 |
| | 176 | 176 | 126 | 127 | 862 | 181 | 181 | 181 | 195 |
| | 177 | 177 | 127 | 128 | 472 | 784 | 785 | 785 | 145=847 |

| U Section | U | HL | S | T | P | N | | | D |
|---|---|---|---|---|---|---|---|---|---|
| | | | | | | Ns-List | Nm-Cat | N-Cat | |
| མདོ་སྡེ། | 178 | 178 | 128 | 129 | 884 | 203 | 203 | 203 | 218 |
| | 179 | 179 | 129 | 130 | 831 | 150 | 150 | 150 | 164 |
| | 180 | 180 | 130 | 131 | - | - | - | - | - |
| | 181 | 181 | 131 | 132 | 912 | 231 | 231 | 231 | 246 |
| | 182 | 182 | 132 | 133 | 915 | 234 | 234 | 234 | 249 |
| | 183 | 183 | 133 | 134 | 917 | 236 | 236 | 236 | 251 |
| | 184 | 184 | 134 | 135 | 819 | 138 | 138 | 138 | 152 |
| | 185 | 185 | 135 | 136 | 820 | 139 | 139 | 139 | 153 |
| | 186 | 186 | 136 | 137 | 821 | 140 | 140 | 140 | 154 |
| | 187 | 187 | 137 | 138 | 822 | 141 | 141 | 141 | 155 |
| | 188 | 188 | 138 | 139 | 858 | 177 | 177 | 177 | 191 |
| | 189 | 189 | 139 | 140 | 834 | 153 | 153 | 153 | 167 |
| | 190 | 190 | 140 | 141 | 826 | 145 | 145 | 145 | 159 |
| | 191 | 191 | 141 | 142 | 781 | 101 | 101 | 101 | 113 |
| | 192 | 192 | 142 | 143 | - | 785 | 786 | 786 | - |
| | 193 | 193 | 143 | 144 | 1019 | 337 | 337 | 337 | 350 |
| | 194 | 194 | 144 | 145 | 993 | 312 | 312 | 312 | 327 |
| | 195 | 195 | 145 | 146 | 850 | 169 | 169 | 169 | 183 |
| | 196 | 196 | 146=282 | 147 | 964 | 283 | 283 | 283 | 298 |
| | 197 | 197 | 147 | 148 | 1000 | 319 | 319 | 319 | 334 |
| | *198 | 198 | 148 | 149 | 995 | 314 | 314 | 314 | 329 |
| | 199 | 199 | 149 | 150 | 976 | 295 | 295 | 295 | 310 |
| | 200 | 200 | 150 | 151 | 801 | 120 | 120 | 120 | 133 |
| | 201 | 201 | 151 | 152 | 980 | 299 | 299 | 299 | 314 |
| | 202 | 202 | 152 | 153 | 935 | 254 | 254 | 254 | 269 |
| | 203 | 203 | 153 | 154 | 930 | 249 | 249 | 249 | 264 |

| U Section | U | HL | S | T | P | N | | | D |
|---|---|---|---|---|---|---|---|---|---|
| | | | | | | Ns-List | Nm-Cat | N-Cat | |
| མདོ་སྡེ། | 204 | 204 | 154 | 155 | 896 | 215 | 215 | 215 | 230 |
| | 205=741 | 205 | 155=672 | 156=668 | 766 | 86 | 86 | 86 | 98=721 |
| | 206 | 206 | 156 | 157 | 931 | 250 | 250 | 250 | 265 |
| | 207 | 207 | 157 | 158 | 897 | 216 | 216 | 216 | 231 |
| | 208 | 208 | 158 | 159 | 1013 | 331 | 331 | 331 | 344 |
| | 209 | 209 | 159 | 160 | 1018 | 336 | 336 | 336 | 349 |
| | 210 | 210 | 160 | 161 | 815 | 134 | 134 | 134 | 148 |
| | 211 | 211 | 161 | 162 | 871 | 190 | 190 | 190 | 205 |
| | 212 | 212 | 162 | 163 | 825 | 144 | 144 | 144 | 158 |
| | 213 | 213 | 163 | 164 | 786 | 106 | 106 | 106 | 118 |
| | 214 | 214 | 164 | 165 | 827 | 146 | 146 | 146 | 160 |
| | 215 | 215 | 165 | 166 | 824 | 143 | 143 | 143 | 157 |
| | 216 | 216 | 166 | 167 | 828 | 147 | 147 | 147 | 161 |
| | 217 | 217 | 167 | 168 | 842 | 161 | 161 | 161 | 175 |
| | 218 | 218 | 168 | 169 | 814 | 133 | 133 | 133 | 147 |
| | 219 | 219 | 169 | 170 | 918 | 237 | 237 | 237 | 252 |
| | 220 | 220 | 170 | 171 | 810 | 129 | 129 | 129 | 142 |
| | 221 | 221 | 171 | 172 | 843 | 162 | 162 | 162 | 176 |
| | 222 | 222 | 172 | 173 | - | - | - | - | - |
| | 223 | 223 | 173 | 174 | 1002 | 321 | 321 | 321 | 336 |
| | 224 | 224 | 175 | 175 | 966 | 285 | 285 | 285 | 300 |
| | 225 | 225 | 176 | 176 | 772 | 92 | 92 | 92 | 104 |
| | 226 | 226 | 177 | 177 | 984 | 303 | 303 | 303 | 318 |
| | 227=50(18) | 227 | 178=11.18 | 178=33-17 | 760.17 | 50 | 50 | 49 | 62 |
| | 228 | 228 | 179 | 179 | 788 | 107 | 107 | 107 | 120 |
| | 229 | 229 | 180 | 180 | 1022 | 340 | 340 | 340 | 353 |

| U Section | U | HL | S | T | P | N | | | D |
|---|---|---|---|---|---|---|---|---|---|
| | | | | | | Ns-List | Nm-Cat | N-Cat | |
| མདོ་སྡེ། | 230 | 230 | 181 | 181 | 841 | 160 | 160 | 160 | 174 |
| | 231 | 231 | 182 | 182 | 895 | 214 | 214 | 214 | 229 |
| | 232 | 232 | 183 | 183 | 846 | 165 | 165 | 165 | 179 |
| | 233 | 233 | 184 | 184 | 890 | 209 | 209 | 209 | 224 |
| | 234 | 234 | 185 | 185 | 869 | 188 | 188 | 188 | 203 |
| | 235 | 235 | 186 | 186 | 783 | 103 | 103 | 103 | 115 |
| | 236 | 236 | 187 | 187 | 833 | 152 | 152 | 152 | 166 |
| | 237 | 237 | 188 | 188 | 866 | 185 | 185 | 185 | 200 |
| | 238 | 238 | 189 | 189 | 868 | 187 | 187 | 187 | 202 |
| | 239=531 | 239 | 190=464 | 190=458 | 136 | 453 | 454 | 454 | 504 |
| | 240 | 240 | 191 | 191 | 876 | 195 | 195 | 195 | 210 |
| | 241 | 241 | 192 | 192 | 883 | 202 | 202 | 202 | 217 |
| | 242 | 242 | 193 | 193 | 796 | 115 | 115 | 115 | 128 |
| | 243 | 243 | 194 | 194 | 840 | 159 | 159 | 159 | 173 |
| | 244 | 244 | 195 | 195 | - | - | - | - | 199 |
| | 245 | 245 | 196 | 196 | 891 | 210 | 210 | 210 | 225 |
| | 246 | 246 | 197 | 197 | 989 | 308 | 308 | 308 | 323 |
| | 247 | 247 | 198 | 198 | 990 | 309 | 309 | 309 | 324 |
| | 248 | 248 | 199 | 199 | 838 | 157 | 157 | 157 | 171 |
| | 249 | 249 | 200 | 200 | 872 | 191 | 191 | 191 | 206 |
| | 250 | 250 | 201 | 201 | 790 | 109 | 109 | 109 | 122 |
| | 251 | 251 | 202 | 202 | 957 | 276 | 276 | 276 | 291 |
| | 252 | 252 | 203 | 203 | 958 | 277 | 277 | 277 | 292 |
| | 253 | 253 | 204 | 204 | 959 | 278 | 278 | 278 | 293 |
| | 254 | 254 | 205 | 205 | 955 | 274 | 274 | 274 | 289 |
| | 255 | 255 | 206 | 206 | 999 | 318 | 318 | 318 | 333 |

| U Section | U | HL | S | T | P | N | | | D |
|---|---|---|---|---|---|---|---|---|---|
| | | | | | | Ns-List | Nm-Cat | N-Cat | |
| མདོ་སྡེ། | 256 | 256 | 207 | 207 | 932 | 251 | 251 | 251 | 266 |
| | 257 | 257 | 208 | 208 | 1003 | 322 | 322 | 322 | 337 |
| | 258 | 258 | 209 | 209 | 969 | 288 | 288 | 288 | 303 |
| | 259 | 259 | 210 | 210 | 861 | 180 | 180 | 180 | 194 |
| | 260 | 260 | 211 | 211 | 817 | 136 | 136 | 136 | 150 |
| | 261=[27] | 261 | 212=29 | 212=25 | 742 | 27 | 27 | 27 | 26 |
| | 262 | 262 | 213 | 213 | 803 | 123 | 123 | 123 | 135 |
| | 263 | 263 | 214 | 214 | 799 | 118 | 118 | 118 | 131 |
| | 264 | 264 | 215 | 215 | 816 | 135 | 135 | 135 | 149 |
| | 265=269 | 265 | 216=220 | 216=220 | 909 | 228 | 228 | 228 | 243 |
| | 266 | 266 | 217 | 217 | 1023 | 341 | 341 | 341 | 354 |
| | 267 | 267 | 218 | 218 | 948 | 267 | 267 | 267 | 282 |
| | 268 | 268 | 219 | 219 | 949 | 268 | 268 | 268 | 283 |
| | 269=265 | 269 | 220=216 | 220=216 | 909 | 228 | 228 | 228 | 243 |
| | 270 | 270 | 221 | 221 | 848 | 167 | 167 | 167 | 181 |
| | 271 | 271 | 222 | 222 | 849 | 168 | 168 | 168 | 182 |
| | 272 | 272 | 223 | 223 | 882 | 201 | 201 | 201 | 216 |
| | 273 | 273 | 224 | 224 | 943 | 262 | 262 | 262 | 277 |
| | 274 | 274 | 225 | 225 | 764 | 84 | 84 | 84 | 96 |
| | 275 | 275 | 226 | 226 | 855 | 174 | 174 | 174 | 188 |
| | 276 | 276 | 227 | 227 | 859 | 178 | 178 | 178 | 192 |
| | 277 | 277 | 228 | 228 | 812 | 131 | 131 | 131 | 144 |
| | 278 | 278 | 229 | 229 | 777 | 97 | 97 | 97 | 109 |
| | 279 | 279 | 230 | 230 | 902 | 221 | 221 | 221 | 236 |
| | 280 | 280 | 231 | 231 | 963 | 282 | 282 | 282 | 297 |
| | 281 | 281 | 232 | 232 | 986 | 305 | 305 | 305 | 320 |

| U Section | U | HL | S | T | P | N | | | D |
|---|---|---|---|---|---|---|---|---|---|
| | | | | | | Ns-List | Nm-Cat | N-Cat | |
| མདོ་སྡེ། | 282=130 | 282 | 233 | 233, *cf. 81 | 945 | 264 | 264 | 264 | 279=4520 |
| | 283 | 283 | 234 | 234 | 847 | 166 | 166 | 166 | 180 |
| | 284=129 | 284 | 235 | 235, *cf. 81 | 857 | 176 | 176 | 176 | 190 |
| | 285 | 285 | 236 | 236 | 875 | 194 | 194 | 194 | 209 |
| | 286 | 286 | 237 | 237 | 892 | 211 | 211 | 211 | 226 |
| | 287 | 287 | 238 | 238 | 784 | 104 | 104 | 104 | 116 |
| | 288 | 288 | 239 | 239 | 906 | 225 | 225 | 225 | 240 |
| | 289=582 | 289 | 240=515 | 240=509 | 175 | 490 | 491 | 491 | 556 |
| | 290=581 | 290 | 241=514 | 241=508 | 174 | 489 | 490 | 490 | 555 |
| | 291=590 | 291 | 243=523 | 243=517 | 806 | 125 | 125 | 125 | 138 |
| | 292 | 292 | 244 | 244 | 972 | 291 | 291 | 291 | 306 |
| | 293=146 | 293 | 245=96 | 245=97 | 775 | 95 | 95 | 95 | 107 |
| | 294 | 294 | 246 | 246 | 813 | 132 | 132 | 132 | 146 |
| | 295 | 295 | 247 | 247 | 852 | 171 | 171 | 171 | 185 |
| | 296 | 296 | 248 | 248 | - | - | - | - | - |
| | 297 | 297 | 249 | 249 | 792 | 111 | 111 | 111 | 124 |
| | 298 | 298 | 250 | 250 | 778 | 98 | 98 | 98 | 110 |
| | 299 | 299 | 251 | 251 | 982 | 301 | 301 | 301 | 316 |
| | 300 | 300 | 252 | 252 | 1012 | 330 | 330 | 330 | 343 |
| | 301 | 301 | 253 | 253 | 1016 | 334 | 334 | 334 | 347 |
| | 302 | 302 | 254 | 254 | 1014 | 332 | 332 | 332 | 345 |
| | 303 | 303 | 255 | 255 | 1017 | 335 | 335 | 335 | 348 |
| | 304 | 304 | 256 | 256 | 1015 | 333 | 333 | 333 | 346 |
| | 305 | 305 | 257 | 257 | 791 | 110 | 110 | 110 | 123 |
| | 306 | 306 | 258 | 258 | 998 | 317 | 317 | 317 | 332 |
| | 307 | 307 | 259 | 259 | 988 | 307 | 307 | 307 | 322 |

| U Section | U | HL | S | T | P | N | | | D |
|---|---|---|---|---|---|---|---|---|---|
| | | | | | | Ns-List | Nm-Cat | N-Cat | |
| མདོ་སྡེ། | 308 | 308 | 260 | 260 | 893 | 212 | 212 | 212 | 227 |
| | 309 | 309 | 261 | 261 | 829 | 148 | 148 | 148 | 162 |
| | 310 | 310 | 262 | 262 | 903 | 222 | 222 | 222 | 237 |
| | 311 | 311 | 263 | 263 | 785 | 105 | 105 | 105 | 117 |
| | 312 | 312 | 264 | 264 | - | - | - | - | - |
| | 313 | 313 | 265 | 265 | - | - | - | - | - |
| | 314 | 314 | 266 | 266 | - | - | - | - | - |
| | 315 | 315 | 267 | 267 | 1020 | 338 | 338 | 338 | 351 |
| | 316 | 316 | 268 | 268 | - | - | - | - | - |
| | 317 | 317 | 269 | 269 | 5697 | NT 3688 | 4486 | | 4199 |
| | 318 | 318 | 270 | 270 | 1029 | 346 | 346 | 346 | 359 |
| | 319 | 319 | 271 | 271(1) | 5815 | NT 3807 | 4606.1 | | *4321 |
| | 320 | | 272 | 271(2) | 5816 | NT 3808 | 4606.2 | | *4321A |
| | 321 | 320 | 273 | 272 | - | - | - | - | - |
| | 322 | 321 | 274 | 273 | 1007 | 325 | 325 | 325 | 340 |
| | 323 | 322 | 275 | 274 | 1025 | 343 | 343 | 343 | 356 |
| | 324=753 | 323 | 276=684 | 275=681 | 835 | 154 | 154 | 154 | 168 |
| | 325 | 324 | 277 | 276 | - | 787 | 788 | 788 | - |
| | 326 | 325 | 278 | 277 | 1027 | 345 | 345 | 345 | 358 |
| | 327 | 327 | 280 | 278 | 953 | 272 | 272 | 272 | 287 |
| | 328 | 328 | 281 | 279 | 1008 | 326 | 326 | 326 | 341 |
| | 329 | 329 | 283 | 280 | 965 | 284 | 284 | 284 | 299 |
| | 330 | 330 | 284 | 281 | 974 | 293 | 293 | 293 | 308 |
| | 331 | 331 | 285 | 282 | 789 | 108 | 108 | 108 | 121 |
| | 332 | 332 | 286 | 283 | 5589 | 786 | 787 | 787 | 4088 |
| | *333 | 333 | 287 | 284 | *cf. 1005 | 783, *cf. 323 | 784, *cf. 323 | 784, *cf. 323 | *cf. 338 |

| U Section | U | HL | S | T | P | N | | | D |
|---|---|---|---|---|---|---|---|---|---|
| | | | | | | Ns-List | Nm-Cat | N-Cat | |
| མདོ་སྡེ། | 334=583 | 334 | 288=516 | 285=510 | 176 | 762 | 763 | 763 | 557 |
| | 335 | 335 | 289 | 286 | 747 | 347 | 347 | 347 | 31 |
| | 336 | 336 | 290 | 287 | 748 | 348 | 348 | 348 | 32 |
| | 337 | 337 | 291 | 288 | 749 | 349 | 349 | 349 | 33 |
| | 338 | 338 | 292 | 289 | 750 | 350 | 350 | 350 | 34 |
| | 339 | 339 | 293 | 290 | 751 | 351 | 351 | 351 | 35 |
| | 340 | 340 | 294 | 291 | 752 | 352 | 352 | 352 | 36 |
| | 341 | 341 | 295 | 292 | 753 | 353 | 353 | 353 | 37 |
| | 342 | 342 | 296 | 293 | 754 | 354 | 354 | 354 | 38 |
| | 343 | 343 | 297 | 294 | 981 | 300 | 300 | 300 | 315 |
| | 344 | 344 | 298 | 295 | 1006 | 324 | 324 | 324 | 339 |
| | 345 | 345 | 299 | 296 | 973 | 292 | 292 | 292 | 307 |
| | 346 | 346 | 300 | 297 | 961 | 280 | 280 | 280 | 295 |
| | 347 | 347 | 301 | 298 | 970 | 289 | 289 | 289 | 304 |
| | 348 | 348 | 302 | 299 | 962 | 281 | 281 | 281 | 296 |
| | 349 | 349 | 303 | 300 | 755 | 355 | 355 | 355 | 39 |
| | 350 | 350 | 304 | 301 | 756 | 356 | 356 | 356 | 40 |
| | 351 | 351 | 305 | 302 | 757 | 357 | 357 | 357 | 41 |
| | 352 | 352 | 306 | 303 | 758 | 358 | 358 | 358 | 42 |
| | 353 | 353 | 307 | 304 | 759 | 359 | 359 | 359 | 43 |
| | 354 | 354 | 308 | 305 | 832 | 151 | 151 | 151 | 165 |
| | 355 | 355 | 309 | 306 | 823 | 142 | 142 | 142 | 156 |
| | 356 | 356 | 310 | 307 | 5645 | NT 3636 | 4434 | | 4144 |
| | 357 | 357 | 311 | 308 | 5646 | NT 3637 | 4435 | | 4145 |
| | 358 | 358 | 312 | 309 | 5695 | NT 3686 | 4484 | | 4196 |
| | 359 | 359 | 313 | 310 | 5587 | NT 3578 | 4376 | | 4086 |

| U Section | U | HL | S | T | P | N | | | D |
|---|---|---|---|---|---|---|---|---|---|
| | | | | | | Ns-List | Nm-Cat | N-Cat | |
| མདོ་སྡེ། | 360 | 360 | 314 | 311 | 992 | 311 | 311 | 311 | 326=4099 |
| | 361 | 361 | 315 | 312 | - | - | - | - | - |
| | 362 | 362 | 316 | 313 | 5588 | NT 3579 | 4377 | | 4087 |
| | 363 | 363 | 317 | 314 | 5698 | NT 3689 | 4487 | | 4201 |
| | 364 | 364 | 318 | *cf. 315 | 5699 | NT 3690 | 4488 | | 4202 |
| | 365 | 365 | 319 | - | 5647 | NT 3638 | 4436 | | 4146 |
| | 366 | 366 | 320 | *cf. 315 | 1041 | - | - | - | - |
| | 367 | 367 | 321 | 316 | 716=1038=5924 | NT 3916 | 4723 | | 1095=4377 |
| | 368 | 368 | 322 | 317 | 717=1039=5925 | NT 3917 | 4724 | | 1096=4378 |
| | 369 | 369 | 323 | 318 | - | - | - | - | - |
| | 370 | 370 | 324 | 319 | 718=1040 | - | - | - | 1097 |
| | 371 | 371 | 325 | 320 | 951 | 270 | 270 | 270 | 285 |
| | 372 | 372 | 326 | 321 | 952 | 271 | 271 | 271 | 286 |
| | 373 | 373 | 327 | 322 | - | - | - | - | - |
| | 374 | 374 | 328 | 323 | - | - | - | - | - |
| | 375 | 375 | 329 | 324 | 440=722=1046 | 732 | 734 | 733 | 817=1101 |
| | 376=832 | 376 | 330=762, *cf. 242 | *325; 760, *cf.242 | 445=726=4600 | 737=NT 2591 | 738=3389 | 738 | 822=1105=3782 |
| | 377 | - | 331 | | *cf. 4603,444,449,450 | *cf. NT 2594,736,741,742 | *cf. 3392,737,742,743 | *cf. 737,742,743 | *cf. 3785,821,826,827 |
| | 378 | 377 | 332 | 326 | *cf. 5960 | *cf. NT 3952 | *cf. 4759 | | *cf. 4416 |
| མྱང་འདས། | 379 | 378 | 333 | 327 | 787 | 361 | 361 | 361 | 119 |
| རྙིང་རྒྱུད། | 380 | 379 | - | - | 451 | 743 | 744 | 744 | 828 |
| | 381 | 380 | - | - | 452 | 744 | 745 | 745 | 829 |
| | 382 | 381 | - | - | 453 | 745 | 746 | 746 | 830 |
| | 383 | 382 | - | - | 454 | 746 | 747 | 747 | 831 |
| | 384 | 383 | - | - | 455 | 747 | 748 | 748 | 832 |
| | 385 | 384 | - | - | 456 | 748 | 749 | 749 | 833 |

| U Section | U | HL | S | T | P | N | | | D |
|---|---|---|---|---|---|---|---|---|---|
| | | | | | | Ns-List | Nm-Cat | N-Cat | |
| རྙིང་རྒྱུད། | 386 | 385 | - | - | 457 | 749 | 750 | 750 | 834 |
| | 387 | 386 | - | - | 458 | 750 | 751 | 751 | 835 |
| | 388 | 387 | - | - | 459 | 751 | 752 | 752 | 836 |
| | 389 | 388 | - | - | 460 | 752 | 753 | 753 | 837 |
| | 390 | 389 | - | - | 461 | 753 | 754 | 754 | 838 |
| | 391 | 390 | - | - | 462 | 754 | 755 | 755 | 839 |
| | 392 | 391 | - | - | 463 | 755 | 756 | 756 | 840 |
| | 393 | 392 | - | - | 464 | 756 | 757 | 757 | 841 |
| | 394 | 393 | - | - | 465 | 757 | 758 | 758 | *841A |
| | 395 | 394/395 | - | - | 466 | 758 | 759 | 759 | 842 |
| | 396 | 396 | - | - | 467 | 759 | 760 | 760 | 843 |
| | 397 | 397 | - | - | 468 | 760 | 761 | 761 | 844 |
| རྒྱུད། | 398 | 398 | 392 | 328 | 3 | 363 | 363 | 363 | 361 |
| | 399 | 399 | 393 | 329 | 4 | 364 | 364 | 364 | 362 |
| | 400 | 400 | 394 | 330 | 5 | 365 | 365 | 365 | 363 |
| | 401 | 401 | 395 | 331(1) | 8 | 367 | 367 | 367 | 366 |
| | 402 | 402 | 396 | 331(2) | 9 | 368 | 368 | 368 | 367 |
| | 403 | 403 | 334 | 332 | 16 | 376 | 375 | 375 | 368 |
| | 404 | 404 | 335 | 333 | 17 | 377 | 376 | 376 | 369 |
| | 405 | 405 | 336 | 334 | 18 | 379 | 378 | 378 | 370 |
| | 406 | 406 | 337 | 335 | 19 | 380 | 379 | 379 | 372 |
| | 407 | 407 | 338 | 336 | 20 | 378 | 377 | 377 | 373 |
| | 408 | 408 | 339 | 337 | 21 | 381 | 380 | 380 | 374 |
| | 409 | 409 | 340 | 338 | 23 | 383 | 382 | 382 | 375 |
| | 410 | 410 | 341 | 339 | 24 | 384 | 383 | 383 | 376 |

| U Section | U | HL | S | T | P | N | | | D |
|---|---|---|---|---|---|---|---|---|---|
| | | | | | | Ns-List | Nm-Cat | N-Cat | |
| རྒྱུད། | *411 | 411 | 342 | 340 | 22 | 382 | 381 | 381 | 377 |
| | *412 | | *cf. 343 | | *cf. 25 | *cf. 776 | *cf. 777 | *cf. 777 | *cf. 380 |
| | 413 | 412 | *344 | 341 | 26 | 385 | 384 | 384 | 381 |
| | 414 | 413 | | 342 | 27 | 386 | 385 | 385 | 382 |
| | 415 | 414 | 345 | 343 | 28 | - | - | - | 383 |
| | 416 | 415 | 346 | 344 | 29 | - | - | - | 384 |
| | 417 | 416 | 347 | 345 | 30 | - | - | - | 385 |
| | 418 | 417 | 348 | 346 | 31 | - | - | - | 386 |
| | 419 | 418 | 349 | 347 | 32 | - | - | - | 387 |
| | 420 | 419 | 350 | 348 | 33 | - | - | - | 388 |
| | 421 | 420 | 351 | 349 | 34 | - | - | - | 389 |
| | 422 | 421 | 352 | 350 | 35 | - | - | - | 390 |
| | 423 | 422 | 353 | 351 | 36 | - | - | - | 391 |
| | 424 | 423 | 354 | 352 | 37 | - | - | - | 392 |
| | 425 | 424 | 355 | 353 | 38 | - | - | - | 393 |
| | 426 | 425 | 356 | 354 | 39 | - | - | - | 394 |
| | 427 | 426 | 357 | 355 | 40 | - | - | - | 395 |
| | 428 | 427 | 358 | 356 | 41 | - | - | - | 396 |
| | 429 | 428 | 359 | 357 | 42 | - | - | - | 397 |
| | 430 | 429 | 360 | 358 | 43 | - | - | - | 398 |
| | 431=440 | 430 | 361=370 | 359=368 | 44 | - | - | - | 399 |
| | 432 | 431 | 362 | 360 | 45 | - | - | - | 400 |
| | 433 | 432 | 363 | 361 | 46 | - | - | - | 401 |
| | 434 | 433 | 364 | 362 | 47 | - | - | - | 402 |
| | 435 | 434 | 365 | 363 | 48 | - | - | - | 403 |
| | 436 | 435 | 366 | 364 | 49 | - | - | - | 404 |

| U Section | U | HL | S | T | P | N | | | D |
|---|---|---|---|---|---|---|---|---|---|
| | | | | | | Ns-List | Nm-Cat | N-Cat | |
| རྒྱུད། | 437 | 436 | 367 | 365 | 50 | - | - | - | 405 |
| | 438 | 437 | 368 | 366 | 51 | - | - | - | 406 |
| | 439 | 438 | 369 | 367 | 54 | - | - | - | 407 |
| | 440=431 | 439 | 370=361 | 368=359 | 44 | - | - | - | 399 |
| | 441 | 440 | 371 | 369 | 53 | - | - | - | 409 |
| | 442 | 441 | 372 | 370 | 56 | - | - | - | 410 |
| | 443 | 442 | 373 | 371 | 55 | - | - | - | 411 |
| | 444 | 443 | 374 | 372 | - | - | - | - | 412 |
| | 445 | 444 | 375 | 373 | 57 | - | - | - | 413 |
| | 446 | 445 | 376 | 374 | 58 | 388 | 387 | 387 | 414 |
| | 447 | 446 | 377 | 375 | 59 | - | - | - | 415 |
| | 448 | 447 | 378 | 376 | 62 | 387 | 386 | 386 | 416 |
| | 449 | 448 | 379 | 377/378 | 10 | 369/370 | 369 | 369 | 417/418 |
| | 450 | 449 | 380 | 379 | 11 | 371 | 370 | 370 | 419 |
| | 451 | 450 | 381 | 380 | 12 | 372 | 371 | 371 | 420 |
| | 452 | 451 | 382 | 381 | 13 | 373 | 372 | 372 | 421 |
| | 453 | 452 | 383 | 382 | 14 | 374 | 373 | 373 | 422 |
| | 454 | 453 | 384 | 383 | 15 | 375 | 374 | 374 | 423 |
| | 455 | 454 | 385 | 384 | 63 | 389 | 388 | 388 | 424 |
| | 456 | 455 | 386 | 385 | 64 | 390 | 389 | 389 | 425 |
| | 457 | 456 | 387 | 386 | 66 | 392 | 391 | 391 | 427 |
| | 458 | 457 | 388 | 387 | 65 | 391 | 390 | 390 | 426 |
| | 459 | 458 | 389 | 388 | 67 | 393 | 392 | 392 | 428 |
| | 460 | 459 | 390 | 389 | 68 | 394 | 393 | 393 | 429 |
| | 461 | 460 | 391 | 390 | 69 | 395 | 394 | 394 | 430 |
| | 462 | 461 | 397 | 391 | 70 | 404 | 403 | 403 | 431 |

| U Section | U | HL | S | T | P | N | | | D |
|---|---|---|---|---|---|---|---|---|---|
| | | | | | | Ns-List | Nm-Cat | N-Cat | |
| རྒྱུད། | 463 | 462 | 398 | 392 | 71 | 396 | 395 | 395 | 432 |
| | 464 | 463 | 399 | 393 | 73 | 398 | 397 | 397 | 433 |
| | 465 | 464 | 400 | 394 | 72 | 397 | 396 | 396 | 434 |
| | 466 | 465 | 401 | 395 | 74 | 399 | 398 | 398 | 435 |
| | 467 | 466 | 402 | 396 | 75 | - | - | - | 436 |
| | 468 | 467 | 403 | 397 | 76 | 400 | 399 | 399 | 437 |
| | 469 | 468 | 404 | 398 | 77 | 401 | 400 | 400 | 438 |
| | 470 | 469 | 405 | 399 | 78 | 402 | 401 | 401 | 439 |
| | 471 | 470 | 406 | 400 | 79 | 403 | 402 | 402 | 440 |
| | 472 | 471 | 407 | 401 | 80 | - | - | - | 441 |
| | 473 | 472 | *408 | 402A | *81 | 405 | 404 | 404 | 442 |
| | 474 | 473 | | 402B | | 406 | 405 | 405 | 443 |
| | 475 | 474 | 409 | 403 | 83 | 408 | 407 | 407 | 444 |
| | 476 | 475 | 410 | 404 | 82 | 407 | 406 | 406 | 445 |
| | 477 | 476 | 411 | 405 | 85 | 410 | 409 | 409 | 446 |
| | 478 | 477 | 412 | 406 | 84 | 409 | 408 | 408 | 447 |
| | 479 | 478 | 413 | 407 | 86 | 411 | 410 | 410 | 451 |
| | 480 | 479 | 414 | 408 | 87 | 412 | 411 | 411 | 452 |
| | 481 | 480 | 415 | 409 | 89 | 413 | 412 | 412 | 454 |
| | 482 | 481 | 416 | 410 | 90 | 414 | 413 | 413 | 455 |
| | 483 | 482 | 417 | 411 | 91 | 415 | 414 | 414 | 456 |
| | 484 | 483 | 418 | 412 | 92 | 416 | 415 | 415 | 457 |
| | 485 | 484 | 419 | 413(1) | 93 | 417 | 416 | 416 | 458 |
| | 486 | 485 | 420 | 413(2) | 94 | 418 | 417 | 417 | 459 |
| | 487 | 486 | 421 | 413(3) | 95 | 419 | 418 | 418 | 460 |
| | 488 | 487 | 422 | 414 | 97 | 421 | 420 | 420 | 461 |

| U Section | U | HL | S | T | P | N | | | D |
|---|---|---|---|---|---|---|---|---|---|
| | | | | | | Ns-List | Nm-Cat | N-Cat | |
| རྒྱུད། | 489 | 488 | 423 | 415 | 100 | 422 | 421 | 421 | 462 |
| | 490 | 489 | 424 | 416 | 98 | - | - | - | 463 |
| | 491 | 490 | 425 | 417 | 99 | - | - | - | 464 |
| | 492 | 491 | 426 | 418 | 101 | - | - | - | 465 |
| | 493 | 492 | 427 | 419 | 2 | 362 | 362 | 362 | 360 |
| | 494 | 493 | 428 | 420 | 102 | 423 | 422 | 422 | 466 |
| | 495 | 494 | 429 | 421 | 103 | 424 | 423 | 423 | 467 |
| | 496 | 495 | 430 | 422 | 105 | 426 | 425 | 425 | 468 |
| | 497 | 496 | *431 | 423/424/425 | 107 | 427 | 426/427/428 | 426/427/428 | 469 |
| | 498 | 500 | | 426 | 108 | 428 | 429 | 429 | 471 |
| | 499 | 498 | 432 | 427 | 104 | 425 | 424 | 424 | 473 |
| | 500 | 499 | 433 | 428 | 106 | 761 | 762 | 762 | 470 |
| | 501 | 501 | 434 | 429 | 109 | 429 | 430 | 430 | 474 |
| | 502 | 502 | 435 | 430 | - | - | - | - | 475 |
| | 503 | 503 | 436 | 431 | 110 | 430 | 431 | 431 | 476 |
| | 504 | 504 | 437 | 432 | 111 | 431 | 432 | 432 | 477 |
| | 505 | 505 | 438 | 433 | 112 | 432 | 433 | 433 | 479 |
| | 506 | 506 | 439 | 434 | 113 | 433 | 434 | 434 | 480 |
| | 507 | 507 | 440 | 435 | 114 | 434 | 435 | 435 | 481 |
| | 508 | 508 | 441 | 436 | 115 | 435 | 436 | 436 | 482 |
| | 509 | 509 | 442 | 437 | 116 | 441 | 442 | 442 | 483 |
| | 510 | 510 | 443 | 438 | 117 | 442 | 443 | 443 | 485 |
| | 511 | 511 | 444 | 439 | 118 | *436 | *437 | *437 | 486 |
| | 512 | 512 | 445 | 440 | - | | | | 484 |
| | 513 | 513 | 446 | 441(1) | 119 | 437 | 438 | 438 | 487 |
| | 514 | 514 | 447 | 441(2) | 120 | 438 | 439 | 439 | 488 |

| U Section | U | HL | S | T | P | N | | | D |
|---|---|---|---|---|---|---|---|---|---|
| | | | | | | Ns-List | Nm-Cat | N-Cat | |
| རྒྱུད། | 515=[19] | 515 | 448=21 | 442=17 | 121 | 439 | 440 | 19=440 | 489=17 |
| | 516 | 516 | 449 | 443 | - | 443 | 444 | 444 | - |
| | 517 | 517 | 450 | 444 | 123 | - | - | - | 490 |
| | 518=[25] | 518 | 451=27 | 445=23 | 124 | 444 | 445 | 445=25 | 491=20 |
| | 519 | 519 | 452 | 446 | 122 | 440 | 441 | 441 | 492 |
| | 520 | 520 | 453 | 447 | 125 | 445 | 446 | 446 | 493 |
| | 521 | 521 | 454 | 448(1)/448(2) | 126 | 446 | 447 | 447 | 494 |
| | 522 | 522 | 455 | 449 | 127 | 448 | 449 | 449 | 495 |
| | 523 | 523 | 456 | 450 | 130 | 449 | 450 | 450 | 496 |
| | 524 | 524 | 457 | 451 | 196=624 | 507 | 508 | 508 | 497=999 |
| | 525 | 525 | 458 | 452 | 128 | 447 | 448 | 448 | 498 |
| | 526 | 526 | 459 | 453 | 129 | 763 | 764 | 764 | 499 |
| | 527 | 527 | 460 | 454 | 131 | 450 | 451 | 451 | 500 |
| | *528=768 | 528 | 461=699 | 455=696 | 132=573 | 775 | 776 | 776 | 748=948 |
| | 529 | 529 | 462 | 456 | 133 | - | - | - | 501 |
| | 530=96 | 530 | 463=48 | 457=48 | 135 | 452 | 453 | 453 | 503 |
| | 531=239 | 531 | 464=190 | 458=190 | 136 | 453 | 454 | 454 | 504 |
| | 532 | 532 | 465 | 459 | 137 | *454 | *455 | *455 | 505 |
| | 533=796 | 533 | 466=726 | 460=724 | 225=269=685 | 533 | 534 | 534 | *505A=*1059A |
| | 534 | 534 | 467 | 461 | 134 | 451 | 452 | 452 | 502 |
| | 535 | 535 | 468 | 462 | *138=510 | 455 | 456 | 456 | 506=885 |
| | 536 | 536 | 469 | 463 | 141=508 | 457 | 458 | 458 | 507=883 |
| | 537 | 537 | 470 | 464 | 139=545 | 456 | 457 | 457 | 509=920 |
| | 538 | 538 | 471 | 465 | 151=478=939 | 258=466 | 258=467 | 258=467 | 511=273=853 |
| | 539 | 539 | 472 | 466 | 152=477=936 | 255=467 | 255=468 | 255=468 | 270=512=852 |
| | 540 | 540 | 473 | 467 | 150=481 | 465 | 466 | 466 | 513=856 |

| U Section | U | HL | S | T | P | N | | | D |
|---|---|---|---|---|---|---|---|---|---|
| | | | | | | Ns-List | Nm-Cat | N-Cat | |
| རྒྱུད། | 541 | 541 | 474 | 468 | 149=479 | 464 | 465 | 465 | 514=854 |
| | 542 | 542 | 475 | 469 | 316=511 | 576 | 576 | 576 | 516=886 |
| | 543 | 543 | 476 | 470 | 156=496 | 471 | 472 | 472 | 517=871 |
| | 544 | 544 | 477 | 471 | 293=482 | 554 | 554 | 554 | 518=857 |
| | 545 | 545 | 478 | 472 | 220=604 | 528 | 529 | 529 | 519=979 |
| | 546=135 | 546 | 479=85 | 473=86 | 221=605=878 | 197=529 | 197=530 | 197=530 | 212=520=980 |
| | 547 | 547 | 480 | 474 | 217=473 | 525=684 | 526=685 | 526=685 | 522=848 |
| | 548 | 548 | 481 | 475 | 307=512 | 567 | 567 | 567 | 523=887 |
| | 549 | 549 | 482 | 476 | 298=602 | 559 | 559 | 559 | 524=977 |
| | 550 | 550 | 483 | 477 | 299=603 | 560 | 560 | 560 | 709=978 |
| | 551 | 551 | 484 | 478 | 539=808 | 127 | 127 | 127 | 525=140=914 |
| | 552 | 552 | 485 | 479 | 312=541=809 | 128=572 | 128=572 | 128=572 | 526=141=916 |
| | 553 | 553 | 486 | 480 | 782 | 102 | 102 | 102 | 527=114 |
| | 554 | 554 | 487 | 481 | 195=483 | 506=641 | 507=641 | 507=641 | 528=858 |
| | 555 | 555 | 488 | 482 | 317=513 | 577 | 577 | 577 | 529=888 |
| | 556=[24] | 556 | 489=26 | 483=22 | 159 | 474 | 475 | 24=475 | 530=22 |
| | 557=[26] | 557 | 490=28 | 484=24 | 160 | 475 | 476 | 26=476 | 531=21 |
| | 558 | 558 | 491 | 485 | 161=498 | 476 | 477 | 477 | 532=873 |
| | 559 | 559 | 492 | 486 | 143=485 | 459 | 460 | 460 | 533=860 |
| | 560 | 560 | 493 | 487 | 144=486 | 460 | 461 | 461 | 534=861 |
| | 561=704 | 561 | 494=635 | 488=631 | 154(1)=492 | 468 | 469 | 469 | 678=867 |
| | 562 | 562 | 495 | 489 | *154(2)A=493 | 469 | 470 | 470 | 535=868 |
| | 563 | 563 | 496 | 490 | *154(2)B=494 | 463 | 464 | 464 | 536=869 |
| | 564 | 564 | 497 | 491 | 155=495 | 470 | 471 | 471 | 537=870 |
| | 565 | 565 | 498 | 492 | *285=694 | 547 | 547 | 547 | 538=1068 |
| | 566 | 566 | 499 | 493 | 245=491 | 683 | 684 | 684 | *539A=866 |

| U Section | U | HL | S | T | P | N | | | D |
|---|---|---|---|---|---|---|---|---|---|
| | | | | | | Ns-List | Nm-Cat | N-Cat | |
| རྒྱུད། | 567 | 567 | 500 | 494 | 352=699 | 610 | 610 | 610 | 540=1078 |
| | 568 | 568 | 501 | 495 | 396=556 | 764 | 765 | 765 | 541=931 |
| | 569 | 569 | 502 | 496 | 157=497 | 472 | 473 | 473 | 542=872 |
| | 570 | 570 | 503 | 497 | 162 | 477 | 478 | 478 | 543 |
| | 571 | 571 | 504 | 498 | 163 | 478 | 479 | 479 | 544 |
| | 572 | 572 | 505 | 499 | 166=517 | 481 | 482 | 482 | 545=892 |
| | 573 | 573 | 506 | 500 | 167=518 | 482 | 483 | 483 | 546=893 |
| | 574 | 574 | 507 | 501 | 168 | 485 | 486 | 486 | 547 |
| | 575 | 575 | 508 | 502 | 169=519 | 483 | 484 | 484 | 548=894 |
| | 576 | 576 | 509 | 503 | 170=520 | 484 | 485 | 485 | 549=895 |
| | 577 | 577 | 510 | 504 | 171=521 | 486 | 487 | 487 | 550=896 |
| | 578 | 578 | 511 | 505 | 329 | 588 | 588 | 588 | 642 |
| | 579=[20] | 579 | 512=22 | 506=18 | 172 | 487 | 488 | 20=488 | 553=25 |
| | 580=[23] | 580 | 513=25 | 507=21 | 173 | 488 | 489 | 23=489 | 554=19 |
| | 581=290 | 581 | 514=241 | 508=241 | 174 | 489 | 490 | 490 | 555 |
| | 582=289 | 582 | 515=240 | 509=240 | 175 | 490 | 491 | 491 | 556 |
| | 583=334 | 583 | 516=288 | 510=285 | 176 | 762 | 763 | 763 | 557 |
| | 584 | 584 | 517 | 511 | 177 | 491 | 492 | 492 | 558 |
| | 585 | 585 | 518 | 512 | 178 | 492 | 493 | 493 | 559 |
| | 586 | 586 | 519 | 513 | 194 | 505 | 506 | 506 | 560 |
| | 587 | 587 | 520 | 514 | 179 | 493 | 494 | 494 | 561 |
| | 588 | 588 | 521 | 515 | 180 | 494 | 495 | 495 | 562 |
| | 589 | 589 | 522 | 516 | 181 | 495 | 496 | 496 | 563 |
| | 590=291 | 590 | 523=243 | 517=243 | 806 | 125 | 125 | 125 | 138 |
| | 591 | 591 | 524 | 518 | 182=613 | 496 | 497 | 497 | 564=988 |

| U Section | U | HL | S | T | P | N | | | D |
|---|---|---|---|---|---|---|---|---|---|
| | | | | | | Ns-List | Nm-Cat | N-Cat | |
| རྒྱུད། | 592 | 592 | *525 | 519 | 183 | - | - | - | 565 |
| | 593 | 593 | | 520 | 184 | - | - | - | 566 |
| | 594 | 594 | 526 | 521 | 192=628 | 765 | 766 | 766 | 567=1003 |
| | 595 | 595 | 527 | 522 | 193=629 | 504 | 505 | 505 | 568=1004 |
| | 596 | 596 | 528 | 523 | 301=484 | 562 | 562 | 562 | 569=859 |
| | 597 | 597 | 529 | 524 | 190=616 | 502 | 503 | 503 | 570=991 |
| | 598 | 598 | 530 | 525 | 189=615 | 501 | 502 | 502 | 571=990 |
| | 599 | 599 | 531 | 526 | 383 | - | - | - | 572=993 |
| | 600 | 600 | 532 | 527 | 287=621 | 549 | 549 | 549 | 573=996 |
| | 601 | 601 | 533 | 528 | 292=547 | 553 | 553 | 553 | 574=922 |
| | 602 | 602 | 534 | 529 | 313=542 | 573 | 573 | 573 | 575=917 |
| | 603 | 603 | 535 | 530 | 272=558 | 707 | 708 | 708 | 577=933 |
| | 604 | 604 | 536 | 531 | 271=557 | 706 | 707 | 707 | 576=932 |
| | 605 | 605 | 537 | 532 | 273=559 | 708 | 709 | 709 | 578=934 |
| | 606 | 606 | 538 | 533 | 274=560 | 709 | 710 | 710 | 579=935 |
| | 607 | 607 | 539 | 534 | 275=561 | 710 | 711 | 711 | 580=936 |
| | 608 | 608 | 540 | 535 | 276=562 | 711 | 712 | 712 | 581=937 |
| | 609 | 609 | 541 | 536 | 277=563 | 712 | 713 | 713 | 582=938 |
| | 610 | 610 | 542 | 537 | 278=564 | 713 | 714 | 714 | 583=939 |
| | 611 | 611 | 543 | 538 | 279=565 | 714 | 715 | 715 | 584=940 |
| | 612 | 612 | 544 | 539 | 280=566 | 715 | 716 | 716 | 585=941 |
| | 613 | 613 | 545 | 540 | 281=567 | 716 | 717 | 717 | 586=942 |
| | 614 | 615 | 546 | 541 | 283=569 | 718 | 719 | 719 | 588=944 |
| | 615 | 616 | 547 | 542 | 284=570 | 719 | 720 | 720 | 589=945 |
| | 616 | 617 | 548 | 543 | 197 | 508 | 509 | 509 | 595 |
| | 617 | 618 | 549 | 544 | 198=609 | 509 | 510 | 510 | 597=984 |

| U Section | U | HL | S | T | P | N | | | D |
|---|---|---|---|---|---|---|---|---|---|
| | | | | | | Ns-List | Nm-Cat | N-Cat | |
| རྒྱུད། | 618 | 619 | 550 | 545 | 199 | 510 | 511 | 511 | 594 |
| | 619 | 620 | 551 | 546 | 200 | 511 | 512 | 512 | 598 |
| | 620 | 621 | 552 | 547 | 201 | 512 | 513 | 513 | 596 |
| | 621 | 622 | 553 | 548 | 202=610 | 513 | 514 | 514 | 590=985 |
| | 622 | 623 | 554 | 549 | 203 | 514 | 515 | 515 | 591 |
| | 623 | 624 | 555 | 550 | 204=611 | - | - | - | 592=986 |
| | 624 | 625 | 556 | 551 | 205 | 515 | 516 | 516=767 | 593 |
| | 625 | 626 | 557 | 552 | 206=608 | 516 | 517 | 517 | 599=983 |
| | 626 | 627 | *558 | 553 | 219=509 | 527 | 528 | 528 | 601=884 |
| | *627 | 628 | | 554 | 140=546 | 767 | 768 | 768 | 602=921 |
| | 628 | 629 | 559 | 555 | 218=607 | 526 | 527 | 527 | 510=982 |
| | 629 | 630 | 560 | 556 | 315=538 | 575 | 575 | 575 | 603=913 |
| | 630 | 631 | 561 | 557 | 291 | 552 | 552 | 552 | 604 |
| | 631 | 632 | 562 | 558 | 418=581 | 768 | 769 | 769 | 605=956 |
| | 632 | 633 | 563 | 559 | 308=583 | 568 | 568 | 568 | 606=958 |
| | 633 | 634 | 564 | 560 | 296=554 | 557 | 557 | 557 | 607=929 |
| | 634 | 635 | 566 | 561 | 303=551 | 780 | 781 | 781 | 608=926 |
| | 635 | 636 | 567 | 562 | 300=550 | 558 | 558 | 558 | 609=925 |
| | 636 | 637 | 568 | 563 | 305=552 | 565 | 565 | 565 | 610=927 |
| | 637 | 638 | 569 | 564 | 311=543=811 | 130=571 | 130=571 | 130=571 | 611=143=918 |
| | 638 | 639 | 570 | 565 | 306=548 | 566 | 566 | 566 | 612=923 |
| | 639 | 640 | 571 | 566 | 188=614 | 500 | 501 | 501 | 613=989 |
| | 640 | 641 | 572 | 567 | 309=540 | 569 | 569 | 569 | 614=915 |
| | 641 | 642 | 573 | 568 | 215=601 | 523 | 524 | 524 | 615=976 |
| | 642 | 643 | 574 | 569 | 351=704 | 609 | 609 | 609 | 616=1083 |
| | 643 | 644 | 575 | 570 | 599=979 | 298 | 298 | 298 | 617=313=974 |

| U Section | U | HL | S | T | P | N | | | D |
|---|---|---|---|---|---|---|---|---|---|
| | | | | | | Ns-List | Nm-Cat | N-Cat | |
| རྒྱུད། | 644 | 645 | 576 | 571 | 295=592 | 556 | 556 | 556 | 618=967 |
| | 645 | 646 | 577 | 572 | 302=633 | 563 | 563 | 563 | 619=1008 |
| | 646 | 647 | 578 | 573 | 211=643 | 520 | 521 | 521 | 620=1018 |
| | 647=822 | 648 | 579=752 | 574=750 | 266=683 | 704 | 705 | 705 | 802=1058 |
| | 648 | 649 | 580 | 575 | 213=645 | 521 | 522 | 522 | 621=1020 |
| | 649 | 650 | 581 | 576 | 207=639 | 517 | 518 | 518 | 622=1014 |
| | 650 | 651 | 582 | 577 | 210=642 | 518 | 519 | 519 | 624=1017 |
| | 651 | 652 | 583 | 578 | 209=641 | 519 | 520 | 520 | 625=1016 |
| | 652 | 653 | 584 | 579 | 212=644 | 769 | 770 | 770 | 626=1019 |
| | 653 | 654 | 585 | 580 | 289=677 | 770 | 771 | 771 | 627=1052 |
| | 654 | 655 | 586 | 581 | 142=714=978 | 297=458 | 297=459 | 297=459 | 628=312=1093 |
| | 655 | 656 | 587 | 582 | 214=586 | 522 | 523 | 523 | 629=961 |
| | 656 | 657 | 588 | 583 | 304=635 | 564 | 564 | 564 | 630=1010 |
| | 657 | 658 | 589 | 584 | 318 | 578 | 578 | 578 | 631 |
| | 658 | 659 | 590 | 585 | 319 | 579 | 579 | 579 | 632 |
| | 659 | 660 | 591 | 586 | 314=549 | 574 | 574 | 574 | 633=924 |
| | 660 | 661 | 592 | 587 | 320=499 | 580 | 580 | 580 | 634=874 |
| | 661 | 662 | 593 | 588 | 321=500 | 581 | 581 | 581 | 635=875 |
| | 662 | 663 | 594 | 589 | 322=501 | 582 | 582 | 582 | 636=876 |
| | 663 | 664 | 595 | 590 | 323=502 | 583 | 583 | 583 | 637=877 |
| | 664 | 665 | 596 | 591 | 324=503 | 584 | 584 | 584 | 638=878 |
| | 665 | 666 | 597 | 592 | 325=504 | 585 | 585 | 585 | 639=879 |
| | 666 | 667 | 598 | 593 | 326=505 | 586 | 586 | 586 | 640=880 |
| | 667 | 668 | 599 | 594 | 327=506 | 587 | 587 | 587 | 641=881 |
| | 668 | 669 | 600 | 595 | 330=515 | 589 | 589 | 589 | 643=890 |
| | 669 | 670 | 601 | 596 | 158=507 | 473 | 474 | 474 | 644=882 |

| U Section | U | HL | S | T | P | N | | | D |
|---|---|---|---|---|---|---|---|---|---|
| | | | | | | Ns-List | Nm-Cat | N-Cat | |
| རྒྱུད། | 670 | 671 | 602 | 597 | 354 | - | - | - | 645 |
| | 671 | 672 | 603 | 598 | 356=701 | 613 | 613 | 613 | 646=1080 |
| | 672 | 673 | 604 | 599 | 355=700 | 612 | 612 | 612 | 647=1079 |
| | 673 | 674 | 605 | 600 | 353=698 | 611 | 611 | 611 | 649=1077 |
| | 674 | 675 | 606 | 601 | 232=662 | 771 | 772 | 772 | 718=1037 |
| | 675 | 676 | 607 | 602 | 231=666 | 772 | 773 | 773 | 720=1041 |
| | 676 | 677 | 608 | 603 | 145=488 | 461 | 462 | 462 | 652=863 |
| | 677 | 678 | 609 | 604 | 332=688 | - | - | - | 653=1062 |
| | 678 | 679 | 610 | 605 | 310=600 | 570 | 570 | 570 | 654=975 |
| | 679 | 680 | 611 | 606 | 421=584 | 666 | 666 | 666 | 655=959 |
| | 680 | 681 | 612 | 607 | 333=687 | 591 | 591 | 591 | 656=1061 |
| | 681 | 682 | 613 | 608 | 334=689=901 | 220=592 | 220=592 | 220=592 | 657=235=1063 |
| | 682 | 683 | 614 | 609 | 335=690=900 | 219=593 | 219=593 | 219=593 | 658=234=1064 |
| | 683 | 684 | 615 | 610 | 336=691 | 594 | 594 | 594 | 659=1065 |
| | 684 | 685 | 616 | 611 | 340=623 | 597 | 598 | 598 | 661=998 |
| | 685 | 686 | 617 | 612 | *cf. 339=622 | 598 | 597 | 597 | *cf. 660=997 |
| | 686 | 687 | 618 | 613 | 341=632 | 599 | 599 | 599 | 662=1007 |
| | 687 | 688 | *619 | 614 | 342 | 600 | 600 | 600 | 663 |
| | 688 | 689 | | 615 | 343 | 601 | 601 | 601 | 664 |
| | 689 | 690 | 620 | 616 | 338=705 | 596 | 596 | 596 | 665=1084 |
| | 690 | 691 | 621 | 617 | 337 | 595 | 595 | 595 | 666 |
| | 691 | 692 | 622 | 618 | 344 | 602 | 602 | 602 | 667 |
| | 692 | 693 | 623 | 619 | 345=706 | 603 | 603 | 603 | 668=1085 |
| | 693 | 694 | 624 | 620 | 347=707 | 605 | 605 | 605 | 669=1086 |
| | 694 | 695 | 625 | 621 | 346=708 | 604 | 604 | 604 | 670=1087 |
| | 695 | 696 | 626 | 622 | 348 | 606 | 606 | 606 | 671 |

| U Section | U | HL | S | T | P | N | | | D |
|---|---|---|---|---|---|---|---|---|---|
| | | | | | | Ns-List | Nm-Cat | N-Cat | |
| རྒྱུད། | 696 | 697 | 627 | 623 | 349=709 | 607 | 607 | 607 | 672=1088 |
| | 697 | 698 | 628 | 624 | 350=710 | 608 | 608 | 608 | *673=1089 |
| | 698 | 699 | 629 | 625 | 359 | - | - | - | - |
| | 699 | 700 | 630 | 626 | 360 | - | - | - | *673A |
| | 700 | 701 | 631 | 627 | 361=474 | 615 | 615 | 615 | 674=849 |
| | 701 | 702 | 632 | 628 | 362 | 616 | 616 | 616 | 675 |
| | 702 | 703 | 633 | 629 | 363=475 | 617 | 617 | 617 | 676=850 |
| | 703 | 704 | 634 | 630 | 153=489 | 773 | 774 | 774 | 677=864 |
| | 704=561 | 705 | 635=494 | 631=488 | 492=154(1) | 468 | 469 | 469 | 678=867 |
| | 705 | 706 | 636 | 632 | 364 | 618 | 618 | 618 | 681 |
| | 706 | 707 | 637 | 633 | 366=526 | 644 | 644 | 644 | 682=901 |
| | 707 | 708 | 638 | 634 | - | - | - | - | 683 |
| | 708 | 709 | 639 | 635 | 367=528 | 619 | 619 | 619 | 687=903 |
| | 709 | 710 | 640 | 636 | 527 | - | - | - | 688=902 |
| | 710 | 711 | 641 | 637 | - | - | - | - | 689 |
| | 711 | 712 | 642 | 638 | 373=524 | 623 | 623 | 623 | 693=899 |
| | 712 | 713 | 643 | 639 | 374 | - | - | - | 694 |
| | 713 | 714 | 644 | 640 | - | 620 | 620 | 620 | 690 |
| | 714 | 715 | 645 | 641 | 369=522 | 621 | 621 | 621 | 691=897 |
| | 715 | 716 | 646 | 642 | *365 | 651 | 651 | 651 | 686 |
| | 716 | 717 | 647 | 643 | 370=523 | 622 | 622 | 622 | 692=898 |
| | 717 | 718 | 648 | 644 | 371=535 | 625 | 625 | 625 | 696=910 |
| | 718 | 719 | 649 | 645 | 372=536 | 624 | 624 | 624 | 695=911 |
| | 719 | 720 | 650 | 646 | 375 | 626 | 626 | 626 | 701 |
| | 720 | 721 | 651 | 647 | 376 | 627 | 627 | 627 | 700 |
| | 721 | 722 | 652 | 648 | 377=529 | 628 | 628 | 628 | 699=904 |

| U Section | U | HL | S | T | P | N | | | D |
|---|---|---|---|---|---|---|---|---|---|
| | | | | | | Ns-List | Nm-Cat | N-Cat | |
| རྒྱུད། | 722 | 723 | 653 | 649 | 378=530 | - | - | - | 697=905 |
| | 723 | 724 | 654 | 650 | 388=533 | 636 | 636 | 636 | 698=908 |
| | 724 | 725 | 655 | 651 | 385 | 633 | 633 | 633 | 702 |
| | 725 | 726 | 656 | 652 | 386 | 634 | 634 | 634 | 703 |
| | 726 | 727 | 657 | 653 | 387 | 635 | 635 | 635 | 704 |
| | 727 | 728 | 658 | 654 | 381=525 | 630 | 630 | 630 | 705=900 |
| | 728 | 729 | 659 | 655 | 328 | 774 | 775 | 775 | 706 |
| | 729 | 730 | 660 | 656 | 384=544 | 632 | 632 | 632 | 707=919 |
| | 730 | 731 | 661 | 657 | 297=553 | 561 | 561 | 561 | 708=928 |
| | 731 | 732 | 662 | 658 | 216=555 | 524 | 525 | 525 | 710=930 |
| | 732 | 733 | 663 | 659 | 235=667 | 540 | 541 | 541 | 711=1042 |
| | 733 | 734 | 664 | 660 | 236=668 | 541 | 542 | 542 | 712=1043 |
| | 734 | 735 | 665 | 661 | 237=669 | 542 | 543 | 543 | 713=1044 |
| | 735 | 736 | 666 | 662 | 238=670 | 543 | 544 | 544 | 714=1045 |
| | 736 | 737 | 667 | 663 | 239=671 | 544/545 | 545 | 545 | 715=1046 |
| | 737 | 738 | 668 | 664 | 241=673 | 546 | 546 | 546 | 717=1048 |
| | 738 | 739 | 669 | 665 | 233=663 | - | - | - | 719=1038 |
| | 739 | 740 | 670 | 666 | 234=664 | 539 | 540 | 540 | 650=1039 |
| | 740 | 741 | 671 | 667 | 230=665 | 538 | 539 | 539 | 651=1040 |
| | 741=205 | 742 | 672=155 | 668=156 | 766 | 86 | 86 | 86 | 721=98 |
| | *742 | 743 | 673 | 669/670 | *cf. 435=715 | *cf. 727 | *cf. 728 | *cf. 728 | *cf. 722=812=1094 |
| | 743 | 744 | 674 | 671 | 380 | - | - | - | 723 |
| | 744 | 745 | 675 | 672 | 389=534 | 637 | 637 | 637 | 725=909 |
| | 745 | 746 | 676 | 673 | 390 | 638 | 638 | 638 | 726 |
| | *746 | 747 | 677 | 674 | 391=625 | 639 | 639 | 639 | 727=745=1000 |
| | 747 | 748 | 678 | 675 | 392 | 640 | 640 | 640 | 728 |

| U Section | U | HL | S | T | P | N | | | D |
|---|---|---|---|---|---|---|---|---|---|
| | | | | | | Ns-List | Nm-Cat | N-Cat | |
| རྒྱུད། | 748 | 749 | 679 | 676 | - | - | - | - | - |
| | 749 | 750 | 680 | 677 | 393=626 | 642 | 642 | 642 | 729=1001 |
| | 750 | 751 | 681 | 678 | 394=627 | 643 | 643 | 643 | 730=1002 |
| | 751 | 752 | 682 | 679 | 191=617 | 503 | 504 | 504 | 732=992 |
| | 752 | 753 | 683 | 680 | 469 | 671 | 671 | 671 | 724 |
| | 753=324 | 754 | 684=276 | 681=275 | 835 | 154 | 154 | 154 | 168 |
| | 754 | 755 | 685 | 682 | 379=531 | 629 | 629 | 629 | 733=906 |
| | 755 | 756 | 686 | 683 | 294=593 | 555 | 555 | 555 | 734=968 |
| | 756 | 757 | 687 | 684 | 185=619 | 497 | 498 | 498 | 735=994 |
| | 757 | 758 | 688 | 685 | 186=620 | 498 | 499 | 499 | 736=995 |
| | 758 | 759 | 689 | 686 | 288=585 | 550 | 550 | 550 | 737=960 |
| | 759 | 760 | 690 | 687 | 270=661 | - | - | - | 742=1036 |
| | 760 | 761 | 691 | 688 | 397=713 | 645 | 645 | 645 | 738=1092 |
| | 761 | 762 | 692 | 689 | 398 | 646 | 646 | 646 | 739 |
| | 762 | 763 | 693 | 690 | 399=630 | 647 | 647 | 647 | 740=1005 |
| | 763 | 764 | 694 | 691 | 400=631 | 648 | 648 | 648 | 741=1006 |
| | 764 | 765 | 695 | 692 | 401 | 652 | 652 | 652 | 743=1009 |
| | 765 | 766 | 696 | 693 | 402 | 653 | 653 | 653 | 746 |
| | 766 | 767 | 697 | 694 | 403 | 649 | 649 | 649 | 744 |
| | 767 | 768 | 698 | 695 | 404 | 650 | 650 | 650 | 747 |
| | *768=528 | 769 | 699=461 | 696=455 | 573=132 | 775 | 776 | 776 | 748=948 |
| | 769 | 770 | 700 | 697 | 96=577 | 420 | 419 | 419 | 952=*460A |
| | 770 | 771 | 701 | 698 | 405=575 | 654 | 654 | 654 | 749=950 |
| | 771 | 772 | 702 | 699 | 406=574 | 655 | 655 | 655 | 750=949 |
| | 772 | 773 | 703 | 700 | 407=571 | 656 | 656 | 656 | 751=946 |
| | 773 | 774 | 704 | 701 | 408=579 | 657 | 657 | 657 | 752=954 |

| U Section | U | HL | S | T | P | N | | | D |
|---|---|---|---|---|---|---|---|---|---|
| | | | | | | Ns-List | Nm-Cat | N-Cat | |
| རྒྱུད། | 774 | 775 | 705 | 702 | 409=580 | - | - | - | 753=955 |
| | 775 | 776 | 706 | 703 | 410=576 | 658 | 658 | 658 | 754=951 |
| | 776 | 777 | 707 | 704 | 419=582 | 664 | 664 | 664 | 755=957 |
| | 777 | 778 | 708 | 705 | 420 | - | - | - | 756 |
| | 778 | 779 | 709 | 706 | 416=572 | 665 | 665 | 665 | 757=947 |
| | 779 | 780 | 710 | 707 | 187 | 499 | 500 | 500 | 758 |
| | 780 | 781 | 711 | 708 | 411=589 | 659 | 659 | 659 | 759=964 |
| | 781 | 782 | 712 | 709 | 412 | 660 | 660 | 660 | 760=965 |
| | 782 | 783 | 713 | 710 | 413 | 662 | 662 | 662 | 761 |
| | 783 | 784 | 714 | 711 | 414 | 663 | 663 | 663 | 762 |
| | 784 | 785 | 715 | 712 | 415=591 | 661 | 661 | 661 | 763=966 |
| | 785 | 786 | 716 | 713 | 422=595 | 672 | 672 | 672 | 764=970 |
| | 786 | 787 | 717 | 714 | 423 | 673 | 673 | 673 | 765 |
| | 787 | 788 | *718 | 715 | *cf. 424 | 667 | 667 | 667 | 766 |
| | 788 | 789 | | 716 | - | 668 | 668 | 668 | 767 |
| | 789 | 790 | 719 | 717 | 425=598 | 669 | 669 | 669 | 768=973 |
| | 790 | 791 | 720 | 718 | 382=596 | 631 | 631 | 631 | 769=971 |
| | 791 | 792 | 721 | 719 | 426 | 670 | 670 | 670 | 770 |
| | 792 | 793 | 722 | 720 | 331=597 | 590 | 590 | 590 | 771=972 |
| | 793 | 794 | 723 | 721 | 427=532 | 674 | 674 | 674 | 772=907 |
| | 794 | 795 | 724 | 722 | 290=594 | 551=675 | 551=675 | 551=675 | 773=969 |
| | 795 | 796 | 725 | 723 | 223=695 | 531=676 | 532=676 | 532=676 | 774=1074, *cf. 539 |
| | 796=533 | 797 | 726=466 | 724=460 | 225=269=685 | *533 | *534 | *534 | *1059A=*505A |
| | 797 | 798 | 727 | 725 | 226=696 | 534=677 | 535=677 | 535=677 | 775=1075 |
| | 798 | 799 | 728 | 726 | 227=697 | 535=678 | 536=678 | 536=678 | 776=1076 |

<table>
<tr><th rowspan="2">U Section</th><th rowspan="2">U</th><th rowspan="2">HL</th><th rowspan="2">S</th><th rowspan="2">T</th><th rowspan="2">P</th><th colspan="4">N</th><th rowspan="2">D</th></tr>
<tr><th colspan="2">Ns-List</th><th>Nm-Cat</th><th>N-Cat</th></tr>
<tr><td>རྒྱུད།</td><td>799</td><td>800</td><td>729</td><td>727</td><td>228=636</td><td>536</td><td rowspan="2">679</td><td>537=679</td><td>537=679</td><td>777=1011</td></tr>
<tr><td></td><td>800</td><td>801</td><td>730</td><td>728</td><td>229=637</td><td>537</td><td>538=680</td><td>538=680</td><td>778=1012</td></tr>
<tr><td></td><td>801</td><td>802</td><td>731</td><td>729</td><td>242=674</td><td colspan="2">680</td><td>681</td><td>681</td><td>779=1049</td></tr>
<tr><td></td><td>802</td><td>803</td><td>732</td><td>730</td><td>243=656</td><td colspan="2">681</td><td>682</td><td>682</td><td>780=1031</td></tr>
<tr><td></td><td>803</td><td>804</td><td>733</td><td>731</td><td>247=686</td><td colspan="2">685</td><td>686</td><td>686</td><td>783=1060</td></tr>
<tr><td></td><td>804</td><td>805</td><td>734</td><td>732</td><td>248=646</td><td colspan="2">686</td><td>687</td><td>687</td><td>784=1021</td></tr>
<tr><td></td><td>805</td><td>806</td><td>735</td><td>733</td><td>249=647</td><td colspan="2">687</td><td>688</td><td>688</td><td>785=1022</td></tr>
<tr><td></td><td>806</td><td>807</td><td>736</td><td>734</td><td>250=648</td><td colspan="2">688</td><td>689</td><td>689</td><td>786=1023</td></tr>
<tr><td></td><td>807</td><td>808</td><td>737</td><td>735</td><td>251=650</td><td colspan="2">689</td><td>690</td><td>690</td><td>787=1025</td></tr>
<tr><td></td><td>808</td><td>809</td><td>738</td><td>736</td><td>252=651</td><td colspan="2">690</td><td>691</td><td>691</td><td>788=1026</td></tr>
<tr><td></td><td>809</td><td>810</td><td>739</td><td>737</td><td>253=652</td><td colspan="2">691</td><td>692</td><td>692</td><td>789=1027</td></tr>
<tr><td></td><td>810</td><td>811</td><td>740</td><td>738</td><td>254=653</td><td colspan="2">692</td><td>693</td><td>693</td><td>790=1028</td></tr>
<tr><td></td><td>811</td><td>812</td><td>741</td><td>739</td><td>255=658</td><td colspan="2">693</td><td>694</td><td>694</td><td>791=1033</td></tr>
<tr><td></td><td>812</td><td>813</td><td>742</td><td>740</td><td>256=659</td><td colspan="2">694</td><td>695</td><td>695</td><td>792=1034</td></tr>
<tr><td></td><td>813</td><td>814</td><td>743</td><td>741</td><td>257=654</td><td colspan="2">695</td><td>696</td><td>696</td><td>793=1029</td></tr>
<tr><td></td><td>814</td><td>815</td><td>744</td><td>742</td><td>258=655</td><td colspan="2">696</td><td>697</td><td>697</td><td>794=1030</td></tr>
<tr><td></td><td>815</td><td>816</td><td>745</td><td>743</td><td>259=676</td><td colspan="2">697</td><td>698</td><td>698</td><td>795=1051</td></tr>
<tr><td></td><td>816</td><td>817</td><td>746</td><td>744</td><td>260=660</td><td colspan="2">698</td><td>699</td><td>699</td><td>796=1035</td></tr>
<tr><td></td><td>817</td><td>818</td><td>747</td><td>745</td><td>261=678</td><td colspan="2">699</td><td>700</td><td>700</td><td>797=1053</td></tr>
<tr><td></td><td>818</td><td>819</td><td>748</td><td>746</td><td>262=679</td><td colspan="2">700</td><td>701</td><td>701</td><td>798=1054</td></tr>
<tr><td></td><td>819</td><td>820</td><td>749</td><td>747</td><td>263=680</td><td colspan="2">701</td><td>702</td><td>702</td><td>799=1055</td></tr>
<tr><td></td><td>820</td><td>821</td><td>750</td><td>748</td><td>264=681</td><td colspan="2">702</td><td>703</td><td>703</td><td>800=1056</td></tr>
<tr><td></td><td>821</td><td>822</td><td>751</td><td>749</td><td>265=682</td><td colspan="2">703</td><td>704</td><td>704</td><td>801=1057</td></tr>
<tr><td></td><td>822=647</td><td>823</td><td>752=579</td><td>750=750</td><td>266=683</td><td colspan="2">704</td><td>705</td><td>705</td><td>802=1058</td></tr>
<tr><td></td><td>823</td><td>824</td><td>753</td><td>751</td><td>267=675</td><td colspan="2">705</td><td>706</td><td>706</td><td>803=1050</td></tr>
<tr><td></td><td>824</td><td>825</td><td>754</td><td>752</td><td>358=703</td><td colspan="2">779</td><td>780</td><td>780</td><td>804=1082</td></tr>
</table>

| U Section | U | HL | S | T | P | N | | | D |
|---|---|---|---|---|---|---|---|---|---|
| | | | | | | Ns-List | Nm-Cat | N-Cat | |
| རྒྱུད། | 825 | 826 | 755 | 753 | 429 | 721 | 722 | 722 | 806 |
| | 826 | 827 | 756 | 754 | 430 | 722 | 723 | 723 | 808 |
| | 827 | 828 | 757 | 755 | 431 | 723 | 724 | 724 | 807 |
| | 828 | 829 | 758 | 756 | 428 | 720 | 721 | 721 | 805 |
| | 829 | 830 | 759 | 757 | 433 | 725 | 726 | 726 | 810 |
| | 830 | 831 | 760 | 758 | 432 | - | - | - | 809 |
| | 831 | 832 | 761 | 759 | 908 | 227=724 | 227=725 | 227=725 | 242 |
| | 832=376 | 833 | 762=330, *cf. 242 | 760, *cf. 325, 242 | 445=726 | 737 | 738 | 738 | 822=1105=3782 |
| | 833 | 834 | 763 | 761 | 450=729=1049 | 742 | 743 | 743 | 827=1108 |

*p. 379* **T, *-:** Cf. T-Study, p. 397, 2-d-③

*p. 381* **N, *NT 50:** Number 50 of NT

*p. 383* **T, *81:** Cf. T-Study, p. 382, 3-b-(v)-①; T 81 (379a8-379b8)=U 129 (380b8-381a8), T 81 (379b8-380a7)=U 130 (412b8-413a7); T is missing the portion corresponding to U 129 (381a8-412b1)–U 130 (412b2-412b7).

*p. 385* **U, *198:** U=S=T, P=N=D. UST and PND have slightly varied translations. Cf. Appendix No. 198.

*p. 389* **T, *cf. 81:** T 81 (379b8-380a7)=U 130 (412b8-413a7)

*p. 389* **T, *cf. 81:** T 81 (379a8-379b8)=U 129 (380b8-381a8)

*p. 390* **D, *4321:** D 4321 (20b1-33b7), cf. NT p. 104. See also p. 414.

*p. 390* **D, *4321A:** D 4321A (33b7-49a7), cf. NT p. 104. See also p. 414.

*p. 390* **U, *333:** U 333=S 287=T 284=N (784)=L 202=Lhasa (343)=Urga (339) 310b1-336a7, P 1005=N (323)=D 338=Lhasa (344)=Urga (338). Cf. No. 333 footnote 4 and Appendix No. 333.

*p. 392* **T, *cf. 315:** T 315 (314b6-340b8)=U 364 (313b4-340a6)

*p. 392* **T, *cf. 315:** T 315 (341a1-342b4)=U 366 (350b6-352b1)

*p. 392* **S, *cf. 242/T, *cf. 242:** S 242 (360b6-361a5)=T 242 (338b8-339a7); S 242 (360b6-361a3)=S 330 (388a4-388a7)=S 762 (456b2-456b4)=T 242 (338b8-339a4)=T 325 (366a6-336a8)=T 760 (430a6-430b1); S 242 (361a3-361a5)=T 242 (339a4-339a7) །མི་ཡིས་རབ་ཏུ་བསྒྲིམས་ཏེ་གདོན། །རྒྱལ་བ་དག་དང་རྒྱལ་བའི་སྲས་ཀྱི་མཚན་འདི་མ་ལུས་པར། །ཟླ་ལ་གསུམ་བཞིན་ཉིན་གཅིག་(T ཅིག་)བཞིན་དུ་ནང་པར་(S པར་)སྨྲ་བརྗོད་པ། །དེ་དག་སེམས་ཅན་དམྱལ་བའི་ལས་(S omits ལས་)དང་བྲལ་ཞི་ཞིང་བདེ་བ་དང་། །དཔལ་དང་ལྡན་ཞིང་ནད་ཀུན་ཆོམས་པ་ནོར་དང་ལྡན་པར་འགྱུར། །བཀྲ་ཤིས་ཚོགས་སུ་བཅད་པ་རྫོགས་སོ།(T སྟོ།) differs from S 330 (388a7-388b3)=S 762 (456b4-457a1)=T 760 (430b1-430b6)=T 325 (366a8-366b4) after ཡིན་པ།

*p. 392* **T, *325:** T 325 (366a6-368b8); T 325 (366a6-366b4)=T 760 (430a6-430b6)=U 376 (375a3-375b2)=U 832 (441a6-441b6); T 325 (366b5-368b8)=U 377 (375b2-377b8)

*p. 392* **P, *cf. 4603, 444, 449, 450:** U 377 (375b2-376b1), cf. P 4603 (442b2-443a8); U 377 (376b1-377a2), cf. P 444 (319b5-320a4)=P 725 (280a3-280b3)=P 1054 (315b3-316a3); U 377 (377a2-377a6), cf. P 449 (321b1-321b4)=P 724 (278b7-279a2)=P 1055 (316a4-316a7); U 377 (377a6-377b2), cf. P 450 (323a2-323a5)

*p. 392* **N, *cf. 2594, 736, 741, 742/cf. 3392, 737, 742, 743:** U 377 (375b2-376b1), cf. NT 2594 (Nm-Cat 3392)(443b2-444a6); U 377 (376b1-377a2), cf. N 737 (238a2-238b5); U 377 (377a2-377a6), cf. N 742 (240a5-240b2); U 377 (377a6-377b2), cf. N 743 (242a7-242b6)

*p. 392* **D, *cf. 3785, 821, 826, 827:** U 377 (375b2-376b1), cf. D 3785 (224b4-225a7); U 377 (376b1-377a2), cf. D 821 (261a1-261a7)=D 1104 (274b3-275a3); U 377 (377a2-377a6), cf. D 826 (262b4-262b6)=D 1103 (273a6-273b1); U 377 (377a6-377b2), cf. D 827 (263b7-264a5)=D 1108 (278a2-278a6)

*p. 392* **P, *cf. 5960/N, *cf. NT 3952 cf. 4759/D, *cf. 4416:** P 5960 (349b3-349b8)=NT 3952 (Nm-Cat 4759) (332b7-333a3)=D 4416 (350a7-350b2) omits ལོ་བརྒྱ་མཚོ་(ST འཚོ་) ཞིང་སྔོན་བརྒྱ་མཐོན་པ་དང་། ཚེ་རིང་བ་དང་ལོངས་(T ལོང་)སྤྱོད་འཕེལ་བ་དང་། ཐེག་པ་མཆོག་གིས་ངེས་པར་འབྱུང་འགྱུར་བ། ལྷ་པོ་འདིས་ཀུང་བདག་ལ་སྲུང་སྐྱུར་ཅིག [U 378 (378a6-378a7)=S 332 (391a6-391a7)=T 326 (369a5-369a6)]

*p. 393* **D, *841A:** D 841A (222a5-223b6), cf. Sakai p. 102. See also p. 414.

*p. 394* **U, *411:** U 411 (415b5) omits about two folios following དེ་བཞིན་རྣལ་འབྱོར་པ(UPD པ་, S པས་, TN མ་)|, but the missing portion is appended by inserting a new page with the symbol 卐. L 261, T 340, and N 381 omit the same portion. S 342, P 22, and D 377 include the missing portion.

*p. 394* **U, *412:** U 412, L 261, T 340, and N 381 omit the title and beginning portion of the text, as they begin with དམར་མོ་ཞལ་སྔོན་དུ་ཕྱོགས་ཤིང་གྱེན་དུ་གཟིགས་པ།. D 380 is equivalent to P 25, N 777, and S 343 (omits Sanskrit title and Tibetan title).

*p. 394* **S, *cf. 343:** S 343 (301a3-301b5, omits Sanskrit title and Tibetan title) is equivalent to P 25, N 777, and D 380.

*p. 394* **P, *cf. 25:** P 25 (243a7-244a2)

*p. 394* **N, *cf. 776/777:** N 777 (125b3-126a6)

*p. 394* **D, *cf. 380:** D 380 (72b7-73a7)

*p. 394* **S, *344:** S 344 (301b5-412b1)=U 413 (1b1-100b5), S 344 (412b1-446b6)=U 414 (100b5-130b6)

*p. 396* **S, *408:** S 408 (1b1-82b1)=U 473 (1b1-73b1), S 408 (82b1-95b5)=U 474 (73b1-85a2)

*p. 396* **P, *81:** P 81 (95b5-157b5)=U 473 (1b1-73b1), P 81 (157b5-167b1)=U 474 (73b1-85a2)

*p. 397* **S, *431:** S 431 (113a7-118b2)=U 497 (100b2-104b5), S 431 (118b2-119a4)=U 498 (104b5-105a7)

*p. 397* **N, *436/437:** N 437 (288a3-293b5)=U 511 (338b2-343b3), N 437 (293b5-294a6)=U 512 (343b3-344a5)

*p. 398* **U, *528=768:** Cf. No. 528=768 footnote 3

*p. 398* **N, *454/455:** N 455 (484a6-488a2)=U 532, N 455 (488a3-488a4)=U 533=796

*p. 398* **D, *505A:** D 505A (286a6-286a7), cf. Sakai p. 102. See also p. 414.

*p. 398* **D, *1059A:** D 1059A (190a1-190a2), cf. Sakai p. 103. See also p. 414.

*p. 398* **P, *138=510:** P 138 (281b6) after འགྱུབ།, the sentence equivalent to P 510 (152a6-153b6) is missing. Cf. O-Cat p. 53, p. 163

*p. 399* **P, *154(2)A:** P 154(2)A (29b2-29b5)=U 562, cf. CK p. 9, Lhasa-Cat p. 44, Ns-List p. 747, Nm-Cat vol. 1 p. 18, N-Cat p. 89

*p. 399* **P, *154(2)B:** P 154(2)B (29b5-29b6)=U 563, cf. CK p. 9, Lhasa-Cat. p. 44, Ns-List p. 747, Nm-Cat vol. 1 p. 18, N-Cat p. 89

*p. 399* **P, *285=694:** U 565 (90b2-91a2)=P 285 (1b1-2a5)=P 694 (243b1-244a1)

Cf. P 285 (2a5-2a6)=P 694 (244a2)=D 1069=D 539 (100b3-100b4)

P 285 (2a6)=P 694 (244a2-244a3)=D 1070=D 539 (100b4)

P 285 (2a6-2a7)=P 694 (244a3)=D 1071=D 539 (100b5)

P 285 (2a7)=P 694 (244a4)=D 1072=D 539 (100b5)

P 285 (2a7-2a8)=P 694 (244a4-244a5)=D 1073=D 539 (100b5-100b6)

*p. 399* **D, *539A=866:** D 539A (100b7-101a5)=D 866 (88a5-88b4), cf. Nm-Cat vol. 1 p. 18, CK p. 11 [Sde-dge 539(100b7-101a5)]. See also p. 414.

*p. 401* **S, *525:** S 525 (133a1-143a2)=U 592 (121b2-130b5), S 525 (143a2-170b1)=U 593 (130b5-156b5)

*p. 402* **S, *558:** S 558 (272a4-281b3)=U 626 (249a1-257a6), S 558 (281b4-282a6)=U 627 (257a6-257b7)

*p. 402* **U, *627:** U 627=S 558 (281b4-282a6)=T 554=N 768=D 602, P 140=546=D 921; P 140=546=D 921 is slightly varied version of the same text.

*p. 404* **P, *cf. 339=622:** P 339=622 has longer text revised by Grags pa rgyal mtshan.

*p. 404* **D, *cf. 660=997:** D 660=997 has longer text revised by Grags pa rgyal mtshan.

*p. 404* **S, *619:** S 619 (164a5-165a7)=U 687 (148a1-149a1), S 619 (165b1-167b1)=U 688 (149a1-150b6)

*p. 405* **D, *673=1089:** D 673 (211a6-211b1)=D 1089 (254b7-255a2), cf. CK p. 13, Lhasa-Cat p. 53, T-Study p. 349(58), Nm-Cat vol. 1 p. 24. See also p. 414.

*p. 405* **D, *673A:** D 673A (211b1-211b2), cf. CK p. 13, Lhasa-Cat p. 54, T-Sudy p. 349(58), Nm-Cat vol.1 p. 24, See p. 414.

*p. 405* **P, *365:** P 365 (1-255b2), cf. O-Cat No. 365, pp. 120–123

*p. 406* **U, *742:** U=S=T, P=N=D; U 742 (78b6-81a2)=S 673 (86a2-88b1)=T 669 (78b8-81a3)=P 435 (310a7-312a4)=715 (266a3-268a2)=N 728 (225a7-227b5)=D 722 (200a1-201b3)=D 812 (251a5-253a2)=D 1094 (261a1-262b5), P=N=D omits the equivalent to U742 (81a2- 84a1)=S 673 (88b1-91b4)=T 669 (81a4-84a2)

*p. 406* **U, *746:** Cf. Appendix No. 746.

*p. 407* **U, *768=528:** Cf. No. 768=528 footnote 1

*p. 407* **D, *460A:** D 460A (39b6-39b7), cf. Sakai p. 102. See also p. 414.

*p. 408* **S, *718:** S 718 (222a2-238b5)=U 787 (204a8-221b3), S 718 (238b6-248a4)=U 788 (221b4-231a4)

*p. 408* **P, *cf. 424:** P 424 (153b5-161a3)

*p. 408* **D, *cf. 539:** D 539 (100b6-100b7) is equivalent to D 774=1074.

*p. 408* **N, *533/534:** N 534 (297b1-297b3)=N 455 (488a3-488a4)=U 796=533. Cf. U 532, 533

*p. 408* **D, *1059A:** D 1059A (190a1-190a2), cf. Sakai p. 103. See also p. 414.

*p. 408* **D, *505A:** D 505A (286a6-286a7), cf. Sakai p. 102. See also p. 414.

*p. 410* **S, *cf. 242/T, *cf. 242:** See *p. 392* footnote.

*p. 410* **T, *cf. 325:** T 325 (366a6-368b8); T 325 (366a6-366b4)=T 760 (430a6-430b6)=U 376 (375a3-375b2)=U 832 (441a6-441b6)

## Comparative chart of each section of U, S, T, P, N, and D

| U | | S | | T | | P | | N | | D | |
|---|---|---|---|---|---|---|---|---|---|---|---|
| འདུལ་བ། | 1–8 | འདུལ་བ། | 1–8 | འདུལ་བ། | 1–8 | རྒྱུད། | 1–729 | འདུལ་བ། | 1–8 | འདུལ་བ། | 1–7 |
| ཤེར་ཕྱིན། | 9–[31] | ཤེར་ཕྱིན། | 9, 12–33 | ཤེར་ཕྱིན། | 9–31 | ཤེར་ཕྱིན། | 730–759 | ཤེར་ཕྱིན། | 9–31 | ཤེར་ཕྱིན། | 8–43 |
| ཕལ་ཆེན། | 32 | ཕལ་ཆེན། | 10 | ཕལ་ཆེན། | 32 | དཀོན་བརྩེགས། | 760.1–760.49 | དཀོན་བརྩེགས། | 32–80 | ཕལ་ཆེན། | 44 |
| དཀོན་བརྩེགས། | 33(1)–81(49) | དཀོན་བརྩེགས། | 11.1–11.49 | དཀོན་བརྩེགས། | 33-1–33-48 | ཕལ་ཆེན། | 761 | ཕལ་ཆེན། | 81 | དཀོན་བརྩེགས། | 45–93 |
| མདོ་སྡེ། | 82–378 | མདོ་སྡེ། | 34–332 | མདོ་སྡེ། | 34–326 | མདོ་སྣ་ཚོགས། | 762–1029 | མདོ་སྡེ། | 82–360 | མདོ་སྡེ། | 94–359A |
| མྱང་འདས། | 379 | མྱང་འདས། | 333 | མྱང་འདས། | 327 | འདུལ་བ། | 1030–1055 | མྱང་འདས། | 361 | རྒྱུད་འབུམ། | 360–827 |
| རྙིང་རྒྱུད། | 380–397 | རྒྱུད། | 334–763 | རྒྱུད། | 328–761 | | | རྒྱུད། | 362–761 | རྙིང་རྒྱུད། | 828–844 |
| རྒྱུད། | 398–833 | | | | | | | ཁ་སྐོང་། | 762–791 | དུས་འཁོར་འགྲེལ་བཤད། | 845 |
| | | | | | | | | | | གཟུངས་འདུས། | 846–1108 |

# Comparative list of text numbers

(1) Sakai; (2) CK; (3) Lhasa-Cat; (4) NT; (5) Ns-List; (6) T-Study; (7) Hand-list; (8) Nm-Cat; (9) S-Cat; (10) LL; (11) L-Cat; (12) N-Cat; (13) RKTS; (14) CCK

Abbreviations

LL: *Location List for the Texts in the Microfiche Edition of the Phug brag Kanjur*. Helmut Eimer, compiled from the Microfiche Edition and Jampa Samten's Descriptive Catalogue, The International Institute for Buddhist Studies, Tokyo, 1993.

RKTS: Resources for Kanjur & Tanjur Studies. Department of South Asian, Tibetan and Buddhist Studies, University of Vienna. http://www. istb.univie.ac.at/kanjur/xml3/number/index.php

CCK: *A Catalogue of the Comparative Kangyur (bka' 'gyur dpe bsdur ma)*. Paul G. Hackett, American Institute of Buddhist Studies, New York, 2012.

| Toh No. | section | D No. | folio | U No. | (1) | (2) | (3) | (4) | (5) | (6) | (7) | (8) | (9) | (10) | (11) | (12) | (13) | (14) |
|---|---|---|---|---|---|---|---|---|---|---|---|---|---|---|---|---|---|---|
| 7 | འདུལ་བ། ཀ།-པ། | 7 | 1b1-92a7 | 7 | 7 | 7 | 7(A) | | 7A | 7 | 7 | 7 | 7 | 7 | 7 | 7A | 7 | 7(a) |
| | | 7A | 92b1-Pa 313a5 | 8 | 7' | 7A | 7(B) | | 7B | 7A | | 7A | | 7a | 7 | 7B | 7a | 7(b) |
| 460 | རྒྱུད་འབུམ། ཛ། | 460 | 36b4-39b | 487 | 460 | 460 | 460 | | 460A | 460 | 460 | 460 | 460 | | 460 | 460A | 460 | 460(a) |
| | | 460A | 39b6-39b7 | 769 | 460' | 460A | 460A | | 460B | 952 | 952 | 460A | 952 | 460a(952 | 952 | 460B | 460a | 460(b) |
| 505 | རྒྱུད་འབུམ། ད། | 505 | 284a1-286a6 | 532 | 505 | 505 | 505 | | 505 | 505 | 505 | 505 | 505 | | missing | 505 | 505 | 505(a) |
| | | 505A | 286a6-286a7 | 533=796 | 505' | 505A | 505A | | 505B | 505A | 505A | 505A | 1059 | 505A | missing | 505B* | 505a | 505(b) |
| 539 | རྒྱུད་འབུམ། ན། | 539 | 100b3-100b7 | | | 539 | | | | | | 539 | | | | | 539 | 539(a)(b) |
| | | 539 A | 100b7-101a5 | 566 | | 539 | 539 | | 539B | 539 | 539 | 539A | 539 | 539 | 539 | 539A | | 539(c) |
| 673 | རྒྱུད་འབུམ། བ། | 673 | 211a6-211b1 | 697 | | 673 | 673 | | 673 | 673 | 673 | 673 | 673 | | | 673 | 673 | 673(a) |
| | | 673A | 211b1-211b2 | 699 | | 673A | 673A | | | 673A | 673A | 673A | | | | (673A-B)* | 673a | 673(b) |
| 841(8) | རྙིང་རྒྱུད། ག | 841(8) | 220a3-222a5 | 393 | 841(8) | 841(8) | 841 | | 841(8) | | 841 | 841.8 | | | | 841 | 841 | 841(h) |
| | | 841A | 222a5-223b6 | 394 | 841' | 841A | | | 841B | | | 841A | | | | 841B | 841a | |
| 1059 | གཟུངས་འདུས། ཝཾ། | 1059 | 189b6-190a1 | | 1059 | 1059 | | | | | | 1059 | | 1059 | | | 1059 | 1059 |
| | | 1059A | 190a1-190a2 | 796=533 | 1059' | 1059 | | | | 1059 | 1059 | 1059 | 1059 | | 1059 | | 1059a | 1060(a) |
| 4321 | བཟོ་རིག་པ། ངོ། | 4321 | 20b1-33b7 | 319 | | | | 4321 | | 4321 | 4321 | 4321.1 | 4321 | 4321 | missing | | | |
| | | 4321A | 33b7-49a7 | 320 | | | | 4321 | | | | 4321.2 | | | missing | | | |

(12): N-Cat, 505B* is written as 505A (p. 97) in the 'Key to Concordances, D (p. 135)'

(12): N-Cat, (673A-B)*; 'Key to Concordances, D (p. 136)': H 650A; C 365A, D 673A, Q 360A and H 650B; C 365B, D 673B, Q 360B (p. 106)

## Reference

| Toh No. | section | D No. | folio | U No. | (1) | (2) | (3) | (4) | (5) | (6) | (7) | (8) | (9) | (10) | (11) | (12) | (13) | (14) |
|---|---|---|---|---|---|---|---|---|---|---|---|---|---|---|---|---|---|---|
| 359 | མདོ་སྡེ། ཨཿ། | 359 | 277b5-281a7 | 318 | | 359 | 359 | | 359 | 359 | 359 | 359 | 359 | - | missing | 359 | 359 | 359(a) |
| 359A* | | 359A | 281b1-289a3 | - | | - | - | | - | - | - | 359A | - | - | - | - | 359a | 359(b) |

Toh No. 359A*: Tohoku Catalogue, p. 180, 經部補遺 (mDo, Supplement)

# Indexes

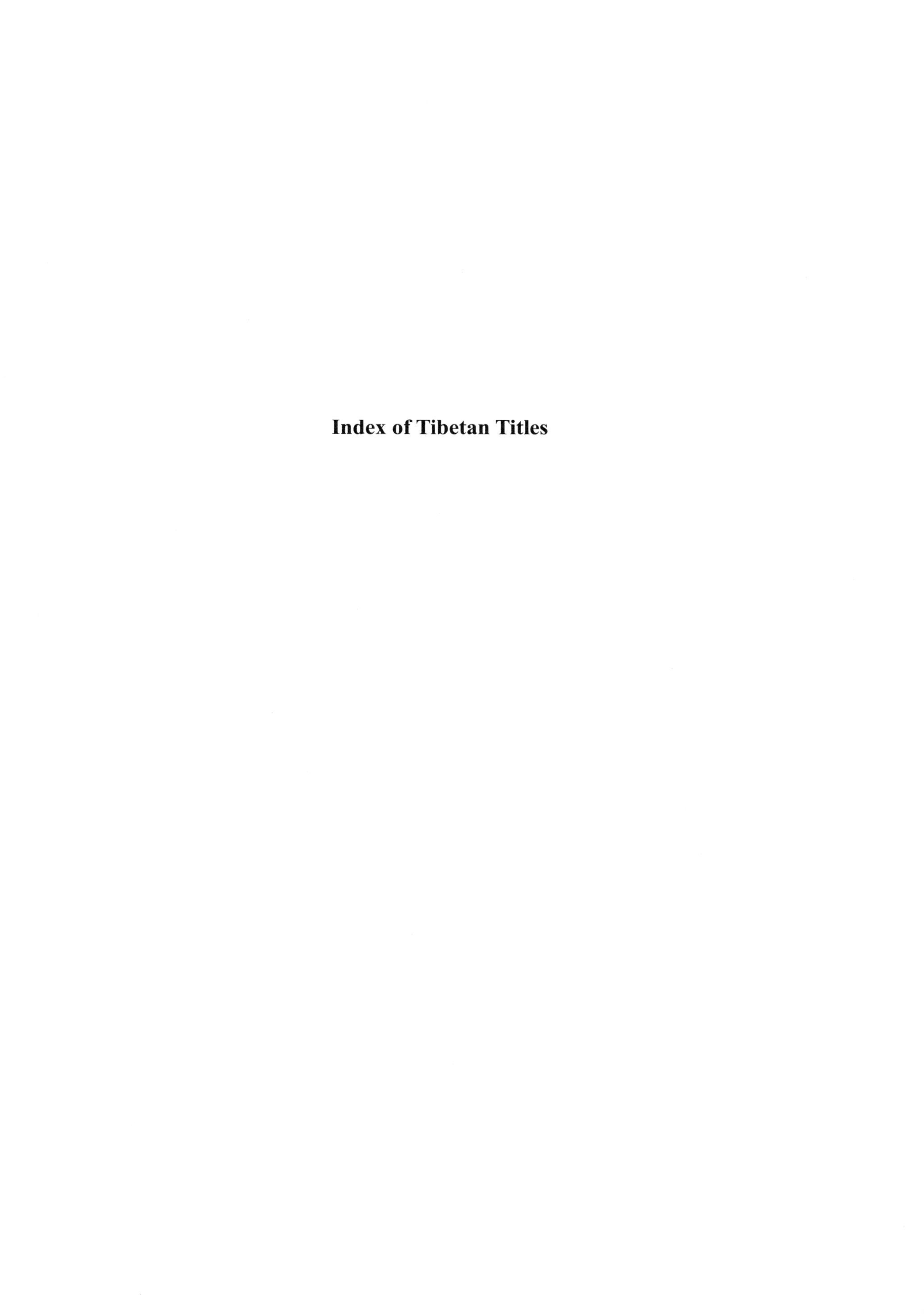

# Index of Tibetan Titles

(ཕ): འཕགས་པ།

(མ): འཕགས་མ།

(པ): དཔལ།

(ད): དཔལ་ལྡན།

# ཀ

ཁ

## ང



## ཅ

## ཆ

ཛ

## ཐ



## ད

## ན

པ

ཕ

## བ

## མ

## ཙ

## ཚ



## ཛ



## ཞ

## ཡ

## ར

## ལ

## ཤ

## ཧ



## ཨ

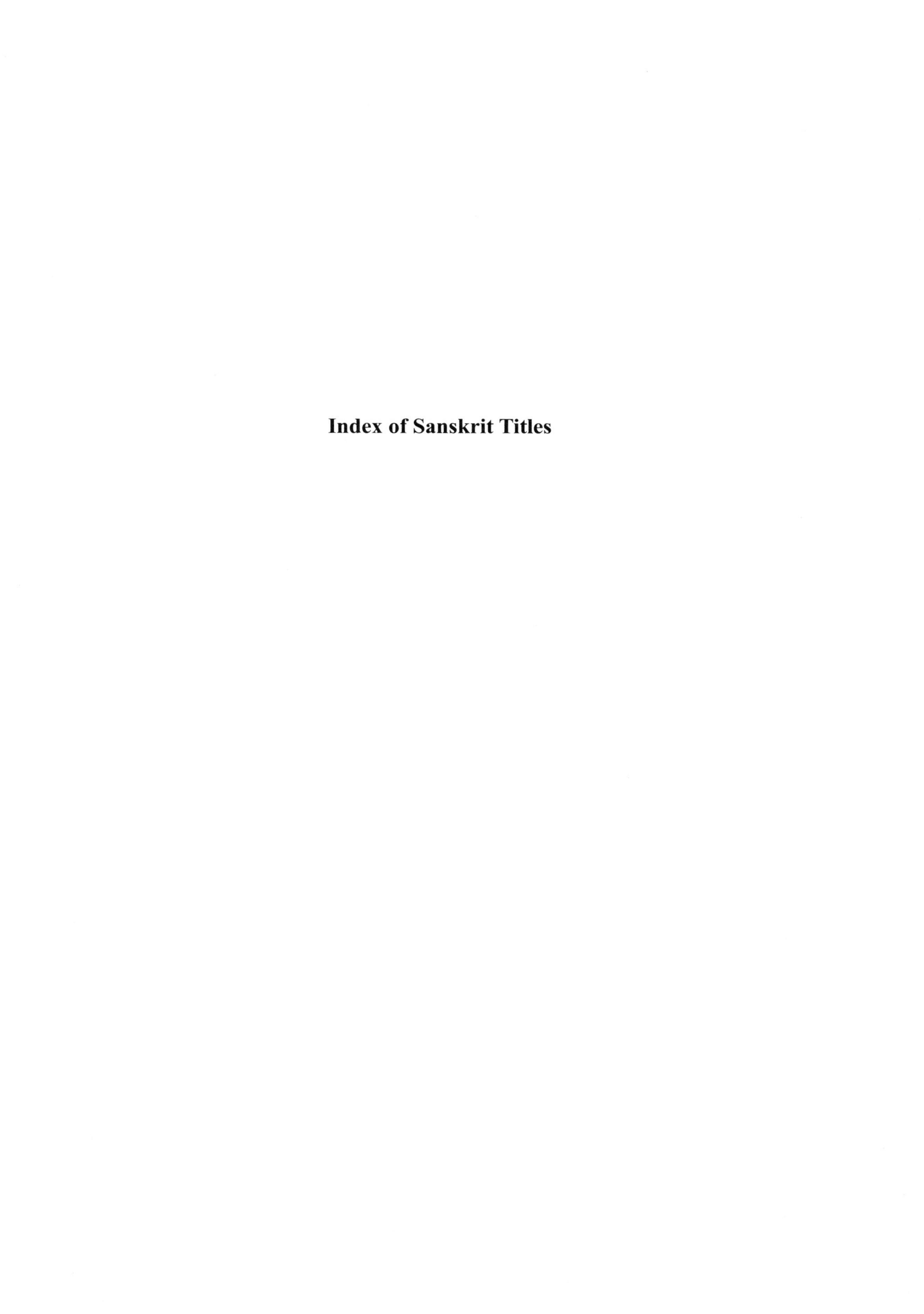

# Index of Sanskrit Titles

Ⓐ: Ārya

Ⓢ: Śrī

## A

## Ā



## U

## Ū



## E



## O



## K

### Kh



### G



### Gh



### C

## J



## Ḍ

## T



## D

## Dh



## N

## P

## B



## Bh

## Y



## R



## L

## V

## Ś

## H

# Index of Chinese Titles and Bru sha Title

## Chinese Titles



## Bru sha Title

# Index of Translators and Revisers

®: Reviser

©: Chinese

## Index of Translators and Revisers (Tibetan)

**Z**



**Y**



**R**



**L**



**Sh**



**S**



**H**

## Index of Translators and Revisers (Sanskrit)

## S

རྒྱལ་རྩེ་ཐེམ་སྤངས་མའི་བཀའ་འགྱུར་དཀར་ཆག

CATALOGUE OF THE ULAN BATOR RGYAL RTSE THEM SPANGS MA
MANUSCRIPT KANGYUR

---

2015年2月23日　初版発行

著　者　Jampa Samten, Hiroaki Niisaku

発行所　株式会社 山喜房佛書林

〒113-0033 東京都文京区本郷5丁目28番5号

電話　03-3811-5361　FAX 03-3815-5554

---

ISBN 978-4-7963-0250-0-C-3315